U0559715

国家自然科学基金重点项目(41630644)

辽宁省人民政府委托项目　　　　　　　　　　共同资助

国家自然科学基金面上项目(41671126)

辽宁 *海岸带* 国土空间开发保护功能区划研究

主 编 樊 杰
副主编 张文忠 王 强

科学出版社

北京

内 容 简 介

辽宁海岸带东起鸭绿江口、西至山海关老龙头，是贯穿海岸线向陆域延伸 10 公里、向海域延伸 12 海里的带状区域，是东北亚经济圈的重要组成部分，是环渤海经济圈与东北工业基地的接合部，对促进东北亚区域经济一体化，推动环渤海经济圈协同发展，加快东北工业基地振兴具有战略地位。本书是《辽宁海岸带保护和利用规划》的基础研究成果，在综合评价辽宁海岸带资源环境承载能力、现有开发强度和发展潜力的基础上，论证该区域国土空间保护与利用功能定位与基本格局，探讨优化国土空间结构、规范保护开发秩序的建设途径，勾绘海岸带功能布局互为支撑、开发保护协调并行、国土空间高效利用、人与自然和谐相处的美好蓝图。

本书可供城市规划、区域规划和资源环境管理等相关部门的工作人员、专业研究人员和相关专业学生参考。

审图号：辽 S〔2019〕017 号

图书在版编目 (CIP) 数据

辽宁海岸带国土空间开发保护功能区划研究／樊杰主编．—北京：科学出版社，2019.10
ISBN 978-7-03-061727-9

Ⅰ.①辽… Ⅱ.①樊… Ⅲ.①海岸带-国土规划-研究-辽宁 Ⅳ.①F129.931

中国版本图书馆 CIP 数据核字（2019）第 121237 号

责任编辑：李 敏 杨逢渤／责任校对：樊雅琼
责任印制：肖 兴／封面设计：王 浩

科 学 出 版 社 出版
北京东黄城根北街 16 号
邮政编码：100717
http://www.sciencep.com

中国科学院印刷厂 印刷
科学出版社发行 各地新华书店经销
*
2019 年 10 月第 一 版 开本：787×1092 1/16
2019 年 10 月第一次印刷 印张：39 插页：14
字数：1 000 000

定价：518.00 元
（如有印装质量问题，我社负责调换）

辽 宁 省

人民代表大会常务委员会

公 报

2013

第 4 号

辽宁省第十二届人民代表大会常务委员会关于《辽宁海岸带保护和利用规划》的决议

2013 年 5 月 30 日辽宁省第十二届人民代表大会常务委员会第二次会议通过

辽宁省第十二届人民代表大会常务委员会第二次会议听取了副省长邴志刚代表省人民政府所作的关于《辽宁海岸带保护和利用规划(草案)》(以下简称《规划草案》)的说明。会议对《规划草案》进行了审议,同意辽宁省人民代表大会财政经济委员会提出的审查报告,决定批准《辽宁海岸带保护和利用规划》。

辽宁省人民代表大会财政经济委员会关于《辽宁海岸带保护和利用规划(草案)》的 审 查 报 告

辽宁省人民代表大会常务委员会:

《辽宁海岸带保护和利用规划(草案)》(以下简称《规划草案》)经省人民政府常务会议讨论通过后,拟提请辽宁省第十二届人民代表大会常务委员会第二次会议审议。为了提高审议质量,财经委员会 5 月 13 日,听取了省发展和改革委员会关于《规划草案》编制情况的专题汇报。5 月 15 日,财经委员会召开了《规划草案》征求意见座谈会,进一步征求省经信委、财政厅、国土资源厅、环保厅、住建厅、海洋与渔业厅等部门的意见。5 月 17 日,财经委员会召开全体会议,对《规划草案》用、精细化管理有待进一步加强,海岸带开发中尚存重开发、轻保护现象,资源矛盾和环境问题日趋加剧。因此,通过制定规划,有效保护和科学利用好海岸带资源,是十分必要的。

财经委员会指出,《规划草案》的制定依据了国务院批复的《辽宁沿海经济带发展规划》和《辽宁省土地利用总体规划》、《辽宁省海洋功能区规划》等多个专项规划,是《辽宁沿海经济带发展规划》的延伸和细化,并与沿海六市的区域规划实现了有效衔接。《规划草案》为辽宁海岸带资源开发、生态保护、港口建设、产业发展、区域布局提供了科学依据。《规划草案》的指导思想明确,功能定位清晰,控制目标合理。建议本次会议批准《规划草案》。

财经委员会强调,各级人民政府要加强组织

进行了审查。现将审查意见报告如下:

财经委员会认为,2005 年,我省着眼于实现辽宁老工业基地全面振兴,作出了辽宁沿海经济带开发开放的重大战略决策,并于 2009 年上升为国家区域经济发展战略。经过全省上下的共同努力,目前辽宁沿海经济带开发建设如火如荼,已经成为国内外企业的投资热点区域之一,支撑经济发展能力显著增强,为我省经济社会发展起到了重要作用。同时,也应该看到,在海岸带开发过程中还面临着以下问题:海岸带园区缺乏整体统筹规划,空间布局不尽合理;海岸带园区集约化利领导,强化规划的约束力,按照海岸带资源保护和利用相协调的原则,确保海岸带科学开发利用。建立健全实施规划的有效运行机制,制定完整的配套政策和有力的措施,保障规划的有效实施。继续优化海岸带空间布局,进一步增强海陆资源互补性和资源要素集约化程度,严格功能分区要求,着力构建地区经济社会健康发展新格局。进一步加大科技创新投入力度,不断增强自主创新能力,充分发挥科技对海岸带保护和开发利用的支撑作用。科学保护、合理利用海岸带资源,努力建立健全生态补偿和修复机制,切实提高海岸带生态环境质量,实现绿色、循环、可持续发展。

以上报告,请予审议。

2013 年 5 月 17 日

000049

辽宁省人民政府文件

辽政发〔2013〕28 号

辽宁省人民政府关于印发
辽宁海岸带保护和利用规划的通知

各市人民政府,省政府各厅委、各直属机构:

现将《辽宁海岸带保护和利用规划》印发给你们,请结合本地区、本部门实际,认真组织实施。

辽宁省人民政府
2013 年 9 月 29 日

（此件公开发布）

《辽宁海岸带保护和利用规划》专家论证意见

2013年3月19日，辽宁省沿海经济带开发建设领导小组办公室组织专家在北京对《辽宁海岸带保护和利用规划》（简称《规划》）进行了论证。专家组（名单附后）听取了规划编制组的汇报，认真审阅了规划报告、专题研究报告和有关材料，形成以下论证意见：

（1）《规划》反映了科学发展观和生态文明建设的要求，在规划指导思想、保护利用原则、功能区域定位及布局方案制定等方面体现了区域发展、地域空间规划的前沿理念。编制组采用的"顶层设计—专题研究—思路凝炼—分层对接—方案制定"的研制技术路线，符合我国新时期空间规划编制的基本特点，对推进我国生态文明建设和优化国土空间格局具有一定的示范意义。

（2）《规划》在客观评价分析辽宁海岸带保护和利用的条件、影响因素及地域分异特征的基础上，科学划分了重点保护和重点建设区域，合理界定了工业开发、城镇建设、港口物流、旅游休闲、农业渔业和生态保护六类功能用地/用海空间，提出了明确的功能空间建设重点和岸段保护与利用方向。《规划》阶段目标明确，约束性指标具体，实施保障政策健全，为辽宁海岸带的保护和利用提供了科学依据和可操作的执行方案。

（3）《规划》发挥了多学科综合研究的优势，以多要素、多类型、多尺度的地域功能识别和评价为基础，衔接整合了不同部门和不同层级的专项空间规划，创新性地解决了空间规划兼顾多方利益取向差异性的难题。《规划》基础工作扎实，布局方案空间定位明确、具体，规划报告思路清晰、结构合理。

（4）《规划》是对国务院2009年批复的《辽宁沿海经济带发展规划》的落实和深化，是一项具有约束性的综合性布局规划，是指导辽宁海岸带资源开发、生态保护、港口建设、产业发展、城镇布局的纲领性文件，是辽宁省各部门和辽宁海岸带各地区编制相关规划和进行项目布局的重要依据。建议辽宁省人民代表大会常务委员会尽快通过立法，尽快组织实施。

《辽宁海岸带保护和利用规划》论证专家组 组长：

二〇一三年三月十九日

"辽宁海岸带保护和利用规划"验收意见

2013 年 3 月 19 日,辽宁省沿海经济带开发建设领导小组办公室组织专家在北京对辽宁省沿海经济带开发建设规划项目"辽宁海岸带保护和利用规划"进行了验收。验收组专家听取了项目负责人的汇报,审阅了有关材料,在进行质疑和讨论后,形成如下验收意见:

(1)按照辽宁省沿海经济带开发建设总体要求,客观评价了辽宁海岸带保护和利用的条件、影响因素及地域分异特征,科学划分了重点保护和重点建设区域,合理界定了工业开发、城镇建设、港口物流、旅游休闲、农业渔业和生态保护六类功能用地/用海空间,提出了明确的功能空间建设重点和岸段保护与利用方向,对推进生态文明建设和优化国土空间格局具有示范作用和实践指导意义。

(2)采用文本、图、表形式,提交了规划总体报告和空间布局规划方案,完成了系列专题研究报告、分要素评价图、专题综合评价图及不同功能空间和岸段保护与利用的阶段性合理规模。项目成果丰富,研究基础扎实,阶段目标及刚性和柔性指标明确,实施保障政策健全,为辽宁海岸带的保护和利用提供了科学依据和可操作的执行方案。

(3)以多要素、多类型、多尺度的地域功能识别和评价为基础,衔接整合了不同部门和不同层级的专项空间规划,创新性地解决了空间规划兼顾多方利益取向差异性的难题,发挥了多学科综合研究的优势,提升了人文—经济地理学解决应用性复杂问题的学科价值。

(4)项目组织管理规范,提供材料齐全,经费使用合理,圆满地完成了协议书中规定的目标、各项任务和考核指标。

验收专家组一致同意该项目通过验收。

验收专家组 组长:

二〇一三年三月十九日

辽宁海岸带保护和利用规划专家评审会

专家签到表

姓　名	单　　位	职　务	签　到
陆大道	中国科学院	院士	
叶大年	中国科学院	院士	
郑　度	中国科学院	院士	
陈宣庆	国家发改委地区经济司	巡视员副司长	
刘国洪	国土资源部规划司	副司长	
王殿昌	国家海洋局政策法规与规划司	司长	
肖金成	国家发改委国土开发与地区经济研究所	所长、研究员	
王　凯	建设部中国城市规划设计研究院	副院长教授级高工	
林　坚	北京大学城市与环境学院	教授	
刘　毅	中国科学院地理科学与资源研究所	所长研究员	

"辽宁海岸带国土空间开发保护功能区划研究"项目组
暨"辽宁海岸带保护和利用规划"编制组[*]

组　　长

张　杰　中国科学院地理科学与资源研究所　研究员　博士生导师
中国科学院区域可持续发展分析与模拟重点实验室 主任

副 组 长

张文忠　中国科学院地理科学与资源研究所　研究员　博士生导师

秘　　书

王　强　中国科学院地理科学与资源研究所　博士生

主 要 成 员

陈　田　中国科学院地理科学与资源研究所　研究员　博士生导师

徐　勇　中国科学院地理科学与资源研究所　研究员　博士生导师

刘盛和　中国科学院地理科学与资源研究所　研究员　博士生导师

牛亚菲　中国科学院地理科学与资源研究所　研究员　硕士生导师

郭腾云　中国科学院地理科学与资源研究所　副研究员　硕士生导师

王传胜　中国科学院地理科学与资源研究所　副研究员　硕士生导师

陈明星　中国科学院地理科学与资源研究所　副研究员　硕士生导师

朱俊峰　国家发展和改革委员会综合运输研究所　副研究员

王　岱　中国科学院地理科学与资源研究所　助理研究员

王志强　中国科学院地理科学与资源研究所　助理研究员

陈　东　中国科学院地理科学与资源研究所　助理研究员

余建辉　中国科学院地理科学与资源研究所　助理研究员

汤　青　中国科学院地理科学与资源研究所　助理研究员

周　侃　中国科学院地理科学与资源研究所　博士生

胡望舒　中国科学院地理科学与资源研究所　博士生

程婧瑶　中国科学院地理科学与资源研究所　博士生

王　强　中国科学院地理科学与资源研究所　博士生

洪　辉　中国科学院地理科学与资源研究所　博士生

党丽娟　中国科学院地理科学与资源研究所　博士生

---

* 所有人员的工作单位及担任职务均为 2012 年情况。

赵 瑛　　中国科学院地理科学与资源研究所　博士生

李亚娟　　中国科学院地理科学与资源研究所　博士生

兰肖雄　　中国科学院地理科学与资源研究所　博士生

李 颖　　中国科学院地理科学与资源研究所　博士生

戚 伟　　中国科学院地理科学与资源研究所　博士生

腾 飞　　中国科学院地理科学与资源研究所　博士生

丁哲澜　　中国科学院地理科学与资源研究所　硕士生

朱珊珊　　中国科学院地理科学与资源研究所　硕士生

代　序

关于《辽宁海岸带保护和利用规划（草案)》的说明
——2013 年 5 月 29 日在辽宁省第十二届人民代表大会常务委员会第二次会议上

辽宁省人民政府副省长　邴志刚

主任、各位副主任、秘书长、各位委员：

　　我受陈政高省长委托，代表省政府，向省人大常委会做关于《辽宁海岸带保护和利用规划（草案)》（简称《规划》）的说明，请予审议。

一、《规划》编制的必要性

　　辽宁沿海经济带开发开放战略实施以来，特别是 2009 年 7 月 1 日上升为国家战略以来，辽宁沿海地区掀起了大开发大开放的热潮，沿海经济带的综合实力和竞争力显著增强，为全省经济社会发展起到了重要的支撑作用。但是，在开发建设的进程中出现了一些突出的矛盾和问题，如重开发、轻保护，资源矛盾，环境问题等。此外，沿海重点园区缺乏统筹规划，空间布局不合理，集约化利用程度有待进一步加强。为保障国家战略的有效实施，做到在辽宁沿海经济带大开发大开放的同时，为子孙后代留下碧水蓝天，强化海岸带保护和规范海岸带各类开发行为十分必要。编制辽宁海岸带保护和利用规划，有利于促进全省海岸带生态系统可持续发展，有利于加快全省海陆间协调联动，有利于进一步完善我国沿海地区特别是环渤海区域生产力布局，有利于东北地区形成对内对外开放的新格局。

二、《规划》编制过程

　　2011 年 9 月 28 日，陈政高省长在《辽宁政协信息》第 116 期《建议给百姓留下近海亲水的共享海岸线》一文上做了重要批示，要求编制岸线利用规划，把海岸线的开发和保护结合起来。

　　为保证规划编制工作顺利进行，省政府成立了规划编制工作领导小组，陈政高省长担任组长，沿海六市及省直有关部门作为成员单位。经过专家开题论证、征集筛选规划编制单位、规划编制工作领导小组审查规划大纲等一系列前期准备工作，2012年4月，规划开始编制。

规划编制单位是中国科学院地理科学与资源研究所（简称地理所），该所在地理与资源科学领域代表国家水平，参与过《全国主体功能区规划》《全国国土规划》《东北老工业基地振兴总体规划》等多项国家重大规划编制。为编制好辽宁海岸带保护和利用规划，地理所组织了40多人的团队开展工作。

《规划》初稿形成后，广泛征求了沿海六市及省直有关部门的意见和建议，不断修改完善2013年3月19日，《规划》通过了国内知名专家的评审。5月2日，《规划》通过了省政府第四次常务会议审议。辽宁率先在全国编制海岸带保护和利用规划，具有创新性，对全国的海岸带开发具有一定的示范作用。

三、《规划》编制需要处理好的几个关系

由于海岸带开发框架已经拉开，《规划》是在既有框架下进行调整、优化。为此，需要妥善处理好以下几方面关系：

规划与现实的关系。通过摸底调查，找出了海岸带开发中存在的问题。例如，由于缺乏统筹协调，有的港口建设导致当地旅游景观受到破坏，相邻行政区的城市功能建设重复，园区总体布局不合理等。由于此前沿海经济带开发建设没有约束性规划，对上述问题的处理，确定了以下原则：省级及以上已经确定的事项，《规划》逐一理顺；未经省级及以上审批已经既成事实的事项，《规划》尽量体现；各地区规划期内想干的事情，《规划》尽量给予预留。

保护与建设的关系。由于海岸带开发中普遍存在重开发、轻保护的现象，使海岸带资源严重浪费和屡遭破坏，近岸海域生态环境恶化，留给老百姓亲水近水的空间越来越小。为此，《规划》坚持生态为本，当生态保护与开发建设发生矛盾时，生态保护优先。对各市要求增加的建设区面积，如不符合土地利用规划和城市建设规划，《规划》不予考虑。

城镇、园区和港口的关系。为促进城镇、园区和港口的协调发展，在原有城镇的基础上，依托重点园区规划一批城市新区，推进产城融合、港城融合，推进城区、园区、港区一体化发展。三类区域发展规模上，城镇建设规模最大，其次是重点园区，再次是港口建设。

沿海经济带规划和海岸带规划的关系。沿海经济带规划是国务院批准的规划，宏观性强，是指导沿海经济带发展的纲领性规划。海岸带规划是沿海经济带规划的延伸和细化，是一个具有约束性的综合布局规划。《规划》将海岸带划分为重点保护和重点建设两类功能区，依据划定的功能区，进行海岸带资源开发、生态保护、港口建设、产业发展和城镇布局等各类活动。规划环境影响

评价方面，沿海经济带规划报国务院批复时已做了战略环评，海岸带规划是在沿海经济带规划环评框架之下编制的，不需要再做规划环评。

四、《规划》的主要内容

《规划》由图件和文本两部分组成。图件将不同功能板块一一对应地落实到海岸带行政区划图上。文本包括前言和正文五篇。

前言部分。介绍规划范围、规划性质、规划依据和规划期。《规划》范围包括：海岸线向陆域延伸 10 公里，向海域延伸 12 海里（约 22 公里），陆域面积 1.45 万平方公里，海域面积 2.1 万平方公里，涉及沿海六市 28 个县（区）。规划期到 2020 年。《规划》依据《辽宁沿海经济带发展规划》和《辽宁省国民经济和社会发展第十二个五年规划纲要》编制，并与相关部门规划和地区规划进行了充分衔接。

第一篇，发展战略。《规划》全面分析了海岸带发展的优势和劣势，以及开发建设中存在的问题，阐述了海岸带保护和开发的意义，明确了海岸带保护和利用的指导思想、发展原则、功能定位和发展目标。

按照海岸带资源保护与资源利用相协调、陆域功能与海域功能相统筹、生活岸线与生产岸线相匹配、宜居与宜业相促进的指导思想，《规划》提出了海岸带保护和利用要遵循的原则：一是坚持因地制宜、分类管制；二是坚持集约开发、循序渐进；三是坚持合理保护、持续利用；四是坚持合作开放、统筹协调；五是坚持改革创新、跨越发展。功能定位是：东北地区对外开放平台，环渤海经济圈临港产业带，东北地区滨海宜居城镇带，我国北方高品质滨海休闲旅游带，东北亚重要的国际航运中心。根据指导思想和功能定位，《规划》提出了到 2020 年的发展目标：打造布局有序的空间结构，建设分工合理的功能区，形成实力雄厚的人口、产业集聚带，营造和谐舒适的人居环境。基本形成以海岸线为轴，向内陆和海洋延伸的成片保护、集中开发、疏密有致的海岸带保护和利用的空间格局。

第二篇，总体布局。《规划》按照合理保护与有序开发相结合、区域关联与内部均质相结合、近期重点与远景目标相结合的原则，依据自然条件、保护利用情况及开发建设需求，将海岸带划分为重点保护和重点建设两类功能区。重点保护区主要是强化生态保护和水源涵养，发展特色农果业、渔业和旅游业，重点建设区主要是推进产业发展、城镇和港口建设，引导人口和产业向海集聚。

到 2020 年，规划陆域重点保护区面积不低于 12 396 平方公里，占陆域规划总面积的 86%，重点建设区面积控制在 2074 平方公里以内，占陆域规划总面积的 14%；海域重点保护区面积不低于 18 343 平方公里，占海域规划总面积的 88%，重点建设区面积控制在 2600 平方公里以内（包括航道区），占海域规划总面积的 12%。重点保护区岸线不少于 1595 公里，占岸线总长度的 79%，重点建设区岸线不超过 430 公里，占岸线总长度的 21%。

第三篇，功能板块建设。《规划》根据重点保护区和重点建设区的重点任务，将这两类功能区细化为六个功能板块。结合对海岸带发展情况、资源环境承载力的综合评价，以及每个板块自身发展规律和发展需求，明确每个板块的战略目标、空间布局和重点任务。

1. 重点保护区功能板块

重点保护区功能板块划分为生态保护板块、旅游休闲板块和农业渔业板块。

生态保护板块。加强生态保护，改善环境质量，提升湿地和生物多样性等生态系统功能，加大近岸与近海生态建设和环境修复力度，按照生物多样性、水源涵养、河流湿地保护、海岸侵蚀防治四种类型推进功能区建设，打造海岸带生态屏障。到 2020 年，陆域生态保护板块面积不低于 5528 平方公里，占陆域规划总面积的 38%；海域生态保护板块面积不低于 6677 平方公里，占海域规划总面积的 32%；岸线不少于 665 公里，占岸线总长度的 33%。

旅游休闲板块。发展多种业态的旅游休闲产业，促进旅游服务功能与新城、园区建设相融合，建设 4 个滨海旅游服务中心、10 个特色旅游城镇、15 个旅游功能区和以滨海公路为纽带的滨海景观观光走廊。到 2020 年，陆域旅游休闲板块面积不低于 958 平方公里，占陆域规划总面积的 7%；海域旅游休闲板块面积不低于 1556 平方公里，占海域规划总面积的 7%；岸线不少于 428 公里，占岸线总长度的 21%。

农业渔业板块。根据资源禀赋、产业基础及发展趋势，划定基础农业保护区、特色农业提升区、都市农业发展区、浅海水产养殖区、近海渔业捕捞区，建设全国重要的优质特色农业生产、出口和加工基地，海洋绿色生态养殖基地。到 2020 年，陆域农业渔业板块面积不低于 5910 平方公里，占陆域规划总面积的 41%；海域农业渔业板块面积不低于 10 111 平方公里，占海域规划总面积的 48%；岸线不少于 503 公里，占岸线总长度的 25%。

2. 重点建设区功能板块

重点建设区功能板块划分为工业开发板块、城镇建设板块和港口物流板块。

工业开发板块。强化重点园区引领战略，积极培育特色产业集群，加快传统产业改造升级，促进战略性新兴产业集聚发展，建设全国重要的先进装备制造业基地和原材料工业基地，打造国家级软件产业基地。到 2020 年，工业开发板块面积控制在 695 平方公里以内，占陆域规划总面积的 5%；开发岸线不超过 189 公里，占岸线总长度的 9%。

城镇建设板块。按照人口与土地相协调的要求进行城镇建设，培育发展沿海城镇带。在原有基础上，依托港口和各类产业园区，培育和发展 15 个城市新区。到 2020 年，城镇建设板块面积控制在 1151 平方公里以内，占陆域规划总面积的 8%；开发岸线不超过 116 公里，占岸线总长度的 6%。

港口物流板块。适度加快沿海港口建设步伐，分类推进港口差异化发展，形成布局合理、功能完善、服务优质的现代化沿海港口群，建设东北亚国际航运中心的核心载体，东北地区综合运输的重要枢纽。到 2020 年，陆域港口物流板块面积控制在 228 平方公里以内，占陆域规划总面积的 2%；海域港口板块面积控制在 2600 平方公里以内，占海域规划总面积的 12%；开发岸线不超过 125 公里，占岸线总长度的 6%；港口吞吐量达到 13.5 亿吨，占全国沿海港口吞吐量的 15% 左右。

第四篇，岸段保护和利用。《规划》将已划定的功能板块落实到各市，明确各市海岸带的发展格局。

大连岸段，发挥沿海经济带龙头作用，依托优越的自然条件、丰富的人文资源、雄厚的经济基础，建设中国面向东北亚开放的引领区。丹东岸段，充分发挥沿江、沿海、沿边的区位优势和旅游资源优势，深化面向朝鲜半岛的开放合作，打造中国与朝鲜半岛开放合作的战略先导区、全国著名旅游休闲目的地。锦州岸段，依托港口和海洋资源，通过打造现代产业集聚区和优化调整城市布局，建设辽宁海岸带渤海翼重要的经济增长极、具有国际竞争力的临港产业基地。营口岸段，发挥港口资源、产业基础和城市文化积淀的优势，通过提升港口服务能力、发展临港产业、打造河海特色城市文化品牌，建设全国重要的航运枢纽、环渤海地区重要的临港工业基地及现代化港口城市。盘锦岸段，充分发挥地处辽河三角洲中心的生态优势，紧紧把握建设辽东湾国家级经济技术开发区的战略机遇，推进产业发展与生态环境保护双赢，着力建设具有水乡特色、环境宜居的新型工业城市和具有国际影响力的生态旅游目的地。葫芦岛岸段，发挥紧邻京津冀都市圈的区位优势和旅游资源优势，通过与京津冀都市圈的对接合作，促进高端要素集聚，打造北方滨海旅游度假胜地和滨海宜居城市，以及环渤海地区重要的临港产业基地。

第五篇，实施保障。《规划》提出要提升海岸带综合承载能力，重点要提高水资源保障水平，完善综合交通运输体系，增强防灾减灾能力，提升海岸带景观品质。健全沿海开发管理的体制机制，要切实加强组织领导，严格落实责任，确保规划的顺利实施。

省政府负责规划实施的组织领导，分解目标和任务；研究制定符合各功能区发展方向的区域政策：加强规划宣传，营造社会关注、有效保护、合理开发海岸带的氛围。实行国土资源部门和海洋渔业部门联合监管的管理体制，国土资源部门负责海岸带陆域的日常监管工作，海洋渔业部门负责海域部分的日常监管工作，沿海六市负责规划落实。

在规划期内，规划范围内的建设用地指标按照国务院批复的《辽宁省土地利用总体规划（2006—2020年)》执行，规划范围内的海域开发按照国务院批复的《辽宁省海洋功能区划（2011—2020年)》执行。规划期内，严禁改变《规划》确定的国土空间保护和利用的性质；严禁改变《规划》确定的重点建设区位置和用地规模；严禁在《规划》确定的重点保护区内开展工业、城镇、港口等开发建设活动。规划期内，地方若有新的发展需求，须经省政府同意后，方可对《规划》进行修订，并报请省人大常委会审议通过后实施。

目　　录

代序

上　篇

中　篇

下　篇

上　篇

第一章　功能区划的学术思想与核心结论

第一节　国外海岸带开发保护研究

人口和经济向海岸带集聚成为工业文明之后全球土地利用和土地覆被格局变化的重要趋势之一（张耀光，2008），占地球陆域面积 10% 的海岸带集聚了全球大约 40% 的人口。随着经济全球化进程的深入（李小建等，2000），国际贸易规模近 50 年来以 10% 的年均速度递增（张二震，2003），通过海洋运输的洲际贸易比重不断提升。海岸带土地开发策略的变化不仅成为发达国家国土空间格局发生变化的主要原因，如美国西海岸带经济地位的提升及国家经济重心的南拓，更为突出的是在新兴经济体国家中海岸带成为人类近年来影响地球环境强度最大的区域。在发展中国家和地区，随着人口规模扩大、经济总量增长、城市化水平提高，自然地表的开发、建设用地在土地利用结构中比重增加是普遍规律。由于人口和经济具有向海岸带集聚的趋向，海岸带成为土地利用结构变化最剧烈的区域之一。

海岸带土地利用不仅是沿海区域经济社会可持续发展的基础和保障（胡序威等，1995），也会对海岸带区域陆地、河口及近海环境和生态产生多方面深刻的影响。早在 20 世纪 80 年代开始，联合国环境规划署倡导的"保护海洋环境免受陆源污染全球行动计划"（Global Programme of Action for the Marine Environmental from Land-based Activities，GPA）就开始通过土地利用的合理规划实现对海岸带和海洋环境的有效保护。"海岸带陆海相互作用（Land Ocean Interactions in the Coastal Zone，LOICZ）研究计划"与"国际全球环境变化人文因素计划"（International Human Dimensions Programme on Global Environmental Change，IHDP）明确提出要对海岸带区域土地利用等人文过程及其环境效应开展综合研究，以期进一步深入理解海岸带人文因素与自然因素的交互影响作用。

近年来，国际学者加强了对海岸带土地利用变化研究的重视，并强调将其作为河口湿地保护、海岸带水环境保护和海岸带综合管理决策与实践的基本因素予以考虑。然而，目前国际上有关海岸带土地利用的研究多侧重于土地覆被的分类、动态监测和环境影响评价，主要集中在海岸带土地利用/覆盖动态变化监测、海岸带土地利用驱动力机制研究、海岸带土地利用的环境响应，探究海岸带人文因素与自然因素的交互影响作用的研究仍不深入，尤其是探究政府政策对海岸带土地利用的研究仍不多见。从土地利用政策维度来说，无论是研究一般区域还是海岸带土地利用变化，以往发表的关于政策因素的研究成果更多地聚焦到政策驱动力方面，这里忽视了一个更应注重的政策研究命题，那就是哪些是政策偏差导致的变化？或者说政策偏差在引起土地利用变化中的影响程度究竟是多少？已有成果往往不对土地利用变化是因满足人类合理需求的政策所产生的合理变化还是因不合理决策产生的不合理变化加以区分。他们通常采用基于经验统计方法的 CLUE-S 模型、基于多智能主体分析方法的 ABM 模型、基于栅格邻域关系分析方法的元胞自动机（cellular automata，CA）模型或是基于土地系统结构变化及空间格局演替综合分析的动态土地系统模拟（dynamic land system simulation，DLS）模型等模拟方法，通过两个或多个时间点的土地利用结构的相互比较，得出变化特征。这些变化特征要么是解析政策驱动作用，要么是将建设用地增加导致生态用地、农业用地减少归结为政策有所偏差，这是不够准确的。中国在过去三十多年快速发展过程中出现了越来越多的因政策变化带来的土地利用不合理变化，能够清晰地界定出这种政策变化对土地利用结构变化的贡献，是很具有方法论和政策价值的。

第二节　辽宁海岸带功能区划需求

中国拥有 3.2 万公里海岸线，其中，大陆海岸线约为 1.8 万公里，岛屿海岸线约为 1.4 万公里。但在海岸带领域从人文和政策视角研究海岸带环境变化的工作并不多，海岸带环境变化没有引起足够的重视（史培军等，2006）。大规模的围海造田、城镇港口和工业园区建设、旅游开发、水产养殖等人类活动，致使近海海域污染严重、原生性景观资源持续减少、生态服务功能日趋弱化。截至 2012 年，我国自然岸线仅存 8006.34 公里，较 1990 年减少 3510.13 公里，填海消失的港湾岛屿已达 806 个，近海域生态和环境呈现恶化趋势。《2014 年中国海洋环境状况公报》显示，沿海地区 70% 的原始红树林丧失，81% 实施监测的近岸河口、海湾的典型海洋生态系统处于亚健康和不健康状态；重点监测的 44 个海湾中，20 个海湾春季、夏季和秋季均出现劣于第四类海水水质标准的海域。然而，忽视开发强度、空间结构和开发模式应该受到海岸自然生态条件约束，忽视海岸带各类资源和生产生活空间布局的合理统筹，对海岸带盲目地大规模开发的热情不减，这将有可能使海岸带开发战略及政策的失误对海岸带的可持续性产生极大的破坏。而在导致土地利用不合理变化的过程中，政府决策偏差主要有 3 个方面内容：①因对人口、经济和城市化增长冒进地估计而产生的对土地利用需求预测过大，即决策采用的基数过大。②因对单位人口、产值或城市化率的土地需求量过大地预计，即决策时采用的关键参数偏大。③政府对土地利用区位的不合理选择，包括对合理用地量需求采取的不合理区位选择、不合理用地量需求采取的区位选择。

一、辽宁海岸带开发保护现状

辽宁位于中国东北部，是中国的老工业基地，2012 年人均 GDP 在全国 31 个地区中排名第 7 位。辽宁海岸带位于中国海岸带的北端，大陆岸线长 2110 公里，属暖温带湿润半湿润季风气候区，地形由山脉丘陵和河流冲积平原组成，海域分属渤海和黄海两大海域。研究范围为海岸线向陆域延伸约 10 公里、向海域延伸 12 海里（约 22 公里）（图 1-1）。其中，陆域面积为 1.45 万平方公里，海域面积为 2.1 万平方公里。2012 年末总人口为 1326.47 万人，分布有 261 个城镇，其中，100 万人口以上的城市 1 个，50 万~100 万人口的城市 5 个，是辽宁城镇集聚的地带。同时，分布有 36 个工业园区、57 个港口，其中，

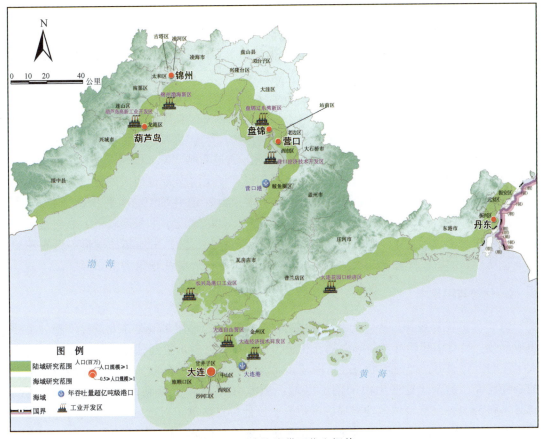

图 1-1　辽宁海岸带区位和概貌

国家级工业园区 8 个，吞吐量在亿吨以上的港口 2 个。GDP 为 10 386.74 亿元，人均 GDP 为 78 303 元，比辽宁平均水平高 38.2%，是辽宁经济发展水平相对较高的区域。

1. 现状

（1）开发利用全面展开，保护治理急需加强。基本形成每个市都有 2 个以上园区、1 个以上新城及千万吨以上港口的局面。截至 2010 年，行政区划范围内建成区面积超过 1200 平方公里，已建成或在建新城超过 20 个；重点园区已经发展到 42 家，规划利用土地面积超过 700 平方公里。大规模开发建设的同时，重开发、轻保护现象较为普遍，主要表现为：自然岸线不断减少，仅占海岸线总长的 26.4%，滩涂养殖仍在不断蚕食仅存的生态保护区岸线；大规模的围填海导致 1/3 的沙砾岸遭到强度不等的侵蚀、18 个岛礁与陆地相连；局部海域污染加重，海洋灾害风险增加。

（2）空间格局基本成型，布局无序问题严重。围绕"五点一线"重大战略部署，港口、园区、城镇、基础设施建设快速推进，区域开发框架已全面拉开，基本形成以大连为核心，以营口—盘锦为支撑，以锦州—葫芦岛和丹东为双翼，以 42 个产业园区为节点的宏观开发格局，由于缺乏规划的统一约束和协调指导，港口、园区、城镇发展缺乏统筹、海陆之间、区域之间缺乏衔接，功能之间存在冲突，急需对中观和微观的布局结构进行调整、规范空间开发秩序。

（3）规模扩张比较迅速，发展质量有待提升。"五点一线"重大战略提出以来，海岸带成为辽宁乃至整个东北地区发展最为迅速的区域，GDP 占全省和东北的比重从 29% 和 13% 增长至 44% 和 22%；人口比重从 33% 和 13% 增长至 36% 和 14%。经济增长主要依赖土地的扩张和投资的拉动；工业园区普遍占地规模较大，产出效率较低；城镇分布比较分散，综合服务功能难以形成；人口集聚以普通劳动者为主，对高素质人才的吸引力有待进一步提升。

（4）建设品质明显改善，粗放开发比较普遍。通过新城开发、旧城改造、滨海景观带和绿色开敞空间的培育、基础设施保障体系的建设，辽宁海岸带各地区的建设品质普遍提升，人均公共绿地面积由 2005 年的 8.09 平方米增长至 2010 年的 10.63 平方米。开发建设水平区域差异显著，部分城区功能提升缓慢，城乡接合部建设水平普遍较低，农村地区生态绿色面貌尚未充分显现。园区平均规划面积为 35 平方公里，用地集约度低，低矮建筑偏多；港口、园区内外建设品质缺乏统筹，区内精细、区外脏乱现象突出。

2. 优势与不足

（1）区位优势显著。从社会经济发展的区位看，辽宁海岸带既是东北亚经济圈的重要组成部分，与日本和朝鲜半岛隔海隔江相望，与俄罗斯、蒙古空间临近，是欧亚大陆往来太平洋的重要通道；地处环渤海经济圈与东北老工业基地的接合部，是京津功能向北辐射的必经地带，是东北地区出海的前沿区域，2010 年出口和实际利用外资规模占东北的 52.5% 和 53.6%。从自然地理格局的区位看，该地带自然单元相对独立，与周边地区之间资源矛盾冲突较少，具有利用两种资源和两种市场的有利条件。

（2）腹地潜力巨大。辽宁海岸带紧邻辽宁中部城市群（朱英明，2005），背靠东北广阔的腹地。辽宁中部城市群是我国最早形成的相对完整的城市群，以沈阳、鞍山、抚顺、本溪、辽阳为核心。五市城区土地面积仅占全省的 1%，却集中了全省 32% 的工业增加值。东北地区拥有丰富的自然资源、良好的产业基础、众多的技术人才储备，是具有后发优势的地区。实施东北地区等老工业基地振兴战略以来，地区经济实力不断增强，GDP 和工业增加值都大幅度增加。

（3）资源丰富多样。地势平坦，平原占规划区面积的 90% 以上；有约 3000 平方公里的低产或废弃盐田、盐碱地、荒滩、滩涂，适宜于集中建设城镇、港口和园区。作为千山山脉——长白山余脉的山前地带，多条河流由此入海，人均水资源量为 800 立方米左右，显著高于京津冀及山东地区。有 400 公里的深水岸线，适宜于港口建设。生态保护区、多种近海亲海空间及不同组合的自然景观，为发展旅游产业、提升区域建设品质、探索多元发展道路奠定基础。

（4）发展基础雄厚。辽宁海岸带的产业基础比较雄厚，是全国的装备制造业基地，造船、机床、内燃机车、成套设备等具有较强的国际竞争力；辽宁海岸带也是全国的重化工业基地，石油化工、冶金等原材料工业在国内具有举足轻重的地位，石油、电力等能源工业具有相当规模。地区城镇化水平较高，显著高于全国和全省平均水平。2010 年的工业增加值占全省的 49%，城镇化率达到 64% 以上，不少地区已加快推进全域城镇化。

（5）基础设施发达。基本形成了便捷的陆海空立体交通网络，建立了以大连、营口为龙头的港口物流体系，已同160多个国家和地区的300多个港口有贸易往来，2010年货物吞吐量占全国的12%；依托沈山、哈大等干线铁路及沈大、沈山、丹大、盘海营等多条高速公路，形成了较为完备的疏港公路和疏港铁路网络；大连、丹东、锦州3个空港已开辟98条国内航线和47条国际航线。

辽宁海岸带也存在着一些发展劣势和不足，包括珠江三角洲、长江三角洲等沿海地区率先发展，资源密集型的传统产业可供拓展的市场空间有限；美国次贷危机和欧债危机逐步影响我国，外需的拉动作用将有所减弱；局部地区水资源短缺和局部海洋环境恶化的现象尚未有效缓解，进一步发展将日益受资源环境的制约；区域合作的体制机制尚不健全，鼓励创业创新的环境和企业自主创新的能力尚未普遍形成，基础设施的现代化管理系统尚未有效建立。

二、辽宁海岸带开发保护意义

（1）有利于促进东北亚区域一体化进程。顺应全球具有影响力的北美、欧盟和东北亚区域经济一体化的发展趋势，加快辽宁海岸带开发，有利于进一步增强辽宁沿海地区综合实力和国际竞争力，提升辽宁乃至整个东北的对外开放水平，强化与朝鲜的陆路合作及与日本、韩国的海路合作，推进中日韩自由贸易区建设和东北亚区域经济一体化进程。

（2）有利于落实我国区域发展总体战略（陆大道，2009）。顺应我国东部率先发展、东北老工业基地振兴、西部大开发等区域发展战略的要求，加快辽宁海岸带的开发，既有利于增强东部资金、人才、技术等核心生产要素进一步集聚，促进环渤海经济圈的形成（田野和马庆国，2008），也有利于发挥海岸带扩张增量、提升品质、强化综合服务功能和龙头带动作用，引领东北老工业基地振兴，还有利于加强海岸带功能辐射、产业转移和区域经济合作，带动蒙东地区开发进程。

（3）有利于优化辽宁区域经济发展格局。顺应人口、产业向海发展的基本规律和开发蓝色海洋的新趋势，加快辽宁海岸带的开发，有利于推动临港产业、海洋经济等战略性新兴产业发展，实现发展重点由内陆向沿海拓展，推动区域协调发展，增强辽宁整体经济实力和竞争力。

（4）有利于打造海岸带优越的人居环境。顺应以人为本、一切发展均应以满足人的生产、生活需求为基本出发点和落脚点的现代发展理念，加快海岸带科学开发，提升宜居环境支撑能力，有利于为民众建设一个生态环境优美、工作条件优越、城乡品质上乘、宜居宜业的富庶美丽家园。

三、机遇与挑战

（1）中日韩区域合作的进一步务实深入带来的机遇。在经济全球化深入推进的背景下，各国、各地区都把扩大对外合作、提高国际化程度、加快区域一体化进程作为国家战略的共同抉择，至今全球已建成了1200多个自由贸易区。当前，中国已经成为日本、韩国的第一大贸易伙伴，三个国家进一步加强联系、开展紧密经贸合作、建设与欧盟和北美并列的自由贸易区的意愿越来越强烈。率先在山东拟建的中日韩地方经济合作示范区表明，环渤海地区将成为中日韩合作的核心区域，从而辽宁海岸带的发展将面临新的发展动力和新的发展机遇。

（2）国家经济重心向北方沿海地区进一步推移带来的机遇。改革开放以来，我国区域经济发展的重心在逐步向北推移。珠江三角洲地区凭借临近香港的人缘、地缘优势，发展"前店后厂"的外向型经济（蔡根女和李卫武，1989），率先成为区域经济发展的重心。20世纪90年代，长江三角洲地区依靠广阔的腹地和良好的生产配套能力（张颢瀚，2009），吸引大批国内外大中型企业进入，成为新的经济重心。在创新驱动的新的发展模式下，环渤海地区有望凭借雄厚的科技和人力资源优势，实现经济重心进一步向北推移。经济重心的北移将为海岸带崛起提供有力支撑。

（3）东北老工业基地振兴战略进一步创新思路带来的机遇。东北老工业基地振兴战略已经实施两个"五年规划"。2010～2020年，东北老工业基地的发展要再上新台阶、再创辉煌，必须创新思路、转变发展模式，由调整产品结构和改造传统产业，转变为发展战略性新兴产业和培育新的经济增长点；由改革体制机制和激发内部活力，转变为加大开放力度和积极借助外力；由保障民生和维护社会稳定，转变为提升生活品质和建设和谐社会。东北老工业基地建设为海岸带建设提供了新机遇。

（4）蓝色海洋经济和绿色发展进一步深化带来的机遇。海洋是人类在地球上最后开辟的疆域，21世纪以来大多数国家都在向海洋进军、发展海洋经济（韩增林和刘桂春，2007）。近年来，国务院先后批复山东半岛、浙江及广东的海洋经济规划，国家"十二五"规划中明确提出要加快海洋经济发展，这些都表明海洋经济已经上升为国家战略。作为渤海和黄海资源开发的后方基地，海洋经济的发展将为辽宁海岸带开发提供新的机遇（李欠标，2011）。绿色发展要求国土开发应当从注重扩大生产空间开始向关注生产、生活和生态空间并重转型，从优化投资环境向继续优化投资环境与同步改善人居环境并重转型，从资源消耗、环境污染向资源节约、环境友好转型，从而为走新型海岸带开发道路提供了机遇。

（5）辽宁空间布局和产业结构进一步优化带来的机遇。以辽宁沿海经济带、沈阳经济区建设为引擎，带动辽西北地区实现跨越发展的"双擎一轴联动"的新的空间布局模式进一步明确了重点发展区和辐射带动区的区域范围，强化了沈阳经济区和辽宁海岸带的空间联系，为辽宁海岸带集聚优势、加快发展提供了机遇。发展战略性新兴产业及提升服务业比重的产业发展目标要求与有关政策的配套，为辽宁海岸带发展具有区域特色的临港产业、高新技术产业、生产性服务业、旅游休闲产业等提供了新机遇（朱坚真和刘汉斌，2012）。

辽宁海岸带的发展也面临诸多挑战，包括如何深化与日本、韩国的合作，降低国际政治环境波动对区域经济环境的影响；如何有序布局产业体系，缓解沿海地区可能出现的产业同构和恶性竞争；如何依托科技创新实现海洋经济的战略性突破，不断提升区域的持续竞争力；如何通过经济发展促进生态保护和社会建设，形成经济社会、资源环境全面协调可持续的局面；如何推进体制机制的创新，在促进自身发展的同时，辐射带动周边地区协调发展。

四、海岸带功能区划的需求

辽宁岸线资源丰富,地理位置重要。2009年7月1日,辽宁沿海经济带开发建设上升为国家战略,辽宁沿海地区的开发建设进入了一个崭新阶段。为深入贯彻辽宁沿海经济带开发建设国家战略,进一步加强海岸带资源有效保护和合理利用,辽宁省政府提出,按照科学发展观的要求,编制《辽宁海岸带保护和利用规划》,研究提出有效保护和科学使用岸线资源的原则、任务和政策措施,协调保护和使用岸线资源活动中的重大问题,科学划定海岸线功能区,做到开发和保护岸线资源并举。显然,规范海岸带各功能区科学开发和布局,有利于促进辽宁海岸带生态系统可持续发展,有利于加快辽宁海陆间协调联动,有利于保障辽宁老工业基地全面振兴,有利于进一步完善我国沿海地区特别是环渤海区域生产力布局,有利于东北地区形成对内对外开放的新格局。

中国科学院地理科学与资源研究所承担了《辽宁海岸带保护和利用规划》编制任务。该项工作于2011年2月底正式启动,历时两年完成。辽宁省委副书记、省长陈政高担任领导小组组长,中国科学院区域可持续发展分析与模拟重点实验室主任樊杰研究员担任项目首席科学家。该规划是对辽宁沿海经济带开发建设国家战略的落实与深化,是国内有关海岸带保护和利用的首个规划,是地区有效保护和利用海岸带资源的重要纲领,《辽宁海岸带保护和利用规划》运用主体功能区规划的前沿理念与技术方法,科学划分功能区并探讨功能区精准落地的首次研究实践,构建功能明晰、结构合理、布局协调的海岸带保护和利用格局,提出明确的功能空间建设重点和岸段保护与利用方向,这成为主体功能区规划在我国现行规划体系中的一种创新形式,有望在全国发挥一定的示范和引领作用。

在"海岸带资源严格保护和合理利用相协调、陆域功能建设同海域功能完善相统筹、生活岸线和生产岸线配置相结合、宜居与宜业环境打造相促进、海岸建设的繁荣同岸线景致的美观相融合"规划原则的指引下,空间组织方案按照2012~2020年为期限。主要任务是:①摸清全省海岸带资源开发保护的基本情况,明确开发保护中存在的重大问题与主要矛盾,开展海岸带资源环境承载能力评价和开发保护适宜性评价,了解各部门各地区对海岸带保护与利用规划的基本诉求。②在整合全省相关规划、不同部门与地方规划的基础上,根据海岸带不同区域的资源环境承载能力、现有开发强度和发展潜力,遵循海岸带保护与利用的基本原则,借鉴国内外具有代表性的先进理念与成功经验,划分出具有不同功能的海岸带功能区域。③针对不同类型海岸带功能区域,制定具有约束性、针对性的开发保护管制原则;编制贯彻落实规划的实施导则,指导相关规划在调整和执行中与规划协同一致;提出差别化的指导性意见及其配套政策体系,引导生产要素向重点建设区集聚,约束重点保护区和适度开发区不符合功能定位的开发行为;研究相关配套的体制机制,通过建立补偿机制等引导地方人民政府和市场主体推进海岸带功能建设。

第三节　学术思想和技术路线

一、学术思想

辽宁海岸带开发保护的地理格局优化研究，采用主体功能区的学术思想。主体功能区的学术思想及按照这一学术思想通过在全国主体功能区划研究中赋予辽宁海岸带的总体定位，是开展辽宁海岸带功能区深化研究的重要依据（樊杰，2013）。

自然和人类因素都在改变着地球，其中，地理格局——包括自然地理格局和人文地理格局发生的剧烈变化是地球变化的一个重要方面，人类活动正在成为这种变化的主导因素。1950～2017 年，世界人口数量由 25.35 亿人增加至 75.50 亿人，地球表面被人类改造的程度远比历史上任何时期都强。随着城市化进程在更广泛的地球表层展开，人类开发地表的强度还在增大，人类利用地表的功能也越来越复杂，地表利用功能和地球自然生态系统保护功能在有限的国土范围内已经或将会面临冲突，如何合理界定不同地表的开发保护功能，构成可持续的地理格局，并以此为依据引导人类活动的合理分布无疑成为可持续发展的一个重要途径。这对发展中国家尤为重要，事关发展中国家在迈向经济现代化进程中能否实现大多数发达国家国土有序、家园美丽的目标。

在 1950～2017 年全球总人口增长量中，近 90% 人口的增长主要集中在发展中国家，预计 2050 年发展中国家的总人口将达到 79 亿人、城市化率将达到 67%。发展中国家往往处于全球产业链的低端，以自然资源、生态环境为代价换取经济增长成为发展中国家共同的道路，这就使得发展中国家成为全球不断增长的人口经济同有限的资源供给、环境容量之间的矛盾冲突最为剧烈的地区。全球气候变化、经济全球化等过程，使得发展中国家和地方产生的问题，对全球环境和发展都产生了很大的影响（余永定，2002）。人与环境系统相互作用的场所是国土，可持续的国土利用即可持续的地理格局成为发展中国家可持续的核心问题。中国不可持续的土地利用导致城市化总用地规模和城市用地分布失控，2016年已建成和列入规划的城市建成区面积可容纳城市总人口规模达到 17 亿人，远大于中国人口总量预测最大值。维系粮食和生态安全用地大幅度减少，全国耕地面积自 2000 年以后的 10 年间因建设用地占用减少了 6.4%，开山造田毁坏大于 25°坡度的林草面积达到 549.6 万公顷。自然和文化遗产地得不到严格保护，近 20% 的世界遗产保护地因盲目建设被警告。其他发展中国家随着人口经济的发展也已经或将面临同样的问题。

现有的地理格局评估和规划的研究，大致分为两类：一类是基于土地利用的研究，侧重于针对土地利用类型开展的适宜性评估，更多强调经济效益最大化目标取向下的建设用地、农作物种植的适宜程度，把剩余的经济效益相对低的国土规划为生态类型用地，这种评估和规划往往是发展中国家普遍采取的重塑地理格局的方式；另一类是基于生态功能的研究，侧重于针对不同生态系统的脆弱性或重要性开展的保护修复模式研究，更多强调生态服务功能价值最大化目标取向，修复土壤侵蚀、石漠化等生态问题，保护生物多样性、水源涵养等生态服务功能，很少考虑土地开发利用的经济效益关联研究，而土地开发往往是急需发展的发展中国家最为关注的问题。显然，只有将以上两种研究范式中强调的两个维度进行综合，即将土地开发适宜性与生态保护重要性复合为同一目标，才能够形成系统解决发展中国家日益增长的人口经济和日益重要的生态、粮食安全冲突问题的可持续地理格局的方案。很遗憾的是，目前这类研究还非常薄弱。

着眼国家尺度，可持续地理格局的关键是评估每个地块在全国可持续发展中的作用——即确定可持续性指向下的地域功能，按照这样的地域功能进行空间组织和国土规划就是塑造可持续地理格局。主体功能区的学术思想，究其本质是一种耦合自然承载力与人类发展需求的地域功能综合模型，综合考虑自然基础、人类发展需求，兼顾社会空间组织，对地域功能进行科学评估、确定并用于对人类利用地表的指引，以解决国家尺度可持续地理格局问题，这里，在全国主体功能区划中，"县"是评估和规划的基本地理单元，本研究构建了耦合自然生态系统服务功能和人类生产生活需求功能的可持续地理格局的理论模型，并在全国主体功能区划工作中，评估中国陆域每个格网单元的地域功能适宜性，在此基础上划定以县域为基础单元的主体功能区划方案（樊杰，2007a，2007b）。其关键实施步骤包括：①国家层面选取城市化、农牧发展、生态安全、遗产保护4种功能，基于全覆盖格网单元评估每种功能的适宜性；②采用降尺度集成方式分解省级—市级—区县级人类需求的总量控制指标，结合不同功能适宜性单项评估结果，确定每一个格网单元显性的功能定位；③通过主要参数——开发最大值和保护最小值、三个主要功能空间的比例关系并结合国家战略格局定位每一个县域单元的主体功能。本研究以实现国土开发与保护系统优化为目标，提出中国主体功能区划方案，为重塑中国可持续地理格局提供依据，为发展中国家提供相应借鉴。

按照主体功能区划思想，给辽宁海岸带的总体定位如下：一是辽宁省和东北地区对外开放门户。发挥辽宁及东北唯一沿海地区和最近出海门户的作用，完善港口集疏运体系和区际综合运输通道，建设与东北腹地有效连接的基础设施网络，不断优化提升辽宁和东北发展外向型经济的基础条件。强化区域金融、物流、信息中心功能，打造辽宁及东北对外开放合作的重要门户区域。二是环渤海经济圈现代临港产业走廊。积极依托现代化港口、物流，大力发展临港工业，实现环渤海北岸的进一步隆起，打造与南岸山东半岛相映衬的重点发展地区。发挥独特的区位优势和资源优势，优化环境、提升品质，不断承接京津的高端功能辐射，不断提升临港产业的层次，着力打造以自主创新为引领的我国第三大经济增长极——环渤海经济圈发展的主要持续支撑区域。三是我国北方地区滨海宜居城镇带。利用海陆景观，营造和维系多种近海、亲海空间，打造我国北方高品质生活和高品质旅游休闲的城镇带。优化园区、港区、城区、旅游区、农业区和生态保护区的空间布局，推进一体化建设和统筹发展，以和谐的居住氛围、完善的配套服务、良好的工作环境和优质的基础设施，满足不断提升的发展需求。四是东北亚区域一体化建设重要基地。加快推进黄金坪和威化岛特殊经济区建设，不断强化中朝经贸合作，打造朝鲜与世界各国物资和人员交流的畅行通道；积极探索和创新区域合作新机制、新模式，在重要领域和关键环节率先取得突破，为推进中日韩自由贸易区建设提供发展动力，为我国与周边国家打造最具品牌显示度的经济一体化区域预留发展空间。五是全球海岸带可持续发展示范区。破解保护与利用双重目标要求下的发展难题，化解海岸带不同区域、不同功能之间的矛盾冲突，坚持不以牺牲后代人发展的生态基础为代价、不以牺牲生产生活的环境质量为代价换取经济增长，按照绿色发展的要求，积极探索经济社会、资源环境全面协调可持续发展路径，为世界各国开发利用海岸带资源创造成功经验。

二、技术路线

本项研究采取的基本技术路线，是开发了基于空间升降尺度转换、功能传导、功能精准落地的空间组织优化模型。

模型操作的主要步骤包括：

（1）根据海岸带合理开发和保护的规划导向，划分海岸带土地利用类型，共分为3个层级。第一层级为3类主体功能区，主要是结合辽宁主体功能区规划，在整个海岸带的总体空间结构指引下，基于基础评价所获得的分类。第二层级为6类功能区，主要是在各地市基本参数控制下，着重基础评价和开发利用保护现状的综合分析，进行功能区细化，将海岸带功能区类型确定为工业开发、城镇建设、港口物流、农业渔业、旅游休闲、生态保护六种类型功能区。第三层级共包括27种功能板块，是对每类功能区结合地市和县区发展的需要，进行空间组织方案，实现功能区划精准落地的效果。这里需要强调的是，宏观-中观-微观尺度上的功能区划，不是简单地从宏观归纳为中观、从中观细分为微观的过程，而是一个反复循环、不断优化的过程。在不同尺度上因采用数据和工作的精度不同、因考虑的主导因子和关键要素不同、研究的宏观背景及同层级比较的对象区域范畴不同，三个层级都各自具有其自身研究的价值，三个尺度之间的方案都具有相互借鉴和验证的功效（李双成和蔡运龙，2005）。总之，宏观-中观-微观尺度上的功能区划，是一个循环优化的过程。

（2）按照国家和省作为上位规划及发展前景预测提出的目标要求，根据行业标准、阶段性目标分解并参照平均水平，确定未来海岸带社会经济发展总量的控制性参数和用地标准等单项指标，包括城市化率、城镇建设用地标准、园区单位面积产值、港口吞吐量占全国港口吞吐量的比重、港口陆域用地标准等，进而确定工业建设用地、城镇建设用地、港口建设用地及其他各类用地的最佳分配值。

（3）根据发生学原理，确定不同功能类型的主导因素，建立相应的指标体系，进行不同功能类型的适宜性等级评价（表1-1）；其中，工业开发、城镇建设和港口物流三类功能空间，也要对其地形坡度、海拔、水域、灾害风险等因素进行建设用地适宜性评价。

表1-1　中尺度功能区分类评价

中尺度功能区类型	内涵	适宜性评价指标体系	算法
工业开发	面积在3平方公里以上的工业集中布局的园区	园区重要性（Ind_1）、区域发展质量（Ind_2）、园区发展受限程度（Ind_3）、园区与城镇关系（Ind_4）、园区现状基础（Ind_5）	$S_{Ind} = \sum_{i=1}^{5} w_i Ind_i$，式中，$w_i$为各指标的权重；$S_{Ind}$为各工业园区综合得分，并根据$S_{Ind}$的大小确定规划期末园区建设用地规模

中尺度功能区类型	内涵	适宜性评价指标体系	算法
城镇建设	城镇集中建设区域，包括城镇住宅、公共建筑用地，以及工矿仓储用地、商服用地和其他特殊用地等	发展现状（Urb_1）、战略区位（Urb_2）、规划用地条件（Urb_3）、财政支撑能力（Urb_4）	$S_{Urb} = \sum\limits_{i=1}^{4} w_i Urb_i$，式中，$w_i$ 为各指标的权重；S_{Urb} 为各城镇综合得分，并根据 S_{Urb} 的大小确定规划期末城镇建设用地规模
港口物流	地区港口设施建设所占用的陆域与海域空间	发展现状（Por_1）、集疏运配套条件（Por_2）、战略区位（Por_3）、规划吞吐量（Por_4）	$S_{Por} = \sum\limits_{i=1}^{4} w_i Por_i$，式中，$w_i$ 为各指标的权重；S_{Por} 为各港区综合得分，并根据 S_{Por} 的大小确定规划期末港区陆域建设用地规模及海域占用空间
农业（含渔业）	直接用于农业渔业生产的陆域土地与海域空间，包括耕地、林地、草地、农田水利用地、养殖水面、近海海域	产业区位熵（Arg_1）、产业规模（Arg_2）、经济技术指标（Arg_3）	对标准化后的指标值进行聚类分析
旅游休闲	用于进行旅游开发和建设的海陆复合用地空间	景观价值（Tou_1）、生态价值（Tou_2）、开发利用价值（Tou_3）	$S_{Tou} = \sum\limits_{i=1}^{3} w_i Tou_i$，式中，$w_i$ 为各指标的权重；S_{Tou} 为各旅游岸段综合得分
生态保护		水源涵养重要性（Eco_1）、生物多样性重要性（Eco_2）、湿地保护重要性（Eco_3）；水环境胁迫性（Thr_1）、盐渍化胁迫性（Thr_2）、水土流失胁迫性（Thr_3）	$S_{Eco} = \max\{Eco_1, Eco_2, Eco_3\}$；$S_{Thr} = \max\{Thr_1, Thr_2, Thr_3\}$；式中，$S_{Eco}$ 为生态重要性指数；S_{Thr} 为环境胁迫性指数

（4）根据不同功能类型的适宜度评价结果，进行综合集成，以达到综合效益的最优：遵循生态系统服务功能、人口和经济空间结构最优（如城镇、工业和港口集中布局等）等社会经济的客观要求，将评价获得的6类功能适宜性评价进行综合空间定位分析，获得未来辽宁海岸带开发保护功能区的理想情景格局。

升尺度：通过组合构成功能区三大类型，即重点保护区、适度利用区、重点建设区。其中，重点保护区主要由生态保护区和主体功能区划中的禁止开发区构成，包括禁止开展资源开发、利用等人类干扰活动的各类海岸生态保护区，以及其他法律规定的各类国家级和省级禁止开发建设的区域；也包括具有革命纪念价值、历史文物价值的人文景观保护区域。适度利用区主要由旅游休闲和农业渔业区构成，限制进行大规模、高强度工业化与城镇化开发，在保护生态系统和文化景观价值的同时，开展农产品生产、旅游等活动，进行适度开发利用。重点建设区则由城镇建设、工业开发和港口物流用地构成，是有计划、有步骤地进行城镇与乡村居民点布局、产业园区建设、港口物流仓储及旅游休闲等设施用地配套的重点开发利用区域。

降尺度：对每类功能区的细分。6 类功能区细分小尺度功能板块方案见表 1-2。

表 1-2　6 类功能区细分小尺度功能板块方案

中尺度功能区	小尺度功能板块
工业开发	高新技术产业主导园区
	装备制造业主导园区
	原材料加工业主导园区
城镇建设	城市新区
	老城区
	中心镇
港口物流	综合性重点港口
	地方性港口
	临港工业与货主码头
	陆岛运输与旅游码头
	渔港
	海上航道区
旅游休闲	海上休闲娱乐旅游区
	海岛休闲度假旅游区
	温泉休闲度假旅游区
	滨海休闲度假旅游区
	滨海商务休闲旅游区
	滨海观光旅游区
	滨海生态休闲旅游区
	历史文化旅游区（点）
农业渔业	基础农业保护区
	特色农业提升区
	都市农业发展区
	浅海养殖区
	深海捕捞区
生态保护	水源涵养与土壤保持功能区
	河流湿地保护与环境治理功能区
	生物多样性保护功能区
	海岛海岸保护与侵蚀防治功能区

三、数据来源

研究数据主要包括 3 类：①海岸带基础地理信息数据库，包括数字高程模型（digital

elevation model，DEM）数据、海岸线资源、生态环境调查、行政区划、交通网络等本底数据信息，来自项目组建设的"中国可持续发展数据库"、辽宁省国土资源厅和国家测绘地理信息局①、各级林业和环保部门。②Landsat TM 遥感影像数据集、ENVISAT ASAR 数据集、Google Earth 历史影像及采样数据集等，来源于美国地质调查局（United States Geological Survey，USGS）、欧洲航天局（European Space Agency，ESA）、中国科学院地理空间数据云平台。③各类规划、区划数据，包括海岸带所有城镇规划、土地利用规划、海洋功能区划、生态功能区划，主要来自辽宁省各级住房建设、海洋渔业、发展和改革、国土资源、林业和环境保护等行政管理部门。其中，有关工业园区和港口建设的空间数据是对海岸带范围内所有工业园区与海港建设规划及发展前景数据进行空间数字化所得。④海岸带范围内各级行政区的综合和分部门经济与人口等统计数据，来源于辽宁省统计局及各地区统计部门。

四、区划的指导思想和原则

辽宁海岸带功能区划遵循的指导思想是：以全国主体功能区划方案为基础，以科学发展观统领海岸带开发全局，坚持以人为本、尊重客观规律，按照"海岸带资源严格保护和合理利用相协调、陆域功能建设与海域功能完善相统筹、生活岸线与生产岸线配置相结合、宜居与宜业环境打造相促进、海岸建设的繁荣与岸线景致的美观相融合"的要求，合理优化国土空间结构，着力推进功能分区和功能板块建设，积极培育长期竞争力和持续发展能力，打造经济发达、社会和谐、生态美好、人民幸福的沿海开发轴带，实现优质资源的高水平开发，实现辽宁海岸带的高品质建设，为辽宁全面建设小康社会、基本实现现代化提供持续动力，为东北老工业基地振兴、环渤海经济圈形成、东北亚开放合作提供有力支撑。为此，区划需坚持以下原则：

（1）坚持因地制宜、分类管制的原则。根据不同区域的国土空间本底条件、保护与利用的适宜性，实施功能分类管制，确定不同板块、岸段、岸线的功能定位，合理控制开发强度，规范开发秩序，推进功能区建设，形成科学合理、集约高效、健康有序的海岸带开发格局，实现国土功能分工合作中出优势，在国土空间结构调整中出效益。

（2）坚持集约开发、循序渐进的原则。走新型工业化和新型城镇化道路，循序渐进地推进海岸带的建设，确保高效、集约开发。控制过大的园区规模，引导企业向园区集中布局，提高产业空间利用效率；控制新城、新区建设数量，引导城镇建设优先利用现有城镇空间，避免分散布局。

（3）坚持合理保护、持续利用的原则。对具有重要生态功能的重点保护区实施严格保护，对各类蚕食保护区的行为坚决取缔。对没有纳入保护区范围但实际发挥重要生态功能的区域，一并作为保护区实施保护；对没有发挥重要生态功能的区域进行适当调整。按照资源环境承载能力，控制国土开发的规模和强度，确保海岸带资源可持续利用。

（4）坚持合作开放、统筹协调的原则。加强区内区外、国内国外的开放合作，加快区

---

① 2018 年 3 月，国家测绘地理信息局职能整合，并入中华人民共和国自然资源部。

域一体化进程。加强海岸带陆域部分与海域部分的统筹，实现陆域和海域统一规划、统一功能、统一管理。加强不同功能内部的统筹，合理布局海岸带开发保护功能，避免国土空间开发失衡。加强不同地区间的统筹，促进海岸带内部的互利合作与共同繁荣。

（5）坚持改革创新、跨越发展的原则。以体制改革和科技创新为动力，不断增强发展的软实力，促进辽宁海岸带跨越式发展。积极探索园区和港口分工合作、地区间共同治理环境和保护生态、交界地带共建新城和新区的体制机制，逐步消除海岸带资源利用的竞争冲突。充分发挥企业的创新主体地位，实现创新能力提升与经济同步增长。

第四节　上层位功能区划方案

根据资源环境承载能力、现有开发强度和发展潜力，确定区域功能类型，以此为基础，优化国土空间结构，规范保护开发秩序，拓展开放合作领域，将辽宁海岸带建成环境友好、经济发达、社会进步、开放度高的现代化区域。

一、划分依据

依据自然生态要素地域分异的规律和资源环境对人类活动的空间限制性及强度约束性要求，坚持尊重自然与以人为本相结合、合理保护与有序开发相结合、区际关联与内部均质相结合、近期重点与远景目标相结合的原则，科学合理地划分辽宁海岸带功能类型区。

——自然本底条件。依据对地形条件、生态系统重要性、生态脆弱性及海岸线资源利用适宜性评价结果，揭示地域的功能定位趋向。关系生物多样性保护或较大范围区域生态安全的典型自然生态系统分布区、重要物种栖息地、重要水源涵养地、海岸滩涂湿地及地形坡度在25°以上易发生水土流失和地质灾害的区域，应被作为重点保护对象。

——开发保护现状。土地利用反映了地域功能类型的现状轮廓，依据土地利用合理性评价结果和用地建设强度，判定地域功能类型归属。依法设立的各类自然文化资源保护区域、林地、内陆滩涂及地形坡度大于25°的退耕坡地属于重点保护类型；耕地、园地、农村居住用地及适于旅游休闲和水产养殖的区域划归适度开发类型；城镇建设、工业园区和港口物流用地，人口和产业集聚程度高，建设强度大，属于重点建设类型。

——开发建设增量。依据自然本底条件、后备适宜建设用地潜力和近海海域环境质量评价结果，统筹考虑辽宁沿海经济带发展战略及对海岸带开发建设的总体布局指向，综合权衡和核定城镇建设、工业园区和港口物流设施布局对国土空间占有的增量规模和拓展方向。将2020年前的开发建设增量纳入重点建设类型，远景规划增量作为预留区域划归适度开发类型。

二、三类主体功能区划方案

按照功能区划依据，经对自然本底条件、开发保护现状及开发建设增量需求开展单要素和综合集成评价，将海岸带划分为重点保护、适度开发和重点建设三类主体功能区（表1-3、图1-2）。

表1-3 辽宁海岸带功能区划结果统计

类型	功能区	功能	面积（平方公里）	占陆域总面积比例（%）
重点保护	生态保护区	生态保护、水源涵养	5411.19	37.40
适度开发	农业渔业区	农业特色产品、水产品生产	7173.65	49.58
	旅游休闲区	旅游休闲、观光		
重点建设	城镇建设区	集聚城市化人口	1885.47	13.03
	港口物流区	港口贸易、物流		
	工业发展区	集聚工业企业		

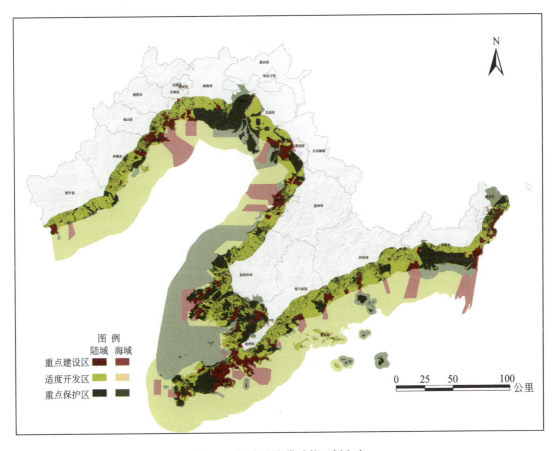

图1-2 辽宁海岸带功能区划方案

——重点保护区。主要功能是生态保护和水源涵养。包括依法设立的自然保护区、森林公园、地质公园、风景名胜保护区及林地、草地、内陆水域和滩涂。重点保护区面积为5411.19平方公里，占陆域总面积的37.40%；涉及海岸线长度为668.15公里，占海岸带岸线总长度的32.99%。

——适度开发区。主要功能是农业特色产品、水产品生产和旅游休闲、观光。包括耕地、园地、农村居住用地、水产养殖沿海滩涂、具有旅游休闲功能的滨海岸段区域和海岛及作为远景规划重点建设用地的预留区域。适度开发区面积为 7173.65 平方公里，占陆域总面积的 49.58%；涉及海岸线长度为 959.96 公里，占海岸带岸线总长度的 47.39%。

——重点建设区。主要功能是城市化人口集聚、工业开发和港口物流。重点建设区是有一定经济基础、资源环境承载能力较强、发展潜力较大，具备进行规模化开发建设的城镇化和工业化区域。包括现状城镇建设、工业园区、港口物流用地和 2020 年前的规划用地。重点建设区面积为 1885.47 平方公里，占陆域总面积的 13.03%；涉及海岸线长度为 397.49 公里，占海岸带岸线总长度的 19.62%。

三、重点方向和任务

根据三类主体功能区的功能设定与内涵，重点保护区的发展方向是强化生态保护和水源涵养；适度开发区宜积极发展特色农果业、渔业和旅游业；重点建设区应加大工业化和城镇化建设力度，有序引导人口和产业集聚。

——重点保护区。加强陆域生态保护与建设，综合整治重点海域的生态环境。陆域各类保护区、近岸岛屿和近海自然保护区禁止从事与生态保护目的不一致的开发建设活动。重点任务是：保护自然生态系统与重要物种栖息地，防止生态建设对栖息环境的负面扰动；加快土壤侵蚀治理，严格保护具有水源涵养功能的自然植被。完善海岸带各类保护区范围的划定标准，对划定范围不符合相关规定和标准的，按照法定程序进行调整。进一步界定自然保护区边界、面积和核心区、缓冲区、实验区的范围，核定后的范围原则上不再予以变动。在界定范围的基础上，结合重点保护区人口转移的要求，对管护人员实行定编。

——适度开发区。发挥区域优势，因地制宜发展特色农业、都市农业和经济林果业。适度开发岸线、海岛与内陆旅游资源，积极发展旅游休闲业及配套产业。合理利用沿海滩涂发展现代渔业养殖，适度发展近海捕捞业。重点任务是：完善农田基础设施建设，推进基本农田标准化改造，打造高产稳产粮食核心区。推进特色农果业、水产养殖业的规模化生产经营，着力提高品质和单产，切实提升农业渔业现代化发展水平。推动农业渔业仓储物流和加工能力建设，促进产业化发展。加快滨海旅游休闲空间改造建设和旅游服务业发展，推进新城发展与旅游功能的融合，形成高品质旅游新城和滨海都市旅游圈。打造海岛旅游链，提升海岸带旅游吸引力。农村居民点及农村基础设施和公共服务设施的建设，适度集中、集约布局。

——重点建设区。科学推进工业化城镇化进程，优化空间布局形态，提高空间利用效率，推动跨越式发展。节约集约利用资源，走新型工业化道路，推进产业升级，实现工业化与城镇化的协调发展。优化提升城市综合职能和人居环境品质，重点培育有发展潜力和联动效应的新城区。重点任务是：分类引导各类工业园区发展，提升综合类园区的整体实力和竞争力，提高专业类园区产业集群质量（王缉慈，2002），扩大新兴潜力类园区建设规模，建设国家级新型产业基地。协调推进港口城市、工业城市和中心城市建设，优先发展增长极新区，整合提升城镇集聚区，培育壮大新型节点城市，将海岸带打造成国家级沿海城镇带。重点建设综合性港口，适度发展地方性港口，完善陆岛运输及旅游码头、渔港建设。

四、空间管制指向

保障经济社会发展。根据海岸带经济社会发展条件和总体规划、部门规划需求，以优化空间结构为导向，以推进功能区形成为抓手，结合重点岸段的发展战略、建设布局与开发管制，保障经济社会全面发展。

提升空间利用效率。合理调整用地结构，逐步控制和压缩农村居住用地，有序扩大城市建设用地和工业用地；促进土地集约利用，合理分配存量用地，在挖潜提升现有用地效率的基础上适度扩大新增建设用地的配给规模。

把握开发建设时序。区分近期、远期目标，实施有序开发。近期重点建设好国家和省级政府批准的各类开发区，目前尚不具备开发条件的区域，作为预留发展空间予以保护。

坚持生态环境为本。依据法律法规规定实施强制性保护，严格控制人为因素对自然生态和文化自然遗产原真性、完整性的干扰，严禁不符合功能定位的各类开发活动，引导人口逐步有序转移，实现污染物"零排放"，提高环境质量。

严格保护基本农田。实行全面规划、合理利用、用养结合、严格保护的方针，明确基本农田保护的布局安排、数量指标和质量要求，确保基本农田数量不减少、质量不下降，严禁占用基本农田。

塑造美丽岸线景观。充分发掘海岸带自然、人文旅游资源，保持岸线景观的连续性、完整性。合理安排沿岸城镇与工业布局，将旅游服务功能和休闲功能的打造作为新城建设的重要内容，塑造具有魅力的岸线景观。

第五节　空间结构组织

着眼陆域海域长远发展，因地制宜，统筹兼顾，打造成片保护、集中开发、进度有序、疏密有致的保护开发格局，勾绘海岸带功能布局互为支撑、开发保护协调并行、国土空间高效利用、人与自然和谐相处的美好蓝图。

一、空间基本架构

以海岸线为主干，统筹海域陆域开发保护格局。以海岸线为主干，加强海岸线向陆地侧延伸10公里陆域、向海洋侧延伸12海里海域功能衔接，同步强化海陆生态保护与污染防治，有序推进岸线开发与陆域建设，实现海陆空间统筹发展、协调布局、互惠互利、共建共赢。

以园区-组群-都市区为主要形态，塑造集聚集约的重点开发格局。积极培育重点镇、规模较小的园区和新城区，逐步形成职能定位明确、设施网络完善、规模集约发展的新增长极，缓解旧城资源环境压力，引导人口、产业向新城新区有序集聚。协调临近地区、相同发展功能组团的竞合关系，强化跨区域组团内部分工协作，加快基础设施共建共享，近期规划协同，远期同城化发展。提升大连核心地位，强化营口—盘锦重点支撑作用，壮大锦州—葫芦岛渤海翼和丹东黄海翼，优化四大都市协作区内部空间协调布局，提升区域整体竞争力。

以斑块-廊道-保护区为重点，构建网络状的生态保护格局。加强城区、园区、路网绿化建设，增加人口、产业集聚区绿地面积。保护岸线、河流和林带的开放特性，加快形成海岸带生态廊道。严格自然保护区、森林公园、风景名胜区管控措施，扩大水源涵养林、沿海防护林、陆域和海域动植物的天然空间。连接生态源地和生态斑块，构建网络状的生态安全格局，维护自然风貌，增强生态服务功能和景观资源品质。

以复合利用海岸带国土空间为目标，打造疏密有致、集中与分散相结合的适度开发格局。优先保护、适度开发，稳定粮食生产安全，增强旅游服务功能，形成点开发、线利用、面保护的空间结构。因地制宜发展资源环境可承载的农业渔业和休闲旅游产业，引导超载人口有序向城镇转移。稳定耕地数量和质量，强化基本农田保护，控制农村居民点扩展。按照旅游发展要求，保持岸线、滨海观光道景观的连续性和完整性，合理布局旅游休闲服务网点，逐步形成资源节约型、环境友好型的产业结构。

二、统筹海陆配置

按照优先保护、差别开发的总体要求，强化海陆国土空间功能定位（杜瑜和樊杰，2008），明确岸线、滩涂、海湾、岛屿、陆域国土空间的保护和发展重点，统筹海陆国土空间的开发保护。

加强海陆生态同步保护。加强陆域生态保护与生态建设，维护河口湿地、沿海防护林、滩涂生态系统安全，同步推进邻近海域污染防治与开发管制；实施重点海域生态综合整治，同步保护、修复邻近陆域重要生态功能区。保持海陆生态系统完整性，促进生态系统良性循环。

强化海陆资源协调开发。综合评价海陆资源环境承载能力与开发利用适宜性，科学规划，合理定位，统筹衔接海陆功能布局，协调海陆开发与保护配置，明确岸线生产与生活分工，逐步减少高强度水面养殖规模，提升海洋可持续发展能力，保证海陆生产、生活空间格局稳定、高效。

合理控制海陆开发节奏。严格实施围填海年度计划制度，遏制围填海增长过快的趋势，确保地区围填海控制面积符合国民经济宏观调控总体要求，保障经济开发程度与海洋生态环境承载能力相适应，节约集约用海用地，维持不同功能区间功能互不干扰、协调共存。

拓展海陆统筹规划领域。加强沿海地区行业规划、空间规划之间相互衔接，协调利益主体用海用地矛盾，构建海陆协调发展规划体系，统筹海陆设施共建共享，推进海陆污染同防同治，提升海陆资源环境承载能力。

三、优化功能组合

按照推进形成海岸带功能区的要求,以海岸带可持续发展为核心,以生态安全格局为基点,以发展壮大区域经济为重点,以实现生产空间集约高效、生活空间生态宜居、生态空间科学发展为方向,优化生产、生活、生态空间组合,促进人口、经济、资源环境协调发展。

积极推动港园城一体化。壮大港口商贸物流竞争力,提高集散辐射能力和资源配置效率,积极推动邻近城镇、产业园区对外开放与产业结构升级;加快现有城镇邻近产业园区、港口园区建设,发挥现有城镇辐射带动作用,减少产业园区基础设施建设、社会服务配套投入成本,规避重复建设与低效利用,促进地区工业化与城镇化的协调发展;引导人口劳动力向城区有序、集中居住,提升城镇对港口及产业园区的服务支撑能力,推动滨海房地产业和城市综合服务业发展;预留生态与农业发展空间,优化城市化工业化地区生态环境,满足地区居民生活需求。充分发挥港口、园区、城镇组合优势,加快推进"一城服务多园(港)、一港辐射多城(园)、一园依托多城"一体化进程,推动区域经济节点、城镇更好更快地发展。

加快构筑宜业宜居环境。坚持以人为本、生态为重、特色建设、协调发展。以海湾与海岸线、河道水系、生态廊道和城镇通道为基本骨架,以重点生态保护地段为节点,以农渔业用地为片区,加强生态建设和环境保护,科学保护与开发海陆资源。加大特色文化挖掘、历史遗存保护、生态景观修复力度,加快特色旅游、都市农业发展壮大。推进城乡基础设施一体化和基本公共服务均等化,提高城市化工业化地区居民生活水平,努力建设风光秀美、生态和谐、功能齐全、设施先进、交通便捷的宜业宜居空间。

鼓励发展海陆循环经济。积极探索统筹海陆的循环经济发展模式,加快城市化、工业化、农业规模化生产地区循环经济发展。建设一批循环经济产业园区与重点绿色节能工程,增强创新型城市科技服务功能,推动城市与园区之间"产、学、研"一体化发展进程。加大能源资源节约和高效利用的技术开发与应用力度,降低生产空间、生活空间对生态空间的负面干预与破坏影响。

科学优化功能复合空间。推动海水养殖业、休闲农业及都市农业发展,提高农业的旅游价值;创新发展工业园区、港口旅游业态,推进产业结构优化升级;保护城镇组团间自然生态系统与农业发展空间,优化城市化地区生态环境;加快虚拟空间构建,节约实体空间;增大复合空间在海岸带开发中的比重,提升资源、空间利用效率。

四、构建开放格局

(一)提升辽宁海岸带对全省的带动能力

发挥邻海及对外开放合作便利的优势,强化与省内其他地市公共基础设施一体化建设，全面提升对辽宁全域的辐射、引领和带动能力。

强化辐射与引领作用。打造全省城镇化、工业化引领区，鼓励人口与产业向海岸带集聚，促进与辽西欠发达地区"山海联动"发展。打造全省产业结构优化升级的先导区，推动战略性新兴产业和先进制造业在海岸带率先发展，带动全省产业转型升级，同时鼓励异地办厂、码头共建等新模式，发挥"飞地经济"的样板效应和后发优势，搭建周边资源型城市转型发展新平台。打造全省转变发展方式的示范区，以宜居宜业环境建设为重要内容，强调经济发展与资源环境的协调可持续，引领全省走科学发展道路。打造全省参与全球竞争的战略区，激发海岸带外向经济的发展活力，促进全省融入国际市场、参与国际转包、吸纳国际生产要素，建立和巩固国际分工优势。

提升服务层次与能级。以技术和资金为核心，提升生产性服务业层级，构筑科技孵化成果向全省产业化转移的基地，开辟境内外资本向全省汇聚的载体。以滨海休闲和度假为特色，提升生活性服务业品质，高品位建设滨海生态游憩带，面向周边打造最佳亲海游憩目的地，使滨海旅游成为全省现代经济发展的新名片。以港口和会展为重点，充分发挥门户功能，合力建设以大连港为核心的东北亚国际航运中心，打造一批进出口交易会、高新技术洽谈会、商品博览会等对外合作与展销品牌，面向全省建立专业化、国际性的交流和推介平台。

推进公共基础设施全面对接。在综合交通运输体系、能源与资源综合调配网络、生态屏障构建、区域科技创新体系等领域，实现公共服务设施全面对接，共同提升全省国土品质。打通省内主要运输通道，建设多种运输方式有机衔接、网络覆盖面广的综合交通运输网。实施重点河道跨区整治工程，明确流域各类跨界水质控制断面及考核目标，积极开展流域干流沿河生态带建设，通过系列跨流域调水工程建设，逐步解决区域性缺水问题。依托科研院所、骨干企业、重大工程项目，联合实施技术创新和产业化项目，组建产业技术创新联盟，打造技术研发与创新基地，构筑科技创新体系。

（二）加强与邻省海岸带的分工合作

创新机制，扩展腹地，增强互补，南靠北进，深化面向东北老工业基地和环渤海经济圈的区域合作。

促进产业合作优势互补。强化与环渤海地区的京津冀都市圈、山东半岛城市群合作的深度与广度，充分利用北京在政治往来、对外开放中的枢纽地位，扩大对内对外开放合作空间，进一步深化区域间在研发和高新技术、基础原材料和装备制造业、渤海环境保护治理、滨海休闲旅游开发、滨海都市农业和海水养殖等领域的合作。加强与长吉图经济区、哈大齐工业走廊在现代物流、重化工业、装备制造等产业方面的分工协作，促进产业链条延伸，助推东北老工业基地全面振兴。发挥内蒙古东部地区在能源、矿产、农副产品等方面的资源优势，推进能源、冶金、重化工等产业的分工协作，共建资源与产品市场和出口加工区。

打造区际综合运输通道。积极推进东北中部运输通道（大连—哈尔滨—佳木斯—同江）、东北东部运输通道（大连—丹东—图们—抚远）和东北西部运输通道（锦州—阜新—

内蒙古）建设，构筑高效便捷的东北地区出海大通道。优化提升京哈运输通道、哈大烟运输通道，推进渤海海峡跨海运输通道建设，打造我国南北交流的重要枢纽。积极推动口岸开放，增加数量，提升等级，规划建设以大连大窑湾保税港区为龙头、东北腹地保税物流中心和内陆无水港为节点的东北保税物流网络。

创新区域合作与协调机制。促成环渤海地区在中央有关部门指导下，扩大就合作事宜进行自主协商的范围，鼓励在协商一致的前提下，实行信息互通、资源共享，共同达成区域合作框架协议。建立环渤海省（市）高层协商机制，每年定期轮流举行高层会晤，协调跨省（市）重大基础设施项目建设、产业布局。主动消除行政壁垒，建立企业信用信息共享机制、联合执法机制、维权联动机制和检测结果互认制度，支持加快形成公平开放、规范统一的大市场。积极开展区域技术、人力资源、无障碍旅游区等合作平台建设，并加强在对外贸易、招商引资、反倾销和产业损害预警等领域的交流与合作。

（三）打造对国外开放的门户体系

搭建平台，强化开放，转变方式，近联远扩，拓展面向东北亚自由贸易区和亚太地区的对外开放合作领域（陈继勇和周茂荣，2007）。

搭建国际合作平台。以组建中朝跨国边境经济合作区为契机，加强双方在纺织、农产品加工、金属开采与加工等产业的协作开发，推动旅游大通道、精品旅游项目和旅游线路领域的合作共建。选择一批重点园区，组建中日韩自由贸易与产业区，加大信息技术、钢铁冶炼与精密加工、船舶与汽车制造等产业的合作力度，以高端产业协作提升区域开发品质。积极开展中俄在技术含量高的资源加工业、以深加工为主的农副产品加工业及机械制造业领域的全面合作，以园区为载体促进中俄产业互动协作。

打造对外开放前沿基地。充分发挥海岸带的窗口优势，培育优良国际金融商务发展环境，构建东北地区企业资讯平台，打造东北走向世界的合作业务中心和资金信息枢纽。汇聚东北外向型企业和关联产业，把海岸带建成招商引资的主平台、人才资本技术集聚的主阵地、创新创业的集聚地。提升海岸带集装箱联运与国际中转、物流配送、邮轮客运等功能，发挥前沿的集聚效应，加快建设通向俄罗斯远东地区、朝鲜半岛的铁路网络，鼓励增开大连至东北亚国家主要城市的空中航线，增强前沿的辐射效应，构筑以海岸带为前沿、连接东北亚的陆海空立体交通运输体系。

转变外向经济发展方式。优化利用外资结构，实行产业链招商和产业集群招商（李赖志和宋力，2005），积极引导外资投向信息技术、先进制造业、节能环保、新能源、生物医药、现代农业等领域，争取大、中、小企业并重的产业集群式转移（安虎森和朱妍，2003）。重点引进先进技术、管理经验和海外智力，鼓励外商以独资、合资或合作等形式设立研发机构。稳步实施"走出去"战略，鼓励有条件的企业在国外建立营销中心、生产基地、研发机构和经贸合作区。在巩固现有能源、资源境外合作基础上，通过控股、参股、直接投资等方式，与周边国家合作开发铁矿、煤炭、原油、森林等资源，建立境外能源与资源基地。

第六节　功能区划解析

为了全面综合反映本研究形成的核心结论，笔者开发了多情景分布格局模拟的政策偏差度量方法来解决以上问题，主要包括三个情景：①基于遥感影像数据集解译和实地调研的土地利用现状情景，称为情景 S^0；②模拟满足政府各类决策（包含合理决策与不合理决策）需求的土地利用分布格局情景，称为情景 S；③基于区域发展合理用地需求预测与土地适宜性评价而形成的土地利用情景，称为情景 S'。本研究用以上三个情景之间的土地利用结构差异来反映和测算政策偏差的影响效果。其中，情景 S' 的模拟是本研究的关键难点。为此，本研究根据可持续发展的导向，采用自上而下的研究思路，合理确定未来海岸带社会经济发展总量的控制性参数；同时，采用自下而上的研究思路，针对不同用地类型进行适宜性等级评价，确定海岸带土地利用可持续情景，使得整体海岸带区域的经济、社会、环境和生态等综合效益最优。这种自上而下的目标参数控制、自下而上的适宜用地布局评估构成了综合效益最优约束下的海岸带土地利用理想情景模拟模型。三类情景模拟的技术流程如图 1-3 所示。

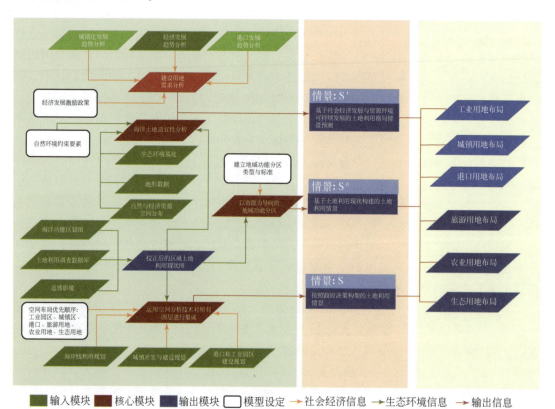

图 1-3　三类情景模拟的技术流程图

一、研究方法

针对以往研究对政府决策采用的基数过大、决策时采用的关键参数偏大及对土地利用区位的不合理选择三个方面的问题，这里，本研究提出了一种度量海岸带土地利用政策偏离度的研究方法，其计算公式为

$$\begin{cases} \gamma = f(\Delta S', \Delta S) \\ \Delta S' = f(S, S') \\ \Delta S = f(S, S^0) \end{cases} \tag{1-1}$$

式中，γ 表示海岸带土地利用政策偏离度，其绝对值越大，表示政策引导下的某一类土地利用变化规模偏离合理变化规模的程度越大；$\Delta S'$ 表示情景 S 与情景 S′ 的结构差异，是政策导致的不合理的土地利用变化；ΔS 表示情景 S 与情景 S^0 的结构差异，是政府各类决策驱动下的土地利用变化，包括合理的土地利用变化与不合理的土地利用变化；情景函数 f 表示不同情景的土地利用结构变化，是各地类用地的空间差异的集合表达。

情景 S^0 以 2012 年 Landsat TM 影像数据集为主要数据源，辅助 ENVISAT ASAR 和野外调查数据等，通过影像预处理、分类、解译，并结合实地调研获得。情景 S 以政府到 2030 年之前的 85 幅各类海岸带开发规划图为主要数据源，通过配准、拼接等处理获得。而情景 S′ 的确定是本研究的核心难点，其数学化表达如下：

$$\max V = \sum_{i=1}^{m} \sum_{j=1}^{n} f(x_i, y_j, z_l), \quad l \in \{1, 2, \cdots, 6\}$$

$$\text{s. t.} \begin{cases} f_l(x_i, y_j, z_l) \leqslant M_l \\ f'_l(x_i, y_j, z_l) \geqslant \bar{v}_l \end{cases} \tag{1-2}$$

式中，V 表示土地利用最优配置下的综合效益产出值；z_l 表示区域单元 (x_i, y_j) 的土地利用类型；函数表示研究区范围内所有区域单元土地利用效益的集合，其约束条件包括：f_l 表示各类用地的总量上限，这种总量包括海岸带地区人口总量、地区生产总值、工业园区产出值，港口吞吐量等；f'_l 表示各类用地平均效益单项指标的下限，主要包括人均城镇建设用地面积、单位工业园区土地面积产值、港口陆域单位面积吞吐量等。

二、主要发现

（一）情景模拟结果

采用遥感分类算法对影像分类，并进行人工解译，通过现场调研纠正图斑类型，合并为工业用地、城镇用地、港口用地、农业（含渔业）用地、旅游用地和生态用地，得到情

景 S⁰ ［图 1-4（a）］；将政府到 2030 年之前的 85 幅各类海岸带开发规划图进行配准、拼接、融合等操作，得到情景 S ［图 1-4（b）］。未来海岸带社会经济发展总量的控制性参数确定如下：2030 年海岸带地区人口将达 1300 万人，其中，城镇人口为 1170 万人；地区生产总值年均增长率为 12% 以上，2020 年可实现地区生产总值达 26 340 亿元；工业园区经济产出占地区生产总值的比重不低于 55%；预设沿海港口吞吐量占全国沿海港口吞吐量的 14%，即港口吞吐量达到 12.6 亿吨。此外，根据已有相关标准及各类经验数据，确定人均城镇建设用地面积不大于 100 平方米；确定单位工业园区土地面积产值不小于 20 亿元/平方公里；根据国内外港口单位面积吞吐量经验值，确定港口陆域单位面积吞吐量不低于 550 万吨/平方公里。由此可以大致确定开发类功能区建设面积，即城镇建设用地面积不大于 1170 平方公里，工业园区建设用地面积不大于 724 平方公里，港口陆域建设用地面积不大于 230 平方公里（表 1-4）。根据综合效益最优约束下的海岸带土地利用可持续情景模拟模型，得到情景 S′［图 1-4（c）］。三个情景的土地利用类型对比分析见表 1-5。

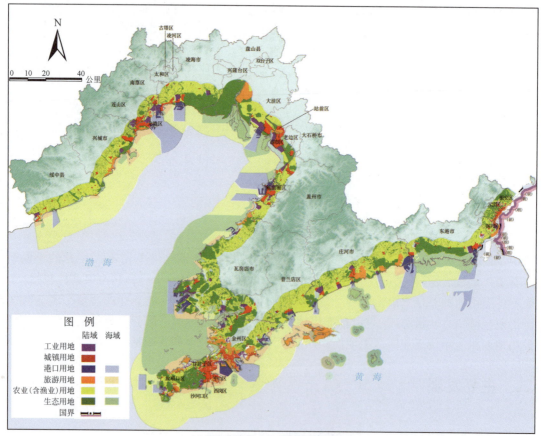

(a) 辽宁海岸带土地利用现状情景S⁰

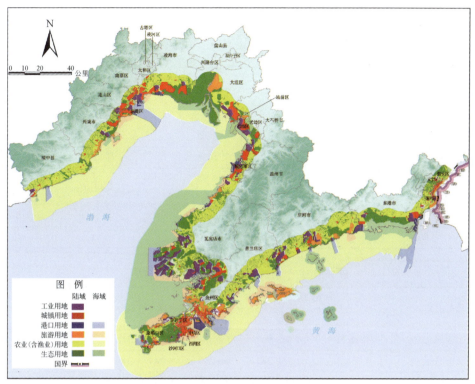

(b) 2030年辽宁海岸带土地利用效果情景S

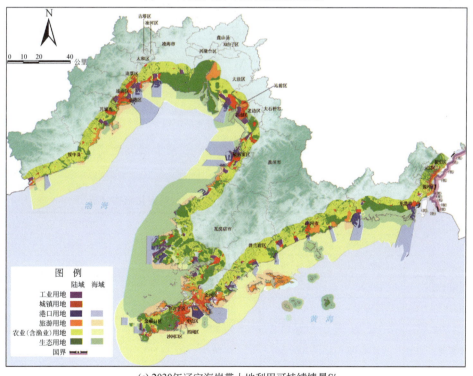

(c) 2030年辽宁海岸带土地利用可持续情景S′

图1-4　辽宁海岸带土地利用三个情景

表1-4　辽宁海岸带开发建设方案模拟主要参数

城镇建设参数设置	人口（万人）	人口城镇化率（％）	城镇人口（万人）	人均城镇建设用地面积（平方米）	城镇建设用地面积（平方公里）
	1300	90	1170	≤100	≤1170
经济发展参数设置	地区生产总值年均增长率（％）	地区生产总值（亿元）	工业园区经济产出占地区生产总值的比重（％）	单位工业园区土地面积产值（亿元/平方公里）	工业园区建设用地面积（平方公里）
	>12	26 340	≥55	≥20	≤724
港口发展参数设置	全国港口吞吐量（亿吨）	预设沿海港口吞吐量占全国沿海港口吞吐量的比重（％）	港口吞吐量（亿吨）	港口陆域用地标准（万吨/平方公里）	港口陆域建设用地面积（平方公里）
	90	14	12.6	≥550	≤230

表1-5　三个情景的土地利用类型对比分析

土地利用类型	陆域用地（平方公里）			占用岸线（公里）			海域用地（平方公里）
	S^0	S	S′	S^0	S	S′	
工业用地	622.71	1 562.00	565.49	121.75	305.39	188.64	—
城镇用地	1 053.40	1 751.34	1 091.41	80.44	186.40	116.44	—
港口用地	75.23	384.92	228.32	60.73	300.46	125.24	2 600.57
旅游用地	148.21	886.84	969.57	62.24	342.60	427.87	1 555.59
农业（含渔业）用地	7 116.15	5 056.03	6 204.08	749.65	392.69	502.72	10 110.84
生态用地	5 484.30	4 829.18	5 411.19	950.80	498.06	664.69	6 676.58

（二）政策偏差分析

政策偏差通过沿海地区的土地利用结构和景观岸线两个偏离度指标进行分析。计算结果见表1-6。主要发现包括三个方面。

表1-6　不同情景预设下辽宁海岸带土地利用变化结构分析

土地利用类型	占用土地			占用岸线		
	ΔS′(S−S′)	ΔS(S−S^0)	γ(ΔS′/ΔS)	ΔS′(S−S′)	ΔS(S−S^0)	γ(ΔS′/ΔS)
工业用地	996.51	939.29	1.06	116.75	183.64	0.64
城镇用地	659.93	697.95	0.95	69.96	105.96	0.66
港口用地	156.6	309.69	0.51	175.22	239.73	0.73
旅游用地	−82.73	738.63	−0.11	−85.27	280.36	−0.30
农业（含渔业）用地	−1148.05	−2060.56	0.56	−110.03	−356.96	0.31
生态用地	−582.01	−655.12	0.89	−166.63	−452.74	0.37

（1）政府决策引导下的土地利用情景 S 的开发程度远大于可持续情景 S′的开发程度，区域工业化和城市化发展将以生态和农业用地转换为建设用地为代价。情景 S 中，地区高强度开发海岸带陆域土地资源面积达 3698.26 平方公里，陆域开发强度将达 25.6%；所占岸线长度高达 792.25 公里，占全部陆域岸线的比重为 39.1%；陆域土地及岸线开发强度分别比情景 S′高 11 个百分点和 18 个百分点。受政府规划驱动，海岸带地区工业用地、城镇用地与港口用地新增规模大大偏离合理变化规模，用地偏离指数分别为 1.06、0.95 与 0.51，用岸偏离指数分别为 0.64、0.66 与 0.73，政府规划下的区域工业、城镇与港口开发建设新增用地、用岸规模远超出理性范围。情景 S′中，生态用地面积为 5411.19 平方公里，较 2012 年（5484.30 平方公里）小幅减少了 73.11 平方公里，而在情景 S 中，生态用地规模较 2012 年却减少了 655.12 平方公里，生态用地的政策偏离指数达 0.89（表 1-6）。同时，农业（含渔业）用地政策偏离指数也达 0.56，政策失误对其规模变化的影响也较大。由于政府规划政策失误，工业开发将分别挤压占用农业（含渔业）用地、生态用地 537.98 平方公里、286.12 平方公里，致使农业（含渔业）用地和生态用地将分别多损失 14.5%、12.6%，成为导致生态用地、农业（含渔业）用地偏离合理变化规模的主要驱动因素。

（2）海、陆开发保护功能存在严重冲突已成为整个海岸带比较普遍的现象。由于长期以来在海岸带地区进行工业、城镇、港口的布局中，基本不考虑海域的生态功能和水产功能，或者说更注重陆域土地和岸线开发而忽视海域环境保护，海陆间功能冲突问题普遍存在。政府决策驱动下，即情景 S 中，城镇、工业园区、港口等高强度建设挤占生态岸线长度为 186.63 公里，相较于情景 S′，生态景观岸线在建设用地挤占下损失高达 27.26%。按照政府规划，2030 年海岸带地区城镇建设将占用 186.40 公里的自然岸线，这其中有 44.07 公里的自然岸线应被划入生态保护区，25.89 公里的自然岸线应用于农渔业生产。陆域工业用地与海域的渔业、旅游、生态等功能布局之间存在矛盾，在政府规划的陆域工业占用 305.39 公里的海岸线中，有 116.75 公里的岸线存在开发与保护之间的矛盾（图 1-5）。其中，陆域工业开发与海域生态保护之间功能冲突岸线长 66.19 公里。港口占用大量优质岸线，政府规划情景 S 中的港口占用岸线为 300.46 公里，58.3% 的岸线存在与海域农业、旅游、生态功能类型之间冲突的问题，大量优质旅游岸线、生态保护岸线被港口用地挤压占用。

（3）岸线利用上重生产功能而轻生活生态功能的现象比较突出。海岸城市应该为居民创造一个亲海的人居环境，但在辽宁海岸带开发中却非如此。如果把城镇和旅游岸线作为生活生态岸线，工业、农业、港口岸线作为生产岸线，则生活、生态岸线在政府规划中所占比重不高，而工业、农业、港口等生产岸线所占比重很高。情景 S 中，生产岸线所占比重为 49.3%，而生活岸线、生态岸线所占比重则仅分别为 26.1%、24.6%，远低于生产岸线所占比重。尤其是政策失误导致旅游用地空间过小、用岸长度较短，按照合理需求，辽宁海岸带截至 2030 年底，旅游用地空间与岸线占用长度将分别增加至 957.71 平方公里与 427.87 公里，而在政府规划中，这两项指标仅为 886.84 平方公里与 342.60 公里，可见政府规划的旅游空间规模无法满足社会客观需求的空间规模，从而致使旅游用地、用岸政策偏离指数皆为负向值，分别为 -0.11 与 -0.30。

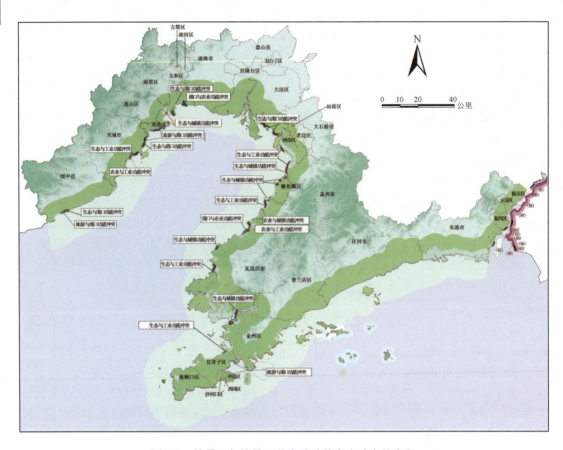

图 1-5　情景 S 与情景 S′的海陆功能存在冲突的岸段

（三）主要成因分析

在中国人口和经济向海集聚、海岸带加快开发的过程中，21 世纪之前中国海岸带开发是在国家开放政策的大背景下，以外商投资型为主要形式（贺灿飞和梁进社，1999）。进入 21 世纪后，由于外商投资规模在中国的大幅减少（魏后凯等，2002），外商直接投资（FDI）在全社会投资总额中的比重从 2000 年的 10.23% 下降至 2012 年的 1.88%，在此背景下，政府主导的开发活动逐步成为海岸带开发的主要类型。

1. 国家、省和地方政府的战略"合力"带来对建设用地的盲目需求

当前，经济向海集聚已成为世界各地经济发展的阶段性特征。世界上许多沿海地区已经经历了人群及经济活动的快速集中。据统计，全球距海岸线 100 公里的海岸带地区的平均人口密度是全球平均人口密度的 2 倍，共承载着全球 40% 以上的人口，人口向海集中趋势越来越明显。究其原因，一是，经济全球化力量代表技术、资本等生产要素的自由流动（马丽等，2004），可以促使生产要素跨越时间和空间的障碍，缩小区域之间产品生产与销

售空间的分布距离，降低商品生产地与销售市场之间的时空距离，有利于生产要素和经济活动在更大范围内向海岸带地区集聚；二是，海岸带地区立足地理区位条件，具有内陆无法比拟的海洋运输优势（张晋青，2010），大大降低了区域间产品运输成本，为商品运输效率的提高提供了必要条件和有力支撑，从而满足了经济全球化过程中海岸带地区外向型经济发展需求（关白，1989），进一步加速了经济活动向海岸带集聚；三是，海岸带地区港–城组合优势突出，吸引大型化工业和人口沿海化布局，并逐步形成规模经济和集聚经济（贺灿飞和魏后凯，2001），从而在经济全球化过程中，在海洋运输支撑下通过经济外部性的持续发挥实现经济活动向本地不断集聚。

辽宁海岸带的加速开发始于 20 世纪 90 年代。进入 21 世纪，国家先后出台了"振兴东北老工业基地战略""海洋强国战略"等重大战略，为响应国家战略，辽宁于 2005 年开始实施"五点一线"战略，在辽宁海岸带（一带）培育以 5 个工业园区为主的新的经济增长点（五点），试图通过沿海增量调整老工业基地存量，全方位扩大辽宁对外开放格局，带动全省经济发展。沿海地方政府也纷纷提出了"向海发展战略"，很快 5 个工业园区被扩大到 42 个工业园区。至此，辽宁海岸带地区"国家级—省级—区域级—地方级"四级开发规划体系的"合力"形成（表 1-7），2030 年海岸带工业总用地需求达到 1562 平方公里，这就必然导致情景 S 中工业陆域用地面积偏离合理值最多，而且成为陆域用地功能和海域功能冲突最严重的问题。加之辽宁海岸带钢铁、电力、水泥和石油化工等重工业占工业的比重高达 50.36%，产业高污染对辽宁海岸带地区的生态环境带来更大的胁迫。

表 1-7　2005 年以来涉及辽宁海岸带开发政策的有关规划

层级	规划名称	海岸带地区发展定位	颁布时间
国家级	《辽宁沿海经济带发展规划》	特色突出、竞争力强、国内一流的产业聚集带	2009
国家级	《全国主体功能区规划》	国家级优化开发区	2010
省级	《辽宁生态省建设规划纲要》	开发与治理并重	2007
省级	《辽宁省土地利用总体规划（2006—2020 年）》	保障优势临港工业区和重点发展区域建设用地，大力改造利用废弃盐田、适度开发沿海荒滩，推进经济布局向滨海地带拓展，促进临港临海产业聚集	2009
省级	《辽宁省主体功能区规划》	国家级优化开发区、省级重点开发区	2014
区域级	《辽宁海岸带保护和利用规划》	经济发达、社会和谐、生态文明、人民幸福的美丽家园	2013
地方级	《辽宁（营口）沿海产业基地开发总体规划纲要》	建设具有国际竞争力的生态产业园区和产业基地	2008
地方级	《大连东北亚国际航运中心发展规划纲要》	东北亚国际航运中心	2007
地方级	各地区发展规划、城镇体系规划、城市总体规划、土地利用总体规划、部门专项规划等	——	

2. 领导干部的政绩牵引的海岸带开发规模超出合理需求

在中国，地方政府开发热情和政策指向在很大程度上受中央对当地领导干部政绩考核指标影响。长期以来，领导干部政绩考核的主要指标是 GDP 增长速度和近年来越来越强调的城镇化水平。因此，辽宁坚持以工业大项目为重点，作为加速 GDP 增长的政策取向。2005 年以来，辽宁工业产值年均增速为 17%，反超广东、江苏、山东、浙江等其他沿海省份。其中，海岸带地区工业产值年均增速为 19%，成为全省工业项目主要集聚地。此外，辽宁海岸带地方政府还根据区位、海洋资源和消费趋势，选择旅游业、房地产作为拉动 GDP 增长的主要部门，2012 年分别占海岸带经济规模总量的 15% 和 23%。地方政府 GDP 崇拜导致对工业新区、新城建设指标的过分需求，城镇化率由 2012 年的 74% 盲目确定为 2030 年的 90%，城镇建设用地增长到 1751.34 平方公里，这就必然导致情景 S 中城镇陆域用地面积偏离合理值较多，偏离值仅次于工业用地。地方政府"以绩效为导向"的执政理念引导着超前规划、盲目求大的工业建设和城镇建设。

3. 吸引产业布局的地方优惠政策导致建设标准降低和区位选择的随意性

进入 21 世纪后中国经济的一个显著特征是重工业产业增长速度显著加快，其总产值占工业总产值的比重由 2000 年的 60.20% 增长至 2011 年的 71.68%（图 1-6），远高于计划经济时代重工业比重最高的 1960 年（这一比重仅为 66.40%）。在空间上，工业企业进一步向海岸带地区集中（陆大道，1979），海岸带地区工业增加值占全国的比重由 1990 年的 55.82% 增长至 2013 年的 70.72%（图 1-7）。为积极探明以重工业为主的产业向海集聚的主要诱因，笔者于 2013 年 6～7 月对辽宁海岸带 316 家企业进行了问卷调查和实地访谈。调研结果显示，海岸带地区具有相对优惠的税收政策、综合完善的交通条件、相对较低的土地成本、丰富的劳动力及产业集群化等相对优势（图 1-8）。

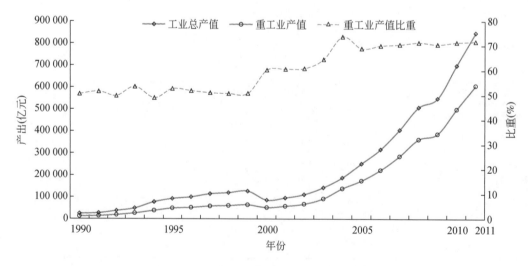

图 1-6 1990 年以来我国重工业结构比重变化

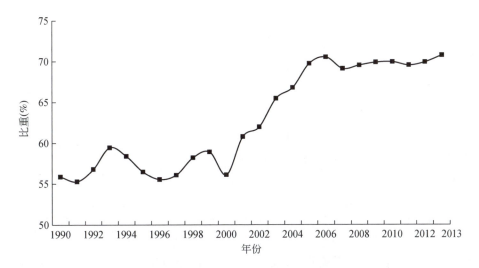

图 1-7   1990 年以来海岸带地区工业增加值占全国的比重变化

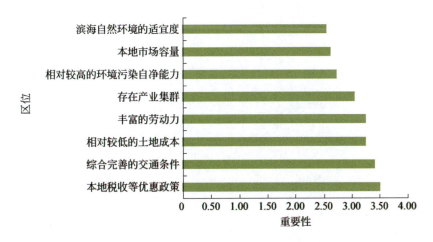

图 1-8   辽宁海岸带地区企业区位选择影响因素重要性

根将吸引企业向海岸带集聚的主要因素的重要性分为很重要、较重要、一般、较不重要、不重要五类，并且依次进行
打分，即 4、3、2、1、0，为此，本研究对所收回的 316 份问卷进行数据处理，并取其平均值来表示各
个因素的重要程度。最后，将平均分数大于 3 的指标作为主要吸引因素

  税收负担是影响企业区位选择的第一大重要因素，为此，税收等优惠政策是企业最为关注的空间选址因子。为快速吸引企业向辽宁海岸带集聚，"五点一线"战略中明确提出税收减免、财政返还、项目贷款贴息、招商引资奖励、鼓励外贸出口、帮助融资并提供优先贷款担保、免收行政事业性收费等税收财政优惠政策（韩家彬等，2011）。

  交通基础设施是影响企业区位选择的第二大重要因素。虽然运费成本大小对企业区位的影响程度在下降，但对交通费用的敏感性取决于产业的特点，如能源、矿产加工、采石、木材加工和化学产业都是原料和产品重量较大、单位重量产值不高的产业，对交通区位选择具有高度的依赖性，而服装、电子、机械、印刷产业的单位重量产值都很高，对交通区位的依赖性则相对较低。海岸带地区具有临近国际市场的区位优势，又具有成本低、承载量大、运输距离远的海运条件，加上内陆交通体系配套，构成了联通国内外、区内外的综合交通体系，从而大大降低了生产要素和产品在空间和时间上的流通成本。

土地成本和劳动力丰富程度并列为第三大影响因素。一方面，土地作为生产经营活动的空间载体，是企业建立初期重要的一次性投资对象。笔者通过实地调研发现，海岸带开发初期，地方政府往往倾向于引进规模较大的外来大型企业，而这些由于用地面积较大，对土地成本也一般比较敏感。另一方面，对本地中小企业而言（王宏远，2009），在创业初期，其地租支付能力非常低，也对土地成本比较敏感。对辽宁海岸带而言，仍处于大规模开发初期阶段，土地价格相对较低，为企业大规模集聚提供了广阔空间。企业区位选择除了考虑土地成本之外，也考虑地区是否具有大量的熟练劳动力。

伴随地区经济一体化的发展，企业逐渐意识到与自身相关的上下游企业空间临近分布的重要性。很多研究都已经证实同一产业部门或相关产业部门的工业企业倾向于布局在相同的区位以获取集聚效应（陈继海，2003）。处于同一价值链的不同企业，可通过邻近布局来减少因远距离分布而造成的协调、交通费用。通过对辽宁海岸带 316 个企业的调研也证实了这一结论：分布在大中城市开发区和县城开发区的企业数量为 222 个，占调研对象的 70% 以上，开发区产业集聚效应明显（图 1-9）。

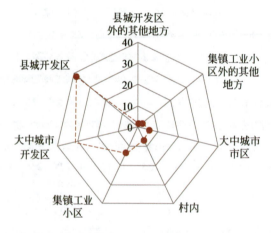

图 1-9　按不同空间区位类型统计企业数量所占比重（单位：%）

为满足企业发展需求，加快海岸带工业、城市、港口、旅游开发，各级政府出台一系列招商引资优惠政策，辽宁海岸带地区成为国内优惠政策最多的投资区域。其中，国家级优惠政策主要惠及辽宁海岸带地区重点园区基础设施补助（补助金额高达 38 亿元），重点产业产品出口、关键部件及原材料进口关税减免，降低企业所得税（中小微利企业按 20% 的税率，高新技术企业按 15% 的税率来缴纳企业所得税）。辽宁对新办的内资高新技术企业，自获利年度起免征所得税两年；所有入驻企业（含在建和新建），免收涉企的行政事业性收费。地方政府则对入驻企业实施优惠的土地政策，对入驻企业，地方政府负责将道路、给水、排水、供电、通信引至项目厂区，免交城市基础设施配套费。42 个园区优惠政策包括上缴省的增值税、营业税、企业所得税、个人所得税和房产税，省财政给予 70%

的增量返还，主要用于基础设施建设和支持主导产业建设。在诸多优惠政策推动下，刺激了进驻海岸带的投资商采取超标准、多占地，用于囤地增值及随意选择地块和区位占用优质土地等方式，最终导致海岸带用地效益低、指标偏高、布局无序等。

4. 海岸带地区特色资源开发符合当前社会消费规律

从我国城乡居民人均消费主要食品结构变化来看，肉制品、果制品等产品明显增加，营养结构显著改善（图1-10、图1-11）。此外，伴随我国经济快速发展，城乡居民旅游消费需求日益扩大，城乡居民人均旅游消费均呈现明显增长（图1-12），尤其是农村居民旅游消费需求增长较为突出，人均旅游消费由1994年的55元增长至2012年的491元，增加了8倍之多，而城镇居民人均旅游消费也增长了近3倍。从2011年我国旅游收入分布来看，海岸带地区旅游收入占全国国内旅游总收入的比重高达48.72%，滨海旅游增加值占国内旅游总收入的32.42%。综上所述，在新一轮重工业化发展、城镇化建设、旅游资源开发与水产养殖规模扩大的多重驱动下，海岸带开发步入加速阶段。

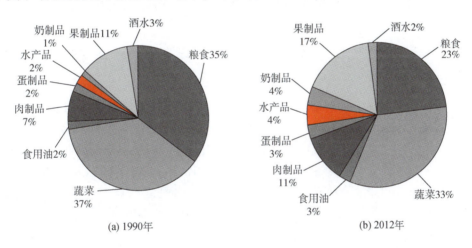

图1-10　1990年与2012年我国农村人均消费主要食品结构比重对比

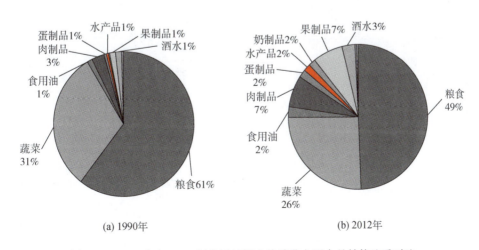

图1-11　1990年与2012年我国城镇人均消费主要食品结构比重对比

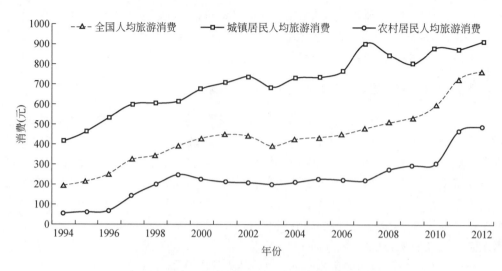

图 1-12 1994~2012 年城乡居民人均旅游消费变化情况

5. 长期以来重建设轻生态功能和环境保护的政策理念延续而产生的用地结构偏差

海岸带地区我国现有法律中都明确规定了自然资源归国家或集体所有，国家公共资源管理机构和沿海地区地方政府就成为海岸带资源的真正管理者，而全体公民并没有真正拥有可以约束这些公共部门的权力。为此，公共资源成为地方政府追求"政绩"的经济要素，尤其是近年来，伴随我国内陆地区可开发空间的减少与政府空间管制力度的加强，围填海造地成为沿海各地区拓展陆地空间、缓解区内经济和人口急剧增长压力的最为有效的方式之一。2002 年以来，全国沿海地区累计确权填海面积为 1207 平方公里，平均每年围填海 100 平方公里，填海规模仅次于荷兰，远高出世界其他典型国家和地区（图 1-13）。

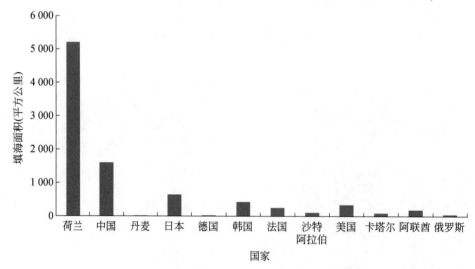

图 1-13 根据遥感提取的世界各国填海总面积情况
阿拉伯联合酋长国简称阿联酋

然而，快速、大范围的围垦和填海所造成的海岸带生态环境破坏、社会公共价值损失等问题往往被忽视。全国第一次和第二次湿地资源调查的结果显示：2003~2013年，由于围垦和填海活动，我国近海与海岸湿地面积减少了136.12万公顷，减少率为22.91%，是各类湿地中消失最快的（全国湿地平均减少率为8.82%）。此外，在我国一直存在着"产品高价、原料低价、资源无价"的价格扭曲现象，各地政府将海洋资源视为"取之不尽用之不竭"且"损害无责"的自然资源。这一错误观念使之往往更看重经济价值，忽视海洋资源的生态价值，从而只顾掠取资源而不考虑造成的生态影响。随之，海岸带大规模土地开发进程日益加快，从而引起地区土地利用和土地覆被、生态景观发生很大变化，海岸带环境恶化趋势不断加剧。

三、政策启示和规划建议

中国各级政府急于追求经济增长速度和收益，从而成为政策严重偏差、盲目开发海岸带的主要因素。辽宁海岸带的政策偏差度分析表明，工业和港口建设是偏差程度最高、政府最具热衷度的用地取向，其次是城镇建设和旅游用地，生态用地总是被严重忽略及大规模不合理占用的。改变未来对海岸带地区生态环境严重破坏的局面，改善海岸带可持续性、调整海岸带土地利用结构合理演变，当务之急是调整中央政府的政策导向及加强对地方政府决策的引导。

一是，要强化对海岸带自然资源开发的管制。基于海岸带资源环境承载能力和生态系统特征，研究并提出海岸带开发强度、红线管制、城市与工业园区增长边界约束、产业和基础设施用地标准等管制途径。

二是，要加快海岸带协调机制建立。当前，中国海岸带地区执法部门过于分散，存在着执法职责分工不明确、协调不力等问题，使得海岸带综合管理的执行力与权威性受到了约束和限制。未来要将海岸带管理上升到法律层面，出台监督和规范海岸带资源开发行为的海岸带综合管理相关法律。

三是，健全海岸带空间规划体系。海岸带空间规划的类型过多，类型上主要包括主体功能区规划和区域规划（发展和改革委员会系统主导）、土地利用规划和国土规划（国土部门主导）、城镇体系规划和城市规划（建设部门主导）、海洋功能区划（海洋渔业部门主导）等。多项规划在同一地域空间上反复重叠且不断放大建设用地规模，致使每一轮规划、每一种类型规划、每个层级的规划，大多都对加大开发海岸带强度起到了推进作用。因此，要健全规划体系，关键指标和总量约束不能在任何规划中随意突破。

第七节　前景预判

顺沿海发展之势、扬海陆资源之长，大胆创新、着力发展，按照辽宁海岸带功能区划方案，一张蓝图干到底，到2020年，有望把辽宁海岸带建设成为空间结构有序、经济实力雄厚、人居环境优越、社会和谐繁荣的幸福家园。

一、奋斗目标测算

打造布局有序的空间结构。基本形成以海岸线为轴，向内陆和海洋延伸拓展的成片保护、集中开发、进度有序、疏密有致的海岸带保护与利用的战略格局，重点保护区占规划区国土空间的比重控制在 37.45% 以上；重点建设区占规划区国土空间的比重控制在 12.79% 以下（表 1-8）。基本实现海洋与陆地统一管理、统一建设，围填海规模得到有效控制。浅海养殖岸线、港口岸线、城镇建设岸线、旅游景观岸线、生态保护岸线实现统筹配置、科学安排，自然岸线保持在 600 公里以上，生态整治和修复岸线长度不少于 200 公里。统筹不同地区空间开发，共建新城、新区、新港态势日趋明显。

表 1-8　海岸带开发保护的主要指标测算

指标	2010 年	2020 年
GDP 占辽宁的比重（%）①	44	50
每平方公里 GDP 产出（万元）①	1438	3000
人口占辽宁的比重（%）①	36	42
重点保护区占规划区国土空间的比重（%）②	44.6	≥37.45
重点建设区占规划区国土空间的比重（%）②	7.1	≤12.79

建设集聚高效的功能板块。基本实现工业开发板块、城镇建设板块、港口物流板块的集约化发展，走依托体制机制创新、科学技术创新的新型工业化和以精细发展、精明增长为特色的新型城镇化道路，依托有限空间的重点建设，持续集聚人口和产业。建设维护大尺度的生态保护板块、农业渔业板块和旅游休闲板块，保障生态安全和粮食安全，提升居民的生活品质。港园城一体化加快推进，城镇、农业、生态、旅游等多功能复合的空间不断增加。居民对经济社会发展的满意度提升到 90% 以上，对美好家园建设的自豪感显著增强，支撑辽宁海岸带开发保护的社会基础不断强化和巩固。

形成实力雄厚的发展主轴。经济保持快速发展，地区生产总值年均增长 15% 以上，占辽宁和东北地区的比重分别增加到 50% 和 25% 以上；外贸出口年均增长 10% 以上，占辽宁和东北地区的比重分别增加到 80% 和 60% 以上。临港工业、装备制造、石油化工的支柱产业优势不断增强，旅游休闲产业、高新技术产业、绿色农产品产业蓬勃发展，战略性新兴产业加速崛起，服务业加快发展，服务业增加值占地区生产总值的比重力争达到 50% 以上。城镇化稳步推进，城镇化率达到 70% 以上，实现人口向海岸带的有效集聚，人口总规模达到 1730 万人以上，占辽宁和东北地区的比重达到 42% 和 18% 以上；新增城镇人口 453 万人，城镇登记失业率控制在 4% 以内。

营造和谐舒适的人居环境。提升工业化水平和降低国土资源消耗强度同步进行、投资

---

① 指行政区范围内。
② 指规划范围内。

环境和人居环境同步改善。广覆盖的生态网络初步形成，经济社会发展与自然环境保护相互融合；各地区的建筑形式和布局形态得到有效规范，体现区域特色和城乡特点的多元化景观风貌初步建立；基础设施和公共服务设施布局进一步优化，居民的生活品质和发展能力得到进一步提升。单位地区生产总值能耗和环境质量达到全国先进水平，生态系统稳定性明显增强，生态退化面积减少，污染物排放实现总量控制，海洋赤潮（绿潮）及其他海洋环境突发事件应急管理机制基本建立，海洋环境全面达标，近海、亲海空间得到有效保障与保护。

二、前景展望

空间结构更加优化。以国家主体功能区为引领、海岸带功能分区为支撑，覆盖全部国土空间的工业分布格局、城镇分布格局、港口分布格局、农业分布格局、旅游分布格局和生态屏障建设格局不断完善。分工合作、密切联系的工业园区体系、港口体系和城市体系基本成型，农业地区成为优质农产品兼顾绿色空间功能的重要基地，旅游休闲实现全域化发展，重点保护区生态服务功能和供给生态产品的能力显著增强。

资源利用更加集约。国土资源闲置、浪费现象得到极大改善，园区建筑密度和容积率显著提高，产出效率大幅提升（方先明等，2008）。城市建成区人口密度稳步提高，优质农产品单产规模稳步增长。水资源实现高效利用和循环利用，严格的水资源管理制度基本建立。节能降耗体系更加完备，环境友好型社会基本形成。

经济实力更加雄厚。与京津合作进一步深化，创新驱动、科学发展示范区基本形成。与东北内陆对接进一步强化，人口和产业实现向海岸带进一步集聚。与日韩自由贸易区建设前沿阵地进一步巩固，产业国际竞争力和影响力显著提升。工业化和城镇化空间格局进一步拓展，GDP和城镇规模与山东半岛接近，实现经济隆起战略意图。

辐射带动更加有力。海岸带与东北内陆的区际综合运输通道进一步完善，东北对外门户的功能进一步发挥。共建共享的体制机制进一步完善，飞地经济快速发展，产业体系加快整合，资源互补、产业关联的发展格局基本形成。金融、研发等生产型服务业及教育、医疗等生活性服务业服务能力和层级实现进一步提升，对东北的辐射、带动作用进一步加强。

建设品质更加优美。生产生活的硬环境和软环境都得到全面改善，不同社会群体的民众都能够获得相对优越的生活空间，产业结构升级对生产空间高质量需求得到满足。北方宜居宜业区的地位得到进一步强化，滨海旅游休闲和绿色无污染的优质农产品品牌深入人心，辽宁海岸带成为人居环境和投资环境俱佳的区域。

国土管理更加精细。依法行政、依规划行政得到全面贯彻执行。调整空间结构成为国土空间管理的核心工作，塑造功能区成为政府党政空间决策和空间作为的主要体现、途径。区域间的互动合作机制有效构建、陆地国土开发与海洋国土开发体制障碍得到全面清除。计算机和遥感技术普遍应用于国土管理，规划方案的阶段评估和适时修订更加科学、及时、精准。

第二章 海岸带开发保护的意义与目标

在经济全球化的背景下，海岸带成为当前及未来很长一段时期内人类活动的集中区域，人口、资本、技术等各种生产要素都将持续高度集聚在这一狭小区域。它是各国和各地区利用两种资源、两种市场参与全球经济循环、建设现代经济体系的战略前沿，在提升国家和地区的核心竞争能力、打造宜居宜业环境等方面具有重要地位。与此同时，海岸带往往也是国土开发强度最高、最剧烈的地区，是陆地和海洋生态系统相互作用、相互影响的生态高度敏感区域。适度的工业化、城镇化等人类活动过程，会不断丰富和塑造海岸带的各种功能，为人类的生息繁衍提供优质而独特的环境；不合理的开发利用方式则会加大资源环境压力、加剧全球气候变化的影响，使海岸带可持续发展面临严峻挑战。

近代以来，特别是 20 世纪我国实行沿海率先发展战略后，沿海地区的固有优势和潜力才逐步发挥出来，成为近 30 多年来中国经济持续高速发展的主要支撑力量。从沿海地区目前的发展态势看，直接临海的海岸带仍具有很大发展潜力。此外，从区域上看，北方海岸带的开发程度相对较低，开发潜力更大。因此，规范海岸带，特别是北方海岸带各类开发行为，促进海岸带又快又好发展对支撑中国新一轮的改革开放和现代化建设、实现全面建成小康社会目标具有十分重要的战略意义。2012 年，为落实和深化国务院批复的《辽宁沿海经济带发展规划》，辽宁省政府委托中国科学院地理科学与资源研究所率先在全国编制海岸带保护和利用规划——《辽宁海岸带保护和利用规划》（简称《规划》）。《规划》项目组围绕海岸带开发保护现状与存在的主要问题，功能定位与战略目标，资源环境承载力与开发保护适宜性，工业、城镇、港口物流、旅游、农业渔业、生态保护等功能分区，以及不同岸段的发展导向与空间管制等重点内容，开展了辽宁海岸带可持续发展研究，本书即是该研究的成果。

第一节 海岸带开发保护的基础研究

一、海岸带的定义

海岸带是海岸线向陆、海两侧扩展一定宽度的带形区域，是陆地与海洋相互作用最剧烈的交错地带。地理学将风暴潮线定义为海岸带的上界，经波浪扰动海底泥沙的下限定义为海岸带的下界，包括沿岸陆地（又称后滨）、潮间带（又称前滨）及水下岸坡（又称内滨）。从地理学角度描述的海岸带范围，主要依据海陆相互作用关系，但不便于海岸带管理。各国基于各自海岸自然地理环境、空间尺度差异等特征，各自确定了海岸带的划分标准。美国 1972 年的《联邦海岸带管理条例》中规定：海岸带的外界即美国领海的外界，内界则由沿岸各州自行划定。加利福尼亚州将沿海岸线向海域延伸 3 英里（约 4827 米），以及向陆地延伸 1000 码①（约 914 米）作为海岸带的基本范围，其目的是要建设滨海社区、维护滨海地区生态系统和提高政府的效率。虽然不同情况下，海岸带边界范围的界定有所差异，但通常这一边界不会超过 100 公里。本研究采用的基本标准是 1980 年中国的"全国海岸带和海涂资源综合调查"所确定的海岸带范围标准，即海岸线向陆侧延伸 10 公里，向海延伸 15～20 米等深线。因为通过辽宁海岸带 33 个县（市、区）的调研发现，新城、新区建设主要集中于这一区域（图 2-1）。

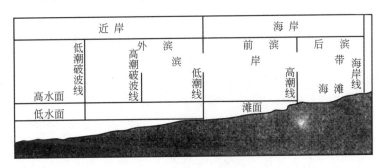

图 2-1　海岸带的基本范围

二、海岸带的分类

直到 20 世纪初期，科学界才比较系统地研究海岸变化，Johnson 是第一位集大成者，他按照海岸带相当于海平面的历史变化将海岸带分为上升海岸、下降海岸和中性海岸。此分类沿用至 20 世纪 40 年代。学者开始认识到这一划分方案的不足，如冰后期海平面上升持续到近代，所有海岸都可能成为下降海岸，而冰间期所有海岸都有可能成为上升海岸。作为 Johnson 分类的变通和发展，1962 年，Valentin 提出前进海岸和后退海岸的分类。但很快学者认识到海岸演化非常复杂，很难简单地归于上升、下降或者是前进、后退几种类型。1962 年，Ottmann 提出根据海陆形态关系进行海岸带分类。1971 年，Inman 和 Nordstrom 提出根据板块运动理论将海岸划分为前缘碰撞海岸、板块后缘拖曳海岸和陆缘海海岸。地貌学界运用比较多的是 Shepard 的成因分类法，这种分类将海岸分为两个大类，即原生海岸和次生海岸，原生海岸主要指那些没有被现代海洋作用改造过的地区，而次生海岸则是被现代海洋作用（侵蚀、沉积等）或海洋生物有机体的生长影响的海岸区域（表 2-1）。规划学界则着眼于海岸带的资源特点将海岸划分为基岩海岸、砂砾质海岸、平原海岸、红树林海岸和珊瑚礁海岸等。

---

① 码为英美制的长度单位，1 码≈0.914 米。

表 2-1　Shepard 对海岸的划分

原生海岸	次生海岸
陆上侵蚀海岸：里亚斯式海岸、港湾海岸、下沉岩溶海岸 陆上堆积海岸：三角洲冲积平原、冰川堆积、风成沉积和地滑海岸 火山海岸：熔岩流海岸、火山碎屑海岸和喷发海岸 构造海岸：断层海岸、褶皱海岸、挤压海岸、盐丘等	海蚀海岸：直线海崖海岸、浪蚀引起弯曲海岸 海积海岸：沙堤海岸、尖角山海岸、泥滩平原、泥滩等 生物海岸：珊瑚礁海岸、红树林海岸、贝壳礁海岸和沼泽海岸

三、海岸带的社会经济属性

海岸带是直接临海且具有一定边界的沿海地区，一方面，海岸带具有显著的外向性和开放性。海岸带是世界各国之间开展经济贸易交流的前沿地带，其对外开放程度都高于内陆地区（李翀，1998）。世界贸易总运量的 2/3 以上都是利用海岸带港口进行运输，海岸带地区也是世界上大多数经济特区、自由贸易区、自由港集中分布的地区。

另一方面，海岸带具有显著的集聚各种要素和经济活动的特征。世界上许多沿海地区都经历了人口和产业的快速集聚过程。全球距海岸线 100 公里范围内平均人口密度是全球平均人口密度的 3 倍之多。以 2000 年为例，海岸带人口密度平均为 87 人/平方公里，而内陆人口密度仅为 23 人/平方公里。在世界 33 个超大型城市中，21 个位于沿海地区。世界上 60% 的人口居住在距海岸线 100 公里范围内，其中近 70% 居住在距海岸线 50 公里范围内。世界海岸带大会 1993 年预测，进入 21 世纪，发展中国家 2/3 的人口将居住在海岸带地区。

21 世纪是亚太时代，东亚地区将成为世界经济新的中心区域。在 15 个东亚国家中，韩国、日本、文莱、新加坡、马来西亚、印度尼西亚、菲律宾、朝鲜 8 个国家有 90% 以上的人口都居住在距海岸线 100 公里范围内（表 2-2）。大多数经济开发活动都发生在海岸带地区，尤其炼油、石油化工、造船等涉海产业。依托海岸带，大多数国家和地区都获得了空前的增长和发展。

表 2-2　东亚海岸带集聚的人口

国家		总人口（万人）	距海岸线 100 公里范围内人口比重（%）
高收入经合国	日本	12 808.5	96.3
	韩国	4 781.7	100.0
高收入非经合国	文莱	37.4	99.9
	新加坡	432.6	100.0
中上等收入国	马来西亚	2 534.7	98.0
中下等收入国	中国	131 584.4	24.0
	印度尼西亚	22 278.1	95.9
	菲律宾	8 305.4	100.0
	泰国	6 423.3	38.7

国家		总人口（万人）	距海岸线100公里范围内人口比重（％）
低收入国	柬埔寨	1 407.1	23.8
	朝鲜	2 248.8	92.9
	老挝	592.4	5.7
	缅甸	5 051.9	49.0
	越南	8 423.8	82.8

注：总人口为2005年数据，距海岸线100公里范围内人口比重为2001年数据

资料来源：蔡程瑛，2010

四、海岸带的资源环境属性

海洋的资源属性突出表现为有限性和多功能性。虽然人文和自然地理过程会在一定程度上改变海岸带的位置和范围，但作为一种空间资源，海岸带的规模是有限的。这种有限性会随着人口和产业的集聚而不断强化。多功能性表现为经济社会发展对海岸带的功能有多种需求，如既要在海岸带发展工业，建设港口、城市，又要海岸带能够形成良好的景观和休闲空间、提供优质绿色的海产品等。随着时代的发展、人们需求结构的演化，海岸带的功能需求越来越多、要求越来越高。1991年夏威夷海洋资源管理计划将海岸带的功能划分为10类，联合国环境规划署1995年将海岸带功能划分为11类，海洋地理学家Vallega等1992年基于海洋相互作用模型将海岸带功能划分为18类（表2-3）。另外，多样性表现为多种功能对同一海岸带有空间上的需求，从而导致了各种功能、各种利益群体之间的矛盾和冲突。在经济效益最大化的指向下，矛盾冲突的结果往往是经济效益低

表2-3　海岸带土地利用结构

夏威夷海洋资源管理计划	联合国环境规划署	Vallega 等
研究 娱乐 海港 渔业 海洋生态系统保护 海滩和海岸侵蚀 废物管理 水产业 能源 海洋矿产	城市和乡村中心系统 开发空间 农业用地 林业 矿业 工业地区 居住地 旅游和休闲地区 海洋利用 交通走廊地区 其他基础设施	海港 航运、运输 运输路线 航运、导航 海洋管道 电缆、光缆 空运 生物资源 碳氢化合物 金属可更新资源 可再生能源资源 防御 娱乐 滨海人工建筑 废物处理 研究 考古 环境保护

资料来源：张耀光等，2010

的功能受到排挤，形成了功能相对单一的海岸带土地利用结构。这种结构虽然近期经济产出高，但是社会经济发展对海岸带的多样化需求没有得到满足，经济社会发展缺乏可持续能力（图 2-2）。

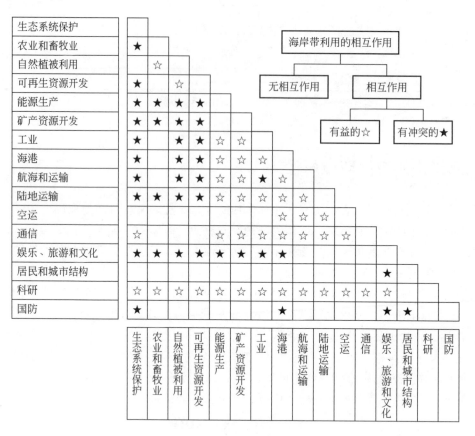

图 2-2　海岸带的功能冲突

资料来源：张耀光等，2010

海岸带的环境属性突出表现为脆弱性。海岸带是过渡性生态系统，既有陆地生态系统的特征，也有海洋生态系统的特征，这一特征使得海岸带生态变得十分敏感，环境发生的细微变化也会对海岸带生态系统造成显著破坏。改革开放以来，我国沿海区域经济基本上沿袭了以规模扩张为主的外延式增长模式，使得近海生态系统受到严重威胁。与 20 世纪 80 年代初相比，海洋生态与环境问题在类型、规模、结构、性质等方面都发生了深刻变化，环境、生态、灾害、资源四大生态环境问题共存，相互叠加、相互影响，呈现出异于发达国家的海洋生态环境问题特征，表现出明显的系统性、区域性和复合性。尽管我国政府已经开始高度重视海洋环境与生态的保护工作，采取多种措施积极防治，也取得了一定成效。但与陆地生态环境保护相比，海洋环境与生态保护工作还比较薄弱。随着国家新一轮沿海开发战略的实施，我国海洋可持续发展面临着新的形势和挑战。2011 年 5 月与 8 月对全国 96 个和 95 个入海排污口邻近海域水质的监测结果显示，76 个入海排污口邻近海域水质不能满足所在海洋功能区水质要求，占监测总数的 79%；

8月监测结果显示，70个入海排污口邻近海域水质不能满足所在海洋功能区水质要求，占监测总数的74%。5月和8月劣于第四类海水水质标准的入海排污口邻近海域分别占监测总数的71%和65%（图2-3）。

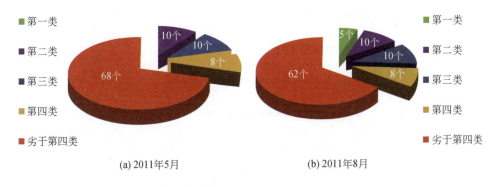

（a）2011年5月　　　　　　（b）2011年8月

图2-3　入海排污口邻近海域水质类别

海岸带的资源环境属性表明，海岸带所能提供的资源规模和环境容量都是有限的，而海岸带的开发强度是不断增强的，海岸带的功能需求是不断丰富的，功能之间的冲突是不断激化的。海岸带开发必须处理好经济社会发展与资源环境保护之间的关系，必须处理好海岸带的多功能需求与海岸带通常形成的单一功能利用结构之间的矛盾。市场机制在处理这些问题时明显存在失灵，需要政府在促进海岸带有效保护、有序开发方面发挥主导作用。

五、海岸带开发保护的格局分析

受自然条件的影响，适宜于生产、生活的海岸带所占比例低，普遍面临着经济、社会发展的巨大压力，可持续发展能力遭受着严峻的挑战。从世界范围看，包括我国在内的亚洲地区是海岸带开发保护冲突最剧烈的地区之一。对这些地区而言，海岸带的有效保护和合理利用有着十分紧迫的现实意义。

（一）世界海岸带开发保护的格局

海岸带的空间分异明显，自然地理环境表明全球60%的海岸带地区被冰雪、荒漠、封闭型森林和湿地覆盖。其中，冰雪和荒漠占海岸带面积的37.2%，封闭型森林占21.8%。冰雪和荒漠主要位于北极地区、西澳大利亚、中东和非洲撒哈拉西海岸；封闭型森林主要位于北美、欧洲西北部、南美热带地区、东亚、澳大利亚东部和非洲西部热带地区（图2-4）。

受自然地理环境的影响，海岸带开发主要集中分布在不足40%的海岸带地区。如果用人口密度来体现开发强度，全球仅17.12%的海岸带地区为高密度区域［>100（人/平方公里）］，19.22%的地区为中密度区域［25~100（人/平方公里）］，63.67%的地区为低密度［<25（人/平方公里）］区域。欧洲和亚洲是海岸带人口密度最高的大洲，其中，

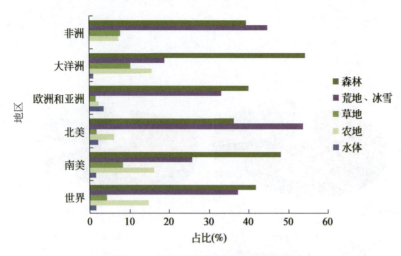

图 2-4　各地区海岸带土地覆被结构

30.89% 的海岸带地区为人口高密度区域（表 2-4）。中国、孟加拉国、印度、日本、菲律宾、越南、英国的人口高密度区域占各自海岸带面积的比重均超过了 50%。中国的人口密度最高，高密度区域占比达到 92.61%（表 2-5）。

表 2-4　各地区海岸带人口密度比较（单位:%）

地区	海岸带		
	低密度区域占比	中密度区域占比	高密度区域占比
非洲	65.85	23.31	10.84
大洋洲	73.80	13.19	13.02
欧洲和亚洲	46.77	22.34	30.89
北美洲	82.47	10.74	6.79
南美洲	59.34	32.54	8.12
世界	63.67	19.22	17.12

注：百分比数据因进行四舍五入，加和未等于100%。下同

资料来源：Shi 和 Singh，2003

表 2-5　海岸带人口最多的国家人口密度比较（单位:%）

国家	海岸带		
	低密度区域占比	中密度区域占比	高密度区域占比
中国	1.20	6.19	92.61
孟加拉国	3.29	8.13	88.58
印度	4.66	9.75	85.59
日本	4.71	24.25	71.03
菲律宾	5.89	26.68	67.43
越南	16.18	25.78	58.04
英国	17.16	25.56	57.28
印度尼西亚	52.41	26.74	20.85

国家	海岸带		
	低密度区域占比	中密度区域占比	高密度区域占比
巴西	47.04	40.12	12.84
美国	71.63	15.65	12.72

资料来源：Shi 和 Singh，2003

　　由于大规模的集中开发，海岸带的保护没有得到应有的重视。全球 25 个生物多样性热点区域中，有 23 个至少有一部分位于海岸带中。其中，9 个至少 90% 的面积位于海岸带中。然而，海岸带生物多样性热点区域被划为自然保护区的很少。海岸带生物多样性热点区域中，仅 8.5% 被划为自然保护区。23 个海岸带生物多样性热点区域中就有 21 个区域受保护面积等于或者低于其区域总面积的 13.3%。我国的海岸带保护状况尤其不容乐观。在海岸带总面积居世界前 10 位的国家中，我国自然保护区占海岸带面积的比重最低，仅占海岸带的 2.2%（图 2-5）。在此背景下，联合国环境与发展会议在 1992 年提出呼吁，各国要加强海岸带的综合管理以实现其可持续发展。

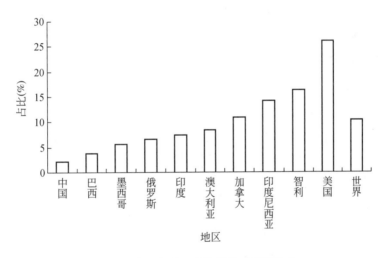

图 2-5　自然保护区占海岸带面积的比重

（二）我国沿海地区开发的格局

　　我国绝大部分地区生态环境恶劣，不适宜人类居住生活，国土开发主要集中在"胡焕庸线"以东的地区。其中，沿海作为开发条件最好的地区，改革开放以来得到迅速发展。从沿海地区的发展历程和现状看，呈现以下特点（图 2-6）。

　　南方沿海的经济发展水平明显高于北方沿海。沿海各省及沿海各地市的经济发展指标度量均呈现这一特征。从沿海各省看，2010 年南方沿海（界定为江苏、浙江、福建、广东、广西）人均 GDP、地均 GDP 产出、人均财政收入、地均财政收入分别达到 4.35 万元、1870 万元/平方公里、0.41 万元和 176.03 万元/平方公里，显著高于北方沿海（界定

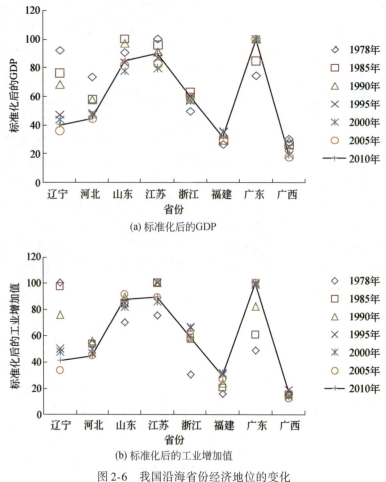

(a) 标准化后的GDP

(b) 标准化后的工业增加值

图 2-6 我国沿海省份经济地位的变化

各年份产值规模最大的省份为 100，其他省份据此将数据进行标准化

为辽宁、河北、山东）的 3.69 万元、1583 万元/平方公里、0.29 万元和 123.49 万元/平方公里。从历史演变看，北方沿海的经济地位明显下降，南方沿海的经济地位明显上升。1978 年，北方沿海是南方沿海工业增加值的 120.7%；2010 年已降至南方沿海的 58.4%。1978 年，北方沿海的 GDP 与南方沿海差不多，2010 年仅相当于南方沿海的 55.9%。从沿海地市看，1980 年北方沿海地市的人均 GDP 和地均 GDP 产出分别是南方沿海地市的 124.8% 和 95.0%，到 2010 年已降为 97.8% 和 72.3%。并且考虑到 1980 年没有数据，未将福建和广西纳入计算，实际的经济地位下降幅度应更大。

从北方沿海内部看，也呈现与整个沿海地区基本相同的发展态势。辽宁沿海地区是经济发展的相对低谷，且改革开放以来地位不断下降。辽宁经济发展的主要指标都相对较低，尤其是反映人口、产业集聚能力的指标，差距更为明显。2010 年，辽宁人口密度仅为 295.61 人/平方公里，不仅远低于山东的 609.50 人/平方公里，也低于河北的 382.81 人/平方公里；地均 GDP 产出为 1247.11 万元/平方公里，也远低于山东的 2492.34 万元/平方公里。改革开放初期，辽宁是我国北方乃至全国工业经济最发达的地区。1978 年，工业增加值高居沿海 8 个省份第 1 位，分别相当于河北和山东的 186.6% 和 143.0%；2010 年降至 92.0% 和 46.6%。1978 年，GDP 相当于河北和山东的 125.2% 和 101.6%；2010 年降至 90.5% 和 47.1%。1978 年，财政收入相当于河北和山东的 188.8% 和 126.2%；2010 年降至 150.5% 和 72.9%。从地市尺度看（表 2-6、图 2-7），2010 年，辽宁沿海六市的人口密度仅为 327.86 人/平方公里，远低于河北及山东的 510.20 人/平方公里和 516.46 人/平方公里。辽宁地均 GDP 产出为 1606.43 万元/平方公里，低于河北的 2169.25 万元/平方公里、山东的 2847.58 万元/平方公里。

表 2-6　2010 年沿海省份经济发展水平比较

省份	GDP（亿元）	人均 GDP（元）	一般预算收入（亿元）	人均一般预算（收入/元）	地均一般预算收入（万元/平方公里）	年末总人口（万人）	面积（平方公里）
辽宁	18 457	42 189	2 005	4 583	135	4 375	148 000
河北	20 394	28 351	1 332	1 851	71	7 194	187 693
山东	39 170	40 854	2 749	2 868	175	9 588	157 161
江苏	41 425	52 642	4 080	5 185	398	7 869	102 600
浙江	27 722	50 899	2 608	4 789	256	5 447	101 800
福建	14 737	39 906	1 151	3 118	93	3 693	124 000
广东	46 013	44 070	4 517	4 326	251	10 441	179 813
广西	9 570	20 759	772	1 675	32	4 610	237 600

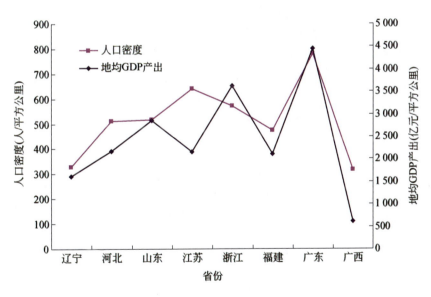

图 2-7　我国沿海省份经济发展水平的差异

根据辽宁、河北、山东、江苏、浙江、福建、广东、广西统计资料整理。辽宁沿海包括丹东市、大连市、营口市、盘锦市、锦州市、葫芦岛市；河北沿海包括秦皇岛市、唐山市、沧州市；山东沿海包括烟台市、潍坊市、滨州市、日照市、威海市、青岛市、东营市；江苏沿海包括南通市、连云港市、盐城市；浙江沿海包括绍兴市、台州市、杭州市、嘉兴市、舟山市、温州市、宁波市；福建沿海包括厦门市、漳州市、宁德市、福州市、泉州市、莆田市；广东沿海包括汕头市、湛江市、茂名市、汕尾市、潮州市、深圳市、江门市、中山市、珠海市、东莞市、阳江市、广州市、揭阳市、惠州市；广西沿海包括北海市、防城港市、钦州市

——地区环境污染程度与速度差异明显。数据表明，辽宁经济发展水平较低，海域水质也较差，2011年一、二类海水的占比仅为46.4%，在沿海8个省份中仅稍好于浙江（占比为20%）。值得注意的是，辽宁海水质量恶化的速度在8个省份中最快。2005～2011年，一、二类海水占比下降了31.3个百分点，分别高于广东、福建及广西的15.4个百分点、5.7个百分点及4.5个百分点。比较而言，这一时期，同处于北方沿海的河北和山东海水质量都在改善，其中，河北最为显著。2005年，河北的一、二类海水占比为62.5%，低于辽宁的77.7%。到2011年，河北一、二类海水占比已经上升为87.5%，远高于辽宁的46.4%（图2-8）。

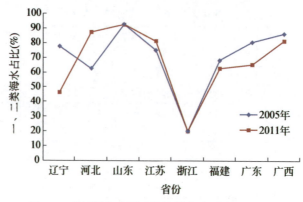

图2-8　我国沿海省份近岸海域海水质量变化比较

在沿海地市中，2005年水质为优的地市辽宁有三个，为丹东、大连、葫芦岛，其近岸海域全部为一、二类水质。2011年近岸海域水质为优的地市辽宁没有，良好的有1个（葫芦岛），一般的有2个（丹东、大连），差的有2个（营口、锦州），极差的有1个（盘锦）。差和极差的地市占50%，仅次于浙江（100%）。而北方沿海的河北和山东，所有地市水质都在一般及以上（表2-7）。这表明近年来辽宁海岸带城市近岸海域水质都在恶化，尤其是丹东和大连。生态环境恶化速度快、质量相对较差及相对较低的经济发展水平意味着辽宁沿海地区的开发必须是一个多元目标下的综合开发，既要合理地利用好沿海的发展条件，实现经济低谷的崛起，又要实现沿海生态环境的有效保护。

表2-7　2011年沿海省份近岸海域水质

省份	优	良好	一般	差	极差
辽宁		1	2	2	1
河北	1	1	1		
山东		7			
江苏		2	1		
浙江				1	4
福建		3		3	
广东	2	4	3		1
广西		1	2		

资料来源：《2011中国近岸海域环境质量公报》

第二节　辽宁海岸带开发历程及发展特征

辽宁海岸带东起鸭绿江口、西至山海关老龙头，海岸线长 2025 公里，行政区划覆盖丹东、大连、营口、盘锦、锦州、葫芦岛六市的 33 个县（市、区）。规划范围以海岸线向陆地侧延伸 10 公里、向海洋侧延伸 12 海里为基本界限，陆域面积为 1.45 万平方公里，占全省的 9.87%；海域面积为 2.10 万平方公里。2010 年末，行政区划范围内人口为 1429 万人，占全省的 35.84%；地区生产总值为 8125 亿元，占全省的 36.89%；人均地区生产总值为 51 729 元，比全省平均水平高 3%。

一、辽宁海岸带开发的历史进程

受自然条件、战争等因素的影响，近代鸦片战争以前辽宁海岸带并没有得到大规模的开发。

（一）海岸带的变迁

辽宁原始古陆核形成于 28 亿年前。在新生代第三纪，形成了现代的海陆结构。之后，受海平面上升等因素影响，海岸线处于不断的运动和变化过程中。这种变化集中体现为平原区海岸线的变化，突出表现为辽东湾海岸线的变化。辽河平原在第四纪冰后期海侵后，滨海地区或被海水淹没，成为海洋；或因排水不畅，形成大片沼泽。以今台安为中心，周围地区全是苇塘和沼泽，称为"辽泽"。《资治通鉴》记载，唐太宗率大军统一辽东，"车驾至辽泽，泥淖二百余里，人马不可通"。大约到公元 10 世纪，契丹族在西拉木伦河流域和老哈河流域耕垦，使辽河含沙量增加，海岸线逐渐向南延伸。明代辽河河口在梁房口关，即今营口附近的大白庙子。岸线由此向西，经沙岭以南约 25 公里，至吴家坟附近。明末清初时，今营口市区仍为辽河口外一个沙洲，由于泥沙不断淤积，19 世纪二三十年代与大陆相连。辽东湾西岸为大凌河三角洲，由于输沙强度不及辽河，三角洲延伸缓慢。隋时，大凌河口为望海顿，今锦州市东南右卫。明后期三角洲岸线移至今锦州市南蚂蚁屯、四合浦、文字官一线。19 世纪末，岸线在头沟、四沟、大沙沟、元宝底、南项、狼坨一线。大凌河三角洲与辽河三角洲之间形成了北面至闾阳（今北宁西南）的浅海湾，称为盘锦湾。随着两侧三角洲的发展，盘锦湾逐渐萎缩。明代海岸线已推至杜家台附近，东与双台子、吴家坟岸线相接。杜家台以东、今盘锦市以南，辽河三角洲仍有一海湾，一直保持到 20 世纪上半叶。清光绪年间为排泄辽河洪水，开挖了双台子河，促进了盘锦湾的淤积。1958 年，拦断辽河分泄营口流路，使辽河由盘锦市盘山县入海。原已淤为沼泽的盘锦湾逐渐流干，成为苇塘和农田。

除辽东湾外，丹东市区在西汉年间（公元前 206 年）还是一片汪洋大海。辽东郡下属的"西安县治所"在距丹东市区东北 12.5 公里的瑗河上尖地方，因为这里是当时从中原到东北腹地的水陆交通要冲。公元 407 年，丹东市区迁往附近地势较高的九连城。直到 20 世纪初

（1905 年），日本占七道沟地区为租借地，在振兴区修建港口和铁路，丹东市区才逐渐发展起来。

（二）海岸带的开发

辽宁是东北人类文化的起源地。由于气候相对适宜，这一地区成为东北最早出现人类活动的区域。在 20 多万年前，华北地区的原始人类翻越燕山，首先进入这一区域，留下了诸多遗址。至旧石器时代，一些原始人类才向北和向东迁移。南部地区首先受中原先进文化的影响，因此，其经济社会发展水平要普遍高于北部地区，六七千年以前这一区域就出现了原始的农耕文化。春秋战国时期，燕国大举北上，击东胡、纳朝鲜侯。设立辽西郡、辽东郡和右北平郡，并在三郡北部修筑了长城，以控制从辽西到朝鲜半岛北部的广大地区。燕长城及之后的秦汉长城、明长城、清边墙等军事设施进一步强化了北部落后于南部的经济社会发展格局。从人口密度看，到清代这一格局仍未改变。

然而，辽宁海岸带地区，特别是"辽泽"所在的中西部海岸带历史上并没有得到大规模的开发。行政建置情况表明，南部地区的城镇主要分布在内陆，而非沿海。以汉代为例，当时辽宁海岸带地区主要由辽西和辽东两郡管理。辽西郡的治所在阳乐（锦州市义县），辽东郡的治所在襄平（今辽阳市老城），均不在海岸带范围内。

较早得到大规模开发的是辽东半岛。行政建置情况表明，辽东，特别是辽东的西部滨海所设置的城镇比辽西密集得多（图 2-9）。除自然条件外，辽东的开发与其自身的资源禀赋优势、相对稳定的发展环境及便利的交通有关。公元前 645 年，管仲对齐桓公说："楚有汝、汉之黄金，而齐有渠展之盐，燕有辽东之煮，此阴王之国也。"说明盐业给燕国带来了巨大的经济效益，使得燕国具有同齐、楚等大国同等的经济实力。春秋时期，齐、晋两国盐业最发达。到了战国时期，燕国辽东的盐业已经超过了晋国，因而在盐业中是齐、燕并称。秦、汉以来，辽西成为东北少数民族与中原政权反复交战的区域，经济社会发展受到极大影响，而辽东则因为战乱相对较少得到比较稳定的开发。此外，辽东半岛和山东半岛之间的海路是东北与中原联系最便捷的通道，长山群岛和庙岛群岛形成的天然岛链将两地连接，为渡海航行提供了便利。历史上，中原与东北的陆路联系时常中断，但海上联系始终未能禁绝。特别是山东半岛与辽东半岛的经济联系尤为紧密、人口交往迁徙频繁。这也为辽东半岛的开发提供了条件。西汉时，辽西的人口密度要高于辽东，但到东汉，辽东的人口密度已经超过了辽西。

（三）海岸带经济集聚发展过程

改革开放以来，辽宁海岸带地区经济集聚程度不断增长（姜丕军，2010），1984 ~ 2011 年，沿海六市 GDP 及第一、第二、第三产业结构比重分别由 1984 年的 36.80%、41.97%、34.75%、38.30%增长至 50.17%、50.03%、49.08%、51.83%，其中，GDP、第二产业结构比重、第三产业结构比重呈现明显的增长态势，其所占比重分别增长了 13.37 个百分点、14.33 个百分点、13.53 个百分点，尤以第二产业集聚最为快速（图 2-10）。

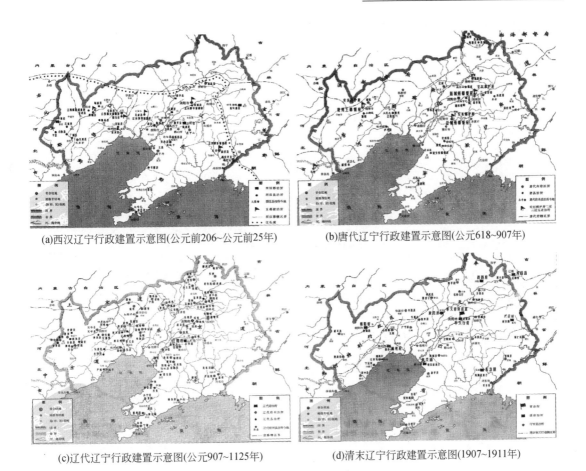

(a)西汉辽宁行政建置示意图(公元前206~公元前25年)　　(b)唐代辽宁行政建置示意图(公元618~907年)

(c)辽代辽宁行政建置示意图(公元907~1125年)　　(d)清末辽宁行政建置示意图(1907~1911年)

图 2-9　辽宁省古代建置情况

资料来源：辽宁省地方志编纂委员会办公室，2001

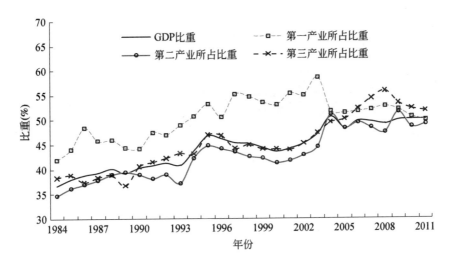

图 2-10　辽宁海岸带 GDP 及三次产业占全省的比重变化情况（1984~2011 年）

为探讨不同产业对经济空间集聚的影响，将经济集聚细化为三个产业部门，即第一产业、第二产业和第三产业。式（2-1）中，y 代表全辽宁 GDP，1 和 0 分别代表海岸带地区和全部省域。y_P、y_S、y_T 分别代表第一、第二、第三产业增加值，则有

$$y = y_P^i + y_S^i + y_T^i \tag{2-1}$$

另外，本研究引入 $M = \dfrac{y^1}{y^0}$，即海岸带经济集聚程度的综合测度指标——海岸带经济集聚程度指数，其中 y^1 为海岸带地区经济产出；y^0 为全省经济产出；$M_j = \dfrac{y_j^1}{y_j^0}$，$j = P$、$S$ 和 T，分别表示第一、第二、第三产业向海岸带地区集聚程度的测度指标，即第一、第二、第三产业集聚程度指数。由此可以得出下式：

$$M = M_P \times \frac{y_P^0}{y^0} + M_S \times \frac{y_S^0}{y^0} + M_T \times \frac{y_T^0}{y^0} \tag{2-2}$$

在式（2-2）中，左边是海岸带经济集聚程度指数，右边是三次产业集聚程度指数，并且由各个产业所占 GDP 的比重作为权重。为此，得到第一、第二、第三产业对经济集聚贡献程度指数。由计算结果可知，第二产业经济集聚贡献率远高于第一、第三产业，且呈现了缓慢增长的态势，而第三产业贡献率远低于第二产业，但其贡献率增长幅度远大于第二产业，第一产业贡献率却呈现了明显下降态势。可见，辽宁经济向海岸带集聚主要受第二产业、第三产业向海集聚力推动（图 2-11）。

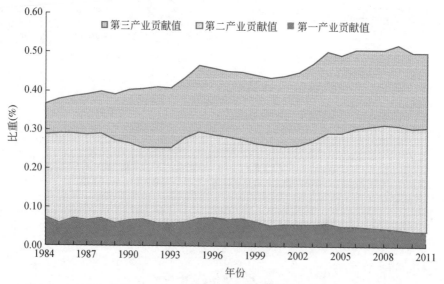

图 2-11　辽宁海岸带三次产业对经济向海岸带集聚的贡献率（1984～2011 年）

按照 GDP 集聚程度，将海岸带经济集聚过程划分为以下几个阶段（图 2-12、图 2-13）。

1. 快速集聚阶段（1984～1995 年）

这一阶段，海岸带 GDP 占全省的比重由 1984 年的 36.80% 增长至 1995 年的 46.79%，年均提升近 1 个百分点。总体来看，海岸带地区经济集聚态势逐步强化，主要是受大连地

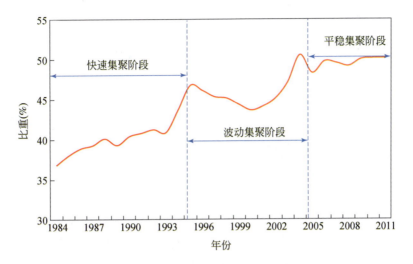

图 2-12 辽宁海岸带经济集聚阶段划分（1984～2011 年）

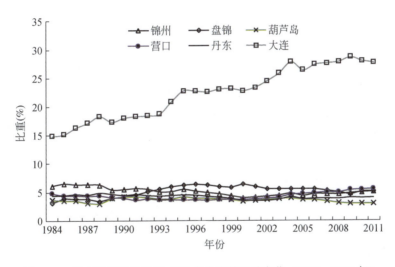

图 2-13 辽宁海岸带各地市 GDP 占全省的比重变化（1984～2011 年）

区 GDP 占全省 GDP 比重呈现逐步加大的趋势影响，其所占比重由 1984 年的 14.81% 增长至 2011 年的 27.23%，增长了近 8 个百分点，占全海岸带经济总产出的近 1/2；其次是盘锦，其 GDP 占全省的比重由 1984 年的 3.05% 增长至 2011 年的 6.27%，增长了 3 个百分点之多；而其他四个地区 GDP 占全省的比重基本上没有发生较大变化，其中，营口 GDP 占全省的比重甚至出现了下降的情况。

2. 波动集聚阶段（1996～2005 年）

1996～2000 年，海岸带 GDP 占全省的比重呈现了下降的态势，由 1996 年的 46.15% 下降至 2000 年的 43.68%，究其原因，作为海岸带地区中心的大连，其 GDP 占全省的比重并未发生明显增长，其比重基本维持在 22.81%，而锦州、葫芦岛、丹东三个地区 GDP

占全省 GDP 比重均呈现了不同程度的下降态势，共计下降了 2 个百分点之多，尤其是锦州，2000 年较 1996 年下降了 1 个百分点之多。同样受大连占全省 GDP 比重变化的影响，2001～2005 年，海岸带 GDP 占全省的比重由 2001 年的 44.20% 增长至 2005 年的 48.34%，增加了 4 个百分点之多，而同期，仅大连地区 GDP 占全省的比重就贡献了 3 个百分点之多，由 23.32% 增长至 26.34%，值得一提的是，营口这一期间，后发优势开始凸显，其 GDP 占全省的比重由 1996 年的 3.78% 增长至 2005 年的 4.67%，增长了近 1 个百分点。

3. 平稳集聚阶段（2006～2011 年）

这一阶段，海岸带 GDP 占全省的比重基本维持在 49.82%，处于平稳集聚阶段。伴随大连地区经济的快速发展，辽宁经济空间结构的"双核"特征十分明显——以沈阳和大连为两个增长极，进入"十一五"以来，两地区 GDP 占全省的比重持续稳定在 55%，这一主导力量一方面基本决定辽宁经济以沈大线为经济集聚中轴的空间结构，另一方面也对经济重心向海岸带地区进一步移动产生了约束。此外，虽然辽宁于 2006 年着力开发建设"五点一线"沿海经济带，构筑对外开放新格局，但从 2006 年的实施效果来看，并未加快全省经济向沿海地区的进一步集聚步伐。

（四）海岸带经济集聚发展格局

为综合刻画辽宁海岸带地区经济集聚总量规模和相对水平格局特征，本研究对海岸带经济集聚的格局进行了细化研究。海岸带地区内部各县（市、区）间行政范围、经济基础存在较大差异，为消除因地域空间大小、既有经济体量对经济集聚程度测算的片面影响（李爱国和黄建宏，2006），本研究从经济集聚绝对规模（GDP）、集聚速度（GDP 年均增长速度）、相对水平（人均 GDP）三个维度，综合测度辽宁海岸带地区经济集聚格局变化特征。另外，受可搜集到的数据限制，本研究选择 1995 年、2000 年、2005 年和 2011 年四个截面数据作为测算数据。

1. 经济规模格局演化

从经济总体规模空间分布格局演化来看，海岸带经济重心位于辽东半岛地区，并呈现逐步向大连地区集聚的发展态势，海岸带内部经济"极化"空间分布特征明显。

1995 年，海岸带地区经济集中分布在大连市的金州区、瓦房店市、普兰店市、甘井子区、庄河市等地区，其 GDP 占全海岸带地区经济总量的比重分别达 11.59%、9.95%、9.88%、9.34%、6.27%，约占全区域的 50%；1996～2000 年，大石桥市、东港市经济发展快速，截至 2000 年底，其 GDP 占全海岸带地区经济总量的比重分别达 7.05%、6.73%，与金州区、瓦房店市、普兰店市、甘井子区、庄河市一并位于 GDP 比重超过全海岸带地区经济总量的 6% 的地区行列，以上地区 GDP 合计占全海岸带地区经济总量的60% 以上。这一分布格局在 2001～2005 年保持不变，经济集聚范围逐渐由"中心"向外围扩散特征依然明显；但在 2006～2011 年，经济集聚又集中于大连地区的金州区、瓦房店市、甘井子区、庄河市、普兰店市等地区，GDP 占全海岸带地区经济总量的比重分别达

13.37%、8.33%、8.33%、6.74%、6.39%（表2-8）。

表2-8 辽宁海岸带GDP比重超过全海岸带地区经济总量的6%的地区

年份	地区
1995	金州区、瓦房店市、普兰店市、甘井子区、庄河市
2000	金州区、普兰店市、瓦房店市、甘井子区、庄河市、大石桥市、东港市
2005	金州区、瓦房店市、普兰店市、甘井子区、庄河市、东港市、大石桥市
2011	金州区、瓦房店市、甘井子区、庄河市、普兰店市

1995～2011年，海岸带地区内部各地区经济集聚能力差异呈现出"U"形演化态势，1995年，海岸带地区基尼系数①为0.97，呈现明显的集聚态势，此后，基尼系数呈现了降低态势，一直到2005年，基尼系数降低至0.92，而到2006年以后，基尼系数再次升高，至2011年基尼系数又回升到0.97，地区间差异明显（图2-14）。说明，"五点一线"战略实施以来，区域不均衡开发加速了海岸带地区经济发展，但其内部地区经济集聚空间差异也日益明显。

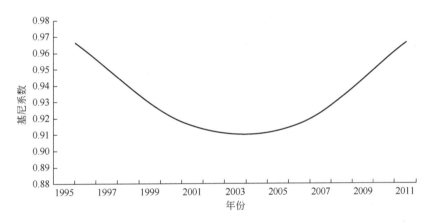

图2-14 辽宁海岸带基尼系数变化趋势示意图（1995～2011年）

2. 经济集聚水平格局演化特征

从人均GDP空间分布来看，海岸带地区经济集聚水平较高地区仍主要集中于大连地区，且地区间经济集聚水平差异也呈现拉大态势。

1995年，以大连金州区—旅顺口区—甘井子区和营口鲅鱼圈区为双中心的辽东半岛地

---

① 基尼系数常用来测量地理现象的不均衡程度，经济地理聚集本身就是一个不均衡发展过程，故本研究用基尼系数来测度经济地理聚集程度。其中，基尼系数计算公式如下：

$$G = 1 - \frac{1}{n}\left(2\sum_{i=1}^{n-1} W_i + 1\right)$$

式中，将各地区GDP所占海岸带GDP总和的比重按从小到大的顺序分为 n 组，其中，W_i 表示从第 i 组各省所占比重之和。

区成为海岸带经济集聚水平较高的地区，其中，金州区和鲅鱼圈区人均 GDP 分别达14 353元、17 112 元，远高于其他地区；1996～2000 年，伴随辽东半岛各地区经济的快速发展，长海县、东港市、老边区、大石桥市及普兰店市等地区经济集聚水平显著提高，截至 2000 年底，其人均 GDP 分别达 13 283 元、12 171 元、11 729 元、11 353 元及 11 085 元，成为海岸带地区经济集聚水平较高的核心地区；2001～2005 年，经济集聚水平较高的地区范围逐渐由大连向营口扩散，尤其是老边区人均 GDP 在 2005 年达到 48 701 元，成为海岸带经济集聚水平最高的县区，同期，瓦房店市人均 GDP 也增至 22 805 元，经济集聚水平明显提高；2005～2011 年，海岸带地区经济集聚水平在空间上又呈现出明显的阶段性差异分布特征，经济集聚水平较高的地区又集中于大连的金州区、中山区、甘井子区和旅顺口区，以及营口的老边区和鲅鱼圈区，这些地区人均 GDP 均超过 100 000 元。

3. 经济集聚速度格局深化特征

通过将 2000 年、2005 年、2011 年各时期的 GDP 以 1995 年为基期年，折算成不变价，计算各地区 1995～2011 年 GDP 增长速度。结果显示，1995～2000 年，海岸带地区经济集聚速度普遍较慢，各地区经济年均增长速度均在 10% 以下；2001～2005 年，年均经济集聚速度超过 10% 的地区有营口的鲅鱼圈区、老边区、站前区，大连的沙河口区、西岗区、瓦房店市，营口和大连成为经济集聚速度最快的地区。尤其是，营口鲅鱼圈区、老边区、站前区等地区 GDP 增长速度超过 27%，成为这一时期海岸带经济集聚速度最快的地区。"五点一线"战略实施以来，较前一时期，全海岸带地区年均经济集聚速度由 6.60% 提高至 14.25%，而年均经济集聚速度超过 10% 的地区也由前一时期的 6 个增长至 18 个，海岸带地区经济集聚速度显著全面提升。尤其是位于海岸带"两翼"上的核心城市的新城新区经济集聚速度尤为突出，丹东元宝区年均经济集聚速度超过 46%，振安区经济集聚速度超过 15%；锦州凌河区年均经济集聚速度超过 32%，太和和古塔区年均经济集聚速度超过 20%；盘锦兴隆台区年均经济集聚速度超过 18%，双台子区年均经济集聚速度超过 16%；葫芦岛龙港区年均经济集聚速度超过 18%。可见，这一时期，经济在辽东半岛经济基础较好的地区快速集聚的同时，海岸带"渤海翼"和"黄海翼"经济集聚速度也显著提高。

4. 经济集聚专业化分工格局特征

经济活动的地理分布及各区域之间经济活动的相互关系是区域经济学研究的核心问题（魏后凯，2006），而且在区域经济学家看来，区际经济与贸易就是经济活动在不同地区之间的地理分布不均的产物。在辽宁海岸带，各地区经济发展速度和侧重点都有很大不同，基本已经形成各具专业化特征的经济职能格局。为此，下面将着重对海岸带经济活动专业分工的地理格局进行详细分析。

现有研究一般基于统计年鉴的年度数据进行分析，往往由于数据质量不高而可能影响结果的代表性。尤其是各县区尺度下的数据获取难度较大，并且具有不连续性。为此，受基础数据的约束，本研究采用《辽宁经济普查年鉴2008》中按行业各地区从业人数数据，通过计算各地区各行业区位熵，确定各地区具有专业化特征优势的行业。由于区位熵是针对各地区诸行业进行计算的，若行业划分太细，则结果难以清晰突出地区专业化特征（金祥荣和朱希伟，2002）。为此，本研究将两位数行业进行合并，形成农、林、牧、渔业，采矿业，制造业，电力、燃气及水的生产和供应业，建筑业，交通运输、仓储和邮政业，信息传输、计算机服务和软件业，批发和零售业，住宿和餐饮业，金融业，房地产业，租赁和商务服务业，科学研究、技术服务和地质勘查业，水利、环境和公共设施管理业，居民服务和其他服务业，教育，卫生、社会保障和社会福利业，文化、体育和娱乐业，公共管理和社会组织19个产业部门，并在区位熵计算结果的基础上，运用Matlab 7.0软件，对数据进行了自组织特征映射网络（Self Organizing Feature Map，SOM）的聚类处理（丛爽，2003）。具体计算过程参照从爽（2003）、张青贵（2004）相关文献，最终得出聚类结果（表2-9）。

表2-9 辽宁海岸带各地区SOM分类结果

类别	地区集合
第一类	中山区、甘井子区
第二类	站前区、凌河区、元宝区、振兴区、沙河口区、古塔区、太和区、西岗区、双台子区、龙港区
第三类	鲅鱼圈区、盖州市
第四类	大洼区、盘山县、长海县
第五类	甘井子区
第六类	兴城市、绥中县
第七类	西市区、振安区、凌海市、瓦房店市、庄河市、普兰店市、老边区、东港市、旅顺口区、金州区

（1）第一类，区域性服务中心——以大连中山区为代表。这一地区以服务业、高科技信息产业为主，服务区域性生产、生活需求。金融业区位熵为6.32，交通运输、仓储和邮政业区位熵为4.94，成为海岸带区域生产性服务业专业化水平最高的地区；地区住宿和餐饮业区位熵达到4.51，批发和零售业，房地产业，文化、体育和娱乐业区位熵也高于2.00，租赁和商务服务业、居民服务和其他服务业区位熵也均在1.50以上（含1.50），地区生活服务业专业化水平较为突出，成为区域生活性服务业集聚中心；信息传输、计算机服务和软件业区位熵为3.44，在海岸带地区位列第四（图2-15）。

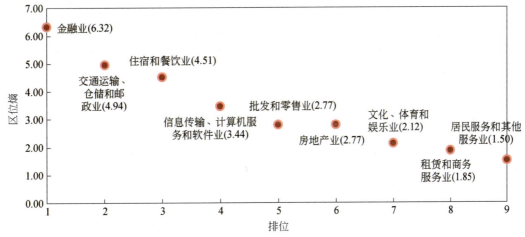

图2-15 大连中山区工业与服务业中具有专业化集聚力的行业（2008年）

（2）第二类区，地区性服务中心。主要包括站前区、凌河区、元宝区、振兴区、沙河口区、古塔区、太和区、西岗区、双台子区、龙岗区等地区。这一类地区一般都是城市市辖区，经济基础较好，社会公共服务体系较完善，辐射带动周边地区能力较强，在地区中的生产、生活综合性服务影响力较强。以营口站前镇为例，从服务周边地区生产活动的角度来看，其金融业区位熵为3.48，虽低于第一类地区，但相对其他类型地区，仍具有较高的专业化水平，以满足其覆盖地区金融服务需求。此外，交通运输、仓储和邮政业发展专业化水平也相对较高，区位熵为1.45，承担起地区物流集散中心地的功能；从服务周边地区生活需求的角度来看，文化、体育和娱乐业，住宿和餐饮业，公共管理和社会组织等基本生活服务产业区位熵相对较高，分别达到2.08、1.73和1.59，在为周边地区居民生活提供基本公共服务方面具有相对集聚优势（图2-16、表2-10）。

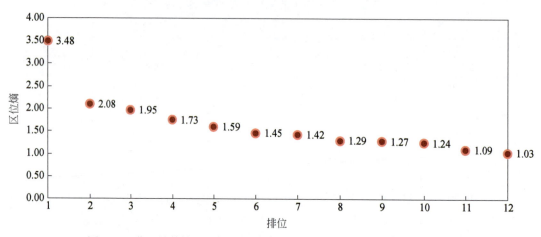

图2-16　营口站前镇工业与服务业中具有专业化集聚力的行业（2008年）

表2-10　图2-16中各序号代表的具体行业

序号	行业	序号	行业	序号	行业
1	金融业	5	公共管理和社会组织	9	电力、燃气及水的生产和供应业
2	文化、体育和娱乐业	6	交通运输、仓储和邮政业	10	居民服务和其他服务业
3	信息传输、计算机服务和软件业	7	房地产业	11	批发和零售业
4	住宿和餐饮业	8	租赁和商务服务业	12	建筑业

（3）第三类区，交通运输、邮电通信、仓储、批发零售等服务行业专业化地区，包括鲅鱼圈区和盖州市。这一类地区主要依靠临近港口的区位优势、完善的基础设施配套体系，以及保税区、开发区、城市的发展支撑，海陆运输、邮电通信、仓储、批发零售等服务行业专业化水平迅速提高，鲅鱼圈区交通运输、仓储和邮政业区位熵为7.56，成为海岸带地区该行业区位熵最高的地区，而盖州市批发和零售业区位熵为2.18，成为仅次于大连中山区的地区，专业化优势明显。

（4）第四类区，农、林、牧、渔业专业化地区，包括大洼区、盘山县、长海县。这三个地区，农、林、牧、渔业区位优势最为突出，分别达到10.28、35.91、21.41，是海岸带农业生产集中区。

（5）第五类地区，信息传输、计算机服务和软件业专业化地区——甘井子区。这一地区信息传输、计算机服务和软件业专业化水平在海岸带地区最高，其区位熵达到6.21，是海岸带乃至国家的重要工业、科研基地之一，曾被授予"全国科技先导区"称号，区内分布着包括大连软件园（于1999年被命名为国家火炬计划软件产业基地）、北大科技园（开发生产的第三代新网际网络终端设备，填补了国内空白）在内的多家国内知名信息科技创业园区。

（6）第六类，旅游专业化地区，包括兴城市、绥中县。这两个地区公共服务业区位熵较高，以兴城市为例，作为滨海旅游城市，其卫生、社会保障和社会福利业区位熵为2.63，是海岸带地区该行业区位熵最高的地区，这与其区内休闲、疗养业发展优势密切相关。而绥中县公共管理和社会组织区位熵也达到2.00之上。

（7）第七类，制造业专业化地区，包括西市区、振安区、凌海市、瓦房店市、庄河市、普兰店市、老边区、东港市、旅顺口区、金州区等地区。这一类地区是未来承接海岸带区域制造业集聚的重点区域（贺灿飞和谢秀珍，2006），制造业区位熵均大于1.20，且是地区区位熵中最突出的行业类型，也是分布于区域性服务中心和地区性服务中心的外围工业化生产中心。

总之，目前海岸带区形成了以大连城市中心区为区域核心、六个城市城区为地区中心，以外围县（市、区）为制造业，农、林、牧、渔业，交通运输、仓储和邮政业，旅游休闲集中地的职能空间格局。

二、辽宁海岸带经济发展的特点

改革开放以来，特别是2005年辽宁提出促进辽宁沿海地区发展的"五点一线"开放开发战略以来，海岸带地区得到了迅速发展。不考虑物价因素，GDP年均增长18.3%。GDP占东北的比重从23.2%上升至24.7%。海岸带的发展呈现以下特征。

（一）向海发展趋势明显

调研发现，近年来沿海地区开发主要集中在直接临海的海岸带地区。从工业园区的建设看，辽宁在辽宁沿海重点建设的园区基本都分布在海岸带范围内，根据现有园区规划，工业园区总面积为5606.02平方公里，占海岸带各区县总国土面积的15%左右，若以海岸线向内陆延伸10公里的范围计算，则占其总面积的40%以上。随着园区工业的发展，2005年以来沿海港口也进入快速发展时期。港口货物吞吐量从2005年的2.9亿吨增长至2010年的6.5亿吨，增长了一倍多。分析沿海六市人口和产业空间分布的变化发现，直接临海的33个县（市、区）的人口占六市的比重分别从2005年的79.9%上升至2010年的83.1%；GDP占比从59.5%增长至87.7%。从地市看，丹东、锦州、葫芦岛海岸带GDP占全市的比重都显著上升，均增加了20个百分点左右；葫芦岛海岸带地区的人口占全市的比重有所下降，锦州和丹东都出现了上升（表2-11）。

表 2-11　海岸带在丹东、锦州、葫芦岛市域经济中的地位

地区	海岸带 GDP 占比（％）		海岸带人口占比（％）		地均 GDP 产出比（海岸带/市域）		人口密度比（海岸带/市域）	
	2005 年	2010 年	2005 年	2010 年	2005 年	2010 年	2005 年	2010 年
丹东	59.43	79.15	57.68	61.07	2.72	3.62	2.34	2.43
锦州	32.03	50.40	45.16	51.18	0.94	1.48	1.68	1.92
葫芦岛	57.87	74.07	77.82	74.63	0.83	1.07	1.00	0.97

注：其他三市全部市域范围都纳入了海岸带，所以在此不作比较分析

在向海发展的进程中，产业集聚的中心比较明显，而人口集聚的中心不明显。地均产出数据显示，大连是产业集聚最主要的中心。集聚能力远超出其他地市。不考虑物价因素，2005~2010 年大连的地均 GDP 产出增长了 2.8 倍。2010 年，大连和营口的地均 GDP 产出达到 3481.0 万元/平方公里。营口处于次集聚中心地位，在其余 5 市中的集聚能力明显。不考虑物价因素，2005~2010 年营口增长了 2.1 倍，达到 2417.2 万元/平方公里。与产业经济相比，人口集聚不明显，海岸带呈现带状开发的形态。虽然，大连的人口集聚能力要高于其他地市，但差距不是很明显。且从时序上分析，差距并没有显著扩大（图 2-17）。

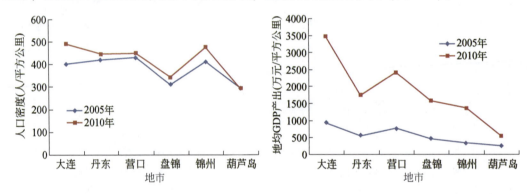

图 2-17　各地市人口、产业集聚情况比较

（三）工业主导特征显著

工业是近年海岸带重点发展的产业。从整个海岸带的产业结构变化看，2005~2010年，工业占 GDP 的比重增长了 3.61 个百分点，而第一产业和第三产业的比重都有明显下降。从各地市的产业结构看，除盘锦和葫芦岛外，其他地市工业占 GDP 的比重都有明显上升（表 2-12）。从海岸带工业产值规模增长的区域分布看，工业产值规模的增加主要集中在大连，占整个海岸带的 56.4%（表 2-13）。

表 2-12　2010~2015 年产业结构变化情况（单位:%）

地区	第一产业	第二产业	工业	建筑业	第三产业
大连	−1.83	4.60	5.12	−0.52	−2.77
丹东	−2.46	10.08	8.94	1.15	−7.62

地区	第一产业	第二产业	工业	建筑业	第三产业
锦州	-6.47	10.94	9.45	1.49	-4.47
营口	-3.10	3.95	2.68	1.28	-0.86
盘锦	-1.82	-5.68	-6.70	1.02	7.50
葫芦岛	-1.40	-1.08	-3.84	2.76	2.48
海岸带合计	-2.54	3.99	3.61	0.38	-1.44

注：采用沿海六市数据进行统计分析

表 2-13　2010～2015 年产业规模增长情况（单位：亿元）

地区	地区生产总值	第一产业	第二产业	工业	建筑业
大连	3005.93	161.77	1628.43	1456.01	172.42
丹东	402.57	47.25	239.01	203.06	35.96
锦州	530.69	63.27	294.48	255.64	38.84
营口	622.86	36.22	359.65	319.37	40.28
盘锦	485	34.66	297.7	267.49	30.21
葫芦岛	231.93	27.06	104.58	79.9	24.68
海岸带合计	5278.98	370.23	2923.85	2581.47	342.39

注：采用沿海六市数据进行统计分析

从工业内部看，呈现重工业主导的特征。石油加工、炼焦及核燃料加工业，通用设备制造业，交通运输设备制造业，非金属矿物制品业，黑色金属冶炼及压延加工业，石油和天然气开采业，专用设备制造业，化学原料及化学制品制造业八大重工业占海岸带工业总产值的 62.7%。其中，石油加工、炼焦及核燃料加工业占工业总产值的 19.3%。从具有全省影响的工业行业看，也呈现明显的重工业主导的特征。其中，石油和天然气开采业占全省行业总产值的比重为 99.98%；石油加工、炼焦及核燃料加工业占全省的 77.6%；有色金属矿采选业占全省的 73.6%（图 2-18）。

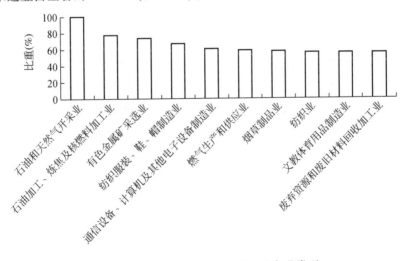

图 2-18　海岸带具有全省影响的工业行业类型

（三）单中心发展特征明显

20世纪80年代以来，海岸带地区经济集聚态势逐步强化，主要是受大连地区GDP占全省GDP的比重呈现逐步加大的趋势影响，大连占全省GDP的比重由1984年的14.81%增长到2011年的22.73%，增长了近8个百分点，基本上占全海岸带经济总产出的1/2，大连"过高首位度"特征明显。这与大连的地理区位、历史积淀及国家政策密切相关，通过发展开放型经济实现地区经济的快速发展和功能的不断提升，通过多个开发区建设，持续带动地区经济的整体发展，目前，大连市拥有4个国家级产业园区，占海岸带地区的一半；拥有13个省级产业园区，也占海岸带地区的一半（表2-14）。

表2-14　2011年大连省级和国家级产业园区名录

类型	名称
省级	大连旅顺绿色经济区、大连新兴产业经济区、大连循环产业经济区、辽宁海洋产业经济区、大连生态科技创新城、大连登沙河产业区、大连太平湾沿海经济区、大连瓦房店轴承产业园区、大连皮杨中心产业区、大连湾临海装备制造业聚集区、普湾新区、大连花园口经济区、大连金渤海岸经济区
国家级	大连保税区、大连长兴岛经济区、大连经济技术开发区、大连旅顺南路软件产业带

（四）经济集聚程度远高于人口集聚程度

从海岸带人口集聚和经济集聚程度来看，人口所占比重低于GDP所占比重。以沿海地市为统计单位，1994年海岸带人口规模为1493.66万人，占全省人口总量的40.87%，而同期GDP为161.27亿元，占全省GDP的比重为46.13%，海岸带两个指标所占比重相差了5.26%；到2011年，海岸带人口规模为1785.99万人，占全省人口总量的40.75%，同期GDP为11 150.86亿元，占全省GDP的比重为50.35%，整体来看，海岸带地区生产分布的极化水平有较大提升，而对人口集中的极化作用并没有增强。可见，生产向海岸带区域高度集中的过程中，人口没有相应地高度集中，是造成海岸带地区生产与人口分布高度失衡的原因（图2-19）。究其原因，主要在于，自我国实施了优先发展沿海、以沿海的发展带动内地的不平衡发展战略以来，虽然海岸带地区生产力水平得到了相对快速的提升，经济生产进一步集中，但人口分布由于长期受经济体制的限制，以及计划经济时代遗留下来的内陆地区的工业基地对区内人口的滞留作用依然明显，人口向正在开发或尚待开发的海岸带地区集聚趋势及程度相对较落后。

（五）政府起到了举足轻重的作用

根据经济集聚形成的主导力量不同，我国目前的制造业产业集聚可分成自发形成型、外商投资型和政府主导型（杨宝良，2005）。其中，自发形成型的产业集聚区域主要在浙江省境内，外商投资型的产业集聚区域主要在广东和江苏两省，而政府主导型的产业集聚

图 2-19　1984～2011 年辽宁海岸带地区人口集聚程度和经济集聚程度变化情况

区域主要有两种类型（朱英明，2003）：一种是原来遗留下来的老工业基地，一种是改革开放之后，各地根据自己的具体状况开发的经济园区，这些园区的创立在很大程度上受到了政府的引导和保护。辽宁海岸带就属于后者，2005 年以来，辽宁省政府相继出台了"五点一线"发展战略、《辽宁沿海经济带发展规划》、《辽宁海岸带保护和利用规划》及多个产业园区规划和地方开发建设规划，用以引导经济向海集聚发展，企业向海岸带地区集中布局。

三、辽宁海岸带开发保护存在的问题

随着海岸带的不断开发，开发和保护的矛盾与冲突不断凸现，能否科学有效地解决或者缓解这些问题将直接影响海岸带的可持续发展。

（一）资源环境承载力与开发矛盾加剧

1. 近岸海域污染严重

辽宁沿海近岸海域污染程度普遍较高，海洋生态系统承受压力较大。2009～2010 年，近岸部分海域水质分别受到轻度到中度污染，严重污染海域主要分布在双台子河口至辽河口近岸及大连湾部分海域，主要污染物为无机氮、活性磷酸盐、石油类和重金属。沉积物质量总体一般，部分海域沉积物受滴滴涕、石油类、镉、汞和多氯联苯的污染。61.9% 的入海排污口超标排放污染物，83.3% 的重点排污口邻近海域水质未达到海洋功能区要求；鸭绿江、碧流河、大辽河、双台子河及大凌河、小凌河六条入海河流排海的主要污染物总量为 37.7 万吨（表 2-15）。

表 2-15　2010 年重点入海排污口邻近海域生态环境质量等级

入海排污口名称	邻近海域功能区	邻近海域功能区水质要求	邻近海域生态环境质量状况	
			水质状况	生态环境质量等级
凌水河入海口	增养殖区	第二类	劣四类	极差
二道沟排污口	港口航运区	第四类	第三类	优良
五里河入海口	排污区	第四类	劣四类	极差
营口市污水处理厂排污口	排污区	第四类	劣四类	极差
小凌河入海口	增养殖区	第二类	劣四类	差
大凌河入海口	增养殖区	第二类	劣四类	差

此外，随着石油化工产业、重工业向沿海地区的集聚（刘鹤和刘毅，2011），工业生产、运输环节的环境事故频繁发生，主要为石油泄漏、燃烧、爆炸等事故，导致大气污染和周边海域污染。例如，2010 年，受"7.16"大连新港溢油事故的影响，该年 7 月中旬至 8 月中旬，周边 100 公里海域被污染，大连金石滩滨海旅游度假区及海水浴场水质差，直接波及旺季滨海旅游活动（表 2-16）。从辽东湾赤潮的发生频率来看，已从 20 世纪 90 年代初每 3～5 年发生一次，发展到近年每年一次，而 2010 年发生海洋赤潮更是高达 4 次。

表 2-16　2010 年以来辽宁海岸带工业环境污染事件汇总

时间	地点	事件	环境影响
2010-7-16	大连	30 万吨级外籍油轮卸油时引发输油管线爆炸	周边 100 公里海域被污染，接近现场 10 公里大气污染严重
2010-10-24	大连	拆除罐体作业时，不慎引燃罐体内残留原油发生燃烧	同上
2011-7-16	大连	新港一座炼油装置发生泄漏起火	污染周边海域和大气
2011-8-8	大连	强热带风暴"梅花"侵袭大连。PX 项目沿海在建防波堤坝两段被海浪冲毁，海水倒灌，化工储罐受到威胁	一旦 PX 泄漏，毒气可以直接扩散至大连城区
2011-8-29	大连	中石油新港储油罐区存有 800 吨柴油的 875 号柴油罐突然发生着火事故	污染周边海域和大气
2011-10-14	锦州	9-3 油田发生溢油	污染周边海域
2011-11-22	大连	中石油新港储油罐区油品码头海滨北罐区的 31、32 号原油罐（均为 10 万立方米级），因雷击造成密封圈着火	污染周边海域和大气

2. 陆域环境质量堪忧

辽宁海岸带陆域环境质量不容乐观，主要表现在以下方面：①海水入侵严重，辽东湾北部及两侧的滨海地区，海水入侵的面积已超过 4000 平方公里，其中，严重入侵区的面积为 1500 平方公里，盘锦地区海水入侵最远距离达 68 公里（图 2-20）。大连 2008 年海水入侵也达 867.8 平方公里（不包括长海、交流岛、长兴岛等沿海岛屿），占大连行政区域面积的 6.9%，海水入侵纵向最大入侵深度达 7.0 公里，其中，海水入侵面积最大的区域为旅顺—甘井子—金州沿海地带，海水入侵面积为 388.8 平方公里（其中黄渤海岸贯通）（图 2-21）。②重工业生产中高污染的排放物对周边地区影响极大，导致耕地土壤重金属化、空气洁净指数下降。近年区内酸雨频率上升，酸雨污染加重，其中，大连、丹东及庄河市降水 pH 年均值小于 5.6，为酸雨区，酸雨频率分别为 65.9%、39.8% 及 30.0%。③土壤盐渍化程度较高（图 2-22），辽东湾北部盐土区向陆地最远达20 余公里，辽东湾东侧营口市盖州西河口沿岸盐渍化分布范围在距岸 2 公里范围内，盐渍化类型近岸为氯化物型，向陆地方向逐渐向硫酸盐–氯化物型、氯化物–硫酸盐型、硫酸盐型过渡。

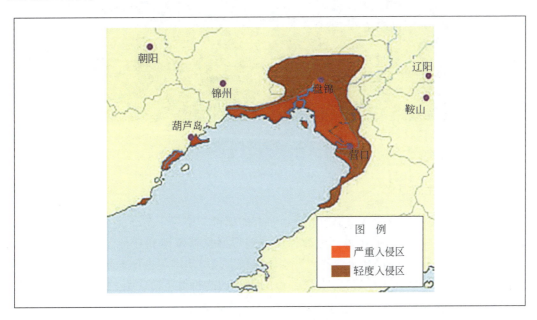

图 2-20　辽东湾海水入侵分布

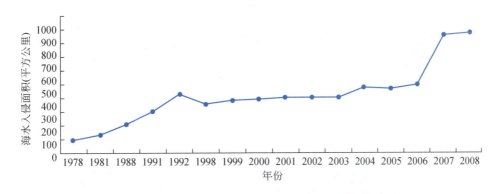

图 2-21　大连市历年海水入侵面积变化趋势

图 2-22　锦州市盐渍化

3. 滨海湿地生态退化

辽宁海岸带湿地有着丰富的植物资源，特有的植被类型与生态环境养育着丰富的动物资源与特有的动物群落，尤其是多种珍稀鸟类理想栖息繁殖地和迁徙停歇地。但长期以来，农用地开垦、城市住房和企业建厂、水场养殖、垃圾填埋等占用大量天然湿地的态势未得到遏制（图 2-23、图 2-24）。沿海各市的湿地功能持续下降，湿地面积以每年 1400

图 2-23　小凌河口参池绵延数公里

公顷的速度减少，近六年时间，减少湿地 7000 多公顷。特别是在河口地区石油开采、苇场和水产业等开发活动已显著影响了湿地整体生态环境，造成湿地岛屿化严重，湿地整体景观呈现破碎化趋势。例如，辽河油田在保护区开采油井、筑路，车辆活动频繁，噪声污染等直接影响保护区内鸟类的生息繁衍，经油田污染的辽河水在保护区流入渤海，其水质污染影响了渔业产量，引起鸟类食物丰富度降低和质量下降。由于大力发展水产养殖业，许多滩涂改建成养虾池、鱼塘，大面积原始湿地被改变，严重影响了野生鸟类栖息地的完整性，且人类活动较多，乱捕乱捞现象严重，破坏自然生态环境，影响鸟类的栖息与繁衍。

图 2-24　辽河口保护区内道路施工现场

4. 水资源供需矛盾突出

　　辽宁人均水资源拥有量仅占全国人均水资源拥有量的 1/3，而除丹东外，其余沿海五市人均水资源拥有量仅占辽宁人均水资源拥有量的 1/2，均为辽宁严重缺水的城市，水资源不足是制约辽宁沿海经济带经济发展的重要瓶颈。从水资源总量的空间分布看，丹东水资源相对丰富，为整个沿海地区乃至全省的最高水平，人均水资源量为 2845.90 立方米，是沿海人均水资源量的 3.9 倍，更是全省的 4.4 倍；其他沿海地区人均水资源量均在全省平均水平以下，其中，盘锦最少，人均水资源量仅为 219.04 立方米（表 2-17）。从水资源开发利用情况看，大连、葫芦岛两市水资源开发利用率接近 40%，沿海六市均有局部地区地下水开采量超过可开采量问题，加上严重的水污染，水质性及资源性缺水并存，使供水安全压力不断加大，随着沿海经济带开放开发战略的实施，经济社会发展，区域需水量显著增加，水资源供需矛盾将日益突出。

表 2-17 2008 年辽宁沿海经济带六市水资源总量及指标值

地区	水资源总量 （亿立方米）	地表水资源量 （亿立方米）	地下水资源量 （亿立方米）	人均水资源量（立方米）	资源总量与多年平均值比	
全省	266.03	226.83	105.45	1024.02	减少	22.20%
大连	17.67	17.43	5.24	302.88	减少	42.10%
丹东	69.07	67.79	11.1	2845.90	减少	19.60%
锦州	12.3	5.98	8.55	396.52	减少	12.30%
营口	6.65	5.99	2.73	284.43	减少	17.20%
盘锦	2.83	1.89	1.93	219.04	增加	17.60%
葫芦岛	9.71	8.36	3.73	346.29	减少	50.40%
沿海经济带	118.23	107.44	33.282	664.32	减少	20.80%

（二）区域间缺乏有效统筹

1. 空间格局协调性欠佳

辽宁海岸带空间格局协调性差，特别是相邻城市行政交界处缺乏协调。虽然从各个地市内部自身来看，局部空间布局貌似合理，但放大到区域间则布局矛盾凸显。例如，在营口与盘锦交界处，与营口城区仅大辽河一河之隔，辽东湾新区正以现代综合性新城的体量和标准打造新城，就不可避免地造成与营口的功能重叠，因而亟待调整发展导向，朝着以功能互补的统一都市区方向协同发展；同时，大辽河河口营口一侧作为河口湿地进行重点保护，而辽东湾新区一侧则实施高强度、高密度的开发活动，河口保护与利用格局较为紊乱（图 2-25）。再如，在锦州与葫芦岛交界处，锦州港新区的三类工业用地却与南票新城

图 2-25 大辽河口两侧实景对比

的居住用地紧邻，在跨区的视野下审视，其功能冲突十分明显。另外，还表现在市内局地缺乏协调，如丹东市大孤山经济区在大洋河河口湿地保护区西侧的建设可能对湿地生态系统产生干扰（图2-26），以及营口市仙人岛片区与鲅鱼圈片区的规划整合问题等。

图 2-26　大孤山经济区规划图

2. 区际功能同质化倾向凸显

辽宁沿海以综合性城市、资源型城市为主，城市职能结构较为单一。六市在计划经济体制下形成了较为完善的产业体系，由于条块分割，产业的同构性较为突出，产业功能格局以基于资源开发形成的原材料工业和机械制造业等依赖型、重型化工产业为主要特色。根据产业结构相似性测算结果，大连和营口、大连和丹东、营口和丹东、丹东和锦州之间的相似系数均达 0.98 以上，而葫芦岛与其余四市之间的相似系数都已接近 0.99。沿海六市产业布局表现出的趋同性，不仅恶化了城市间的经济关系，也导致新一轮的产业低水平重复建设，阻碍区域间产业结构调整和优化进程，增加本地区的资源供给紧张状况和环境负荷。以港口为例，辽宁沿海港口包括大连港、营口港、锦州港、葫芦岛港、盘锦港和丹东港六个港口，构成了辽宁沿海港口群，初步形成以大连港为枢纽港、其他港为喂给港的港口布局。但由于六个港口分别由不同的利益主体控制，具有不同的利益诉求，再考虑到临港经济、物流、就业及城市发展，六市在港口建设中都在向全能港口发展，同质化现象严重，无序竞争不可避免。

3. 区域重大问题协作不足

辽宁沿海在基础设施、生态保护、旅游开发等区域重大问题方面的协作水平仍然较低。从经济联系、空间通达度和港口联系上看，各城市与内陆腹地城市联系较强，但海岸带城市之间的交流与合作机会少，城市间联系薄弱、协作不足。例如，沿锦州湾的锦州港和葫芦岛港，从整体开发锦州湾的角度讲，可将两港合并建设成为辽西的综合性大港口，但行政分割和区域利益使得近在咫尺的两个港口不能形成一个大港强港。在生态保护方面，辽东湾沿岸生态环境共建共管机制缺乏，各市都不遗余力发展工业，但没有全力合作推进辽东湾沿岸生态环境的建设管理，多年来沿岸工业产生的废（污）水、船舶修理与航运过程中的废（污）水及石油泄漏等造成辽东湾水质的恶化。和长三角地区区域旅游合作的范围与水平相比，辽宁海岸带区域旅游合作受制于行政区划壁垒，还未能站在区域旅游合作的高度出发，仍习惯于从自身角度研究开发旅游产品，加之各市产品开发规划不是很到位，特色开发合力不足，导致旅游产品特色不鲜明，没有形成丰富、生动的旅游目的地形象。在旅游产品的对外促销中，各地区也都是各自为政，缺乏区域合作的互动互补机制，没有形成整体优势，宣传效果未能充分发挥辽宁海岸带的旅游品质。

（三）无序开发态势蔓延

1. 自然岸线大幅度缩减

沿海地区由于土地资源短缺，围填海成为拓展发展空间和维系耕地占补平衡的有效途径。但围填海完全改变了海域自然属性的用海活动，在取得巨大经济效益的同时，对海洋生态环境的破坏及与其他海洋开发利用活动之间的冲突都逐渐凸显。近年来，围海养殖占用的自然岸线[①]最多，填海活动中，城镇建设占用的人工岸线最多（表 2-18）。其中，丹东、盘锦和锦州沿海为淤泥质海岸，养殖场和堤坝建设导致岸线缩短，大连大部分为基岩质海岸，填海造陆和港口建设改变了岸线长度。自然岸线的变动还体现在海湾面积上，据遥感影像解译结果，辽宁沿海海湾面积大量减少，海湾总面积由 1367 平方公里减少为1116 平方公里，减少18.4%，截弯取直、湾口束狭改变了海湾的潮流系统。其中，锦州湾由 112.92 平方公里变为 69.26 平方公里，面积减少39%；普兰店湾由 346.25 平方公里变为 266.76 平方公里，面积减少23%（图 2-27、图 2-28）；大小窑湾由 54.91 平方公里变为 35.66 平方公里，面积减少35%。海的自然岸线随着围填海活动增加而锐减。

表 2-18　各类型围填海历年占用自然岸线统计（单位：公里）

围填海类型	1990～2000 年	2000～2005 年	2005～2008 年	2008～2009 年
养殖	75.23	61.26	47.01	3.07
盐业	4.51	0	0	0
城镇建设	9.26	3.81	0.58	3.34

---

① 自然岸线指由海陆相互作用形成的岸线，如沙质岸线、粉砂淤泥质岸线、基岩岸线和生物岸线等。人工岸线指由永久性人工构筑物组成的岸线，如防潮堤、防波堤、护坡、挡浪墙、码头、防潮闸、道路等挡水（潮）构筑物组成的岸线。

续表

围填海类型	1990～2000 年	2000～2005 年	2005～2008 年	2008～2009 年
工业	7.64	0.43	4.45	1.62
港口	3.11	5.7	12.71	3.07
合计	99.75	71.20	64.75	11.10

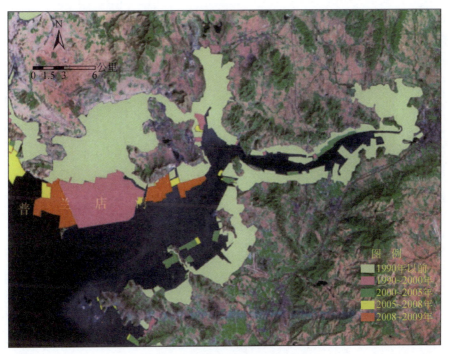

图 2-27　普兰店湾填海区变化

图 2-28　普兰店湾围填海实景

2. 亲海游憩空间被剥夺

辽宁沿海拥有丰富的旅游资源和众多休闲避暑疗养胜地，以自然与人文、海洋与陆地、古代与现代、集中与分散巧妙融合为其特征。其山、泉、岸、滩、岛的天然衔接与搭配当属全国罕见。全省拥有天然海水浴场 105 处，海滨岩溶及典型奇特海蚀景观 87 处。但近年大规模坑塘养殖、园区开发活动在近海陆域圈地，居民和游客普遍反映"沿海难见海"。同时，高强度的建设活动直接或间接波及民众的亲海空间，滨海游憩资源遭到破坏。

例如，锦州市架山风景区以"天桥"和笔架山岛为主要景点，但随着锦州港的规模扩张，一方面，"天桥"西侧海水冲刷被削弱，世界上非常稀少的"天桥"景观面临消失的威胁；另一方面，导致笔架山岛景观的完整性被袭夺（图2-29、图2-30）。在大连市，黑石礁滨海岩溶石林曾是驰名中外的海岸景观，后因炸礁取石、填海晒海带，使礁林破坏殆尽。金州区大窑湾的老沙砾堤、旅顺口区的大艾子口砾石堤等，因盲目挖采石砂石料而遭到严重破坏。此外，民用渔港开发过度，浮筏养殖与底播养殖遍地开花，优质的原生态游憩海岸受损。在绥中沿岸82.54公里长的海岸线上，挖通沿岸沙堤修建的小渔港已达20多处，平均每3公里就有一个小渔港。

图2-29　笔架山岛与锦州港位置关系

图2-30　笔架山岛与锦州港实景

（四）经济发展水平有待提升

1. 整体经济集聚能力不强

整体来看，辽宁海岸带大部分地区经济集聚能力处于初期发展阶段。与经济较为发达、沿海开发相对较早、国土面积相当的浙江省对比，目前，辽宁海岸带地区经济集聚能力远低于浙江省 20 世纪 80 年代初。浙江省共有杭州、温州、宁波、绍兴、台州、舟山 6 个地区沿海分布，行政区总面积为 57 305 平方公里，与辽宁省沿海六市总面积（57 645 平方公里）相当，1981 年，浙江 6 个沿海地区 GDP 占全省 GDP 的 67.34%，远高于辽宁沿海地区的 50%。同期，人口集聚比重达 65.29%，也远高于辽宁省目前集聚水平。以人均 GDP 和地均 GDP 两个指标变化情况来看，1984~1994 年，浙江海岸带地区与辽宁海岸带地区之间的两个指标的比值（设 m＝浙江人均 GDP/辽宁人均 GDP，n＝浙江地均 GDP/辽宁地均 GDP）均小于 1，说明前者经济集聚能力低于后者，但自 1995 年以来，浙江海岸带地区经济集聚能力开始显著升高，m 值和 n 值均升至 1 之上，其中，n 值呈现递增态势，m 值呈现平稳态势（图 2-31、图 2-32），浙江海岸带经济集聚能力较强，尤其是，经

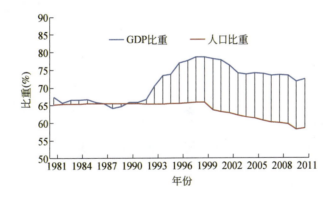

图 2-31　1981~2011 年浙江海岸带地区人口与经济集聚程度变化情况

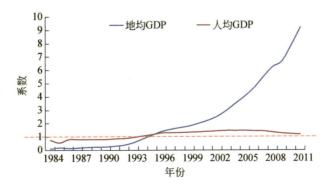

图 2-32　1984~2011 年浙江海岸带地区与辽宁海岸带地区经济集聚能力对比

济集聚能力远高于辽宁海岸带，也反映出，辽宁海岸带地区经济集聚过程中，土地利用相对低效，具有较大的提升空间。这与实地调研所看到的现象十分吻合。目前，辽宁海岸带各地区呈现出一种"开发热"的现象，具体表现为：一是盲目上马，处在招商引资的初期阶段，只要有项目，就动土兴建，贪大求高，不切实际；二是有一定规划、有一定规模，在区内有相当数量的企业集中，可惜企业间缺乏关联性，没有形成产业链，除了廉价的土地和劳动力、各种优惠的政策等方面给企业带来一定的优势之外，并不能产生经济外部规模效应。

2. 土地利用集约度偏低

尽管目前辽宁沿海对全省经济增长的贡献比重已过五成，但从单位土地产出效率看，辽宁沿海经济带的土地产出效率处于全国较低水平。2008 年辽宁省的地区生产总值、全省及沿海地区国土经济密度均处在全国下游水平，同广东、浙江、山东等沿海大省相比还有很大差距，只略高于广西（图 2-33）。根据海岸带现有的园区规划，工业园区总面积为5606.02 平方公里，占海岸带各区县总国土面积的 15% 左右，若以海岸线向内陆延伸 10公里的范围计算，则占其总面积的 40% 以上，占地面积相当大，远超过了正常水平。调研中还发现，辽宁海岸带建设用地存在批而未建、占多建少、单体建筑项目楼层低、容积率低等问题，致使土地长期闲置，土地规划用途不尽合理，造成资源严重浪费。从城镇人均建设用地指标亦可看出，2010 年辽宁海岸带各市县城区建设用地总面积为 1053.4 平方公里，人均建设用地面积为 154.9 平方米，亦远超国家人均用地标准。

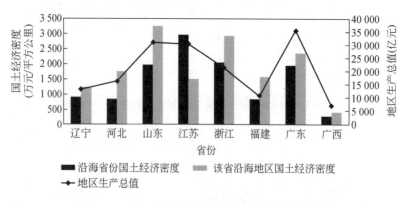

图 2-33　2008 年全国沿海省份国土经济密度比较

3. 发展质量有待提升

一方面，低价土地成为吸引投资的重要手段，经济增长主要依赖土地的扩张和投资的拉动，土地门槛被轻易踏破的现象时常发生，用地结构层次有待改善。随着越来越多的产业园区并入辽宁沿海经济带发展规划，各园区的产业结构、招商政策、发展环境有很大的相似性，许多园区没有自己的主导产业，没有自身的突出优势，加上急于发展壮大的"饥饿症"，招商引资成为这些园区最重要的工作。在这种背景下，土地供给往往成为最有效的竞争手段，许多园区都用低廉的土地价格来吸引投资商，这导致了各园区竞相压低地价，重复建设增多，还有的园区以项目投资额定土地面积，对规模大的投资商往往给予用地上的优惠，土地门槛降低和开发品质低于预期。另一方面，产业结构层次亟待提升，以海洋经济为例，辽宁海洋经济发展仍处于粗放型增长期，渔业、交通运输业、滨海旅游业三大海洋传统产业产值占海洋产业总产值的60%，海洋第一产业明显过高，海洋科技成果产业化进展较慢、转化率较低，而战略性新兴高新技术海洋产业，如海洋生物医药、海洋生物工程、海洋能源开发、海产品精深加工和海水综合利用等开发不足。

4. 地区产业集群优势有待发挥

作为标志地区经济发展水平和规模实力的产业集群（王缉慈，2004），在海岸带地区还没有发育成熟，主要依靠大量资本投入和低廉劳动力来获取低成本的竞争优势，并没有充分发挥产业集群的其他各种优势（仇保兴，1999）。"五点一线"战略实施以来，海岸带各种类型的产业园区已经成为经济集聚发展的主要引擎和产业集聚的主要组织形式，但通过实地调研发现，这些产业园区只形成了产业空间集中或集聚布局，主要是在各地政府规划下，为招商引资、发展本地经济而精心营造起来的一种"园区"模式，并没有形成高水平的产业集群（徐康宁，2001），限制了产业配置效率和区域竞争力的提高。具体来讲：一是，已有产业链条短、规模小。研究表明，辽宁沿海经济带产业集群规模主要集中在10亿~100亿元，占集群总数的63%，平均规模只有30多亿元，有的还不足1亿元，超百亿元集中区域性产业集群尚不足10个（高焱森，2008）。二是，产业园内存在严重的产业同构、工业区恶性竞争的现象。目前，各园区大都提出石油化工、钢铁、装备制造等产业发展目标，其中，将石油化工产业作为主导产业的园区有17个，将机械制造产业作为主导产业的园区有16个，产业同构限制了园区的多元化发展，导致园区间的大量内耗，不能协调地区生产能力共同应对区域间的激烈竞争，影响园区的长远发展（表2-19）。

表2-19 辽宁海岸带按主导产业统计园区个数（2011年）

主导产业	园区个数（个）
石油化工	17
机械制造	16
生物医药	14
电子信息	12
装配制造	10
冶金	8
新材料	8
船舶制造及配套	7
汽车零部件	7
有色金属加工	7

第三节　辽宁海岸带开发基础与发展导向

从全球来看，适宜于人类生产、生活的海岸带是十分稀缺的战略性资源。随着我国经济重心进一步向北方推移、东北老工业基地振兴发展及中日韩自由贸易区建设的推进，合理开发、有效保护的辽宁海岸带未来必然成为环渤海乃至整个沿海地区最具竞争力和影响力的区域之一。因此，必须坚持海岸带综合开发、统筹推进、持续发展的基本原则，加快协调好开发保护的关系，加紧处理好已经出现的各种冲突和矛盾，切实转变发展方式，科学合理、有序推进海岸带的开发建设。

一、辽宁海岸带开发的战略背景

（一）国际金融危机与转变经济增长方式

改革开放以来，旺盛的国际和国内市场需求是推动中国经济社会发展的重要动力。但从 20 世纪 90 年代中后期开始，国内一般性消费品供不应求的状况已经结束，2007 年以来的次贷危机和欧债危机又导致国际市场需求趋于萎缩，使得区域经济发展面临更大的不确定性。2009 年全球贸易总额（按出口额计算）比上一年减少 23.0%，创下了 1949 年有可比数据以来的最大跌幅。金融危机爆发后，我国推出了包括"4 万亿"在内的一揽子经济刺激计划，但经济增长的前景仍不明朗。虽然产量下降的工业产品种类一度从 2009 年的 18 种下降至 2011 年的 4 种，占比从 24.64% 下降至 5.80%，但 2012 年产量下降的工业品种类又回升至 16 种，占比上升为 23.53%（表 2-20）。而出口和工业增加值增长率则显示 2010 年 1 月以来，整个国民经济处于下行的通道内（图 2-34）。经济增长前景的不明朗说明传统的以自然资源、数量扩张为特征的增长方式不可持续，未来必须实现向以人才资本、质量提升为导向的增长方式转变。

表 2-20　我国产量下降的工业产品情况

年份	产量下降的工业产品	占比（%）
2006	载波通信设备、机车、水泥专用设备、煤油、小型拖拉机	7.04
2007	传真机、载波通信设备、机车、程控交换机、包装专用设备、大中型拖拉机、彩色电视机、复印机械	11.27
2008	移动通信基站设备、程控交换机、传真机、小型拖拉机、硫酸、丝织品、房间空气调节器	9.86
2009	复印和胶版印制设备、传真机、金属切削机床、发电设备、成品糖、集成电路、包装专用设备、房间空气调节器、交流电动机、金属冶炼设备、电工仪器仪表、程控交换机、新闻纸、氧化铝、电动手提式工具、碳酸钠（纯碱）、天然原油	24.64
2010	传真机、程控交换机、成品糖、大气污染防治设备、大型拖拉机、移动通信基站设备、新闻纸	10.14
2011	水泥专用设备、新闻纸、蚕丝及交织机织物、水力发电量	5.80

续表

年份	产量下降的工业产品	占比（%）
2012	铁路机车、程控交换机、小型拖拉机、金属切削机床、民用钢质船舶、水泥专用设备、发电设备、传真机、交流电动机、平板玻璃、家用电冰箱、乙烯、移动通信手持机、金属冶炼设备、火力发电量、发动机	23.53

注：占比指产量下降的工业产品种类占主要工业产品的比重；各年度统计主要工业品种类时略微有变化，大约有 70 种。数据根据国家统计局有关公报数据整理

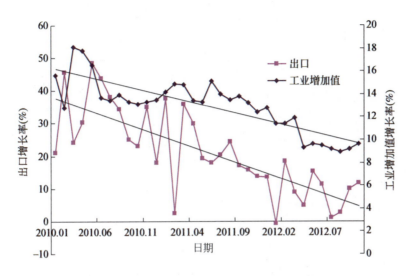

图 2-34　我国出口和工业增加值的月度变化情况

资料来源：根据海关总署和国家统计局公布数据整理

　　金融危机的区域影响和区域效应还表明，不仅经济全球化收益的区际配置是不公平的，即经济全球化过程中处于支配地位的国家和地区获得的收益要远超过处于被支配地位的国家和地区；而且在承受经济全球化的损失方面区际配置也是不公平的，即经济全球化过程中处于支配地位的国家和地区受损的程度要远低于处于被支配地位的国家和地区（罗肇鸿，1998）。处于支配地位的国家和地区，其经济增长主要依靠人力资本。人力资本的使用具有增殖性，从而这些地区的发展潜力是不断增强的，应对全球化负面效应和风险的能力也是不断提升的；处于被支配地位的国家和地区，其经济增长往往依靠自然资源，而受资源有限性的影响，其发展潜力是不断削弱的，应对全球化负面效应和风险的能力是不断降低的。

　　因而从我国来看，东部沿海地区受金融危机的实际影响要小于中西部内陆地区。出口数据显示，下降幅度最大的 7 个省份（超过 30%）均位于中西部地区，分别为山西、广西、贵州、甘肃、西藏、云南、宁夏。2008 年 7 月以来，中部和西部地区出口增速回落幅度高达 74.6% 和 78.9%，远高于东部地区的 41.5%（表 2-21）。金融危机差异化的区域效应进一步表明，要实现区域经济的持续健康发展，必须转变经济增长方式。

表 2-21　各地区出口增速回落情况（单位:%）

地区	同比增长							回落幅度
	2008.7	2008.8	2008.9	2008.10	2008.11	2008.12	2009.1	
全国	26.7	21.0	21.4	19.0	-2.2	-2.8	-17.5	-44.2
东部	24.1	18.6	19.5	17.1	-2.9	-4.0	-17.4	-41.5
东北	29.8	26.1	13.2	14.2	-1.1	5.4	-17.7	-47.5
中部	49.7	52.7	53.4	42.7	0.1	-1.2	-21.2	-74.6
西部	63.6	42.9	44.9	48.5	8.8	11.6	-15.3	-78.9

资料来源：魏后凯，2009

（二）周边区域合作与中日韩自由贸易区建设

在经济全球化的背景下，寻求优势互补、互利共赢的区域性经济合作关系，打造具有国际竞争力的一体化区域，已经成为各国、各地区的共同选择和世界经济发展的基本趋势。对我国而言，推动和周边国家与地区的互联互通，是新一轮扩大开放合作和建设富强中国的有效途径。在当前我国的对外开放战略中，中日韩自由贸易区建设意义重大、前景广阔。2011年，中日韩经济总量已达14万亿美元，占世界的20%、亚洲的70%，超过欧盟，仅次于北美自由贸易区；拥有超过15亿人、增长潜力巨大的市场。三国间开展经济合作具有客观基础，日本、韩国技术和资本雄厚，中国劳动力充裕、加工能力和产业配套能力强，完全有条件形成紧密的区域分工合作关系。随着国际金融危机深入影响世界经济及中国成为世界第二大经济体，中日韩自由贸易区的建设进程正在加速。2002年，中日韩三国提出建设自由贸易区的设想。2009年，就尽快启动三国自由贸易区官产学联合研究达成共识。2010年，联合研究首轮会议在韩国首尔举行。2012年5月，签订中日韩投资协定。2012年11月，开始启动自由贸易区的谈判。日本和韩国分别是辽宁的第一大和第三大贸易伙伴国，2010年对日韩的出口额和进口额分别占全省的39.13%和34.72%。随着中日韩自由贸易区的建设，辽宁有望获得新的发展机遇。

但是，中日韩自由贸易区的建设及其区域影响具有很大的不确定性。一方面，中日韩自由贸易区推动难度很大，国际政治环境的波动极易影响其建设进程；另一方面，目前辽宁并不是日韩经贸合作的核心区域。从沿海各省市进出口看，辽宁与日本、韩国的经贸联系的体量并不大。2010年，辽宁对日韩的出口额不到广东的1/12、江苏的1/7；进口额不到广东的1/13、江苏和上海的1/7（图2-35）。国际产业链上所处的位置决定了日韩与我国的经贸合作主要表现为利用我国市场输出高端产品及输入物美价廉的低端产品。珠三角地区和长三角地区是我国经济最发达、人口最密集的地区，不仅自身市场需求大，而且有着较大的腹地市场，因此成为日韩出口的主要地区（表2-22）；日韩主要进口的纺织原料及纺织制品等低端产品也主要位于珠三角和长三角，这些地区也成为日韩进口的主要区域（表2-23）。从长期看，要改变辽宁在日韩对外经贸合作中的弱势地位，实现中日韩自由贸易区对辽宁经济社会发展的持续带动作用，必须探索新的经贸联系的渠道。

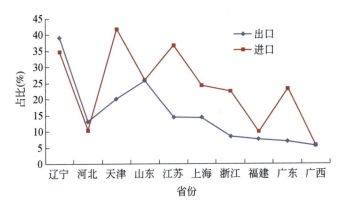

图 2-35 日韩在沿海各省份国际贸易中的地位（2010 年）

资料来源：根据有关省市 2011 年统计年鉴和海关统计资料整理；占比为各地区从日韩的进口或
对日韩的出口占主要贸易国进口或出口的比重

表 2-22 沿海省份对日韩的出口（2010 年）

省份	出口额（亿美元）			与辽宁的比值（%）
	日本	韩国	主要贸易国合计	
辽宁	97. 32	39. 84	350. 56	100. 00
河北	11. 64	17. 72	225. 70	64. 38
天津	33. 32	42. 73	375. 17	107. 02
山东	131. 76	137. 72	1042. 47	297. 37
江苏	254. 61	137. 22	2705. 49	771. 76
上海	196. 46	58. 92	1807. 84	515. 70
浙江	105. 51	45. 41	1804. 65	514. 79
福建	54. 08	—	714. 93	203. 94
广东	216. 39	99. 34	4531. 91	1292. 77
广西	3. 76	1. 58	96. 10	27. 41

资料来源：根据有关省份 2011 年统计年鉴和海关统计资料整理；主要贸易国合计即沿海省份对主要贸易国的出口
额，不等于出口总额

表 2-23 沿海省份从日韩的进口（2010 年）

省份	进口额（亿美元）			与辽宁的比值（%）
	日本	韩国	主要贸易国合计	
辽宁	56. 06	30. 91	250. 51	100. 00
河北	10. 98	9. 14	193. 61	77. 29
天津	90. 41	96. 63	446. 84	178. 37
山东	77. 94	143. 10	847. 04	338. 12
江苏	314. 49	401. 39	1952. 35	779. 34
上海	308. 71	146. 41	1880. 85	750. 80
浙江	100. 16	63. 52	730. 68	291. 67
福建	36. 33	0. 00	372. 87	148. 84

省份	进口额（亿美元）			与辽宁的比值（%）
	日本	韩国	主要贸易国合计	
广东	465.92	309.88	3317.05	1324.10
广西	3.41	1.08	80.96	32.32

资料来源：根据有关省份 2011 年统计年鉴和海关统计资料整理；主要贸易国合计即沿海省份从主要贸易国的进口额，不等于进口总额

（三）区域协调发展与沿海地区人口集聚

一方面，改革开放以来，我国国土开发遵循先沿海、后内陆的"两步走"战略。目前由第一步的沿海开发到第二步的内陆发展的过渡比较缓慢。未来，要降低内陆地区的资源环境压力，缩小区域发展差距，应加快内陆地区人口向沿海地区的集聚，形成区域协调发展的格局（陆大道，2003）。1978 年改革开放以来，沿海地区成为引领我国经济持续发展的核心区域。但是，产业经济在向沿海快速集聚的同时（唐杰等，1989），人口并未出现类似强度的集聚。1980 年，沿海地区 GDP、工业增加值和进出口总额仅占全国的47.54%、54.13%和41.20%，2010 年已增长至61.30%、69.74%和80.80%；1985 年实际利用外资仅占全国的34.37%，1995 年已上升至80%以上。与此同时，人口却仅从1980年的39.97%增长至 2010 年的42.98%，增幅很小（表2-24）。当前，国际产业分工已经从初期的垂直分工演变为目前的产业链分工。高度的专业化、相互之间的紧密配合不断提升各国、各地区的劳动生产率，推动世界经济的发展。因此，经济全球化仍将是一个长期的趋势（李小建，1997）。受此影响，人口和产业仍将向沿海地区集聚。对我国而言，随着劳动力素质的不断提升，阻碍人口迁移的门槛将逐渐降低，人口向沿海集聚的速度有望加快。

表 2-24　我国沿海地区人口、产业集聚特征

年份	占全国比重（%）					
	人口	GDP	工业增加值	财政收入	进出口总额	实际利用外资
1980	39.97	47.54	54.13	62.16	41.20	—
1985	39.79	47.93	55.82	55.98	68.61	77.49
1990	40.24	50.98	55.86	52.02	67.13	85.62
1995	40.21	53.67	56.41	55.67	73.38	81.36
2000	41.09	56.78	60.27	58.52	82.07	79.10
2005	41.35	62.50	70.15	60.43	84.31	81.65
2010	42.98	61.30	69.74	57.69	80.80	79.10

注：沿海地区与东部地区有所区别，指临海的省份。包括辽宁、河北、天津、山东、江苏、上海、浙江、福建、广东、广西、海南共 11 个地区

另一方面，要促进区域协调发展，必须积极发挥沿海地区的辐射作用，有效带动内陆地区的发展。从西部大开发开始，国家就提出要促进区域协调发展，致力于通过"T 字形"空间结构的拓展和延伸，形成新的国土开发总体架构，从而有效地带动中西部地区、

带动东北老工业基地的振兴，促进国土空间结构的合理化。从空间跨度和接受发达地区的辐射、影响看，辽宁沿海地区是一个绝佳的战略发展区域。东部对西部的带动作用受客观条件的限制，核心约束是空间跨度过大。无论从陇海线还是从长江沿线看，沿海还不具备如此长距离带动西部发展的能力和实力。比较而言，较短的空间距离则容易形成强有力的辐射带动作用。辽宁海岸带作为东北老工业基地和内蒙古东部地区对外开放的门户和出海通道，其开发建设有利于资金、人才、技术等核心生产要素的进一步集聚，促进环渤海经济圈的形成，有利于发挥海岸带扩张增量、提升品质、强化综合服务功能和龙头带动作用，引领东北老工业基地振兴，有利于加强海岸带功能辐射、产业转移和区域经济合作（贝毅和曲连刚，1998），带动蒙东地区开发进程。

（四）创新驱动与发展重心向北方沿海推移

中国的长期发展必须依靠科技创新。过去 200 多年，全世界仅实现了不到 10 亿人的现代化；未来几十年中国要按照传统发展路径实现 13 亿人的现代化，世界资源难以支撑。2009 年，中国 GDP 仅占世界 GDP 总值的 8%，但已消耗了世界 18% 的能源、44% 的钢铁、53% 的水泥。当前，中国经济的发展越来越受到发达国家核心技术的封锁，要实现从发展中国家向发达国家的跨越，也必须不断提升科技创新能力（王缉慈等，2001）。北京是中国科技创新体系的中心，也是我国实现创新驱动的主要空间载体。2010 年北京人口仅占全国的 1.5%，研发人员却占全国的 7.6%，其中，硕士学历占全国的 13.7%，博士学历占全国的 22.6%，中国科学院院士和中国工程院院士占全国一半以上。GDP 仅占全国的 3.5%，研发经费却占全国的 11.6%，其中，应用研究经费和基础研究经费分别占全国的 24.3% 和 29.5%。拥有国家重点实验室 86 家，占全国的 28%；国家级工程实验室 32 家，占全国的 43%；累计认定高新技术企业占全国的 22%。从近年来北京技术合同的流向看，辽宁、河北、天津等环渤海地区正成为北京技术辐射的重点区域。2011 年，输送到辽宁的技术合同金额达到 236.6 亿元，占沿海地区的比重上升至 55.4%（图 2-36）。通过北京的技术辐射，辽宁所在的环渤海地区有望形成我国新的经济增长极。

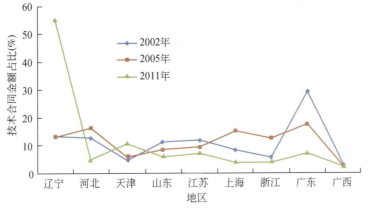

图 2-36　北京输送到沿海省份的技术合同金额

根据北京历年技术市场统计资料整理；合同金额占比是各省份占沿海地区吸纳北京技术合同总额的比重

改革开放以来，我国经济社会发展经历了两次高潮，区域经济发展的重心在逐步向北推移。珠三角和长三角的发展支撑了东南沿海地区的隆起，2010年，浙江、广东、福建等省份中的沿海地区 GDP 占全省的比重分别达到 80.1%、79.9%、82.0%，人口占比分别达到 64.5%、71.6%、73.4%。相比而言，辽宁、河北、山东、江苏等北部沿海的占比却明显较低，GDP 占所在省的比重仅为 50.2%、37.3%、51.1%、16.9%；人口占比仅为 43.2%、24.9%、37.9%、26.4%。人口密度和地均 GDP 产出则进一步显示辽宁沿海的开发建设程度较低，2010 年仅为 327.9 人/平方公里和 1606.4 亿元/平方公里，略高于广西沿海（图 2-37）。由于前两次经济发展高潮都是在我国经济发展水平相对较低的状况下出

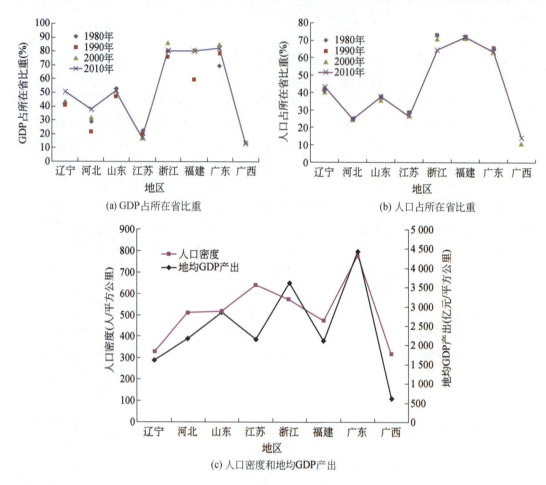

(a) GDP占所在省比重

(b) 人口占所在省比重

(c) 人口密度和地均GDP产出

图 2-37　我国沿海发展的分异格局

根据辽宁、河北、山东、江苏、浙江、福建、广东、广西统计资料整理。辽宁沿海包括丹东市、大连市、营口市、盘锦市、锦州市、葫芦岛市；河北沿海包括秦皇岛市、唐山市、沧州市；山东沿海包括烟台市、潍坊市、滨州市、日照市、威海市、青岛市、东营市；江苏沿海包括南通市、连云港市、盐城市；浙江沿海包括绍兴市、台州市、杭州市、嘉兴市、舟山市、温州市、宁波市；福建沿海包括厦门市、漳州市、宁德市、福州市、泉州市、莆田市；广东沿海包括汕头市、湛江市、茂名市、汕尾市、潮州市、深圳市、江门市、中山市、珠海市、东莞市、阳江市、广州市、揭阳市、惠州市；广西沿海包括北海市、防城港市、钦州市

现的，产业链短、产品技术含量和附加值低，区域带动能力有限。以广东为例，截至目前，其产业经济仍主要集聚在临近香港的珠三角地区，很难向地区扩散。在创新驱动的新的发展模式下，包括辽宁海岸带在内的环渤海地区有望凭借雄厚的科技和人力资源优势，实现沿海地区经济的隆起，进而推动我国区域经济增长的重心进一步向北推移。

（五）蓝色海洋经济与绿色发展

与陆地一样，海洋是国土开发的重要组成部分，21世纪以来大多数国家都在向海洋进军、发展蓝色海洋经济。近年来，国务院先后批复山东半岛、浙江及广东的海洋经济规划，国家"十二五"规划中明确提出要加快蓝色海洋经济发展，这些都表明，蓝色海洋经济已经上升为国家战略。蓝色海洋经济的发展有其深远的历史背景（图2-38）。一方面，随着陆地矿产等资源的日益枯竭，作为人类在地球上最后开辟的疆域，海洋资源开发利用的意义越来越重大。世界石油可采储量为3000亿吨，其中，海底石油为1350亿吨；天然气储量为255亿～280亿立方米，海洋储量为140亿立方米。我国海域油气储藏量为40亿～50亿吨。其中，海洋石油资源主要分布在渤海地区，占我国海洋石油累计探明技术可采储量的近60%，占剩余技术可采储量的70%以上（表2-25）。此外，渤海、黄海的生物资源、盐业资源、港口资源十分丰富。作为后方基地，海洋资源的开发将为辽宁海岸带提供新的发展机遇。另一方面，"吹沙填海"等技术的进步使得各地区建设港口、园区和城镇的条件得到显著改善，社会经济发展产生了越来越多的滨海居住休闲等新需求，从而海岸带在经济全球化中的作用及其集聚人口和产业的能力越来越强。正因为如此，近年来辽宁海岸带工业化、城镇化迅速推进。

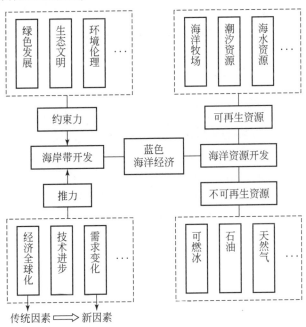

图2-38　蓝色海洋经济发展的背景

表 2-25 我国海洋石油储量（单位：亿吨）

储量	海区名称			
	渤海	黄海	东海	南海
累计探明技术可采储量	82 554.9	47 134.8	1 221.7	34 198.4
剩余技术可采储量	44 012.5	31 305.2	826.6	11 880.7

资料来源：《2010 年全国主要矿产资源储量通报》

　　蓝色海洋经济加快了海岸带的发展，同时也对海岸带的开放建设提出了更高的要求。海岸带已经不仅仅是利用两种资源、两种市场的重化工业集聚区，其功能在不断拓展，呈现多元化、高层次的特征。一方面，产业功能不断拓展，旅游休闲、会展、物流、大型装备制造等新兴产业日益兴起；另一方面，生活居住的功能日益完善，成为集聚人口、培育城镇的重点地区。在新的发展环境下，海岸带必须坚持绿色发展。其开发建设应当从注重扩大生产空间开始向关注生产、生活和生态空间并重转型，从优化投资环境向继续优化投资环境与同步改善人居环境并重转型，从资源消耗、环境污染向资源节约、环境友好转型。通过科学的开发和有序的建设，通过产业功能的不断升级、生态环境的不断改善、国土空间的不断增值，将不断增强海岸带的区域竞争力和持续发展能力。

二、辽宁海岸带的发展条件

　　区位优势显著。从社会经济发展的区位看，辽宁海岸带既是东北亚经济圈的重要组成部分，与日本和朝鲜半岛隔海隔江相望，与俄罗斯、蒙古空间临近，是欧亚大陆往来太平洋的重要通道；又地处环渤海经济圈与东北老工业基地的接合部，是京津功能向北辐射的必经地带，是东北地区出海的前沿区域，2010 年出口规模和实际利用外资规模占东北的52.5% 和 53.6%。从自然地理格局的区位看，该地带自然单元相对独立，与周边地区之间资源矛盾冲突较少，具有利用两种资源和两种市场的有利条件。

　　腹地潜力巨大。辽宁海岸带紧邻辽宁中部城市群，背靠东北广阔的腹地。辽宁中部城市群是我国最早形成的相对完整的城市群，以沈阳、鞍山、抚顺、本溪、辽阳为核心，五市城区土地面积仅占全省的1%，却集中了全省32%的工业增加值。东北地区拥有丰富的自然资源、良好的产业基础、众多的技术人才储备，是具有后发优势的地区，尤其是实施东北地区等老工业基地振兴战略以来，地区经济实力不断增强，GDP 和工业增加值从相当于山东的93%和79%增长至 2010 年的95%和92%。

　　资源丰富多样。辽宁海岸带地区地势平坦，平原占规划区面积的90%以上；有约3000 平方公里的低产或废弃盐田、盐碱地、荒滩、滩涂，适宜于集中建设城镇、港口和园区。作为千山山脉—长白山余脉的山前地带，多条河流由此入海，人均水资源量为800 立方米左右，显著高于京津及河北、山东地区。地区内有 400 公里的深水岸线，适宜于港口建设。生态保护区、多种近海亲海空间及不同组合的自然景观，为发展旅游产业、提升区域建设品质、探索多元发展道路奠定了良好的地理基础。

　　发展基础雄厚。辽宁海岸带产业基础比较雄厚（晏维龙，2012），是全国的装备制造业基地，造船、机床、内燃机车、成套设备等具有较强的国际竞争力；也是全国的重化工业基地，石油化工、冶金等原材料工业在国内具有举足轻重的地位，石油、电力等能源工业具有相当规模。地区城镇化水平较高，显著高于全国和全省平均水平。2010 年的工业增加值占全省的 49%，城镇化率达到 64% 以上，不少地区已加快推进全域城镇化。

三、发展导向

作为东北唯一的沿海地区和最近的出海门户，辽宁海岸带地区具有抓住机遇完善港口集疏运体系和区际综合运输通道，建设与东北腹地有效连接的基础设施网络，不断优化提升辽宁和东北发展外向型经济的基础条件。强化区域金融、物流、信息中心功能，打造辽宁及东北对外开放合作的重要门户区域。

依托现代化港口、物流，辽宁海岸带地区应大力发展临港工业，实现环渤海北岸的进一步隆起，打造与南岸山东半岛相映衬的重点发展地区。发挥独特的区位优势和资源优势，优化环境、提升品质，不断承接京津的高端功能辐射，不断提升临港产业的层次，着力打造以自主创新为引领的我国第三大经济增长极——环渤海经济圈发展的主要持续支撑区域。

利用海陆景观，营造和维系多种近海、亲海空间，应将辽宁海岸带打造成我国北方高品质生活和高品质旅游休闲的城镇带。优化园区、港区、城区、旅游区、农业区和生态保护区的空间布局，推进一体化建设和统筹发展，以和谐的居住氛围、完善的配套服务、良好的工作环境和优质的基础设施，满足不断提升的发展需求。

目前，加快推进黄金坪和威化岛特殊经济区建设已成为中朝协作发展的重大部署，这一战略的实施将不断强化中朝经贸合作，有利于将辽宁海岸带打造成朝鲜与世界各国物资和人员交流的畅行通道，以便积极探索和创新区域合作新机制、新模式，在重要领域和关键环节率先取得突破，为推进中日韩自由贸易区建设提供发展动力，为我国与周边国家打造最具品牌显示度的经济一体化区域预留发展空间。

破解保护与利用双重目标要求下的发展难题，化解海岸带不同区域、不同功能之间的矛盾冲突，坚持不以牺牲后代人发展的生态基础为代价、不以牺牲生产生活的环境质量为代价换取经济增长，按照绿色发展的要求，积极探索经济社会、资源环境全面协调可持续发展路径，为世界各国开发利用海岸带资源创造成功经验。

第四节　相关规划对辽宁海岸带的定位

一、开发建设性相关规划

近年来，在东北地区及辽宁省层面编制了一系列规划，包括国家发展和改革委员会编制的《东北振兴"十二五"规划》、辽宁省发展和改革委员会编制的《辽宁省国民经济和社会发展第十二个五年规划纲要》和辽宁省城乡建设规划设计院编制的《辽宁沿海经济带开发建设规划（2006—2020 年）》，这些规划对辽宁海岸带产业总体发展具有重要的指导和借鉴意义。

(一)《东北振兴"十二五"规划》

(1)统筹区域协调发展,强化主体功能区定位(樊杰,2010a)。辽中南地区作为优化开发区,重点发展辽宁沿海经济带,强化科技创新与技术研发功能,推动产业结构向高端、高效、高附加值转化,统筹发展具有国际竞争力的临港产业。

(2)东北地区工业产业首先要优化提升传统产业,其次培育战略性新兴产业。优化提升传统产业,重点打造产业基地。大连作为先进制造业和石油化工产业的重要产业基地,鞍钢鲅鱼圈作为重点建设的北方精品钢材产业基地;培育战略性新兴产业,引领带动地区产业发展(郑适,2010)。重点发展高端装备制造、新能源、新材料、生物、新能源汽车、节能环保和新一代信息技术等产业。到"十二五"末,战略性新兴产业增加值占地区生产总值的比重达到8%以上。

(3)东北地区产业发展要优化产业布局,推动产业集群发展。优化产业布局,提升现有经济技术开发区和高新技术开发区水平,推动关联产业和要素向园区集聚,在沿海沿边地区重点建设一批承接国内外产业转移的示范园区,创新园区发展模式。大连软件和信息技术产业、大连静脉产业、大连金州新区电子信息产业、瓦房店轴承产业、丹东仪器仪表、锦州光伏产业等作为东北地区重点产业集群。

(4)提高东北对外开放的水平,深化沿海地区对外开放。进一步增强辽宁沿海经济带对东北对外开放的引领作用,打造承接国际先进制造业和生产性服务业转移的新高地。加快形成大连东北亚国际航运中心、国际物流中心。研究支持大连进一步开发开放,建设东北对外开放的新高地。

(二)《辽宁省国民经济和社会发展第十二个五年规划纲要》

(1)辽宁沿海经济带作为区域发展的重要引擎,加快实现"一核、一轴、两翼"的空间格局。以打造东北地区对外开放的重要平台和经济社会发展的先行区域为引领,进一步提升大连核心地位,强化大连—营口—盘锦主轴,壮大盘锦—锦州—葫芦岛渤海翼和大连—丹东黄海翼,加快实现沿海经济带"一核、一轴、两翼"的空间布局,建设全国对外开放的新高地。依托42个重点产业园区,提升先进装备制造业、原材料工业及配套产业、现代服务业的核心竞争力,建成特色鲜明、具有国际竞争力的产业集聚区。

(2)提高工业核心竞争力,全面提高工业核心竞争力和综合实力。把工业结构优化升级作为发展现代产业体系和调整产业结构的重点,以抢占工业发展制高点为目标,全面实施工业"五项工程",推动传统产业改造升级、战略性新兴产业加快发展、产业集聚发展,培育一批年产值超千亿元的工业产业集群,全面提高工业核心竞争力和综合实力,重塑工业大省形象。建设先进装备制造业基地和高加工度原材料基地,并在信息、新能源、新材料、生物技术、节能环保等领域,选择最有条件的产业,突破核心和关键技术,加快培育成为先导性、支柱性产业。

（三）《辽宁沿海经济带开发建设规划（2006—2020 年）》

（1）辽宁沿海经济带的总体目标和职能定位。总体目标是辽宁沿海经济带应该成为东北振兴的发动机和对外开放的先导区，国家经济增长第四极的重要组成部分，东北亚区域合作的先行区，科学发展、和谐社会的示范区。职能定位为国家级新型产业基地，建设全国重要的高加工度原材料基地、先进装备制造业基地、环渤海地区信息产品研发制造中心，同时大力发展新兴海洋产业。

（2）产业发展总体战略。坚持产业开发与资源保护相结合；沿海开发开放与东北腹地经济结构调整相结合；以重大项目的落地作为地区振兴的着力点；以内生性的中小企业解决长期的发展动力问题；坚持起步区、重点区突破与远景综合开发相结合。

（3）第二产业发展与布局。产业发展：以"五点"和国家级、省级开发区等 29 个重点建设开发区作为沿海第二产业集聚的核心地区。园区按照类型分为综合类、特色类和高新类三类。综合类园区主要是产业类型多种、与城市结合紧密、发展条件较好的园区。特色类园区主要是产业类型相对集中，形成某些具有竞争优势的产业集群（宫秀芬，2009），如钢铁、石油化工、船舶制造业、装配制造业、盐化工、新型建材、农副产品加工等产业。高新类园区主要是技术新、带动力强、产出效益高、能耗污染少的产业。产业布局：装备制造业在大连需要注重自主创新与成套配套能力的培育和重点行业的战略性重组，其他各市需要突出重点行业；石油化工产业需要加强各地市分工合作，重点建设仙人岛、长兴岛等几个重化工园区；原材料工业需要向集约化、高级化、系列化和高加工度化方向发展；高新技术产业则需各市发挥自我优势，重点发展软件、芯片、电子信息、生物工程、医药、光伏等产业。

二、约束性相关规划

辽宁沿海地区产业发展的约束主要是发展用地和生态环境两个方面，相关规划主要是辽宁省国土资源厅编制的《辽宁省土地利用总体规划说明（2006—2020 年）》和辽宁省环境保护厅编制的《辽宁生态省建设规划纲要（2006—2025）》。

（一）《辽宁省土地利用总体规划说明（2006—2020 年）》

（1）土地利用综合分区及约束性指标调控。规划区主要位于沿海平原区，该分区到2020 年城乡建设用地规模为 36.39 万公顷，建设占用耕地规模为 2.25 万公顷，人均城镇工矿用地为 153 平方米。

（2）辽宁沿海经济带发展的用地原则。建设用地的开发将对区域和沿线的土地、生物、景观、水资源、生态敏感区及潜在变化等产生一定的影响，对湿地生态系统影响较大。因此，开发建设要按照"限制盲目扩张，统筹兼顾、节约集约利用、合理安排"的用地原则，"以建成区和近期规划区发展为主"等要求的环境保护目标与相关发展规划相一致，并较为全面地提出了"规范和高效配置开发区用地，积极支持县域经济发展用地"等多层次的多项减缓建议及措施，只要认真加以落实，区域生态环境基本可以保持平衡。

（二）《辽宁生态省建设规划纲要（2006—2025）》

（1）辽东半岛生态区。发展方向定位：本区应坚持开发与治理并重的原则。山地丘陵地带要以恢复森林为主，完善生态功能，发展绿色、有机食品生产，大力发展节水型生态农业。沿海地区重点建设造船、石油化工、先进装备制造业和高加工度原材料基地、高新技术产业和农业加工示范区。结合海滩、海岸、城市资源和人力、技术资源发展旅游、会展、信息、教育、创意、咨询服务等产业。发挥大连港和营口港的区位优势，大力发展现代物流业。

环境保护与治理对策：一是强化封山育林，加大水土保持林与海防林建设力度，加强矿山开发的生态环境监管、地质灾害防治和矿山环境的修复，增强水源涵养和水土保持功能；二是全面建设节水型社会，提高用水效率，严格限制地下水开采，遏制海水入侵；三是重点加强碧流河水库、英那河水库等饮用水源保护区及生态功能区建设，依法关停碧流河等饮用水源保护区内的矿产资源开采等违规建设项目；四是引导大连、丹东、营口等沿海地区按照循环经济理念合理发展，减少污染物排放，加强沿海湿地和生物多样性保护。

（2）近岸海域与岛屿生态区。发展方向定位：本区域具有较好的发展条件和发展潜力，是未来承载经济和人口的重点区域，应坚持开发与保护并重的原则，实施大连长兴岛、营口沿海产业基地、辽西锦州湾和丹东、庄河临港工业区"五点一线"开发战略，实行组团式、串珠状开发，防止岸线资源无序遍地开发，优化沿海经济带建设。合理开发滩涂、近海资源，适度发展海水养殖，实施渔业资源增殖计划，建成一批海珍品增殖基地。

环境保护与治理对策：一是加强海洋自然保护区、海洋特别保护区建设和海洋渔业资源保护，进一步完善海防林体系，保护海岸植被；二是制定辽宁省海岸带利用规划，引导海岸带有序开发，严禁非法采砂、超采地下水，严格控制滩涂围垦和围填海活动，清理整治弃养虾池等人工设施和挖沙等破坏活动，部分地区退耕还苇，恢复滨海湿地环境；三是陆海联动、以海定陆，控制陆源污染物排放，限制海上排污（刘瑞玉和胡敦欣，1997）；四是制定沿海渔业养殖规划，严格审批渔业养殖项目，取缔超载养殖；五是加强岛屿生态保护与恢复。

三、小结

辽宁海岸带作为东北地区对外开放的门户区域和先导区，将建成东北亚重要的航运和物流中心，成为地区对外交流的枢纽；同时作为国家优化开发区的重点发展区域，产业发展必须能够承接国际高端制造业和现代服务业的转移，引领地区产业结构向高端、高效、高附加值的方向发展，成为东北振兴的重要支撑。

辽宁海岸带作为辽宁经济增长的重要引擎，需要加强各地市产业上的分工合作，提升区域整体竞争力，推动辽中南地区成为国家经济增长的第四极。海岸带各地市要明确分工，突出发展重点，并对园区进行分类指导，形成综合类、特色类和高新类三类园区，着力发展高加工度原材料工业、先进装备制造业、电子信息产业及新兴海洋产业。

辽宁海岸带在开发的同时要注重生态保护。土地利用方面：实践高效、集约的土地利用模式，限制盲目扩张；生态保护方面：辽东半岛生态区坚持开发与治理并重，山地丘陵地区以修复和保护为主，沿海地区和港口地区作为重点开发区域，对近海海域和岛屿坚持开发与保护并重的原则，实行组团式、串珠状开发，防止岸线资源无序遍地开发，优化沿海经济带建设。

第三章　国外海岸带开发保护的模式

第一节　国外海岸带开发保护的模式与理念

一、海岸带资源开发作用及其过程

海岸带不仅是一种重要的土地资源和空间资源，本身也蕴藏着各种矿产、生物、风能及其他海洋资源，还是海洋开发、经济发展的基地，是人类工业、运输、商业、居住、旅游、渔业和军事等活动的密集地区及对外贸易和文化交流的纽带，区位优势十分突出。如何有序地、可持续地利用海岸带资源已成为全世界滨海国家和地区十分关注的问题。

人类进入工业社会以后，海岸带所具有的水土、地形、气候、交通、位置等资源和区位的优越性，使人类活动日益集中于海岸带地区，呈现出明显的向海发展趋势——沿海化。沿海化的典型表现之一是海岸带人口密度远高于内陆地区，而且呈加速增加的态势。1992年联合国《21世纪议程》研究表明，全世界有一半以上的人口居住在海岸线以内60千米的地方，到2020年，这一比例可能提高至75%的水平；1998年赫里克森（Hinrichsen）认为，在世界上有32亿人居住在距海地区200千米的地带（约占全球陆地10%的空间）上，约2/3的世界人口居住在沿海400千米的地域范围内；1900后的100年间，美国海岸带人口增长了5倍，到2000年海岸带人口密度竟接近内陆地区的近6倍，并且据预测，这一差距还将继续扩大。

海岸带为人类提供了生存和发展的良好空间和资源保障，人类正是以海岸带为载体向内陆和海洋扩展，将全球联为一体。人类活动对海岸带的影响越来越广泛和深刻，人类与海岸带的关系还将日益密切，海岸带开发对人类的发展将具有更大的作用：第一，大部分海岸带地区，特别是河流三角洲地区，有着肥沃的土地资源和丰富的淡水资源，为人类的生存和发展提供了优越的条件；第二，海岸带地区拥有生产力很高的自然生态系统，可以为人类生存和发展提供大量的物质；第三，海岸带蕴藏有多种多样的资源，包括海岸带海底蕴藏的石油、天然气、煤炭、铁等重要矿产资源，在海滨地区还拥有诱人的沙滩、阳光、海水、空气等旅游资源，在海岸带近海海域还拥有可再生的潮汐、风、化学等能源资源，这些资源是人类生存与发展和经济社会繁荣的巨大物质与能源保障；第四，海岸带还是人类生产活动的重要平台，它使人类活动由近岸走向远海，由浅海走向深海。

世界上绝大多数沿海国家和地区在海岸带开发利用进程中均经历了无序、过度开发的过程。以往人类在向海岸带地区和海洋攫取大量财富的同时，也对海岸带带来了巨大的负面影响，如美国的海洋渔业由于过度捕捞、自然变化和不合理的开发利用等，传统的捕捞渔业持续衰退，美国路易斯安那州还由于防洪堤建设破坏了沿海滩涂湿地原有的水文系统，再加上油气田开发等人为活动，导致这一地区沿海滩涂正在以 65 ~ 92 平方千米/年的速度消亡；日本 20 世纪 50 ~ 90 年代的经济高速发展时期，大量工业废水和城市生活污水直接排入近岸海域，导致沿海海域水质的严重恶化，为此日本政府开始制定政策，把沿海渔业视为一种公共产业，并确保其有计划地开发利用。巴西规模化开发海岸带过程中，也对其海岸带地区的生态系统造成了明显的负面影响，其海岸带地区的红树林、珊瑚礁、潟湖、海滨三角洲滩涂也因各种经济开发活动的影响而发生了明显的退化。在 1960 ~ 1990 年，法国大面积开发农业生产用地，使其大西洋沿岸的滩涂湿地中的原有草地面积也由 65 000 公顷减少至 25 000 公顷，导致湿地生物多样性锐减，湿地生态系统严重退化。在 1953 ~ 1983 年，马来西亚沙捞越（现为砂拉越州）沿海地区有 4000 公顷的红树林被改造成农用地，随着旅游业和高尔夫球运动在马来西亚的兴起，原来改造后的农用地又以惊人的速度被高尔夫球场和旅游设施取代，导致海洋渔业资源衰退、海岸带环境污染严重、生态环境恶化等问题也相继出现。在非洲沿海岸带分布的国家和地区缺乏合理的海岸带规划，导致海岸带滩涂湿地资源不合理和过度开发，也引起沿岸湿地退化，近海水域和海湾污染日益严重。

从 20 世纪 70 年代开始，随着对先前无序、过度的对海岸带资源开发造成的生态破坏和环境污染等不利影响的认识和反省，世界各国在海岸带开发利用方面正逐步走向在海岸带综合管理之下的科学、有序开发之中，对海岸带的开发模式和理念也逐步发生了相应的变化。

二、国外海岸带开发利用模式及理念

人类进入工业文明以后，海岸带地区凭借特殊的地理位置和丰富的自然资源，吸引了大量的人口（人才）、资金、技术、信息、产业和城镇的快速集聚，并围绕海岸带特殊的地理位置和丰富的自然资源进行了多种多样的海岸带开发利用活动，呈现出不同的开发利用形态及理念。

当前，国外海岸带开发利用模式及理念概括起来主要有三大类：第一类是高度集中的产业、城镇开发模式及理念，第二类是宜居的公共休闲模式及理念，第三类是生态保护和可持续发展模式及理念。其中，高度集中的产业、城镇开发模式及理念，主要指以发展经济为主要目的，围绕解决产业、城镇开发中建设用地不足的问题，在海岸带的适当岸段采取填海造地措施，进行较高强度的开发利用，建设现代化的产业园区、港口仓储设施和城镇商业设施等；宜居的公共休闲模式及理念，主要指随着人们环境保护意识的增强，追求高品质的生存和发展空间成为发展经济新的重要内涵，利用海岸的自然、人文风光特色，重点开发海岸旅游休闲、文化活动和娱乐体验项目，既能促进经济发展，又能兼顾打造居民近海、亲水环境等需求；生态保护和可持续发展模式及理念，是基于生态环境保护的基础上，实现既满足当代人生存与发展需求，又不危及后代人生存发展需求的开发目标，具体包括采用通过顺应自然规律的做法，对海岸带的环境进行环境治理、生态建设及适合周边地形地貌等的适度人工干预、修缮，重点打造岸绿、水蓝、空气清新的生态海岸，使其成为自然、产业、城镇和谐融合的滨海地域综合体。

（一）高度集中的产业、城镇开发模式及理念

产业开发利用模式是人类开发利用海岸带资源的最主要的利用模式。从最原始的捕鱼、水运、利用海水制盐到现代海水养殖、建设港口码头、发展临海工业等涉海产业，相应的开发理念也主要由以发展沿海区域经济发展为目标，逐步转向以强调保护为主的适度开发为目标，如历史上美国海岸带曾经是美国的制造业中心，海岸带经济主要是工业经济，但是目前则以服务型经济为主，其中，休闲旅游业占其区域 GDP 的比重最高，达到60%的水平。

利用沿海滩涂开辟盐田，发展海水制盐业及其后续产业。一方面，利用滨海平坦的滩涂，发展海水制盐是各沿海国家和地区规模化开发利用海岸带的最早和最传统的开发利用方式之一。而且围绕利用海水丰富的海盐资源及其元素提取，海水制盐业已经延展到盐化工、锂、钠、钾和溴等的提取等现代氯碱化工、精细化工等产业，从而发展成为一个重要的基础产业。

围（填）海造地，综合开发农业。规模化的围填海造地是临海国家和地区向海洋拓展生存和发展空间的一种重要方式，已经持续了很长的时间，其中，在 20 世纪 50 年代之前的围海造地主要是利用滩涂发展围垦养殖、填海造地扩大耕地面积发展种植业等，并根据围海造地得到土地的条件分别发展养殖业、种植业、牧业及其他相关产业等，农业综合产业的规模呈扩大趋势。例如，日本不仅是世界上大规模围垦养殖、填海造地的历史悠久的国家，还是世界上开展海水规模化养殖最早的国家之一，由于长期的过度捕捞，日本列岛近海渔业资源逐渐减少和劣质化，海洋渔业生产的形势严峻，每年的海洋渔业年获量难以满足日本市场需求时，日本政府大力扶持发展近海水产养殖业，开始了利用海水的规模化养殖，解决水产品不足的问题。在海水养殖高峰时期，日本海水养殖的水产品产量曾经达到其国内需求的约50%。荷兰从 13 世纪就开始围坝防止风暴潮和围填海造地，荷兰现有的 4.15 万平方公里的国土有 1/4 就是通过填海造地的方式创造出来的，然后通过种植不同种类的植物，把大片的盐碱地逐步改造成了茂盛的草场和鲜花的种植园。现在荷兰的农产品出口额位居发达国家的前列，成为仅次于美国、法国的世界上第三大农产品出口国。

填海造地，建设城镇、工业园区和交通设施。进入 20 世纪中期以后，在欧洲和亚洲人多及陆地资源相对贫乏的沿海国家和地区，都在利用沿海海湾填海造地，用于发展城镇和工业园区。其中，荷兰、日本、韩国、新加坡等国，都是通过向大海要土地，增加建设用地面积，成为世界上建设滨海城市和临港工业园区的典型代表。

从 20 世纪 50 年代中期开始，荷兰鹿特丹港经市政府批准征用农田进行港区扩建，并大规模地填海造地，成为欧洲重要的货物集散中心。并利用港口条件，大规模地发展了石油化工、制造业、钢铁工业、食品工业等临港产业。随着临港产业规模的扩大，临港产业的地域影响范围也突破原有传统码头区域向周边区域扩展。70 年代以来，与港口相关联的新兴服务业在港口周边的城市地域开始发展，物流业、金融、保险、信息服务和管理咨询业等第三产业快速发展，并逐步赶上第二产业。第三产业成为鹿特丹临港经济的重要组成部分。

在过去的100多年中，日本通过填海造地，一共从海洋获取了12万平方公里的土地，其中，日本位于太平洋沿岸的狭长地带的城市和工业基地，几乎都是在20世纪50年代以后通过向海洋要地来发展工业和城市的，填海造地一度成了这一时期日本许多县、市地方政府的主要工作。例如，在第二次世界大战后，日本通过填海新造陆地1500平方千米以上，主要用于工业、交通、住宅等的建设。到目前为止，日本沿海城市约有1/3的土地都是通过填海获取的，如日本东京湾填海造地工程、神户人工岛和关西国际机场（图3-1）等令世界瞩目的工程都是通过填海造地实现的。

图3-1　日本关西机场鸟瞰全图（离岸式填海造地）

此外，新加坡从20世纪90年代中期开始到现在已经规模化围海造地100多平方公里，其中，新加坡的金融商业中心——珊顿大道和拉弗尔斯，世界最大、最壮观的机场之一——樟宜机场，以及世界有名石油化学工业区——裕廊工业区等都是靠填海造地发展起来的。韩国距离仁川15公里的仁川国际机场也是围海填沙营造而成的，围海大堤总长达到17.3公里。位于韩国东南端的釜山，通过围海建设了能够同时停靠30艘超大型集装箱船的釜山新港。

（二）宜居的公共休闲模式及理念

宜居的公共休闲模式及理念则是以海岸带的环境保护和生态建设为重点，利用海岸的自然、人文风光特色，通过发展对海岸带影响较小的旅游业，重点开发海岸休闲、文化活动和娱乐体验项目，打造居民亲水乐园等。

在宜居的公共休闲模式及理念探索方面，荷兰的做法比较典型。例如，荷兰在城镇建设和规划上，一方面通过填海围地和利用原先农牧用地，创造新城镇，保护和发展现有小城镇。即使当经济发展需要更多用地时，也会尽可能地更多地通过"让位于水和生态"的策略给予滨海湿地、水网和生态系统更多的空间和更好的平衡，把集约发展的"边缘城市链"作为控制城市蔓延的核心，使城市之间有较短的距离和良好的轨道、公路与水路等交通联系，同时使城市之间的绿色走廊和生态系统得到多重利用土地的策略，以减少城市建设和经济发展对滨海、河口生态环境的不良影响。

滨海和滨水地区开发一直作为荷兰城市改造和振兴经济的重点。不但要在国土面积狭小的地域上发展产业、城市和基础设施，而且要在其中保留大量自然或人工风景的海滨滩涂、田园水系和自然水域及水域和城市间舒缓的绿色缓冲地带等。

此外，韩国也在不断扩大海边公园的规模。通过扩大绿地建设规模及加强滨海自然环境的保护，尽可能地创造与海边地形、海流及水质相协调的旅游休闲空间、居民生活空间，既保护了自然海岸带的生态环境，还为游客和居民提供了高品质的旅游观光和休闲环境。

（三）生态保护和可持续发展模式及理念

20 世纪 50 年代以后，人们开始关注环境问题。现代环境保护意识，首先在先行工业化国家开始出现，欧美等发达国家的民众对环境保护格外重视。特别是 80 年代以来，随着全球范围的生物多样性保护和湿地保护意识的增强，越来越多的基金资助濒危湿地的保护与恢复工作。同时，鉴于海岸带地区湿地动植物在湿地生态系统中的重要地位，国际上对受损滨海滩涂湿地调查、恢复与重建项目明显增多，海岸带开发的可持续发展的模式及理念开始萌发。例如，英国和荷兰的部分地区实行了废坝、退田还海，以恢复天然海岸滩涂和自然生态环境。荷兰从 90 年代开始制定和实施"自然政策计划"，其主要方针是保护受围（拦）海的影响而急剧减少的动植物，以及防止圩田被盐化和海岸被侵蚀，努力探索与水共存的新途径。计划中的"生态长廊"，是要将过去的湿地与水边连锁性复原，建立起南北长达 250 公里的"以湿地为中心的生态系地带"。荷兰还正式启动注重自然环境建设、创建自然保护区生态和谐社会的计划。例如，在南弗莱沃兰德垦区的规划中，50% 的土地用于农业生产，25% 用于城镇开发，其余的 25% 的自然区域（包括森林与河湖水面）作为自然生态的空间，其面积达到 1 万多公顷。东斯海尔德河口原封闭式的大坝改为防洪闸，平时敞开，洪水到来时再关闭，避免了原来生活在北海浅滩的牡蛎及一些浅海植物因生态环境改变而濒临绝种的威胁。这既防止了损害生物多样性的事件发生，又比较好地解决了河海航运不畅的问题。

总之，海岸带的开发与利用早已经成为沿海国家和地区的经济社会发展的重要活动舞台。沿海各个国家和地区均根据自己的实际情况和发展特点，选择各自的开发利用模式及理念。而且在现有的海岸带开发利用模式及理念中，大部分都还着眼于利用海岸带的有利条件，通过围填海工程，实现产业基地建设，海岸带开发利用中的理念还主要是关注经济效益，而未能将可持续发展思想和循环经济理念较好地贯彻、应用于海岸带开发利用中。

所以，到目前为止，海岸带开发利用中的生态保护和可持续发展模式与理念还没有被普遍采用，仅是作为海岸带开发利用所推崇和追求的一种"理想模式"。

三、国外海岸带开发利用典型案例及其经验

在经济发展中，土地是最重要的基础资源支撑。沿海地区在有限空间中集聚着大部分人口经济活动，在许多国家，这一地区土地资源已经成为制约当地经济发展的重要因素。为进一步吸取国外海岸带开发利用的经验教训，本研究以荷兰和日本为案例，分析其在开发过程中的经验和教训，以便辽宁海岸带地区科学规划开发利用格局和发展时序。

（一）荷兰围海造地案例及其经验

荷兰的围海造地工程是闻名世界的工程，荷兰通过修建多个围海造地工程，使这个有近 25% 的领土低于海平面的国家不仅摆脱了长年受海潮侵袭的困扰，还造出了 5200 平方公里的陆地。更让世人称奇的是如此宏大的建坝和围填海工程并没有对其海岸带的生态环境造成不可挽回的破坏后果，还实现了人类与自然的协调发展，并促进了当地的经济社会发展，成为世界填海造地史上的典型案例。其中，以须德海工程和三角洲工程的填海造地经验最为典型。

1. 须德海工程

须德海是深入北大西洋北海的海湾，面积为 4000 平方公里，1667 年 H·斯泰芬建议沿瓦尔登海北面岛屿修筑拦海大堤，受当时工程技术水平的限制，该计划未能实现。1916 年的暴潮使该地区遭受了严重的损失。1918 年荷兰议会通过了 C·莱利提出的须德海围海造地方案，1920 年开始施工。该工程是一项大型挡潮围海造地工程，主要包括拦河大堤和 5 个垦区。拦河大堤长为 32.5 公里，堤顶平均宽度为 90 米，设有 4 车道高速公路，共填筑土石料 3850 万立方米。堤间设有 5 座 5 孔泄水闸，600 吨和 200 吨船闸各 1 座。拦河大堤把须德海与外海隔开，通过排咸纳淡，使内湖变成淡水湖，现在该湖称为艾瑟尔湖，湖内洼地分成 5 个垦区，分期开发。维灵厄梅尔垦区于 1926～1930 年完成开发；东北垦区于 1937～1942 年完成开发；东弗莱沃兰德垦区于 1950～1957 年完成开发；南弗莱沃兰德垦区于 1959～1968 年完成开发。以上 4 个垦区共开垦土地 1650 平方公里。目前，马克瓦德垦区大堤已修建完成，湖内尚未进行垦殖，该垦区面积为 600 平方公里。上述每个垦区均先修建长堤，再抽干湖水，最后进行开垦种植。

2. 三角洲工程

荷兰南部是莱茵河、马斯河和斯海尔德河下游的三角洲地区，经济发达，人口密集，世界名港鹿特丹港就位于该地区，但这里河网交错，地势低洼，易受潮灾。1953 年的暴潮使该地区遭受了重大损失，淹没土地约 20 万公顷，导致 1800 多人丧生。1958 年荷兰国会批准了三角洲委员会提出的治理方案，开始对该三角洲进行治理。该工程是一项大型挡潮

和河口控制工程，主要包括 5 处挡潮闸坝和 5 处水道控制闸：①东斯海尔德闸坝。该闸坝横跨东斯海尔德河，是一座挡潮坝。河口被小岛分为 3 个口门，宽度分别为 18 米、1200 米和 2500 米，最大深度为 45 米，大坝全长为 9 公里。三个挡潮闸共长 2800 米，共设 63 孔，每孔宽为 45 米，1986 年竣工投入运行。例如，东些耳德闸的闸墩，净重为 18 000 吨，用特制运输船浮运至现场水面，然后沉放就位。地基预先经过特殊处理，挖除了 10 多米厚的淤泥换上清沙石，振实整平后铺上两层反滤垫；哈林费莱特闸，宽为 56 米，在闸墩上设有倒三角形预应力梁，使海、河两侧的压力传至三角形大梁后再传到闸墩。②费尔瑟挡潮闸坝。该闸坝位于东斯海尔德闸坝之南，东面有赞德克列克闸坝，两闸坝之间形成一个 22 平方公里的淡水湖。赞德克列克闸坝设有泄水闸排泄洪水，两座闸坝分别于 1961 年和 1969 年竣工投入运行。③布劳沃斯挡潮闸坝。该闸坝位于赫雷弗灵恩河口，上游有赫雷弗灵恩闸坝，两闸坝之间形成 110 平方公里的封闭水域。这两座闸坝分别于 1978 年和 1983 年竣工。④哈灵水道挡潮闸坝。该闸坝位于哈林水道河口，口门宽为 4.5 公里，坝长为 3.5 公里，闸长为 1 公里，共设 17 孔，每孔宽为 56 米，于 1971 年竣工。⑤荷兰斯艾瑟挡潮闸坝。该闸坝位于鹿特丹新水道的支流荷兰斯艾瑟河口，为单孔闸，跨度为 80 米，装有垂直提升平面闸门。另外还设有一座船闸，以维持关闸挡潮时通航。该挡潮闸坝于 1958 年竣工。三角洲水道上的闸坝：一是沃尔克拉克闸坝，该闸坝由一座 4 孔节制闸和 3 座 22 米×300 米的船闸组成，1970 年竣工。二是菲利浦闸坝，1986 年建成。该闸中有利用咸淡水密度差设计而成的咸淡水分隔系统，防止船闸运行时咸水入侵和淡水流失。三是牡蛎闸坝，1986 年建成，也设有船闸。

（二）荷兰围海造坝（地）的主要经验

1. 科学规划先行，兼顾多方利益

荷兰的围（拦）海工程，都是先以科学规划来协调各涉海部门的利益从而实现国家的战略目标。具体的做法是制定综合规划，并由水利、交通、建设、农业、环保等部门通力合作，进行规划实施，实现多方共赢的目标。例如，须德海工程的实施，不仅使防潮堤线缩短了 45 公里，改善了农田灌溉和排水条件，防止土地盐碱化，须德海大堤还成为连接荷兰东北部和西北部的交通干线，还使原河道继续用于发展航运，围垦出来的艾瑟尔湖可提供淡水，促进工农业和养殖业的发展，垦区的水网则可发展旅游。目前建成的 4 个垦区，已迁入约 314.3 万人，成为荷兰繁荣的经济区。三角洲工程则使防潮堤线缩短了 700 多公里，提高了防潮安全保障和标准，可有效控制和管理三角洲水道，防止咸水入侵，改善水质和减少泥沙淤积，能更合理地利用水资源，更好地保护生态环境。

2. 遵循发展规律，科学有序实施

早在罗马时代，荷兰人就开始在北海沿岸进行小规模的围海造地，1250 年至 20 世纪初，已有大片滨海沼泽被围垦起来。20 世纪以来的近百年时间里，荷兰为建设须德海大堤和三角洲工程，倾国库之力，号国民之愿，得民心民意，按总体规划有科学有规范有步

骤地完成了预期目标，并尝试将社会保险、保障、财富、福利、意识、制度等效用与工程收益有机地结合起来。例如，在须德海工程和三角洲工程的建设中，他们开垦的宗旨则为宜城则城、宜渔则渔、宜牧则牧、宜湖则湖、宜航则航、宜娱则娱，各业并举，由此给国民增加了安居之地、劳作之地和休闲之地，使得国民生活水平不断提高、国民经济快速发展、社会稳定进步、国民安居乐业、国家意识增强。

3. 政府主导助推，实施综合开发

在荷兰浩大的三角洲工程的建设过程中，政府的主导作用是不可或缺的。例如，鹿特丹港口建设和沿河工业带开发，是世代持续、投资巨大的系统工程，没有政府高瞻远瞩的规划和立法，以及不需要占用深水岸线的工业活动向陆地纵深外迁等措施的实施和巨额的基础设施投资等，仅靠市场驱动是不可能实现的。

随着港口工业区和沿河工业区规模的不断扩大，土地紧张、环境恶化、城镇之间的隔离绿地等也被工业蚕食、水质污染、空气浊化、清理航道挖出的污泥堆积如山等，都需要政府从经济、社会和环境生态协调平衡发展方面来通盘考虑。

4. 注重生态效益，多方共赢发展

1990 年荷兰政府在须德海工程和三角洲工程接近竣工时制定了"自然政策计划"，用以保护受围（拦）海的影响而急剧减少的动植物，防止圩田被盐化和海岸被侵蚀，努力探索人与生态和谐的新路。"自然政策计划"中的"生态长廊"，是要将过去的湿地与水边连锁性复原，建立起南北长达 250 公里的"以湿地为中心的生态系地带"。荷兰政府还注重自然环境建设与自然保护区建设。例如，在南弗莱沃兰德垦区的规划中，将 1/2 的土地用于农业生产，1/4 的土地用于自然生态空间。东斯海尔德河口原封闭式的大坝改为防洪闸，平时敞开，洪水到来时关闭，避免了原来生活在北海浅滩的牡蛎及一些浅海植物因生态环境改变而濒临绝种，损害生物多样性的现象发生，解决了河海航运不畅的问题。荷兰三角洲工程建设说明，在沿河、沿海区域开发建设的发明技术及陆海开发一体化的综合管理问题，不仅需多层次、多领域地兼顾各方面的利益，还需要兼顾好开发和保护及产业发展与人居环境和自然生态平衡的问题。

（三）日本填海造地案例及其经验

日本作为一个人口超过 1.2 亿人的岛国，陆地面积只有 37 万平方公里，但海岸曲折、漫长，海湾众多，填海造地的条件优越。日本规模化开发利用海岸带的历史悠久，在工业化之前通过围海造地，开拓了大量的耕地。在工业化高速发展时期，通过围海造地，拓展了发展空间，建造了世界知名的东京湾、大阪湾、伊势湾和北九州市四大产业带。在海岸带地区开发利用方面，日本有许多经验值得借鉴。

1. 借助规划控制填海造地活动，使填海造地有序进行

日本早期的填海造地主要出于防灾和农业发展的需要，后来由于工业化的发展，填海造地的目的进一步扩展，填海造地的规模也迅速扩大，并出现了不少问题，但很快通过有效的规划管理得到了比较好的控制，进入了有序开发的轨道。日本对填海造地的规划管理主要分三个层次：首先，国家制定沿海地区工业发展的总体规划，划定重点发展区域和主要开发岸段，并明确整体功能定位；其次，对重点发展岸段进行系统科学的空间规划，还通过相邻城市总体规划、港湾发展规划和海洋功能规划等进行进一步控制；最后，是对相应的基本功能岸段内的每一个填海造地项目进行平面规划。例如，20世纪60年代，日本在东京湾、大阪湾、伊势湾和北九州市四大产业带基础上，制定了城市发展和沿海工业发展的区域性规划，日本的填海造地主要集聚在这些已规划的区域，除此之外的海岸上很少有大规模的填海造地工程。

2. 严格依法审批所有的填海造地项目，并让公众参与监督

日本政府早在1921年就颁布了《公有水面埋立法》，随着施工技术的不断提高，先后13次对该法进行了修订；1973年，又通过了《公有水面埋立法修正案》，增加了对填海造地用途与环境影响审查等方面的要求。依据这些法律，任何填海造地行为都必须事先获得都道府县知事的许可，并对许可条件做出详细、明确的规定，如应符合国土合理利用及环保和防灾的要求、填海造地申请者还要有一定的资信等级、项目应具有明显的综合效益等。申请前应完成利益相关者协调和环境影响评价，通过公示征求公众意见，同时征求项目所在村等基层管理部门、海上保安厅、环境厅、地方公共团体和其他相关机构的意见和建议，并对相关意见建议做出详细的评价；最后做出关于利益相关者处理、填海范围与面积、公共空间保证、填海造地收费、施工与使用年限等许可决定。此后，还要再向国土交通省提出许可申请。日本对填海造地工程审批许可前建立的一整套包括环境影响、利益相关方和公众意见分析等评价处理制度，初步体现了依法办事、以人为本、人海和谐、持续发展的原则和理念。

3. 注重科学填海造地，确保生态环境得到保护

日本早期的填海造地也曾忽视对环境的影响，大量的滩涂几乎不复存在，对防灾减灾、渔业资源和生物多样性造成重大影响，引起社会的不满。因此，日本在调整填海造地构成的同时，也改进了填海造地的方式，对基本功能岸段内的填海造地项目进行平面规划设计，采用人工岛或顺岸分离式等的填海造地方式，自岸线向外延伸，极少采用由陆地平推的方式向海延展。在填海造地项目布置上，还特地在项目内部大多采用水道分割，很少采用大面积整体连片的填海格局；填海造地的岸线形态选取，大多也是采用曲折的岸线走向，极少采取截弯取直的岸线形态。

面对填海造地工程所需要的大量石料、泥土，日本也从露天炸山取石改为洞空穴式取石，保护沿海山体地貌和生态植被不被破坏。这样，虽然使填海造地的成本增加很多，但有利于提升区域生态、资源、环境价值和促进经济社会的协调发展。例如，采用离岛式的填海造地方式，使世界知名的关西机场的工程预算高达100多亿美元，但日本仍然选择了海上人工岛的填海方法，以减少对海底生态环境和水动力环境的影响。另外，这种填海造地的方式增加了海洋的综合价值，可进行海上交通、旅游观光、海水利用等多种海洋复合

开发活动;增加了岸线资源,有利于港口资源的开发利用;由于离岸式的围填增加了水道,仍能维持水体交换和海洋生态系统联系,有利于美化景观和小气候调节,因此,对海洋环境影响相对较少。人工岛式的填海造地也不会对原有岸线造成太多的损毁,可以最大限度地减小对原有依托海岸的开发活动的影响。加上岸线长度的增加,还可明显减少用海的矛盾和冲突。

4. 以市场为导向,按许可要求实施填海造地

日本填海造地活动主要是以市场需求为导向,按照市场需求和规律来进行。政府主要对填海造地项目的必要性、设计的合理性及对环境的影响情况进行严格审查把关,监督履行相关的法定审批手续。只要填海造地需求合理和方案可行,就允许进行填海造地。日本填海造地的组织实施及完成后的所有权归属有两种情况:一种是企业和个人获得填海造地许可,由其组织填海工程,完成后的所有权归企业和个人所有;另一种是由政府获得填海造地许可,通过融资和工程委托等途径,组织填海造地,完成后进行市场拍卖,企业和个人拍得土地后获得所有权。但无论哪种方式获得填海造地的土地,都必须按填海造地许可中规定和约定的用途进行开发利用,不允许改变用途。

5. 十分注重岸线和海域的集约节约利用,确保开发利用效益

对填海造地完成后土地的使用,日本的监督管理十分严格,不仅对用填海造地项目的规模、效益和设计方案进行严格把关,还对填海造地竣工后的建设项目进行全程跟踪、监督管理。对填海造地完成后的使用管理与产业发展规划之间的衔接是非常紧密的,严格执行规划,不允许中途改变用途,以防止区域功能被随意改变;同时还十分注意节约利用土地和海域资源,宁小勿大、宁少勿多、宁曲勿直,禁止那些低、小、散项目进入填海造地区块。

第二节　国外海岸带综合管理

世界上许多沿海地区已经经历了人类经济活动的快速集中过程。随着交通运输网络的建设和完善,沿海经济区内各城市由独立分散逐渐演变成为密切联系的城市群或城市连绵带,从而成为引领地区乃至国家经济增长和社会进步的前沿和主流地带。全球距海岸线100公里的海岸带地区的平均人口密度是全球平均人口密度的2倍,在占有全球18.06%的陆域面积上承载着全球36%的人口(1990年为36.35%,2000年为36.17%),在世界33个超大型城市中,26个位于发展中国家,21个位于沿海地区,人口向海集中趋势越来越明显。

海岸带是海洋系统与陆地系统相连接、复合与交叉的地理单元,既是地球表面最为活跃的自然区域,也是资源与环境条件最为优越的区域,是海岸动力与沿岸陆地相互作用、具有海陆过渡特点的独立环境体系,与人类的生存与发展的关系最为密切。近年来,伴随海岸带社会经济发展、人类活动加剧、国防安全需求、海平面上升和其他气候变化影响,海岸带正面临着生态环境破坏、生物多样性减少、污染加重、渔业资源退化等巨大压力,全球海岸线普遍遭到较大程度改变,严重影响了海岸带的可持续发展。为此,1992 年联合国环境与发展会议批准的《21 世纪议程》提出:沿海国家承诺对其国家管辖的沿海和海洋环境进行综合管理与可持续发展。如何协调海岸带区域综合承载力与经济社会可持续发展的关系,加强和实施海岸带综合管理(integrated coastal zone management,ICZM)与可持续发展战略是当今政府与社会各界关注的热点,实施海岸带综合管理已成为沿海地区可持续发展的一个重大的科学问题。

海岸带综合管理指应用综合集成的方法途径确定区域地理、管制边界来维系海岸带可持续发展。这一概念产生于 1992 年里约热内卢地球峰会上,以生态容量为限,追求长远的社会、环境、经济、文化、休闲多重发展目标。欧盟委员会将 ICZM 定义为:一个致力于提高海岸带可持续发展能力的动态性、交叉性管理过程,并召集从地方到国家多部门、多层次利益主体积极支持和实施这些政策。其中,保护自然生态系统的功能是海岸带综合管理的中心内容,但 ICZM 不只是一个单纯的环境政策,也旨在改善沿海地区建设成为经济发达、社会和谐的现代、充满活力的地区。ICZM 涵盖了规划实施的整个信息收集、规划、决策、管理过程,其利用知情参与、多方合作来实现社会多目标发展,并且采取相关行动。

一、美国海岸带综合管理

(一)美国"双岸"经济带布局

1. 人口布局

美国沿海县土地面积不到全国土地面积的 1/4,却承载了全国 52% 的人口,人口密度是全国平均水平的 2~3 倍。平均每天 3600 多人涌入沿海地区,预计到 2015 年沿海地区人口将达到 1.65 亿人,每年有 1.80 亿人到沿海地区旅行,美国海岸带与五大湖地区将成为最为密集的地区。

2. 经济布局

美国海岸带及五大湖地区为国家提供了大量的财富,据估计 2000 年,海洋相关活动直接创造了 1170 亿美元并且支撑了 200 万个工作岗位,大约创造了 10 000 亿美元的 GDP,近 1/10 的 GDP 创造于狭长的海岸线地区;沿海地区创造了 45 000 亿美元,占全国的 1/2,提供了 600 万个工作岗位(图3-2)。

海岸带地区的国际贸易是美国国家经济的主要组成部分,占美国 GDP 的 7%,其运输量占全国的 78%(16.43 亿吨,2001 年数据),创造了国际贸易总价值的 38%(7180 亿美元,2001 年数据),其中绝大部分进出口商品是通过海运完成的,为满足当前和未来发展需求,海洋运输业亟待稳定、快速、健康发展。

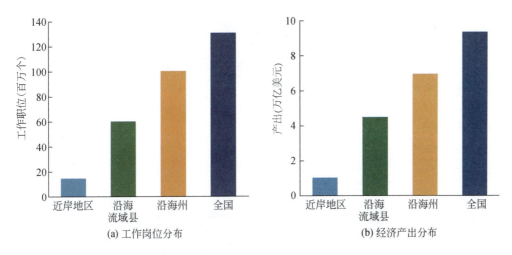

图 3-2　美国海岸带地区间工作岗位提供与 GDP 占全国比重（2010 年）

3. 沿海土地开发强度变化与岸线利用结构

美国整体海岸带土地开发强度在 1996～2006 年，由 5.81% 增长至 6.18%，如将开放空间包括在开发建设范围内，土地开发强度则由 8.55% 增长至 9.07%，整体来看，土地开发速度较慢，但地区间开发强度差距较大，东海岸最高，其次为南海岸、北海岸、西海岸开发最低，其中 2006 年伊利诺伊州沿海县域开发强度（不含开放空间）高达 58.71%，而明尼苏达州最低，仅为 0.85%（表 3-1）。

表 3-1　美国海岸带地区土地利用结构变化情况（单位：%）

岸段	州名	开发强度（不含开放空间）		开发强度（含开放空间）	
		1996 年	2006 年	1996 年	2006 年
西海岸	加利福尼亚州	7.59	7.96	16.97	17.77
	俄勒冈州	2.03	2.13	4.45	4.67
	华盛顿州	4.42	4.71	9.81	10.43
东海岸	北卡罗来纳州	2.18	2.30	5.52	5.84
	康涅狄格州	9.57	9.76	25.37	25.87
	特拉华（州）	16.06	16.59	35.52	36.72
	缅因州	2.11	2.24	4.60	4.89
	马里兰州	5.86	6.15	15.11	15.75
	马萨诸塞州	14.85	15.14	33.24	33.96
	新泽西州	15.77	16.53	35.54	36.28
	纽约	10.72	10.82	25.00	25.27
	罗得岛州	16.39	16.58	35.55	36.02
	南卡罗来纳州	2.66	3.11	6.80	8.11
	弗吉尼亚州	5.29	5.82	13.16	14.28

岸段	州名	开发强度（不含开放空间）		开发强度（含开放空间）	
		1996 年	2006 年	1996 年	2006 年
南海岸	亚拉巴马州	2.33	2.64	5.65	6.32
	佛罗里达州	6.67	7.48	15.11	16.87
	佐治亚州	2.90	3.22	7.06	7.79
	路易斯安那州	2.84	2.93	5.91	6.13
	得克萨斯州	6.68	7.31	15.51	16.89
北海岸	伊利诺伊州	57.01	58.71	63.87	66.17
	印第安纳州	15.09	15.76	32.06	33.66
	密歇根州	4.00	4.21	9.02	9.57
	明尼苏达州	0.80	0.85	2.52	2.58
	密西西比州	4.87	5.34	11.23	12.26
	新罕布什尔州	10.29	10.67	22.47	23.42
	俄亥俄州	17.56	18.22	40.25	41.83
	宾夕法尼亚州	7.66	7.72	16.62	16.76
	威斯康星州	5.04	5.31	10.86	11.45
合计		5.81	6.18	8.55	9.07

其中，五大湖地区部分地区开发强度最高，其岸线已严重被城市、工业占据（表3-2）。

表 3-2   五大湖地区岸线利用结构

项目	海岸线长度（公里）	城市岸线（%）	工业岸线（%）	休闲岸线（%）	未开发岸线（%）
纽约	579	42.1	10.1	10.6	37.2
宾夕法尼亚州	64	43.8	7.4	24.2	24.6
俄亥俄州	502	44.0	15.1	18.3	22.6
密歇根州	5189	31.5	3.2	6.3	58.5
印第安纳州	72	12.4	49.7	37.9	—
伊利诺伊州	101	35.4	15.4	47.5	1.7
威斯康星州	1320	28.1	7.1	9.5	55.3
明尼苏达州	304	38.6	5.7	13.8	41.9
合计	8131	32.7	5.7	9.1	52.1

4. 面临问题

尽管美国政府治理海域生态环境取得了一些进展，但由于海域水质量下降、富营养化、污染、赤潮对美国海洋和沿海生态系统的破坏，海洋生态功能继续显示出退化的迹象，从而影响人类健康、经济可持续发展，并损害海洋生物生命安全。沿海和海洋水质受点、面排放源的威胁, 2001 年, 23% 的国家的河口地区减少游泳、钓鱼活动而支持海洋生物安全。同时, 污染可能危及大湖区周围数以百万计的居民的饮水安全。

沿海地区人口密度增长对环境造成了明显的压力。海岸带地区人口规模在 1970 ~ 2000 年经历了一个相对平稳的增长过程, 共增长了 3700 万人, 并且, 伴随人口的持续增长, 沿海城镇化地区中将有 90% 的地区被硬化。此外, 房地产开发速度明显快于人口增加速度, 在农村地区房地产座数增长至原来的 1.7 倍, 城市地区则增长了 0.63 倍。

(二) 美国海洋综合管理

自 20 世纪 70 年代以来, 伴随海岸带地区人口压力的持续加大、开发利用程度的日益升高, 以及生态环境破坏的逐渐加重, 空间功能与用户利益冲突进一步加剧, 为此, 1972 年 10 月 27 日, 美国国会颁布了《海岸带管理法》, 从而使海岸带综合管理作为一种正式的政府活动得到实施, 也标志着美国海岸带管理掀开了新的一页。

美国实施 ICZM 主要通过实施海岸带管理战略计划来完成, 该计划是联邦政府与沿海各州、地区间的一项自愿的合作, 这一合作关系是 1972 年《海岸带管理法》授权建立的。到 2002 年秋季, 美国共有 34 个州、地区 (29 个沿海州、5 个海岛地区, 伊利诺伊州除外) 加入了海岸带管理战略计划, 覆盖了美国 99% 的沿海岸线和五大湖岸线。ICZM 的具体措施包括: ①沿海管理 (coastal management); ②珊瑚礁保护 (coral reef conservation); ③河口研究保护区 (estuarine research reserves); ④陆地获取 (land acquisition); ⑤海洋保护区 (marine protection areas); ⑥非点源污染 (nonpoint pollution)。

1. 美国海岸带综合管理发展历程

美国海岸带综合管理的历程大致可以划分为三个阶段。

(1) 20 世纪 70 年代的起步阶段: 各州议会颁布海岸带管理法, 建立资源管理机构, 批准海岸带管理规划。例如, 罗得岛州, 是美国最早实行海岸带管理规划的州之一, 1971 年即通过海岸带管理法之前, 罗得岛州议会颁布了一项法规, 成立了由 17 人组成的海岸带资源管理委员会, 并赋予其广泛的权力, 但规划于 1975 年才被其采用; 佛罗里达州专门探讨海岸带管理的立法是在 1970 年首次通过的, 当时就组建了海岸带协调委员会。1977 年 2 月 16 日经商务部部长批准的《旧金山湾规划》, 是第一个得到联邦政府批准的海岸带管理规划。

(2) 20 世纪 80 年代的调整阶段: 主要是根据执行过程中的经验教训进一步修改, 修订指导方针, 增加政策的重点及延续规划期限等。例如, 北卡罗来纳州修改了土地利用规划、罗得岛州《泻湖区特殊地区海岸管理规划》修正案等。

(3) 20 世纪 90 年代的深化与发展阶段: 尽管在这一阶段一些州仍对规划继续进行修订, 但这一阶段的突出表现是对某一地理单元、某项开发利用活动进行海岸带开发项目评价, 完善许可证制度, 将海岸带管理规划纳入综合规划中, 几乎有效实施 ICZM 的州均采取了类似的对策。

近年来, 美国的海岸带管理已集中到如沿海灾害 (风暴和飓风)、湿地保护、城市滨海区恢复、非点源污染（流入沿海小河、河流及河口的城乡径流）的管理问题上。经过近30年的运作，利用拨款和组织激励相结合的方法，形成了政府间海岸带管理的有效网络。这一网络覆盖了全国94%海岸线上的29个州和领地，而只耗费联邦财政较少的经费。在土地利用法规、自然资源保护、公众通道、都市滨水区再开发、减灾、资源开发，以及港口和游船码头方面取得了重大成就，设置了18个国家河口研究养护区，使26.2万公顷以上生物生产力较高的河口受到保护。

2. 美国海岸带综合管理机构

美国是联邦制的政治制度，这意味着各州在管理自然资源方面有很大的独立性权力。在一些州，尤其是大西洋沿岸的州，市政府在对地区土地利用决策上拥有优先管辖权。为此，在国家大规模、集中管理沿海区域开发过程中，常常表现出强烈的反对姿态。

目前，在国家一级上，美国海洋管理职能分散在多个议会和行政部门中，缺乏部门负责协调和管理全国的海洋工作。海岸带管理，包括规划和实施，都是由各州进行的，在一些情况下是由当地政府进行的。与海洋有关的全部立法权由众议院12个常设委员会中的39个小组委员会和参议院10个常设委员会中的36个小组委员会承担，50多个与海洋事务有关的行政机构，按照各自的职能进行有关的政策研究与规划拟定，白宫办公厅也是制定海洋政策的重要机构。3海里范围之内的海域由沿海各州制定管理规划，实施管理；3~200海里海域专属经济区由联邦制定规划，由各联邦行政机构执行。现美国主要的海洋管理机构有商务部国家海洋和大气管理局（National Oceanic and Atmospheric Administration, NOAA）、运输部美国海岸警备队（United States Coast Guard, USCG）、内政部、运输部、能源部、国务院、国防部等。此外，国家科学基金会、国家环境保护局的水质局、国家航空航天局，都以不同方式参与海洋管理工作与活动。

美国分级、分散的管理体制迫切要求在国家一级建立适当的机构来实现部门间的协调并为有关国家海洋和海岸带政策的变化提供评论、监督及建议。为此，1997年成立了由联邦主要海洋机构负责人组成的海洋领导小组，该领导小组定期开会，1998年编制了有关美国海洋和海岸带政策现状和背景文件，还请求美国国会批准《联合国海洋法公约》。

3. 美国海岸带综合管理政策

20世纪60~70年代环境问题日益严重，依据部门的单项法规进行的各部门的分工、分类管理已经不能适应严峻的管理形势，美国由此开始了海岸带管理立法在形式上由单项的部门立法向综合管理立法的转变。为此，《海岸带管理法》在美国许多海岸带环境质量下降的情况下出台，并由NOAA的海洋和海岸资源管理署负责实施。1976年首次修正后，1980~1985年国会又对该法进行了修改，1990年被再一次审定，从而加强了海岸带管理的调控能力，并提出了4项国家海岸带管理政策：①保全、保护、开发兼顾，使美国的海岸带资源得到恢复或增值；②鼓励和帮助各州制定及实施管理规划，有效履行其海岸带职责；③所有从事有关海岸带工作的联邦机构，要为实现本法宗旨积极参与同州和地方政府及地区机构的互助合作；④鼓励公众、联邦政府、州和地方政府及地区机构共同参与制定海岸带管理规划。NOAA代表联邦政府向各州提供联邦基金，即将海岸带管理项目下达给各州，在审批州立项目时，联邦政府必须确认国家利益经过州政府的综合考虑，并充分体现在海岸带管理的主要内容中，并依靠州的权力和机构来实现海岸带综合管理设置的标准及目标，对州的执行情况每两年进行一次评价。但《海岸带管理法》不是试图解决海岸带开发活动的所有矛盾，而是使其走向正规，避免或减少利用过程中的冲突，基本上使开发过程有秩序化地开展，规避环境质量不必要的损失。

4. 美国海岸带综合管理效果评价

美国海岸线漫长，拥有各种不同的自然生境，从亚热带珊瑚礁到北极的冰冻区域，反映出美国自然条件的多样性。尽管要求州立海岸带管理项目必须满足《海岸带管理法》提出的基本目标，联邦政府仍允许每个州因地制宜地选择自己的项目和重点。但从各个州在实施 ICZM 情况来看，各州所划定的海岸带范围宽窄不一，所有计划都是在某一特殊的地理区域就所要解决的重要问题而做出的决定。实践证明，在美国这样的国家，各州使计划的内容适合于该州的环境和政治背景，但由联邦政府出面搭台、沿海和沿湖各州及地区自愿参加管理国家海岸带的海岸管理战略基本上形成以下几点共识：保护海岸带自然资源；管理高危区的经济开发活动；保持良好的海岸带水质；优先开发海岸带；对重大设施建设进行有序排列；把新的商业和工业开发项目部署在现有开发区内或其附近；为公众提供休闲娱乐场所；复兴城市滨水区和港口，保护和恢复海岸历史、文化、美学特征；简化和理顺政府决策程序；协调联邦政府与州政府的行动；充分考虑各联邦机构的意见；确保当地政府和公众在海岸开发决策过程中的话语权；制定海洋生物资源综合管理规划。

二、荷兰海岸带综合管理

（一）荷兰海岸带经济开发特征

荷兰国土总面积为 41 526 平方公里，位于欧洲西北部，东面与德国为邻，南接比利时。西、北濒临北海，地处莱茵河、马斯河和斯凯尔特河三角洲，海岸线长为 1075 公里。全境为低地，1/4 的土地海拔不到 1 米，1/4 的土地低于海面，沿海有 1800 多公里长的海坝和岸堤。13 世纪以来共围垦 7100 多平方公里的土地，相当于全国陆地面积的 1/5。自 1992 年以来，荷兰政府通过岸线修复来停止岸线退化，但近年来，由于受海水侵蚀，岸线比例大幅减少。

（二）荷兰海岸带综合管理

由于长期受由海平面上升加速带来的威胁，荷兰对海岸带综合管理越来越关注。其中，北海的屡次侵蚀很大程度上改变了荷兰海岸线自然特征。除了自然灾害的威胁之外，近年来由于海岸带城市和工业发展、娱乐、交通等开发利用不断加快，近岸海域的污染致使生态环境恶化。为了充分利用海洋资源，发展沿海地区经济，推动社会进步，保护海岸自然状态，荷兰历届政府不断调整海洋研究与开发体制、强化海洋管理机构职能、采取了一些行之有效的海洋管理政策和措施，并取得了令人瞩目的成就。

1. 荷兰海岸带综合管理机构

荷兰非常重视海岸带管理工作，是世界上海岸带管理较好的少数国家之一，诸多公共和私营部门、机构共同管理海岸带，且管理当局经常负责一个以上的功能职责。目前，荷兰海洋管理的全部权力都集中在中央政府手中，主管部门为荷兰海洋管理局，负责海洋政策的制定和大陆架海域的管理。部长委员会是国家海洋问题的最高决策机构，下设议会委员会和非政府咨询委员会，由所有涉海部门高级官员组成的部门间委员会听命于部长委员会。这一模式把管理程序科学地纳入了决策过程，避免了部门利益冲突，增加了海洋管理的可协调性。目前参与管理的除政府部门外还有私人团体等非政府组织。

2. 荷兰海岸带综合管理政策

荷兰海岸带综合管理的基本政策可以概括为保护、保全、开发。尽可能恢复、增加海岸带资源，并将海岸带管理政策列入国家可持续发展战略。当前，海岸带管理政策重点已从早期的海岸带的单一防御和土地开垦的纯技术性方式转向更注重自然资源保护。在诸多规划中最具代表性的要属苏伊德海政策和瓦登海政策。

苏伊德海政策可以概括为通过对海岸的保护和围垦发展海洋经济。它是在苏伊德海计划执行中体现出来的。苏伊德海计划是沿苏伊德海修筑堤坝，保留约 1200 平方公里的内陆海——艾瑟尔湖。该计划的三个目标是：确保苏伊德海地区能抵御未来的洪水侵袭；提高农田的利用率；保证农业用水和饮用水，在荷兰的中心建立一个淡水港池。

瓦登海政策用以保护自然环境和生态系统，限制地区开垦规划。主要包括如下几个项目标：不批准涉及瓦登海大规模土地开垦计划，仅批准小规模开垦的局部计划；沙丘、潮坪、堤坝外的陆地及堤坝都属于自然保护的管理范围，加强堤坝管理，尽可能考虑到生态价值；限制以经济利益、娱乐需求或其他为目的的航行；区内工业发展必须完全遵守环境标准，新的工业开发必须符合自然生态安全；石油和天然气勘探必须经过慎重研究后，在严格控制条件下进行，杜绝装备设施污染排放，油气开采许可证只授予对国民经济非常重要的油田；限制向瓦登海排污；采沙应根据现行的规章制度进行；瓦登海的娱乐开发项目将限制在现有水平上，并建立各种娱乐用海或区划系统；瓦登海的渔业保持现有水平，对大型渔船要严格审查。

3. 荷兰海岸带区划管理

荷兰大陆架的管理分区是区划管理的主要形式之一，这些区带分为：

（1）1000 米范围。海岸带社区和沿海省份边界从低潮线算起离岸 1000 米为界，位于此界内的地区应服从地区性发展规划，区内土地利用控制条例应适用于这一区域。

（2）3 海里范围。有两个法规适用于这个区域——《矿山法》和《矿产勘探法》，沿岸州可以据此颁发油气资源勘探开发许可证。

（3）12海里专属区。禁止欧洲共同体①其他成员国渔船挂旗或注册在这一区域捕鱼，但这一区内相关水域传统渔业生产和港口作业仍待讨论解决。

（4）渔业区。在12海里以外是渔业区，欧洲共同体成员国已注册和挂旗渔船在欧洲共同体领海内享有同等进入的权利。

三、英国海岸带综合管理

（一）英国海岸带经济开发特征

英国海岸线总长为19 488.00公里，6.9万人居住在距离海岸线10公里的带状区域，大约占全英国人口的1/3（2004年数据）。这一地区集聚了英国大量的社会财富，其中，伦敦、爱丁堡、加的夫、贝尔法斯特等经济中心都坐落在这一近海地区，贝尔法斯特居民平均周工资是北爱尔兰最高的地区，伦敦一贯被列为欧洲"最大商业城市"，并且占据了全国20%的财富。

（二）英国海岸带综合管理

英国各界组织倡议提高英国沿海开发活动的规划和管理水平，旨在规范和管理海岸带的活动。

海岸带综合管理措施很大程度上由环境议程驱动，特别是，为保护沿海生物多样性和维护沿海景观。然而，如经济利益等其他机制，亦同样重要。当前，海岸带地区社会、经济、自然协调发展目标要求海岸带综合管理成为保障地区可持续发展的重要途径。2002年，欧洲议会和欧盟理事会建议会员国家将海岸带综合管理纳入国家战略中，并重点采取以下八项基本原则：①整体原则；②长远原则；③适应性原则；④差异性原则；⑤尊重生态系统承载能力与自然过程的原则；⑥兼顾多方利益的原则；⑦国家、区域、地方不同层级相关政府机构的积极支持与参与的原则；⑧使用综合工具的原则。

1. 英国海岸带综合管理机构

英国海岸带管理主要分国家和地方两级。英国政府制定沿海规划、政策方针，为地方当局和其他机构提供沿海政策和规划系统运作方面的指导。地方政府负责制定当地海岸战略和规划，统一协调当地海洋开发与保护中的问题。为了协调各部门之间的行动，英国政府成立了跨部门协调组织——海岸政策部门间小组，以协调和统一有关海岸带的政策，制定最高级海岸带政策。

---

① 现为欧盟。下同。

2. 英国海岸带综合管理政策

为了合理利用海岸带土地资源，自 20 世纪 60 年代后期起，英国先后对英格兰、威尔士、苏格兰及北爱尔兰的沿海地区进行了综合调查。在此基础上，有关部门向政府建议将环境优美的未开发海岸地区作为遗产永久留给后代，并规划将约占未开发地区海岸线总长度的 40%（约 1300 公里）的 42 个海岸地区为保护区。目前已划定了其中的 34 个海岸保护区。大约保护了 1000 公里长的海岸及面积为 81 000 平方公里的海岸带地区。

1993 年出台的《沿海规划的政策指导说明草案》划分出四类与规划有关的海岸：①风景优美的未开发海岸。因其景观价值及自然保护利益而基本得到保护。②其他未开发海岸区。大部分是沿海洼地，因其高度的自然保护价值而受到保护。③可能适合于开发的部分海岸区。因其沿海区位重要而应留作开发。④通常已都市化的但仍含有重大开发价值的海岸线。这些地方的进一步开发可能有助于改进环境。同时，制定了三类政策。

（1）保护政策。在景观区和自然保护区都是以特别标识反映出其受到保护的地位。例如，在 11 个国家公园中，有 5 个在沿海区；在 39 个突出自然景观区中，有 21 个在沿海。除这些风景标识点之外，大部分海岸也受到了保护标识的保护。这些保护标识有国际级的，如特别保护区；有国家级的，如特别科学兴趣场所；还有列入海洋开发规划的地方标识保护的场所。此外，还有许多地区被指定为绿化带的沿海区，特别是河口的湿地区。

（2）开发政策。在规划政策研究中确定为旅游和娱乐的开发区。

（3）风险政策。规划政策指导说明中确定的界限是把海岸侵蚀区和陆地不稳定地区的开发风险降至最低限度。只有在进行了大规模开发建设的区域，才采取防侵蚀的政策研究，如沿海低地开发特别是低于 5 米等高线、靠近岸线冲刷区的陆地和沿海区不稳定的陆地。由于自然过程作用的规模宏大，并且往往跨越地区或地方当局的界线，各沿海地区在沿海规划中需采取密切合作的政策，并在相邻地区之间需要统一四个问题：开发可能引起下游污染，从而损害下游生境或娱乐资源；某一地区盲目地开发可能降低另一沿海地区的景观价值；盲目的潮间带的围垦可能会损害和侵蚀自然保护区；某些港口的海岸堤坝可能会改变泥沙运移路线，加剧海岸侵蚀过程。

除此之外，英国十分重视海岸带的管理保护工作。英国在海岸带地区划定"自然灾害易发区"，制定了海岸侵蚀对策和风暴潮对策等。地方政府设立了相应的海岸管理保护机构，这类机构除负责制定政策外，还负责水资源开发，渔业、河口水域环境保护，以及海岸带管理政策有关的行政和服务工作等。

3. 英国海岸带区划管理

英国自 1977 年开始，将海岸区划成 44 个区域，逐步建成海岸保护区。英国对海岸地区进行区划管理，确立了建立优先开发和保护地带的各种准则，其目的是保护海岸带、海域环境和资源及陆上资源。总的来看，英国海洋区划仍不够规范，划分也比较粗略，海岸带旅游业远不如西班牙、法国、丹麦等国，海洋渔业资源保护措施不够得力，至今也没有一项有关发展海水养殖业的国家规划等。

四、日本海岸带综合管理

（一）日本海岸带经济开发特征

日本国土总面积约为 378 000 平方公里，其中，低于海平面 20 米或以下地区总面积约为 31 000 平方公里，占国土总面积的 10% 左右。日本海岸线总长度约为 35 000 公里，每平方公里国土就有 91 米长的海岸线，如果将小岛屿国家排除在外，就岸线密度来讲，日本排在全球第二（丹麦每平方公里国土拥有 150 米海岸线），说明沿海地带对日本的重要性。

日本海岸带已被开发利用于各类活动，当前，主要布局着机场、港口物流区、石油勘探区、燃料储存和发电区、工商业用地区、垃圾堆放场和游憩区，虽然沿海地区建设面积占日本全国总面积的比重不到 32%，却承载了整个国家 45% 的人口、47% 的工业产值和 77% 的商业增加值。这些数字清楚地表明海岸带对日本人类经济活动的重要性。日本人口和相应的经济活动往往集中于平原地区，特别是沿海地区。例如，通过东京湾和旧金山湾地区对比可以发现，东京湾人口密度是旧金山湾的 63 倍（表 3-3）。

表 3-3　东京湾和旧金山湾地区对比

项目	东京湾	旧金山湾
水域面积（平方公里）	1 380	1 240
流域面积（平方公里）	7 549	153 000
平均水深（米）	45	6
水流量（立方米/秒）	300	500
流域盆地人口（万人）	2492	800
流域盆地人口密度（人/平方公里）	3301	52

（二）日本海岸带综合管理

随着海洋开发的深入，日本海岸带管理也逐年加强，日本政府以政策、法律、规划作为手段，行使指导、控制、监督、协调和执法等职能，对资源管理开发进行有效的宏观控制。日本虽然没有建立起一种有效而完善的海岸带管理统一组织系统，但将沿岸陆地看成整体加以管理，把沿海水域归属于如与渔业、海上航行及海水污染控制等有关的不同部门规划管理。日本已从立法、行政及财政上建立起了一整套协调管理系统，即政府的三级负责制：国家、专区和市，在广泛研究和协调的基础上，各自执行区域管理职责。

1. 日本海岸带综合管理机构

日本涉及海岸带综合管理的中央政府机构主要包括：国土交通省、建设省、农林水产省、通商产业省、科学技术厅、环境厅、国土厅、防卫省。其中，最具影响力的部门是国土交通省、建设省和农林水产省（图3-3）。

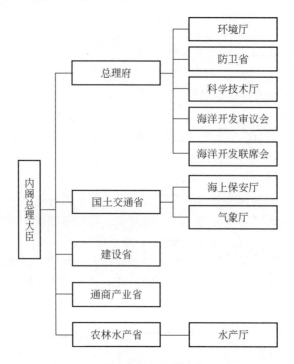

图 3-3 日本海岸带综合管理机构示意图

（1）建设省主要负责沿岸海域的环境保护及开发利用、沿海空间利用、制定海岸带开发利用的有关法令和法规、编制海岸带开发规划等。有效利用海岸空间，在合理开发海洋的同时最大限度地利用各类海洋资源，提出建设舒适、安全的海岸带的构想。

（2）运输省主要负责日本的海上运输、海洋环保、海上交通安全、港湾建设及管理等方面的工作，还制定海上运输、海上交通等有关的法令和法规，提出在资源丰富的海岸带实施"21世纪港口"的建设规划。

（3）农林水产省负责全日本的水产资源管理与开发，开创了"资源管理型渔业"和"栽培渔业"场及配套设施的建设和管理，扩大了海洋生物资源开发利用和管理技术，推进渔港、渔场的整治。

2. 日本海岸带综合管理政策

海岸带综合管理必须同时促进沿海环境中人类和自然元素的协调发展。日本第一个正式的海岸带管理计划体现在1953年《孤岛振兴法》。其主要目的是预防灾害，而不是从全局集成的观点考虑、起草海岸带综合管理计划。《渔港渔场整备法》《海洋污染及海上灾害防止法》《废弃物处理法》《海岸漂浮物处理推进法》等法律的出台保障了日本沿海地带多种功能组合的高效性、合理性，日本的海岸带管理政策也开始从以防灾为主的保护政策向防灾、利用和保护生态环境兼顾的发展政策转变。

3. 日本海岸带区划管理

1998 年日本制定了《海岸事业长期计划》，旨在于 1996～2002 年实现如下目标：保护国民生命财产，创建高质量海岸，采取更好的防止地震和海啸等灾害措施；创建更加丰富的自然海岸，营造优良的海洋生物生存环境，为养殖海藻等创立人造海岸，推进绿色的海岸、海水和海域的净化等对策；营造美丽舒适的海岸，建设沿海公园及街道等对海岸地带进行整治，在建造大量的缓倾斜护岸及作为海洋娱乐空间使用的海滨等的同时还要考虑到老年人和残疾人活动的空间。

为改善人民的生活环境，提高防灾机能，建设高质量的海岸，该计划采取以下有效的措施：为防止风暴潮和海水侵蚀海岸，根据海岸的防护方式，继续建设海岸保护设施，进行海岸带整治；为建成更加安全的地域，使广大市民都能够充分利用海岸线，改善地区性人民生活环境，加强对人造海滨整治。

五、国外海岸带开发利用的经验启示

围海造地是人类开发利用海岸带地区的最主要方式，也是沿海地区拓展发展空间的重要选择。随着保护生态环境、实现海岸带开发利用的可持续性的要求的提高，传统围海造地方式已经不能适应海岸带地区可持续发展的需要，需要探索新的海岸带利用方式。

针对工业化和城市化快速发展带来的土地供求紧张的状况，围海造地已成为当前和今后一个时期辽宁沿海地区转变发展方式、拓展发展空间的重要选择。但持续不合理地围海造地，又会带来对海岸带资源和生态环境的破坏，有些影响甚至是不可逆的。所以，如何做到既能通过围海造地拓展发展的空间，又能使其对海岸带地区的生态环境的影响降低到最小，是今后辽宁海岸带开发利用中必须解决的一个关键性问题。通过上述对国外海岸带开发利用模式及理念及其管理经验的归纳梳理与分析，可得到以下几方面的启示。

（一）建立科学合理的海岸带资源开发利用决策程序

随着辽宁沿海经济带发展规划的实施，各项建设急需占用大量的土地。面对我国当前"建设用地计划供给、用途管制和占补平衡制度"等保障建设用地的供地政策措施，在辽宁沿海经济带发展规划实施过程中建设用地供需紧张的矛盾将越来越突出。一方面，辽宁海岸带地区荒滩和废弃的盐田资源比较丰富；另一方面，填海造地不仅不占用建设用地指标，还不存在拆迁成本等，为此，填海造地往往成为海岸带地区产业发展和城镇建设布局的现实选择。在辽宁沿海经济带发展规划实施过程中，应该按照可持续发展的理念，以科学发展观为指导，结合辽宁省海岸带开发利用实际条件，各级主管部门应该根据国家海洋管理、海岸带开发利用的方针、政策和法律法规，制定一套科学、健全、合理，而且行之有效的开发利用决策程序和管理办法，使辽宁在海岸带开发利用中确保做到经济效益与社会效益、环境效益、生态效益的高度统一，实现海岸带开发利用的可持续发展。

（二）建立健全海岸带开发利用的科学统筹规划体制与机制

海岸带开发利用，特别是围填海造地和滨海滩涂的占用不仅是一项投资巨大的建设工程，而且是一项牵涉面广、影响深远的复杂工程，考虑不周、开发利用不当会造成预想不到的生态环境恶果。荷兰的围填海造地工作之所以能获得巨大的经济社会效益，而又没有造成较大的生态环境破坏，最重要的原因之一是在工程实施之前能因地制宜地进行科学全面的综合规划和项目规划，并形成法案，前后数十年坚持严格按规划逐步实施。在强烈地向海发展意识驱动下，临港产业发展、临海城镇布局和港口建设中不可避免地需要实施较大规模围填海造地工程，为了避免对所开发海岸带及其海域的生态环境造成难以挽回的后果，需要对所有海岸带开发利用工作进行监督，尤其是在重要或是敏感海岸带地区进行围填海工作，必须在有关海洋功能区划、海岸带保护与开发利用总体规划和项目专项规划等的约束和指导下进行，同时还需制定科学的围填海区域建设用海发展规划。

（三）建立规范的海岸带开发利用项目的准入许可制度

随着海岸带开发规模的扩大，海岸带开发利用与保护的矛盾将越来越尖锐，如何处理海岸带开发利用与保护的关系，是关系辽宁海岸带可持续发展的重大问题，在海岸带保护与开发利用中，各级政府除了在决策前应听取科学发展意识、生态环保意识强的各界专业人士的咨询建议外，更重要的是还应在海洋功能区划制度、用海审批制度、海域有偿使用制度等的框架下，结合辽宁省域海岸带开发利用的环境条件、生态承载力和开发基础等，建立起适合于辽宁省特点的海岸带开发利用项目的申请制度、准入制度、使用监督制度、海域排污总量控制制度等，严禁对海岸带及其海域有污染的工程项目立项和建设，并对对海岸带及其海域有污染的落后生产工艺和落后设备实行限时淘汰制度，健全港口码头船舶油污保险、油污损害赔偿基金制度，并逐步推行城镇和产业园区污染物的零排放制度，加大海岸带及其海域环境影响评价制度及涉海行政审批责任追究制度等制度执行力度。

（四）建立完善可操作的海岸带保护与开发利用的管理法规体系

建立完善和具体可操作的海岸带开发保护法律法规是海岸带保护与开发利用管理的基础。在完善有关海岸带及其海域管理的法律法规的同时，国外滨海国家和地区更是高度重视对海岸带及其海洋资源保护的执法。例如，从1970年开始，美国国家海洋和大气管理局（NOAA）就针对美国海岸带及其海域的开发利用与保护问题，一直致力于推动美国政府对海岸带保护与开发利用的管理立法和政策的制定，加强对海洋资源保护与开发利用的环境监管工作，其中比较著名的包括《麦立逊-史蒂芬渔业保育管理法案》《海洋哺乳动物保护法案》《濒危物种法案》《海岸带管理法案》《国家环境政策法案》等。这些法案的通过和设施，使得美国海岸带及其海域保护与开发利用管理进入了正常有序的轨道，加上各管理机构的严格执法，在较短的时期内，使得美国海岸带及其海域生态环境保护取得明显成效，海岸带及其海洋生态环境得到了显著的改善。

以色列的《海岸环境保护法》对海岸带及其海域环境的改变行为进行了详细、具体的规定。其中，不仅对海岸带的生态系统、海岸沙滩、滩涂、自然洞穴和悬崖、海湾和河流的入海口等的保护做出了具体的规定，对陆海交界处、海岸带沙子和海水的自然流动和运动、生物或动物物种的栖息地及动物和植物在海岸带环境的繁殖能力等的保护也做出了明确规定。同时还对处于海岸带环境内的自然的遗产、古生物遗址和人文古迹的保护也做出了明确规定。另外，以色列的《海岸环境保护法》还明确规定，在海岸带地区除了遵循《海岸环境保护法》外，还需符合相关规划和建设法律中一些的特定的建设步骤的许可，同时对海岸带及其海域生态环境的任何改变行为，只有在对海岸带生态环境造成的影响最小的条件下，有关主管当部门才会给予批复和颁发许可。以色列《海岸环境保护法》还明确规定，对违反《海岸带环境保护法》者，轻者除要求恢复被破坏的海岸带环境外，还将处以相应的罚款；重者除要求恢复被破坏的海岸带环境和处以高额的罚款外，还有可能面临相应期限的监禁。

（五）建立可持续发展的利用海岸带资源开发利用模式

海岸带的开发利用，最主要的方式包括围填海造地、建设港口交通基础设施、发展临海产业和建设城镇居民点。如何围填海造地才能对海岸带及其海域生态环境产生的负面影响最小，并实现海岸带开发利用的可持续发展，是今后辽宁省海岸带合理开发利用与保护的中心环节，也是需要认真对待和探讨的重要问题。在围填海造地上辽宁沿海基本上还是采用由海岸线向海平推的延伸模式进行的，这种围填海造地模式，已被认为是对海岸带及其海域生态环境破坏作用很大的模式，而被有些国家放弃。例如，日本在吸取过去简单外推的围填海造地经验教训的基础上，现在的围填海造地基本上是以离岸人工岛的方式或顺岸分离式的模式进行，而不是以往的由海湾岸线简单地向外平推或向外摊大饼的方式。同时，在围填海造地项目实施中，围填海项目内部大多采用水道分隔，一般不采用集中、大面积连片填海的格局。在围填海造地的岸线大多也仿照天然岸线有变化的弯曲走向，一般不采用直来直去的岸线形态。第一，这种离岸人工岛式的围填海模式，在经济上可能工程费用较高，但其生态、资源和环境效益明显，使海岸带的生态环境资源不受到明显的破坏，提高了海岸带的利用率。第二，离岸人工岛式的围填海模式，不仅不破坏和大量占用天然岸线，还比平推式围填海造地的模式增加了更多的人工岸线资源，尤其是往往会新增深水港口岸线资源。第三，减少了围填海造地对海岸带生态环境的影响。

第四章　海岸带开发适宜性评价与功能区划

开发适宜性评价与功能区划是辽宁海岸带开发保护规划编制的重要基础和依据。其主要任务是：在借鉴国内外相关评价研究和功能区划经验的基础上，针对辽宁海岸带的实际情况，采用适当的评价方法和技术流程，确定33个县（市、区）及距基岸线10公里范围内后备适宜建设用地的规模、等级和空间分布格局。在开发适宜性评价的基础上，依据自然本底条件、开发保护现状及开发建设增量需求开展单要素和综合集成评价，将海岸带规划区范围划分为重点保护、适度开发、重点建设3类功能区，为沿海产业园区建设、港口布局、城镇发展、基础设施配套完善等提供空间布局导向。

第一节　国内外研究案例及经验借鉴

已有研究成果及成功经验的综合分析和理论、方法总结是开展辽宁海岸带开发适宜性评价与功能区划的重要基础工作。通过对国内外不同类型区域典型案例评价成果的剖析，可以及时把握相关评价理论、方法及技术手段的进展动态，便于吸纳和借鉴不同案例成果针对案例区域的特点和评价目标在评价单元设置、评价因素/指标选取、因子/指标量化方法及单因素评价和多因素综合评价等方面的成功经验，借此保证辽宁海岸带开发适宜性评价与功能区划成果的科学性、先进性和全面性。

一、评价案例简析

（一）美国希拉河上游流域土地适宜性分析

1. 背景与目的

土地的有效和充分利用是任何一个区域管理和开发的重要环节，尤其是像美国亚利桑那州希拉河（Gila River）上游地区这样的开阔区域。希拉河流域大部分区域都是由美国林务局和土地管理局管理的，这些联邦机构的职责就是通过对其所管辖的区域进行土地适宜性评价来辅助未来的土地利用决策。为了确定未来该区域最合理的发展方向，必须先开展各种土地利用方式的适宜性评价。

土地利用适宜性评价是决定特定地域土地利用方式的适宜性的过程，这种分析是规划者把空间上相互独立的环境因素关联起来从而提供一个整体观点的手段。土地适宜性分析要分析某个地域的三个因素，即区位、发展状况和生物自然/环境过程。这种分析能够使规划者或者当地的决策者从不同方面分析当地不同因素的相互作用，从而帮助他们确定不同的土地利用方式或者颁布不同地域的土地利用政策。流域尺度的土地利用适宜性评价则能够帮助地方官员和私有商业机构在决策和选择时避免不必要的代价和成本。

2. 流域概况

希拉河流域上游地区拥有肥沃的河谷地区、山岭地区和一条重要的水路——希拉河。该流域面积超过 6.22 万平方公里，流经亚利桑那州和新墨西哥州。希拉河流域上游河谷是美国西南地区的一个主要灌溉源。希拉河的源头是新墨西哥州莫戈隆山脉，由东向西依次流经亚利桑那州南部和尤马县，最后流入科罗拉多河。由于雪山融化的水流汇入，希拉河和它的一些支流长年不断流。随着希拉河流经到沙漠地带，河流所含泥沙和盐分逐渐增多。

希拉河流域上游地区由高低不平的山脉、宽广的山间平原和平坦的河谷组成，海拔在 793~3355 米。该地区历史上有大量的印第安人居住过，流域内有许多史前印第安人遗迹和多处印第安人保留地。流域流经亚利桑那和新墨西哥州的 10 个县，主要的城镇和社区包括萨福德、克利夫顿、撒切尔、莫伦西和邓肯。其中，萨福德是最大的城镇，人口超过 2 万人，该流域总人口数大约为 9.4 万人。

3. 评价指标及方法

希拉河流域上游地区土地适宜性评价的原则是保留主要的农业和休闲用地，留足综合计划区域，保护敏感地区，从而使未来该地区发展导向为环境影响最小化、经济和美学效应最大化。遵照这一原则，充分考虑到土地利用的有利条件和限制因素，在进行希拉河流域上游地区土地利用评价时，选择的指标包括自然因素和社会经济因素。通过对不同指标的评价和综合分析，这一地区的土地利用类型被划分成商业用地、低密度住宅用地、工业用地和休闲用地。整个项目针对 4 种不同目标的土地利用类型设计了一个适宜性评价的整体框架，包括 3 类矩阵。

（1）目标土地利用类型/土地利用需求矩阵。这个矩阵揭示了 4 种目标土地利用类型和其土地利用需求之间的关系（图 4-1）。

（2）一般要素/生态系统构成矩阵。这个矩阵揭示了一般要素（如水文条件）与生态系统构成之间的关系（图 4-2）。

（3）特定要素/土地利用需求矩阵。由于 4 种目标土地利用类型具有不同的土地利用需求，对不同目标土地利用类型，列出了不同的要素，并根据专家评估，对各类目标土地利用类型的要素和指标给予了权重和等级划分。

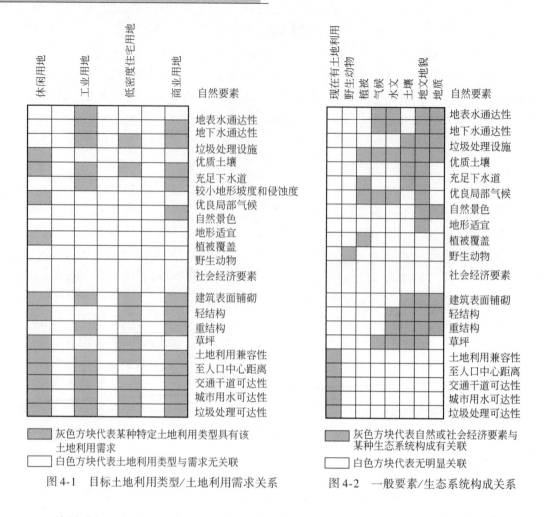

灰色方块代表某种特定土地利用类型具有该
土地利用需求
白色方块代表土地利用类型与需求无关联

图4-1　目标土地利用类型/土地利用需求关系

灰色方块代表自然或社会经济要素与
某种生态系统构成有关联
白色方块代表无明显关联

图4-2　一般要素/生态系统构成关系

4. 结果分析

由于希拉河流域尺度较大，数据获取不完整，4 种目标土地利用类型的适宜性评价图无法绘制。对 4 种目标土地利用类型的适宜性分析结果如下。

（1）低密度住宅区适宜性分析。该流域主要是农村地区，因此，低密度住宅区是希拉河流域的一个主要发展类型区。适宜性评价的目的不是质疑是否该发展低密度住宅区，而是帮助地方政府确定在更安全、性价比更高的区域发展低密度住宅区。该类区主要是分散的单个家庭住户，且每户占地面积至少为 930 平方米，每英亩密度为 5 个住宅单元。低密度住宅区要求轻建筑结构和良好的排水系统。

低密度住宅区土地需求包括与市政下水道系统连接或者具有就地排水处理措施、拥有公共供水系统、轻建筑结构、建筑表面铺设完好、与现有土地利用类型不冲突、充分的排水场所。

低密度住宅区适宜性分析的自然和社会经济因素包括地形坡度、洪水风险、排水条件、侵蚀潜力、土壤类型、现有土地利用类型、邻近现有道路、邻近下水道和供水系统。

不适宜区域包括坡度大于 15°的区域、土壤不适宜建轻结构建筑和砖石铺设表面的区域、泛滥平原、高侵蚀风险的区域。适宜区域包括那些不受特定自然环境和社会经济要素限制的区域。

（2）商业区适宜性分析。当考虑到商业区的土地利用需求时，一些要素的权重就比其他的明显要大。这些要素包括地形坡度、土壤稳定性、与现有土地利用类型吻合度、邻近现存道路，以及能够建筑铺设表面、轻建筑结构和重建筑结构。除了这些物理要素之外，人口要素也应纳入商业区适宜性分析中。

不适宜区域包括土壤排水差区域、高侵蚀潜力区域、泛滥平原、河流、现有牧场及坡度大于15°的区域。较适宜区域包括中度侵蚀潜力区域、坡度为3°～15°的区域、现有的商业和工业区。适宜区域是受较少因素限制，或者是没有受限制的区域。

（3）工业区适宜性分析。轻工业和重工业在此次评价中合在一起。首先假设大部分的工业区仍然会集中布局在萨福德周边人口相对聚集的地区。因此，对这些地区的评价将更为细致。

不适宜区域包括坡度大于15°的区域、土壤排水差的区域、高侵蚀潜力区域和泛滥平原。较适宜区域包括中度侵蚀潜力区域、坡度为3°～15°的区域、现存居住用地或者农业用地。适宜区域包括坡度小于3°的区域、土壤排水好的区域、低侵蚀潜力区域，以及接近公共设施的区域。

（4）休闲区适宜性分析。休闲区土地利用需求包括轻建筑结构（如公共卫生间和公园亭阁）、已铺设表面（露天停车场和网球场）、草坪（公园和游憩场所）、公共设施可达性（下水道、供水与电力）、邻近道路、与现有土地利用类型吻合度、充足的排水场所，以及接近人口中心。人口要素也同样需要纳入休闲区适宜性分析。

不适宜区域包括坡度大于15°的区域、有岩石表面的区域、离现存道路超过915米的区域。适宜区域包括坡度小于3°的区域、拥有合适排水系统和较小的侵蚀风险的区域、与现有土地利用类型吻合及距离公共设施915米以内的区域。

（二）广西西江经济带开发适宜性评价

广西西江经济带开发适宜性评价针对广西西江经济带的实际情况，采用适当的评价方法和技术流程，通过对地形条件、土地资源、水资源、生态保护重要性、环境容量、人口、经济基础、基础设施等要素的单项评价和综合叠加分析评价，确定了7个地市尤其是沿江20公里范围内及沿江核心城市周边地区后备适宜建设用地的规模、等级和空间分布格局，为广西西江经济带发展总体规划提供了科学依据。

1. 评价单元

开发适宜性评价的基本单元包括行政单元、类型单元、网格单元和地块4种类型。行政单元为县级行政区，主要用于统计数据处理和图形数据归并分析；类型单元指如土地利用等专题类型图的类型图斑；网格单元指利用数字地形高程图生成地形坡度分级图、地形高程分级图时所设定的栅格单元，评价中采用了2种尺度的网格单元：7个地市评价范围采用了90米×90米的网格单元；沿江20公里地带和沿江核心城市区域采用了50米×50米的网格单元。地块指由多种（或多层）不同地图经叠加而形成的同质性图斑，地块是评价数据提取、评价专题图制作等最重要的评价单元。

2. 评价要素/因子选择

综合考虑广西西江经济带的自然环境特点、经济社会发展现况及对下游珠江三角洲地区的影响，评价宜选取地形条件、土地资源、水资源、生态保护、环境容量（重点是水环境）5个自然要素和人口、经济基础、交通等基础设施3个人文要素作为参评的重要评价因子。针对各评价因子的参评效能是通过构建属性因子或所含次级因子来达成的，故又对评价因子进行了属性因子或所含次级因子的选取（表4-1）。

表4-1 评价要素/因子

评价要素		属性因子或所含次级因子
地形条件		坡度、高程
土地资源		耕地、园地、林地、草地、建设用地、水域、未利用地
水资源		地表水、地下水、水资源总量、人均水资源量
生态保护	生态重要性	重要生态系统、生物多样性、水源涵养地
	生态脆弱性	土壤侵蚀、石漠化、土壤盐渍化
环境容量		污染物、COD、BOD
人口		人口密度、人口流动
经济基础		产业构成、GDP增长率、人均GDP
交通		铁路、公路、水运、航空

3. 评价结果

根据开发适宜性评价结果（表4-2），沿岸20公里缓冲区内可作为开发建设用地的面积，总和为11 497.21平方公里，其中，适宜、较适宜和条件适宜类分别为4247.09平方公里、2782.82平方公里和4467.30平方公里。在所有适宜开发建设用地面积中，有1560.80平方公里是已开发建设用地（现有建设用地总面积为1694.78平方公里）。沿江20公里缓冲区后备适宜建设用地面积为9936.41平方公里，整个区域适宜建设用地强度为28.25%，其中，后备适宜建设用地强度为24.41%。

表4-2 广西西江经济带沿岸带适宜建设用地及后备建设用地面积统计

沿江缓冲区	适宜建设用地面积（平方公里）	已开发建设用地面积（平方公里）	后备适宜建设用地面积（平方公里）	沿岸带面积（平方公里）	适宜建设用地强度（%）	后备适宜建设用地强度（%）
D2	1 717.28	543.29	1 174.00	6 050.93	28.38	19.40
D5	2 056.59	326.73	1 729.86	7 256.56	28.34	23.84
D10	3 012.23	323.41	2 688.82	10 563.63	28.52	25.45
D20	4 711.10	367.37	4 343.73	16 831.34	27.99	25.81
合计	11 497.21	1 560.80	9 936.41	40 702.46	28.25	24.41

注：D2、D5、D10、D20分别表示沿江2公里、5公里、10公里、20公里缓冲区范围

（三）海南省主体功能区划

海南省主体功能区划以持续利用、高效开发、整体统筹、协调发展为原则，在对可利用土地资源、水资源、环境容量、生态脆弱性、生态重要性、自然灾害危险性、人口聚集度、经济发展水平及交通优势度等指标的综合评价基础上，确定了国土开发利用的总体格局，划分了主体功能区和功能板块。

1. 基础要素/因子

综合考虑海南省的自然环境特点、经济社会发展现状，选取可利用土地资源、可利用水资源、环境容量、生态重要性、生态脆弱性、自然灾害危险性6个自然要素和人口聚集度、经济发展水平、交通优势度3个人文要素作为功能区划的基础要素。在此基础上，通过构建属性因子或所含次级因子来对基础要素进行评价（表4-3）。

表4-3 基础要素/因子一览

基础要素		属性因子或所含次级因子
可利用土地资源		耕地、园地、林地、草地、建设用地、水域、未利用地
可利用水资源		地表水、地下水、水资源总量、人均水资源量
环境容量		污染物、COD、BOD
生态保护	生态重要性	重要生态系统、生物多样性、水源涵养地
	生态脆弱性	土壤侵蚀、石漠化、土壤盐渍化
自然灾害危险性		灾害发生可能、灾害损失度
人口聚集度		人口密度、人口流动
经济发展水平		产业构成、GDP 增长率、人均 GDP
交通优势度		铁路、公路、水运、航空

2. 划分方法

在9个单项指标评价的基础上构建国土空间开发综合评价指数，以该指数的结果为依据可以初步划分出优化开发区、重点开发区及限制开发的生态地区。在指标分类归并的基础上，构建出国土空间开发综合评价指数，并通过该指数区分出"发展"或"保护"两类地域主体功能。

P_1 和 P_2 分别体现出一个行政单元对两种地域功能类型的评价结果，因此，将两综合指数相减，分值之差越高的地区，地域功能越偏向于"发展类"，反之则偏向于"保护类"。

考虑第三类指标对地域功能取向起到的是辅助性的作用，因此，对 P_3 通过正弦变换化为取值在一定范围内的标准化指数 k，作为支撑系数，约束第一类指标的综合得分，以便能够准确地刻画支撑条件对国土空间开发综合评价结果的影响。

因此，国土空间开发综合评价指数（A）的计算方法如下：

$$A = kP_1-P_2 \tag{4-1}$$

k 取值为 1.1，海南省国土空间开发综合评价指数分析结果见表 4-4。

表 4-4　海南省国土空间开发综合评价指数分析

国土空间开发综合评价指数	分布县（市）
$2.3 \leqslant A \leqslant 5$	海口市、儋州市、临高县、定安县
$1 \leqslant A < 2.3$	澄迈县、文昌市、三亚市
$0 \leqslant A < 1$	东方市、屯昌县、昌江黎族自治县
$-2 \leqslant A < 0$	万宁市、琼海市、乐东黎族自治县、陵水黎族自治县
$-4 \leqslant A < -2$	白沙黎族自治县、五指山市、琼中黎族苗族自治县和保亭黎族苗族自治县

3. 区划方案

根据综合评价，将全省 21 个空间单元［18 个县（市）和西沙群岛、南沙群岛、中沙群岛］共划分为 6 类 8 个主体功能区，其中，国家级主体功能区有 2 个，省级主体功能区有 6 个。经统计，海南省的各级优化、重点开发区域的面积占全省的 50.17%，而人口占全省的 60.30%，其中，国家级重点开发区域面积占全省的 26.27%，而人口占全省的 41.22%；各级限制开发区域占全省的 49.83%，而人口占全省的 39.71%，其中，限制开发的生态地区面积占全省的 34.67%，人口仅占全省的 26.69%（表 4-5）。

表 4-5　海南省主体功能区划统计结果

级别	主体功能类型	县域数（个）	面积（平方公里）	比例（%）	人口（万人）	比例（%）
国家级	重点开发区域	4	8 955	26.27	369.10	41.22
	限制开发区域	4	7 113	20.87	85.81	9.58
省级	优化开发区域	1	1 919	5.63	51.19	5.72
	重点开发区域	3	6 228	18.27	119.64	13.36
	文昌地区	1	2 403	7.05	54.86	6.13
	琼西地区	2	3 825	11.22	64.78	7.23
	限制开发区域——农业重点开发区	3	5 168	15.16	116.56	13.02
	琼北台地区	2	2 421	7.10	63.57	7.10
	乐东地区	1	2 747	8.06	52.99	5.92
	限制开发区域——生态-旅游综合开发区	4	4 704	13.80	153.18	17.11
	东南海岸地区	3	4 704	13.80	153.18	17.11

（四）晋城市土地开发适宜性评价

晋城市土地开发适宜性评价的评价单元为 100 米×100 米的网格，评价目标是城市建设用地。评价因子/指标选择方面对生态因子给予了更多的关注。在对评价因子进行适宜性等级条件设定和打分的基础上，经过图形叠加和评价单元数据加权分析，得出市域土地开发适宜性的空间分异结果。

1. 评价因子与标准

综合考虑区域发展目标、城市用地现状及当前城市建设中出现的问题，选取了水域、土地利用现状、坡度、地质、地貌、保护区等因子。由于晋城市域面积较广，地物因素相对单一，同时考虑到数据资料的可得性等因素，评价单元采用 100 米×100 米的网格。晋城市土地开发适宜性评价所选取的主要评价因子和评价标准见表 4-6。

表 4-6　评价因子及其建设用地适宜性等级划分标准

因子	适宜性等级	分类条件	单因子得分	权重
河流	很适宜	>100 米	9	0.16
	适宜	70～100 米	7	
	较不适宜	50～70 米	4	
	不适宜	30～50 米	2	
	很不适宜	<30 米	0	
湖泊	很适宜	>2 公里	9	0.17
	适宜	1.5～2 公里	7	
	较不适宜	1～1.5 公里	4	
	不适宜	0.5～1 公里	2	
	很不适宜	<0.5 公里	0	
坡度	适宜	<8°	9	0.14
	较适宜	8°～15°	7	
	不适宜	15°～25°	4	
	很不适宜	>25°	0	
高程	很适宜	290～650 米	9	0.13
	适宜	650～1100 米	7	
	较不适宜	1100～1500 米	5	
	不适宜	1500～1800 米	3	
	很不适宜	1800～2322 米	1	

因子	适宜性等级	分类条件	单因子得分	权重
土地利用现状	很适宜	城乡居住用地、工矿用地	9	0.11
	适宜	旱地	7	
	较不适宜	草地	4	
	不适宜	林地	2	
	很不适宜	水田、水域	1/0	
断层	适宜	>500 米	9	0.06
	较适宜	300~500 米	6	
	不适宜	100~300 米	3	
	很不适宜	<100 米	1	
塌陷沉降	适宜	低易发区	8	0.11
	不适宜	中易发区	3	
	很不适宜	高易发区	0/1	
自然保护区、风景区	很适宜	>1 公里	9	0.12
	适宜	0.8~1 公里	7	
	较不适宜	0.5~0.8 公里	5	
	不适宜	0~0.5 公里	3	
	很不适宜	保护区范围	0	

注：单因子得分中，水因为1，水域为0

（1）水域：包括河流、湖泊和水库。地表水域在提高城市景观质量、改善城市空间环境、调节城市温度湿度、维持正常的水循环等方面起着重要作用，同时也是引起城市水灾、易被污染的环境因子。土地的开发对附近水域的生态环境有很大影响。开发建设用地应尽可能远离水域，以免造成对水域生态系统的破坏和水体的污染。

（2）土地利用现状：现有土地利用方式直接决定土地开发建设的生态适宜性。按区域1：10万土地利用图的分类，分为旱地、草地、林地、水田、水域及建设用地（城乡居住用地、工矿用地等）六类用地类型。

（3）断层：在大多数情况下，断层面两侧一定宽度范围内稳定性差，并且断层常与地下水紧密相连，均会对建筑物产生极大的破坏，因此，建设用地和断层之间应有一定的避让距离。

（4）地貌：一般说来，山区建设的难度和成本要大于平原，在山区进行建设活动对生态环境的影响也要大于平原。

（5）工程地质：工程地质性质的好坏，直接影响建筑工程的成本和安全性。

（6）自然保护区、风景区、森林公园：研究区自然条件优越，拥有丰富的生物多样性体系，动植物类型众多。自然保护区、风景区和森林公园都应受到保护，禁止开发建设。

（7）坡度：地形是影响土地开发建设的限制因子之一。过于陡峭的坡度容易造成各种地质灾害，一般不适合用于建设。

2. 评价基础图件

采用的基础图件包括晋城市 2006 年 1∶10 万土地利用图、1∶10 万数字高程模型（DEM）、地震灾害易发区分布图、工程地质评价图和自然保护区分布图。

3. 评价结果

通过图形叠加和加权分析，得到市域土地开发适宜性的空间分布情况。市域内很适宜和适宜建设区域较少，主要集中于晋城盆地和高平市，且大多已被开发利用。就市域范围而言，中部分布有大量较不适宜建设用地，需在较为精细的尺度上作进一步的分析评价。

二、经验借鉴与启示

四个案例涉及的评价区域包括流域、省级尺度、地级尺度的市域等，地域尺度从几百平方公里到数万平方公里不等。评价目标对象包括城市建设用地、耕地、林地、工业用地、商业用地、住宅用地及休闲用地等土地利用功能类型。应该说四个评价案例在区域开发适宜性和功能区划方面具有广泛的代表性。通过对四个典型案例的简单剖析，可以得出以下一些值得借鉴的经验和启示。

1. 适宜性评价具有明显的目标导向性

从四个典型案例看，针对不同类型区域开展的实践评价工作多具有较强的目标导向性，研究成果多冠以"土地"限定词，并以"土地适宜性评价"、"土地适宜性分析"及"土地开发适宜性评价"等形式呈现。已开展的土地适宜性评价工作主要集中在评判农业用地和城市建设用地的合理性方面，土地资源承载能力评价也是从土地的角度估算研究地域的人口承载总量和可能的经济规模。因此，区域开发适宜性评价应以土地的合理利用为主线，重点在于评价土地的建设用地适宜性。

2. 评价工作采用了大致相同的技术流程

土地适宜性评价的技术流程一般为选择评价对象→确定评价单元→选取评价因子/指标→评价因子/指标的量化分级→因子/指标的权重确定→单因子评价和多因子综合评价。对土地适宜性的评价不管采用哪种方法或模型，参评因子/指标的筛选、因子/指标等级的划分和参数的赋值、因子/指标权重系数的确定，都是影响评价结果的关键步骤。因此，在实际评价工作中都十分注意结合当地实际情况选择评价方法。

3. 采用网格法和图斑设定评价单元已成为共性趋势

土地适宜性评价单元是土地的自然属性和社会经济属性基本一致的空间客体，是具有专门特征的土地单位并用于制图的基本区域。单元内部性质相对均一或相近，单元之间既有差异性又有可比性，能客观地反映出土地在一定时期和空间上的差异。随着计算机空间分析技术和基础数据采集技术的日趋完善，基于网格法设定评价单元（最小空间单元）已被大多数评价工作采用。一般以数字地形图为基础，通过叠加土地利用、工程地质、土壤类型及行政区划等专题图，进而生成含有多重要素空间属性的综合叠加图，供评价数据提取和专题制图之用。

4. 评价因子/指标选取因地域和目标的不同而异

各案例都十分注意结合研究地域的实际情况，并根据评价目标的要求筛选与被评价对象密切相关的评价因子/指标。城市建设用地适宜性评价在顾及地形、地貌等共性因子的同时，对交通条件、社会服务设施、基础设施等社会经济因子较为关注；农用地适宜性评价更倾向于光照、气温、降水量、土壤有机质、土壤质地、土壤酸碱度（pH）等与农业生产密切相关的气候和土壤因子；而对希拉河流域上游这样的多目标评价案例，其评价因子/指标的选取则要从自然、环境、社会和经济等多因素兼顾出发。由此可以得出，基于土地的区域开发适宜性评价应遵循因地而异和因目标而异的评价因子/指标选择原则。

第二节　开发适宜性评价与功能区划方法

一、总体目标

根据《辽宁海岸带保护和利用规划》的总体部署，辽宁海岸带开发适宜性评价与功能区划的总体目标是：为积极推进辽宁海岸带经济建设，吸引产业、人口的有序集聚和合理规划海岸带用地功能，在对海岸带自然环境条件和经济社会发展条件进行综合评价分析的基础上，研究确定海岸带可被作为后备建设用地的土地数量、质量及空间分布状况，并依据自然本底条件、开发保护现状及开发建设增量需求开展单要素和综合集成评价，将规划区划分为重点保护、适度开发、重点建设3类功能区，提出海岸带产业园区建设、城镇发展和基础设施配套完善等的空间布局导向。

具体目标包括核算后备适宜建设用地的面积；将后备适宜建设用地划分为适宜、较适宜和条件适宜3种类型；精准评价距海岸线10公里范围内的开发适宜性；将规划区划分为重点保护、适度开发、重点建设3类功能区。

二、评价与规划范围

根据《辽宁海岸带保护和利用规划工作方案》对开发适宜性评价和功能区划的精度要求，评价与规划范围按尺度大小分为2个层级。大尺度层级的评价范围包括丹东、大连、营口、盘锦、锦州、葫芦岛六市的33个县（市、区）。小尺度层级的规划范围为距离海岸线10公里范围内的区域（表4-7）。

表 4-7 辽宁海岸带开发适宜性评价与功能区划的范围

尺度	评价或规划范围	包含/涉及的县（市、区）或区域
行政区范围	六市的 33 个县（市、区）	丹东市的振安区、元宝区、振兴区、东港市，大连市的庄河市、普兰店市、长海县、金州区、中山区、沙河口区、西岗区、甘井子区、旅顺口区、瓦房店市，营口市的鲅鱼圈区、盖州市、老边区、大石桥市、站前区、西市区，盘锦市的双台子区、兴隆台区、大洼区、盘山县，锦州市的古塔区、凌河区、太和区、凌海市，葫芦岛市的连山区、南票区、龙港区、兴城市、绥中县
规划区范围	距离海岸线 10 公里范围内	涉及除双台子区、兴隆台区、古塔区、凌河区、太和区、南票区以外的 27 个县（市、区）距离海岸线 10 公里范围内的区域

三、评价与规划单元

开发适宜性评价与功能区划的基本单元包括行政单元、类型单元、网格单元和地块 4 种类型。行政单元为县级行政区，主要用于统计数据处理和图形数据归并分析。类型单元指如土地利用等专题类型图的类型图斑。网格单元指利用数字地形高程图生成地形坡度分级图、地形高程分级图时所设定的栅格单元，评价中采用 30 米×30 米的网格单元。地块指由多种（或多层）不同地图叠加而形成的同质性图斑，地块是评价数据提取、评价专题图制作、规划区距海岸线 10 公里范围功能区划等最重要的评价单元。

四、评价与划分原则

为实现总体目标和各项具体目标，开发适宜性评价与功能区划要以"合理保护和利用海岸带，推动区域经济协调发展"为指导思想，全面贯彻落实科学发展观，坚持以人为本。以开发适宜性评价的理论方法为基础，尊重自然规律和社会经济发展规律，科学评价开发适宜性。重视与主体功能区划相结合，有利于推进工业化、城镇化和新农村建设，突出海岸带开发建设特点，科学划分各类功能区。

1. 科学性与实际可操作性相结合

评价与功能区划工作必须建立在遵从海岸带资源环境要素联动和协调发展的自然规律、生态规律和经济规律等科学基础之上，能客观地表征海岸带内部开发建设活动差异及外部影响状况。评价方法要以定量为主，兼顾定性分析；评价过程以图上作业为主，各环节、步骤既要透明，又要物理含义清晰；功能区划结果需在空间上做到能精确定位，为海岸带资源开发、生态保护、港口建设、产业发展、城镇布局提供空间导向。

2. 整体评价与局部精细评价相结合

根据辽宁海岸带保护和利用规划的要求及沿海地区的特点，评价工作应分为整体评价和局部精细评价两个层级。整体评价主要针对 6 个地市，因其尺度较大，评价单元和数据精度可以适当粗略一些。沿海地区距离海岸线 10 公里范围是未来辽宁海岸带开发建设的重点区域，对评价精度的要求较高，需要进行专门的局部精细评价工作。

3. 要素全面性评价与关键指标评价相结合

一方面，辽宁海岸带在空间上呈东西向狭长分布，存在如地形地貌、港口建设条件及人口、产业集聚程度等地域差异。这种差异性要求评价工作在针对六市进行要素一致性评价的同时，还要考虑各要素在不同区域的差别化应用问题。另一方面，各评价要素及其属性因子或所含次级因子在评价中的重要性程度是不同的，且在空间分布上存在重叠或被包含等现象。因此，在实际评价过程中，可以视实际情况对评价要素进行适当取舍，尽可能在要素属性因子或所含次级因子中选择关键指标开展评价工作。

4. 静态评价与动态评价相结合

在自然本底基础上加入社会经济发展现状的评价属于静态评价，基于交通条件改善、人口和产业集聚趋势的评价则属于动态评价。未来 10～20 年，随着辽宁海岸带水运、铁路、高等级公路及配套基础设施的建设完善，沿海产业园区布局和城镇空间扩展将会呈现快速发展趋势，对建设用地的需求也会呈现快速增长。因此，辽宁海岸带开发适宜性评价在做好静态评价工作的同时，还应充分考虑到对建设用地需求的动态变化问题。

五、评价技术流程与功能区划方法

在借鉴国内外相关研究成果经验的基础上，针对辽宁海岸带资源环境特点和开发建设对建设用地的需求而设计的评价技术流程与功能区划方法如图 4-3 所示。技术流程按评价过程的逻辑递进顺序分为综合评价、局部精准评价、功能区划三个部分。

综合评价的范围为《辽宁海岸带保护和利用规划工作方案》确定的 6 个沿海地市的 33 个县（市、区）。对 33 个县（市、区）的后备建设用地规模、等级进行核算，并在此基础上综合评价规划区的开发适宜性，对规划区距离海岸线 10 公里范围进行功能区划。评价要素包括地形条件、土地资源、生态重要性、环境容量、人口集聚度等。开展综合评价的目的在于认识辽宁海岸带的自然环境本底状态，刻画经济社会发展现状的地域分异格局，并为开展规划区距离海岸线 10 公里范围的高精度综合评价提供关键因子选择依据。

局部精准评价是专门针对距离海岸线 10 公里范围内的区域开展的详细评价。评价选取的关键要素指标依次为地形坡度/高程、生态重要性、适垦耕地/基本农田、水域和已有建设用地。评价目的是计算后备适宜建设用地潜力和给出空间分布范围，并将后备适宜建设用地划分为适宜、较适宜、条件适宜 3 种类型。后备适宜建设用地中：适宜类一般为地形坡度小于 3°的地块；较适宜类为地形坡度在 3°～8°的地块；条件适宜类为地形坡度在 8°～15°的地块。综合评价关于后备适宜建设用地潜力的测算步骤如下。

步骤 1：基于地形坡度、高程，确定目标区域内适宜开发建设的地块；
步骤 2：基于步骤 1 的结果，去除该图层内生态重要性高的地块；
步骤 3：基于步骤 2 的结果，去除该图层内的水域图斑；

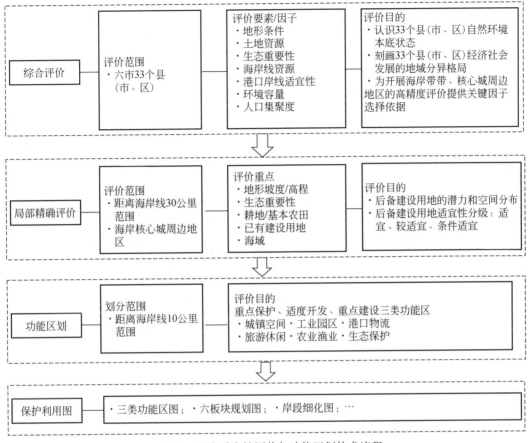

图4-3　开发适宜性评价与功能区划技术流程

步骤4：基于步骤3的结果，去除该图层内的耕地图斑；

步骤5：结合已开发建设用地面积计算后备适宜建设用地面积。

功能区划是在综合评价和局部精准评价结果的基础上，根据辽宁海岸带交通等基础设施建设、工业园区布局、港口布局及城镇空间拓展等情况，提出未来辽宁海岸带开发与保护的空间配置导向，将规划区划分为重点保护、适度开发、重点建设3类功能区（表4-8）。

表4-8　辽宁海岸带功能区的功能设定与划分方法

类型	功能区	主要功能	划分方法
重点保护	生态保护区	生态保护、水源涵养	自然保护区、森林公园、地质公园、风景名胜保护区、草地、内陆水域、滩涂
适度开发	农业渔业区	农特产品、水产品生产	耕地、园地、农村居住用地、水产养殖沿海滩涂、具有旅游休闲功能的滨海岸段、预留区域
适度开发	旅游休闲区	旅游、休闲、观光	耕地、园地、农村居住用地、水产养殖沿海滩涂、具有旅游休闲功能的滨海岸段、预留区域
重点建设	城镇建设区	集聚城市化人口	现状城镇、工业、港口码头用地和2020年前的规划用地
重点建设	工业发展区	集聚工业企业	现状城镇、工业、港口码头用地和2020年前的规划用地
重点建设	港口物流区	港口贸易、物流	现状城镇、工业、港口码头用地和2020年前的规划用地

第三节　开发适宜性评价结果

一、综合评价

（一）地形条件

地形是为了评价辽宁海岸带开发适宜性而选择的一个基础性和综合性条件，由地形高程、坡度、坡向及表述宏观或区域尺度地形特点的地势、高差、沟谷密度、地形破碎度、地面粗糙度等要素构成，具体可通过地形高程和地形坡度两个指标得到反映。地形条件是区域经济社会发展空间格局形成与演变的控制性因素，在进行地形条件评价时应尽可能多地考虑与辽宁海岸带经济发展有密切关系的人口承载能力及产业和城镇发展条件等因素，一般来说，高程低、坡度小、面积大且集中连片的区域更适合作为城镇居民点、工业建设用地和耕地。

1. 算法、依据及技术流程

（1）地形高程分级标准及依据。分级标准：辽宁海岸带地形高程分级标准按海拔小于50米、50~100米、100~200米、200~400米和大于400米划分为5个级别。海底地形高程依据航道水深来划分，分别为-5米、-10米、-20米、-30米。

分级依据：400米是高中山地与低山的分界线；200米是低山与丘陵地形的大致分界线；100米是丘陵与台地、岗地的大致分界线；50米是平原，多为海岸平原和河口冲积平原，地形高程均在50米以下。

（2）地形坡度分级标准及依据。分级标准：辽宁海岸带地形坡度的分级标准按小于3°、3°~8°、8°~15°、15°~25°和大于25°划分为5个级别。

分级依据：

3°：地形坡度在3°以下，水土流失基本与平地一样。适宜城镇建设。地势平坦，有利于节约用地，而且对城镇道路和管网的布局基本上没有限制。

8°：地形坡度在3°~8°较适宜城镇建设。地形有一定坡度，需采用台地与平地结合的混合式竖向设计，增加一定的土石方和防护工程量；对道路和管网布局构成少量限制，但容易营造有特色的城镇景观。

15°：水土流失的一个相对质变点，15°以上水土流失急剧增大。地形坡度在8°~15°属于中等适宜城镇建设。当自然地形坡度大于8°，居住区地面连接形式宜选用台地式，台地之间需用挡土墙或护坡连接，土石方和防护工程量较大。对道路和管网布局构成较大限制。当居住区内道路坡度大于8°时，应辅以梯步解决竖向交通，并在梯步旁附设推行自行车的坡道。建设成本的增加比较显著，生活有一定不便。

25°：地形坡度在25°以上时无法集中安排城市建设用地，也不适于工业仓储用地的交通组织和生产工艺流程组织。可安排少量居住用地，但纵向交通组织和管网布局均具有很大局限性。通常道路坡度很陡，需要设专门的步道，以及采用迂回式道路，建设成本显著上升，安全性下降，生活十分不便。

（3）指标计算技术流程。基础图件：数字地形图和行政区划图。数字地形图来源于辽宁省测绘局，比例尺为1：5万，栅格单元为30米×30米。辽宁海岸带行政区划图来源于辽宁省测绘局。

图件加工：以数字地形图为底图，按>400米、200～400米、100～200米、50～100米、<50米提取生成地形高程分级图；以数字地形图为底图，按地形坡度<3°、3°～8°、8°～15°、15°～25°和>25°提取生成地形坡度分级图。根据辽宁海岸带县级行政区界线调整更新情况，将县级行政区划图调整更新到2011年。

图形匹配与叠加：以数字地形图为基准图，将更新后的县级行政区划图与之匹配。将地形高程分级图、地形坡度分级图和更新后的县级行政区划图叠加在一起，生成一幅复合图，供数据提取和空间分析之用。

数据提取与空间分析：以叠加复合图为基础，以县级为单元，按地形高程分级、地形坡度分级及两者的不同组合，提取计算出辽宁海岸带分县地形高程和坡度分级数据。

2. 评价结果分析

（1）地形总体特征。辽宁海岸带33个县（市、区）地势总体较低，海拔最高也仅为1100米。地形的总体趋势是西北部和东北部高，南部沿海地区和中部均较低。高中山区面积较小，主要包括大连北部、营口东部及葫芦岛西北部等部分区域，海拔一般在400～800米。低山主要分布在大连、营口、葫芦岛市境内，丹东市东北部也有少量分布，海拔一般在200～400米。丘陵与台地交错分布于中山与低山之间，海拔一般在100～200米。沿海平原和三角洲面积较大，沿海六市均有分布，海拔一般在100米以下。

（2）地形高程空间分异特征。根据1：5万数字地形图生成的地形高程分级分布图和数据提取结果（图4-4），辽宁海岸带的地形条件在地形高程空间分异显著。

从辽宁海岸带33个县（市、区）地形分级数据看（表4-9），随着海拔增高，土地面积所占比重有逐渐减小的趋势，而海拔小于50米、50～100米及100～200米的面积占了绝大部分，海拔小于200米的面积总和为31 773.55平方公里，占85.89%，主要分布在盘锦、锦州、丹东及大连、营口、葫芦岛等地市的沿海平坦地区，地貌类型多以沿海平原和三角洲为主。海拔为200～400米的面积为3909.77平方公里，占10.57%，海拔在400米以上的面积为1310.10平方公里，仅占3.54%，海拔较高的地区主要分布在大连北部、营口东部和葫芦岛西北部地区。

从分县地形分级数据看，辽宁海岸带33个县（市、区）可以大致分为3种类型，即中低山区类型、丘陵台地区类型及平原三角洲类型。中低山区类型包括5个县级行政区，面积为9477.31平方公里，占总面积的25.62%，主要分布在营口东部和葫芦岛西北部。丘陵台地区类型包括5个县级行政区，面积为9897.28平方公里，占总面积的26.75%，海拔主要为100～200米，主要分布在丹东、大连和葫芦岛。平原三角洲类型包括其余的23个县（市、区），面积为17 618.77平方公里，占总面积的47.63%，分布于六市的沿海

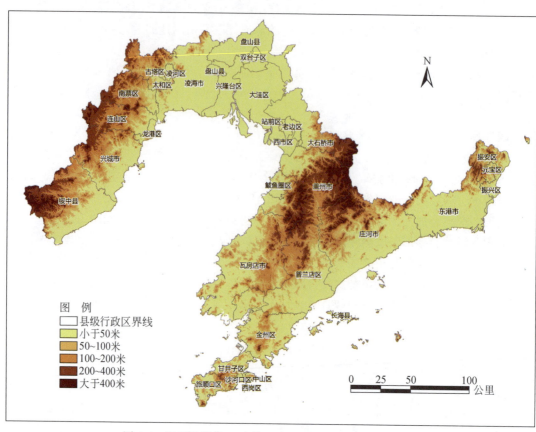

图 4-4　辽宁海岸带 33 个县（市、区）地形高程分级分布

大部地区，海拔主要在 100 米以下（表 4-10）。

表 4-9　辽宁海岸带 33 个县（市、区）地形高程分级数据

| 县
（市、区） | 小于 50 米 | | 50～100 米 | | 100～200 米 | | 200～400 米 | | 大于 400 米 | | 合计面积
（平方公里） |
	面积 （平方公里）	比重 （%）	面积 （平方公里）	比重 （%）	面积 （平方公里）	比重 （%）	面积 （平方公里）	比重 （%）	面积 （平方公里）	比重 （%）	
元宝区	42.98	43.96	27.77	28.41	18.09	18.50	8.22	8.41	0.71	0.72	97.77
振兴区	161.45	84.12	21.91	11.41	8.05	4.19	0.52	0.27	0.00	0.00	191.92
振安区	179.39	27.59	197.86	30.43	179.40	27.59	86.62	13.32	6.96	1.07	650.23
东港市	1 992.60	83.16	180.87	7.55	145.81	6.08	70.95	2.96	5.98	0.25	2 396.21
长海县	105.83	76.26	19.73	14.21	10.00	7.21	3.21	2.31	0.00	0.00	138.77
普兰店市	1 409.40	48.21	593.30	20.29	621.53	21.26	260.47	8.91	38.92	1.33	2 923.62
庄河市	2 116.21	51.48	654.36	15.92	680.49	16.55	479.38	11.66	180.17	4.38	4 110.60
甘井子区	248.68	49.72	132.05	26.40	92.45	18.48	27.00	5.40	0.00	0.00	500.18
金州区	952.35	64.67	335.60	22.79	164.02	11.14	18.16	1.23	2.43	0.16	1 472.56
旅顺口区	275.56	54.47	140.13	27.70	77.42	15.30	12.74	2.52	0.07	0.01	505.92

续表

县 (市、区)	小于50米		50~100米		100~200米		200~400米		大于400米		合计面积 (平方公里)
	面积 (平方公里)	比重 (%)	面积 (平方公里)	比重 (%)	面积 (平方公里)	比重 (%)	面积 (平方公里)	比重 (%)	面积 (平方公里)	比重 (%)	
沙河口区	28.85	69.07	9.16	21.93	3.43	8.21	0.33	0.78	0.00	0.00	41.77
瓦房店市	2 107.39	54.77	874.80	22.73	672.98	17.49	161.93	4.21	30.89	0.80	3 847.98
西岗区	15.58	58.58	6.68	25.13	4.22	15.88	0.11	0.41	0.00	0.00	26.59
中山区	21.69	44.78	18.31	37.81	8.36	17.27	0.07	0.14	0.00	0.00	48.44
站前区	24.45	99.44	0.14	0.56	0.00	0.00	0.00	0.00	0.00	0.00	24.60
西市区	45.60	100	0.00	0.00	0.00	0.00	0.00	0.00	0.00	0.00	45.60
鲅鱼圈区	211.23	77.47	36.01	13.21	22.14	8.12	3.28	1.20	0.01	0.00	272.68
老边区	497.36	99.79	0.98	0.20	0.05	0.01	0.00	0.00	0.00	0.00	498.38
盖州市	577.61	19.61	308.70	10.48	589.76	20.03	951.28	32.30	517.68	17.58	2 945.03
大石桥市	873.53	54.24	152.98	9.50	209.65	13.02	213.96	13.29	160.24	9.95	1 610.35
双台子区	54.21	100	0.00	0.00	0.00	0.00	0.00	0.00	0.00	0.00	54.21
兴隆台区	196.43	100	0.00	0.00	0.00	0.00	0.00	0.00	0.00	0.00	196.43
大洼区	1 773.59	99.89	1.86	0.10	0.10	0.01	0.00	0.00	0.00	0.00	1 775.55
盘山县	2 031.30	99.89	2.22	0.11	0.09	0.00	0.00	0.00	0.00	0.00	2 033.60
古塔区	15.94	76.55	4.85	23.32	0.03	0.13	0.00	0.00	0.00	0.00	20.83
凌河区	22.10	93.49	1.50	6.33	0.04	0.17	0.00	0.00	0.00	0.00	23.63
太和区	214.14	64.36	81.99	24.64	27.95	8.40	8.64	2.60	0.00	0.00	332.72
凌海市	2 065.75	69.02	359.67	12.02	393.37	13.14	170.92	5.71	3.19	0.11	2 992.88
连山区	340.32	20.59	288.65	17.46	501.02	30.31	447.57	27.08	75.40	4.56	1652.96
龙港区	150.48	84.85	20.37	11.49	6.16	3.47	0.33	0.19	0.00	0.00	177.34
南票区	0.76	0.15	56.76	11.09	227.45	44.43	216.22	42.24	10.74	2.10	511.93
兴城市	862.32	40.77	491.79	23.25	464.73	21.97	275.00	13.00	21.21	1.00	2 115.05
绥中县	977.50	35.45	495.65	17.98	535.52	19.42	492.86	17.88	255.50	9.27	2 757.04
合计	20 592.59	55.67	5 516.65	14.91	5 664.31	15.31	3 909.77	10.57	1 310.10	3.54	36 993.38

表4-10 辽宁海岸带33个县(市、区)地貌类型划分

类型	所含县(市、区)	面积(平方公里)	比重(%)
中低山区	盖州市、大石桥市、连山区、南票区、绥中县	9 477.31	25.62
丘陵台地区	元宝区、振安区、普兰店市、庄河市、兴城市	9 897.28	26.75
平原三角洲	振兴区、东港市、长海县、甘井子区、金州区、沙河口区、旅顺口区、瓦房店市、西岗区、中山区、站前区、西市区、鲅鱼圈区、老边区、双台子区、兴隆台区、大洼区、盘山县、古塔区、凌河区、太和区、凌海市、龙港区	17 618.77	47.63

（3）地形坡度空间分异特征。

根据1：5万数字地形图生成的地形坡度分级分布图和数据提取结果（图4-5），辽宁海岸带地形坡度空间分异特征明显。

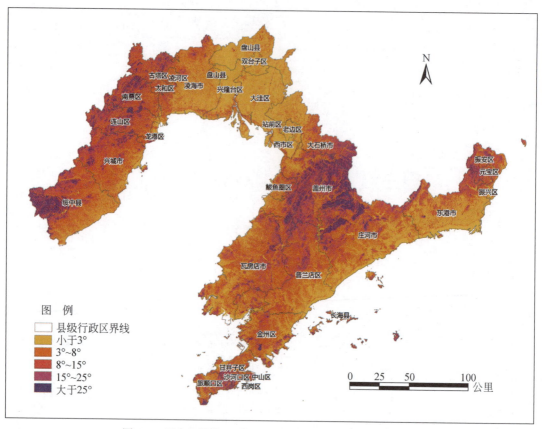

图 4-5 辽宁海岸带 33 个县（市、区）地形坡度分级分布

总体来看，随着坡度的逐渐增高，土地面积所占比重逐渐降低，低坡度面积显著大于高坡度面积。整个地区地形较平缓，地形坡度小于8°的面积总和占整个区域的66.26%。地形坡度小于3°的面积在5个类型中面积最大，为12 323.61平方公里，占33.31%，主要分布于沿海平原和三角洲；坡度为3°~8°与8°~15°的面积分别为12 188.95平方公里和6 899.55平方公里，分别占32.95%和18.65%，主要夹杂分布于平原盆地、丘陵台地之中；坡度为15°~25°与大于25°的面积分别为4110.29平方公里和1470.97平方公里，分别占11.11%和3.98%，主要夹杂分布于丘陵台地与中低山之间。

从分县地形坡度分级数据看（表4-11），仅有3个县（市、区）地形坡度大于15°，其面积超过了本县总面积的30%，这些地形起伏相对较大的县总面积为3505.40平方公里，占区域总面积的9.48%；有19个县（市、区）地形坡度小于8°的面积超过了本县总面积的60%，这些地形平缓的县总面积为24 668.97平方公里，占区域总面积的66.68%；其余11个县（市、区）地形起伏在两者之间，面积为8818.98平方公里，占总面积的23.84%。

表 4-11 辽宁海岸带 33 个县（市、区）地形坡度分级数据

县（市、区）	小于 3°		3°~8°		8°~15°		15°~25°		大于 25°		合计面积（平方公里）
	面积（平方公里）	比重（%）	面积（平方公里）	比重（%）	面积（平方公里）	比重（%）	面积（平方公里）	比重（%）	面积（平方公里）	比重（%）	
元宝区	16.32	16.69	34.69	35.48	28.56	29.21	15.98	16.34	2.22	2.27	97.77
振兴区	90.27	47.04	63.83	33.26	27.97	14.57	9.04	4.71	0.81	0.42	191.92
振安区	81.99	12.61	195.24	30.03	205.73	31.64	137.98	21.22	29.29	4.50	650.23
东港市	1 269.10	52.96	647.10	27.01	300.51	12.54	149.73	6.25	29.77	1.24	2 396.21
长海县	38.87	28.01	38.10	27.46	30.32	21.85	22.61	16.29	8.87	6.39	138.77
普兰店市	849.05	29.04	1 172.34	40.10	621.48	21.26	244.13	8.35	36.62	1.25	2 923.62
庄河市	1 296.80	31.55	1 326.56	32.27	766.93	18.66	493.26	12.00	227.05	5.52	4 110.60
甘井子区	96.18	19.23	191.42	38.27	121.82	24.35	71.51	14.30	19.25	3.85	500.18
金州区	472.21	32.07	615.10	41.77	269.74	18.32	93.57	6.35	21.94	1.49	1472.55
旅顺口区	108.67	21.48	184.54	36.48	116.06	22.94	74.57	14.74	22.08	4.36	505.92
沙河口区	6.27	15.02	18.45	44.17	11.15	26.69	4.33	10.36	1.57	3.76	41.77
瓦房店市	1 067.21	27.73	1 565.28	40.68	799.75	20.78	340.53	8.85	75.21	1.95	3 847.98
西岗区	4.17	15.69	9.89	37.21	7.59	28.54	3.98	14.97	0.96	3.60	26.59
中山区	4.06	8.38	12.06	24.89	15.94	32.90	12.58	25.97	3.80	7.85	48.44
站前区	13.08	53.18	9.90	40.26	1.34	5.43	0.20	0.80	0.08	0.32	24.59
西市区	34.74	76.18	9.69	21.25	1.08	2.38	0.07	0.14	0.02	0.05	45.60
鲅鱼圈区	79.80	29.27	122.49	44.92	50.04	18.35	17.18	6.30	3.17	1.16	272.67
老边区	390.33	78.32	88.46	17.75	15.95	3.20	2.83	0.57	0.81	0.16	498.39
盖州市	365.09	12.40	712.46	24.19	690.27	23.44	796.08	27.03	381.14	12.94	2 945.03
大石桥市	584.08	36.27	470.40	29.21	274.00	17.02	216.56	13.45	65.31	4.06	1 610.35
双台子区	40.93	75.50	12.57	23.19	0.69	1.28	0.02	0.04	0.00	0.00	54.21
兴隆台区	154.70	78.75	39.26	19.99	2.37	1.21	0.10	0.05	0.00	0.00	196.44
大洼区	1 379.03	77.67	350.65	19.75	38.21	2.15	5.34	0.30	2.32	0.13	1 775.55
盘山县	1 492.82	73.41	470.57	23.14	59.09	2.91	8.93	0.44	2.19	0.11	2 033.61
古塔区	3.62	17.37	9.09	43.64	6.48	31.11	1.49	7.16	0.15	0.72	20.82
凌河区	7.12	30.13	11.32	47.90	4.30	18.20	0.76	3.22	0.13	0.55	23.64
太和区	52.46	15.77	144.19	43.34	89.97	27.04	36.83	11.07	9.27	2.79	332.72
凌海市	1 123.89	37.55	1 123.24	37.53	476.00	15.90	210.18	7.02	59.57	1.99	2 992.89
连山区	160.94	9.74	529.99	32.06	521.21	31.53	326.48	19.75	114.34	6.92	1 652.96
龙港区	64.52	36.38	63.22	35.65	32.89	18.55	13.27	7.48	3.44	1.94	177.34
南票区	25.55	4.99	122.39	23.91	171.19	33.44	138.88	27.13	53.91	10.53	511.93
兴城市	423.52	20.02	836.50	39.55	543.79	25.71	247.53	11.70	63.71	3.01	2 115.05
绥中县	526.22	19.09	987.96	35.83	597.13	21.66	413.76	15.01	231.97	8.41	2 757.04
合计	12 323.61	33.31	12 188.95	32.95	6 899.55	18.65	4 110.29	11.11	1 470.97	3.98	36 993.38

（二）土地资源

土地资源是区域开发适宜性评价的关键因素，而土地利用是人类经济社会活动作用于土地资源的综合反映，体现了人类适应、利用和改造土地资源自然属性的"人-地"相互作用进程。因此，评价土地资源可通过评价土地利用类型的数量、结构及空间分布特征得到表征。针对辽宁海岸带开发建设对建设用地的特殊需求，评价重点应是后备适宜建设用地（在主体功能区划中被称为可利用土地资源）潜力和分布。

1. 计算方法与技术流程

（1）计算方法。后备适宜建设用地＝适宜建设用地面积−已有建设用地面积−基本农田面积。

适宜建设用地面积＝（［地形坡度］∩［海拔］）−［所含林草地面积］−［所含河湖库等水域面积］。

［已有建设用地面积］＝［城镇用地面积］＋［农村居民点用地面积］＋［独立工矿用地面积］＋［交通用地面积］＋［特殊用地面积］＋［水利设施建设用地面积］。

［基本农田面积］＝［［适宜建设用地面积］内的耕地面积］$\times\beta$。

$\beta \in$ ［0.8，1），辽宁海岸带：$\beta = 0.85$。

（2）技术流程。第一步：基础图件和数据准备。需要的图件包括数字地形高程图、分县行政区划图、土地利用现状图等。数字地形高程图来源于辽宁省测绘局，比例尺为1∶5万；土地利用图来源于辽宁省国土资源厅2010年完成的第二次土地利用调查1∶10万土地利用现状图。数据主要为第二次土地利用调查的土地利用现状数据。

第二步：以数字地形高程图为底图，按>400米、200～400米、100～200米、50～100米、<50米提取生成地形高程分级图，并将其转换为矢量图；按<3°、3°～8°、8°～15°、15°～25°、>25°提取生成地形坡度分级图，也将其转换为矢量图。

第三步：以数字地形高程图或土地利用图为基准图，对其他图进行投影转换；对图进行修边处理；将所有已匹配、修边的图叠加在一起，生成一幅复合图，供数据提取和空间分析之用。

第四步：提取分县不同地形高程分级的地形坡度分级面积数据、分县不同地形高程分级和不同地形坡度分级的建设用地面积数据、分县不同地形高程分级和不同地形坡度分级的耕地面积数据、分县不同地形高程分级和不同地形坡度分级的水域面积数据、分县不同地形高程分级和不同地形坡度分级的林草地面积数据，以叠加复合图为基础，按指标计算方法计算后备适宜建设用地面积，并进行丰度分级。

2. 评价结果分析

（1）土地利用总体特点。据辽宁省国土资源厅第二次土地利用调查的2010年土地利用现状数据，辽宁海岸带33个县（市、区）土地总面积为3.70万平方公里，占全省总面积的25.19%。33个县（市、区）土地利用以耕地和林地为主，所占比重分别为34.15%

和 25.45%，其他各类用地的情况为：城镇村及工矿用地 12.86%、水域及水利设施用地 12.86%、园地 6.46%、草地 6.27%、交通运输用地 1.23%、其他土地 0.72%（图 4-6）。

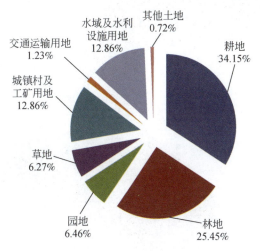

图 4-6　辽宁海岸带 33 个县（市、区）2010 年土地利用构成

根据第二次土地利用调查 1∶10 万土地利用现状图与 1∶5 万数字地形图叠加分析结果，辽宁海岸带 33 个县（市、区）的土地利用在空间分布上呈现出了如下基本特征（图 4-7）。

丘陵地区、中低山区的土地利用类型主要为林地和草地，耕地和建设用地稀少；海岸平原、河口冲积平原、三角洲及低平台山土地利用类型中耕地和建设用地比重较大。

耕地资源主要分布在地势平坦的海岸平原与河口冲积平原海拔 200 米以下且坡度小于 15°的地域。据耕地的地形高程和坡度分级数据，分布在 200 米以下的耕地面积为 1.23 万平方公里，占耕地总面积的 97.49%，在 400 米以上的耕地面积为 27.81 平方公里，仅占 0.22%；地形坡度在 15°以下的耕地面积为 1.22 万平方公里，占耕地总面积的 96.85%，地形坡度在 25°以上的耕地面积为 41.58 平方公里，仅占 0.33%。

建设用地的分布趋势与耕地的分布基本一致。地形高程 200 米以下的占 96.25%，400 米以上的仅占 0.16%；地形坡度 15°以下的占 97.89%，25°以上的仅占 0.28%。

根据第二次土地利用调查 2010 年土地利用现状数据，辽宁海岸带现有建设用地面积为 5269.55 平方公里，建设用地强度为 14.23%。根据辽宁海岸带 33 个县（市、区）建设用地强度空间评价图（图 4-8）可以看出，大连市的中山区、西岗区、沙河口区，营口市的老边区，盘锦市的双台子区，锦州市的凌河区、古塔区，葫芦岛市的龙港区，其建设用地强度达到 50% 以上，这些地区大都是各地市的中心城区所在地，是地区的行政中心及经济中心，人口集中、经济发达是这些地区建设用地强度较高的原因。建设用地强度较低的县（市、区）主要集中分布在海岸带西部和中北部地形高程较高、坡度较大的区域，包括葫芦岛市的绥中县、兴城市、连山区、南票区，营口市的盖州市，大连市的庄河市及丹东市的东港市。

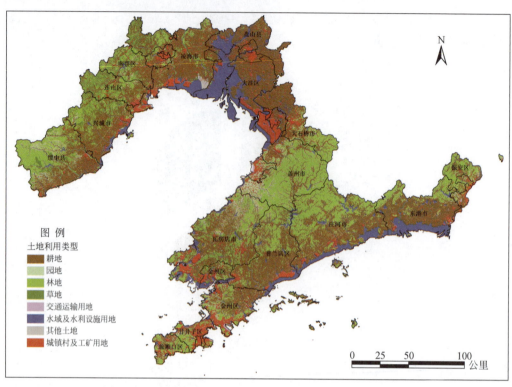

图 4-7　辽宁海岸带 33 个县（市、区）2010 年土地利用现状

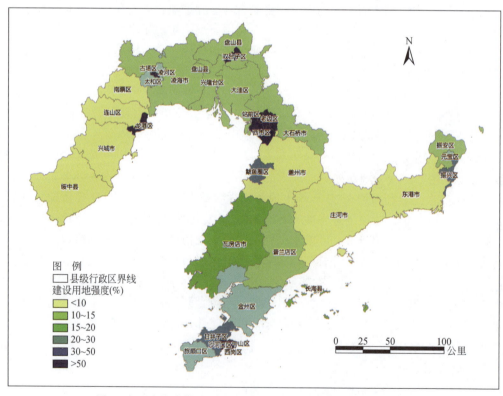

图 4-8　辽宁海岸带 33 个县（市、区）建设用地强度空间评价

（2）适宜建设用地评价。适宜建设用地面积指一个地区适宜开发建设的土地面积。就辽宁海岸带而言，因为整个区域地形高程均较低，因此，适宜建设用地面积指地形坡度在15°以下的土地面积，除去所含河流、湖泊和水库等水域面积，以及林地和草地面积。根据辽宁海岸带33个县（市、区）适宜建设用地空间分布图（图4-9），整个区域适宜建设用地面积为19 665.58平方公里，占整个区域总面积的53.16%。33个县（市、区）适宜建设用地空间分布的总体特点是除各地市中心城区所在地以外，绝大部分县（市、区）都具有丰富的适宜建设用地，辽宁海岸带适宜建设用地可划分为丰富、较丰富、中等、较缺乏和缺乏5个类型。

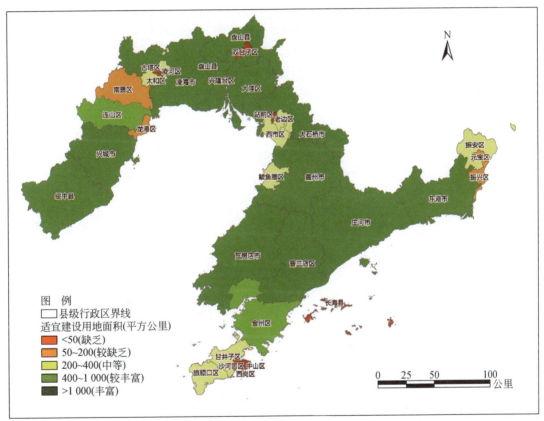

图4-9　辽宁海岸带33个县（市、区）适宜建设用地空间评价

——丰富类。适宜建设土地资源面积在1000平方公里以上，包括11个县（市、区），适宜建设土地资源面积为15 559.25平方公里，占33个县（市、区）总量的比重为79.12%。空间分布主要是面积较大的县（市、区）。

——较丰富类。适宜建设土地资源面积在400~1000平方公里，包括2个县（市、区），适宜建设土地资源面积为1676.93平方公里，占33个县（市、区）总量的比重为8.53%。

——中等类。适宜建设土地资源面积在200~400平方公里，包括6个县（市、区），适宜建设土地资源面积为1547.42平方公里，占33个县（市、区）总量的比重为7.87%。

——较缺乏类。适宜建设土地资源面积在50～200平方公里，包括5个县（市、区），适宜建设土地面积为618.66平方公里，占33个县（市、区）总量的比重为3.14%。

——缺乏类。适宜建设土地资源面积在50平方公里以下，包括9个县（市、区），适宜建设土地面积为263.32平方公里，占33个县（市、区）总量的比重为1.34%。空间分布主要是各地级市的中心城区所在地及经济发达且面积较小的地区。

（3）后备适宜建设用地评价。后备适宜建设用地是为了评价不同区域对未来人口集聚、工业化和城镇化发展的土地承载能力而设计的一个综合性指标，由后备适宜建设用地的数量、质量和集中规模三个要素构成。后备适宜建设用地评价突出了人口集聚、产业布局和城镇发展建设用地的土地适宜性目标特征，在指标计算和结果评价时应尽可能多地考虑与人口、产业和城镇发展有关的因素；在关注后备适宜建设用地的数量和质量的同时，也应强调其空间分布的集中性和连片性状况，即数量大、质量好且集中连片的后备适宜建设用地更适合作为人口集聚、产业布局和城镇发展的建设用地。

根据矢量图件提取数据计算结果，辽宁海岸带33个县（市、区）后备适宜建设用地总面积为1765.18平方公里，占土地总面积的4.77%，低于已有建设用地14.23%的水平。按照面积大于100平方公里、30～100平方公里、10～30平方公里、5～10平方公里和小于5平方公里的分级标准，将辽宁海岸带33个县（市、区）划分为丰富、较丰富、中等、较缺乏、缺乏5个等级（表4-12），其后备适宜建设用地空间评价情况如图4-10所示。总体上看，除了地级市中心城区所在地与少部分地形起伏较大的县（市、区）以外，大部分县（市、区）都较丰富，渤海翼整体上高于黄海翼。

表4-12 辽宁海岸带后备适宜建设用地分级类型

丰缺程度	县（市、区）数（个）	所含县（市、区）	后备适宜建设用地面积（平方公里）	占后备建设用地总面积比（%）
丰富	6	瓦房店市、凌海市、连山区、兴城市、普兰店市、绥中县	1 229.56	69.66
较丰富	5	庄河市、南票区、金州区、东港市、盖州市	338.03	19.15
中等	7	大石桥市、盘山县、太和区、旅顺口区、甘井子区、振安区、鲅鱼圈区	155.56	8.81
较缺乏	4	龙港区、大洼区、长海县、老边区	31.11	1.76
缺乏	11	振兴区、元宝区、兴隆台区、双台子区、古塔区、凌河区、沙河口区、西岗区、中山区、站前区、西市区	10.92	0.62

——丰富类。可利用土地资源面积在100平方公里以上，包括6个县（市、区），可利用土地资源面积为1229.56平方公里，占33个县（市、区）总量的比重为69.66%。空间分布主要是海岸带渤海翼葫芦岛市面积较大的县（市、区）及大连的普兰店与瓦房店市。

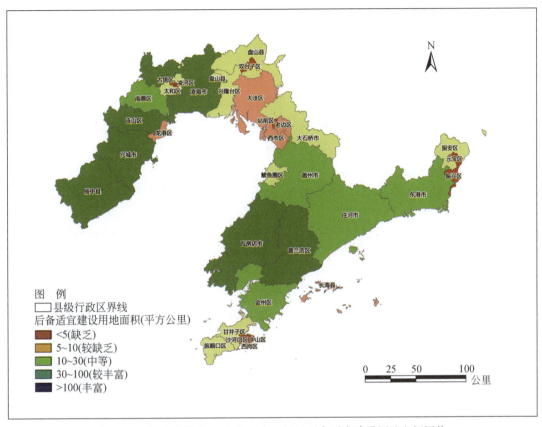

图 4-10　辽宁海岸带 33 个县（市、区）后备适宜建设用地空间评价

　　——较丰富类。可利用土地资源面积在 30～100 平方公里，包括 5 个县（市、区），可利用土地资源面积为 338.03 平方公里，占 33 个县（市、区）总量的比重为 19.15%。空间分布主要是海岸带黄海翼面积较大的县（市、区），包括东港市、庄河市、盖州市、金州区及南票区。

　　——中等类。可利用土地资源面积在 10～30 平方公里，包括 7 个县（市、区），可利用土地资源面积为 155.56 平方公里，占 33 个县（市、区）总量的比重为 8.81%。中等类在各地市均有零星分布。

　　——较缺乏类。可利用土地资源面积在 5～10 平方公里，包括 4 个县（市、区），可利用土地资源面积为 31.11 平方公里，占 33 个县（市、区）总量的比重为 1.76%。较缺乏类包括龙港区、大洼区、长海县及老边区。

　　——缺乏类。可利用土地资源面积在 5 平方公里以下，包括 11 个县（市、区），可利用土地资源面积为 10.92 平方公里，占 33 个县（市、区）总量的比重为 0.62%。空间分布主要是各地市市辖区及经济发达、人口集聚且面积较小的区。

（三）生态保护区域

生态重要性是评价区域生态系统结构、功能重要程度的综合性指标，由水源涵养重要性、土壤保持重要性、生物多样性维护重要性、特殊生态系统重要性四个要素构成。而必须保护的生态区域则指具有极强生态重要性的地块单元，本研究从开发适宜性角度出发，遴选出各县级行政区必须保护的生态区域进行评价，用以指导区域内的开发建设活动。

1. 计算方法与技术流程

（1）计算方法。

$$[生态保护区域] = f_x \{ ([林地] \cap [草地]) \cap ([地形坡度] \cap [海拔]) \}$$

根据以上计算方法，辽宁海岸带生态保护区域评价以自然单元进行评价。由于数据的可获得性，本次评价基于第二次土地利用调查 1：10 万土地利用现状数据与 30 米×30 米栅格 DEM 数据进行评价。由于辽宁海岸带区域海拔较低，本研究忽略海拔的影响，提取数据时地形坡度取 25°。

（2）技术流程。

第一步：基础图件和数据准备。需要的图件包括数字地形高程图、分县行政区划图、土地利用现状图等。数字地形高程图来源于辽宁省测绘局，比例尺为 1：5 万；土地利用图来源于辽宁省国土资源厅 2010 年完成的第二次土地利用调查 1：10 万土地利用现状图。数据主要为第二次土地利用调查的土地利用现状数据。

第二步：以数字地形高程图为底图，按>400 米、200～400 米、100～200 米、50～100米、<50 米提取生成地形高程分级图，并将其转换为矢量图；按<3°、3°～8°、8°～15°、15°～25°、>25°提取生成地形坡度分级图，也将其转换为矢量图。

第三步：以数字地形高程图或土地利用图为基准图，对其他图进行投影转换；对图进行修边处理；将所有已匹配、修边的图叠加在一起，生成一幅复合图，供数据提取和空间分析之用。

第四步：提取分县 25°以上的林地与草地面积，将其作为必须保护的生态区域，并根据 33 个县（市、区）的值域范围进行分级与空间评价。

2. 评价结果分析

（1）总体特点。根据矢量图件提取数据计算结果，辽宁海岸带 33 个县（市、区）必须保护的生态区域总面积为 1348.22 平方公里，占区域土地总面积的比重为 3.64%。总体看来，辽宁海岸带必须保护的生态区域占区域总面积比重较小。从空间分布来看（图4-11），必须保护的生态区域主要分布在辽宁海岸带渤海翼葫芦岛市地形较高的绥中县、连山区等县（市、区）及大连市的庄河市和营口市的盖州市。另外，大连市的甘井子区、金州区，以及丹东市的振安区、元宝区也均有零星分布。

（2）分类评价。按照面积大于 100 平方公里、30～100 平方公里、10～30 平方公里、

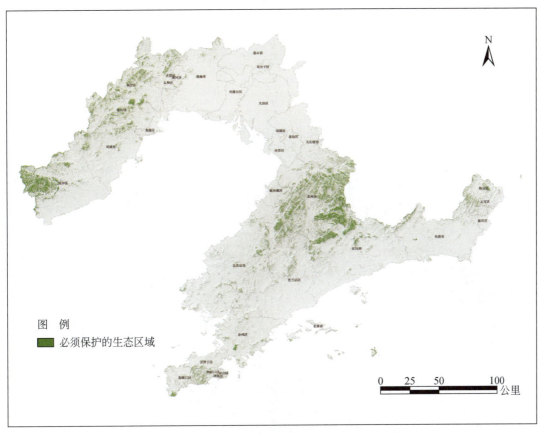

图 4-11　辽宁海岸带 33 个县（市、区）必须保护的生态区域空间分布

2~10平方公里和小于 2 平方公里的分级标准，将辽宁海岸带的 33 个县（市、区）划分为丰富、较丰富、中等、较缺乏、缺乏 5 个等级（表4-13），其空间分布情况如图 4-12 所示。总体上看，辽宁海岸带必须保护的生态区域空间分布的总体特点是葫芦岛市、锦州市、营口市及大连市的面积较大的县（市、区）较丰富，而盘锦市、丹东市及大连市的市辖区较为缺乏。

表 4-13　辽宁海岸带必须保护的生态区域分级类型表

丰缺程度	县（市、区）数（个）	所含县（市、区）	必须保护生态区域面积（平方公里）	占必须保护的生态区域总面积的比重（%）
丰富	4	连山区、庄河市、绥中县、盖州市	899.35	66.71
较丰富	6	普兰店市、南票区、凌海市、兴城市、大石桥市、瓦房店市	313.91	23.28
中等	5	甘井子区、金州区、旅顺口区、东港市、振安区	109.95	8.16
较缺乏	5	元宝区、中山区、鲅鱼圈区、太和区、长海县	21.14	1.57

续表

丰缺程度	县（市、区）数（个）	所含县（市、区）	必须保护生态区域面积（平方公里）	占必须保护的生态区域总面积的比重（%）
缺乏	13	站前区、西市区、老边区、兴隆台区、双台子区、古塔区、凌河区、大洼区、盘山县、振兴区、西岗区、龙港区、沙河口区	3.87	0.29

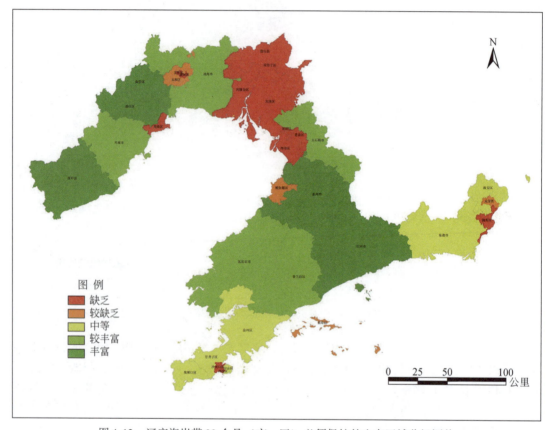

图 4-12 辽宁海岸带 33 个县（市、区）必须保护的生态区域分级评价

——丰富类。必须保护的生态区域面积在 100 平方公里以上，包括 4 个县（市、区），必须保护的生态区域面积为 899.35 平方公里，占 33 个县（市、区）总量的比重为 66.71%。丰富类主要分布在海岸带渤海翼葫芦岛市的绥中县、连山区及大连市的庄河市与营口市的盖州市。

——较丰富类。必须保护的生态区域面积在 30 ~ 100 平方公里，包括 6 个县（市、区），必须保护的生态区域面积为 313.91 平方公里，占 33 个县（市、区）总量的比重为 23.28%。较丰富类主要分布在葫芦岛市和大连市面积较大的县（市、区）。

——中等类。必须保护的生态区域面积在 10 ~ 30 平方公里，包括 5 个县（市、区），必须保护的生态区域面积为 109.95 平方公里，占 33 个县（市、区）总量的比重为 8.16%。中等类主要分布在大连市和丹东市。

——较缺乏类。必须保护的生态区域面积在 5 ~ 10 平方公里，包括 5 个县（市、区），必须保护的生态区域面积为 21.14 平方公里，占 33 个县（市、区）总量的比重为 1.57%。较缺乏类零星分布于各地市。

——缺乏类。必须保护的生态区域面积在 2 平方公里以下，包括 13 个县（市、区），必须保护的生态区域面积为 3.87 平方公里，占 33 个县（市、区）总量的比重为 0.29%。缺乏类主要分布在盘锦市及各地级市的市辖区。

（四）海岸线资源与港口岸线适宜性

1. 滩涂资源

滩涂（海岸线至基岸线）：全省滩涂总面积大约为 1696 平方公里，其中，黄海北部沿岸滩涂约为 676 平方公里，约占全省的 40%，丹东沿岸有滩涂 315 平方公里，自鸭绿江口向西，滩涂面积逐渐减小，宽度相对变窄；辽东湾沿岸滩涂面积为 1020 平方公里，约占全省的 60%，其中近万平方公里集中分布在湾顶沿岸，有上百平方米以上连片滩涂 10 余块，主要分布在辽河、双台子河及小凌河入海口。辽东湾东岸滩涂集中分布在普兰店湾和长兴岛周围，辽东湾西岸则较少，只在锦州湾及兴城附近有连片滩涂分布（图 4-13）。

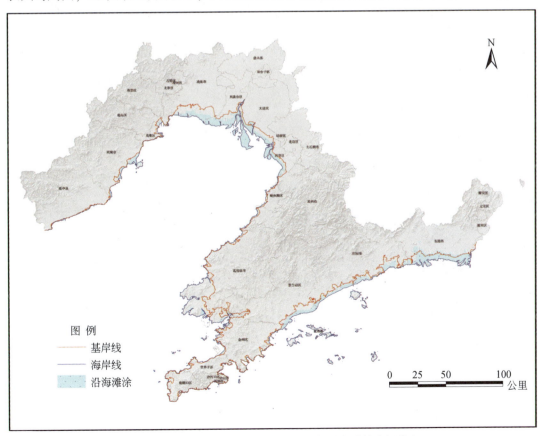

图 4-13　辽宁海岸带海岸线、基岸线与沿海滩涂空间分布

2. 海岸线资源

全省拥有海岸线2878.50公里。其中，大陆岸线长度为2178.30公里，岛屿岸线长度为700.20公里（表4-14）。在大陆岸线中，基岩岸线长度为530.37公里，淤泥质岸线长度为977.68公里，砂砾岸线长度为670.25公里，分别占全省大陆岸线的24.35%、44.88%、30.77%。在大陆岸线中，已辟为人工岸线的约为809.92公里，占总岸线长度的37.17%。

（1）基岩岸。从辽东半岛东部的金州大李家城山头至旅顺营城子的黄龙尾是我国典型的基岩海岸之一（图4-14）。岸线长度为530.37公里，占全省岸线长度的24.35%。该类海岸位于新华夏系巨型隆起带上。NNE、NE和NW两组断裂带与海岸整体轮廓走向具有成因上的联系。贯穿半岛中部的金州断裂带及其他依次排列的NNE向断裂带与NW向断裂带纵横交错处，海岸常形成岬湾更迭、蜿蜒曲折的态势。这类海岸多为丘陵山体直逼岸边或直接倾没海中，组成高大悬垂岸，岸坡陡急，个别可达1/50～1/10，属辐聚型高能海岸，处于强烈侵蚀后退过程中。各种海蚀地貌异常发育，海蚀平台、海蚀拱桥、海天窗及崩塌坡体等多见。海滨溶岩地形甚为奇特，为国内罕见。

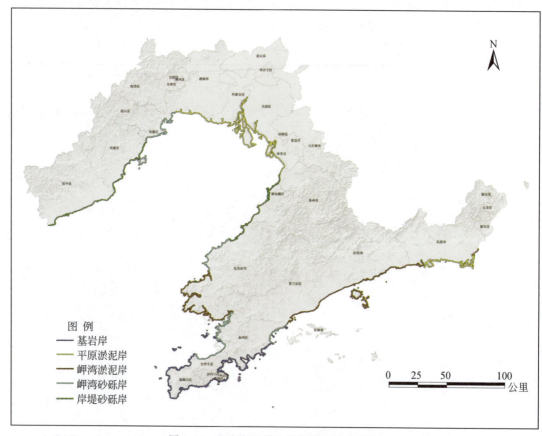

图4-14　辽宁海岸带岸线资源分类示意图

表 4-14 辽宁海岸带各区段岸线分类统计

区段	大类	亚类	长度（公里）	比重（%）
大李家城山头—黄龙尾	基岩岸	基岩岸	530.37	24.35
太平湾—西葳	砂砾岸	岸堤砂砾岸	142.38	6.54
兴城—山海关	砂砾岸	岸堤砂砾岸	201.22	9.24
小凌河口—兴城	砂砾岸	岬湾砂砾岸	112.90	5.18
黄龙尾—北海	砂砾岸	岬湾砂砾岸	128.03	5.88
老鹰咀—城山头	砂砾岸	岬湾砂砾岸	27.67	1.27
耗坨子—太平湾	砂砾岸	岬湾砂砾岸	58.05	2.66
北海—耗坨子	淤泥岸	岬湾淤泥岸	275.25	12.64
大洋河口—老鹰咀	淤泥岸	岬湾淤泥岸	294.29	13.51
西葳—小凌河口	淤泥岸	平原淤泥岸	299.86	13.76
鸭绿江口—大洋河口	淤泥岸	平原淤泥岸	108.28	4.97
合计			2178.30	100.00

（2）淤泥岸。集中分布在鸭绿江口至金州老鹰咀、辽东湾金州石河镇北海至瓦房店市仙浴湾镇耗坨子、西葳至小凌河口一带。受古地貌格局控制，该类海岸可细分为：鸭绿江口至大洋河口、营口市西葳至小凌河口的平原淤泥岸；大洋河口至老鹰咀、石河镇北海至瓦房店市耗坨子的岬湾淤泥岸两个亚类型。各段岸线长度分别为 108.28 公里、299.86 公里、294.29 公里、275.25 公里，共占全省大陆岸线长度的 44.88%。

黄海北部淤泥岸是辽宁淤泥岸的主要分布区。其中，平原淤泥岸系鸭绿江和大洋河泥沙充填与潮流挟沙落淤共同作用形成的，岬湾淤泥岸则是在早起岬湾砂砾岸基础上，受鸭绿江泥沙流的补给进一步发育而成的。辽东湾淤泥岸地处辽东湾顶部，属平原淤泥岸类型。每年承受辽河、双台子河等大小河流 4000 万吨入海泥沙的大量补给，并在湾顶落淤，形成大潮滩。

（3）砂砾岸。受古地貌条件和海岸现代过程控制，可将辽宁砂砾岸线划分为岬湾砂砾岸（金州老鹰咀至金州城山头、甘井子黄龙尾至金州北海、瓦房店市耗坨子至瓦房店太平湾、小凌河口至兴城）和岸堤砂砾岸（瓦房店太平湾至营口市西葳北角、兴城至山海关）两个亚类，全长为 670.25 公里，共占全省陆域岸的 30.77%。整个海岸线近于平直，总延伸方向为 NE—SW，与区域构造方向近乎一致。岬湾砂砾岸以岬角和海湾交替分布的复式岸为其特征。岬角侵蚀后退，湾顶淤积扩展，岸线渐趋夷平，海岸过程兼有侵蚀和堆积的特点。滨岸堆积体，以沙质海滩、沙堤最为发育；岸堤砂砾岸以兴城至山海关一带最为典型，物质来源依靠季节性河流的间歇性补给，沿岸广布着宽大而连续的沙质或砂砾混合质岸堤，沙嘴及海积阶地也甚为发育。

3. 港口岸线适宜性分级

一级岸线是建设港口的优良岸线，应作为优先布局港口的岸线，无明显建港缺陷，具有强烈的排他性，应确保港口使用。二级岸线是建设港口比较优良的岸线，有一定不足，仍具有较强的排他性，综合考虑岸线的区位、交通通达性、城镇依托条件及开发需求等，将其划分为港口发展岸段与港口预留岸段。三级岸线受自然属性限制因子影响较大，近期尚不具备港口开发的岸线资源条件。四级岸线指不具备港口开发的岸线资源条件且需要专供海洋资源、环境和生态保护的海域，区内需维护、恢复、改善海洋生态环境和生物多样性，禁止损害保护对象、改变海域自然属性、影响海域环境生态的港口建设等用海活动（图4-15、表4-15、表4-16）。

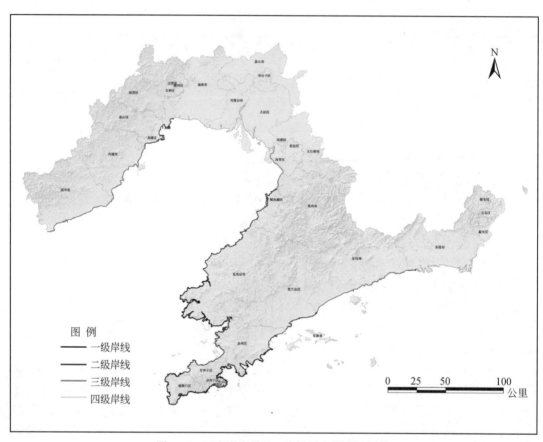

图 4-15　辽宁海岸带港口岸线适宜性分级评价

表 4-15　辽宁海岸带各地区港口岸线适宜性分级统计

地区	大类	亚类	岸线长度（公里）	距-10米等深（公里）	距-20米等深（公里）	港口岸线适宜性分级
旅顺口区	基岩岸	基岩岸	150.17	0.0	0.0	一级岸线
中山区	基岩岸	基岩岸	37.22	0.0	0.2	一级岸线

续表

地区	大类	亚类	岸线长度（公里）	距-10米等深（公里）	距-20米等深（公里）	港口岸线适宜性分级
沙河口区	基岩岸	基岩岸	8.88	0.4	2.2	一级岸线
甘井子区	基岩岸	基岩岸	57.58	1.2	8.1	一级岸线
甘井子区	基岩岸	基岩岸	24.57	0.0	0.2	一级岸线
金州区	基岩岸	基岩岸	135.46	0.0	0.2	一级岸线
西岗区	基岩岸	基岩岸	24.47	5.6	6.9	一级岸线
西岗区	基岩岸	基岩岸	24.47	0.2	0.9	一级岸线
瓦房店市	淤泥岸	岬湾淤泥岸	265.26	0.0	0.0	一级岸线
鲅鱼圈区	砂砾岸	岸堤砂砾岸	60.19	6.5	21.2	二级岸线
龙港区	砂砾岸	岬湾砂砾岸	65.47	5.6	26.8	二级岸线
普兰店市	淤泥岸	岬湾淤泥岸	44.37	2.5	7.8	二级岸线
甘井子区	基岩岸	基岩岸	26.23	0.0	14.2	二级岸线
甘井子区	砂砾岸	岬湾砂砾岸	33.57	8.8	22.0	二级岸线
金州区	砂砾岸	岬湾砂砾岸	27.92	3.2	5.8	二级岸线
瓦房店市	砂砾岸	岬湾砂砾岸	58.58	0.0	1.1	二级岸线
凌海市	砂砾岸	岬湾砂砾岸	44.68	6.5	36.5	二级岸线
金州区	砂砾岸	岬湾砂砾岸	95.64	0.8	38.0	二级岸线
瓦房店市	砂砾岸	岸堤砂砾岸	53.21	4.2	15.8	二级岸线
东港市	淤泥岸	岬湾淤泥岸	8.46	11.9	25.3	二级岸线
盖州市	砂砾岸	岸堤砂砾岸	30.40	7.5	13.8	二级岸线
老边区	淤泥岸	平原淤泥岸	25.76	12.4	45.3	三级岸线
西市区	淤泥岸	平原淤泥岸	6.86	15.6	50.9	三级岸线
绥中县	砂砾岸	岸堤砂砾岸	113.85	3.9	19.5	三级岸线
连山区	砂砾岸	岬湾砂砾岸	0.84	14.8	30.1	三级岸线
兴城市	砂砾岸	岸堤砂砾岸	89.99	7.8	21.2	三级岸线
盖州市	淤泥岸	平原淤泥岸	5.34	16.8	38.3	三级岸线
金州区	淤泥岸	岬湾淤泥岸	11.11	2.4	15.9	三级岸线
兴城市	砂砾岸	岬湾砂砾岸	2.06	9.9	23.6	三级岸线
庄河市	淤泥岸	岬湾淤泥岸	113.61	11.6	17.8	三级岸线
盖州市	砂砾岸	岸堤砂砾岸	30.40	14.2	32.6	三级岸线

地区	大类	亚类	岸线长度（公里）	距-10米等深（公里）	距-20米等深（公里）	港口岸线适宜性分级
盘山县	淤泥岸	平原淤泥岸	84.41	28.8	52.5	四级岸线
凌海市	淤泥岸	平原淤泥岸	50.30	21.6	49.8	四级岸线
大洼区	淤泥岸	平原淤泥岸	101.96	10.4	50.6	四级岸线
东港市	淤泥岸	平原淤泥岸	172.32	15.5	28.8	四级岸线
振兴区	淤泥岸	平原淤泥岸	4.65	24.4	41.5	四级岸线

表4-16　辽宁海岸带各港区港口岸线属性统计

名称	权属	海岸线类型	距-10米等深（公里）	距-20米等深（公里）
海洋红（栗子房）港区	大连港	岬湾淤泥岸	14.0	27.0
庄河港区	大连港	岬湾淤泥岸	8.0	20.0
花园口港区	大连港	岬湾淤泥岸	15.0	25.0
皮口港区	大连港	岬湾淤泥岸	6.0	10.0
登沙河港区	大连港	岬湾砂砾岸	5.0	8.0
金石滩港	大连港	基岩岸	0.6	1.0
大窑湾港区	大连港	基岩岸	0.0	3.0
鲇鱼湾港区	大连港	基岩岸	0.0	0.5
大孤山南港区	大连港	基岩岸	0.0	0.3
大孤山西港区	大连港	基岩岸	0.0	1.7
和尚岛东港区	大连港	基岩岸	1.6	9.3
和尚岛西港区	大连港	基岩岸	4.9	11.4
旅顺港新港区	大连港	基岩岸	0.0	1.9
双岛湾港区	大连港	基岩岸	0.0	1.6
三十里堡港区	大连港	岬湾砂砾岸	0.0	8.0
松木岛港区	大连港	岬湾淤泥岸	0.0	1.2
长兴岛港区	大连港	岬湾淤泥岸	5.0	7.7
太平湾港区	大连港	岸堤砂砾岸	10.6	19.7
浪头港区	丹东港	平原淤泥岸	38.0	57.0
大东港区	丹东港	平原淤泥岸	21.0	34.0
柳条沟港区	葫芦岛港	岬湾砂砾岸	6.2	26.0
北港港区	葫芦岛港	岬湾砂砾岸	8.0	32.0

续表

名称	权属	海岸线类型	距-10米等深（公里）	距-20米等深（公里）
绥中港区	葫芦岛港	岸堤砂砾岸	4.5	27.0
兴城港区	葫芦岛港	岸堤砂砾岸	10.7	22.0
锦州港区	锦州港	岬湾砂砾岸	8.0	37.0
盘锦海港区	盘锦港	平原淤泥岸	10.0	51.3
仙人岛港区	营口港	岸堤砂砾岸	8.7	15.0
鲅鱼圈港区	营口港	岸堤砂砾岸	10.4	22.8
营口老港区	营口港	平原淤泥岸	25.0	58.0

二、局部精准评价

（一）过程与方法

基于开发适宜性评价的体系架构和技术流程，针对辽宁海岸带六市沿海 30 公里范围进行精准评价，评价沿海 30 公里缓冲区内的开发适宜性，并计算适宜建设用地面积、后备适宜建设用地面积和后备适宜建设用地强度。

（1）基础图件处理。对数字地形高程分级图、数字地形坡度分级图、土地利用图、分县行政区划图进行投影转换、配准和叠加，并将基础图件的比例尺统一到 1∶5 万。

（2）以基岸线为基线，向外按 2 公里、5 公里、10 公里、20 公里和 30 公里分别做缓冲，并将每个带以 D2、D5、D10、D20、D30 编号。具体分带含义及覆盖范围见表 4-17。

（3）针对各带的地形条件和土地利用状况进行本底评价。

（4）在第（3）步工作的基础上，基于开发适宜性评价的思路和方法，对沿海 30 公里范围及六市沿海 30 公里范围的开发适宜性展开综合评价。

表 4-17　辽宁海岸带向外扩展分带含义及覆盖范围

编号	含义	覆盖范围
D2	距离基岸线 2 公里以内的带状区域	沿海县（市、区）
D5	距离基岸线 2～5 公里的带状区域	沿海县（市、区）
D10	距离基岸线 5～10 公里的带状区域	沿海县（市、区）
D20	距离基岸线 10～20 公里的带状区域	沿海县（市、区）
D30	距离基岸线 20～30 公里的带状区域	沿海县（市、区）

（二）地形和土地利用本底评价

1. 地形条件本底评价

由于沿海30公里范围地形高程绝大部分都在800米以下，地形基础的评价主要是对地形坡度进行评价。从表4-18和图4-16可以看出，从横向对比看，坡度在8°以下面积随着到基岸线的距离增大基本呈现出先增后减的趋势，而8°以下面积占总面积的比重则随着距基岸线的距离增大而呈现出显著下降的趋势。而其中面积比重最为稳定的是盘锦市，盘锦市8°以下面积占总面积的比重随着距基岸线距离的逐渐增大而基本保持不变，从D2的98.94%到D30的98.96%，这表明盘锦市是六市中地形起伏最小的地市。比重变化最大的是丹东市，从D2的94.26%降低至D30的44.37%，其次分别是营口市、葫芦岛市、大连市、锦州市。坡度统计能够反映当地地形的起伏变化，从图4-16可看出，沿海30公里范围的地形起伏变化较为显著。

表4-18　各市域沿海30公里范围坡度8°以下面积及所占比重

市域范围	D2		D5		D10		D20		D30	
	8°以下面积（平方公里）	面积比重（%）	8°以下面积（平方公里）	面积比重（%）	8°以下面积（平方公里）	面积比重（%）	8°以下面积（平方公里）	面积比重（%）	8°以下面积（平方公里）	面积比重（%）
丹东市	259.51	94.26	325.08	88.65	457.67	79.92	714.28	65.81	281.09	44.37
大连市	1382.13	80.43	1279.48	74.61	1494.05	72.65	1798.25	68.29	926.57	49.51
营口市	176.59	90.10	239.08	87.83	448.51	86.00	743.13	68.05	555.5	47.92
盘锦市	190.29	98.94	238.32	98.56	303.28	98.50	621.22	98.89	768.93	98.96
锦州市	150.08	93.04	180.18	91.71	283.17	88.21	510.84	83.18	416.53	71.92
葫芦岛市	331.82	87.47	412.13	84.62	616.42	78.33	907.83	58.51	628.4	41.89

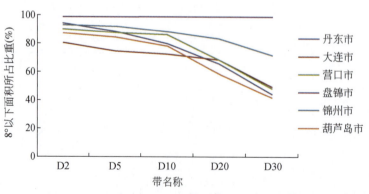

图4-16　辽宁海岸带各市域沿海30公里范围坡度8°以下面积所占比重变化

2. 主要土地利用类型评价

（1）耕地。根据统计结果（表4-19、图4-17），耕地面积随着距基岸线距离的增大呈现出先上升后下降的趋势，由距基岸线2公里范围内的894.72平方公里变化为距基岸线10~20公里带状区域的3455.35平方公里，然后再下降至2089.55平方公里。6个市域耕地面积的比重，除了盘锦市和锦州市的耕地面积比重是随着距岸线的距离增大而增大，并最终达到占总面积的50%左右以外，其余4个市域大体上都是随距基岸线的距离先增大而后减少的。从D2扩展至D30，面积相对变化最大的是盘锦市，耕地占总面积的比重增加了24.58%，其他依次是营口市、锦州市、丹东市、大连市、葫芦岛市。

表4-19　各市域沿海30公里范围耕地面积及所占比重

市域范围	D2		D5		D10		D20		D30	
	耕地面积（平方公里）	面积比重（%）	耕地面积（平方公里）	面积比重（%）	耕地面积（平方公里）	面积比重（%）	耕地面积（平方公里）	面积比重（%）	耕地面积（平方公里）	面积比重（%）
丹东市	77.33	28.09	193.31	52.71	312.29	54.54	490.10	45.15	160.27	25.30
大连市	538.08	31.31	638.37	37.23	935.66	45.50	1241.40	47.14	488.86	26.12
营口市	14.13	7.21	33.04	12.14	134.99	25.88	361.65	33.12	344.27	29.70
盘锦市	44.78	23.28	62.03	25.65	97.87	31.79	350.95	55.87	371.90	47.86
锦州市	58.62	36.34	117.65	59.88	220.94	68.82	338.11	55.05	303.39	52.38
葫芦岛市	161.78	42.65	283.14	58.14	443.00	56.29	673.14	43.38	420.86	28.06

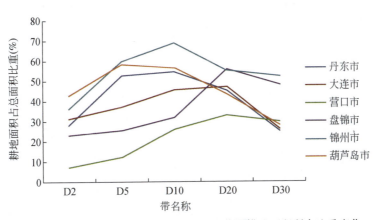

图4-17　辽宁海岸带各市域沿海30公里范围耕地面积所占比重变化

（2）建设用地。根据统计结果（表4-20、图4-18），从横向对比看，除盘锦市、锦州市以外，建设用地面积随着距基岸线距离的增大基本呈现出明显下降的趋势，由沿海2公里范围内的941.64平方公里下降为距基岸线10~20公里带状区域的665.21平方公里，相对减少了276.43平方公里。建设用地面积的比重，随到基岸线距离的增大而逐渐减少。

而盘锦市、锦州市在 D20 和 D30 带建设用地面积增加的原因是因为这两个市的市辖区均位于距离基岸线 10~20 公里及 20~30 公里处。从 D2 扩展至 D30，建设用地面积占总面积比重相对变化最大的是营口市，下降了 56.11%，其他依次是丹东市、葫芦岛市、大连市、锦州市和盘锦市。

表 4-20　各市域沿海 30 公里范围建设用地面积及所占比重

市域范围	D2		D5		D10		D20		D30	
	建设用地面积（平方公里）	面积比重（%）	建设用地面积（平方公里）	面积比重（%）	建设用地面积（平方公里）	面积比重（%）	建设用地面积（平方公里）	面积比重（%）	建设用地面积（平方公里）	面积比重（%）
丹东市	84.34	30.63	80.19	21.87	81.38	14.21	92.39	8.51	29.75	4.70
大连市	547.74	31.88	412.47	24.05	245.86	11.96	229.79	8.73	155.33	8.30
营口市	131.31	67.00	141.54	51.99	205.28	39.36	177.50	16.26	126.20	10.89
盘锦市	17.23	8.96	10.90	4.51	23.23	7.54	95.44	15.19	155.59	19.99
锦州市	43.70	27.09	22.44	11.42	46.56	14.50	114.20	18.59	106.43	18.38
葫芦岛市	117.32	30.93	111.47	22.89	137.36	17.45	125.09	8.06	92.21	6.15

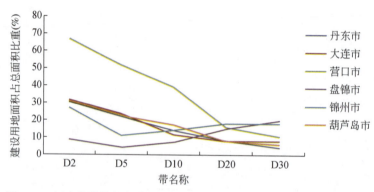

图 4-18　辽宁海岸带各市域沿海 30 公里范围建设用地面积所占比重变化

从纵向对比看，从 D2 到 D30，每个带内建设用地面积最大、最小的市域有所差别，其中在 D2 和 D5 中面积最大的是大连市，面积最小的是盘锦市，而在 D30 范围内面积最大的是盘锦市，面积最小的是丹东市。

三、距基岸线 10 公里范围综合评价

（一）距基岸线 10 公里范围总体评价

由于本次规划的陆域范围是距基岸线 10 公里范围，本研究将对距基岸线 10 公里范围缓冲区进行开发适宜性综合评价。根据开发适宜性综合评价结果，距基岸线 10 公里缓冲

区内可作为开发建设用地，面积总和为 2464.96 平方公里，占 10 公里带状区域总面积的 22.89%。在所有适宜建设用地面积中，有 1968.26 平方公里是已开发建设用地（现有建设用地总面积为 2460.32 平方公里）。根据评价体系架构中的公式计算，距基岸线 10 公里缓冲区后备适宜建设用地面积为 496.70 平方公里，整个 10 公里缓冲区适宜建设用地强度为 22.89%，其中，后备适宜建设用地强度为 4.61%。其中，适宜建设用地面积为 153.72 平方公里，占 30.95%，较适宜建设用地面积为 224.18 平方公里，占 45.13%，条件适宜建设用地面积为 118.80 平方公里，占 23.92%（表 4-21、图 4-19）。

表 4-21　辽宁海岸带适宜建设用地及后备适宜建设用地统计

缓冲带	适宜建设用地面积（平方公里）	已开发建设面积（平方公里）	后备适宜建设面积（平方公里）	缓冲区总面积（平方公里）	适宜建设用地强度（%）	后备适宜建设用地强度（%）
D2	917.52	753.31	164.21	2922.62	31.39	5.62
D5	769.00	623.21	145.79	3279.02	23.45	4.45
D10	778.44	591.74	186.70	4566.57	17.05	4.09
D20	1006.17	667.53	338.64	7604.68	13.23	4.45
D30	843.03	532.17	310.86	6520.51	12.93	4.77

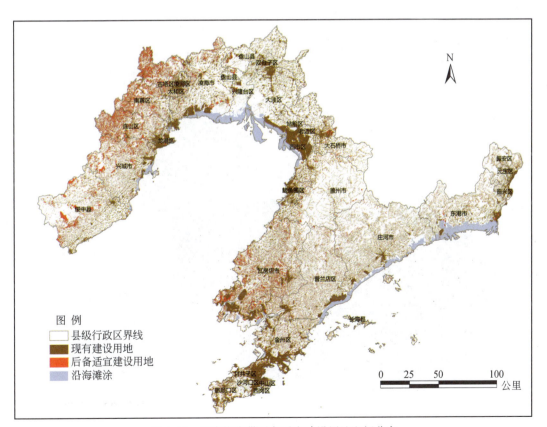

图 4-19　辽宁海岸带后备适宜建设用地空间分布

（二）距基岸线 10 公里范围各市域分析评价

1. 丹东市

根据开发适宜性评价结果，丹东市距基岸线 10 公里缓冲区内可作为开发建设用地，面积总和为 228.37 平方公里，其中，适宜、较适宜和条件适宜类分别为 137.12 平方公里、73.01 平方公里、18.24 平方公里。在所有适宜建设用地面积中，有 196.72 平方公里是已开发建设用地（现有建设用地总面积为 245.91 平方公里）。根据评价体系架构中的公式计算，丹东市域距基岸线 10 公里缓冲区后备适宜建设用地面积为 31.63 平方公里，适宜建设用地强度为 18.80%，其中，后备适宜建设用地强度为 2.60%（表 4-22、图 4-20）。

表 4-22　丹东市域距基岸线 10 公里缓冲区适宜建设用地及后备适宜建设用地统计

缓冲带	适宜建设 用地面积 （平方公里）	已开发建 设面积 （平方公里）	后备适宜 建设面积 （平方公里）	缓冲区 总面积 （平方公里）	适宜建设 用地强度 （%）	后备适宜 建设用地 强度（%）
D2	75.79	67.47	8.31	275.32	27.53	3.02
D5	75.05	64.15	10.90	366.71	20.47	2.97
D10	77.53	65.10	12.42	572.64	13.54	2.17
10 公里缓冲区合计	228.37	196.72	31.63	1214.67	18.80	2.60

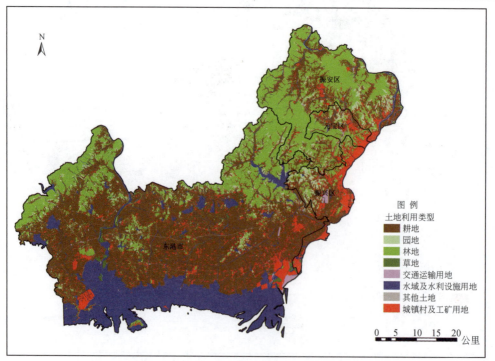

图 4-20　辽宁海岸带丹东岸段土地利用现状

　　丹东市域距基岸线 10 公里缓冲区内的 4 个县（市、区）中，东港市的后备适宜建设用地面积和适宜类面积最大，分别为 20.05 平方公里和 13.83 平方公里。后备适宜建设用地占适宜建设用地总面积的比重最高的同样是东港市，达到 15.48%，开发潜力较大（图 4-21）。

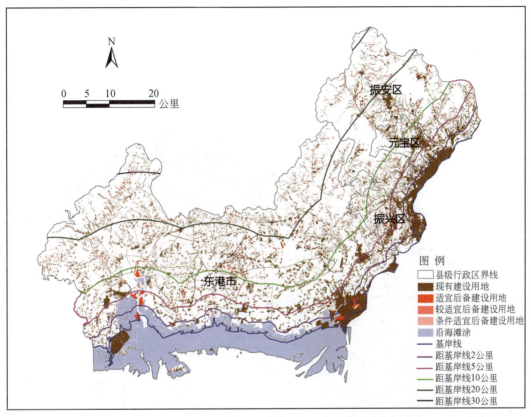

图 4-21　辽宁海岸带丹东岸段分带后备适宜建设用地空间分布

2. 大连市

　　根据开发适宜性评价结果，大连市域距基岸线 10 公里缓冲区内可作为开发建设用地，面积总和为 1301.38 平方公里，其中，适宜、较适宜和条件适宜类分别为 325.44 平方公里、626.15 平方公里、349.79 平方公里。在所有适宜建设用地面积中，有 964.86 平方公里是已开发建设用地（现有建设用地总面积为 1206.07 平方公里）。根据评价体系架构中的公式计算，大连市域距基岸线 10 公里缓冲区后备适宜建设用地面积为 336.51 平方公里。适宜建设用地强度为 23.71%，其中，后备适宜建设用地强度为 6.13%（表 4-23、图 4-22）。

表 4-23 　大连市域距基岸线 10 公里缓冲区适宜建设用地及后备适宜建设用地统计

缓冲带	适宜建设用地面积（平方公里）	已开发建设面积（平方公里）	后备适宜建设面积（平方公里）	缓冲区总面积（平方公里）	适宜建设用地强度（%）	后备适宜建设用地强度（%）
D2	554.60	438.19	116.40	1718.33	32.28	6.77
D5	431.67	329.98	101.69	1714.81	25.17	5.93
D10	315.11	196.69	118.42	2056.49	15.32	5.76
10公里缓冲区合计	1301.38	964.86	336.51	5489.63	23.71	6.13

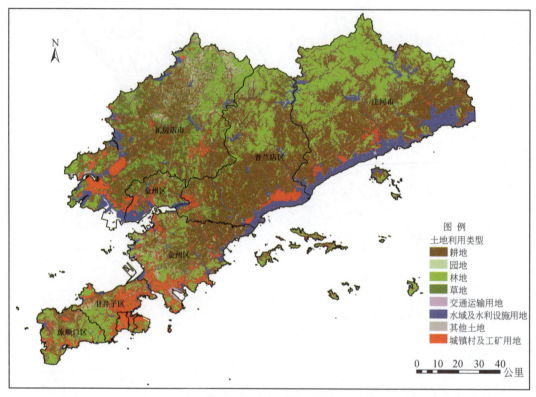

图 4-22 　辽宁海岸带大连岸段土地利用现状

　　大连市域距基岸线 10 公里缓冲区内的 10 个县（市、区）中，瓦房店市的后备适宜建设用地面积和适宜类面积最大，分别为 175.76 平方公里和 35.14 平方公里。后备适宜建设用地占适宜建设用地总面积的比重最高的同样是瓦房店市，达到 30.58%，开发潜力较大（图 4-23）。

3. 营口市

　　根据开发适宜性评价结果，营口市域距基岸线 10 公里缓冲区内可作为开发建设用地，面积总和为 405.74 平方公里，其中，适宜、较适宜和条件适宜类分别为 136.09 平方公里、

168.72 平方公里、100.93 平方公里。在所有适宜建设用地面积中，有 382.50 平方公里是已开发建设用地（现有建设用地总面积为 478.13 平方公里）。根据评价体系架构中的公式计算，营口市域距基岸线 10 公里缓冲区后备适宜建设用地面积为 23.23 平方公里，适宜建设用地强度为 40.99%，其中，后备适宜建设用地强度为 2.35%（表 4-24、图 4-24）。

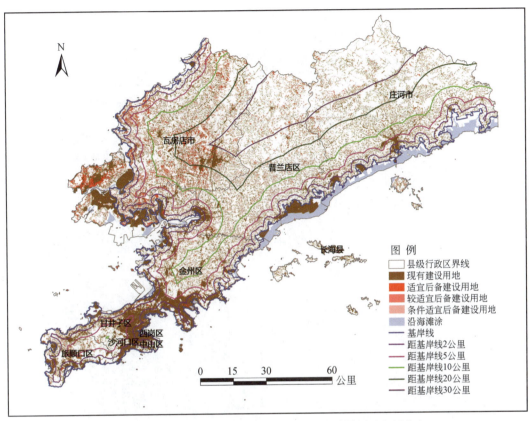

图 4-23　辽宁海岸带大连岸段分带后备适宜建设用地空间分布

表 4-24　营口市域距基岸线 10 公里缓冲区适宜建设用地及后备适宜建设用地统计

缓冲带	适宜建设用地面积（平方公里）	已开发建设面积（平方公里）	后备适宜建设面积（平方公里）	缓冲带总面积（平方公里）	适宜建设用地强度（%）	后备适宜建设用地强度（%）
D2	109.98	105.05	4.93	195.99	56.12	2.52
D5	120.00	113.23	6.77	272.22	44.08	2.49
D10	175.76	164.22	11.53	521.55	33.70	2.21
10 公里缓冲区合计	405.74	382.50	23.23	989.76	40.99	2.35

营口市域距基岸线 10 公里缓冲区内的 6 个县（市、区）中，盖州市的后备适宜建设用地面积和适宜类面积最大，分别为 12.21 平方公里和 4.09 平方公里。后备适宜建设用地占适宜建设用地总面积的比例最高的同样是盖州市，达到 10.66%，开发潜力较大。总

体看来，营口市与其他几个地市相比，距基岸线10公里缓冲区范围内现有建设用地比重较大，后备适宜建设用地潜力较小（图4-25）。

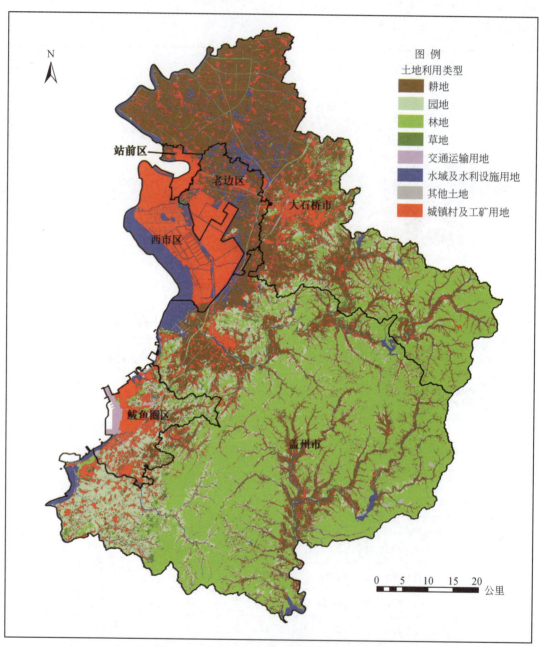

图4-24　辽宁海岸带营口岸段土地利用现状

4. 盘锦市

根据开发适宜性评价结果，盘锦市域距基岸线10公里缓冲区内可作为开发建设用

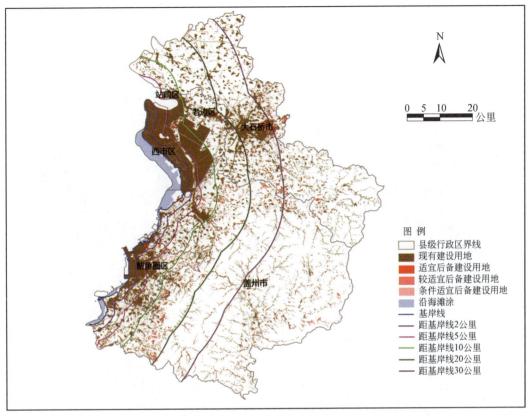

图 4-25 辽宁海岸带营口岸段分带后备适宜建设用地空间分布

地，面积总和为 44.73 平方公里，其中，适宜、较适宜和条件适宜类分别为 36.38 平方公里、7.88 平方公里、0.47 平方公里。在所有适宜开发建设用地面积中，有 41.08 平方公里是已开发建设用地（现有建设用地总面积为 51.36 平方公里）。根据评价体系架构中的公式计算，盘锦市域距基岸线 10 公里缓冲区后备适宜建设用地面积为 3.65 平方公里。适宜建设用地强度为 6.03%，其中，后备适宜建设用地强度为 0.49%（表 4-25、图 4-26）。

表 4-25 盘锦市域距基岸线 10 公里缓冲区适宜建设用地及后备适宜建设用地统计

缓冲带	适宜建设用地面积（平方公里）	已开发建设面积（平方公里）	后备适宜建设面积（平方公里）	缓冲带总面积（平方公里）	适宜建设用地强度（%）	后备适宜建设用地强度（%）
D2	14.80	13.78	1.02	192.33	7.70	0.53
D5	10.13	8.72	1.41	241.81	4.19	0.58
D10	19.80	18.58	1.22	307.89	6.43	0.40
10 公里缓冲区合计	44.73	41.08	3.65	742.03	6.03	0.49

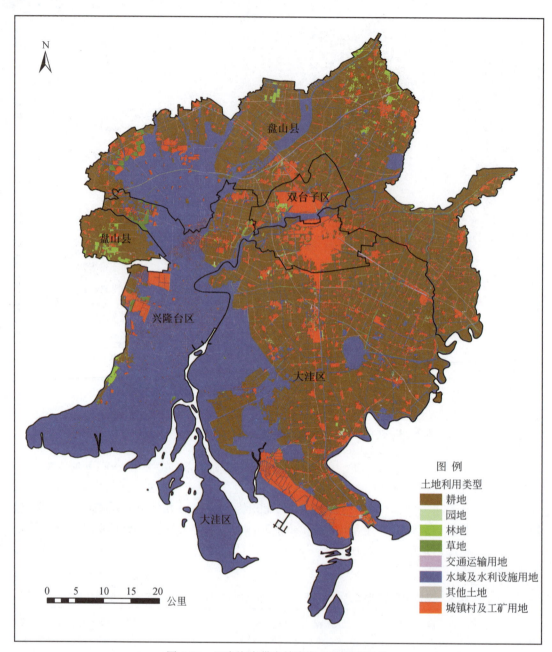

图4-26 辽宁海岸带盘锦岸段土地利用现状

　　盘锦市域距基岸线10公里缓冲区内的4个县（市、区）中，大洼区的后备适宜建设用地面积和适宜类面积最大，分别为2.89平方公里和2.46平方公里。总体看来，盘锦市与其他几个地市相比，距基岸线10公里缓冲区范围内后备适宜建设用地潜力是最小的，其中，大洼区后备适宜建设用地面积在适宜建设用地面积中的比重相对较大，为9.85%，开发潜力相对较大（图4-27）。

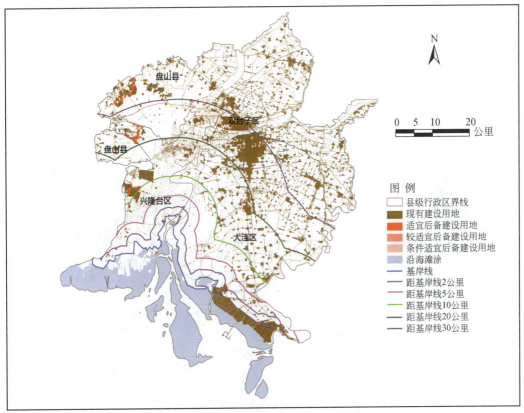

图 4-27 辽宁海岸带盘锦岸段分带后备适宜建设用地空间分布

5. 锦州市

根据开发适宜性评价结果，锦州市域距基岸线 10 公里缓冲区内可作为开发建设用地，面积总和为 128.99 平方公里，其中，适宜、较适宜和条件适宜类分别为 72.74 平方公里、41.63 平方公里、14.62 平方公里。在所有适宜建设用地面积中，有 90.16 平方公里是已开发建设用地（现有建设用地总面积为 112.70 平方公里）。根据评价体系架构中的公式计算，锦州市域距基岸线 10 公里缓冲区后备适宜建设用地面积为 38.83 平方公里，适宜建设用地强度为 19.00%，其中，后备适宜建设用地强度为 5.72%（表 4-26、图 4-28）。

表 4-26 锦州市域距基岸线 10 公里缓冲区适宜建设用地及后备适宜建设用地统计

缓冲带	适宜建设用地面积（平方公里）	已开发建设面积（平方公里）	后备适宜建设面积（平方公里）	缓冲带总面积（平方公里）	适宜建设用地强度（%）	后备适宜建设用地强度（%）
D2	49.84	34.96	14.88	161.30	30.90	9.22
D5	28.48	17.952	10.53	196.46	14.50	5.36

缓冲带	适宜建设用地面积（平方公里）	已开发建设面积（平方公里）	后备适宜建设面积（平方公里）	缓冲带总面积（平方公里）	适宜建设用地强度（%）	后备适宜建设用地强度（%）
D10	50.67	37.248	13.42	321.03	15.78	4.18
10公里缓冲区合计	128.99	90.16	38.83	678.79	19.00	5.72

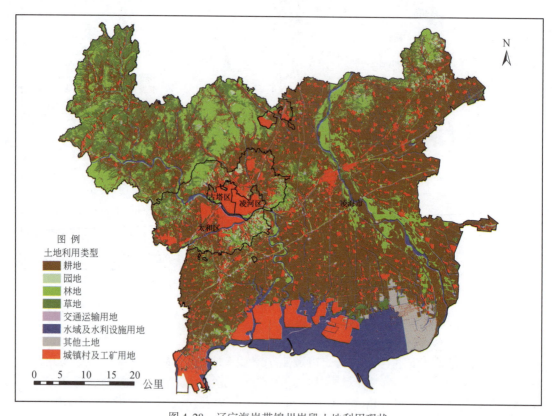

图4-28　辽宁海岸带锦州岸段土地利用现状

锦州市域距基岸线10公里缓冲区内的4个县（市、区）中，凌海市的后备适宜建设用地面积和适宜类面积最大，分别为38.70平方公里和21.88平方公里。后备适宜建设用地占适宜建设用地总面积的比重最高的同样是凌海市，达到38.78%，开发潜力较大（图4-29）。

6. 葫芦岛市

根据开发适宜性评价结果，葫芦岛市域距基岸线10公里缓冲区内可作为开发建设用地，面积总和为355.77平方公里，其中，适宜、较适宜和条件适宜类分别为101.42平方公里、165.99平方公里、88.36平方公里。在所有适宜建设用地面积中，有292.92平方公里是已开发建设用地（现有建设用地总面积为366.15平方公里）。根据评价体系架构中的公式计算，葫芦岛市域距基岸线 10 公里缓冲区后备适宜建设用地面积为 62.85 平方公里，适宜建设用地强度为 21.52%，其中，后备适宜建设用地强度为 3.80%（表 4-27、图 4-30）。

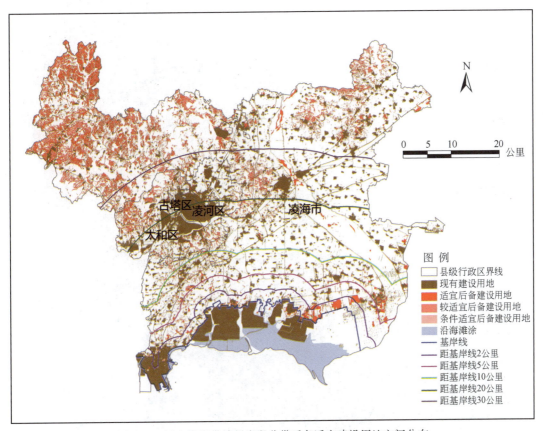

图 4-29　辽宁海岸带锦州岸段分带后备适宜建设用地空间分布

表 4-27　葫芦岛市域距基岸线 10 公里缓冲区适宜建设用地及后备适宜建设用地统计

缓冲带	适宜建设用地面积（平方公里）	已开发建设面积（平方公里）	后备适宜建设面积（平方公里）	缓冲带总面积（平方公里）	适宜建设用地强度（%）	后备适宜建设用地强度（%）
D2	112.52	93.86	18.66	379.35	29.66	4.92
D5	103.67	89.18	14.49	487.01	21.29	2.98
D10	139.58	109.89	29.69	786.97	17.74	3.77
10 公里缓冲区合计	355.77	292.92	62.85	1653.33	21.52	3.80

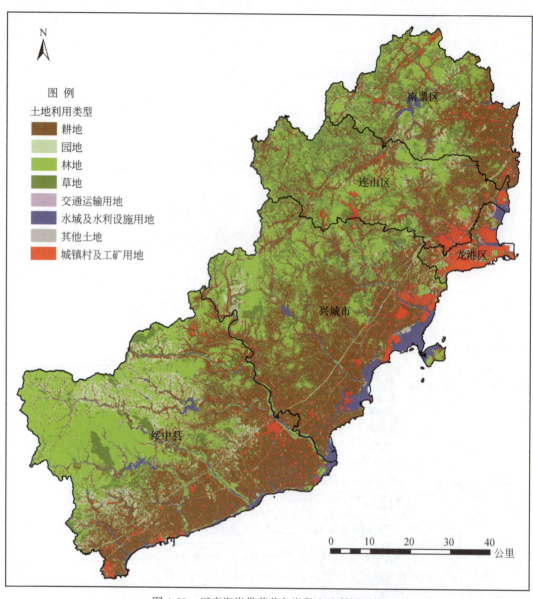

图 4-30　辽宁海岸带葫芦岛岸段土地利用现状

　　葫芦岛市域距基岸线 10 公里缓冲区内的 5 个县（市、区）中，兴城市的后备适宜建设用地面积和适宜类面积最大，分别为 24.39 平方公里和 7.11 平方公里。后备适宜建设用地占适宜建设用地总面积的比重最高的同样是兴城市，达到 21.89%，开发潜力较大（图 4-31）。

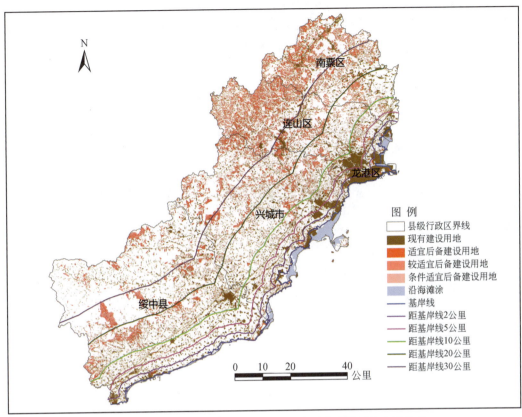

图 4-31 辽宁海岸带葫芦岛岸段分带后备适宜建设用地空间分布

第四节 功能区划方案

在综合评价和局部精准评价结果的基础上，根据辽宁海岸带交通等基础设施建设、工业园区布局、港口布局及城镇空间拓展等情况，提出未来辽宁海岸带开发与保护的空间配置导向，将规划区划分为重点保护、适度开发、重点建设 3 类功能区。

一、区划依据

依据自然生态要素地域分异的规律和资源环境对人类活动的空间限制性与强度约束性要求，坚持尊重自然与以人为本相结合、合理保护与有序开发相结合、区际关联与内部均质相结合、近期重点与远景目标相结合的原则，科学合理地划分海岸带功能类型。

（一）自然本底条件

依据对地形条件、生态系统重要性、生态脆弱性及海岸线资源利用适宜性评价结果，揭示地域功能定位趋向。其中,关系生物多样性保护或较大范围区域生态安全的典型自然生态系统分布区、重要物种栖息地、重要水源涵养地、海岸滩涂湿地及地形坡度在25°以上易发生水土流失和地质灾害的区域,应作为重点保护对象。

(二) 开发保护现状

土地利用反映了地域功能类型的现状轮廓,依据土地利用合理性评价结果和用地建设强度,判定地域的功能类型归属。依法设立的各类自然文化资源保护区域、林地、内陆滩涂及地形坡度大于25°的退耕坡地属于重点保护类型;耕地、园地、农村居住用地及适于旅游休闲和水产养殖的区域划归适度开发类型;城镇、工矿和港口物流用地,人口和产业集聚程度高,建设强度大,属于重点建设类型。

(三) 开发建设增量

依据自然本底条件、后备适宜建设用地潜力和近海海域环境质量评价结果,统筹考虑辽宁沿海经济带发展战略及对海岸带开发建设的总体布局指向,综合权衡和核定城镇建设、产业园区和港口物流设施布局对国土空间占有的增量规模和拓展方向。将2020年前的开发建设增量纳入重点建设类型,远景规划增量作为预留区域划归适度开发类型。

二、划分过程与区划方案

根据辽宁海岸带功能区的功能设定与划分方法,在综合评价和局部精准评价结果的基础上,结合生态保护、农业渔业、旅游休闲、城镇建设、工业发展、港口物流六大板块的布局方案,并通过对自然本底条件、开发保护现状及开发建设增量需求开展单要素和综合集成评价,将海岸带划分为重点保护、适度开发和重点建设三类功能区(表4-28、图4-32、表4-29)。

表4-28 辽宁海岸带功能区的功能设定与划分方法

类型	功能区	主要功能	划分方法
重点保护	生态保护区	生态保护、水源涵养	自然保护区、森林公园、地质公园、风景名胜保护区、林地、草地、内陆水域、滩涂
适度开发	农业渔业区	农特产品、水产品生产	耕地、园地、农村居住用地、水产养殖沿海滩涂、具有旅游休闲功能的滨海岸段区域和海岛、作为远景规划重点建设用地的预留区域
适度开发	旅游休闲区	旅游、休闲、观光	耕地、园地、农村居住用地、水产养殖沿海滩涂、具有旅游休闲功能的滨海岸段区域和海岛、作为远景规划重点建设用地的预留区域
重点建设	城镇建设区	集聚城市化人口	现状城镇、工业、港口码头用地和2020年前的规划用地
重点建设	工业发展区	集聚工业企业	现状城镇、工业、港口码头用地和2020年前的规划用地
重点建设	港口物流区	港口贸易、物流	现状城镇、工业、港口码头用地和2020年前的规划用地

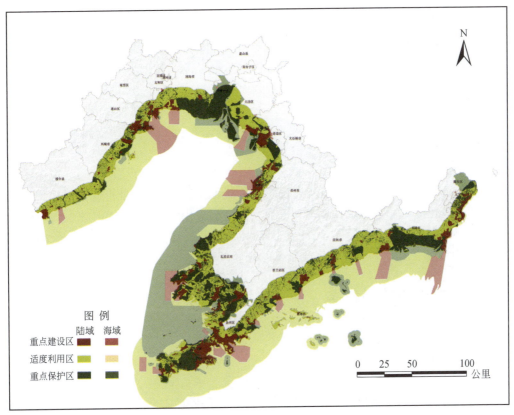

图 4-32 辽宁海岸带功能区划方案

表 4-29 辽宁海岸带功能区划结果统计

类型	功能区	主要功能	现状面积 （平方公里）	占陆域总面积 比重（%）	规划面积 （平方公里）	占陆域总面积 比重（%）
重点保护	生态保护区	生态保护、水源涵养	5484.30	37.90	5411.19	37.40
适度开发	农业渔业区	农特产品、水产品生产	7955.20	54.98	7173.65	49.58
	旅游休闲区	旅游、休闲、观光				
重点建设	城镇建设区	集聚城市化人口	1030.81	7.12	1885.47	13.03
	港口物流区	港口贸易、物流				
	工业发展区	集聚工业、企业				

1. 重点保护区

主要功能是生态保护和水源涵养。包括依法设立的自然保护区、森林公园、地质公园、风景名胜保护区及林地、草地、内陆水域和滩涂。重点保护区规划面积为 5411.19 平方公里，占陆域总面积的比重为 37.40%；涉及海岸线长度为 668.15 公里，占海岸带岸线总长度的 32.99%。

2. 适度开发区

主要功能是粮食、农果产品、水产品生产和旅游休闲服务供给。包括耕地、园地、农村居住用地、水产养殖沿海滩涂、具有旅游休闲功能的滨海岸段区域和海岛及作为远景规划重点建设用地的预留区域。适度开发区规划面积为 7173.65 平方公里，占陆域总面积的比重为 49.58%；涉及海岸线长度为 959.96 公里，占海岸带岸线总长度的 47.39%。

3. 重点建设区

主要功能是为城市化人口集聚、工业开发和港口物流提供生产生活空间。重点建设区是有一定经济基础、资源环境承载能力较强、发展潜力较大，具备进行规模化开发建设的城镇化和工业化区域。包括现状城镇、工业、港口码头用地和 2020 年前的规划用地。重点建设区规划面积为 1885.47 平方公里，占陆域总面积的比重为 12.79%；涉及海岸线长度为 397.49 平方公里，占海岸带岸线总长度的 13.03%。

三、重点方向与建设任务

（一）重点方向

根据三类功能区的功能设定与内涵，重点保护区的发展方向是强化生态保护和水源涵养；适度开发区宜积极发展特色农果业、渔业和旅游业；重点建设区应加大工业化和城镇化建设力度，有序引导人口和产业集聚。

1. 重点保护区

应加强陆域生态保护与生态建设，综合整治重点海域的生态环境。陆域各类保护区、近岸岛屿和近海自然保护区禁止从事与生态保护目的不一致的开发建设活动。

2. 适度开发区

发挥区域优势，因地制宜发展特色农业、都市农业和经济林果业。适度开发岸线、海岛与内陆旅游资源，积极发展旅游休闲业及配套产业。合理利用沿海滩涂发展现代渔业养殖，适度发展近海捕捞业。

3. 重点建设区

科学推进工业化城镇化进程，优化空间布局形态，提高空间利用效率，推动跨越式发展。节约集约利用资源，走新型工业化道路，推进产业升级，实现工业化与城镇化的协调发展。优化提升城市综合职能和人居环境品质，重点培育有发展潜力和联动效应的新城区。

（二）建设任务

根据功能区划方案与重点方向，确定规划期内三类功能区的主要建设任务。

1. 重点保护区

保护自然生态系统与重要物种栖息地，防止生态建设对栖息环境的负面扰动；加快土壤侵蚀治理，严格保护具有水源涵养功能的自然植被。完善海岸带各类保护区范围的划定标准，对划定范围不符合相关规定和标准的，按照法定程序进行调整。进一步界定自然保护区边界、面积和核心区、缓冲区、实验区的范围，核定后的范围原则上不再予以变动。在界定范围的基础上，结合重点保护区人口转移的要求，对管护人员实行定编。

2. 适度开发区

完善农田基础设施建设，推进基本农田标准化改造，打造高产稳产粮食核心区。推进特色农果业、水产养殖业的规模化生产经营，着力提高品质和单产，切实提升农业渔业现代化发展水平。推动农渔业仓储物流和加工能力建设，促进产业化发展。加快滨海旅游休闲空间改造建设和旅游服务业发展，推进新城发展与旅游功能的融合，形成高品质旅游新城和滨海都市旅游圈。打造海岛旅游链，提升海岸带旅游吸引力。农村居民点及农村基础设施和公共服务设施的建设，要统筹考虑人口迁移等因素，适度集中、集约布局。

3. 重点建设区

分类引导各类工业园区发展，提升综合类园区的整体实力和竞争力，提高专业类园区产业集群质量，扩大新兴潜力类园区建设规模，建设海岸带国家级新型产业基地。协调推进港口城市、工业城市和中心城市建设，优先发展增长极新区，整合提升城镇集聚区，培育壮大新型节点城市，打造辽宁海岸带成为国家沿海城镇发展轴带。重点建设综合性港口，适度发展地方性港口，完善陆岛运输及旅游码头、渔港建设。

第五节　空间结构优化

海岸带是一个涵盖多种经济要素的综合空间，是产业空间、城镇空间、基础设施、生态系统协调发展的复合空间。在资本、劳动力、创新和政策等要素多元驱动下，海岸带空间结构必然要适应各种发展要素集聚要求（范云芳，2009），为地区可持续发展打造稳定、有序、高效组合空间。

一、空间结构优化目标、战略与基本框架

（一）空间结构优化的目标

在不同的发展阶段，地区空间结构优化应采取不同的空间策略，适应经济发展的规律。在海岸带发展过程中，空间结构优化应积极依托"五点一线"现有开发格局，保护生态功能与农渔业生产空间安全，加快产业布局、港口分布与城镇发展的互动，增强区域优势互补，壮大沿海经济带的整体实力与影响范围，带动东北老工业基地的振兴，实现地区的全面协调可持续发展。

（二）空间结构优化战略

辽宁海岸带经济空间结构目前仍处于极核发展阶段（晏维龙和袁平红，2011）。该阶段区域经济活动的空间特征是聚集形态，区域中具有区位优势的地区快速成长，形成了极化发展的空间结构。地区之间横向联系逐步加强，中心城市逐步形成。外围地区的资本和劳动力移向中心城市并在其周围发展新的开发区。此时，海岸带区域经济空间结构重组应以扩散式为主，重组战略应是促进节点长期累积的生产力优势向周边辐射与传递，优化区域发展战略（陆大道，2009）；节点的重组目标应是形成地区多个经济次中心，加强与同级相邻节点的分工与协作，加强内部产业重构与空间重组；通道的重组目标为形成网络状通道；流的重组目标为生产力自由流动，生产要素发生地域分异，高级要素向高等级城镇集中，低级要素向低等级城镇集中；城市体系重组目标为向低水平的多级结构发展；产业重组目标为第三产业快速发展，第二、第三产业引导区域增长，制造业的加工度提高。

总的来说，辽宁海岸带在优化经济空间格局时，应形成不同结构、不同功能、不同等级和不同层次的地域经济单元，在强化中心城市集聚功能的同时，通过中心城市之间、城乡之间、地区之间的深度分工和有机协作，不断提升海岸带整体竞争力，推动地区可持续发展。为此，本研究提出以下空间结构优化战略：

以生态资源环境保护为前提，根据水、土地、能源和环境的承载力，合理确定开发建设的规模和布局，构筑资源节约、环境友好的区域空间新格局。

充分利用国内外两个市场、两种资源，加快对外开放，加强沿海与腹地的互动，加强与京津冀、辽中、朝鲜的合作；

建设东北亚国际航运中心，提升核心城市大连的城市功能，加快建设大连、营盘、锦葫、丹东四大都市区，提高辽宁沿海对外开放水平和参与全球竞争的能力。

重点推动以"五点"为核心的开发区建设，引导开发区有序发展，打造产业集群。利用高新园区等载体，培育地区创新中心。发挥城镇在社会经济发展中的核心作用，加强产业布局与城镇发展的互动。

加强与东北内陆腹地的交通联系，扩大沿海的辐射带动范围。加强与环渤海地区在区

域交通、产业和生态环境治理等方面的合作，推动环渤海地区的区域协作。以口岸经济为突破口，加强跨境地区的合作。

加快县城和重点镇的建设，推动县域经济发展，引导人口和产业的集聚，实现产业向园区集中，人口向镇区集中，统筹城乡协调发展（梁琦和黄利春，2009）。

（三）空间结构优化基本框架

（1）打造海岸线发展主轴。以辽宁海岸线为主轴，加强海岸线向陆地侧延伸10公里陆域、向海洋侧延伸12海里海域功能衔接，同步强化海陆生态保护与污染防治，有序推进岸线开发与陆域建设，实现海陆空间统筹发展、协调布局、互惠互利、共建共赢。

（2）发展区域四大都市区。提升大连核心地位，强化营口—盘锦重点支撑作用，壮大锦州—葫芦岛渤海翼和丹东黄海翼，优化四大都市区内部空间协调布局，提升区域整体竞争力。

（3）壮大经济增长新极点。整合地区优势资源，协调不同行政区临界地区、相同发展功能组团的竞合关系，强化跨区域组团内部分工协作，加快基础设施共建共享，近期规划共享，远期引导片区同城化发展；缓解旧城资源环境压力，增强城市综合承载能力，引导人口、产业向新城新区有序集聚，逐步形成职能定位明确、设施网络完善、规模集约发展的新增长极。

（4）构筑网络式生态格局。扩大水源涵养林、沿海防护林、陆地和水生动植物的天然空间，保护岸线、湿地、海域和林带的开放特性，加快形成海岸带生态廊道，连接生态源地和生态节点，构建网络状的生态安全格局，维护自然风貌，保持网络畅通，强化生态服务功能，提升景观资源品质。

（5）适度开发复合功能空间。优先保护、适度开发，稳定粮食生产安全，增强生态服务功能，形成点状开发、面上保护的空间结构，因地制宜发展资源环境可承载的农业、休闲旅游产业，稳定耕地数量与质量，加强生态保护和修复，引导超载人口逐步有序转移，逐步形成环境友好型的产业结构。

二、空间结构优化重点模式

按照推进形成海岸带功能区的要求，以实现生产空间集约高效、生活空间生态宜居、生态空间科学发展为方向，优化生产、生活、生态空间组合，促进人口、经济、资源环境协调发展，重点应从以下结构优化模式入手。

（一）积极推动港园城一体化

港口、园区与城市的建设是一个有机的综合体，三者互为依托、相辅相成、共同发展。港口、园区是城市发展的动力引擎，园区、城市是港口发展的重要腹地，港口、城市是园区发展的主要依托。只有港口、园区和城市有机结合并协调发展，才能形成功能完善、运营良好的现代水运枢纽，推动园区、城市的发展和繁荣。在借鉴中西方学者关于港口与城市空间结构演化模式等研究的基础上，结合国内外许多港口城市在港口功能布局与城市空间形态方面的特点（高宗祺等，2009），本研究将港园城发展模式简单概括为以下几种。

（1）城市、园区包围港口发展模式。该模式主要为沿河而形成的内河（海）港口，港口一般沿河两侧布局，城市、园区则沿港口向外扩展，逐步形成对港口的包围（图4-33）。该模式的陆域疏港交通经常要穿越城市，易造成对城市的分隔及对城市交通的影响。该模式的代表港口主要有鹿特丹港、安特卫普港、汉堡港等。

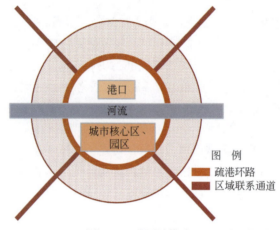

图 4-33　港园城模式 1

（2）城市与港口、园区平行发展模式。该模式大多是港口的发展促进了园区、城市的逐渐形成，即港后城市（图4-34）。最初，城市与港口的规模均比较小，城市与园区、港口在空间资源上相互依托与共享，但随着城市和港口、园区规模的扩大，三者沿平行于河（海）岸线的方向发展，相互之间的矛盾也愈加明显。世界上许多沿河（海）港口的发展都经历过这个阶段。该模式的代表港口为美国的纽约港、圣路易斯港，日本的横滨港等。

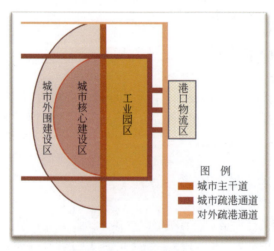

图 4-34　港园城模式 2

（3）港口、园区远离城市发展模式。该模式的港口、园区与城市之间有较大的预留发展空间，其空间或者是规划预留，或者由港口向海洋纵深迁移形成（图4-35）。该模式由于城市与港园之间在空间上的分离，形成了有效的缓冲地带，港区功能布局与城市空间形态大多在港口、预留缓冲地、城市三个区域内有机组合，城市交通与疏港交通之间既相互联系又互不干扰，较好地处理了城市空间资源与港区功能布局冲突的问题。

综合比较三种港城发展模式（梁双波等，2009），城市、园区包围港口发展模式容易占用亲水空间，同时疏港交通穿越城区，易造成对城市的分隔及对城市交通的影响；城市与港口、园区平行发展模式使得城市空间与港园资源相互占用，影响城市对亲水空间的需求；港口、园区远离城市发展模式相对来说较为合理，但港口与城市之间的缓冲空间难以控制。

综合上述三种模式的优势，结合港城发展的实际情况（陈航，2009），将港园城一体化发展模式确定为辽宁海岸带城镇化、工业化发展模式（图4-36）。港园城一体化主要是港口与城市相互依存、协调发展，"城以港兴，港为城用"，主要表现在三个方面：①通过壮大港口商贸物流竞争力，提高集散辐射能力和资源配置效率，积极推动邻近城镇、产业园区对外开放与产业结构转型升级；②通过加快现有城镇邻近产业园区、港口园区建设，发挥现有城镇辐射带动作用，减少产业园区基础设施建设、社会服务配套投入成本，规避重复建设与低效利用，促进地区工业化与城镇化的协调发展，并通过引导人口劳动力向城区有序、集中居住，提升城镇对港口及产业园区的服务支撑能力，推动滨海房地产业和城市综合服务业发展；③预留城市公共休闲开放岸线，优化城市化工业化地区生态环境，满足地区居民生活需求。

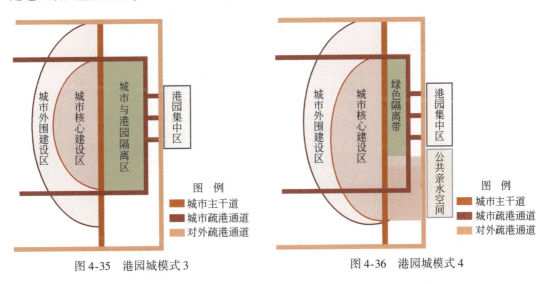

图4-35　港园城模式3　　　　　　　　　图4-36　港园城模式4

（二）加快构筑宜业宜居宜游环境

城市景观是人类文明发展的产物，经济越发达、社会越进步，城市功能越趋于多元化。从现代城市的发展诉求来看，宜业宜居宜游三位一体的发展模式，越来越成为现代城市发展的新趋势、新方向。其中，打造宜居新城是完善宜业城市功能、强化产业支撑、提升城市品质、集聚高端人口的主要途径，也是用可持续发展的理念来改善和优化城市环境、维护城市秩序与安定、树立宜游城市形象的重要措施。为此，在海岸带城镇化、工业化发展过程中，应始终坚持资源节约、环境友好、生态优先的理念，保留区内规模较大水域、林地、草地甚至基本农田和其他保护区作为开放性农业游憩空间，采用组团形态、多功能中心的功能布局模式，保护生态绿核，构筑生态廊道，发展都市农业，营造"山、水、城"的山水格局，创建人与自然有机融合的人居环境。

为严格控制城区新增建设用地规模、集约利用土地资源、有效保护生态环境、防止城区摊大饼式向外扩展，本研究提出以下新区、新城构建模式：①构筑弹性生长框架。在各类功能板块布局时，强化新城功能开发的整体性，为新城长远发展提供弹性生长空间；②实施组团拓展模式。根据新城功能定位和自然本底特质，为保护生态绿楔、集约利用资源、推动功能融合，新城空间发展模式应在功能布局框架上，采用"组团"拓展模式，由各个组团中心有序向外拓展，从而既保护了组团间各类共享绿色空间，使城市居民能最大限度地享受生态绿色，又可推进水土资源集约利用，为城市长远发展预留发展空间（图4-37）。

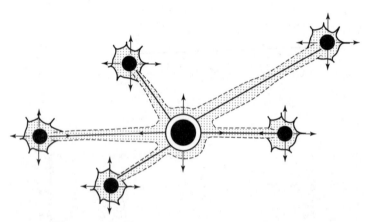

图4-37 "主轴"与"组团"共生发展模式示意图

（三）科学优化功能复合空间

近年来，随着经济的迅速发展，功能综合体开始大量出现在地区功能布局中，这对促进地域空间的复合利用，提高土地集约化水平和建设投资效率都具有重大意义，是实现地区可持续发展的重要途径。理论上来说，地区功能综合体各功能之间的相互支持程度是一定的，应该存在相应的比例关系，但这种比例关系受多种其他因素影响，如周围环境、与周边地区的互动关系、主体特色功能等。因此，各功能子系统的比重变化范围很大。

在有限资源、空间约束下，未来辽宁海岸带应积极推动同一地区上不同功能组合，增大复合空间在海岸带开发中的比重，提升资源、空间利用效率。例如，农业、渔业生产区在发展休闲农业及其都市农业、海水养殖业的同时，应积极拓展旅游度假、特色餐饮业，提高农业服务价值与旅游价值；通过创新发展工业园区、港口的旅游业态，推进产业结构优化升级，使地区生产经济向生产、服务经济逐步转型；通过保护城镇组团间自然生态系统与农业发展空间，优化城市化地区生态环境和城市人居环境。

中　篇

第五章　工业功能区

中华人民共和国成立以来，东北地区一直是我国重要的重化工业基地，在我国经济体系中具有重要地位。辽宁海岸带作为东北地区与东北亚及全球区域联系的窗口和门户，担负着带动整个东北地区振兴的重任，而海岸带的工业振兴即是东北地区振兴的重要途径之一。辽宁海岸带地区工业基础雄厚（李小建，1999），土地、人才、技术、原材料等资源相对丰富，经济腹地广阔，海陆空交通等支撑条件优异，具有较大的工业发展潜力。随着当前经济全球化的深入进行、国内外产业转移的不断高端化（傅允生，2011）、国内环渤海地区的快速崛起，辽宁海岸带地区赢来新一轮的发展机遇。结合国内外发展经验，分析辽宁海岸带地区的工业发展特点和问题，为辽宁海岸带地区的工业发展，尤其是重点工业园区的营建，研判科学可行的发展方向，确定具有本地特色的发展任务，是保障辽宁海岸带经济社会健康可持续发展的重要环节。

第一节　辽宁海岸带工业发展特点及问题

一、产业发展特征

1. 工业基础雄厚

2010年，辽宁海岸带六市GDP达9262.9亿元，占辽宁省的50.7%，其中，工业增加值为4881.3亿元，占辽宁省的49.5%。三次产业结构中海岸带六市第二产业比例普遍较高，其中盘锦第二产业比例最高，达到66.8%，而第三产业仅大连、葫芦岛高于全省平均水平，表明整个沿海地区以工业为主导的产业特征十分明显，服务业则有待进一步提升。海岸带六市外商直接投资和进出口总额分别为132.3亿美元和594.8亿美元，分别占全省的63.8%和73.7%（表5-1）。比较东北其他地区而言，海岸带地区外向型经济发展更具优势（路林书，1988），今后有条件成为东北地区对外开放的先导区。

表 5-1　2010 年辽宁海岸带产业发展概况

地区	GDP（亿元）	工业增加值（亿元）	三次产业结构	外商直接投资（亿美元）	进出口总额（亿美元）
丹东	728.9	361.5	13.7：49.6：36.7	7.1	29.3
大连	5 158.1	2 646.1	6.7：51.3：42.0	100.3	501.95

地区	GDP（亿元）	工业增加值（亿元）	三次产业结构	外商直接投资（亿美元）	进出口总额（亿美元）
营口	1 002	561.1	7：56：37	8.6	22.1
盘锦	926.5	618.9	8.8：66.8：24.4	9.1	4.8
锦州	916	449.8	16.4：49.1：34.5	5	23.2
葫芦岛	531.4	243.9	12.4：45.9：41.7	2.23	13.4
辽宁省	18 278	9 870.1	8.9：54.0：37.1	207.5	806.7

能源和化工产业实力强大。辽宁海岸带是全国重要的石油、天然气能源生产基地，原油和天然气开采能力居全国第四位，2009 年开采量分别达到 1000 万吨和 8.1 亿立方米。石油年炼油能力超过 5000 万吨，占全省的 89%、环渤海地区的 50%、全国的六分之一。辽宁海岸带现已形成石油化工门类齐全、配套性较强的完整的产业体系。中国石油天然气集团公司所属的辽河油田、大连石油化工、抚顺石油化工、大连西太平洋、锦州石油化工、锦西石油化工构成了辽宁石油、石油化工工业的主体，北方华锦化学工业集团有限公司、大化集团有限责任公司、沈阳化工股份有限公司、锦化化工（集团）有限责任公司四大国有企业构成了辽宁化工的主体。2010 年《中国经济周刊》调查表明，大连石油化工和抚顺石油化工炼油能力分别达到 2050 万吨、1000 万吨，在全国各大型炼油企业中排名第一位、第十二位。

装备制造业发达。辽宁是全国重要的装备制造业基地（张华，2007），大型设备成套能力强。在国家划定的装备制造业全部八大行业、178 个小类产品中，辽宁居全国前 6 位的有 58 类，有 44 种主要装备产品在技术水平方面居国内领先水平。2009 年，辽宁省金属切削机床生产为 14.1 万台，位于全国首位。辽宁海岸带是辽宁装备制造业两大中心之一，大型精密数控机床及功能部件、基础机械、机车、重型装备、港口装卸设备、大型制冷设备、各类承轴、核电风电设备有较大优势，汽车及零部件等产品制造领域具有全国领先地位，是我国最大的重型机械、机车、工业制冷、船舶的研发和生产基地。

冶金产业地位重要。辽宁海岸带是全国特钢行业的龙头企业——东北特殊钢集团有限责任公司重要的生产基地，鞍钢的搬迁使营口成为辽宁重要的钢铁生产基地。2009年辽宁省粗钢及钢材的产量分别为 4803 万吨、4935 万吨，位于全国第四位（图 5-1）。葫芦岛锌厂的产量位居全国第二位，营口是全国最大的镁质材料生产基地和重要铝材加工基地。

高新技术产业发展迅速。辽宁的高新技术产业已成为国民经济发展速度最快、带动作用最大的支柱产业，而辽宁海岸带是辽宁省高新技术产业聚集的主要区域。2003 年辽宁全省实现高新技术产业产值 2010 亿元，同比增长 25.1%，其中规模以上高新技术产业产值为 1835 亿元，占全国高新技术产业产值的 6.7%，居广东、江苏、上海、山东和北京之后，居全国第六位；高新技术产业增加值占 GDP 的 9.6%，高于全国平均水平 5 个百分点，对全省国民经济发展的直接贡献率达到 21.5%；高新技术产品出口额为 26.5 亿美元，

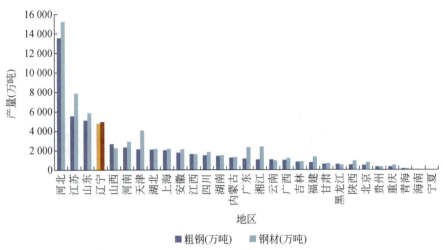

图 5-1　2009 年全国各地区粗钢和钢材产量情况

同比增长 24%，占全省高新技术产品出口总额的 18.2%；销售超过 10 亿元的企业有 28 家。据中国科技发展战略研究小组对 2005 年全国各省市区域创新能力的跟踪评价，辽宁省的区域创新能力综合指标在北京、上海、广东、江苏、天津、浙江、山东之后，居全国第八位；其中，知识综合创新能力指标居第八位；知识获取综合指标居第八位；企业技术创新能力综合指标居第六位；技术创新环境与管理综合指标居第八位；创新的经济效益综合指标居第 17 位；在 5 项综合指标中，有 4 项居全国前十位。

2. 人才资源质量高

辽宁省高等教育资源良好，高等学校数量、高等学位授予数量及高校学生比例都位于全国各地区前列。2009 年辽宁省高等学校为 107 所，位于全国各地区第七位（图 5-2）；授予高等学位数量 12.2 万个，排名第六位；每十万人中高等学校在校生数量达到 2659 人，排名第八位（图 5-3）。良好的高等教育资源和大量的高素质人才为地区经济和产业的发展提供高质量的劳动力支撑。

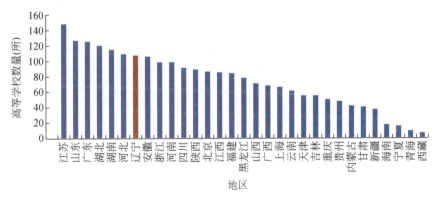

图 5-2　2009 年全国各地区高等学校数量

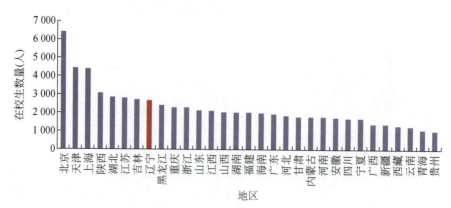

图 5-3 2009 年全国各地区每十万人中高等学校在校生数量

　　辽宁省沿海地区高校平均数量高于全省平均水平，特别是大连和锦州两市高等教育资源远高于全省平均水平（表 5-2）。辽宁海岸带地区大专以上人才所占的比例为 6.0%，与辽宁省的平均水平持平，仅次于北京、天津和上海，远高于我国其他沿海省份。即使是比例最低的葫芦岛（3.0%）和营口（3.8%），也高于我国绝大部分的沿海省份。

表 5-2 2009 年辽宁省各地市高等教育资源情况

地区	学校数量（所）	招生数量（人）	在校学生数量（人）	毕业生数量（人）	教职工数量（人）	#专任教师（人）
总计	107	245 312	852 467	206 211	91 974	55 835
沈阳	39	97 535	341 863	83 692	38 881	22 756
大连	32	66 208	236 784	54 743	26 839	16 595
鞍山	3	9 955	34 969	8 219	3 320	1 971
抚顺	5	10 648	36 576	8 358	3 150	1 871
本溪	1	3 008	10 034	3 014	934	575
丹东	3	7 402	23 631	5 622	2 553	1 491
锦州	9	20 958	76 522	17 626	6 643	4 479
营口	2	3 706	10 643	3 225	1 132	687
阜新	2	9 216	31 517	7 235	3 005	1 986
辽阳	4	6 502	18 918	5 627	1 500	1 110
盘锦	2	1 638	5 205	1 511	1 130	523
铁岭	2	3 146	8 776	2 075	934	611
朝阳	1	1 189	3 695	1 493	752	474
葫芦岛	2	4 201	13 334	3 771	1 201	706

　　#为教职工数量中，专任教师的人数

　　几十年的重工业基础为辽宁培育和储备了大量宝贵的人才（林理升和王晔倩，2006）。辽宁省制造业每万人所拥有的人才数高达 1562 人，远高于同为制造业大省的江苏、浙江、广东、山东，与上海基本持平。辽宁海岸带地区在制造业方面同样表现出了相当有竞争力的人才基础（罗勇和曹丽莉，2005），大连每万人拥有的制造业人才数为 1452 人，丹东为

1405 人，超过了绝大多数的沿海制造业大省。

3. 土地开发成本较低

在建设用地的利用方面，辽宁海岸带存在大面积废弃的盐碱滩地可作为建设用地，这在开发区建设中是很少见的。根据相关统计的测算，辽宁海岸带的营口产业基地开发成本为 1 亿元/平方公里，而天津的滨海新区土地开发成本，则为 3.3 亿元/平方公里；苏州工业园区土地成本为 3.5 亿元/平方公里。相比之下，从土地开发的低成本来看，相对于其他开发区，具有明显的比较优势。丰富的沿海土地和滩涂资源，是临港产业发展和战略布局有利的空间保障。辽宁海岸带拥有充足的 2000 多平方公里的废弃盐田、荒滩和盐碱滩，其中相当的一部分不涉及占用农田和耕地，可作为发展第二、第三产业的土地开发利用，更为临港产业发展和重大项目建设提供了广阔的拓展空间。在地形和地势方面，辽宁沿海港口的纵深方向基本为广阔的平原和丘陵地带，港口后方的陆域开阔而平坦，高程适中而且地质承载力良好，如大连长兴岛、丹东大东港区、锦州港、葫芦岛港等低矮丘陵的平原地区，这些地区在地形上的优势，是临港工业园布局和港口物流园区规划的良好空间资源，基本具备成熟的开发条件，是临港产业集聚和现代物流业发展的良好载体。

4. 较强的资源优势

辽宁省海岸带地区拥有丰富的自然资源，是其工业快速发展的重要支撑。一是拥有丰富的油气资源。本地区拥有全国五大油田之一的辽河油田，其石油地质储量和天然气资源量分别为 7.5 亿吨、1000 亿立方米。二是拥有具备极大开采潜力的矿产资源。本区的大石桥镁矿在全国范围内储量最大、品质极佳，而瓦房店的金刚石矿储量也是全国第一。三是拥有大面积可利用的海水及其化学资源。另外，丰富的海洋渔业资源和海产品，其产量占全国的 1/8，加之，辽宁海岸带地区是全国重要的水果蔬菜生产基地，为生物、食品、医药等工业提供了良好的原材料基础。

5. 工业向海集聚态势明显

从海岸带地区第二产业集聚程度变化情况来看，在政府政策引导、本地要素组合优势吸引的综合机制下，工业逐渐向海岸带地区集中态势逐步凸显，海岸带地区工业经济规模占全省的比重不断提高，由改革开放初期的 32.78% 增长至 2004 年的 52.52%，随后稳定在 50% 左右。

为进一步明确工业部门中具体产业向海岸带集聚态势，根据《辽宁经济普查年鉴2008》数据，通过计算海岸带地区各行业从业人员占全省的比重，定量筛选向海岸带集聚产业类型。经计算，海岸带地区各行业从业人数占全省该行业从业总人数 50% 的共有 15个行业（表 5-3）。其中，集聚程度最高的是石油和天然气开采业，占全省的 99.98%，其次是纺织服装、鞋、帽制造业，占全省的 80.57%。若按要素密集度可将行业划分为资源密集型产业、技术密集型产业、中度技术资本密集型产业、中度技术劳动密集型产业、资本密集型产业、中度资本密集型产业和劳动密集型产业七类（表 5-4）。

表 5-3　工业各行业从业人数占全省该行业从业人数的比重（2008 年）

序号	要素密集度分类	行业类型	比重（%）
1	资源采掘型产业	石油和天然气开采业	99.98
2	劳动密集型产业	纺织服装、鞋、帽制造业	80.57
3	劳动密集型产业	文教体育用品制造业	74.08
4	资源采掘型产业	有色金属矿采选业	70.59
5	技术劳动密集型产业	通信设备、计算机及其他电子设备制造业	68.48
6	技术资本密集型产业	石油加工、炼焦及核燃料加工业	64.55
7	技术劳动密集型产业	仪器仪表及文化、办公用机械制造业	59.30
8	劳动密集型产业	纺织业	56.31
9	劳动密集型产业	农副食品加工业	55.77
10	资本密集型产业	造纸及纸制品业	55.14
11	劳动密集型产业	家具制造业	54.84
12	资本密集型产业	烟草制品业	54.59
13	技术劳动密集型产业	交通运输设备制造业	53.57
14	技术劳动密集型产业	通用设备制造业	51.79
15	技术劳动密集型产业	废弃资源和废旧材料回收加工业	50.39

表 5-4　工业行业按要素密集度进行划分情况

行业分类	行业标准
资源密集型产业	煤炭采掘业、石油和天然气开采业、黑色金属采选业、有色金属矿采选业、非金属矿采选业
技术密集型产业	医药制造业
中度技术资本密集型产业	化学原料及化学制品制造业、化学纤维制造业、黑色金属冶炼及压延加工业
中度技术劳动密集型产业	通用设备制造业，专用设备制造业，交通运输设备制造业，电气机械及器材制造业，通信设备、计算机及其他电子设备制造业，仪器仪表文化、办公用机械制造业，橡胶制造业
资本密集型产业	石油加工、炼焦及核燃料加工业、烟草制品业
中度资本密集型产业	饮料制造业、造纸及纸制品业、有色金属冶炼及压延加工业
劳动密集型产业	农副食品加工业，食品制造业，纺织业，纺织服装、鞋、帽制造，皮革毛皮羽绒及其制造业，木材加工及木竹藤棕草制品业，家具制品业，印刷业记录媒介的复制，文教体育用品制造业，塑料制品业，非金属矿物制品业，金属制品业

　　从海岸带地区各类型产业从业人数占全省相应产业从业人数比重来看，资本密集型产业所占比重最高，占 64.55%，劳动密集型产业则占 52.92%，而中度技术劳动密集型产业占 50.05%，中度资本密集型产业和资源密集型产业分别占 43.92% 和 42.22%，而中度技术资本密集型和技术密集型产业仅分别占 28.89% 和 26.60%（图 5-4）。可见，海岸带在快速开发建设过程中，除了本地资源密集型产业快速发展之外，还承载了大量资本密集型、劳动密集型和中度技术密集型产业（含中度技术资本密集型产业和中度技术劳动密集

型产业）集中布局、规模发展，尤其是资本密集型产业，由于其对自然资源的依赖性弱，企业选址更多地考虑区域地理位置、基础设施、政策环境、上下游企业产品供应、劳动力供给、技术水平等非自然的"第二性"因素，海岸带地区在这些方面具有其他地区无可比拟的优势，因此，这些产业的生产主要集中在海岸带地区。

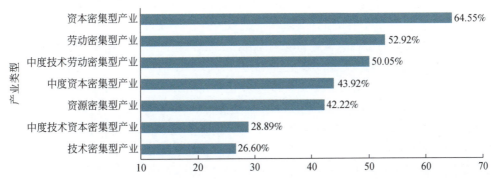

图 5-4 辽宁海岸带七类行业从业人口数占该行业全省从业人口数的比重（2008 年）

6. 外资拉动作用日趋明显

本研究根据可获取数据的连续性，引入以下两个指标变量，即对外贸易率（R_{trade}）和外来投资率（$R_{\text{investment}}$）。其中，$R_{\text{trade}} = (E+I)/\text{GDP}$，$E$、$I$ 分别表示出口总额和进口总额（单位：亿元，已按照当年美元兑人民币汇率折算成人民币），$R_{\text{investment}} = \text{FDI}/\text{GDP}$，FDI 为实际利用外资额（单位：亿元，已按照当年美元兑人民币汇率折算成人民币）。考虑到两者影响经济外向性作用的差别，本研究借鉴李翀（1998）的研究成果，以对外贸易率为基准，将外来投资率的权重定义为 0.75，继而得出经济外向度（O）：

$$O = R_{\text{trade}} + 0.75\, R_{\text{investment}} \tag{5-1}$$

由式（5-1）可得到 1953～2011 年辽宁省经济外向度定量测度值，并根据测算结果，将辽宁经济发展大致分为内向型经济为绝对主体阶段、外向型经济快速增长阶段（图 5-5）。

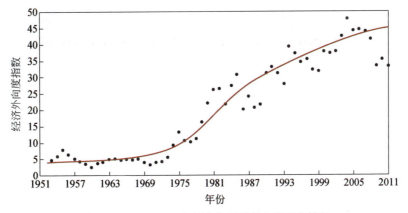

图 5-5 1953～2011 年辽宁省经济外向度变化情况

（1）内向型经济为绝对主体阶段。1953~1973年，受计划经济体制和闭关锁国政策影响，以及西方国家经济封锁，我国对外贸易规模较小，增长缓慢，就辽宁而言，1953~1973年，其年均进出口额仅为1.88亿美元，平均占GDP的4.60%，年均增长8.22%。辽宁全域经济呈现明显的内向型经济特征。

（2）外向型经济快速增长阶段。自1971年，我国恢复联合国地位之后，与世界各国的经济贸易往来增多，对外贸易日渐活跃（林毅夫等，2001），特别是党的十一届三中全会以后，辽宁省充分利用地缘优势和政策优势，实行以出口导向和招商引资为主的外向型经济战略，大力发展对外贸易并开始注重引进外资，为辽宁经济增长注入了活力和动力。至2007年，辽宁进出口总额由1974年的9.30亿美元增长至2007年的594.70亿美元，增长了64倍，年均增长13%，实际利用外资额也增长至90.97亿美元，辽宁省整体对外开放度也随之由1974年的9.25%增长至43.86%，增长了近35个百分点，年均增长1个百分点之多，外向型经济发展快速。2008~2011年，受全球金融危机影响，辽宁省与全国其他沿海地区一样，虽然进出口总额和实际利用外资额持续增长，但外向型经济对地区GDP增长的贡献率呈现了递减趋势，经济外向度下滑至2011年的33.31%。

尽管改革开放以来，辽宁省外向型经济发展取得了较为卓越的成就，但与长三角地区的江苏省、珠三角的广东省仍保持较大差距：自1988年以来，广东省经济外向度年平均值保持在141%，是辽宁省的3倍之多，江苏省自1996年经济外向度超过辽宁省之后，外向型经济高速发展，经济外向度始终保持较高水平（图5-6）。

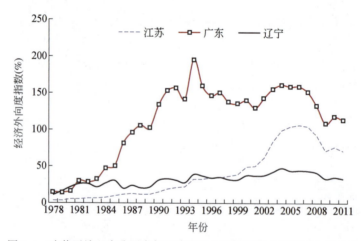

图5-6 改革开放以来我国东部经济发达地区与辽宁省经济外向度对比

二、产业发展存在的问题

1. 开发区产业同质建设现象突出

海岸带地区产业园内存在严重的产业同构、工业区恶性竞争的现象。目前，各园区大都提出石油化工、钢铁、装备制造等产业发展目标，其中，将石油化工产业作为主导产业的园区有 17 个，将机械制造产业作为主导产业的园区有 16 个（表5-5），产业同构限制了园区的多元化发展，导致园区间的大量内耗，不能协调地区生产能力从而共同应对区域间的激烈竞争，影响园区的长远发展。

表 5-5　重点工业园区主导产业统计

主导产业	园区个数（个）
石油化工	17
机械制造	16
生物医药	14
电子信息	12
装配制造	10
冶金	8
新材料	8
船舶制造及配套	7
汽车零部件	7
有色金属加工	7

历史经验证明，无论是一个城市，还是一个区域，抑或是一个国家，如果同一个时期的经济发展战略选择，以相同的产业作为支柱型产业，那么其结果必将出现盲目投资和重复投资，极大地浪费有限资源，必然使得生产要素、原料资源、市场份额的配置产生不合理的状况，加剧了经济运行环境的紧张局面。最终不但会受到市场规律的惩罚，而且必然导致环境保护公共产品闲置、污染物叠加、产业间环境要素相互影响的环境负效应。

辽宁海岸带各个产业园不仅在机械制造、石油化工等传统具有较强竞争力的优势产业上存在明显的同质化现象，在生物医药、电子信息等不具备区域竞争优势的战略性新兴产业上也出现同质化。以生物产业为例，自 2007 年我国发布《生物产业发展"十一五"规划》之后，至少有 16 个省份发布了本区域的生物产业规划或者促进产业发展实施意见。生物产业作为战略性新兴产业之一近年来发展迅猛。随着国家层面的大力推动，各地开始风起云涌，遍地开花。造成近期战略性新兴产业同质化的原因是多方面的，其主要原因是上级政府部门不注重地方区域间产业规划的综合协调。此外，还有 3 方面因素不容忽视。一是政策引导不力。有的战略性新兴产业发展规划缺乏科学性和约束力，形同虚设。错误的政绩观使一些地方政府在招商引资的过程中各自为政，重数量、轻质量，造成战略性新兴产业同质化。二是市场信息不畅。部分产业准入门槛偏低，产业标准不明确，行业协会不健全，功能发挥不充分，对产业信息的掌握不够全面，造成战略性新兴产业同质化。三是企业急功近利。一些投资者被短期内市场表象迷惑。尤其国际市场变化莫测，忽略了对战略性新兴产业可行性的研究。追逐短期利益，对新产品研究开发不力，造成战略性新兴产业同质化。

针对产业同质化现象，不仅需要对区域产业园区进行统一的产业规划，而且需要切实强化环境规划环评的实施力度。一方面，辽宁海岸带各产业园在"五点一线"及各城市总体规划等区域发展定位的基础上，综合考虑自身发展的条件，制定合理的产业发展目标，实现区域的产业分工合作。另一方面，海岸带是一个生态十分敏感的地区，工业的发展对生态环境的影响很大，因此，各级环保部门要在地方制定战略性新兴产业发展规划阶段，认真履行法定的规划环评职责，增强区域发展中各地环境保护能力的互补优势，促进决策者科学选择战略性新兴产业，为决策层高瞻远瞩、开阔视野、科学定位、预防战略性新兴产业同质化发展，提供必要的维护区域资源与环境可持续发展的科学依据。

2. 园区用地偏大

据不完全统计，42个开发区规划总面积达153 400公顷，平均面积高达3500公顷，大大超过国家级经济技术开发区的一般核准面积（<1000公顷）和高新技术产业开发区的一般核准面积（<500公顷）。部分开发区呈"飞地"发展，得不到城市的有效支撑，难以实现工业化与城镇化的互动，降低了开发区的吸引能力。

根据海岸带现有的园区规划，工业园区总面积为5606.02平方公里，占海岸带各县（市、区）总面积的15%左右，若以海岸线向内陆延伸10公里的范围计算，则占其总面积的40%以上，占地面积相当大，远超过了正常水平（表5-6、图5-7）。

表5-6　部分工业园区规划面积

开发区名称	规划面积（平方公里）
大连普湾新区	1030
大连长兴岛经济技术开发区	608
盘锦辽东湾新区	400
大连旅顺南路软件产业带	399
大连经济技术开发区核心产业区	351
营口经济技术开发区	279
大连保税区主功能区	251
大连花园口经济区	208

土地要素是开发区经济增长的源泉之一，但土地要素在经济增长中的功能是在变化的，其经济增长源泉功能在经济发展中逐渐弱化，技术和制度要素促进经济增长的贡献在增大。对国家经济技术开发区土地增长与经济增长的分析表明，最先设立和最新设立的国家级开发区在2001～2004年经济增长不依赖于土地扩张，技术进步、制度变迁等要素起着较重要的作用；第二批次18个开发区在2001～2004年的经济增长严重依赖于要素投入包括土地扩张；说明第一批开发区在经历改革开放后近20年的发展后，其经

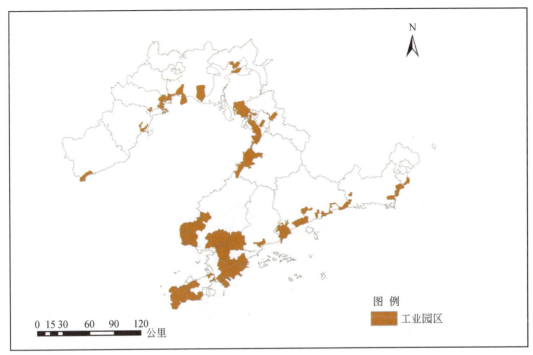

图 5-7　辽宁海岸带工业园区的地方规划面积

济增长方式已经由土地扩张推动向其他要素推动转变，而第三批开发区的设置受宏观经济政策和开发区指导思想的影响，发展之初即注重内涵式发展方向，第二批开发区则处于两者之间。因此，今后开发区经济增长方式必须转变为建立于土地内涵式扩张的基础之上，其特征是提高土地集约度和减弱土地扩张对经济增长贡献程度，途径是增强技术进步在增长中的作用（庞英等，2006），加强制度创新和管理变革对经济增长的促进作用。

地方政府擅自下放土地审批权，部分开发区管委会独立行使土地的规划、征用、划拨和出让权，造成乱批滥占土地。当国家实行宏观调控政策、紧缩银根后，一些开发区因摊子铺得过大，缺乏资金，没能及时完成区内的基础设施及配套工程，加之外商投资能力有限，导致已占用的土地大量闲置。我国的土地资源受自然地理环境的制约，光温水土条件匹配好、单产高的耕地主要集中在东部地区，而东部地区大量耕地撂荒、破坏和被非农业建设占用，在一定程度上影响了我国农业生产的发展。

3. 工业用地与基本农田用地冲突较多

目前，地方规划的产业园区与大量的基本农田相互交错，用地冲突严重，使得散布在产业园区内的基本农田很难得以保留，而且在工业园区周边的基本农田较容易受到工业污染，即便保留也无法有效进行耕作（图5-8）。

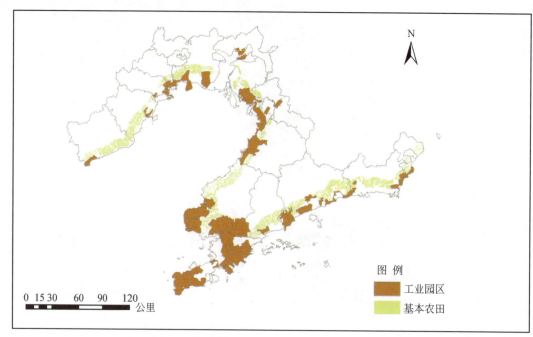

图 5-8　海岸带工业园区与基本农田的交织情况

在开发区建设中，除部分高新技术产业开发区和工商业小区设在城市建成区内，其他大多数开发区基本都是脱离建成区独立设立，加上开发区原有规划集生产、生活及商贸为一体，所以开发区一般以新增建设用地的方式集中连片进行开发建设，占地规模大，一些开发区占用耕地比例高，有的开发区占用耕地的比例高达 80% 以上。"八五"期间我国建设占用耕地比"七五"期间增长 23.6%，与开发区建设大量占用耕地有着直接的关系，影响国家粮食安全，因此，在 20 世纪 90 年代中期和 2004 年前后对开发区进行了大规模的整顿。虽然在一定程度上遏制了开发区发展对耕地的侵占现象，但是在辽宁海岸带的规划过程中，仍有一些开发区侵占了大量的基本农田。

工业园区的选址和规划布局要注重充分盘活存量基地建设用地和使用未利用地，尽量少占耕地，避开或不占基本农田，实现经济、社会和生态效益的统一，以有利于保护工业园区周边地区耕地质量和居民生活环境。严格实行耕地占补平衡，在调整土地利用总体规划过程中，要切实贯彻保护耕地的原则，实行占用耕地补偿制度，确保耕地总量不减少，严格对土地开发整理新增耕地的验收确认和管理。切实维护省、市级土地利用总体规划的权威性，在保持总体基本农田保护面积不减少和保护率不变的前提下，维持基本农田保护率的绝对稳定。

4. 对国外腹地的依赖性较高

海岸带地区经济对国外市场及原材料腹地具有较高的依赖性。以大连地区为例，对外贸易在大连经济社会发展中占有举足轻重的地位（魏浩和王宸，2011），发挥了不可替代的作用。1986～2011 年大连进出口总额、取得了较快的增长，分别由 1986 年的 58.23 亿美元增长至 2011 年的 6 050 979 万美元，进出口占全市地区生产总值的比重也由 1986 年的 53.06% 增长至 2000 年的 99.95%，随后，受国际金融危机影响，国外市场需求大幅度萎缩，进出口量增速缓慢，对外贸易经济贡献度持续下降，进出口占全市地区生产总值的比重由 2008 年的 85.92% 下降至 2011 年的 61.86%。进出口贸易中，以出口贸易为主，但自 2000 年以来，伴随国内市场消费需求的日益增长，出口贸易所占比重有略小下降，但仍维持在 50% 以上（图 5-9、表 5-7）。

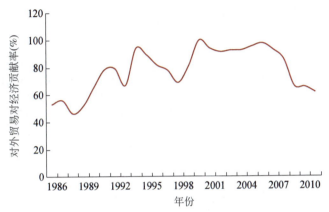

图 5-9　大连地区对外贸易经济贡献率变化情况（1986～2011 年）

表 5-7　大连地区 2000 年以来进出口贸易情况

年份	进出口总额（万美元）	进口总额（万美元）	出口总额（万美元）	出口额所占比重（%）
2000	1 302 170	561 016	741 154	56.92
2001	1 334 775	571 588	763 187	57.18
2002	1 474 130	625 195	848 935	57.59
2003	1 729 973	777 021	952 952	55.08
2004	2 072 870	987 422	1 085 448	52.36
2005	2 559 123	1 181 098	1 378 025	53.85
2006	3 179 574	1 453 765	1 725 809	54.28
2007	3 874 460	1 729 200	2 145 260	55.37
2008	4 698 672	2 168 111	2 530 561	53.86
2009	4 183 858	2 006 491	2 177 367	52.04
2010	5 198 171	2 472 262	2 725 909	52.44
2011	6 050 979	2 881 629	3 169 350	52.38

从产业集聚视角来看，大连市目前已形成以通用设备制造业，交通运输设备制造业，通信设备、计算机及其他电子设备制造业，专用设备制造业等等装备制造业、石油化工产业、房地产业为主导的产业结构特征。虽然装备制造业经过几十年来的快速发展（路江涌和陶志刚，2006），已形成较大体系规模，但通过笔者调研、访问发现，超过半数以上的

装备制造业产品与设备的核心技术都来源于国外，始终没有摆脱技术"引进–落后–引进"模式。此外，随着大连地区石油化工行业的快速发展，企业所需原油等材料进口和汽油产品出口贸易总额逐年增长，从规模以上石油化工企业原油材料进口情况来看，"十一五"以来，原油购入量年均增长6%，由2005年的2019万吨增长至2010年的2695万吨。其中，原油材料购入以国外进口为主，且对国外原油进口的依赖度呈现增长趋势，国外原油进口比重由2005年的67.34%增长至2010年的82.27%（表5-8）；从规模以上石油化工企业石油产品销售情况来看，汽油产品基本是全部出口，煤油产品出口比重也由2005年的7.54%增长至2010年的49.10%，呈现出国外市场逐渐扩大的态势，而其他石油制品虽然国外份额呈现递减的态势，但仍占有重要比重（表5-9）。

表5-8 规模以上石油化工企业"十一五"期间各类原材料进口量占总购入量的比重（单位:%）

进口原材料种类	2005年	2006年	2007年	2008年	2009年	2010年
焦炭和原煤	0.01	0.82	0.00	0.11	0.22	0.19
原油	67.34	63.61	74.36	74.27	76.38	82.27
汽油	0.03	0.28	0.06	0.02	0.03	0.00
煤油	0.00	0.46	0.00	0.00	0.00	0.00
柴油	0.00	0.87	0.02	0.02	0.01	0.00
其他石油制品	0.00	0.19	0.08	0.20	0.07	0.00

表5-9 规模以上石油化工企业"十一五"期间各类产品国外出口量占总销售量的比重（单位:%）

石油化工产品出口种类	2005年	2006年	2007年	2008年	2009年	2010年
汽油	56.26	100.00	97.69	100.00	100.00	100.00
煤油	7.54	16.97	9.98	18.62	44.32	49.10
柴油	4.34	9.76	0.63	0.63	5.78	6.88
燃料油	0.07	0.22	0.00	0.00	0.00	0.00
液化石油气	0.00	0.75	0.00	0.00	0.00	0.00
其他石油制品	94.57	—	69.68	59.48	53.28	43.13

5. 对外资企业的依赖性较高

外资对地区经济发展的影响，主要体现在两个方面：一是通过产品出口贸易直接带动地区经济增长；二是通过地区产业链条构建间接推动地区优势产业空间集中与集群发展。

海岸带地区出口贸易企业中外资企业占主导地位（贺灿飞等，2005a）。从2001～2010年大连地区年营业收入500万元及以上工业外资企业主要经济指标来看，外资企业出口交货量占到59%以上（表5-10）。2011年，大连市外商投资企业进出口346.9亿美元，增长13.9%，占同期大连市外贸进出口总值的57.8%，其中，进出口50强企业中有26个属于外资企业，进出总和占前 50 强企业的 53.41%；国有企业进出口 136.5 亿美元，增长 12.7%，占 22.7%。由此可见，外商直接投资不仅增加了地区的资本存量，间接推动了企业扩大投资规模和就业岗位，也促进了地区对外贸易增长。

表 5-10　大连地区年营业收入 500 万元及以上工业外资企业主要经济指标占地区年营业务
收入 500 万元及以上工业企业总值的比重（单位:%）

年份	企业单位数所占比重	工业总产值所占比重	工业销售产值所占比重	从业人员年平均数所占比重	出口交货值所占比重
2001	47.80	42.05	41.95	31.59	62.23
2002	48.67	42.42	42.47	36.95	61.79
2003	51.17	41.76	41.84	41.27	65.37
2004	47.51	41.69	41.89	42.47	65.07
2005	43.84	41.63	41.94	43.66	64.78
2006	37.58	38.99	38.88	43.98	62.61
2007	36.30	40.52	40.38	45.28	59.06
2008	28.90	38.96	38.68	41.05	65.41
2009	28.77	36.00	36.20	40.30	62.18
2010	28.39	36.20	36.71	41.06	63.26

石油化工产业、装备制造业、电子信息产业等主导产业集群化形成、发展主要依托外资企业的引领和带动：①截至 2010 年末，大连拥有规模以上石油化工企业 400 余家，占规模工业的比重超 1/10，产业增加值占全市工业经济的 1/5，形成以中国石油大连石化分公司、大连西太平洋石油化工有限公司为龙头的产业集群，而两大石油化工巨头中，大连西太平洋石油化工有限公司就是我国第一家大型中法合资石油化工企业，对地方石油化工产业集群发展起到了"龙头"作用，即本地石油化工产业链的形态为"龙头→龙身"，通过示范效应和联动效应，带动其周边设立大孤山海青岛石油化工工业区作为石油化工后续产业发展壮大；②"十一五"期间，投资总额在 1000 万~5000 万美元的装备制造外商投资企业 186 户，占全市投资总额在 1000 万~5000 万美元的企业总数的 34%；投资总额在 5000 万美元以上的装备制造外商投资企业 93 户，占全市投资总额在 5000 万美元以上企业总数的 30%，新增投资总数达 122.8 亿美元；③"十一五"时期，新注册登记外商计算机服务和软件投资企业 491 户，新增投资总额 13.6 亿美元，是"十五"时期的 3.7 倍，外资企业的进入对地区电子信息产业集聚发展的作用日益凸显（童昕和王缉慈，1999）。例如，英特尔大连芯片厂是英特尔在亚洲设立的第一座芯片厂，于 2007 年底开始建设，2009 年建成投入使用，2010 年 10 月正式投产，主要生产业界主流的 300 毫米硅晶圆和英特尔成熟的 65 纳米制程工艺生产电脑芯片组产品。英特尔在大连仍沿袭自己研发、自己设计、自己生产制造的一体化模式，布局了研发、销售、制造等全部机构，并带动了其配套的产业链上下游企业向本地集聚，到目前为止已经有 20 多家英特尔海外配套供应商落户大连，中国本土也已经有 80 多家配套企业成为英特尔的供应商。

第二节　国内外工业园区发展案例研究

20世纪60年代起，兴办各类开发区对新兴工业化国家和地区振兴出口导向工业发挥了重要作用。高技术开发区基本是出口加工区的继续和发展，最早设立出口加工区的是爱尔兰的香农出口加工区，香农出口加工区的成功为发展中国家在缺乏工业化资金和技术设备条件下，利用本国丰富劳动力和自然资源发展本国经济提供了新的启示。之后，台湾地区在出口加工区的基础上发展新竹科学工业园成为其电子信息产业发展的引擎，直接推动了经济的快速增长（童昕和王缉慈，2002），成为亚洲国家竞相模仿的对象，并在新加坡等亚洲国家相继取得成功。

中国的经济技术开发区是在沿海开放城市和其他开放城市划定小块的区域，首先注重搞好投资硬环境和完善投资软环境，坚持以引进外资、兴办工业项目、加工出口产品为主，致力于发展高新技术产业的方针，努力求得自身的快速发展。我国从20世纪80年代开始正式设立开发区，全国第一个开发区是1984年设立的大连经济技术开发区，而后经过近30年不断的尝试与探索，各类开发区已经作为吸引外资、引进技术、对外出口的主要阵地，是各地经济增长的重要引擎。实践证明，经济技术开发区在对外开放、吸引外资、改革试验、促进区域经济新的增长和可持续发展等方面，起到了窗口、辐射、示范、带动作用和快速发展经济的作用。经济技术开发区已经成为我国国民经济新的增长点，在区域经济结构调整和产业结构调整方面起了很重要的作用（李红艳，2009），收到了很好的效果，已成为我国外贸出口的主力军和外商投资的热点地区（潘峰华等，2008）。

国内外著名开发区的成功经验，对辽宁海岸带工业园具有重要的借鉴意义。以下介绍以重化工产业为主的新加坡裕廊工业园及国内以高科技产业为主的台湾新竹科技园、大型综合性产业园——天津经济技术开发区和苏州新加坡工业园四个案例。新竹科技园和裕廊工业园主要是其发展的战略模式具有重要的借鉴意义，天津经济技术开发区和苏州新加坡工业园代表了两种不同的开发模式，对产业园的实际开发过程具有良好的借鉴价值。

一、新加坡裕廊工业园：集群化产业发展战略

1961年，新加坡政府决定在裕廊规划6480公顷土地，开发工业园，并拨出1亿新元用于基础建设。1968年，园区内厂房、港口、铁路、公路、电力、供水等基础设施建设基本完成。至今已开发工业用地7000余公顷，提供厂房超过400万平方米，吸纳了约7000家本地和外国企业，其中包括众多世界一流的跨国公司，工业产值占全国的2/3以上。今日的裕廊工业园已成为新加坡最大的现代化工业基地，被公认为亚洲各国设立工业园区的成功范例。裕廊工业园包括裕廊化工岛、裕廊港和裕廊工业区三个部分。主要产业包括石油化工、船舶制造、重型机械、一般制造业和现代物流等，裕廊工业区以重化工产业为主。

裕廊化工岛由新加坡本岛南部的7个小岛组成，距离市区10公里，总面积为32平方公里，目前已开发约14平方公里。现有90多家大型石油化工企业，投资额达160多亿美元，是全球十大乙烯生产中心之一、三大炼油中心之一、三大石油贸易中枢之一，以其为

主体的化学工业产值占新加坡制造业的 34.4%，成为新加坡名副其实的工业航母。

化工产业形成上下游一体化的发展模式：上游产业——炼油、乙烯［代表企业：埃克森美孚公司（Exxon Mobil）、荷兰皇家壳牌石油公司（Shell）］；下游产业——石油化学工业［代表企业：美国伊斯曼（Eastman）公司、杜邦公司（DuPont）、帝人株式会社（Teijin）、塞拉尼斯公司（Celanese）、三井化学株式会社（Mitsui Chemical）等大型石油化工企业］；物流仓储业——码头和仓储设施经营者，化学品仓库和化工储罐及管道经营者［代表企业：Vopak（荷兰皇家孚宝集团）、Oiltanking（欧德油储有限公司）和 Tankstore 石油公司］。

裕廊工业园的成功经验主要有以下几个：①具有针对性的规划设计。在石油化工专业区开发的初始阶段，新加坡政府邀请日本住友化学公司协助规划，运用化工产业链的规划理念，结合高水准的基础设施，建成一个世界级的综合化工中心。②集群化战略。裕廊化工岛化学工业中心上下游产品链接，产出许多衍生产品，形成一个"大而全"的产品供应基地。这个被新加坡经济开发署推动的"化学群"战略，突出的好处就在于可以大大降低运输成本，同时获取多种衍生产品。③完善的基础设施和专业化的园区管理服务。负责园区规划、建设、管理的是裕廊镇管理局，而将投资商引入工业园区的工作是由新加坡经济发展局完成的，它为投资商提供全程的办证服务及政策法律上的咨询服务。

二、台湾新竹科技园：准确把握产业发展的方向

台湾新竹科技园是台湾高科技工业的摇篮，在世界信息产业和半导体产业中有举足轻重的地位，对台湾地区谋求经济转型、改变以轻工业为主的产业结构、突破劳动密集产业发展的瓶颈，具有十分重要的意义。台湾新竹科技园于 1980 年成立，其规划面积为 21 平方公里，经过 30 多年的发展，面积为 6.32 平方公里，其占台湾地区总面积的比重不到 1/1000，连续多年其产值却占到了整个台湾地区工农业总产值的 10% 以上。新竹科技园使台湾地区成为仅次于美国、日本的世界第三大信息产品生产地和全球第四大半导体工业制造基地。

新竹科技园产业特色明显，主导产业结构以半导体产业为龙头，计算机、光电和通信发展良好，新竹科技园集中生产制造的 6 种产品是集成电路、电子计算机和外部设备、无线电通信产品、光电子产品、精密仪器和生物技术。其中，集成电路是园区第一大产业，园区每年总产值的 60% 以上来自集成电路生产企业。

新竹科技园的成功经验主要有以下几个：①准确把握世界产业发展的方向。台湾地区紧跟世界高技术产业发展的大潮，结合其实际情况，在新竹园区成立之初，就为园区选定了极具战略意义和发展前景的电子信息产业。②吸引先进地区的人才来园区发展。斯坦福大学教授特曼（也是硅谷模式的创始人之一）建议，新竹科技园应该吸引移居美国的台湾工程师回去创业，就像硅谷曾经从东海岸吸引工程师一样。台湾地区接受了这个建议，随即邀请一批工程师和科学家回去参观，并为他们此行提供费用，同时出台了一个 5 年免税的优惠政策。这些做法相当成功，到 1998 年，新竹科技园有 40% 的公司是由从美国回来的科技人员开办的。长期以来，新竹科技园与硅谷保持着密切的联系，其中最重要的纽带是在硅谷的台湾居民。③政府主导设立大量科研院所和机构。新竹区内有台湾清华大学、

台湾交通大学、工业技术研究院和精密仪器发展中心等重点高校和科研机构；外部紧邻中央大学、中山科学研究院、中正理工学院等。这些高校和科研机构为园区的厂商提供了必要的高级科技人才及培训，同时还参与高技术产品的开发。

三、天津经济技术开发区：先进的土地开发和经营理念

天津经济技术开发区于 1984 年成立，是中国首批国家级经济技术开发区，投资综合环境连续十年居中国开发区之首。2010 年，开发区经济发展的速度和质量创近 5 年最好水平。全年生产总值达到 1540 亿元，增速超过 25%，"十一五"期间年均可比增长 24%；工业总产值达到 5100 亿元，比"十五"末翻了一番，占天津市工业总产值的近 1/3。

产业逐渐向高新技术方向演进。20 世纪 80 年代，开发区在建设初期的主导产业以机械、建材、服装等科技含量较低的产业为主；90 年代开始引进电子、食品、化工等产业，到 90 年代末期形成以电子、食品、机械和医药为主的四大产业；2000 年开发区开始在保持电子、医药等产业快速增长的前提下，大力引入汽车、石油化工、航空航天等高附加值产业，到 2010 年天津经济技术开发区已有电子信息和汽车两个千亿元产业集群，并形成了装备制造、石油化工、新能源新材料和生物医药四个过百亿元的优势产业。

天津经济技术开发区土地开发建设分为三个阶段：1984~1990 年，以 3 平方公里工业区和 1.99 平方公里生活区为重点；1990~2000 年，平均每年以近 2 平方公里的速度开发，到 2000 年时累计开发土地 24 平方公里；2000 年以后，开发区土地建设加速，2006 年时已开发土地 42 平方公里，其中工业用地约 30 平方公里，2008 年实施滨海新区战略以后，空置的土地面积迅速增加。

即使对天津经济技术开发区这样开发较为成熟的开发区而言，目前工业用地出让金也仅 400 元/平方米左右，每个地块除去绿化、道路等基础设施之外，能够用于出让的用地仅占地块的不到 50%，也就是说工业用地每平方米的土地出让金最多只有 200 元，远不能补偿 900 元/平方米的土地开发成本。而本次规划中，辽宁沿海各工业园以工业开发为主，只有少量大型综合性园区，在没有大量居住和商业用地的土地出让金支撑下，如何对园区的工业用地进行开发是各开发区面临的严峻的问题和挑战。天津经济技术开发区是典型的中国式开发区，初期资金缺乏，远离主城区，以工业开发为主，逐渐成为资金实力雄厚、设施完善的综合性开发区，因此，在开发区的发展过程中土地开发和经营的模式对辽宁沿海各开发区具有十分重要的借鉴意义。

天津经济技术开发区从 1984 年设立开发区到 20 世纪 90 年代中期，处于首次创业阶段，其核心是土地开发和产业开发。通过负债开发、滚动开发、划片开发、融资开发等方式对土地进行开发，然后以此为依托招商引资开始工业开发，两者相结合成为开发区经济运行的基础（表 5-11）。

表 5-11　1985~1991 年天津经济技术开发区土地开发的经济模式（单位：万元）

项目	1985 年	1986 年	1987 年	1988 年	1989 年	1990 年	1991 年	合计
开发贷款	16 700	13 800	6 910					37 410

续表

项目	1985 年	1986 年	1987 年	1988 年	1989 年	1990 年	1991 年	合计
土地费收入		140	542	1 054	2 942	3 978	7 476	16 132
财政收入		346	1 136	3 284	5 800	7 594	12 022	30 182
资金来源小计	167 00	14 286	8 588	4 338	8 742	11 572	19 498	83 824
开发投入	16 700	14 040	7 452	1 054	6 288	6 809	13 555	65 898
政府财政支出	16 700	51	1 412	3 038	2 719	5 319	5 387	17 926
利息支付				879	1 299			2 178
资金支出小计	16 700	14 091	8 864	4 971	10 306	12 128	18 942	86 002
收入支出差额		295	−276	−633	−1 564	−556	556	−2 178
挂息		1 978	1 638	1 762		1 310	1 916	8 604
贷款本利合计	16 700	15 878	8 548	1 762	0	1 310	1 916	46 114

（1）负债开发阶段：开发区初期面临负债经营，采取土地开发资金大循环模式，即变企业投入-产出小循环为企业、政府连在一起的土地开发资金大循环模式。

天津经济技术开发区的启动资金完全由中央开发贷款，起步区为 3 平方公里，按每平方公里 1 亿元投入，共贷款 3 亿元，期限为 15 年，中央对利息做了"利随本清，不计复利"的规定，由开发区直属的开发区总公司承担债务，先行启动开发，而开发区管理委员会行使政府职能，是一种政府直接管理下的企业行为模式。这种负债经营、企业开发的模式本应遵照成本收益原则和市场规律，土地开发是一个相对独立的商品生产过程，与下一层次的产业开发除提供基础设施外没有经济上的联系。但是，当时各个开发区都争相吸引外资这个稀缺资源，激烈的竞争使得相对便宜的土地价格成为竞争的优势，招商引资比回收土地投资重要得多，因此，土地的个别成本得不到市场确认，只能降低到一定程度才具有商品性。于是，一方面土地价格低廉，另一方面基础设施的高成本和高维护费用，使得负债经营的模式以负债开始，又以新的负债结束。天津经济技术开发区当时土地价格是成本的 10% 左右，尤其是当联系到负债的本利一起考虑，当时就曾建立了一个年的还债模型，经计算机演算，得出的结论是收入和负债相比，差额趋发散，即永远不能偿清贷款本利。承担土地开发的国有企业将时刻面临破产的威胁。经过认真思考采取了卓有成效的土地开发资金大循环模式。

土地开发资金大循环模式是承认土地价格及基础设施供应价格与成本的背离，承认承担土地开发的国有企业亏损的合理性，用低价格换取外资企业的入区经营，利用国家给予的财政优惠政策，将自留的税收拿出来弥补亏损。偿还贷款和支付利息由日益壮大的开发区财政承担，"统贷统还"，对资金投入后的循环，不去计较开发总公司自身周转，而是管理委员会（政府）招商引资，统一出让土地，建立外商投资企业，外商投资企业提供税收到政府手中，再由政府的财政支持完成投资回流。变开发土地的企业投入-产出小循环为企业、政府连在一起的大循环。

这种土地开发资金大循环模式的操作规则是：既然企业无力自循环，还贷靠财政，那么价格就要由政府来定；反之亦然，土地价格由政府决定，那么亏损就要由政府负担。政府对土地的使用要纳入招商服务的整体统筹，产品的价格与生产产品的企业不再发生直接联系。对土地开发资金大循环模式而言，这是唯一的选择。至此，土地开发和产业开发两个层次在总体开发模式中，由理论上可以相对独立变成实践中不可分割、相互依赖的整体，或者说完整的开发模式就这样成型。

（2）滚动开发阶段：在起步区开发完毕之后，继续扩大所需资金就需要靠自筹，因此，起步区开发完毕之后采取了滚动开发的模式。滚动开发有两个含义：其一是在起步区基础上，在规划区域内不断地开发土地，像铺地毯似的滚动铺排；其二是起步区的投入受初期贷款额的限制，有多种不完善的地方，需要后续投入进行补充建设。滚动开发的资金来源是起步区土地费收入的滚回和开发区财政收入扣除行政经费支出后的全部剩余。

滚动开发阶段的特征是：其一，随着项目的引进，开发区出现一派生机，土地转让价格在逐步上升，级差地租开始形成；其二，开发区的财政呈现出明显的建设财政性质，除去自身的行政开支以外，绝大部分都用于继续扩大开发土地。不过滚动开发阶段受财力限制，进度较慢，起初滚动开发每年只能开发平方公里，最大能力也仅仅是每年平方公里上下。在项目需要土地压力不大、基础设施能力处于"大马拉小车"状态下，滚动开发维持了几年。如果说在负债开发阶段，开发模式由初始状态的政府直接管理下的企业行为已经出现变形，那么在滚动开发阶段，不论是自觉还是不自觉，已完全变形。

开发模式的变形和企业行为的扭曲，使得"拨改贷"的投资体制改革浅尝辄止。开发区作为改革开放的试验区，在不长时间内就退回到了靠财政拨款来扩大再生产的老路。尽管这种财政拨款不是来自中央和地方政府，而是来自本区的收入，但性质并不因此而不同。这种退化要付出的代价是：面对实行现代企业制度的现实困难却发现没有了制度的保障和重新规范企业行为的现实接口。

企业行为的扭曲，导致在企业内部管理中产生很多弊端。例如，固定资产不计提折旧，转固问题搞不清，在"保障投资环境"的大旗下，经营型企业与公益型企业及公共事业单位几乎没有了界限，共存于承担土地开发的国有企业中。当这一问题积重难返时，要重新提出国有企业投资体制改革问题，甚至不能在改革实验的先行区开发区中顺利实行。另外，补贴机制使得成本核算变得无关紧要，掩盖了很多管理不善、浪费惊人、人浮于事及投资低效率的弊端。

（3）划片开发阶段：划片开发是在开发区总的规划范围内，划出一部分原生土地，引进内资、外资地产商，进行独立的商品土地的开发，改变负债开发、滚动开发阶段由政府支持的国有企业单独进行商品土地开发的状况。划片开发其实也是一种利用外资的手段，只不过引进的不是产业资本而是地产资本。

划片开发能够成立的前提有三个。其一，只有在级差地租已经形成，土地的市场价格随开发区的日益繁荣而不断提高的情况下才有可能。其二，商品土地的需求市场日益增加，土地商品开发出来之后能够在二级土地市场上尽快转让出去，不至于积压在地产商手里占用过多的投入资本。其三，划片开发的土地在开发区总的规划面积之内，基础设施的建设可以依赖母区，而不需要单独投资兴建，尤其不需要进行基础设施的源头建设，只需按单位面积向母区缴纳一部分配套费就可以直接与母区的各种管网连接，从而与母区商品土地性能相同。这在一定程度上降低了成本，增加了盈利的可能性。这三个前提归纳起来就是一句话，土地开发成本与二级市场上的转让价格相比，已经有足以吸引地产商进行商业开发的盈利水平。这就是说，只有土地摆脱了低价值状态，土地开发有利可图之后，一个独立的商品生产过程才能成立，换句话说，负债开发时所设想的理想模式才能出现。

这就产生了一个疑问：既然级差地租已经产生，土地价格不断升值，这不正是开发区所企盼的吗？这个钱为什么自己不赚，而要让给别人呢？确实，并非开发区看不到这一点，而将土地开发的利润拱手让给别人，这就涉及前面提到的划片开发得以成立的第二个条件——对商品土地的需求势头。

1992 年，邓小平第二次南方谈话，掀起了中国对外开放的又一次高潮。此后，外商纷纷进入中国投资，开发区靠负债开发、滚动开发生产出来的可转让土地瞬间变得紧张起来。面对突然高涨的土地需求，靠自身开发一则时间不等人，项目不会耐心等待土地慢慢开发出来，二则马上开发出几平方公里土地的能力尚显不足。为了抓住引进项目高潮的商机，只好忍痛让利，引进地产商，尽快拿出可供产业开发的可转让土地，以容纳产业投资。此外，起步区在前两个开发阶段，基础设施的设计支持能力总要有一些超前性，即"大马拉小车"，要有一定的提前量。因此，基础设施供应能力成为划片开发的一种供给，同时划片开发所缴纳的配套费，还可以缓解下一轮基础设施扩大能力的资金需求，即使收的配套费不足以抵偿开发成本，但土地开发资金大循环模式寄希望于日后的税收，吃点亏也可以容忍，这样，划片开发才有了现实可行性。

以天津经济技术开发区为例，实践过的划片开发有如下几种形式：其一，开发区所在地的土地所有者，以抵消征地费的方式，划出一块面积作为其自身股本投入，引进外地资金，共同开发，然后转让出去赢利；其二，有投资意向的外商，划出一块土地，以原生地价向开发区当局购买，然后进行商业开发，自行招商，通过二次转让土地赢利；其三，开发区的国有企业以土地作价入股，吸收多家外商，组建一个地产股份有限公司，共同开发土地，并从转让中赢利。这几种形式都是按每平方米一定数量金额向开发区缴纳基础设施配套费，然后享用开发区的水资源和能源的配套服务。但划片开发的土地一旦转让成功，则以后所有的事情都要移交开发区进行统一管理。在划片开发的土地上，土地使用的性质要服从开发区的统一规划，特殊情况下，开发区有权干涉。

划片开发形式多样，尤其作为一种完全的商业行为，又是多方合作，那么运行中发生矛盾，产生龃龉就在所难免，不能排除风险，不能排除失败和半途而废的可能性。有的划片开发小区因为资金筹措有困难，长期不能实施开发；有的虽然开发完毕，但没能按预期设想引进项目，土地闲置；也有的投资者已经入股，因为亚洲金融危机，需要紧急调回投资以应付困境。所以一部分划片开发没能成功，最后还是由开发区的国有企业把土地再收回来。总之，这种以让利为前提的划片开发，开发区只能与地产商共享收益，却不能共担风险。其存在的正面意义只是缓解了项目等土地的压力。因此，当开发区的经济实力有了长足的增长，自己有能力按市场需求适时开发，为项目提供可转让土地时，划片开发也就结束了其历史使命。

（4）融资开发阶段：当划片开发手段有效地缓解了土地需求突发的高涨，进入供需相对平衡时，开发区的产业开发也取得了突破性的成功。在国际、国内两个市场需求旺盛、经济形势较好的 1992 ~ 1995 年，以往积蓄的工业能量立刻释放出来，特别是邓小平第二次南方谈话后，进入开发区的大型跨国集团以其高效生产力，使开发区的工业规模以每年翻番的速度发展，财政收入也迅速增加。这使得一方面，靠自有财力开发土地的能力有了极大提高，与滚动开发时必须大力节约才能开发一点土地的情况相比，此时每年可以开发几平方公里以上的土地，基本上可以根据需要拿出可转让的土地；另一方面，蒸蒸日上的开发区，利用自身的资信形象很容易获得贷款。后来，开发区想借入商业贷款搞开发，当时没有一个银行愿意贷款，因为看不准开发区的前途，没人愿意承担风险。之后，变成了银行争相为开发区提供贷款。到此，开发区的土地进入了稳定的全面融资开发阶段。级差地租的形成，使土地开发本身摆脱了亏损。实际上，开发区建立初期所设计和期待的土地开发彻底商业化的景象此时才真正化为了现实。

然而，具体情况仍然会出现新的不平衡和新的矛盾。突出的问题是：其一，开发区的繁荣，使周边的土地随之升值，并且升得很快。其二，随着开发区现代化工业格局的形成，对基础设施的要求也越来越高。过去"五通一平"的开发标准，变成"七通一平"，甚至"九通一平"。其三，随着工业的发展，污染问题是必然的伴生物。上述三个因素，使得土地开发的边际综合成本不断攀升，单位面积的开发成本成倍提高。1984 年，以"五通一平"为标准的工业用地，每平方公里所需资金在亿元上下，但 1994 年以"九通一平"为标准的工业用地，每平方米开发成本就提高至 250～260 元。高标准的可转让土地和逐步提高的土地价格，被动态的开发成本同时上升抵消，利润还是不高。

四、苏州工业园：规划先行，从严执法

辽宁海岸带的工业园区也包括一些大型综合类园区，最终可能发展成为一个独立的城镇，因此，以新城理念进行规划，并严格按照规划发展起来的新加坡工业园具有良好的借鉴意义。

苏州工业园位于苏州古城东部，行政面积为 288 平方公里，中新合作区为 80 平方公里，1994 年 2 月经国务院批准设立，同年 5 月实施启动。2010 年，GDP 达到 1330 亿元，占苏州 GDP 总量的 15%，行政辖区内常住人口为 70 万人左右，户籍人口为 31.5 万人，成为苏州重要的经济增长极。

苏州工业园主要经济指标年均增幅超 30%，累计上交各类税收（含海关收入）1030亿元，创造就业岗位 49 万个，引进合同外资 347 亿美元，实际利用外资 152 亿美元，注册内资 1345 亿元，新增注册外资 30.2 亿美元，到账外资 18 亿美元，综合发展指数位居全国国家级开发区第二位，高新技术产业产值占工业总产值的比重比 2010 年提高 0.8 个百分点。产业结构开始升级，现代服务业发展迅速，"十一五"期间连续三年新增科技项目与服务业项目超过制造业项目，服务业增加值占国内生产总值的比重比 2010 年提高 2.1个百分点。

目前中新合作区已经形成布局合理及生产、生活和生态功能完善的城市建成区，工业、科技及会展仓储等产业发展用地占比为 29%，居住、商业及公用设施用地占比为45%，市政、绿化及道路交通用地占比为 26%，为 20 万人提供就业岗位，有超过 10 万的居民，其中，外籍人士超过 8000 人。

(一) 高起点、高标准的城市发展规划

中新双方专家借鉴新加坡和国际先进经验，编制完成了富有前瞻性和科学性的总体规划；先后制定实施专业规划300余项；形成从概念规划、总体规划到控制性详细规划和城市设计及相配套的规划管理技术规定等严密完善的规划体系；实现一般地区详细规划与重点地区城市设计全覆盖；建立了"执法从严"的规划管理制度，有效维护规划执行的权威性与严肃性。

借鉴新加坡"需求未到，基础设施先行"，重要基础设施适度超前规划建设；按规划功能区域和控制指标整体推进开发；所有重大项目全部进行环境影响评估，有效避免滚动开发的盲目性和随意性，确保开发建设的高强度与高水准。

坚持以人为本、环保优先，高起点编制城市绿地系统规划、高标准开展城市绿化设计、高质量建设城市绿化景观。主要水体水质明显改善，空气质量优良率达95%；区域整体环境建成了ISO14000国家示范区。

首期规划明确了工业园今后发展的四个目标：①加强具有历史意义的苏州市的地位。向城市的东部延伸，以平衡城市的扩展形式；在现有的城市旁建造一个现代化的新商业中心，减轻古城所面对的发展压力，从而辅助这个历史城市继续扮演苏州的文化和行政中心的角色。②作为60万人口的家园。创造一个良好的居住与工作环境；提供足够的和种类多样化的住屋；提供良好的社区设施和基础设施，从而改善居住环境。③在商业、文化和其他功能方面为新园区及更广大的地区提供机会与服务。为人民和商业提供高效率的运输；为60万人口和范围更大的苏州地区提供工业、商业、娱乐和文化发展条件；提供良好的基础设施，以完善商业投资的环境；通过对土地使用进行合理的规划，减少不必要的交通；设计市内和与其他城市之间的公路和轻轨交通网络，并考虑自行车交通及将来会增加的车辆交通问题。④创造一个健康、充满活力和独特的城市环境。在对土地使用项目和基础设施分配地段时，考虑并减少空气、水源和噪声的污染；利用独特的水域特色如湖泊和河道，加强"水城"的形象；通过设计独特的道路格局和街景，并配合翠绿的环境，从而创造一个具有视觉吸引力的城市环境。

苏州工业园区的规划主要采用了以下概念：①土地的使用根据明确的功能加以划分。由清洁的轻型工业围绕着商业中心和居住邻区，使工作地点和必要设施靠近住家。②商业中心以分层次方式进行规划。在第一期地段内的新商业中心同时为园区和整个苏州市服务，在第二期和第三期地段内的卫星镇中心为个别的卫星镇服务，所有三个地段内的邻里中心则为邻里居民服务。③第一期地段内独特的新商业中心及第二期和第三期地段内的卫星镇中心加强了苏州市的中心轴线设计。这条轴线起于河西新区中心，经过古城的心脏区，连接苏州工业园区第一期、第二期和第三期的中心。④规划也包括一个分层次的公路网络，结合现有的公路系统，并进行小规模修改，以提供高效率的交通网络。贯穿公路将和居住区内的公路分开，以减少对居住环境的干扰。⑤适当分配绿色户外空间，以创造一个高素质的居住环境。⑥保留足够的土地，以用于建设公用设施，支援新区。⑦保留现有的湖泊和主要河道，以突出苏州"水城"的特色，并提供赏心悦目的景观。⑧提供全面的

教育和社区设施，如体育设施、小学和中学、公园、医院、文化娱乐中心等，以支援各个邻区和整个园区。苏州工业园区的拟议结构图，目的在于指导这个现代化园区进行具体发展，让它能与现有的城市相结合，成为一个高效率的城市实体，同时具备良好的居住和商业环境。规划概念是向东建造一个适当的城市格局，并充分与历史古城结合，以平衡苏州市的线性发展。

虽然一些概念现在已经成为人所共知的，但是在当时是十分超前的理念，尤其是对环境保护、居民服务设施和基础设施的重视，成为后来招商引资的重要优势资源，也是苏州工业园顺利实现产业结构升级，向高科技和现代服务业发展的重要支撑。

规划中的苏州工业园区将发展成三个独特的实体。第一期地段：新式和现代的商业中心。拥有平衡的居住和工业用地。这个新商业中心将提供现代化和高素质的商业空间，以适应将来蓬勃发展的经济活动，避免古城过度拥挤和大规模的重建。这将确保这个古城原址仍被保留为苏州传统的行政和文化中心。第二期地段：科技中心。利用水域沿岸的环境和翠绿的景色，提供一个从事研究及开发活动的高科技工业园，以及具有高素质湖滨住屋的优良环境。第三期地段：自给自足的新镇，用于用地较广的轻工业。在这个地段内也会保留一些土地以建设主要的公用设施和基础设施。

苏州工业园区规划采用了新加坡的发展经验。这70平方公里的地段（包括7.2平方公里的金鸡湖）将被划分成3个卫星镇，总人口将达60万人。必要时，园区继续向东部扩展。这3个自给自足的新镇以下面的方式划分：天然/人工特征（如河道、湖泊和高速公路）作为各镇之间的边界，容易辨认。每个镇区的特色，如第一期地段靠近古城，第二期地段拥有优美的湖畔环境，第三期地段拥有广阔的土地。每个自给自足的新镇的人口为10万~30万。拟建的苏州工业园区结构图的主要规划参数总结见表5-12。

表5-12　拟建的苏州工业园区结构图的主要规划参数

参数	第一期	第二期	第三期	合计
人口（人）	100 000	200 000	300 000	600 000
土地面积（公顷）	1 160	1 660	3 655	6 475
居住户数（户）	23 300	66 700	100 000	190 000
就业（占总人口的60%）	60 000	120 000	180 000	360 000

规划初期就进行了全面的人口和就业的估计及交通运输分析。

（1）人口。本研究假设这个新的苏州工业园区必须要能应付每年2.0%的人口增长需求。苏州工业园区人口增长情况见表5-13。

表5-13　苏州工业园区人口增长情况（单位：人）

年份	人口	累计增加
1992	857 134	

续表

年份	人口	累计增加
1995	909 597	52 463
2000	1 004 269	147 135
2005	1 108 794	251 660
2010	1 224 198	367 064
2015	1 351 614	494 480
2020	1 492 291	635 157

据此估计，拟建的苏州工业园区必须能够容纳 60 万人口。基于新加坡的经验，这样的人口总数，足以维持一个提供更多全面设施的区域中心。

（2）就业。本研究假设参与劳动者总数占总人口的 60%。在这些参与劳动者当中，60% 从事工业，25% 从事服务业（即办公室职员、零售业员工、酒店和其他金融服务业员工等），其余 15% 则从事其他领域的工作（如交通/通信、公用事务、建筑和其他服务）。

（3）交通。①公路交通。运输系统对城市具有重要的功能：它能满足所规划的交通需要，为城市的每个部分提供适当的交通；它有助于指导地区发展，使交通便利的地区能进行高密度发展，从而让其他低密度地区得以保留。它占据的土地面积比例相当大，而且会影响环境。苏州工业园区的运输系统在规划下将能容纳区外交通（来往苏州和其他城市之间）和区内交通（在园区和现有城市内）的最高流量。通过细心的布局，居住区和公共设施的环境也受到保护以免受过境交通的影响。在概念上，区外交通将由现有的 312 国道、加宽和重新定线后的机场大道、沪宁高速公路、苏杭高速公路及现有的东环路提供。园区内的交通则是由两条绕过金鸡湖，并横贯东西穿过整个园区的主干大道，以及其他相距 1.5 ~ 3 公里的南北干道提供。这些主干大道将连接主要的商业中心，以提供最便利的交通，并减少不必要贯穿居住区的交通。公路的设计也将照顾到能配合城市环境的自行车道。在远期，自行车道的一部分在有必要时可成为另一条汽车道，以应付可能增加的汽车交通流量。道路系统的适当设计，配合良好的交通管理，可使交通更为畅通，以充分利用公路基础设施。②铁路交通。未来可能也需要一个快速大众交通（轻轨列车）系统，以便在最繁忙的路线上载送每天大量的人流，特别是运载来回古城和第一期核心地带的人流。苏州总蓝图在修订时，也提出了一项轻轨列车路线计划，以供进一步的研究。在古城和第一期商业核心区内，轻轨列车的轨道可建在地下，在这些地区之外则可建在地面，经过保留的公路地段，从而可节约成本。③水路交通。目前苏州工业园区内有 5 条 8 级航道和 2 条 5 级航线。为了使园区能提供更好地对外水路交通，现有的青秋浦（8 级）被建议提升至 5 级，这样就能更好地联系另外两条 5 级航道（吴淞江和娄江），这两条航道分别连接上海、太仓和常熟。因此，在苏州工业园区东南角的河港也可获得这些航道的辅助，对运输和旅游功能起到了极大的提升作用。

（二）坚持按土地利用规划和城市发展总体规划管地、供地和用地

（1）工业用地注重投资强度，严控污染项目商住用地，注重环境营造，适当提高容积率；

（2）实行商住用地长期拍卖供地、短期租赁建设等办法；

（3）工业向园区集中、人口向社区集中、住宅向镇区集中；

（4）"清淤、治水、取土、扩地"相结合的土地高效管理和综合开发利用新模式；

（5）每平方公里基础设施平均投资强度达 4.8 亿元；

（6）首期容积率达 1.1，接近新加坡中心城区水平；

（7）每平方公里工业用地投资强度达 17 亿美元、工业产值达 137 亿元；

（8）投入产出水平居全国开发区前例，初步走出了一条紧凑型、集约式的城市化发展之路。

第三节 海岸带工业园区分类遴选方法

一、遴选标准

横向经验借鉴标准——借鉴国内外各级别工业园区的投资建设过程和发展规模，比较其与辽宁海岸带工业园区发展的异同，为确定园区的用地规模提供参考。

支持力度标准——根据工业园区的发展级别确定政策支持力度，对国家级工业园区及"五点一线"中的五个重点工业园区适当放宽用地规模限制，在平均用地规模的指标上增加 50%，省级工业园区保持平均用地规模。

发展质量标准——根据工业园区现有主导产业发展态势和未来规划发展规模，依据单位面积产出密度、地区经济发展速度与规模等指标，结合产业用地需求计算用地规模大小。

发展限制标准——工业园区用地不占用基本农田、自然保护区、重点旅游资源区。现有已建成工业园区附近预留可建设用地面积较大的、用地条件较好的，可以根据其发展态势适当扩大用地范围；现有已建成工业园区附近预留可建设用地面积较小的、用地条件较差的，适当调减其用地面积。

产城统筹标准——根据城市发展的经济能力，适当增加经济基础较强城市内的工业园区用地规模，适当增加在重点城镇发展区域内的工业园区用地规模。

发展基础标准——以节约资源为目的，保留科学合理的已建成工业园区用地，清退不合理工业园区用地。

地形地貌标准——以自然的山川、河流、海岸等地貌走向为基准，参考路网和行政边界，确定工业园区边界走向。

二、遴选技术流程及结果

（一）目标区选择

从数量上，本规划确定的重点工业园区共 36 个，基于前期辽宁省沿海办确定的沿海 42 个重点园区目录，去除 5 个旅游类园区、1 个服务业园区（图 5-10）。以目前工业园区总体规划范围为目标区，在目标区中选择适合工业发展的地块，确定合适的工业园区面积。

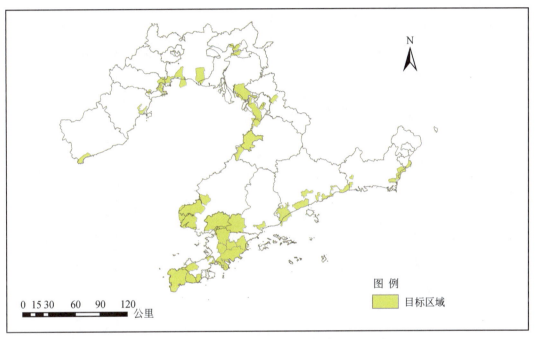

图 5-10　工业园区选择的目标区

（二）工业园区基本规模判断

根据国家发展和改革委员会发布的《中国开发区审核公告目录》（2006 年版），截至 2007 年初，全国 223 个国家级开发区平均规划面积为 10.13 平方公里，1346 个省级开发区平均规划面积为 5.64 平方公里，京津冀地区 86 个省级开发区平均规划面积为 5.04 平方公里，辽宁省 42 个省级开发区平均规划面积为 4.62 平方公里，海岸带涉及六市中国家级开发区平均规划面积为 8.95 平方公里，省级开发区平均规划面积为 4.64 平方公里（表 5-14）。

表 5-14　国家发展和改革委员会审核的工业园区规划面积（2006 年）

开发区名称	规划面积（公顷）	公告文号
大连经济技术开发区	2000.00	国土资源部公告 2006 年第 2 号
大连金石滩国家旅游度假区	1360.00	国土资源部公告 2006 年第 31 号
大连高新技术产业园区	1300.00	国土资源部公告 2006 年第 2 号
辽宁锦州经济开发区	1200.00	国土资源部公告 2006 年第 14 号
大连旅顺经济开发区	1014.00	国土资源部公告 2006 年第 12 号
辽宁葫芦岛经济开发区	900.00	国土资源部公告 2006 年第 27 号
辽宁长兴岛经济开发区	719.98	国土资源部公告 2006 年第 14 号
辽宁盘锦经济开发区	622.50	国土资源部公告 2006 年第 12 号
营口经济技术开发区	560.00	国土资源部公告 2006 年第 2 号
辽宁普兰店经济开发区	502.50	国土资源部公告 2006 年第 12 号
辽宁营口高新技术产业园区	500.00	国土资源部公告 2006 年第 8 号
大连金州经济开发区	490.00	国土资源部公告 2006 年第 8 号
辽宁锦州沟帮子经济开发区	464.42	国土资源部公告 2006 年第 29 号
辽宁葫芦岛杨家杖子经济开发区	451.50	国土资源部公告 2006 年第 29 号
辽宁瓦房店炮台经济开发区	430.30	国土资源部公告 2006 年第 12 号
辽宁锦州高新技术产业园区	415.00	国土资源部公告 2006 年第 16 号
辽宁营口南楼经济开发区	388.00	国土资源部公告 2006 年第 16 号
辽宁营口大石桥经济开发区	360.00	国土资源部公告 2006 年第 29 号
辽宁大连出口加工区	295.00	国土资源部公告 2006 年第 2 号
大连保税区	125.00	国土资源部公告 2006 年第 31 号
辽宁丹东前阳经济开发区	100.00	国土资源部公告 2006 年第 12 号
辽宁丹东东港经济开发区	100.00	国土资源部公告 2006 年第 8 号
辽宁葫芦岛高新技术产业园区	96.52	国土资源部公告 2006 年第 27 号
辽宁葫芦岛八家子经济开发区	74.00	国土资源部公告 2006 年第 27 号
大连甘井子工业园区	2.21	国土资源部公告 2006 年第 29 号

　　考虑各开发区年均用地增长情况及辽宁省工业园区的平均开发强度，至 2020 年，辽宁海岸带工业园区的平均用地规模应在 10~30 平方公里。

（三）遴选技术指标体系建立

　　根据遴选标准，综合国家各级开发区的建设开发经验，设立辽宁海岸带工业园区用地规模分类评价指标体系（表 5-15），将各工业园区指标按照指标体系的评价方式进行评分，然后根据评分标准划分各工业园区的用地规模指向（表5-16）。

表 5-15　工业园区用地规模分类评价指标体系

目标层	指标层	因子层	评价标准		评价分值	因子权重	指标权重
工业园区用地规模类别	支持力度	工业园区级别	国家级		9	—	0.23
			省级		5		
			地市级		3		
	发展质量	2011 年工业总产值	高于 50 亿元		7	0.06	0.20
			低于 50 亿元		3		
		单位面积工业用地产生工业产值	高于 20 亿元/平方公里		7	0.07	
			低于 20 亿元/平方公里		3		
		2007～2011 年 GDP 平均增速	高于 25%		7	0.07	
			低于 25%		3		
	发展限制	园区周边 5 公里范围内存在限制物	基本农田	有	3	0.07	0.22
				无	7		
			自然保护区	有	3	0.07	
				无	7		
			重点旅游资源地	有	3	0.06	
				无	7		
	产城关系	工业园区所依托城镇级别	核心城市		9	—	0.20
			都市区中心城市		7		
			一般城市		5		
			小城镇		3		
	发展基础	工业园区建城区面积	大于 5 平方公里		7	—	0.15
			小于 5 平方公里		3		

表 5-16　工业园区用地规模评价分类

评价得分	工业园区规模（平方公里）
7～9	20～30
4～6	10～20
1～3	5～10

（四）工业园区面积确定

根据各工业园区的规模指向，参考园区实际用地特征和周边自然地形、路网结构等因素，最终确定的工业园区用地规模见表5-17。

表 5-17　工业园区用地规模（单位：平方公里）

工业园区	用地规模
盘锦辽东湾新区	34.78
营口大石桥沿海新兴产业区	26.60
大连经济技术开发区核心产业区	26.04
营口经济技术开发区	22.87
大连旅顺南路软件产业带	21.92
锦州滨海新区	21.74
营口高新技术产业区	21.19
大连花园口经济区	19.95
盘锦化工材料产业基地	19.50
辽宁（营口）沿海产业基地	19.25
大连湾临海装备产业集聚区	17.99
大连新兴产业经济区	5.54
葫芦岛新材料高新技术产业基地	16.30
大连生态科技创新城	16.29
锦州龙栖湾新区	15.55
葫芦岛北港工业区	14.59
大连普湾新区	14.58
大连长兴岛经济技术开发区	24.23
大连瓦房店沿海经济区	16.40
葫芦岛打渔山泵业产业园	13.93
辽宁（大连）海洋经济产业区	13.92
营口北海新区	13.08
锦州凌海大有经济区	12.35
营口仙人岛能源化工区	12.11
辽宁（丹东）临港产业区	12.09
大连保税区主功能区	11.26
盘锦石油装备制造基地	10.99
丹东东港经济开发区	10.22
大连旅顺绿色生态经济区	9.85
葫芦岛东戴河新区	10.11
大连金州登沙河新区	9.43
丹东大孤山经济区	8.57
大连皮杨中心产业区	8.40
丹东前阳经济开发区	5.31
葫芦岛兴城临海产业区	3.69

工业园区	用地规模
大连循环产业经济区	11.40
对外合作预留区（花园口）	16.86
对外合作预留区（长兴岛）	12.46
对外合作预留区（普湾新区）	13.78

（五）工业园区具体位置确定的主要考虑

（1）长兴岛经济技术开发区：与港口区域联合布局，将工业园区置于主要港口的背后，在北部主岛的山体之间确定适宜建设的土地。考虑在南部岛屿建设化工园区的实际需求，将南部岛屿划出一定量用地。

（2）大连花园口经济区：园区北临丹大高速和201国道，区内有滨海公路贯穿其中，向东与庄河市区及丹东市连接。园区西部为对外合作预留区，北部有一定规模的城镇，不仅可以为产业集聚提供充足的用地，还可以形成良好的产城互动，支撑园区的发展。由于园区目前还处于初期发展阶段，已开发土地企业没有形成大规模集聚，可利用的土地较多，仅需在现有基础上稍向外扩展即可满足中期发展需求。在不侵占基本农田的限定条件和尽量减少对海洋生态环境影响的原则下，扩展用地以园区和城镇之间的滩涂和盐场为主。

（3）大连循环产业经济区：园区三面临海，北部以滨海公路为界，滨海公路以北为大片的基本农田。园区以现已开发的土地和沿海滩涂为主，进行少量填海，尽量减少对海洋生态的影响。

（4）大连经济技术开发区核心产业区：大连经济技术开发区经过较长的发展，已经趋于成熟，可利用土地已经不多。核心产业区西部为大片建成区，西部为山体，不适宜开发建设。因此，产业区需要进行产业升级（田明和樊杰，2003），引入高端产业，并使有限的土地发挥更大的价值。

（5）大连保税区主功能区：大连保税区的起步区已经几乎没有可以利用的土地，今后产业发展的空间只能以北部的主功能区为主。北部的主功能区需要整合分散的产业用地，使土地资源能够得到更好的利用。

（6）大连旅顺南路软件产业带：该产业带位于山体和海洋之间的狭长地带，东部是大片的城市建成区，南部和西部山地开发利用的难度较大，因此，可以利用的土地资源不足。该产业带发展应提高土地利用强度，并逐步对现有产业进行升级。

（7）大连旅顺绿色生态经济区：原有规划面积显然过大，不仅侵占了大量的基本农田，而且包括了大片不适宜开发利用的山地。过大的规划范围不利于产业的集聚和产业集群的形成，也给产业配套带来困难。本规划区在现有产业比较集中的旅顺中部地区，没有侵占基本农田，且周围有较好的城市配套，邻近港区，有利于产业的发展。

（8）大连湾临海装备产业聚集区：原规划为南北两个片区，但紧邻大连湾的南部片区发展条件更为成熟，是近期和中期发展的重点片区。该片区目前仍有大量的空间可以利用，加上园区东部有狭长的地块，其在工业区和海港之间，比较孤立，不适宜作为大规模的居住区或者旅游岸线，因此，纳入园区中即可以满足中期发展的需求。

（9）大连生态科技创新城：目前产业零散分布在202国道沿线附近，发展后备土地资源充足，规划以202国道为界，在其北部发展，利用以后镇区的城市服务设施。

（10）大连金州登沙河新区：距离登沙河镇区很近，园区周围村庄密集，农田较多，沿海区域可供大规模开发的产业用地并不多。园区目前已经平整好的土地仍有大片未开发利用，且周边有多个产业区形成竞争关系，因此，规划期内应以平整的土地利用为主，不宜大规模扩大规划范围。

（11）大连皮杨中心产业区：园区南临皮口港，北靠皮口镇，形成城镇-园区-港口相互促进的空间格局。由于港口与城镇之间的可利用土地不足，皮口港作为未来重点发展的港口，需要有一定的空间作为配套和产业发展用地，需要进行一定规模的填海造地。

（12）大连普湾新区：主要由普兰店经济开发区、松木岛化工园及对外合作预留区三个部分组成。新区周边分布大片的基本农田，并不适宜大规模扩张产业用地。普兰店经济开发区依托普兰店老城区发展，有较好的城市配套设施，松木岛化工园和对外合作预留区离老城区较远，配套设施不足，两个区块区位邻近，可以共享服务设施，同时产业上形成互动，共同打造特色突出的产业集群。

（13）大连瓦房店沿海经济区：园区距离瓦房店城区较远，目前几乎没有产业基础，需要较长的初期阶段才可能集聚大量的企业，且周边基本农田很多，现阶段应该在一定范围能集聚企业，形成一定的产业基础，因此，缩减原有规划的范围，仅保留滨海一块适合现阶段发展的区域。

（14）大连新兴产业经济区：园区位于庄河市区北部，在鹤大高速和城市一环路之间，与城市有效隔离，避免影响城市居民的生活。有完善的城市配套设施作为产业园发展的支撑，紧邻鹤大高速的出入口，为其提供良好的交通区位和运输条件。

（15）辽宁（大连）海洋经济产业区：园区位于大连的最东端，紧接丹东大孤山经济区，两个园区周边并没较大规模的城镇作为支撑，因此，两个园区需要共同打造，形成配套设施完善的产业区。由于在原有规划区域内目前并没有形成大规模产业集聚，在节约用地和尽量避免侵占基本农田的原则下，对原有规划范围进行缩减。

（16）锦州滨海新区：新区依托金州开发区，产业基础较好，东部紧临配套设施完善的城市建成区，南部为锦州港。新区产业空间需要向西、向北扩展，利用已有的城市配套设施，为锦州港的发展提供支撑。

（17）锦州龙栖湾新区：新区目前几乎没有产业基础，不需要向海洋水域扩展以满足发展需求，近中期产业在原有规划的陆域工业区发展即可。

（18）锦州凌海大有经济区：产业区目前企业较少，周围缺乏大的城镇提供生活配套服务，近期开发避免大规模填海造地，选择原规划开发条件较好的西北区块，主要依托已有产业的区域发展。

（19）辽宁（营口）沿海产业基地：产业基地现状产业主要零散分布于原有规划的西北组团，近期基地应依靠已有的产业基础，继续集聚产业，形成良好的产业氛围。西北组团的开发条件较好，其他区域现状为围海捕鱼区或盐场等，近期开发有一定难度，且该区域距离营口市区较近，可以借助市区的配套服务设施。

（20）营口经济技术开发区：开发区工业主要为邻近港口的临港工业区和城市东部的滨海工业区。临港工业区主要作为港口的配套区，西边即沈大高速和专用铁路，交通运输十分便利；滨海工业区不应侵占基本农田，因此，有一些属于基本农田的地块去除，该开发区位于沈大高速和城市主干道之间，沿城市主干道展开。

（21）营口高新技术产业区：产业园位于营口市区的西部，现有产业基础较好，下阶段应该在现有产业基础上提升产业结构，产业空间只能向西发展。

（22）营口仙人岛能源化工区：现状有一定的产业基础，但作为一个专业性港口，原有规划面积过大，且其北部不远处还有一个工业港口，应该留下生活性岸线，因此，对原有规划面积进行削减。园区以专业的石油化工港口为基础，后方紧邻沈大高速，拥有良好的集疏运条件。

（23）营口大石桥沿海新兴产业区：在现有园区发展的基础上缩小园区面积，保留园区发展态势较好的部分。

（24）营口北海新区：新区目前没有产业基础，周边产业园竞争较大，近期适宜在一定范围内形成产业集聚，因此，园区应在哈大高铁西部发展。

（25）盘锦辽东湾新区：新区目前土地尚未平整，且距离盘锦市区较远，配套设施缺乏，开发仍需时日，不需大规模地填海造地，因此，以原规划的石油化工区作为近中期发展的区域。

（26）盘锦石油装备制造基地：在现有园区发展的基础上缩小园区面积，保留园区发展态势较好、区位相对较优的部分。

（27）盘锦化工材料产业基地：在现有园区发展的基础上缩小园区面积，保留园区区位相对较优的部分。

（28）葫芦岛北港工业区：工业区位于港口附近，与疏港公路连接，运输条件较好。园区内虽现有一些企业，但预留的空间可以满足园区的发展，且周边是大片的城市建成区，园区不适合大规模地向外扩张。

（29）葫芦岛辽宁东戴河新区："五点一线"的重要支点之一，但其目前工业产业基础较弱，且未来可能以服务业和高科技产业为主，因此，工业区面积不宜太大，且不应占用新区宝贵的海岸线资源。

（30）葫芦岛兴城临海产业区：产业区距离兴城市区有一定距离，已平整好的土地现状产业较少，且周边产业区的竞争压力较大，因此，园区规模不宜过大，主要在滨海公路东侧发展即可，滨海公路可以作为其对外联系的通道。

（31）葫芦岛打渔山泵业产业园：基地位于铁路与沿海公路之间，交通运输条件良好。基地内现有一些企业，但规划已预留足够的发展空间，无须填海造地。

（32）葫芦岛新材料高新技术产业基地：基地以一条对外交通通道（海辰路）分为南北两个片区，北部片区紧邻城市建成区，可发展用地不多，南部片区现状产业很少，有足够的发展空间。对外联系的通道连接了京沈高速公路和102国道，使得基地有良好的交通区位条件。

（33）辽宁（丹东）临港产业区：位于辽宁海岸带的最东端，紧邻朝鲜。园区北部紧邻浪头镇区，为减少对居住区的影响，园区在已有开发区域向南部扩展，西部以浪大线为界。目前，园区已开发平整的土地仍有大量未建设空余用地，因此，向南部扩展的空间为中远期预留用地。

（34）丹东前阳经济开发区：开发区以 201 国道为界，其主要位于前阳镇区南部。将原有规划的几块工业用地整合，集中布置，减少对城镇居民的影响，同时有利于产生规模效应和集聚效应，形成产业集群。

（35）丹东东港经济开发区：开发区分为两片，北部区块距离东港市区相对较近，紧邻 201 国道，是城市对外联系的门户，区位条件良好；南部区块紧邻东港港区，作为东港的配套产业区。

（36）丹东大孤山经济区：园区目前处于起步阶段，未来需要较长的产业积累期，而其周边又有大量的基本农田，因此，在原有规划基础上，对其规模进行缩减，仅保留临海的一个区块。但园区可以与西部辽宁（大连）海洋经济产业区共同发展。

第四节　海岸带工业园区的发展规划

一、整体定位和目标

（一）发展原则

（1）集约开发。注意保护土地、节约用地、合理用地，提高土地集约利用率，强化土地利用总体规划，把重点产业园区规划纳入全省土地利用总体规划，提高产业用地的投资强度和建筑容积率，优先保障重大建设项目用地。控制好工业园区起步区面积，为大型项目预留土地资源。

（2）节约资源。有效处理产业开发与资源保护的关系，在充分考虑水、土地、能源和环境承载力等要素的保障条件下科学合理地确定产业规模。依据循环经济的理念，推行清洁生产方式，推进原料资源、副产品、废弃物的共生利用，促进形成低成本、低消耗、高效能、竞争力强的生态产业链条。

（3）协调发展。理顺海岸带各工业园区与整个地带的关系，实现空间协调发展；推进经济增长方式转变，促进工业经济与生态环境相互协调发展；通过工业化带动城镇化，通过城镇化促进产业的升级和持续发展，实现工业化与城镇化相协调；集中力量建设重点地区，做到重点突破与全面发展相协调；合理安排空间发展时序推进，保证近期与远期开发相协调。

（二）发展目标和功能定位

辽宁海岸带工业发展的目标是：到 2020 年，辽宁海岸带所有重点工业园区 GDP 达到

8000亿元，园区面积达到557平方公里，园区GDP占区域GDP的比重达到50%，综合类和专业类园区每平方公里工业产值达到30亿元，新兴潜力类园区每平方公里工业产值达到10亿元，重点工业园区成为辽宁海岸带发展的经济增长点。在未来更长一段时期内，重点工业园区蓬勃发展，面积逐步扩大，园区经济成为辽宁海岸带经济发展的绝对支柱，园区与周边城镇深入融合，真正达到产城一体化发展状态。

辽宁海岸带工业发展的功能定位是：国家级新型产业基地。依托大连、锦州、盘锦、葫芦岛、丹东等船舶修造、火车机车制造、汽车制造等产业基础，建设全国重要的先进装备制造业基地（贺灿飞等，2005b）；依托大连、盘锦、营口、锦州湾等地区石油炼化基地和石油储备基地，建设全国重要的原材料加工基地；依托大连国家级软件产业基地，建设环渤海地区信息产业中心；充分利用沿海优势，大力发展海洋渔业、海洋运输、海洋矿业、海洋能源、海水利用、海洋化工、滨海旅游等海洋产业，建设国家沿海新兴海洋产业发展先导区；结合辽宁海岸带在装备制造、原材料加工、信息产业、海洋产业方面的发展优势，共同打造国家级新兴产业基地。

（三）发展战略

（1）产业优势再造战略。走新型工业化道路，以打造重点产业集群为目标，提升地区创新能力，抓住国际产业转移机遇，积极吸引外资，引进国内外战略性企业，推动传统产业改造升级、战略性新兴产业加快发展、产业集聚发展。在巩固现有产业发展优势的基础上，重点壮大石油化工、机械制造、电子信息等产业，发挥近海、临港优势，培育临港产业、新兴海洋产业，大力发展高新技术产业，推进优势特色轻型工业的发展。

（2）重点园区引领战略。坚持产业、土地资源、生产要素向园区集中的原则，引导工业向园区聚集，以国家级、省级开发区等重点建设园区作为海岸带工业集聚的核心地区（金煜等，2006），推进集约用地、节约资源、保护环境、协调发展，培育壮大优势产业集群，鼓励采用低碳环保生产技术，建设生态循环型产业园区，依托重点建设园区打造辽宁海岸带新的经济增长极。

（3）产城一体化发展战略。坚持工业化与城市化相互促进发展的原则，科学合理布局工业园区，最大限度地利用现有城镇的基础设施和公共服务设施条件，将工业园区发展同区域城市化战略结合起来，实行工业园区、商贸区、生活区、休闲娱乐区等统一规划，功能配套，资源共享，打造产城一体的生产生活新格局。

二、重点园区空间布局

（1）合理安排园区用地规模。根据园区现有建设情况和未来发展趋势，结合周边园区建设经验，与城镇、生态、旅游等功能用地相配合，合理安排园区用地规模，有效利用岸线资源。到2020年，对大连长兴、辽宁（营口）沿海产业基地等级别较高、现有已建成园区集约度高、用地短缺且周边用地条件较好的园区，适当扩大园区用地规模，保持园区占地面积在30平方公里左右；对丹东大孤山经济区、辽宁（大连）海洋经济产业区等新规划建设园区，在保证一定投资强度和单位面积产出的条件下，将园区规模控制在 10 平方公里左右（图 5-11）。

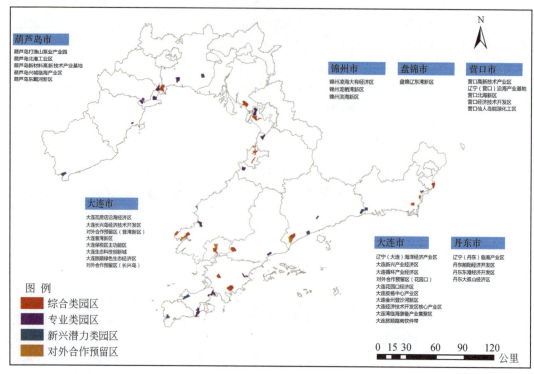

图 5-11　重点园区布局

（2）先期建设对外合作预留区。在大连花园口经济区、大连普湾新区和大连长兴岛经济技术开发区周边各预留约 10 平方公里的建设用地，进行对外合作预留区的先期建设。加大对外合作预留区投资建设力度，迅速提高其基础设施保障水平，营造良好的国内外地方经济合作环境。积极引进国外先进企业，大力拓展其与中方企业在节能环保、资源再利用、新能源开发、信息技术等产业领域的合作。

三、重点任务

（1）分类引导园区发展。按照集中布局的原则，主要进行重点园区的建设安排。按照重点园区的产业结构特色将所有园区分为综合类、专业类、新兴潜力类和对外合作预留区四类。综合类园区是辽宁海岸带工业发展的核心园区，园区规模大、级别高，重点以国家大型建设工程为依托，发展重大机械装备制造、高端冶金、新型石油化工等产业，打造辽宁海岸带龙头园区；专业类园区是巩固和提升辽宁海岸带传统优势特色产业的主要园区，重点发展轴承、泵业等特色机械制造、化工新材料、特种化学品、精细化工等高端石油化工产业，建设引领国家特色产业发展的优势园区；新兴潜力类园区是发展新兴潜力产业的示范区，重点发展临港产业、海洋产业、信息产业、再生资源产业等潜力型和战略性新兴产业，为辽宁海岸带建设国家新型产业基地注入新鲜血液；对外合作预留区是与发达国家和地区合作引进高科技产业，发展出口加工、对外贸易、服务外包等外向型产业（表5-18）。

表5-18　重点园区分类及用地规模

类别	园区名称
综合类	大连长兴岛经济技术开发区（24.2）、大连保税区主功能区（11.3）、大连花园口经济区（20.0）、大连经济技术开发区核心产业区（26.0）、大连普湾新区（14.6）、辽宁（营口）沿海产业基地（19.3）、营口经济技术开发区（22.9）、辽宁（丹东）临港产业区（12.1）、丹东东港经济开发（10.2）、锦州滨海新区（16.3）、盘锦辽东湾新区（34.8）
专业类	大连金州登沙河新区（9.4）、大连旅顺南路软件产业带（21.9）、大连皮杨中心产业区（8.4）、大连瓦房店沿海经济区（16.4）、大连湾临海装备制造业聚集区（18.0）、营口北海新区（13.1）、营口高新技术产业区（21.2）、营口仙人岛能源化工区（12.1）、葫芦岛北港工业区（14.6）、葫芦岛打渔山泵业产业园（13.9）、葫芦岛新材料高新技术产业基地（16.3）、锦州龙栖湾新区（15.6）、葫芦岛兴城临海产业区（3.7）、盘锦石油装备制造基地（11.0）、盘锦化工料产业基地（19.5）、营口大石桥沿海新兴产业区（26.6）
新兴潜力类	大连旅顺绿色生态经济区（9.9）、大连生态科技创新城（16.3）、大连新兴产业经济区（5.5）、大连循环产业经济区（11.4）、丹东大孤山经济区（8.6）、丹东前阳经济开发区（5.3）、锦州凌海大有经济区（12.4）、辽宁（大连）海洋经济产业区（14）、葫芦岛东戴河新区（10.1）
对外合作预留区	对外合作预留区（普湾新区）（13.8）、对外合作预留区（花园口）（16.9）、对外合作预留区（长兴岛）（12.5）

注：括号内数据为2020年用地规模，单位为平方公里

（2）分级实现园区目标。按照园区发展规模和产业层次的不同，确定不同级别的园区发展目标和定位。重点建设一批具有国家级影响力的产业园区，打造国家重要的装备制造、石油化工、能源、信息产业基地。积极支持辽宁（营口）沿海产业基地、盘锦石油装备制造基地等园区扩园升级为国家级产业园区。积极打造一批在环渤海及东北地区具有重要影响力的产业园区，重点发展特色装备制造、新型化工、节能环保技术、信息等产业。努力培育一批对本地经济具有支柱作用的产业园区，形成市域发展的重要增长极，解决本地经济发展和就业问题（表5-19）。

表5-19　不同产业园区的影响力级别

影响级别	园区
国家级	大连长兴岛经济技术开发区、大连花园口经济区、大连经济技术开发区核心产业区、大连保税区主功能区、锦州滨海新区、营口经济技术开发区、盘锦辽东湾新区、葫芦岛新材料高新技术产业基地
大区级	大连新兴产业经济区、大连旅顺南路软件产业带、大连皮杨中心产业区、大连普湾新区、辽宁（大连）海洋经济产业区、辽宁（营口）沿海产业基地、营口高新技术产业区、营口仙人岛能源化工区、盘锦石油装备制造基地、葫芦岛北港工业区、丹东东港经济开发区

影响级别	园区
地区级	大连旅顺绿色生态经济区、大连湾临海装备产业集聚区、大连金州登沙河新区、大连瓦房店沿海经济区、大连新兴产业经济区、大连生态科技创新城、锦州龙栖湾新区、锦州凌海大有经济区、营口大石桥沿海新兴产业区、营口北海新区、盘锦化工材料产业基地、葫芦岛东戴河新区、葫芦岛兴城临海产业区、葫芦岛打渔山泵业产业园、辽宁（丹东）临港产业区、丹东前阳经济开发区、丹东大孤山经济区

（3）提升综合类园区综合竞争力。综合类园区是辽宁海岸带工业发展的核心园区，要以国家大型建设工程为依托，重点发展大连长兴岛临港工业区、营口经济技术开发区、锦州滨海新区的大型机械装备制造、高端冶金、新型石油化工等产业，积极调整和优化园区内部功能，提高园区环境、投资强度的准入门槛，提高投入产出效率和资源综合利用程度，建设低碳循环型园区，提升园区综合竞争能力。积极支持辽宁（营口）沿海产业基地、葫芦岛北港工业区等园区扩园升级为国家级产业园区。

（4）提高专业类园区产业集群质量。专业类园区是巩固和提升辽宁海岸带传统优势特色产业的主要园区，要重点发展大连瓦房店沿海经济区的轴承产业、葫芦岛打渔山泵业产业园的泵产业、营口北海新区的电机产业、营口仙人岛能源化工区的石油化工产业、葫芦岛兴城临海产业区的新材料泳装产业等，努力扩大园区产业集群规模，争取提高本地生产配套率，打造高、精、专的特色产业集群，引进先进生产技术，增加园区产品附加值，适当合理开发园区周边适宜建设用地，扩大园区面积，建设引领国家特色产业发展方向的优秀园区。

（5）扩大新兴潜力类园区开发建设规模。新兴潜力类园区是发展未来新兴产业的示范区，担负着优化辽宁海岸带产业结构的重任，未来重点发展大连循环产业经济区的再生资源产业、大连生态科技创新城和葫芦岛东戴河新区的信息产业、丹东大孤山经济区的临港产业等。要加快新兴潜力类园区投资建设步伐，提高园区基础设施保障程度，营造良好的园区生产环境，高质量地进行招商引资工作，争取引进国内外知名的大型企业项目，集中力量建设环渤海地区信息产业中心、国家沿海新兴海洋产业发展先导区，提高辽宁海岸带产业发展层次，引领和带动东北地区乃至全国的新兴特色产业发展。

（6）巩固传统产业地位。装备制造业重点提高数控机床、基础设备、船舶制造、成套设备和交通运输设备等的制造水准（张同升等，2005），注重技术的引进、消化与自主创新。大连经济技术开发区核心产业区、大连瓦房店沿海经济区、营口经济技术开发区等园区在继续强化其制造基地优势的同时，要注重自主创新与成套配套能力的培育和重点行业的战略性重组，大连循环产业经济区、辽宁（丹东）临港产业区、锦州凌海大有经济区等园区则要积极引进重大项目，引导企业集中布局（王缉慈和童昕，2001），实现园区集约用地。石油化工产业要适应国际石油化工产业大型化、基地化和一体化的发展趋势，强化大连长兴岛临港工业区、锦州滨海新区、营口仙人岛能源化工区等园区的石油化工基地建设与全面协作，强化与中石油、中石油化工等战略型企业的对接，通过企业内部的分工协作来优化战略分工。原材料工业要加强区域间的产业整合，大力推进大连金州登沙河新区、营口经济技术开发区等园区的冶金、建材、化工等重点产业向集约化、高级化、系列化和高加工度化方向发展。

（7）加强新兴产业培育。海洋产业要增强自主创新和科技攻关力度，重点发展大连湾临海装备产业聚集区、大连普湾新区、葫芦岛北港工业区等园区的船舶、海洋工程装备等产品制造，提高船用设备本地配套率，积极推动以国有大型企业集团为主导的行业整合，发挥行业集群效应。电子信息及软件产业重点围绕大连花园口经济区、大连旅顺南路软件产业带、辽宁（营口）沿海产业基地等园区发展的新型平板显示、新一代通信网络、物联网、云计算、三网融合等产业领域，发展集成电路、半导体照明、数字视听、软件研发等高技术产业。依托大连英特尔等大型项目，重点发展 12 英寸和 8 英寸芯片制造、芯片封装测试产业，鼓励集成电路设备、材料、设计产业发展。表 5-20 为重点产业园区产业发展方向。

表 5-20　重点产业园区产业发展方向

园区名称	重点产业发展方向
大连长兴岛经济技术开发区	石油化工、船舶制造、装备制造
大连花园口经济区	新材料、电子信息、汽车零部件
大连循环产业经济区	再生资源产业、静脉产业和临港产业
大连经济技术开发区核心产业区	石油化工、装备制造、电子信息
大连保税区主功能区	能源运输、汽车等大宗商品物流
大连旅顺南路软件产业带	软件产业
大连旅顺绿色生态经济区	新能源、新材料
大连湾临海装备产业聚集区	核电设备、石油化工设备、修造船等大型临海临港装备制造
大连金州登沙河新区	装备制造、钢材深加工
大连皮杨中心产业区	服装纺织、临港物流、海珍品深加工
大连普湾新区	装备制造、船舶配套、电力装备和器材、化工
大连瓦房店沿海经济区	轴承等特色装备制造、纺织、节能环保
大连新兴产业经济区	装备制造、新能源、新材料
辽宁（大连）海洋经济产业区	装备制造、海洋产品深加工
大连生态科技创新城	工业设计与研发、创意经济、商务金融
辽宁（丹东）临港产业区	精密铸造、临港产业
丹东前阳经济开发区	纺织服装、现代商贸物流
丹东东港经济开发区	装备制造、再生资源产业
丹东大孤山经济区	化工、精密铸造
锦州滨海新区	石油化工、农产品深加工、光伏产业、汽车零部件制造
锦州龙栖湾新区	新能源、石油化工、轻纺
锦州凌海大有经济区	农副产品深加工、特种金属材料、通用航空产业
辽宁（营口）沿海产业基地	装备制造、电子信息、精细化工、钢铁深加工
营口经济技术开发区	矿产品深加工、精细化工、轻纺服装
营口高新技术产业区	船舶制造、纺织服装生产加工、装备制造、石油化工

园区名称	重点产业发展方向
营口仙人岛能源化工区	港口物流、石油化工
营口大石桥沿海新兴产业区	高端镁质产业、有色金属化工
营口北海新区	电机制造、船舶制造
盘锦辽东湾新区	海洋工程装备与船舶制造、石油装备制造、化工
盘锦石油装备制造基地	石油天然气装备制造、工程技术服务产业
盘锦化工材料产业基地	精细化工、塑料加工
葫芦岛北港工业区	新兴能源装备制造、海洋工程装备制造
葫芦岛东戴河新区	数字产业、高端装备制造
葫芦岛兴城临海产业区	以碳纤维、新型建材为主的新材料泳装开发与生产
葫芦岛打渔山泵业产业园	泵业及相关产业
葫芦岛新材料高新技术产业基地	化工、先进制造业

四、实施导则

（1）加强区域产业的分工合作，避免同质化竞争。产业同质化使得政府为保护自身利益，纷纷以行政手段制造区域壁垒，相互封锁，干预商品和生产要素的合理流动，人为地破坏了市场经济规则，导致辽宁海岸带各产业园之间形成激烈的竞争，本来成本导向的企业行为在追求地方利益的政府短期行为的干扰下，影响了产业链的分工和合作关系，整体联动效应的发挥受到极大抑制，各地区不能发挥各自的比较优势，从而降低地区的整体经济效益。利用沿海岸产业带各开发区规模与实力的梯度，积极发挥产业带内的扩散功能，通过各开发区间的相互借鉴，进一步促进资源的优化配置，促进整个产业带形成一个有机整体。产业合作与发展，应以观念创新为先导，以体制创新为保障，以资源整合为手段，以提升区域产业竞争力为方向（何曼青，2008），按照"政府推动、市场主导、点面结合、梯次推进、优势互补、合作共赢"的方针，构建功能清晰、分工明确、衔接紧密、优势互补的区域产业分工体系；实现基础产业协调发展、新兴产业共同发展、主导产业互补发展的区域产业结构；打造科学合理的区域一体化产业链。

（2）优化产业空间布局，集约、高效利用土地。要注意保护土地、节约用地、合理用地，提高土地集约利用率，控制好起步区面积，为将来的大型项目预留土地资源。要严格按照规划，确定合理的用地开发顺序。做到不早征用地，不多征少用，规划一片、开发一片、使用一片、收效一片，减少土地的闲置和土地的无规划随意开发。按规划要求，高标准地进行基础设施的配套开发，做到大配套一次到位，小配套围绕项目建设，减少重复建设。在引进项目时，不符合规划的项目用地，坚决不予审批。在土地开发控制中，引进区片容积率控制的概念，即对一个开发区片确定一个合理的容积率，一部分企业用地可以超过区片容积率，另一部分企业用地可以根据实际需要小于区片容积率，只要整个区片实际建筑容积率不超过规划容积率要求即可，这样就可以满足不同用地者的要求，使土地资产得到有效的利用和配置。

（3）集中建设大型石油化工、钢铁等产业基地，形成完整的上下游产业体系。中国目前正处在重化工业发展阶段，发展重化工业适合中国的国情，适合中国当前的经济发展水平和发达程度。石油化工、钢铁等重化工业需要集群式发展，并且需要完善的上下游产业配套，以实现规模效益。辽宁（营口）沿海产业基地、大连长兴岛经济技术开发等开发区都在走重化工道路，但是要依据港口的特点和优势，进行分工合作，形成错位发展。近年来，产业高级化和适度重型化的产业结构调整方向中尤其把适度发展现代重化工业作为全国各地加快发展、率先发展、协调发展的一项重要战略举措。重化工业需要通过集中投资，形成上下游一体化发展的石油化工产业模式，具备一定的规模效应，且资源优化配置，在最大程度上共享原料供应，从而有效地降低了石油和石油化工产品的生产成本，提高了产品的竞争力，而且有利于保护环境，降低成本，达到快速发展的目的。除此之外，重化工业园区要注意离岛布局，各企业之间要有相应的隔离带，要及早进行环境评价与管制，并制定科学合理的紧急预案。在工业园区内部生活区的选择上，要实现大型石油化工生产基地建设和生活基地的适度分离。

（4）坚持先规划后建设的原则，减少开发建设的盲目性和随意性。各产业园区要本着"先规划后建设、先地下后地上""执法从严""适度超前"的开发理念，把园区规划纳入科学化、规范化轨道。要严格规划管理，建立规划行政责任追究制，对违法规划审批、调整规划及其他违法行政行为，必须及时纠正并严肃查处，避免开发过程中出现盲目和随意的土地开发行为，造成产业园后期以零散地块为主，不易进行开发建设或产生高昂的拆迁成本，从而导致土地的粗放经营、闲置浪费等问题。因此，要进行科学合理的规划，并以规划为龙头，"让建设跟着规划走，而不是建设牵着规划走"，坚决执行规划，使这些科学合理的城市规划不仅造就城市建设的协调发展，也让这座新城成为和谐宜居的宜人之地，成为引进知名品牌企事业入驻发展的重要优势，进而能够促进园区快速发展。

（5）实施分期开发的策略，降低园区开发风险。在起步阶段，产业园区的选址不宜远离现有的城镇，要更好地发挥现有城镇的职能和作用，产业园区尽可能地利用城镇原有基础设施和社会服务功能，以达到节省投资、降低成本的目的。产业园开发初期将面临高负债风险、土地转让市场风险和土地转让价格风险。首先，开发区起步阶段大部分是靠开发贷款，股本结构是高负债；其次，开发出来的土地准备转让给外商投资企业，而外商能不能引来，完全是未知数，而且在没有项目入区的情况下，开发出来的土地闲置，其使用价值得不到实现，这种结果谁也没有把握完全避免；最后，尽管土地开发、基础设施建设投入的成本很高，但周围一片荒凉，不可能因投入高而形成级差地租，让外商按照理想的价格支付土地费，来此建厂、生产，成功的概率和困难可想而知。因此，产业园开发要循序渐进，分步有计划地实施开发，在产业园形成一定规模，具备一定的资金实力时再进行大规模的开发建设，避免资金链断裂而陷入困境。同时，产业园也应强化原有城镇的经济功能，实现工业化与城镇化的协调发展。

（6）强化对污染企业的监督管理，降低对生态环境的影响。辽宁海岸带是生态较为敏感的地区，因此，工业园区所制定的环境保护规划，将作为园区整体规划的一部分。环境保护需坚持"预防为主，防治结合"的原则，达到环境保护与工业园区开发同期规划、同步建设、同步发展。环境保护在开发区的首要任务是将所有的生活、生产污水送至污水处理厂进行二级处理，污水厂的出厂污水不排入园区的水体，避免加重现有水体的负担。在开发区工程启动的同时，绿化工作同步展开，特别是河道两岸、高压线走廊的部分、住宅区与工业区的空地部分。使园区内的绿化覆盖面积达到或超过所要求的环境缘化标准。在搞好园区环保工作的同时，以点带面，尽可能地帮助周围地区同步地搞好环保工作，以期最终使整个区域的大气、地表水达到国家要求的最高标准。对重大的项目坚持先进行环境评价，以确定对生态环境的影响，杜绝对生态环境破坏严重的工业产业。

（7）完善综合性产业园区生活配套服务设施，打造良好的生产和生活环境。已有的规模较大、职能单一的产业园区，要重视其综合经济职能的培育和发展，强调生产和生活服务业的协调发展，提高政府公共服务的水平和规模，改善人居环境。适当分配绿色户外空间；以创造一个高素质的居住环境。保留足够的土地；以用于建设公用设施，支援新区将来的发展。保留现有的湖泊和主要河道，并进行修整，以提供赏心悦目的景观。提供全面的教育和社区设施，如体育设施、小学和中学、公园、医院、文化娱乐中心以支援各个邻区和整个园区。但现有的距离较近、规模较小的专业性产业园区，要和城镇的发展充分整合，尽量做到产城组团式发展。

（8）园区尽量统一建设工业配套设施，实现规模效应，降低生产成本。园区的自来水厂、污水处理厂、供热、燃气及一些工业气体生产厂都需要大规模的生产才能盈利，因此，工业园区尽量能够统一为工厂进行配套，不仅能吸引优质的企业，而且有利于集中对废弃物进行处理，降低对生态环境的影响。

第六章　港口物流功能区

第一节　沿海港口功能与国内外经验借鉴

伴随世界经济的快速发展，各国（地区）经济联系日益密切，全球性资源流动日趋频繁。海洋运输业作为用以支撑国际贸易得以快速发展的主要交通方式，凭借其通过能力强、运输能力强且运费低廉的相对优势，自20世纪70年代以来，国际货物海洋运输贸易量日益增长，由1970年的26.05亿吨增长至2011年的87.48亿吨，增长了2倍之多，年均承载世界贸易总运量中80%以上的货物运输（图6-1）。从老牌发达国家海运贸易发展的重要性来看，美国海运贸易量占其货物贸易总量的比例达95%，在英国95%的对外贸易量也是通过海港而到达国际市场的，我国则为85%以上。海洋运输对世界经济的重要性，在2001年5月的联合国缔约国文件中也充分体现，并明确提出"21世纪是海洋世纪"。海洋运输发展水平不仅反映一个国家经济的对外联系和开放程度（罗龙，1990），也在一定程度上反映一个国家的经济发展高度。可见，海洋运输已成为人类社会发展的主要问题，受到各国各界的重视。

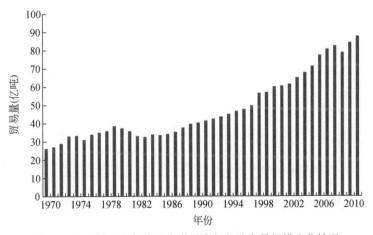

图6-1　20世纪70年代以来世界商船船队贸易规模变化情况

此外，伴随世界经济体系在全球范围内的重新布局分工，工业化、城镇化的持续发展，使得规模庞大的石油、矿产、粮食等重要战略资源日益呈现明显的流动性，目前庞大的国际海运量中，有40%~60%的货物为能源、矿产资源、粮食等重要的战略物资（图6-2），这使得海运业不仅是国际贸易的保障，更是关乎世界各国能源资源安全的重要保障。

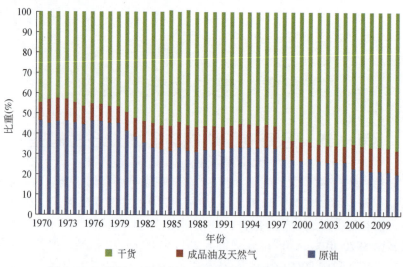

图 6-2 20 世纪 80 年代以来世界商船运输货物构成变化情况

目前,全世界规模较大的海港有 2000 多个。尤其是发展经济体,商船船队规模由 1980 年的 2.82 亿吨增长至 2011 年的 10.54 亿吨,载重规模增长了近 3 倍,成为世界海洋运输业迅速发展的主力军,占到全球总规模的 70% 以上（图 6-3）。就我国而言,工业化中期和城镇化加速发展的社会阶段,决定了社会建设与经济发展对海洋运输的偌大需求,尤其是经济较为发达的东部沿海地区,对能源物资、国际贸易的依赖度较大,海洋运输业对其发展意义更为重大。

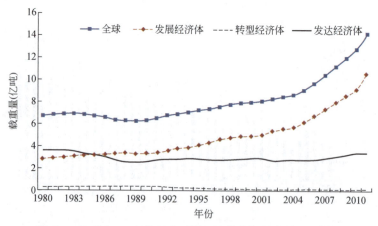

图 6-3 20 世纪 80 年代以来不同经济体商船载重量变化情况

一、沿海港口的功能与意义

（一）沿海港口优势

港口在国家、区域及城市经济发展中起着举足轻重的作用（蔡孝箴,1998）。加速港口发展已经成为越来越多的沿海城市发展的共识。当前全球财富的50%集中在沿海港口城市（郑弘毅，1991）。而全球35个国际化的城市中，有31个是依托港口发展起来的，其中列居前10名的城市几乎都是港口城市（王列辉，2010）。随着全球经济一体化步伐的不断加快，港口对区域经济发展的拉动作用将会越来越明显（常冬铭等，2007）。

1. 水陆交通运输和资源配置的重要枢纽

在现代交通运输体系中，港口特别是沿海港口已经发展成为连接铁路、公路、水运、海运和管道交通运输方式的枢纽，是整个现代综合交通运输体系的核心。

就城市和区域经济长远发展而言，港口不仅仅是一种基础设施，更是一种重要资源。港口的优势，一方面在于它是水域与陆域的结合点，是水陆运输的枢纽，是货物通过水路进出的连接通道和运输方式的转换点；另一方面在于港口具有强大的资源集聚、配置和整合功能，它能吸引国内外大型企业在港区后方陆域配置资源，形成国际性、区域性加工基地和物流配送中心，吸引腹地优良资源在港区后方沉积，形成新的连接腹地的经济增长点，吸引城市优势资源向临港地带集中，通过枢纽的辐射和网络布局，推动港口所在城市产业资源向腹地配置，并形成更加科学合理的自然整合。港口对城市及区域经济的发展都起着非常重要的作用。

沿海港口建设对区域经济增长的积极影响表现在，港口的建设可以诱发经济的增长，城市可以利用港口的地缘优势，建设工业区，提升城市的竞争力和国际影响力。工业化时期区域经济布局的调整，使得交通基础设施成为经济建设的重点，从而驱动空间经济布局的调整，影响经济联系的区域方向，促进区域物流的优化，刺激相关产业的发展，带动区域经济协调发展。

2. 区域经济发展和产业结构布局的重要基地

港口从单纯的货物转运场所转变为产业发展的重要基地（黄顺泉，2011），沿海港口已经逐步成为推动区域经济发展的重要依托。一方面，由于高速发展的大量现代工业产业对大量外来原料、燃料和产品外销运输的需求，形成了一定规模的以港口为中心的临港产业区域（惠凯，2004）；另一方面，随着港口自身规模的扩大，形成了与港口相配套的各类港航相关产业。工业发达国家临港产业区域形成与发展的实践证明，当一个国家或地区在考虑钢铁、炼油、石油化工、金属冶炼及机械制造等现代经济产业结构布局与调整的过程中，既要解决生产过程中大量的进口矿石、能源和原材料等运输渠道问题，又要解决产品出口的交通运输与价格竞争优势问题（王缉慈，2002）。目前，世界上许多发展中国家也都通过对沿海港口的开发利用，形成了不同规模的临港经济区域，成为吸引国外资本和发展对外加工产业的重要基地。沿海港口及其周边临港经济区域的形成，有利于发展中国家进一步发挥本国自然资源和社会资源的相对优势，促进本国经济结构的调整，提高产品的国际竞争力。

日本是世界上将港口产业功能与区域经济发展进行成功结合的典范。第二次世界大战结束以后，日本把"贸易立国"作为国民经济发展的基本国策，大力发展临港工业，形成了临太平洋沿岸的若干个新兴工业区。在日本，第二次世界大战以后新建的14个大型钢铁企业全部集中在临港产业区，20世纪50年代建造和发展的石油化工工业也集中在太平洋沿岸地区的临港经济带。

现代港口国家在临港产业区的产业结构布局过程中，一般都比较注重发挥港口的资源配置功能，把整个产业的生产过程从原料进口到产品出口，全部集中在港口附近的临港产业区（安虎森，1998），这样就可以极大地缩短产品生产过程的运输周转时间，减少重复运输，提高生产效率，最终达到增强国际竞争力的目的。

3. 实施开放政策和吸引国际资本的重要窗口

在沿海港口及交通运输条件充分发达的地区划出特定的区域作为实施特殊关税政策的自由港区或自由贸易区，是20世纪中期以来世界各国普遍实行的一项经济政策。这对一个国家引进国外资本，扩大对外开放，发展国际贸易，促进经济繁荣起到了积极的推动作用。

在亚太地区，最早出现的自由港地区是中国香港和新加坡。这两个地区以港口为中心作为自由港的历史都已经超过了100年。

在西方欧美国家，规模较大的自由经济区是鹿特丹港自由经济区。在鹿特丹港，整个港区实行自由港政策，积极鼓励国内外资本在港口及其周边区域开发经营，形成了以港口为核心的保税仓库区域。整个港区共有500多个保税仓库，对各类商品在尚未被征收进口关税之前进行储存、加工和交易。

美国西海岸的重要港口——洛杉矶港和长滩港是现代美国对外贸易发展的重要进出口通道。围绕这两个港口所形成的高新技术产业区，为美国新经济发展形成了新的国际贸易出口加工区。

无论是西方工业发达国家还是大多数发展中国家，人们对港口的传统功能认识正在发生着深刻的变化。港口作为交通运输产业的一个重要组成部分，已经超出了产业功能范围，是一个国家或地区社会经济发展的重要社会性基础设施。

（二）港口发展历程

1. 港口经历了三代发展过程

世界港口发展大体经历了三代。第一代港口主要是海运货物的装卸、仓储中心，仅作为运输中心，承担着货物的运转、临时储存、发货等功能。第二代港口除了货物的装卸、仓储外，还增加了工业、商业活动，这些活动改变了港口不具备增值作用的局面，使港口成为具有使货物增值效应的服务中心。第三代港口适应国际经济、贸易、航运和物流发展的要求，随着信息技术的发展，使港口逐步成为国际物流中心。20世纪80年代以来，港口的功能出现了更广意义上的发展，尤其是物流和信息功能的加强，世界各大港口多数成为物流和信息中心，即第三代港口。

目前，按功能划分，世界主要港口中，第二代港口仍是发展的主流，但朝向第三代港口的转型已经开始，这是世界经济中的生产一体化、资产一体化、技术一体化、信息一体化和市场一体化的趋势使然（范剑勇，2004）。

第三代港口处理的主要货物是集装箱，服务的主要对象是班轮公司联盟，生产的特点是为货物流动、物流全程提供全方位高增值的服务；港口的范围进一步扩大，不仅包括港区、临港工业区，而且包括物流中心区；实现网络化的物流运输组织方式；以及通过电子数据交换系统进行信息传递等。国际物流中心是第三代港口的基本特征，也是港口功能拓展的方向（陈航，2009）。

2. 世界港口发展的新趋势

（1）港口功能多元化。第三代港口功能日趋多元化（苏德勤，1999），除了装卸运输功能外，大力发展物流功能、工业功能、商贸功能和信息功能等。功能的多元化已成为综合性港口生存和发展的基本条件。作为现代化的港口，过去港口那种单一的装卸功能已不能满足需求，必须向多功能方向发展。现代化的港口除进行传统的装卸作业外，还应具备存储功能和开辟保税仓库的功能，提供工业生产空间，建立船舶、车辆等配套体系、设施，同时也具备商务、信息与分运功能等。

（2）港口货物集装箱化。随着国际集装箱多式联运的开展，件杂货运输的集装箱化程度越来越高，集装箱海运量也越来越大。为了适应世界海运集装箱化的发展，能在未来的全球集装箱运输中占有一席之地，世界港口开始将其主要注意力放到集装箱码头的发展上，纷纷投资集装箱码头的建造和传统件杂货码头的集装箱化改造。集装箱的吞吐能力已经成为世界港口之间竞争最为重要的组成部分，集装箱吞吐量将成为衡量现代港口作用与地位的主要标志。

（3）港口泊位深水化。近年来，船舶出现了大型化发展的趋势，散货船大都在15万~20万吨，油船出现了50万吨的巨轮，集装箱船也向超巴拿马型发展。环球航线上的国际集装箱班轮也向第五代、第六代发展，深水泊位和深水航道就成为国际班轮未来主要船型对港口的要求。为了降低航运成本，近年来船舶大型化的步伐不断加快。仅以集装箱为例，目前4000~6000标准箱的船舶订造正处于高峰时期，载箱量为8000标准箱的船舶已经投入运营，10 000标准箱的船舶已经设计完成。这就必然要求集装箱主干线上的枢纽港航道、泊位水深超过15米。随着集装箱船向大型化发展，港口装卸设备的尺度不断加大，起升、运行的速度和功率逐渐增大，自动化程度也大大提高。同时，船舶大型化也要求港口有足够大的调头水域和陆域，宽阔的纵深及足够强大的系缆、防冲设施等相应的附属设备也逐渐成为航运业发展的重要保证。

（4）港口物流现代化。随着现代物流的兴起，港口作为国际贸易的最主要形式，在物流中的核心与枢纽地位愈发凸显出来。港口的发展正由传统的、单一的货物运输模式向第三方物流中心转变，提供全方位、高效的物流服务企业的快速兴起是港口发展的一大特色。在港口大力发展商贸物流业，拓展现代化物流分拨功能，形成物流分拨和综合运输服务中心已成为世界港口新的发展方向。港口不仅是货物的集散地，也是一个物流中心、商贸交易中心。港口是国际物流供应链的主要环节（寇亚明，2005），能够提供快速、可靠、灵活的综合物流经营服务，同时现代港口便于海关对集装箱的监管及货物分拨等功能的实施。现代港口不再是传统意义上的水陆交通枢纽，它已成为支持世界经济、国际贸易发展的国际大流通体系的重要组成部分，成为连接全世界生产、交换、分配和消费的中心环节。

（5）港口工业规模化。现代港口所具有的完善物流功能，将使其成为大型临港工业的首选用地，而临港工业的发展与壮大必将成为港口最直接的最有保证的货源。临港工业的发展规模越来越大。

（6）港口运输网络化。港口作为综合运输的枢纽及货物和旅客的集散地（吴永富，1997），在整个运输系统中起着举足轻重的作用。经济全球化、一体化使货物流动范围越来越大，速度越来越快，这要求现代化港口必须具备完善的海运、内河、公路、铁路、空中立体集疏运网络系统，水路与铁路、公路、航空、管道等运输方式形成方便、快捷的多式联运的综合运输网络，是港口综合运输枢纽得以充分发挥作用的关键。同时要为港口与腹地的通畅留有合理的、充分的、相配套的包括地上、地下和空中的空间。

二、国内外沿海港口开发案例

（一）临港工业促进了鹿特丹港发展

鹿特丹港位于鹿特丹市中心与北海之间，东西绵延约 40 公里，鹿特丹港早期的码头多建于新马斯河北岸，后扩展至南岸。港区建设以新航道为主轴，由上游向下游、由北向南、由东向西、由近市区向大海延伸，港池多采用挖入式，分布于主航道两侧。鹿特丹港货运量占全荷兰的 78%。

港区水深为 6.8～22 米，可以停靠从内河驳船到 50 多万吨的特大油轮等各类船舶。按功能分为集装箱、石油化工、煤炭、矿石、农产品、滚装船等专用和多用码头。

鹿特丹港凭借优越的地理位置得到迅速发展，自 1961 年港口货物吞吐量超过纽约港（1.8 亿吨）而成为世界第一大港以来，40 多年来一直保持世界第一大港地位，到 2003 年和 2004 年，新加坡港和上海港货物吞吐量分别超过鹿特丹港，目前鹿特丹港货物吞吐量居世界第三位、欧洲第一位。2005 年，鹿特丹港吞吐量达 3.7 亿吨，其中，散货吞吐量达2.6 亿吨（其中，矿石、煤炭、农产品等干散货吞吐量达 0.89 亿吨，原油、油产品等液体散货吞吐量达 1.71 亿吨），一般货物（包括集装箱）吞吐量达 1.1 亿吨，集装箱运输量达 930 万标准箱。鹿特丹港以化学品运输、集装箱转运为主，原油、石油产品和液体化学品几乎占鹿特丹港总货物吞吐量的一半。

鹿特丹港总面积自第二次世界大战后的 26.3 平方公里扩大至现在的 100 多平方公里，2005 年其总面积为 105 平方公里，其中，工业区面积为 52 平方公里。港区内共有 50 多个作业区，其中，集装箱码头作业区有 8 个，多功能码头作业区有 17 个，滚装码头作业区有 7 个，散货码头作业区有 20 个。

鹿特丹港临港工业发达，已经成为荷兰重要的工业区。炼油、化工、造船等工业主要是依托鹿特丹港发展起来的，形成了以炼油、石油化工、船舶修造、港口机械、食品等工业为主的临港工业带。

鹿特丹港临港工业的发展很好地贯彻了"城以港兴，港为城用"的思想。临港工业中，最大的是石油化工工业，占用了约 30 平方公里的土地，拥有壳牌（Shell）、英国石油（BP）、埃索（ESSO）、海湾石油（Gulf）和美国科氏（Koch）5 个公司的大型炼油厂，年原油加工能力达 8500 万吨以上，成为世界最大的炼油和石油化工中心之一。

鹿特丹港临港工业发达，形成了一条绵延 50 公里的沿河石油化工工业带，拥有 4 个世界级的精炼厂、30 多个化学品和石油化工企业、4 个工业气体制造商、12 个主要罐存和配送企业，主要生产合成橡胶、人造树脂、化纤原料、塑料、农药、化肥、油漆、颜料，以及日用精细化工产品。

鹿特丹港物流园区建在港区中心地带，园区内设有仓库，有现代化的信息与通信设施，以及现场办公的海关。在埃姆、博特莱克和马斯莱可迪港区建有 3 个大型物流园区即配给中心，三个物流园区占地面积约 2.62 平方公里。通过货物合理配置满足顾客需求和目的地国家的要求，许多大企业都在物流园区设有大型物流与服务中心，对到岸的货物进行组装、贴牌、重新包装、修理、存储等。许多来自亚洲的货物就是在这里进行"增值"后，被运往欧洲大陆。

临港经济的发展为港口提供充足的货源，对港口的多样化经营、专业化水平及港口效率提出更高的要求。同时，发达的临港工业促进了金融、贸易、保险、信息、代理和咨询等服务业的发展。

港口工业已成为鹿特丹港经济的重要组成部分，港区及其周围的产业目前已达到该地区产值的 50% 以上。临港工业区的发展已经成为鹿特丹港的主要组成部分。1995 年，鹿特丹港临港经济增加值为 227 亿美元，其中，港口直接产值为 72 亿美元，间接产值为 155 亿美元，直接产值和间接产值的比例为 1∶2.7。该地区有 11 万人从事与港口直接或间接相关的产业。预计到 2020 年，整个港口产业增加值将增长到 612 亿美元，平均每年增长 4%，届时直接产值和间接产值的比例为 1∶2.6，其中，港口依存产业将主要包括石油冶炼、化工、船舶工业、发电、食品饮料和废物回收业（废钢冶炼、塑料回收等），石油冶炼将占到总增加值的 50% 左右。

（二）日本三湾一海地区港口和临港工业发展

三湾一海指东京湾、伊势湾、大阪湾和濑户内海地区，这里是日本乃至全世界港口最集中的地区之一，集中了千叶港、横滨港、川崎港、东京港、名古屋港、大阪港、神户港等世界重要港口。

日本是港口经济充满活力和增长潜力的国家。从 20 世纪 60 年代，日本就开始了大规模的港口建设和整治工程。先后实施了 9 次港口建设计划，建成了较为完善的港口经济发展体系。近年随着经济全球化和亚洲各国主要港口竞争的日趋加剧，日本港口经济更加快了建设和发展的步伐（吴国付和程蓉，2006）。按照《港湾法》的规定，日本的港口分为特定重要港口、重要港口、地方港口和避难港 4 类。到目前为止，日本现有特定重要港口 23 个，重要港口 105 个，地方港口 936 个（其中包括避难港 35 个），共计 1064 个。

日本的临港经济以三湾一海地区最为典型和成功。20 世纪 60 年代，日本在三湾一海地区大规模建设港口、大力发展重化工业，兴建了一批密切联系的钢铁、石油化工、机械制造、汽车、造船等工业基地，为日本成为世界上最大的重化工产品生产国和出口国之一奠定了基础，推动了日本经济的发展和综合国力的增强。

日本三湾一海地区依托港口建设和海运物流，有效利用国内外资源，大力发展具有世界先进水平和规模效应的临港工业，建立了世界规模的产业中心，有力地促进了国民经济发展。该地区临港经济的发展体现出如下特点：

20 世纪 60 年代以来，日本开发三湾一海地区，港口进入大规模建设时期，各港纷纷建设深水港，以适应经济发展需要。东京湾内拥有六个重要港口，即千叶港、横滨港、川崎港、东京港、梗洋港和横须加港，六港几乎首尾相接，形成沿海岸向东南开口的圈形港口及工业城市群体。大阪湾、伊势湾、濑户内海的众多港口也纷纷崛起，在日本太平洋沿岸形成世界上最密集的港口群。港口建设特别是大量深水码头的建设，便于大型海运船舶的进出，为日本发展临港工业和与海运物流相联系的临港经济模式奠定基础。

临港工业规模化发展战略的实施可以有效降低成本，获得最大利润，三湾一海地区几乎集中了日本全国的石油化工、钢铁机械、建材造船等基础工业。该地区钢铁总量占全国的 96%，全国几乎 100% 的石油化工工业和造船业及绝大部分汽车工业都集中在该地区（李琳和杨田，2011）。

三湾一海的太平洋工业地带，不仅是日本也是世界工业最发达工业区之一。东京湾西岸的京滨工业带包括东京、横滨、川崎，在宽为 5 公里、长约为 60 公里的海岸带有 200 多家大型工厂企业，如日产汽车公司、IHI 株式会社、日本钢管公司、日本石油株式会社和三菱重工等跨国公司。东京湾东侧的京叶工业带建有两座大型钢铁厂、两座大型炼油厂、四座石油化工厂和三井造船等。以大阪为中心的阪神工业带分布在大阪湾，在宽为 1～3 公里的狭长带里，分布着 6000 多家工厂。

（三）美国的绿色港口活动

绿色港口，指港口在环境影响和经济利益之间获得良好平衡的可持续发展。在谋求港口良性发展的规划中，应积极稳妥地平衡协调经济发展和环境保护两者之间的统一关系，在注重获得经济效益的同时也要保护港口所在地区的生态环境，或者要把由港口建设和港口经济发展可能引起的破坏控制在最低程度，坚持港口、经济、生态环境的和谐发展，走一条可持续发展的绿色道路。纽约新泽西港务局和其他社会团体一直在坚定不移地维护着当地港口区域的土地资源、水资源、自然资源及植物、动物和人类之间的相互关系和整个生态系统的平衡，走出了一条可持续发展的道路。

美国港口当局意识到，预期贸易增长的能力取决于增长本身带来的环境质量负面影响制约（特别是对空气质量的影响）。在此背景下，洛杉矶港和长滩港拥有一个共同目标，那就是将港口营运中产生的大气污染物降低到政府规定的范围之内。美国洛杉矶-长滩两港联合实施的"圣佩德罗湾洁净空气行动计划"，就是要加快减少圣佩德罗湾港区货物运输和装卸所产生的空气污染，加大投资，发展洁净技术、开展监测和跟踪评价、实施港口环境空气洁净计划，持续改善环境空气质量，以满足经济与环境的协调发展。此外，纽约–新泽西两港联合实施的"洁净空气措施和港口空气管理计划"也是绿色港口活动的一部分。

（四）深圳港的发展促进了深圳的发展

深圳港位于珠江口以东，南海大亚湾以西的深圳市两翼，分为西部港区和东部港区，拥有蛇口、赤湾、妈湾、大铲湾、东角头、盐田、福永、沙鱼涌、内河 9 个港区。港口水域面积为 106 平方公里，陆域面积为 16 平方公里，500 吨级以上泊位有 168 个，万吨级以上深水泊位有 67 个，集装箱专用泊位有 42 个。码头岸线总长为 29.8 公里，泊位总长度为 30 343 米。2010 年货物吞吐量为 2.21 亿吨，在全国排第 10 位；集装箱吞吐量为 2251 万 TEU，保持世界集装箱港口第 4 位。

深圳港与深圳经济特区同步发展，从 1980 年建成第一个泊位开始，深圳用不到 30 年的时间，从一个边陲小镇逐步发展成为世界第四大集装箱港口城市，从只拥有几条小渔船发展成为挂靠近 170 条国际班轮航线的港口枢纽城市。改革开放之初，深圳没有港口，经济处于起步发展阶段。随着港口的建设，深圳经济得到了飞速发展。而经济的发展，也很好地促进了港口的建设。在港口建设的同时，深圳就着手对港口区域发展进行了规划，基本是按照前港后厂的模式进行布局。例如，盐田、蛇口，都是前面是港口后方是工业区，以适应对外加工服务的需要。良好的建港及运作模式，使深圳港很快成为我国对外贸易集装箱吞吐量最大的港口之一。深圳港航业每年不仅为深圳贡献了约 200 亿元的直接经济效益，其对经济的间接贡献为港口的直接经济效益的 3 ~ 4 倍，港口产业体系已成为深圳社会经济的支柱之一。2010 年，深圳市以港口为主的现代物流业增加值超过 700 亿元，占全市生产总值的 10% 左右，比全国平均水平高出 3 个百分点，成为深圳产业体系的强有力的支撑。深圳依托港口重点发展对外加工业和物流业，这两个行业均得到了飞速发展。深圳盐田港的后方，形成了深圳最大的工业生产加工区，即龙岗工业区和宝安工业区。物流业也逐步成了盐田区地税收入的最大行业。盐田港区相关经济活动每产生 1 元总产出，将会使深圳地区其他经济部门产生 1.43 元的间接贡献和波及贡献，总贡献即 2.43 元。同时，盐田港区为深圳地区创造了 15 万个以上的就业机会。

从深圳港口及港口经济的发展中，可以得出两点重要的启示：一是加快区域经济发展，必须充分利用港口的区位优势，利用水路运输运量大、成本低的特点（王海平等，2000），积极发展临港工业，吸引境内外资金在港口附近建立出口加工区或工业区。二是大力发展物流业，推动区域经济积极发展，把物流业作为支柱产业来培育，在为经济发展提供优质物流服务的同时，也为当地提供更多的就业机会，有效提高区域经济综合竞争力。

（五）宁波–舟山港一体化实现港口资源整合

宁波港是东部沿海主要的集装箱、矿石、原油、液体化工中转储存基地，华东地区主要的煤炭、粮食等散杂货中转和储存基地。宁波港①由北仑港区、镇海港区、大榭港区、穿山港区、梅山港区、象山港区和宁波老港区组成，是一个集内河港、河口港和海港于一体、大、中、小泊位配套的多功能、综合性的现代化大港。舟山港由定海、沈家门、老塘山、高亭、衢山、泗礁、绿华山、洋山8个港区组成。宁波港、舟山港作为浙江省两大支柱港口，处于同一海域，使用同一航道，拥有同一经济腹地，在自然属性上应该是一个港口，只是由于行政区域和管理体制，变成了两个港口。

宁波-舟山港资源整合，被业界誉为我国优化港口资源配置的一个里程碑，开创大港口发展新模式，为中国港口的改革和发展探索了一条新路。通过资源整合，实现了优势互补，发挥了各自的优势，加快了港口建设，建成了世界级港口群，提高了港口及城市的竞争力，宁波-舟山港的资源效益已经实现最大化。宁波、舟山共享航线资源，共用集疏运系统，实现了软硬件环境改善，走上了内涵式发展之路。

整合宁波舟山港口资源，加快推进两港一体化，不仅是应对长三角港口群之间的激烈竞争、提升浙江港口综合实力和国际竞争力的必然选择，也是宁波、舟山两市实现山海互补、协同发展的客观需要，对促进两市共同繁荣，推动浙江乃至长三角地区经济社会发展具有重大意义。

由于宁波地区深水岸线资源十分紧张，而舟山则有大量未开发的深水岸线资源，在两港一体化规划的布局上，势必侧重于舟山地区岸线资源的开发和临港产业的发展。目前，宁波-舟山港已经成为我国沿海吞吐量最大的港口，于2008年就超过上海港排名全国第一，2010年港口吞吐量达6.33亿吨，占全国沿海港口吞吐量的11.5%。有泊位数710个，其中，万吨级泊位有120个，码头长度为73 914米。

三、国内外港口物流经验借鉴

（一）港园城协同发展成为临港经济发展趋势

临港经济是以港口资源的开发、利用和管理为核心，港口城市为载体、综合运输体系为动脉、港口相关产业为支撑、海陆腹地为依托，并实现彼此协调、有机结合、共同发展，进而推动区域繁荣的开放型经济，是一个由港口开发、综合运输体系、港口产业等多种因素共同构成的有机体（吴传钧和高小真，1989）。世界上大多数港口城市都十分重视港口的发展，并制定以港兴城的发展战略，鼓励和扶持港口的发展，使港口成为这些城市不可分割的重要组成部分和新的经济增长点。同时，港口功能的实现也需要以强大的港口城市功能及港口腹地经济的发展为支持和依托（姜丽丽等，2011）。

（二）港口大型化、集中化发展

当前，全球船舶运输正朝大型化、集装箱化和专业化趋势发展，世界港口也往大型

---

① 自2016年1月1日，宁波港和舟山港合并为宁波-舟山港。

化、深水化方向发展。适应世界海运发展潮流，在深水岸线集中力量建深水大港，成为我国新一轮港口建设的重点。我国港口的集中化有两大类：一类是港口业务的集中化，主要是在集装箱业务上，越来越多的集装箱往枢纽港集中；另一类是港口资源的集中化。2002年，我国港口管理体制深化改革，部管港口下放地方，实行"一市一港"，直接引发同城港口合一，往往是一个地级市内的所有港口组合为一个港口，这种现象比较普遍。2004年后，出现了跨地级市的港口集中化，典型的有行政管理完全一体化的厦门湾港口组合、宁波-舟山港组合、广西沿海港口合并为"北部湾港"。

（三）绿色港口发展理念

随着低碳经济时代的到来，今后国际港口的竞争不仅仅是码头资源、服务质量的竞争，也是碳生产率的竞争。当前，我国很多港口都在研究制定"绿色低碳计划"，加快内部调整，挖掘潜力，提高核心竞争力，实现港口安全高效节能环保生产。

自20世纪末提出第四代港口以来，港口的概念及发展内容得到进一步拓展，并形成共识。第四代港口应是绿色港口、科技港口、协同竞争港口、供应链物流港口，是环境友好型、资源节约型港口；其发展必须满足港口经济发展与环境保护之间的协调性，在发展的同时节约资源、能源，注重环境保护与生态友好，并调整港区产业结构、合理规划产业布局，保障港口的健康可持续发展。因此，将环保理念贯彻于港口建设发展全过程并促进港口功能升级的绿色港口应运而生。

绿色港口倡导以绿色观念为指导，以建设良好的生态环境和高效的港口经济，建设高度生态文明的港口，实现港口及其腹地社会-经济-环境复合生态系统的整体和谐和可持续发展。将港口资源科学布局、合理利用，把港口发展和资源利用、环境保护有机结合起来，走能源消耗少、环境污染小、增长方式优、规模效应强的可持续发展之路，最终做到港口发展与环境保护和谐统一、协调发展；建设环境健康、生态保护、资源合理利用、低能耗、低污染的新型港口，在环境保护和经济利益之间获得良好平衡的健康可持续发展的港口。在全球能源危机和环境恶化的新形势下，建设绿色港口已成为国际港口界共同追求的发展目标。

第二节　辽宁海岸带海洋运输业发展特征

辽宁海岸带是我国东北三省和内蒙古东部地区重要的海上门户、环渤海地区的中心和东北亚经济圈的关键地带，毗邻黄海和渤海。辽宁沿海经济带与日本、韩国、朝鲜隔海邻江相望，面向经济活跃的泛太平洋区域；与俄罗斯、蒙古国陆路相连，是欧亚地区通往太平洋的重要"大陆桥"之一。近年来，伴随国家对辽宁海岸带地区资源开发与经济促进政策扶持力度加大，以及地方经济自身发展热情的持续高涨，海洋运输业发展迅速，尤其是航运业和港口业伴随社会经济发展大型化、规模化趋势日益突出。

一、海洋运输业发展概况

辽宁沿海经济带拥有沿海大陆岸线2920公里，占全国的1/8，占环渤海地区的1/2；宜港岸线 400 多公里，大部分为深水岸线；优良商港港址 38 处、渔港 77 处，形成了以大连、营口为中心，丹东、锦州、葫芦岛为两翼的海上交通体系。1985 年辽宁省共有沿海货运船舶 53 艘，载重为 6.25 万吨，完成沿海货运量约 271.5 万吨，货物周转量为 126 564 万吨千米。1985 年以后，辽宁省沿海货运船队有了长足的发展。在船舶吨位上，万吨以上船舶不断进入市场，形成了大、中、小吨位船舶并举的格局。伴随社会主义市场经济体制的逐步建立，封闭、垄断的水路运输格局逐渐改变；航运业向专业化、规模化方向发展，并由过去单一的杂货船向杂货船、散货船、油轮、液化气船、集装箱船等多种船型组成结构转变。

近年来，国家出台振兴东北老工业基地、辽宁沿海经济带发展政策之后，外商投资迅速增加，外资企业快速集聚，工农业产业开始稳步增长，对外贸易经济发展较快，为海岸带航洋运输业提供了充足稳定的货源。自 20 世纪 80 年代以来，辽宁省沿海港口码头建设步伐持续加快，沿海港口码头总长度由 1980 年的 13 082 米增长至 2011 年的 67 353 米，增长了 4 倍之多，沿海港口码头泊位数也由 134 个增长至 384 个（图 6-4），其中，万吨级港口泊位数也由 1990 年的 33 个增长至 2010 年的 153 个；沿海港口吞吐量由 1985 年的 4558 万吨增长至 2011 年的 78 374 万吨，呈现指数增长的态势（图 6-5）。

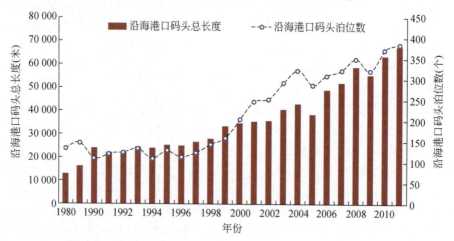

图 6-4　1980 年以来辽宁沿海港口码头总长度与泊位数变化情况

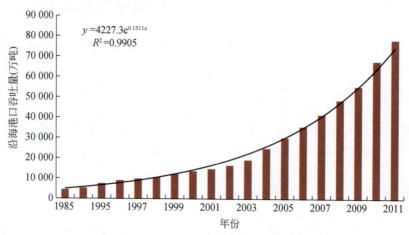

图 6-5　1985 年以来辽宁沿海港口吞吐量变化情况

集装箱吞吐量也由1994年的31.7万标准箱增长至2010年的969万标准箱，吞吐量由286.4万吨增长至2010年的15 666万吨（图6-6），其集装箱吞吐量占全国的比重呈现增长态势（图6-7），尤其是2005年以来，在国家扶持东北老工业基地发展政策与"五点一线"区域发展战略出台以来，对外贸易的快速发展推动了集装箱运输业的蓬勃建设，海岸带地区国际集装箱吞吐量比重占到全国的10%之多；截至2010年，全国22个亿吨级大港中有两个在辽宁省，分别是大连港和营口港，此外，海岸带地区同世界上160多个国家和地区建立起航运往来关系，承担东北地区70%的海上运输和90%的集装箱外贸运输。

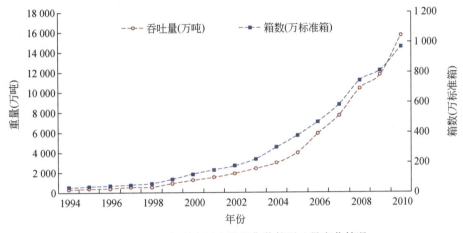

图6-6　1994年以来辽宁沿海集装箱吞吐量变化情况

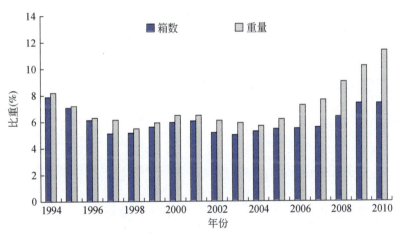

图6-7　1994年以来辽宁沿海集装箱吞吐量占全国的比重变化情况

二、港口发展概况

（一）沿海港口地位日渐显著

辽宁省沿海港口在全国沿海港口中占有重要的作用，其吞吐量占全国的比重在10%以上，近年来出现了逐年增加的趋势，在全国的地位和作用不断提高。2000 年沿海 6 港的货物吞吐量占全国沿海规模以上港口货物吞吐量的 10.88%，到 2010 年起比重上升至12.39%，增加了 1.51 个百分点，表明辽宁沿海港口吞吐量增长速度快于全国的平均水平。各港口货物吞吐量在全国所占比重有升有降，大连港比重降低，由 2000 年的 7.23%降至 2010 年的 5.72%；营口港、锦州港、丹东港所占比重逐年上升（表 6-1）。2005 年，按货物吞吐量排序，大连港在全国沿海港口中排第 6 位，营口港排第 14 位；2010 年，按货物吞吐量排序，大连港排第 6 位，营口港排第 9 位。营口港排位上升较快。

表 6-1　港口占全国沿海港口的比重（单位：%）

年份	全省	大连港	营口港	丹东港	锦州港	盘锦+葫芦岛
2000	10.88	7.23	1.77	0.44	0.80	0.64
2001	10.40	7.04	1.77	0.42	0.78	0.40
2002	9.94	6.51	1.80	0.39	0.84	0.39
2003	9.63	6.27	1.99	0.35	0.85	0.17
2004	10.14	5.90	2.43	0.43	1.00	0.39
2005	10.32	5.84	2.57	0.51	1.03	0.37
2006	10.42	5.86	2.77	0.59	0.92	0.29
2007	10.72	5.74	3.14	0.67	0.91	0.26
2008	11.35	5.72	3.51	0.76	1.10	0.25
2009	11.68	5.72	3.70	0.86	1.11	0.28
2010	12.39	5.73	4.12	0.97	1.10	0.48

（二）沿海港口体系初步形成

截至目前，辽宁沿海港口共有 6 个，由东向西分别是丹东港、大连港、营口港、盘锦港、锦州港、葫芦岛港。近年来，沿海港口布局不断优化，港口通过能力和吞吐量规模持续增长，港口设施大型化、专业化的步伐也显著加快，基本形成了以大连港和营口港为主，锦州港、丹东港、盘锦港和葫芦岛港为辅的发展格局（表 6-2）。

表 6-2　辽宁海岸带各地区港口分布情况

沿海港口	港区
丹东港	浪头港区（内河港）、大东港区
大连港	寺儿沟港区、大港港区、黑咀子港区、香炉礁港区、甘井子港区、大连石化港区、和尚岛西区、和尚岛东区、北良港区、散矿中转港区、鲇鱼湾港区、大窑湾港区、庄河港、皮口港、旅顺新港、长兴岛港区
营口港	营口老港区（河口港）、鲅鱼圈港区、仙人岛港区

沿海港口	港区
盘锦港	河港区
锦州港	笔架山港区
葫芦岛港	老港区、柳条沟港区、绥中港区

到 2010 年，沿海港口共有各类生产性码头泊位 353 个，其中，万吨级以上生产性码头深水泊位有 166 个，码头总长度为 63 844 米，货物综合通过能力为 47 349 万吨，集装箱通过能力为 667 万标准箱。大连港共有各类生产性码头泊位 204 个，其中，万吨级生产性码头深水泊位有 82 个，货物综合通过能力为 25 987 万吨，集装箱通过能力为 370 万标准箱，分别占全省相应总量的 57.8%、49.4%、54.9% 和 55.5%；营口港共有各类生产性码头泊位 69 个，其中，万吨级生产性码头深水泊位有 44 个，货物综合通过能力为 13 243 万吨，集装箱通过能力为 193 万标准箱，分别占全省的 19.5%、26.5%、28.0% 和 28.9%。大连港和营口港占全省港口基础设施和能力的 80% 左右（表 6-3）。

表 6-3　2010 年辽宁沿海港口码头和泊位数

项目	生产性码头泊位情况			综合通过能力	
	码头长度（米）	泊位个数（个）	其中：万吨级（个）	货物（万吨）	其中：集装箱（万标准箱）
丹东港	4 814	33	16	1 792	20
大连港	34 976	204	82	25 987	370
营口港	15 009	69	44	13 243	193
盘锦港	1 523	11	0	485	
锦州港	5 375	20	18	4 397	84
葫芦岛港	2 147	16	6	1 445	
合计	63 844	353	166	47 349	667
全国沿海规模以上港口合计	595 483	4661	1293		

（三）港口专业化分工日益深化

辽宁海岸带 353 个生产性泊位中，共有专业化的煤炭、原油及成品油，液体化工，金属矿石，散装粮食和集装箱等码头泊位 152 个，占泊位总数的 43.06%，尤以能源运输为主，码头泊位数达 72 个，为海岸带地区工业化发展提供了必要的能源支撑，也为地区对外贸易发展提供了平台依托，为地区经济发展提供了坚实的物质基础。截至 2010 年底，各港口码头和泊位数详见表 6-4。

表 6-4 2010 年辽宁海岸带地区各港口专业化泊位分布数量

生产用泊位		沿海合计	丹东港	大连港	营口港	盘锦港	锦州港	葫芦岛港
专业泊位	集装箱	26	2	13	7	0	4	0
	煤炭、原油及成品油	72	2	42	11	7	6	4
	金属矿石	4	1	1	2	0	0	0
	液体化工	13	0	10	2	0	1	0
	散装粮食	8	2	5	1	0	0	0
	客运	10	0	3	0	0	0	7
	汽车、客货滚装	19	1	17	1	0	0	0
	小计	152	8	91	24	7	11	11
通用散货		39	6	15	8	1	8	1
通用件杂货		109	14	54	36	0	1	4
客货		48	5	43	0	0	0	0
多用途		4	0	0	1	3	0	0
其他泊位		1	0	1	0	0	0	0
合计		353	33	204	69	11	20	16

从专业化的角度来看，辽宁海岸带地区基本以大连港为综合性干线港，作为外向型主导港口，重点以附加值较高的集装箱、商品汽车滚装、客货滚装为主要货源；以营口港、锦州港为支线港，作为内向型配置港口，重点发展中低附加值的集装箱为主要货源；以丹东港、盘锦港和葫芦岛港等港口为专业化喂给港，重点发展煤炭、金属矿石、散装粮食、成品油等货源，服务地区经济发展。但从各港口区位熵情况来看，大连港、营口港、锦州港 3 个港口货物种类基本都是以集装箱、原油、成品油、液体化工、煤炭、通用散货、通用件杂货等为主要货源，说明各区内产业结构趋同现象严重，区域发展缺乏合理的产业分工，各城市的主导产业基本相似，处于无序恶性竞争状态（表 6-5）。

表 6-5 2010 年辽宁海岸带地区各港口区位熵

项目	丹东港	大连港	营口港	盘锦港	锦州港	葫芦岛港
集装箱	0.82	1.27	1.38	0.00	2.72	0.00
煤炭	1.78	0.58	0.85	0.00	0.00	7.35
金属矿石	2.67	0.43	2.56	0.00	0.00	0.00
原油	0.00	0.87	0.43	0.00	4.41	3.68
成品油	0.20	1.09	0.85	4.16	0.98	0.00
液体化工	0.00	1.33	0.79	0.00	1.36	0.00
散装粮食	2.67	1.08	0.64	0.00	0.00	0.00
客运	0.00	0.52	0.00	0.00	0.00	15.44
商品汽车滚装	0.00	1.15	1.71	0.00	0.00	0.00
客货滚装	0.67	1.62	0.00	0.00	0.00	0.00

续表

项目	丹东港	大连港	营口港	盘锦港	锦州港	葫芦岛港
通用散货	1.65	0.67	1.05	0.82	3.62	0.57
通用件杂货	1.37	0.86	1.69	0.00	0.16	0.81
客货	1.11	1.55	0.00	0.00	0.00	0.00

从各港口吞吐量所占比重来看，2010 年，大连港共完成货物吞吐量 31 399 万吨、外贸吞吐量 10 830 万吨、集装箱 526.25 万标准箱和旅客吞吐量 611.96 万人次，分别占全省总量的 46.2%、64.3%、54.3% 和 97.0%。营口港完成货物吞吐量 22 579 万吨、外贸吞吐量 4868 万吨、集装箱 333.84 万标准箱和旅客吞吐量 4.75 万人次，分别占总量的 33.2%、28.9%、34.5% 和 0.8%。由此可见，辽宁省沿海港口吞吐量主要集中在大连港和营口港（表 6-6、表 6-7）。

表 6-6　2010 年各港口货物吞吐量

项目	货物吞吐量（万吨）	外贸吞吐量（万吨）	集装箱（万标准箱）	旅客吞吐量（万人次）
丹东港	5 343	454	31.97	13.96
大连港	31 399	10 830	526.25	611.96
营口港	22 579	4 868	333.84	4.75
盘锦港	493	5	1.01	
锦州港	6 008	688	75.48	
葫芦岛港	2 129			
合计	67 952	16 845	968.55	630.67

表 6-7　沿海港口吞吐量（单位：万吨）

年份	辽宁省合计	大连港	营口港	丹东港	锦州港	盘锦港+葫芦岛港
2000	13 665	9 084	2 217	553	1 006	805
2001	14 841	10 047	2 520	592	1 110	572
2002	16 565	10 851	3 006	652	1 404	652
2003	19 365	12 602	4 005	708	1 707	343
2004	24 957	14 516	5 978	1 053	2 455	955
2005	30 208	17 085	7 537	1 506	3 003	1 077
2006	35 666	20 046	9 477	2 006	3 157	980
2007	41 613	22 286	12 207	2 610	3 515	995
2008	48 768	24 588	15 085	3 286	4 723	1 086
2009	55 513	27 207	17 603	4 096	5 259	1 348
2010	67 952	31 399	22 579	5 343	6 008	2 622
2011		33 691	26 085	7 636	7 582	

（四）综合通过能力增长快速

2010 年与 2005 年相比，全省沿海港口各类生产性码头泊位增加了 57 个，增长了 19.3%；其中，万吨级以上生产性码头深水泊位增加了 57 个，增长了 52.3%。码头总长度增加了 19 923 米，增长了 45.4%；货物综合通过能力增加了 26 062 万吨，增长了 122.4%；集装箱通过能力增加了 379 万标准箱，增长了 131.6%。"十一五"期间，辽宁沿海增加的生产性码头泊位全部是万吨级以上生产性码头深水泊位，货物综合通过能力和集装箱通过能力成倍增加。

（五）港口带动了地方经济的发展

辽宁港口为沿海经济带和航运中心建设做出重要贡献。根据数据分析，2011 年，整个辽宁港口行业为社会贡献 GDP 约 858 亿元，直接和间接提供就业岗位约 156 万个。港口对拉动地区经济增长、带动相关产业发展、推动产业结构调整、创造就业机会、增加外汇收入、支持整个国民经济顺利运行的作用正日益凸显。随着一批大型专业化码头及疏港通道的建成投产，集装箱、管道、海铁联运等多种运输方式蓬勃发展，使港口对东北地区的运输服务能力显著提升。"十一五"以来，辽宁港口吞吐量迅猛增长。据统计，东北地区 85% 以上的海运货物和 90% 以上的外贸货物都通过辽宁沿海港口实现进出。特别是 2011 年，以实现大连港千万标准箱为目标，进一步加快了大连港集装箱运输发展，开辟并加密集装箱班轮航线，使得大连港 2011 年实现集装箱吞吐量 640 万标准箱，初步确立大连港区域性集装箱枢纽港的地位，提升了大连东北亚国际航运中心的服务保障能力。

三、与山东海洋运输业对比分析

辽宁省和山东省位于我国北部沿海，隔渤海相对，其港口发展有很多相似之处，基本上可以对照比较。目前，交通部重点统计的沿海规模以上港口辽宁省有四个，分别是大连港、营口港、锦州港和丹东港；山东省也有四个，分别是青岛港、日照港、烟台港和威海港。其中，大连港与青岛港都是各省主要港口，营口港与日照港对应，锦州港与烟台港对应，丹东港与威海港对应。

（一）港口发展总体比较

辽宁省作为东北地区的出海口，其港口的货物吞吐量与山东省的港口吞吐量比较相差很多。

1990～2000 年，辽宁省和山东省港口发展基本同步，其港口货物吞吐量稳步增长。1990 年辽宁省港口吞吐量为 5297 万吨，山东省为 4765 万吨，当时辽宁省港口吞吐量还高于山东省港口吞吐量。2000 年辽宁省港口吞吐量为 13 404 万吨，山东省为 13 753 万吨。

至 2010 年，辽宁省港口吞吐量为 65 329 万吨，山东省为 75 049 万吨，山东省港口吞吐量比辽宁省港口吞吐量多了近 1 亿吨。从年均增长速度看，辽宁省前 10 年增速较慢，后 10 年增速较快，山东省增速均高于辽宁省增速。1990～2000 年辽宁省港口吞吐量年均增长速度为 9.7%，山东省为 11.2%，山东省高于辽宁省 1.5 个百分点；2000～2010 年辽宁省港口吞吐量年均增长速度为 17.2%，山东省为 18.5%，山东省高于辽宁省 1.3 个百分点。

对比大连港与青岛港的货物吞吐量，大连港起步较早，在 2000 年前，大连港高于青岛港，2000 年之后，大连港货物吞吐量少于青岛港。1985 年大连港货物吞吐量为 4381 万吨，是青岛港 2611 万吨的 1.7 倍；2000 年大连港货物吞吐量为 9084 万吨，也高于青岛港的 8636 万吨。2000 年，在全国沿海港口货物吞吐量中，大连港排第 6 位，青岛港排第 7 位。至 2010 年，大连港和青岛港货物吞吐量均超过 3 亿吨，分别达 3.14 亿吨和 3.50 亿吨，在国内沿海港口中分别排第 6 位和第 5 位。大连港排位不变，但青岛港排位已经超过了大连港。

营口港和日照港基本同步发展，日照港起步早，从 1995 年以来的货物吞吐量看，两港相差不大，在全国的排位稳步上升。2000 年营口港和日照港分别排第 13 位和第 11 位，2010 年，两港排位分别上升到第 9 位和第 8 位。锦州港的发展落后于烟台港的发展，近年来锦州港货物吞吐量仅为烟台港的一半。丹东港的发展快于威海港的发展，近年来丹东港货物吞吐量为威海港的 2 倍。

（二）港口外贸货物吞吐量比较

在 1990～2010 年，辽宁省沿海港口货物吞吐量结构发生了很大变化，由以外贸货物为主的结构转向了以内贸货物为主的结构。尽管外贸货物吞吐量总量上升，但所占吞吐量比重逐步下降。同期山东省则由以内贸货物为主的结构转向以外贸货物为主的结构，外贸货物吞吐量比重逐步上升。

1990 年辽宁省沿海四港外贸货物吞吐量为 3691 万吨，占总吞吐量的比重为 69.67%，到 2010 年外贸货物吞吐量增加到 16 840 万吨，占总吞吐量的比重下降到 25.78%，比重下降了近 45 个百分点。同期山东省外贸货物吞吐量为 2087 万吨，占总吞吐量的 43.80%，到 2010 年外贸货物吞吐量增加到 47 616 万吨，占总吞吐量的比重上升到 63.45%，比重上升了近 20 个百分点。2010 年山东省沿海港口外贸货物吞吐量是辽宁省的近 3 倍。由此可见，山东省沿海港口腹地工业外向度要高于辽宁省。

辽宁省外贸货物吞吐量主要集中在大连港和营口港，其他港口的外贸货物吞吐量少，所占比重低。从各港口情况看，辽宁省港口的外贸货物吞吐量都低于山东省港口，大连港仅为青岛港的 1/2、营口港为日照港的 1/3、锦州港为烟台港的 1/8、丹东港为威海港的 1/2。从港口外贸货物吞吐量比重看，辽宁省各港口外贸货物吞吐量比重逐步降低，并低于山东省各港口，而山东省各港口外贸货物吞吐量所占比重逐年上升。

（三）集装箱吞吐量比较

辽宁省沿海港口集装箱吞吐量一直低于山东省沿海港口集装箱吞吐量，在 2007 年以前的十多年，辽宁省集装箱吞吐量仅为山东省的一半左右，近几年辽宁省集装箱吞吐量大幅上升，2010 年辽宁省港口集装箱吞吐量为 9 675 473 标准箱，山东省为 15 057 588 标准箱，山东省仅比辽宁省高 50% 左右（表 6-8）。

表 6-8　辽宁省沿海港口集装箱吞吐量与山东省比较

年份	辽宁省				山东省			
	吞吐量			外贸所占比重（%）	吞吐量			外贸所占比重（%）
	总吞吐量（万吨）	外贸（万吨）	集装箱（标准箱）		总吞吐量（万吨）	外贸（万吨）	集装箱（标准箱）	
1990	5 297	3 691	132 269	69.67	4 765	2 087	147 341	43.80
1995	8 095	4 111	389 811	50.78	8 295	3 787	682 600	45.65
2000	13 404	5 017	1 219 393	37.43	13 753	8 157	2 333 808	59.31
2005	29 131	9 627	3 779 083	33.05	32 620	22 476	7 293 205	68.90
2006	34 686	9 954	4 684 253	28.70	40 912	27 826	9 248 697	68.01
2007	40 618	11 810	5 816 460	29.08	51 424	33 022	11 449 114	64.22
2008	47 655	12 058	7 434 045	25.30	57 940	35 439	12 610 946	61.16
2009	48 902	13 646		27.90	64 036	40 360		63.03
2010	65 329	16 840	9 675 473	25.78	75 049	47 616	15 057 588	63.45

辽宁省沿海港口集装箱吞吐量集中在大连港和营口港，大连港占 54%，营口港占 34%，合计占辽宁省的 88%。山东省主要集中在青岛港，占了近 80%，其他港口所占比重低。大连港与青岛港相比，大连港集装箱吞吐量仅为青岛港的一半左右（表 6-9 ～ 表 6-12）。

表 6-9　大连港吞吐量与青岛港比较

年份	大连港				青岛港			
	吞吐量			外贸所占比重（%）	吞吐量			外贸所占比重（%）
	总吞吐量（万吨）	外贸（万吨）	集装箱（标准箱）		总吞吐量（万吨）	外贸（万吨）	集装箱（标准箱）	
1985	4 381	3 355	30 101	76.58	2 611	1 556	33 314	59.59
1990	4 952	3 484.9	131 259	70.37	3 034	1 467.6	135 419	48.37
1995	6 417	3 118	374 259	48.59	5 103	2 360	603 018	46.25
2000	9 084	3 371.1	1 011 002	37.11	8 636	5 763.7	2 120 112	66.74
2005	17 085	6 377	2 687 802	37.33	18 678	14 178	6 307 012	75.91
2006	20 046	7 010	3 211 674	34.97	22 415	16 833	7 701 676	75.10
2007	22 286	8 214	3 813 322	36.86	26 502	19 011	9 462 339	71.73
2008	24 588	8 585	4 525 465	34.92	30 029	20 665	10 024 353	68.82
2009	27 203	9 778		35.94	31 546	22 205		70.39
2010	31 399	10 830	5 262 515	34.49	35 012	25 541	12 011 998	72.95

表6-10 营口港吞吐量与日照港比较

年份	营口港				日照港			
	吞吐量			外贸所占比重（%）	吞吐量			外贸所占比重（%）
	总吞吐量（万吨）	外贸（万吨）	集装箱（标准箱）		总吞吐量（万吨）	外贸（万吨）	集装箱（标准箱）	
1985	98	63		64.29				
1990	237	180	1 010	75.95	925	147		15.92
1995	1 156	850	14 078	73.53	1 452	608	110	41.87
2000	2 268	987	156 970	43.50	2 674	1 395	35 096	52.16
2005	7 537	2 168	787 485	28.76	8 421	5 868	213 597	69.68
2006	9 477	2 308	1 010 674	24.35	11 007	8 185	252 669	74.36
2007	12 207	2 775	1 371 319	22.73	13 063	9 517	430 225	72.85
2008	15 085	2 685	2 036 355	17.80	15 102	9 980	708 555	66.08
2009	17 603	3 441		19.55	18 131	12 687		69.97
2010	22 579	4 868	3 338 447	21.56	22 597	15 204	1 061 010	67.28

表6-11 锦州港吞吐量与烟台港比较

年份	锦州港				烟台港			
	吞吐量			外贸所占比重（%）	吞吐量			外贸所占比重（%）
	总吞吐量（万吨）	外贸（万吨）	集装箱（标准箱）		总吞吐量（万吨）	外贸（万吨）	集装箱（标准箱）	
1985					689	248		35.99
1990	6	0.37		6.27	668	464	11 922	69.48
1995	218	88		40.17	1 361	723	60 018	53.12
2000	1 006	469	7 702	46.62	1 774	806	130 015	45.42
2005	3 003	581	201 336	19.35	4 506	1 791	601 575	39.75
2006	3 157	332	310 805	10.52	6 076	1 916	1 049 311	31.53
2007	3 515	463	450 664	13.17	10 129	3 404	1 250 102	33.61
2008	4 723	365	650 058	7.73	11 189	3 792	1 531 505	33.89
2009					12 351	4 461		36.12
2010	6 008	688	754 787	11.45	15 033	5 697	1 541 232	37.90

表 6-12　丹东港吞吐量与威海港比较

年份	丹东港				威海港			
	吞吐量			外贸所占比重（%）	吞吐量			外贸所占比重（%）
	总吞吐量（万吨）	外贸（万吨）	集装箱（标准箱）		总吞吐量（万吨）	外贸（万吨）	集装箱（标准箱）	
1985								
1990	102.4	26		24.90	138	8		5.79
1995	133.9	55	1 474	41.30	379	96	19 454	25.33
2000	486.3	189	43 719	38.89	669	193	48 585	28.79
2005	1 506	501	102 460	33.27	1 015	639	171 021	62.96
2006	2006	304	151 100	15.15	1 414	892	245 041	63.08
2007	2 610	358	181 155	13.72	1 730	1 090	306 448	63.01
2008	3 259	423	222 167	12.98	1 620	1 002	346 533	61.85
2009	4 096	427		10.42	2008	1 007		50.15
2010	5 343	454	319 724	8.50	2 407	1 174	443 348	48.77

四、存在的主要问题

1. 港口基础设施薄弱，难以支撑和拉动地区经济发展

受自然条件、开发时间等因素的影响，目前全省沿海码头布局主要集中在大连、营口两港，而东西两翼的锦州、丹东、葫芦岛和盘锦等港口规模相对较小，设施也不尽完备。这种港口布局虽然客观反映了当前沿海地区经济、产业和综合交通的实际特点，但难以适应未来经济社会发展的需要。今后应在继续巩固大连、营口等主要港口海洋运输地位和作用的同时，结合各区域经济发展的需要，适当加快东西两翼港口的发展步伐。

根据初步统计，2010 年全省沿海港口通过能力与实际吞吐量相比的能力缺口达到了 1 亿吨以上，总体能力不足仍是当前港口发展存在的主要问题之一。同时，沿海大型深水泊位偏少的结构性矛盾也比较突出。目前万吨级以上的深水泊位共有 166 个，占泊位总数的 47%；其中，5 万吨级以上的大型深水泊位仅有 77 个，占泊位总数的 21.8%。由于缺少大型深水码头，部分远洋货物只能由小船运输或在其他港口中转，货物综合物流成本增加。

2. 港口岸线资源分布不平衡，开发利用不尽合理

全省宜港岸线资源丰富，但空间分布很不均衡。首先，沿海宜港岸线 80% 以上都集中在大连市，其他地区的港口岸线资源分布相对较少。其次，经过多年的建设，除大连港外的其他地区成规模的未利用深水岸线资源已经非常稀缺，全省沿海港口的协调和可持续发展面临着严峻的资源约束挑战。

3. 港口发展滞后于经济发展需要

首先,在航道、防波堤等港口公用基础设施建设中,政府投入不足和筹资渠道不畅的问题突出,已经成为制约港口发展的重要因素;其次,港口后方集疏运通道能力不足、与港口联系不畅等问题尚未完全解决;最后,港口的功能单一,综合服务能力和水平还不能完全满足腹地经济社会发展需要。

第三节　沿海港口岸线功能划分与管制

一、港口岸线的开发与利用

海岸带地区是建设海港和发展海洋运输业的基地(陈雪玫和蔡婕,2008)。世界各沿海国家的经验表明,经济发达的国家都重视海港建设和发展海洋运输业,都注意利用廉价的海运来解决国内资源短缺、出口贸易发展等问题,从而带动整个经济的发展。海港建设是海岸带开发的龙头工程。世界上许多著名的大都市的发展都是依托海运,建设海港成为连接铁路、高速公路运输与海洋航运物流的枢纽。海运的规模不断扩大,促进了全球化经济与区域资源重组的发展。

我国当前港口建设高潮的到来和优良的港口岸线资源稀缺的严峻形势,岸线资源开发过程中所要面临的巨大的生态环境压力,保障港口岸线资源开发决策的合理性和可持续性,实现环境效益、经济效益、社会效益的协调与统一成为港口岸线开发和利用过程中最重要的一个问题和难题。

(一)大连市港口岸线功能划分方案

坚持港区功能优化、集中规模开发原则,合理保护港口岸线资源,把大连市 370.8 公里港口岸线资源分为如下三部分:大孤山半岛、大窑湾、鲇鱼湾及大连湾段岸线,长度为 99 公里,已利用 63.2 公里;长兴岛、西中岛、凤鸣岛段岸线,长度为 77.7 公里,已利用 0.8 公里;其他中小港区(港站)及预留岸线,长度为 194.1 公里,局部岸段进行港口开发,其余大都尚未开发利用(表 6-13 ~ 表 6-15)。

表 6-13　大连港岸线规划

序号	港址名称	起止地点	主要用途	岸线长度(公里)	海洋功能区划	备注
	合计			370.8		
1	庄河电厂	黑岛镇黄圈	一般岸线	1.0		电厂
2	庄河港	黄古咀—打拉腰	一般岸线	4.0	港口区	地方综合性港口
3	皮口港	平岛—平礁	一般岸线	3.0	港口区	地方综合性港口

序号	港址名称	起止地点	主要用途	岸线长度（公里）	海洋功能区划	备注
4	杏树屯	小河口—桃园	一般岸线	3.0		渔港兼陆岛运输
5	登沙河	范屯东—南咀头	一般岸线	5.0	港口区	临港工业
6	金石滩	清云河口—黑礁	一般岸线	10.5	港口区	旅游兼顾陆岛运输
7	大窑湾	南大圈—大窑湾0	重点岸线	22.9	港口区	公共运输
8	鲇鱼湾	大窑湾堤根—30万吨矿石东	重点岸线	7.0	港口区	公共运输
9	大孤山南区	30万吨矿石东—韭菜坨子	重点岸线	2.0	港口区	公共运输
10	大孤山西区	韭菜坨子—大渔沟	重点岸线	12.5	港口区	公共运输、临港工业
11	大孤山湾北	大渔沟—将军石	预留岸线	1.4	港口区	
12	和尚岛东区	大咀子—和尚岛南岸	重点岸线	7.3	港口区	公共运输
13	和尚岛西区	黄娘子角—棉花岛	重点岸线	8.3	港口区	公共运输、临港工业
14	甜水套	棉花岛—大化排渣	重点岸线	3.0	港口区	临港工业
15	甜水套	泉水—龙头石	重点岸线	3.0	港口区	临港工业
16	大石油化工港区	龙头石—甘井子港界	重点岸线	4.3	港口区	公共运输、临港工业
17	甘井子港区	港界范围	重点岸线	5.3	港口区	公共运输、临港工业
18	臭水套	香炉礁—大港	重点岸线	17.5	港口区	临港工业
19	大港港区	西侧港界—二突堤	重点岸线	4.5	港口区	公共运输
20	东港区	二突堤—黄白咀	一般岸线	8.5	港口区	公共运输、旅游
21	星海湾	马栏河口—小平岛	一般岸线	14.4	旅游预留区	旅游
22	塔河湾	龙王塘—龙王庙	一般岸线	11.0	风景旅游区	旅游
23	羊头湾	长咀—大羊头	一般岸线	11.0	港口区	临港工业、公共运输、旅游
24	双岛湾	董家—西湖咀	一般岸线	11.5	港口区	临港工业
25	大潮湾	二咀子—红庙海口	预留岸线	6.0	养殖区	
26	营城子湾	望鱼山—猴儿石咀	预留岸线	9.2	养殖预留区	
27	鸟巢崖	黄龙尾咀—棋盘磨	一般岸线	15.0		旅游
28	毛莹子	拉树房—毛莹子	预留岸线	3.0		
29	大魏家	龙王庙—拉树山	一般岸线	25.0		旅游
30	三十里堡	大后海—簸箕岛	一般岸线	8.0	港口区	临港工业
31	松木岛	海甸子—里砣子	一般岸线	8.7	港口及港口预留区	公共运输、临港工业
32	凤鸣岛	毛礁山—交流岛	重点岸线	11.0	港口区	公共运输
33	西中岛	横山—面山—北甸子	重点岸线	19.7	港口区	公共运输、临港工业
34	西中岛	松树咀——北甸子	重点岸线	10.7	港口区	公共运输
35	长兴岛	五沟西咀—葫芦山咀	重点岸线	8.7	港口区	公共运输

续表

序号	港址名称	起止地点	主要用途	岸线长度（公里）	海洋功能区划	备注
36	长兴岛	葫芦山咀—南甸子	重点岸线	17.0	港口区	临港工业
37	长兴岛	马家咀子—高脑山	重点岸线	10.6	港口区	公共运输、临港工业
38	温坨子	好坨子—三岑车	预留岸线	10.3	功能待定区	
39	温坨子	温坨子	一般岸线	1.0	港口及临港工业区	核电站
40	太平湾	车河—太平角	预留岸线	25.0	功能待定区	

表 6-14　大连太平湾港区岸线规划

岸线起止点	岸线利用现状	岸线长度（公里）	规划主要用途
合计		53.6	
浮渡河口—华铜	旅游	6.6	滨海旅游区
华铜—太平角	养殖	8.1	太平湾港区岸线（新增岸线）
太平角—太平角南	养殖	3.7	太平湾港区岸线（原规划为港口预留岸线）
太平角南—车河	养殖	21.3	预留港口岸线（原规划为港口预留岸线）
车河—长咀子	养殖	5.3	预留港口岸线（新增岸线）
长咀子—将军石	渔港	3.0	将军石渔港岸线
将军石—排石以南	未开发	5.6	滨海旅游、城市岸线

表 6-15　大连旅顺大羊头湾港区岸线规划

岸线起止点	规划利用岸线长度（米）	已利用岸线长度（米）		利用现状
大羊头—长咀	11 000	4 460		
大羊头—四羊头	6 890	3 660	港口岸线	修造船、铁路轮渡、客滚（已停运）、杂货、成品油
四羊头—小杨家村	2 030	800	预留港口岸线	世界和平公园
小杨家村—长咀	2 080	不详	预留港口岸线	军事区

（二）营口市港口岸线功能划分方案

营口市自然岸线为 106.5 公里，适宜港口开发岸线约为 75.1 公里，已利用 7.4 公里。港口岸线主要分布在张屯—鲅鱼圈段、鲅鱼圈—红海河港区段、熊岳河—仙人岛的仙人岛港区段和辽河沿岸及四道沟—西海、红海河—熊岳河的预留港口岸段（表 6-16）。

表 6-16　营口港岸线规划

岸线起止点	自然岸线（公里）	已利用岸线（公里）	规划主要用途
合计	83.0	7.4	
老港区—四道沟段	11.5	3.6	已全面开发
辽河口四道沟—西海段	25.0	现为滩地	
张屯—鲅鱼圈段	18.0		规划港口岸线
鲅鱼圈—红海河	14.2	3.8	规划港口岸线
红海河—熊岳河	6.5		预留港口岸线
熊岳河—仙人岛	7.8		规划港口岸线

（三）锦州市港口岸线功能划分方案

锦州港适宜港口开发岸线约为9.4公里。港口岸线由现有锦州港岸段和西海口虾场岸段组成，即老河口东岸至石门山共4.4公里的岸线，龙栖湾港区岸线为5.0公里（表6-17）。

表 6-17　锦州港岸线规划

岸线起止点	岸线长度（公里）	利用现状	规划用途
合计	9.4		
老河口至石门山	4.4	港口、虾场	港口
龙栖湾港区岸线	5.0		港口

（四）丹东市港口岸线功能划分方案

丹东岸线长度为180.3公里，其中，沿江岸线为54.5公里，大陆海岸线为93.3公里，岛屿海岸线为32.5公里。目前的港口岸线开发主要集中在大东港区和浪头港区，其中，大东港区岸线长度为18.5公里，浪头港区岸线长度为2.5公里；考虑远期发展需要，在西部与庄河交界的菩萨庙规划渔港和预留港口岸线为27公里（即海洋红港）（表6-18）。

表 6-18　丹东港岸线规划

港址名称	岸线起止点	岸线长度（公里）	海洋功能区划	
浪头港区岸线	浪头北—浪头南	2.5	港口岸线	建有5个1~3千吨级泊位，部分自然岸线
大东港区岸线	安康—大东沟口西	18.5	港口岸线	建有10个万吨级以上泊位
菩萨庙岸线	大洋河—丹东、庄河交界	27.0	规划渔港和预留港口岸线	自然岸线、养殖围堰和中心渔港
合计		48.0		

（五）葫芦岛市港口岸线功能划分方案

葫芦岛适宜港口开发的岸线长度为82.0公里（含岛屿岸线3.0公里），占全市自然岸线总长的31.8%；其中，龙港区为28.6公里，兴城市为17.3公里，绥中县为36.1公里（表6-19）。

表6-19　葫芦岛港岸线规划

港址名称	岸线起止点	岸线长度（公里）	海洋功能区划
合计		82.0	
龙港区	笊笠头	0.2	旅游码头
	天角山—连山河口	7.1	北港公共配套港区岸段
	连山河口—大酒篓	12.1	北港船舶工业园岸段
	大酒篓—老港区防波堤根	5.0	渤船重工（老港区）
	老港区防波堤根—望海寺	4.2	柳条沟港区岸段
兴城市	北兴城角—小坞	2.0	陆岛交通、旅游客运
	菊花岛龙脖子湾	1.0	陆岛交通、旅游客运
	菊花岛东、南侧预留岸线	2.0	预留大型深水港址
	南兴城角—烟台河口	12.3	预留兴城港址
绥中县	叼龙嘴—狗河口	19.3	以服务临港工业为主
	贺家港东—36-1油码头	11.2	绥中公共港区岸段
	36-1油码头—七星船厂	2.6	以服务临港工业为主
	九江河口—环海寺地嘴	3.0	旅游码头

（六）盘锦市港口岸线功能划分方案

盘锦港规划岸线长度为13.3公里，其中，河港区岸线长度为2.2公里，荣兴港区岸线长度为5.1公里，预留港口岸线长度为6.0公里（表6-20）。

表6-20　盘锦港岸线规划

港址名称	岸线起止点	岸线长度（公里）	海洋功能区划
合计		13.3	
河港区岸线	北起水产码头沿辽河下延至宏冠船厂	2.2	小型油品、件杂货泊位港区
海港区岸线	有雁沟—荣兴乡海滨村	5.1	综合性港区
	有雁沟与1#灯浮连线以东岸线	6.0	港口预留

二、岸段功能划分

根据辽宁沿海地区港口现状和规划情况，按照港口岸线使用用途，将港口岸线分类为以下几种：重点港口岸线（公共港区）、地方港口岸线、临港工业或货主码头岸线、陆岛运输及旅游码头岸线、渔港码头岸线（表6-21、表6-22）。

表6-21　辽宁海岸带港口岸线规划

序号	类型	名称	权属	海岸线类型	规划岸线（公里）	规划码头岸线长度（米）	规划陆域面积（平方公里）
1	重点港口	浪头港区	丹东港	平原淤泥岸	2.5	1 872	0.4
2	重点港口	大东港区	丹东港	平原淤泥岸	18.5	18 696	39.6
3	渔港码头	丹东中心渔港		平原淤泥岸	1.0	1 000	0.5
4	陆岛运输及旅游码头	丹东椅圈陆岛码头	丹东港	平原淤泥岸	0.5	500	0.5
5	重点港口	海洋红（栗子房）港区	丹东港	岬湾淤泥岸	12.0	10 000	30.0
6	临港工业或货主码头	庄河电厂	大连港	岬湾淤泥岸	1.0		0.5
7	地方港口	庄河港区	大连港	岬湾淤泥岸	3.0		1.5
8	陆岛运输及旅游码头	庄河陆岛码头	大连港	岬湾淤泥岸	1.0	1 000	0.5
9	临港工业或货主码头	花园口港区	大连港	岬湾淤泥岸	3.0	3 000	5.0
10	地方港口	皮口港区	大连港	岬湾淤泥岸	2.0	3 000	5.0
11	陆岛运输及旅游码头	皮口滚装码头	大连港	岬湾淤泥岸	0.5	500	5.0
12	渔港码头	皮口渔港		岬湾淤泥岸	0.5	1 000	1.0
13	陆岛运输及旅游码头	长山岛陆岛码头	大连港	岬湾淤泥岸	1.0	500	0.3
14	渔港码头	长山岛渔港		岬湾淤泥岸	1.0	1 000	0.5
15	陆岛运输及旅游码头	广鹿岛陆岛码头	大连港	岬湾淤泥岸	0.5	1 000	0.2
16	陆岛运输及旅游码头	杏树屯陆岛码头	大连港	岬湾淤泥岸	1.5	500	1.0
17	渔港码头	杏树屯渔港		岬湾淤泥岸	1.5	1 000	0.5
18	地方港口	登沙河港区	大连港	岬湾砂砾岸	5.0	3 000	8.0
19	陆岛运输及旅游码头	金石滩陆岛码头	大连港	基岩岸	10.5	500	0.5

序号	类型	名称	权属	海岸线类型	规划岸线（公里）	规划码头岸线长度（米）	规划陆域面积（平方公里）
20	重点港口	大窑湾港区	大连港	基岩岸	22.9	15 581	24.8
21	重点港口	鲇鱼湾港区	大连港	基岩岸	7.0	6 669	5.6
22	重点港口	大孤山南港区	大连港	基岩岸	2.0	772	0.9
23	重点港口	大孤山西港区	大连港	基岩岸	12.5	8 415	4.2
24	重点港口	和尚岛东港区	大连港	基岩岸	7.3	5 535	5.5
25	重点港口	和尚岛西港区	大连港	基岩岸	8.3	8 739	2.1
26	重点港口	大港港区	大连港	基岩岸	4.5	2 695	0.7
27	重点港口	黑嘴子港区	大连港	基岩岸	4.3		0.5
28	重点港口	甘井子港区	大连港	基岩岸	5.3		0.6
29	重点港口	东港区	大连港	基岩岸	8.5		0.5
30	地方港口	旅顺新港港区	大连港	基岩岸	11.0	8 375	5.4
31	渔港码头	旅顺董坨子渔港		基岩岸	1.0	1 000	0.5
32	临港工业或货主码头	三十里堡港区	大连港	岬湾砂砾岸	8.0	8 000	15.0
33	重点港口	松木岛港区	大连港	岬湾淤泥岸	8.7	5 000	5.0
34	重点港口	长兴岛港区	大连港	岬湾淤泥岸	30.0	57 766	40.1
35	渔港码头	将军石渔港		岸堤砂砾岸	1.0	1 000	0.5
36	临港工业或货主码头	温坨子核电站港区	大连港	岸堤砂砾岸	1.0	1 000	0.6
37	地方港口	太平湾港区	大连港	岸堤砂砾岸	5.0	3 000	5.0
38	重点港口	仙人岛港区	营口港	岸堤砂砾岸	7.8	20 980	22.0
39	重点港口	鲅鱼圈港区	营口港	岸堤砂砾岸	14.2	30 500	34.3
40	渔港码头	鲅鱼圈一级渔港		平原淤泥岸	1.0	1 000	0.5
41	渔港码头	营口盖州中心渔港		平原淤泥岸	1.0	1 000	0.5
42	重点港口	营口老港区	营口港	平原淤泥岸	3.6	3 600	2.8
43	重点港口	盘锦荣兴港区	盘锦港	平原淤泥岸	11.1	39 000	37.3
44	渔港码头	盘锦中心渔港		平原淤泥岸	1.0	1 000	0.5
45	渔港码头	盘锦三道沟一级渔港		平原淤泥岸	1.0	1 000	0.5
46	渔港码头	大有群众渔港	锦州港	平原淤泥岸	1.0	1 000	0.5
47	渔港码头	锦州南陵渔港	锦州港	岬湾砂砾岸	1.0	1 000	0.5
48	重点港口	锦州龙栖湾港区	锦州港	岬湾砂砾岸	5.0	22 200	32.5
49	渔港码头	锦州中心渔港		岬湾砂砾岸	1.0	1 000	0.5
50	重点港口	锦州笔架山港区	锦州港	岬湾砂砾岸	4.4	14 018	22.8
51	临港工业或货主码头	北港港区	葫芦岛港	岬湾砂砾岸	24.2	10 435	2.8

序号	类型	名称	权属	海岸线类型	规划岸线（公里）	规划码头岸线长度（米）	规划陆域面积（平方公里）
52	重点港口	柳条沟港区	葫芦岛港	岬湾砂砾岸	4.2	9 160	7.6
53	地方港口	兴城港区	葫芦岛港	岸堤砂砾岸	2.0	2 000	3.0
54	陆岛运输及旅游码头	兴城陆岛码头	葫芦岛港	岸堤砂砾岸	1.0	500	0.5
55	渔港码头	兴城一级渔港	葫芦岛港	岸堤砂砾岸	1.0	1 000	0.5
56	陆岛运输及旅游码头	觉华岛陆岛码头	葫芦岛港	岸堤砂砾岸	1.0	500	0.5
57	渔港码头	绥中县中心渔港		岸堤砂砾岸	1.0	1 000	0.5
58	地方港口	绥中石河港区	葫芦岛港	岸堤砂砾岸	5.0	3 000	5.0
59	临港工业或货主码头	绥中电厂、油品码头	葫芦岛港	岸堤砂砾岸	2.6	2 000	2.0

表 6-22 辽宁海岸带港口岸线分类汇总表

类型	岸线数（段）	规划岸线（公里）	码头岸线长度（米）	规划陆域面积（平方公里）
重点港口	22	204.6	281 198	319.8
地方港口	7	33.0	22 375	32.9
临港工业或货主码头	6	39.8	24 435	25.9
陆岛运输及旅游码头	9	8.5	5 500	9.0
渔港码头	15	15.0	15 000	8.0
合计	59	300.9	348 508	395.6

（一）重点港口岸线

丹东港的港口岸线开发主要集中在大东港区和浪头港区，港口岸线长度为48公里，考虑远期发展需要，在丹东西部与庄河交界的菩萨庙预留港口岸线27公里。大连港的港口岸线主要集中在大连湾和大窑湾，主要有大窑湾港区、鲇鱼湾港区、大孤山南港区、大孤山西港区、和尚岛东港区、和尚岛西港区、甘井子港区、大港港区、东港区等，合计84公里。营口港重点港口岸线为25.6公里，其中，老港区为3.6公里，鲅鱼圈港区为14.2公里，仙人岛港区为7.8公里。盘锦荣兴港区岸线为11.1公里。锦州港笔架山港区岸线为4.4公里，龙栖湾港区岸线为5.0公里。葫芦岛港重点港口岸线为15.4公里，其中，柳条沟港区岸段为4.2公里，绥中石河公共港区岸段为11.2公里。

（二）地方港口岸线

地方港口岸线主要布局在大连的庄河港区和皮口港区，以及旅顺羊头湾、双岛湾。葫芦岛则重点发展兴城港区。

（三）临港工业或货主码头岸线

临港工业或货主码头岸线主要为庄河电厂、花园口港区、三十里堡港区、温坨子核电站港区、葫芦岛北港港区、绥中电厂、油品码头等岸线。

（四）陆岛运输及旅游码头岸线

建设丹东椅圈陆岛码头，增强陆地与大鹿岛、嶂岛的陆岛联系。建设大连庄河陆岛码头，加强庄河与石城岛间的运输联系。推进皮口滚装码头、金石滩陆岛码头、大连陆岛码头、杏树屯陆岛码头建设，强化大连陆地与长山岛和广鹿岛的联系。加快长山岛陆岛码头建设，增强长山群岛间的互动联系。建设兴城、觉华岛相互联系的陆岛码头，促进陆岛之间的相互联系。

（五）渔港码头岸线

渔港是鱼货的集散地、水产品的综合加工基地，是渔业生产的重要基础设施，担负着鱼货装卸、冷冻、保鲜、鱼品加工、渔船维修、渔需物资供应、供船员休息等任务，对发展渔业生产、改善劳动条件、开展多种经营、保障渔民生命财产安全等起着重要作用。

在丹东市鸭绿江沿岸及大东港附近分布着多处小渔港，未来，在东港市依龙河口建设丹东市中心渔港较为适宜，渔港拟占用岸线 1 公里，建设 3000 米引堤（防波堤），陆域为20 万平方米，海域为 60 万平方米，渔船避风停靠能力为 1500 艘。大连渔港有皮口、杏树屯、长山岛、旅顺董坨子、将军石等渔港。皮口一级渔港毗邻皮口港，共同占用岸线 3 公里。营口拥有营口盖州中心渔港与鲅鱼圈一级渔港，分别占用岸线 1 公里，均可停靠 1600 艘渔船。盘锦中心渔港位于二界沟，占用岸线 0.5 公里，三道沟一级渔港位于双台子河口，占用岸线 1 公里。锦州共有中心渔港、南陵渔港、大有群众渔港 3 处，总投资 8000万元，分别占用岸线 1 公里。葫芦岛兴城一级渔港，位于兴城海滨，占用岸线 2 公里。绥中县中心渔港，绥中县沿海 82.5 公里海岸线分布着 20 多家渔码头、7 家渔港，需要整合沿海渔港，规划建设绥中县中心渔港，占用岸线 1 公里。

第四节 辽宁沿海港口发展重点

一、港口吞吐量预测

根据全省经济社会发展、产业布局、岸线资源利用及各港的现状和特点，与《全国沿海港口布局规划》确定的层次相对应，规划全省沿海港口分为主要港口、地区性重要港口和一般港口三个层次。未来辽宁沿海港口将形成以大连港、营口港为主要港口，锦州港、丹东港为地区性重要港口，葫芦岛港、盘锦港为一般港口的空间格局。其中，大连港为全省沿海的中心港口，根据国家实施振兴东北等老工业基地战略的要求，将逐步建设成为东北亚地区重要的国际航运中心的核心载体。

预测到 2015 年、2020 年全省沿海港口货物吞吐量将分别达到 9.9 亿吨和 13.5 亿吨，其中，外贸货物吞吐量将分别达到 2.3 亿吨和 4.65 亿吨。预计 2015 年和 2020 年大连港货物吞吐量将分别达到 4.3 亿吨和 6.0 亿吨；营口港将达到 3.0 亿吨和 4.0 亿吨；锦州港将达到 1.0 亿吨和 1.5 亿吨；丹东港将达到 1.0 亿吨和 1.2 亿吨；葫芦岛港将达到 0.43 亿吨和 0.5 亿吨；盘锦港将达到 1740 万吨和 3000 万吨。

二、港口功能定位

（一）大连港——建成东北亚国际航运中心

大连港位于辽东半岛最南端，黄海、渤海分界点上，处于东北亚地区的中心位置，后方陆域交通主动脉以"V"字形分布在黄海与渤海两侧，服务范围涵盖了东北全境。

大连港的性质和功能定位是：我国沿海的主要港口之一和综合运输体系的重要枢纽；辽宁省、大连市全面建设小康社会、率先基本实现现代化的重要依托；优化区域生产力布局、调整产业结构、形成规模化现代化产业链、实现东北老工业基地振兴的重要支撑；东北地区、辽宁省和大连市全面参与经济全球化、连接国际国内市场、进一步提升国际竞争力的重要战略资源；建设大连国际航运中心，把大连建设成为区域性经济、贸易、金融中心，全面提升大连市城市功能的重要基础；我国沿海集装箱运输的干线港、区域能源和原材料运输的主要中转港和大连国际航运中心的核心港口。大连港将以集装箱干线运输为重点，全面发展石油、矿石、散粮、商品汽车等大宗货物中转运输，加快拓展和完善口岸、物流、保税、信息、商贸和国际海上旅游服务；在加快现有港区发展的同时，根据辽宁形成"五点一线"临海产业集聚区的要求，积极推进长兴岛的开发和建设，成为设施先进、功能完善、管理高效、效益显著、文明环保的现代化、多功能、综合性港口。

大连港在全国沿海港口中具有重要地位，交通运输部在《关于促进沿海港口健康持续发展的意见》文件中指出，"加快上海、天津、大连国际航运中心建设，进一步提高我国沿海港口发展水平与国际竞争力……服务国家战略需要，积极发展大连、天津、青岛等主要港口现代物流、现代航运服务等功能"。大连港已经逐步成为拉动辽宁沿海经济带开发开放的龙头和东北老工业基地振兴的龙头，在辽宁省沿海港口中的地位更加突出。

（二）营口港——建成东北地区能源矿石中转枢纽

营口港位居辽东湾东部，西临渤海，是以沈阳为中心的辽宁中部城市群最近的出海口，也是东北三省及内蒙古东部地区重要的海上门户。营口港的直接依托是营口市，直接腹地以辽宁中部城市群为主，间接腹地主要包括辽宁省、吉林省、黑龙江省和内蒙古东部三市一盟。

营口港的性质和功能定位是：我国沿海的主要港口之一和综合运输体系的重要枢纽；东北地区优化生产力布局、调整产业结构、振兴老工业基地的重要支撑；东北地区、辽宁省和营口市全面参与经济全球化、连接国际国内市场、进一步提升国际竞争力的重要战略资源；辽宁省、营口市全面建设小康社会、发展临港产业和现代物流、率先基本实现现代化的重要基础；东北地区能源、原材料运输的重要转运港和集装箱支线港，大连国际航运中心港口群的重要组成部分。营口港将以集装箱、铁矿石、石油和钢材运输为重点，全面发展粮食、杂货等中转运输，大力拓展现代化的港口服务和口岸功能，根据营口沿海产业基地的发展需要，积极拓展临港产业功能，成为客货兼顾、内外贸结合、商工贸并举的多功能、综合性港口，成为东北地区重要的海运口岸和地区性物流中心。

营口港的性质可以概括为：我国综合交通体系的重要枢纽和沿海主要港口之一；辽宁沿海经济带的重要节点、沈阳经济区的唯一出海口；整个东北地区优化生产力布局、调整产业结构、振兴老工业基地的重要支撑；东北地区全面参与国际经济合作与竞争、提升综合竞争力的重要战略资源；辽宁省、营口市全面建设小康社会、发展临港产业和现代物流、率先实现现代化的重要基础；东北地区能源、原材料运输的重要转运港和集装箱运输支线港；大连东北亚国际航运中心港口群的重要组成部分。根据营口港的性质，它将是一个汇集水运、公路、铁路、管道等多种运输方式，集多种服务功能为一体，由港口企业、物流企业和临海产业有机结合的服务整体，应具备装卸仓储、中转换装、运输组织、现代物流、临港工业、通信信息、综合服务及保税、加工、商贸、旅游等多种功能，并逐步发展成为设施先进、功能完善、管理高效、效益显著、文明环保的现代化综合性港口。

（三）锦州港——建成区域性枢纽港

锦州港位于渤海湾西北部的锦州湾北岸，地处关内外交通要冲——辽西走廊的咽喉。锦州港不仅是锦州市的海上门户，也是辽西地区和内蒙古赤峰等地最便捷的出海口岸。锦州港的直接依托是锦州市，港口经济腹地以辽西五市和内蒙古的赤峰、通辽等地为主，同时还服务于内蒙古东北部和黑龙江、吉林两省西部部分地区。

锦州港的性质和功能定位是：辽宁沿海地区性重要港口之一和地区综合运输体系的重要枢纽；辽西地区及内蒙古赤峰和通辽等地经济社会发展与对外开放的重要依托；辽西地区和锦州市优化区域生产力布局、加快工业化进程的重要支撑；辽西地区和锦州市参与经济全球化、连接国际国内市场、提升腹地经济竞争力的重要战略资源；黑龙江、吉林两省西部和内蒙古东部等部分地区便捷的出海口岸；辽宁省沿海的集装箱支线港之一、腹地大宗物资运输的重要口岸之一。锦州港将以石油、煤炭、粮食等大宗散货和集装箱运输为主，并重点发展和完善口岸、物流、商贸、临港工业等相关功能，依托辽西锦州湾临港产业集聚区的发展，发展成为内外贸结合、工商运并举的多功能、综合性港口。

（四）丹东港——建成面向朝鲜及东北亚地区的区域性枢纽港

丹东港位于辽东半岛东北部，鸭绿江入海口西岸，是东北经济区通向韩国、朝鲜和日本最为便捷的出海口。丹东港的直接依托为丹东市，港口经济腹地以辽宁东部地区为主，随着未来港口后方集疏运通道的建设，还能够有效覆盖吉林和黑龙江东部地区。

丹东港的性质和功能定位是：辽宁沿海地区性重要港口之一和地区综合运输体系的重要枢纽；东北东部部分地区和丹东市经济社会发展与对外开放的重要依托；辽东地区和丹东市优化区域生产力布局、加快工业化进程的重要支撑；辽东地区和丹东市参与经济全球化、连接国际国内市场、提升腹地经济竞争力的重要战略资源；辽宁省沿海的集装箱支线港之一。丹东港的发展方向将以杂货、散货和集装箱运输为主，积极发展和完善口岸、物流、商贸、临港工业等相关功能，逐步成为客货兼顾、内外贸结合的多功能、综合性港口。

（五）葫芦岛港——建成以能源运输为主的地方性港口

葫芦岛港位于渤海湾西北部的锦州湾南岸，北与锦州港相邻，同处于辽西走廊的北端的咽喉地带。葫芦岛港现状规模较小，主要服务于本市经济发展需要。但葫芦岛市的港口岸线资源丰富，具有发展港口的优越条件和潜力，将成为今后辽西地区经济社会发展的重要依托，也是内蒙古东部地区对外物资运输的便捷出海口。

葫芦岛港的性质和功能定位是：辽宁沿海的一般港口和葫芦岛市综合运输体系的重要组成部分；葫芦岛市经济社会发展、布局临港产业、扩大对外开放的重要依托。葫芦岛港的发展将以石油、煤炭、粮食等大宗散货和杂货运输为主，因地制宜积极拓展口岸、商贸、物流等相关功能。同时，根据开发建设辽西锦州湾临港产业集聚区的要求，加快港口岸线资源的开发和合理利用，进一步增强对临港产业的集聚作用，扩大港口的规模和服务范围，逐步发展成为内外贸结合、工商运并举的多功能、综合性港口。

（六）盘锦港——建成以石油化工为主的地方性港口

盘锦港位于辽河入海口，面临渤海，背靠辽河三角洲，是盘锦市综合运输的重要组成部分，港口腹地以盘锦市为主。

盘锦港的性质和功能定位是：辽宁沿海的一般港口和盘锦市综合运输体系的重要组成部分；盘锦市经济社会发展和对外开放的重要依托。盘锦港的发展将首先立足于为地方经济发展服务，因地制宜积极拓展口岸、商贸、临港工业、物流等相关功能。

三、主要港口空间分布

未来，大连港将形成以由大孤山半岛及周边大窑湾、鲇鱼湾、大连湾组成的"一岛三湾"各港区和长兴岛港区为重点，其他港区（站）为补充的总体发展格局。

营口港将依托鲅鱼圈港区、仙人岛港区、老港区三大港区，形成分别以综合运输枢纽、临港工业和城市服务为主的三个各具特色的港口功能区。鲅鱼圈港区是营口港发展综合运输的核心港区，以矿石、煤炭、集装箱、钢材、油品、粮食、商品汽车等运输为主，逐步发展成为东北地区重要的物流基地，并依托钢铁基地和沿海产业基地为临港工业服务。仙人岛港区是营口港可持续发展的战略资源，并将以石油化工等工业布局为依托，逐步发展成为综合性公用港区。近期仙人岛港区应以服务于后方工业园区和腹地大型石油化工产业为主，远期兼顾为腹地物资中转运输服务，以油品、化工品等液体散货和通用散、杂货运输为主。营口老港区以调整和优化现有港区功能为主，主要为城市物资运输服务。

锦州港现有笔架山港区，规划新建龙栖湾港区。笔架山港区规划形成石油化工、粮食及件杂货、集装箱、油品、通用散杂货、专业化散货作业区和预留发展区。龙栖湾港区通过双堤环抱形成"4港池、3突堤、1顺岸"的布局格局。

丹东港港区规划为"一主、一辅、多点"的格局。"一主"即大东港区，为丹东港未来发展的核心港区，承担绝大部分货物运输和物流服务功能；"一辅"为浪头港，主要满足客运、边贸、矿建材料等杂货、江海货物转运需求；"多点"指沿海沿江分布的多个港点，主要为小型边贸码头、陆岛交通码头。

葫芦岛港将形成"一港四区"——即北港港区、柳条沟港区、绥中港区和兴城港区，并预留港口后续发展空间的总体发展格局。柳条沟港区是锦州湾港口的重要组成部分和葫芦岛港的综合性港区，以油品及化工品、杂货和通用散货运输为主，并逐步开展集装箱运输。绥中港区是葫芦岛港的重要港区，是蒙东等地区煤炭下水装船运输的港址，并支撑地方经济发展和临港工业布局；以煤炭等大宗散货、通用散杂货、油品及液体化工品运输为主。北港港区是锦州湾港口的重要组成部分和葫芦岛港以临港工业服务为主的重要港区，作为北港工业区的配套港区，以散杂货和油品及化工品运输为主，并服务于船舶修造业发展。兴城港区是葫芦岛港的预留发展港区，近期以陆岛交通和旅游客运为主，预留为临港工业服务、建设生产性泊位的发展空间。

盘锦市域范围内将形成"一港三区"格局。一港为盘锦港，三区分别为荣兴港区、河口港区及三道沟港区。荣兴港区位于辽滨沿海经济区荣兴外海，沈阳中部城市群最近的出海口，具有直接为盘锦工业园区服务的工业港功能，以石油及液体化工品、干散货运输为主，兼顾粮食、钢铁、木材等散杂货运输，远期发展集装箱运输功能。河口港区位于辽河口以内，作为目前和近期盘锦港为腹地经济服务，开展港口物流、商贸的起点和新建港区的支撑（赵礼强和高燕，2011）。三道沟港区为盘锦西部和锦州东部沿海经济区提供服务，主要发展临港工业所需原料及产成品运输服务，并结合国家一级渔港建设和旅游资源的开发，逐步发展成为集港口现代物流、商贸、新材料开发、生态纸业加工集散、渔业及海洋食品加工、海上油气开发服务和生态旅游观光一体化的多功能综合性港区。

四、规划新港区建设

（一）海洋红港区

未来海洋红港区的总体发展方向是成为我国北黄海地区运输保障能力充分、产业带动作用突出和资源节约环境友好的现代化港口。近期主要服务于临港产业的运输需求，未来逐步发展成为以大宗散货和杂货运输为主，兼顾内贸集装箱和液体散货运输的规模化、现代化的大型综合性港区。

预测 2030 年海洋红港区的总吞吐量将达到 8000 万吨左右。其中，临港产业产生的港口吞吐量将达到 3000 万吨；内陆腹地的货物吞吐量将达到 5000 万吨。规划港口岸线东起前阳咀东，西至南尖咀，共 26.3 公里，其中，丹东为 12 公里，大连为 14.3 公里。适度延缓海洋红港建设进度和规模，规划陆域面积达 95.1 平方公里，可考虑缩减至 62.1 平方公里，减少 1/3，通过能力 2030 年将为 8000 万吨左右。

（二）花园口港区

花园口港区为临港工业服务，规划岸线为 3 公里，规划陆域面积为 5 平方公里。

（三）大连太平湾港区

开发建设太平湾港区是促进辽宁沿海经济带开发开放，实现东北及辽宁振兴发展的需要；是优化产业布局，促进大连全面协调发展的需要；是优化大连港口布局，加快建设东北亚重要的国际航运中心的需要；是改变瓦房店“背海”发展模式，提升地区经济实力的需要。

预测 2030 年太平湾港区总吞吐量为 8000 万吨。建设综合港区岸线共 9.5 公里，形成通用、散货泊位约为 35 个，港区总面积为 41.67 平方公里，其中，预留发展区面积为 9.88 平方公里，综合港区面积为 10.1 平方公里，临港物流园用地约为 15.54 平方公里，港口管理区及绿化用地为 6.15 平方公里，通过能力为 0.9 亿 ~ 1.1 亿吨。填海造陆面积为 23.7 平方公里。

（四）锦州龙栖湾港区

龙栖湾港区作为锦州港港区之一，按照“一港双区”的总体布局和发展规划，根据东北地区西部发展与合作，东北亚特别是蒙古和俄罗斯远东地区发展与开放趋势，建设成为环渤海地区的特大港口。

近期建设龙栖湾港区防波堤及围堰工程，形成 3 万吨级航道，建设 2 万 ~ 5 万吨级通用泊位 5 个，到 2015 年港区建设初具规模，港口吞吐能力达到 1000 万吨。逐步形成以油气、化工品等液体散货、通用货、集装箱运输为主的综合性港区。把龙栖湾港区建设为锦州港的重要组合港，使龙栖湾新区临港产业得到迅速发展。

（五）绥中石河港区

绥中石河港区位于绥中沿海的贺家港东至七星造船厂，自然岸线长约为 13.8 公里，在现有中海油 36-1 处理厂原油外输码头和绥中发电厂燃煤接卸码头以东建设。绥中石河港区是葫芦岛港近期重点开发的港区，是地方经济和临港工业的重要支撑，是蒙东地区煤炭外运装船港之一，将发展煤炭、原油等大宗散货、通用散货和杂货运输。

规划形成码头岸线 9.5 公里，建设各类生产性泊位 38 个，通过能力为 2 亿吨，港区陆域面积为 15.2 平方公里（不含远期预留发展区）。港区后方规划 30 平方公里的临港工业区，建设成为辽宁省煤炭储备及物流基地，蒙东地区及蒙古国煤炭出海口，辽宁省海洋装备制造、石油及煤炭化工物流基地。

五、港口集输系统建设

（一）大连港

各港区、港站铁路集疏运主要依托哈大线通往东北及全国各地，东部铁路通道丹东—大连段贯通将增加大连港与东北东部地区的铁路集疏运通道。哈大铁路是国家干线铁路，为Ⅰ类双向电气化铁路，哈大客运专线建成后，哈大铁路年通过能力为 1.4 亿吨，金州枢纽站是大连地区铁路枢纽编组站，由该站出线通往各主要港区铁路站场。大连港各港区、港站公路对外集疏运主要依托向北辐射的沈大高速公路、大丹高速公路及 201 国道、202 国道。大庆油田通过八三管线与鲇鱼湾港区相连。由此，大连港水路集疏运体系将为环渤海地区的物资集散、渤海海峡滚装运输及向其他地区的集装箱支线运输提供有力支撑。

（二）营口港

营口港区地处营口市区，主要为城市建设发展所需物资提供运输服务，受自然条件的影响，港区进一步发展的空间十分有限。且营口港区地处营口市区，利用城市交通体系，可以满足发展需要。

仙人岛港区为营口港新开辟的港区，港区港口生产区南部道路按二横四纵布置；相关功能发展区道路按一环、三横、四纵规划，陆域中心区域根据交通需要适时建设大型立交桥；两片区之间规划建设南、中、北三条公路通道实现连接。规划铁路联络线在熊岳站接轨哈大铁路，联络线自现有陆域南侧进入港内，港外设港前站，港内分别在南部港区、北部港区和相关功能发展区分设分区车场。

根据营口港鲅鱼圈港区总体规划和现状分析，港区货物集疏运格局目前以公路为主、铁路为辅；2015 年后，随着北部港区专业化散货泊位数量增加和南部港区集装箱运输的规模化，港区货物集疏运格局将调整为北部以铁路运输为主、南部以公路运输为主，中部铁路和公路相互承担的形势。

（三）锦州港

锦州港规划东、中、西三条疏港公路，连接辽宁滨海公路、沈山公路（G102）、京哈高速（G1）。锦州港疏港铁路为高天线，自沈山线高桥镇站接轨至港区，全长为 12 公里，为地方Ⅲ级铁路单线，不能满足港区发展的需要。规划高天线按单线Ⅰ级地方铁路标准改造，区间牵引定数提高到4000吨。新建地方铁路锦州港—赤峰线，该线将穿越蒙东地区和辽宁省，由锦州港的港口西站出发，向北延伸，经朝阳市，到达赤峰，全线长度为283.75公里。

（四）丹东港

丹东港目前的对外铁路运输主要依靠沈丹线与东北地区路网连通，同时经鸭绿江大桥与朝鲜半岛北部铁路网相衔接，随着东北东部铁路的建设，铁路这一运输方式将会在丹东港集疏运体系中发挥更重要的作用。目前，港内铁路通过一条进港铁路（丹大线）与国铁沈丹线连通，铁路承载压力较大，为满足运输需求，需对现有铁路进行改扩建。

丹东港目前主要通过201国道和已经建成的丹东至沈阳、大连的高速公路与丹东市公路网连通。规划港区连接港外的疏港公路为东、中、西三条主疏港路，承担港区的对外公路联系。

（五）葫芦岛港

柳条沟港区疏港公路全长为9.876公里，属一级公路标准，起自柳条沟隧道出口，终点为102国道，可连接京沈高速公路、滨海公路。规划港区形成"一横三纵"的对外疏港公路通道格局。绥中港区以滨海大道作为港区重要的东西向疏港通道，可实现与绥中滨海经济区的快速连接，并在港区散货作业区东侧新建疏港路，拟建设标准为一级公路，向北连至滨海公路，经与102国道立交后与京沈高速公路前卫出口相连，可满足港区的公路集疏港需求。北港港区规划形成"一横两纵"的对外疏港通道格局，与京沈高速公路、102国道及城市干线路网相连。

葫芦岛市境内有5条铁路线，分别为秦沈高速客运专线、沈山干线、魏塔线、南票线和葫支线（支线铁路），拥有一等客货混合站点1处（葫芦岛站），三等站点6处，四等站点15处，2处待定等级车站为秦沈客运专线的站点（葫芦岛北站及绥中北站）。目前，拟在柳条沟港区、绥中港区、北港港区建设铁路专用线连接沈山线。

葫芦岛市境内现有两条陆上管道，一条是铁岭到秦皇岛的过境输油管道，年设计能力为200万吨；另一条是锦州港至葫芦岛锦西石油化工输油管道，年设计能力为500万吨。绥中港区规划水域范围内已建成36-1、旅大和25-1这3条海底输油管线。规划柳条沟港区在油品及液体化工品码头后方铺设输油管线，沿滨海大道并经疏港隧道引至后方罐区、物流及工业园区。绥中港区的中海油油气分离厂将根据企业发展需要自行规划管道走向及设计能力，但管道建设不能影响绥中港区的开发建设。

（六）盘锦港

盘锦港荣兴港区属于新建港区，港口集疏运系统需要新建。新建至港口的高速公路、铁路及一般公路。

第七章　城镇功能区

第一节　国内外沿海城市带经验借鉴

国内外沿海城市带成功的发展经验对辽宁省海岸带城镇建设具有重要的借鉴意义。

一、案例分析

（一）美国东北部大西洋沿岸大都市带

美国东北部大西洋沿岸大都市带以纽约为核心城市，又称为波士顿—纽约—华盛顿城市带，简称波士华（Boswash），是世界上首个被认可，也是目前实力最强的城市带。

它北起缅因州，南至弗吉尼亚州，以95号州际高速公路（I-95）为脊梁，以各大航空港和海港为对外口岸，以波士顿、纽约、费城、巴尔的摩、华盛顿大都市区为核心的连绵区在空间上跨越了12个州和1个特区（表7-1），南北绵延的距离长达500英里（800公里）。该区域土地面积仅占全国不到2%（18万平方公里），却集聚了全国近18%的人口（5200万）和25%以上的GDP（3.2万亿美元），以及世界经济的6%。

表7-1　美国东北海岸大城市连绵区五个主要大都市区概况

主要大都市区	2000年人口（全国排序）	州	重要城市
纽约–新泽西州北部–长岛	1832万（第1位）	NY-NJ-PA	纽约，纽瓦克，爱迪生，白原，联合，韦恩
费城–卡姆登–威尔明顿	569万（第4位）	PA-NJ-DE-MD	费城，卡姆登，威尔明顿
华盛顿–阿灵顿–亚历山大	480万（第7位）	DC-VA-MD-WV	华盛顿特区，阿灵顿，亚历山大，雷斯顿，贝塞斯达，盖瑟斯堡，弗雷德里克，罗克维尔
波士顿–剑桥–昆西	439万（第10位）	MA-NH	波士顿，剑桥，昆西，牛顿，弗雷明翰，沃尔瑟姆，皮博迪
巴尔的摩–陶森	255万（第19位）	MD	巴尔的摩，陶森

注：NH–新罕布什尔州；NY–纽约州；NJ–新泽西州；PA–宾夕法尼亚州；DE–德拉华州；MD–马里兰州；DC–华盛顿特区；VA–弗吉尼亚州；WV–西弗吉尼亚州；MA–马萨诸塞州

资料来源：U. S. Census Bureau，Census 2000

当前，该区域已经形成了以金融、保险、房地产、教育、医疗、信息、专业和技术服务等知识密集型产业为核心的产业体系。"美国2050"研究显示，未来30年，美国东北海岸大城市连绵区人口还将增加1800万人，对各种社会要素的凝聚力量将持续增强，是美国名副其实的枢纽地区。

美国东北部大都市带城镇体系"金字塔"结构明显。按照我国对城镇等级规模的常规分类标准（表7-2）进行统计，美国东北部大城市带从特大城市到小城市的不同等级规模城镇数量比为1：3：3.6：12.4，大城市、特大城市导向特征明显。大城市和特大城市平均规模较大，集聚了区域内65%的人口；而在数量上超过一半的小城市，平均规模只有6.4万人，与大中城市差异明显。在空间上，呈现出典型的"核心-边缘"二元结构（表7-2）。

表7-2 2008年美国东北部大都市带等级规模结构

城市等级	数量（个）	数量比重（%）	人口比重（%）	平均规模（万人）
特大城市	9	5	27	163.2
大城市	29	15	38	69.8
中等城市	34	18	21	34.0
小城市	116	62	14	6.4

注：特大城市指城镇人口大于100万人，大城市指城镇人口为50万~100万人，中等城市指城镇人口为20万~50万人，小城市指城镇人口小于20万人

资料来源：美国国家统计局网站（U. S. Census Bureau，Population Division）

美国东北部大都市带的发展经历过四个阶段：第一阶段是1870年以前的各城市孤立分散阶段，这一阶段人口和经济活动不断向城市集中，城市规模不断扩大，但各城市均独立发展，城市之间联系相对薄弱，众多小城市呈松散分布状态，地域空间结构十分松散。第二阶段是1870~1920年的区域性城市体系形成阶段，这一阶段随着美国产业结构的变化，城市规模急剧扩大，数量显著增加，以纽约、费城两个特大城市为核心的区域城市发展轴线形成，区域城市化水平提高。第三阶段是1920~1950年的大都市带雏形阶段，这一阶段美国社会经济发展进入工业化后期，城市建成区基本成型，中心城市规模继续扩大，在单个城市中的人口和经济活动向心集聚达到最大值的同时，城市发展超越了建成区的地域界线，并开始向周边郊区扩展，逐渐形成大都市区。第四阶段是1950年以后的大都市带成熟阶段，这一阶段科技迅猛发展，交通和通信条件日益便捷，城市的产业结构不断升级换代，城市郊区化出现，都市区空间范围扩大，并沿着发展轴紧密相连，大都市带自身的形态演化和枢纽功能逐渐走向成熟，波士顿、纽约、费城和华盛顿四大都市群横向蔓延，相互连接，最后发展为跨越数州的波士华城市群。

（二）日本太平洋沿岸大都市带

该城市带也称东海道大都市连绵带，通常指从东京到北九州的太平洋沿岸带状地域，从东京湾的鹿岛开始经千叶、东京、横滨、静冈、名古屋、岐阜，到京都、大阪及神户的

城市化程度很高的连续地域，共包括 14 个都府县，大中小城市达 310 个，由首都圈、中部圈、近畿圈三个都市圈组成（图 7-1）。全日本 11 座人口在 100 万人以上的大城市中有 10 座分布在大都市带内。这个带状城市群长约为 600 公里，宽约为 100 公里，占地面积为 10.45 万平方公里，约占日本国土面积的 27.66%。人口将近 8000 万人，占日本总人口的 62.37%，同时集聚了日本工业企业和工业就业人数的 2/3，工业产值的 3/4，金融、教育、出版、信息和研究开发机构的 80%，是日本政治、经济、文化活动的中枢地带。其中，又以首都圈的人口最为密集，人口密度达 1137 人/平方公里，分别是中部圈和近畿圈的 2.75 倍和 1.48 倍（表 7-3）。

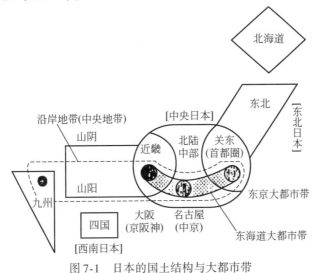

图 7-1 日本的国土结构与大都市带

表 7-3 2000 年日本太平洋沿岸大都市带的人口情况

地区		人口		面积		人口密度（人/平方公里）
		数量（万人）	比重（%）	数量（平方公里）	比重（%）	
首都圈	东京圈（东京、琦玉、千叶、神奈川）	3341	26.33	13280	3.51	2516
	东京圈以外的首都圈	790	6.23	23066	6.10	343
	小计	4131	32.56	36346	9.62	1137
中部圈（除北陆）	名古屋圈（爱知、三重）	890	7.01	10877	2.88	818
	名古屋圈以外的中部圈（长野、崎阜、静冈）	809	6.37	30135	7.98	268
	小计	1699	13.38	41012	10.86	414

地区		人口		面积		人口密度（人/平方公里）
		数量（万人）	比重（%）	数量（平方公里）	比重（%）	
近畿圈（除北陆）	关西圈（京都、大阪、兵库）	1700	13.39	14897	3.94	1141
	关西圈以外的近畿圈（滋贺、奈良、和歌山）	386	3.04	12271	3.25	314
	小计	2086	16.43	27168	7.19	768
日本太平洋沿岸大都市带		7916	62.37	104526	27.66	757
全国		12692		377855		336

日本太平洋沿海大都市带的发展经历过四个阶段。第一阶段是 1868 年（明治维新）至 20 世纪 20 年代，分散城市化发展阶段：日本开始了工业化进程，与此同时，城市化得到了同步推进，城市人口比重从 1670 年的 8.7% 增长到 1920 年的 20.1%。第二阶段是 20 世纪 30～70 年代，区域性城市体系形成阶段：缺乏资源的日本依靠进口重化工业所需的原料和燃料，造就了京滨、中京、阪神、北九州四大临港工业地带，结果人口也不断向这些区域集中。1970 年，日本的人口城市化水平达到了 71.2%，人口继续向三大都市圈聚集。第三阶段是 20 世纪 70 年代至 80 年代后半期，大都市带雏形阶段：由于工业向以电器机械工业、汽车制造业等加工组装型工业为中心的结构转换，工厂开始向太平洋带状地带以外，尤其向建有高速交通网（新干线、高速铁路）的区域扩散，区域结构趋向均衡化。第四阶段是 20 世纪 80 年代后半期以来，大都市带成熟阶段：在全球化和信息化的浪潮下，日本向信息社会（知识社会）过渡，承担生产职能的工厂进一步从都市圈扩散到地方圈，甚至从地方圈转移到海外。而承担中枢商务职能的东京圈的作用进一步加强，人口再次向东京聚集，同时人口郊区化和人口逆城市化的迅速发展，城市与乡村的界限越来越难以区别，都市圈半径扩大，最终太平洋沿岸大都市圈（巨型城市带）形成。

（三）长江三角洲城市带

长江三角洲大都市带以上海为中心，包括江苏的南京、镇江、扬州、泰州、南通、苏州、无锡、常州及浙江的杭州、嘉兴、湖州、宁波、绍兴、舟山 16 个地级以上城市，其中有 2 个超大城市（上海和南京），1 个特大城市（杭州），4 个大城市（无锡、苏州、常州和宁波），14 个中等城市，33 个小城市。长江三角洲地区全区土地总面积占全国的 1.14%，总人口占全国的 6.31%，全区生产总值占全国的 21%，进出口总额占全国的 28.4%，地方财政收入占全国的 22%，是我国人口最稠密、经济最发达、人民生活最富裕的经济区域，也是我国城市化水平最高、城镇密度最大的城镇群地区。

长江三角洲地区城市规模等级序列完善，现有城市 87 座，其中，特大城市 6 座，大城市 8 座，20 万～50 万人的中等城市 42 座，5 万～20 万人的小城市 31 座，城镇群发育比较成熟。

长江三角洲城镇群以上海为核心的多中心空间格局已经形成，城镇网络趋于完善，现已形成以上海、南京、杭州、苏州、宁波等城市为中心及相应的次级城镇群所组成的多中心空间格局，各大中心城市之间、各城镇群之间及城镇群内部联系比较密切，区域一体化的城镇网络基本形成。

长江三角洲城市群的发育经历了很长的时期，自中华人民共和国成立到改革开放前的30年间，长江三角洲的城市化进程几乎处于停滞状态，城市群格局没有大的变化。在20世纪60~70年代，虽然长江三角洲也在稳步发展，但已经远离世界经济体系。上海的远东第一大都市地位逐渐让位；苏州市区工业经济每况愈下，老苏州几乎成为脱离时代的孤城。1978年改革开放后，特别是1990年上海浦东开发开放和1992年苏州新区及新加坡工业园区的兴建，浦东经济高速发展，成为上海新的经济增长点，也使上海再次认识到其国际性地位，并很快在长江三角洲乃至整个长江流域确立了经济龙头的位置；与此同时，苏州也加快了发展步伐，成为中国吸收外资最多、发展最快的城市之一。从城市影响范围看，1986~2007年，城市群内中高以上等级城市影响区范围逐渐扩大，到2007年于上海–苏州–无锡–常州一线形成空间连续的高城市影响区，区域一体化发展特征逐渐显现。从空间视角来看，上海是区域核心，围绕上海以沪宁、沪杭铁路和高速公路、长江航道为轴形成较显著的圈层结构；就形态特征而言，上海–苏州–无锡一带是城市影响区的重心，传统"之"字形结构中，沪–宁城镇轴线城镇功能最强，沪–杭城镇轴线次之。

（四）山东半岛沿海城市带

山东半岛是环渤海地区与长江三角洲地区的重要接合部、黄河流域地区最便捷的出海通道、东北亚经济圈的重要组成部分，海洋经济发展基础良好，在促进黄海和渤海科学发展、深化沿海地区改革开放、提升我国海洋经济综合竞争力中具有重要的战略地位。规划主体范围包括山东全部海域和青岛、东营、烟台、潍坊、威海、日照六市及滨州市的无棣、沾化2个沿海县所属陆域，海域面积为15.95万平方公里，陆域面积为6.4万平方公里。2009年，区内总人口为3291.8万人，人均地区生产总值为50 138元。根据山东半岛蓝色经济区的战略定位、资源环境承载能力、现有基础和发展潜力，按照以陆促海、以海带陆、海陆统筹的原则（栾维新等，2004），优化海洋产业布局，提升山东半岛高端海洋产业集聚区核心地位，壮大黄河三角洲高效生态海洋产业集聚区和临港产业集聚区两个增长极（贺灿飞和刘洋，2006）；优化海岸与海洋开发保护格局，构筑海岸、近海和远海三条开发保护带；优化沿海城镇布局，培育青岛—潍坊—日照、烟台—威海、东营—滨州三个城镇组团，形成"一核、两极、三带、三组团"的总体开发框架。将岸段按照范围分为严格保护岸段、控制开发岸段、优化提升岸段、重点开发岸段等。其中，在城镇发展上，充分考虑山东半岛各城市发展水平，按照城镇体系合理布局的总体要求，完善城镇基础设施建设，提升区域中心城市综合服务功能，支持烟台、潍坊成为较大的市，促进青岛—潍坊—日照、烟台—威海、东营—滨州三个城镇组团协同发展，打造我国东部沿海地区的重要城市群，为海洋经济集聚发展提供战略支撑（图7-2），具体包括：

（1）青岛—潍坊—日照组团。充分发挥青岛的区域核心城市作用，建设国家创新型城市和西海岸经济新区，构建环湾型大城市框架，大力发展海洋高技术产业和现代服务业，建设成为全国重要的现代海洋产业发展先行区、东北亚国际航运枢纽、国际海洋科研教育中心、滨海旅游度假胜地和海上体育运动基地，进一步增强辐射带动能力。扩大潍坊、日照两个中心城市规模，拓展城市发展空间。

（2）烟台—威海组团。加快推进烟台国家创新型城市建设，进一步提升烟台、威海的中心城市地位，增强城市综合服务功能，拓展城市发展空间；统筹组团内各层次城镇的发展，加强组团内产业分工与协作，推进一体化进程；充分发挥与日韩经贸联系密切的优势，大力发展外向型经济，促进海洋高端产业集聚发展，建设成为全国重要的海洋产业基地、对外开放平台和我国北方富有魅力的滨海休闲度假区。

（3）东营—滨州组团。合理扩大东营、滨州的城市规模，完善城市基础设施，提升城市综合服务功能，加强组团内城镇和产业的分工与协作，突出高效生态和海洋经济特色，做大做强优势产业，加快发展循环经济，着力建设特色海洋产业集聚区，打造成为环渤海地区新的增长区域和生态宜居城镇组团。

图 7-2　山东半岛沿海城市群结构示意

二、经验借鉴

面对强大的区域竞争和自然资源环境差异，辽宁海岸带城市发展与美国东北部大西洋沿岸城市群、日本太平洋沿岸以东京为中心的城市群的发展路径不会完全相同，区域发展规模与以上地区也不可同日而语。但是，在相类似的经济发展阶段与产业转型背景下，辽宁沿海城镇发展仍然可以从外来经验中获得启示与借鉴。

（一）坚持生态优先的发展思路

生态可持续已经成为全球共识的区域开发理念，辽宁海岸带开发必须坚持生态优先的原则，走可持续的城镇发展道路：一是加强沿海地区的生态环境保护。保护沿海滩涂湿地、自然资源、生态环境和生物资源，严禁任何开发项目影响国家级湿地保护区，严格按照保护区规划加强建设管理。二是科学选择沿海区域开发的空间模式。根据生态保护区界限、区域环境容量和生态空间体系的限制性要求，划定相关功能区，将城镇空间、产业空间通过大尺度的自然空间相隔离，沿海港口与港城实行"据点"式开发（庄佩君和汪宇明，2010），避免连片建设所导致的破坏生态环境现象的发生。三是严格执行国家环评与考核标准。进入沿海区域的工业与城镇建设项目必须先做环境影响评价，严格按照国家各项排放标准，加强对开发项目的环境指标考核。

（二）必须严格控制城市的无序蔓延

日本人口密度高，国土空间匮乏，城市化进程迅猛，导致许多城市的开发建设强度过大，空间利用无序，沿路向外拓展，城市与城市之间没有明确的分界。对已经形成的无序蔓延，现在进行控制和治理收效甚微。目前，辽宁海岸带的城镇密集区已经出现无序蔓延的态势（胡序威，1998）。因此，编制海岸带开发和利用规划应充分注意到日本都市圈过于高强度连绵开发的弊端，要划定城市之间的控制地带，严格限制控制地带的建设活动，形成集聚发展、开敞有致的都市圈空间结构形态（王强和伍世代，2007），保持发展的灵活性，降低结构调整的风险和难度。

（三）积极推进集中型城市化战略

从世界经验来看，第二次世界大战后的美国、日本沿海开发，无不采用"依托城市化，带动区域经济发展"的模式。在当前全球化背景下，城市化的带动作用更趋明显（陆大道，2006）。结合现状，辽宁沿海区域更宜采取集中型城市化战略通过做强中心城市，培育一批中等规模城市带动区域整体发展。这是因为辽宁沿海区域正处于快速城市化发展阶段，中心城市集聚发展的动力明显。整个区域的中心城市难以带动区域外向经济发展。因此，必须增强现有大城市的规模，与周边城镇进行空间整合。构建大都市发展区，作为驱动沿海区域乃至东北地区发展的强力引擎。

（四）逐步形成分阶段的区域城市化动力机制

国外成熟沿海经济带发展经验表明，都市连绵带的形成是一个分阶段逐步推进的过程。波士华城市群的空间扩张，经历了点轴扩张（陆大道，2002）和联网辐射两个阶段（图7-3）：起初，少数经济中心集中在沿海的重要港口城市，呈斑点状分布。随着极化和扩散作用不断增强，中心港口城市的规模急剧扩大，周边地区中小城市数量也显著增加。波士华城市群中的中心城市形成了各自的都市圈。沿海主要交通干线将中心城市连接起来，都市圈沿着海岸方向扩展融合，并且在干线两侧集聚人口和各种经济要素，形成新的聚落中心。在此基础上，整个区域建立起具有密切联系的功能性网络，形成了区域发展的空间一体化。对辽宁海岸带而言，应采取"以点促面、非均衡发展"的思路，分阶段推进城镇发展。

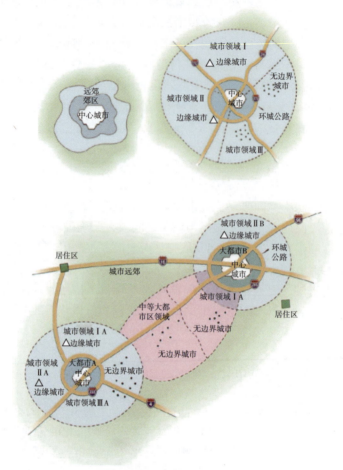

图 7-3　美国大都市带演变过程

资料来源：Lang 和 Dnavale，2005

第二节　辽宁海岸带城镇发展现状及存在问题

一、城镇的发展历史及阶段

辽宁海岸带城镇发展历史悠久。早在先秦两汉时期（公元 265 年以前），人类活动主要分布在辽河平原、辽东半岛及鸭绿江下游等地，人口集聚多的建制镇主要有都里镇（大连旅顺）、九连城（丹东）等，这一时期除自然条件优越和自然资源丰富以外，这些城镇多具有战略地位。两晋明清时期（265～1911 年），锦州、宁远城（兴城）、盖州、复州城（瓦房店）等城镇获得较大发展。随着营口（1861 年）与大连（1899 年）两地相继开港，经济中心由辽西向辽中南沿海地区转移。1911～1949 年，辽宁海岸带地区初步奠定了现在的城镇基本格局，即大连、丹东港、营口、锦州四个港口城市，民国三十年（1941 年），沿海六市总人口达 636 万人，城镇人口达 109 万人，1931～1941 年，人口增长率达 2.1%，每年新增城镇人口 6.8 万人。

根据 1949～2010 年城市化水平的历史统计数据，采用城市化发展的四阶段论判断辽宁海岸带城市化发展阶段，即城市化初期阶段（城市化水平在 1%～30%，为起步阶段）、城市化中期阶段（城市化水平在 30%～60%，为成长阶段）、城市化后期阶段（城市化水平在 60%～80%，为成熟阶段）、城市化终期阶段（城市化水平在 80%～100%，为顶极阶段），将辽宁海岸带城市化发展阶段分为三大阶段，每一阶段的发展受国情、政治体制、经济波动、社会变迁等综合因素的影响，又可分为 5 个亚阶段（表 7-4）。

表 7-4　辽宁沿海六市城市化发展阶段的总体判断及亚阶段的划分

城市化阶段	城市化亚阶段	时间期限	主要特征	影响机制	影响后果
城市化初期阶段		1949～1957 年	国民经济恢复发展，城市化进程加快，平均每年增加 1.4 个百分点	东北地区是全国重要的机械、冶金、石油化工基地，是国家战略重点，大批农民在短期内迅速进城	快速起步，城市化水平由 1949 年的 18.7% 增加到 1957 年的 29.8%
城市化中期阶段	超速发展阶段	1958～1960 年	城市化进程过快，1958 年城市化水平突破 30%，进入城市化中期阶段，平均每年增长 2 个百分点	"总路线"、"大跃进"和"人民公社"运动使大量农民涌入城市	城市人口猛增，到 1960 年城市化水平猛增到 36%
	倒退发展阶段	1961～1976 年	城市化进程出现停滞甚至倒退	严格的户籍管理政策，"文化大革命"大量知青上山下乡和干部下放农村，出现了人口城市化的萧条、停滞期	城市化水平下降到 1976 年的 27.4%
	迅速发展阶段	1977～1984 年	城市化进程加快，城市化水平年均增长 2 个百分点	大量干部和部分知青返城	城市化水平迅速增加到 1984 年的 49.3%
	低速发展阶段	1985～2003 年	城市化水平发展速度放缓，年均增长 0.25 个百分点	体制性和结构性矛盾日趋显现，企业设备和技术老化，就业矛盾突出，资源性城市主导产业衰退，经济发展步伐相对仍较缓慢，在全国经济地位明显下降	城市化水平增加到 54%
	快速成长阶段	2004～2009 年	城市化发展速度加快，年均增长 1 个百分点	2003 年国家提倡振兴东北老工业基地，2004 年辽宁省委省政府提出"三点一线"构想，并形成辽宁沿海经济带战略	城市化水平增加到 59%
城市化后期阶段		2010 年以后	2010 年城市化水平突破 60%，进入城市化后期阶段，城市化进程持续稳定推进		城市化水平突破 60%

（一）城市化初期阶段（1949～1957 年）：快速起步阶段

按照城市化起步阶段的判断标准，城市化水平达到 30% 时为起步阶段的结束。考察辽宁沿海六市城市化水平的变化情况，1949 年城市化水平为 18.7%，到 1952 年达到 22.8%，到 1957 年达到 29.8%。海岸带地区花了 9 年时间，快速完成了城市化起步阶段，远超过全国平均水平（1949～1995 年）。海岸带地区用了如此短的时间实现城市化起步，主要是受国家政治、经济体制、相关政策、城市化政策等多重因素的综合影响，使得沿海六市城市化进程在起步阶段远领先于全国其他地区。1949 年后，沿海六市进入大发展时期，成为全国重要的机械、冶金、石油化工基地，城镇化也进入快速发展阶段。1958 年海岸带地区城镇人口为 293 万人，每年新增城镇人口 18 万人，年均递增 9 个百分点。

（二）城市化中期阶段（1958～2009 年）：徘徊成长阶段

1958 年沿海六市城市化水平首次突破 30%，按照国际上城市化发展的阶段性规律判断，沿海六市自 1958 年开始进入城市化中期阶段，到 2005 年达到 55.9%，到 2010 年达到 60.9%。完成城市化中期阶段，沿海六市整整花了 52 年的时间。用了如此长的时期才进入城市化中期阶段，主要是受国家政治、经济体制、社会动荡、相关政策、城市化政策等多重因素的综合影响，使得海岸带地区城市化进程在中期阶段经历了前所未有的曲折发展过程，体现出城市化进程的动荡性、萧条性、停滞性、徘徊性、低速性等特点。根据沿海六市 1958～2009 年城市化发展阶段的几个主要转折点，从我国的特殊情况出发，又可将其划分为如下五大亚阶段（表 7-4），即 1958～1960 年的超速发展阶段，城市化水平猛增到 36%；1961～1976 年的倒退发展阶段，城市化水平降低到 27.4%；1977～1984 年的迅速发展阶段，城市化水平增加到 49.3%；1985～2003 年的低速发展阶段，城市化水平增加到 54%；2004～2009 年的快速成长阶段，城市化水平增加到 59%。

（三）城市化后期阶段（2010 年以后）：平稳成熟阶段

2010 年沿海六市城市化突破 60%，开始进入城市化后期阶段。城市化水平继续提高，可到达 80% 以上，城市化年均增长速度可能减慢，城市人口和工业经济逐步占绝对主导地位，第三产业发展成为城市化最主要的推动力，工业化对城市化推动力逐渐减弱。城市数量继续增多，城市规模进一步扩大，城市空间结构呈现出连续的"网"状结构。

二、现状城镇人口及城镇化水平估算

（1）根据第六次人口普查数据，辽宁海岸带行政区划范围 2010 年常住总人口为 1570.74 万人，占全省的 35.84%。其中，大连岸段行政区划范围内常住人口为 669.04 万人，占海岸带的 42.61%；营口岸段行政区划范围内常住人口为 242.86 万人，占海岸带的 15.46%；葫芦岛岸段行政区划范围内常住人口为 210.31 万人，占海岸带的 13.38%；锦州岸段行政区划范围内常住人口为 159.99 万人，占海岸带的 10.18%；丹东岸段行政区划范围内常住人口为 149.30 万人，占海岸带的 9.50%；盘锦岸段行政区划范围内常住人口为 139.25 万人，占海岸带的 8.87%（表 7-5）。

表 7-5　2010 年辽宁海岸带行政区划范围内常住人口

岸段	区县	常住人口（万人）	占岸段比例（%）	占海岸带比例（%）
大连	中山区	33.95	5.07	2.16
	西岗区	30.57	4.57	1.95
	沙河口区	69.31	10.36	4.41
	甘井子区	132.18	19.76	8.42
	旅顺口区	32.48	4.85	2.07
	金州区	110.28	16.48	7.02
	长海县	7.80	1.17	0.50
	瓦房店市	94.22	14.08	6.00
	普兰店市	74.12	11.08	4.72
	庄河市	84.13	12.58	5.36
	小计	669.04	100.00	42.61
丹东	元宝区	21.59	14.46	1.37
	振兴区	46.63	31.23	2.97
	振安区	18.33	12.28	1.17
	东港市	62.75	42.03	3.99
	小计	149.30	100.00	9.50
锦州	古塔区	28.76	17.98	1.83
	凌河区	40.96	25.60	2.61
	太和区	39.46	24.66	2.51
	凌海市	50.81	31.76	3.23
	小计	159.99	100.00	10.18
营口	站前区	31.06	12.79	1.98
	西市区	16.49	6.79	1.05
	鲅鱼圈区	43.11	17.75	2.74
	老边区	12.55	5.17	0.80
	盖州市	69.16	28.48	4.40
	大石桥市	70.49	29.02	4.49
	小计	242.86	100.00	15.46
盘锦	双台子区	20.84	14.96	1.33
	兴隆台区	46.81	33.61	2.98
	大洼区	43.09	30.95	2.74
	盘山县	28.51	20.48	1.82
	小计	139.25	100.00	8.87

岸段	区县	常住人口（万人）	占岸段比例（%）	占海岸带比例（%）
葫芦岛	连山区	60.52	28.78	3.85
	龙港区	24.41	11.60	1.55
	南票区	12.10	5.76	0.77
	绥中县	58.66	27.89	3.73
	兴城市	54.62	25.97	3.48
	小计	210.31	100.00	13.38
海岸带		1 570.74		100.00
辽宁省		4 374.63		

（2）根据第六次人口普查分乡镇/街道数据，辽宁海岸带规划范围（海岸线向陆地延伸 10 公里）常住人口为 940 万人，占全省的 21.48%；推算规划范围 2010 年城镇人口为 697.4 万人，城镇化水平约为 74%。

由于辽宁省统计局及各地市均未提供第六次人口普查的城镇人口数据，本研究根据第六次人口普查所采用的"2008 年国家统计局《统计上划分城乡的规定》"，对规划范围的城镇人口进行估算。首先，将各城市组团规划范围内的街道办事处全部常住人口视为城区人口，经统计城区人口为 686 万人；其次，对镇区人口进行估算。由于缺少此部分数据，本研究根据抽样调查及经验，假定规划范围内 38 个镇的平均城镇人口为 0.3 万人，小计镇区人口为 11.4 万人。两项之和即规划范围 2010 年城镇人口，为 697.4 万人。

海岸带 10 公里规划范围是城镇集聚区和重点生态保护区的交汇之地，村庄相对较少，城镇化水平较高，与大连市 2009 年的城镇化水平（72%）相近似，较辽宁省平均水平（62.15%）高出 12 个百分点。

三、现状特点

1. 人口城镇化水平较低

根据第六次人口普查分乡镇/街道数据，辽宁海岸带规划范围常住人口为 940 万人，占全省的 21.48%；推算规划范围 2010 年城镇人口为 697.4 万人，城镇化水平约为 74%。诺瑟姆提出，城市化进程呈现一条被拉平的倒 S 形曲线，方创琳等（2008）根据中国的特殊国情，将城市化水平从低到高分成四个阶段，即城市化初期阶段（城市化水平在 1%~30%，为起步阶段）、城市化中期阶段（城市化水平在 30%~60%，为成长阶段）、城市化后期阶段（城市化水平在 60%~80%，为成熟阶段）、城市化终期阶段（城市化水平在 80%~100%，为顶极阶段）。

根据这一划分标准来看，整体上处于城镇化后期发展阶段。海岸带人口城镇化水平较辽宁省平均水平（62.15%）高出 12 个百分点，但与全国其他海岸带城市群相比，城镇化水平较低。辽宁沿海六市城镇化水平（60.88%）低于江苏沿海地区（74.39%）13.51 个百分点，低于浙江沿海地区（70.56%）9.68 个百分点。海岸带各城市城镇化发展不平衡（表 7-6）。大连城镇化水平高达 74.42%，处于城镇发展成熟阶段；盘锦超过经济带的平均水平，丹东、营口、锦州和葫芦岛均低于经济带的平均水平，葫芦岛人口城镇化水平仅为 41.54%，低于经济带平均水平 19.34 个百分点，低于大连 32.88 个百分点。

表 7-6　辽宁海岸带各地市人口城镇化水平所处的阶段

城市	总人口		城镇人口		城镇化水平（%）	城镇化所处阶段
	总人口（万人）	比重（%）	城镇人口（万人）	比重（%）		
大连市	669	15.29	497.9	18.31	74.42	城镇化成熟期
丹东市	244.5	5.59	147.5	5.43	60.34	城镇化成熟期
锦州市	312.6	7.15	149.6	5.50	47.86	城镇化成长期
营口市	242.8	5.55	142.9	5.26	58.85	城镇化成长期
盘锦市	139.2	3.18	91.8	3.38	65.96	城镇化成熟期
葫芦岛市	262.4	6.00	109	4.01	41.54	城镇化成长期
沿海六市	1870.5	42.76	1138.7	41.89	60.88	城镇化成熟期
全省	4374.6		2718.8		62.15	城镇化成熟期

2. 城镇化质量低于全国平均水平

辽宁海岸带城镇化基本是在原有老城区基础上改造的，城市布局零乱，城市基础设施老化、落后，交通、供水、绿化是城市的共同矛盾。城市的基础设施建设远不能满足城市生产和生活的需要，交通设施不能满足交通的增长需求。辽宁海岸带城市中，2010 年人均城市道路面积是 12 平方米，比全国的平均水平低 1.21 个百分点；2010 年建成区排水管道密度是 5 公里/平方公里，比全国平均水平低 4 个百分比点（表 7-7）。城市内部的基础设施建设有着很大差距，制约了区域基础设施优势的发挥，也影响各城市功能的完善。因此，基础设施建设存在滞后和瓶颈状况，规模总量不足，能力有限，基础设施配套仍需进一步扩大增强。

表 7-7　辽宁海岸带各市县城区市政建设各项指标值

地区	用水普及率（%）	燃气普及率（%）	建成区供水管道密度（公里/平方公里）	人均城市道路面积（平方米）	建成区排水管道密度（公里/平方公里）	污水处理率（%）	生活垃圾处理率（%）
大连市	100.00	99.98	12.18	14.14	6.31	90.40	100.00
瓦房店市	100.00	95.71	12.80	11.01	7.32	84.00	100.00
普兰店市	93.74	95.67	8.02	10.89	4.61	45.96	98.77
庄河市	96.64	99.25	6.46	16.60	4.63	88.89	1.12

地区	用水普及率（%）	燃气普及率（%）	建成区供水管道密度（公里/平方公里）	人均城市道路面积（平方米）	建成区排水管道密度（公里/平方公里）	污水处理率（%）	生活垃圾处理率(%)
长海县	43.98	40.15	12.80	4.02	6.20	100.00	49.18
丹东市	94.59	94.59	20.92	14.28	12.81	49.14	100.00
东港市	86.39	50.98	6.81	14.68	3.40	18.16	100.00
锦州市	100.00	98.63	14.67	9.73	6.66	60.17	86.69
凌海市	100.00	92.73	5.69	12.68	3.24	11.51	100.00
营口市	86.19	95.38	18.45	7.47	5.30	74.46	93.50
盖州市	79.17	72.61	4.16	7.59	2.63		9.26
大石桥市	100.00	83.01	29.12	9.82	3.33		100.00
盘锦市	100.00	100.00	13.69	15.04	9.12	62.97	100.00
大洼区	97.99	30.21	1.27	28.30	2.46		
葫芦岛市	100.00	90.40	11.24	11.44	2.34	84.19	70.16
兴城市	98.64	70.27	8.06	15.76	3.65	40.38	100.00
绥中县	81.06	66.20	17.37	8.43	7.97	89.75	100.00
海岸带	92.00	81.00	12.00	12.00	5.00	64.00	82.00

注：缺少盘山县数据

3. 城镇等级规模结构较为完整，但中小城市比例不足

根据国务院《城市规划条例》（国发〔1984〕2 号）关于城市人口规模的划分标准：100 万人以上为特大城市，50 万~100 万人为大城市，20 万~50 万人为中等城市，20 万人以下为小城市。辽宁海岸带城镇等级规划结构较为完整，以大连市为中心，包括丹东市、大连市、营口市、盘锦市、锦州市、葫芦岛市 6 个地级以上城市，其中有 1 个超大城市（大连市）、4 个大城市（锦州市、营口市、丹东市、盘锦市）、3 个中等城市（葫芦岛市、瓦房店市、大石桥市）、10 个小城市。参照国际上城市结构等级数量体系为以 3 为倍数的数列，即特大城市、大城市、中等城市、小城市比例为 1∶3∶9∶27，辽宁沿海经济带的城市等级规模比例为 1∶4∶3∶10，呈现出大城市居多、中小城市比例明显不足的状况（表 7-8）。

表 7-8　辽宁海岸带城镇规模等级

人口规模（人）	城镇数（个）	城镇名称
>100 万	1	大连市
50 万~100 万	4	锦州市、营口市、丹东市、盘锦市

人口规模（人）	城镇数（个）	城镇名称
20 万 ~ 50 万	3	葫芦岛市、瓦房店市、大石桥市
5 万 ~ 20 万	9	普兰店市、庄河市、盖州市、东港市、兴城市、凌海市、大洼区、绥中县、盘山县
2 万 ~ 5 万	1	长海县

中心城区人口规模超过 200 万人的特大城市，即大连市。2010 年大连市中心城区人口规模为 272.48 万人。大连市是辽宁省域中心城市之一，沿海经济带建设的核心城市，东北亚国际航运中心、东北亚国际物流中心和区域性金融中心，国际旅游目的地和服务基地，国家软件和信息服务业基地，东北地区会展、先进装备制造业中心。

中心城区人口规模为 50 万 ~ 100 万人的城市，包括锦州市、营口市、丹东市和盘锦市四个城市。锦州市是辽西城市群经济、文化、商贸、信息和交通中心，东北西部地区重要的出海门户和口岸。营口市是东北亚国际航运副中心、东北地区国际物流中心的重要组成部分、沈阳经济区经济增长的第二极、辽宁沿海产业带的区域经济中心。丹东市是辽东边境城镇群的政治、经济、文化、信息中心，东北东部地区重要的出海门户和口岸，中国重要的边境口岸城市。盘锦市是国家重要的能源基地、综合型石油化工基地。

中心城区人口规模为 20 万 ~ 50 万人的城市，包括葫芦岛市一个地级市和瓦房店市、大石桥市两个县级市。其中，葫芦岛市是以石油化工、有色金属加工、旅游业为主的海滨城市；瓦房店市是大连市装备制造业配套服务基地；大石桥市是营口市域的副中心城市。

中心城区人口规模为 5 万 ~ 20 万人的城镇，主要包括设市的小城市和规模较大的县城。这一级的城镇已基本脱离典型的县域中心模式，第二、第三产业获得较快发展，其某些工业职能的辐射范围超于县城范围。

中心城区人口规模为 2 万 ~ 5 万人的城镇，主要包括发展条件较差、位置较偏的县城。这一级城镇政治、文化、集贸职能占主导地位，聚集人口的能力有限。

4. 城镇空间结构以大连市为核心，呈带状分布

海岸带的核心城市是大连市，城镇空间结构以大连市为核心，沿渤海、黄海两翼呈带状分布。黄海、渤海两翼城镇空间分布不均，形成以大连市为中心，沿黄海和渤海，城镇经济实力逐步由强变弱，城镇分布由密向稀变化的格局特征。此外，渤海翼城镇密度大于黄海翼，区域城镇化发展不均衡。其中，渤海翼包括大城市 3 个、中等城市 3 个、小城市 8 个，而黄海翼仅有大城市 1 个、小城市 2 个。

四、存在问题

1. 城镇人均建设用地普遍偏大

土地城镇化是一种城市发展、人口产业集聚带来的城市建设用地扩张过程。2010 年辽

宁海岸带各市县城区建设用地总面积为1053.4平方公里，人均建设用地面积为154.9平方米，远超过国家用地指标。其中，锦州、丹东、盘锦、绥中人均城市建设用地面积偏紧，低于100平方米。大连、葫芦岛、大石桥、普兰店、庄河、盖州等均高于城市规划人均城市建设用地指标上限（115平方米），属于人均用地比较宽松的地区。

辽宁海岸带各城市普遍存在着土地利用结构不优的问题。首先，都存在人均居住面积过高的问题，除丹东城区接近于人均居住面积的国家标准，其余城市都超过国家标准（表7-9）。这一方面反映了部分城市的土地粗放利用的问题，另一方面反映了用地紧张的城市其他方面的建设用地的紧张与不足。

表7-9 辽宁海岸带各市县城区建设用地各项指标值

城市	城区人口（万人）	城市建设用地面积（平方公里）	人均建设用地（平方米）	人均居住用地（平方米）	人均工业用地（平方米）	人均道路广场地（平方米）	人均市政公用设施用地（平方米）	人均绿地（平方米）
大连市	272.5	405.7	148.9	43.9	31.6	18.9	3.8	14.1
锦州市	94.2	71.5	75.9	36.1	13.6	4.4	2.3	3.3
营口市	90.4	99.2	109.8	34.8	31.6	11.9	4.4	4.9
丹东市	63.5	53.4	84.2	28.8	18.1	6.3	1.8	9.4
盘锦市	61.0	60.8	99.7	39.7	18.0	12.7	3.9	9.7
葫芦岛市	44.1	75.2	170.3	44.2	43.0	15.0	5.8	21.3
瓦房店市	30.5	32.1	105.1	37.1	26.2	11.4	2.1	12.3
大石桥市	27.1	32.2	118.6	54.9	30.4	15.8	1.7	0.4
普兰店市	18.6	28.5	152.9	36.9	78.2	5.4	2.3	4.0
庄河市	18.6	35.0	188.0	106.6	37.3	13.2	4.1	4.2
盖州市	15.0	25.1	167.1	87.1	4.0	21.5	2.9	40.0
东港市	13.7	34.2	250.7	46.7	110.6	26.6	25.1	4.5
兴城市	13.2	25.2	191.2	97.1	17.2	9.5	3.3	21.1
凌海市	12.1	16.6	136.9	70.9	28.4	13.7	1.5	3.1
大洼区	10.7	43.0	401.6	138.7	48.1	37.3	6.3	81.0
绥中县	10.2	10.0	97.8	57.7	7.3	6.6	3.3	6.7
长海县	4.4	5.9	134.2	45.6	4.8	20.7	8.0	30.3
海岸带	799.8	1053.4	154.9	59.2	32.3	14.8	4.9	15.9

2. 中心城市的辐射带动能力较弱，没有形成强大的极核

用衡量城市规模分布状况的首位度来表述城市规模分布规律，其计算方法：$S = P_1/P_2$（式中，S是首位度，P_1、P_2是最大城市和第二大城市的人口规模）。对2010年辽宁海岸带城市市区人口统计数据计算，首位度为2.89，这说明中心城市（大连）对周边地域带动作用十分有限，也说明大连市目前的发展仍处在极化阶段，扩散倾向不十分明显。

3. 城市间联系较弱，与成熟城市带差距显著

当前，发达地区不同形式的城市群成为区域经济发展的主要依托，城市群中城市不断外延形成城市连绵带，如波士华城市带、莱茵—鲁尔城市群、日本太平洋沿岸城市带等。辽宁海岸带将是辽宁对外改革开放最活跃的区域，它的辐射范围为辽宁省乃至整个东北地区，在 21 世纪该区也属于东北亚和亚太经济区中的经济活跃区域之一。海岸带包括了辽东、辽南和辽西三区域的中心城市——丹东、大连和锦州，沟通大小港口 25 个，连接工业园区 228 个。但从各城市的经济联系、空间通达度和港口联系上看，城市与内陆腹地城市联系较强，海岸带城市之间的交流与合作机会少，城市间联系薄弱。

4. 城镇化与工业化的互动机制较弱，对农村剩余劳动力的吸纳能力不强

2010 年，辽宁海岸带三次产业生产总值结构为 8∶55∶37。与表 7-10 进行对比可以发现，辽宁海岸带第一、第二产业比重均已超过了人均 4000 美元国家的水平，第三产业以 37% 的比重相对滞后。

表 7-10　赛尔奎因和钱纳里产业结构模式

人均 GDP（美元）	产值结构（%）		
	第一产业	第二产业	第三产业
<300	48.0	21.0	31.0
300	39.4	28.2	32.4
500	31.7	33.4	34.6
1000	22.8	39.2	37.8
2000	15.4	43.4	41.2
4000	9.7	45.6	44.7
>4000	7.0	46.0	47.0

工业化作为产业结构变动最迅速的时期，其演进阶段也可以通过产值结构的变动过程反映出来。根据赛尔奎因与钱纳里等人的研究成果，产业结构具有一定的规律性：从三次产业 GDP 结构的变动看，在工业化起点，第一产业的比重较高，第二产业的比重较低；由于市场经济国家在工业化开始时市场化已有较大进展，以商业、服务业为基础的第三产业比重较高；随着工业化的推进，第一产业的比重持续下降，第二产业的比重迅速上升，而第三产业的比重只是缓慢提高。具体衡量标准为：当第一产业的比重低到 20% 以下、第二产业的比重高于第三产业而在 GDP 结构中占最大比重时，工业化进入了中期阶段；当第一产业的比重再降低到 10% 左右、第二产业的比重上升到最高水平时，工业化则到了结束阶段，即后期阶段，此后第二产业的比重转为相对稳定或有所下降。综合来看，2010 年辽宁海岸带 GDP 结构略高于人均 GDP 为 4000 美元的国家，整体处于工业化中期阶段。但是，海岸带各城市产业结构所处阶段有所差异（表 7-11）。

表 7-11　辽宁海岸带各地市产业结构所处经济发展阶段（单位:%）

地区	第一产业	第二产业	第三产业	产业结构所处阶段
大连市	7.07	55.16	37.77	工业化后期
丹东市	14.54	48.28	37.17	工业化中期
锦州市	10.30	55.04	34.65	工业化中期
营口市	5.93	59.76	34.30	工业化后期
盘锦市	12.66	52.24	35.08	工业化中期
葫芦岛市	15.37	46.99	37.62	工业化中期
海岸带	11.21	56.06	32.73	工业化中期

大连、营口处于工业化后期，丹东、锦州、盘锦和葫芦岛处于工业化中期。城市化率与工业化率的比值为 1.4~2.5，表示城市化发展与工业化发展相适应，经对比发现，海岸带各城市均低于这一水平。由此可见，辽宁海岸带城市化与工业化的互动机制较弱，第三产业发展不足，削弱了海岸带的人口集聚能力，限制农村剩余劳动力向城镇转移。

第三节　海岸带地区开发评价

一、省际相关规划及评价

辽宁省在城市总体发展层面还陆续编制了一些规划成果，包括辽宁省城乡建设规划设计院编制的《辽宁省城镇体系规划（2003—2020 年)》和中国城市规划设计研究院、辽宁省城乡建设规划设计院编制的《辽宁沿海经济带开发建设规划（2006—2020)》。这些规划成果都对辽宁海岸带城镇化发展有着一定的指导和借鉴意义。

（一）《辽宁省城镇体系规划（2003—2020 年)》

（1）规划期限：2000~2020 年，近期为 2000~2005 年；中期为 2005~2010 年；远期为 2010~2020 年。

（2）城镇规模：2005 年总人口为 4340 万人，城镇人口为 2560 万人，城镇化率为 59%；2010 年总人口为 4550 万人，城镇人口为 2860 万人，城镇化率为 63%；2020 年总人口为 4690 万人，城镇人口为 3280 万人，城镇化率为 70%。规划期内，城镇人口增加约为 1060 万人，比现有城镇人口增加 48%。

（3）等级结构：特大城市由 4 个增加为 7 个，本溪、锦州、丹东人口达到 100 万以上，进入特大城市行列。大城市达到 5 个，盘锦、葫芦岛进入大城市行列。中等城市达到 17 个，新民、辽中、普兰店、庄河、东港、凤城、凌海、盖州、开原、兴城人口达到 20 万以上。小城市达到 26 个，除长海外，县城、县级市人口均达到 10 万以上。

（4）空间组织：全省规划建设 5 个都市区和 4 个城市组群。5 个都市区，即沈（阳）抚（顺）本（溪）都市区、大连都市区、鞍（山）辽（阳）海（城）都市区、锦（州）葫（芦岛）兴（城）凌（海）都市区、营（口）盘（锦）鲅（鱼圈）都市区。4 个城市组群，即丹东（市区、东港市）、阜新（市区、阿金镇）、铁岭（市区、调兵山市）、朝阳（市区、北票市）。

城镇发展轴线分三级。一级轴线 1 条，即大连—鞍山—沈阳—铁岭，是辽宁城镇发展主轴，也是东北地区城镇发展主轴组成部分。二级轴线 5 条，即沈阳—锦州—葫芦岛、沈阳—抚顺、沈阳—本溪—丹东、沈阳—阜新—朝阳、大连—丹东，是由省域中心沈阳、大连向各市域中心的辐射轴线。三级轴线 4 条，即锦州—朝阳—赤峰、锦州—阜新—通辽、丹东—海城—盘锦、丹东—桓仁—通化（图 7-4）。

图 7-4　辽宁省城镇体系规划

简要评价：该规划编制于 2000 年，时间较早，当时沿海地区没有受到国家和省级政府的重视，因此，该项规划没有重点考虑沿海地区的发展，低估了沿海地区的城镇发展规模和速度。

（二）《辽宁沿海经济带开发建设规划（2006—2020）》

（1）规划期限：2006～2020 年，近期为 2006～2010 年；远期为 2011～2020 年；远景

为2020年以后。

（2）职能定位：国家级新型产业基地，东北亚国际航运中心，东北地区重要的经济组织中心，独具特色的北方旅游胜地，环境宜人的宜居地区。

（3）城镇规模：2010年，沿海地区总人口为1970万人，占全省的45%，城镇化率达到63%；2020年，沿海地区总人口为2250万人，占全省的49%，城镇化率达到75%（表7-12）。

表7-12　2020年辽宁海岸带各市规划人口规模

地市		总人口① （万人）	城镇人口① （万人）	城镇化率① （%）	等级②	人口规模② （万人）
大连市#	市区	480	480	100	Ⅰ	>200
	长海县	12	8	67		
	瓦房店市	113	88	78	Ⅲ	50~100
	普兰店市	90	65	72	Ⅲ	50~100
	庄河市	95	55	58	Ⅳ	20~50
	小计	790	700	89		
丹东市#	市区	100	98	98	Ⅱ	100~200
	东港市	75	41	55	Ⅳ	20~50
	小计	285	206	72		
锦州市#	市区	105	105	100	Ⅱ	100~200
	凌海市	73	30	42	Ⅳ	20~50
	小计	348	201	58		
营口市#	市区	150	150	100	Ⅲ	50~100
	盖州市	100	45	45	Ⅳ	20~50
	大石桥市	80	65	81	Ⅳ	20~50
	小计	330	260	80		
盘锦市#	市区	82	82	100	Ⅲ	50~100
	大洼区	49	29	59	Ⅴ	10~20
	盘山县	37	13	35		
	小计	168	124	74		
葫芦岛市#	市区	105	90	86	Ⅲ	50~100
	绥中县	70	25	36	Ⅴ	10~20
	兴城市	85	45	53	Ⅳ	20~50
	小计	325	185	57		
沿海六市		1901	1514	80		

注：①数据来自《辽宁沿海经济带开发建设规划（2006—2020）》；②数据来自《辽宁省城镇体系规划（2003—2020年）》；③#为6个地级市，包含市辖区和县级市及县

（4）空间组织：以大连都市区为龙头，以营盘都市区为支撑，以锦葫都市区、丹东都市区为两翼，以重点的城镇组群、城镇和重点开发区为支点，以综合交通体系为"骨架"，形成与周边区域协调发展的沿海经济带（图7-5）。

图7-5 辽宁省沿海经济带开发建设规划

（5）建设重点：加强大连都市区、营盘都市区、锦葫都市区和丹东都市区及区域中心城市建设，实施锦州滨海新区、大连长兴岛和花园口新区建设行动。

简要评价：该规划编制于2006年，省级政府提出"五点一线"战略构想之时，该项规划总体上是合乎实际的，对沿海地区的发展给予了正确的指导。2007年辽宁沿海经济带上升为国家战略，开发建设热情高涨，超过了预期。因此，该项规划低估了沿海地区的城镇发展规模和速度，尤其是新区建设；此外，该项规划注重对沿海经济带的开发建设，保护不足。

二、地方城市总体规划及评价

（一）地方城市总体规划

目前，省海岸带各市已经或正在编制城市总体规划及重大项目规划，规划期一般至

2020 年或 2030 年，规划中对区域城镇人口和建设用地做了相关预测（表 7-13）。

表 7-13　辽宁海岸带各市城市总体规划（至 2020 年）

城市	市域			市区		
	规划人口（万人）	规划城镇人口（万人）	规划建设用地（平方公里）	规划人口（万人）	规划用地（平方公里）	人均建设用地标准（平方米）
大连	920	770	956	500	496	99
丹东	300	—	—	120	130	108
营口	320	250	—	160	192	120
锦州	327	228	—	97.70	107	110
葫芦岛	310	202	—	80	96	120
绥中	98 *	56 *	—	50 *	56 *	111 *

＊代表规划期至 2030 年

1. 《大连市城市总体规划（2010—2020）》[①]

（1）规划期限：2010～2020 年，近期为 2010～2015 年；远期为 2016～2020 年；远景为 2020 年以后。

（2）职能定位：东北亚重要的国际航运中心，我国东北地区核心城市，文化、旅游城市和滨海国际名城。

（3）城镇规模：2020 年，市域总人口为 920 万人，城镇人口为 770 万人，城镇化率达到 84%，城镇建设用地规模为 956 平方公里；中心城区城市人口规模为 500 万人，城市建设用地面积约为 496 平方公里。

（4）空间组织：构建"一轴两翼、一核两极七节点"的城镇空间结构。一轴，即沿"哈大"交通走廊的东北地区区域发展中轴。两翼，即沿渤海城镇发展翼和沿黄海城镇发展翼。一核，即中心城区的核心区。两极：中心城区的金州新区-保税区城区，普湾新区。七节点，即中心城区的旅顺城区、瓦房店城区、庄河城区、长兴岛经济技术开发区、花园口经济区、皮杨城区、长海城区。

2. 《丹东市城市总体规划（2009—2020）》[②]

（1）规划期限：2009～2020 年，近期为 2009～2015 年；远期为 2016～2020 年；远景为 2020 年以后。

（2）职能定位：我国重要的现代化沿海边境城市，东北东部地区交通枢纽和物流中心，辽东地区中心城市。

---

① 实际上是 2001—2020 年，但 2008 年启动修编，2010 年总规通过审查。
② 2009 年是纲要说明书（征求意见稿），2010 年审批稿。

（3）城镇规模：2020 年，市域总人口为 300 万人，城镇化水平为 70% ～75%；中心城区人口为 120 万人，城市建设用地约为 130 平方公里。

（4）空间组织：形成"一心三轴"的城镇空间布局结构。一心，即重点发展都市区，加强人口和产业的集中集聚，建设成为丹东市域政治、经济、文化中心。三轴，即依托沈丹、丹大高速公路建设一级发展轴；依托丹通高速公路建设二级发展轴；依托省道市域环线、张庄公路、丹集公路建设三级发展轴。

图 7-6 为丹东市都市区用地规划（2020 年）。

图 7-6　丹东市都市区用地规划（2020 年）

3.《营口市城市总体规划（2011—2030）》

（1）规划期限：2011 ～2030 年，近期为 2011 ～2015 年；中期为 2016 ～2020 年；远期为 2021 ～2030 年；远景为 2030 年以后。

（2）职能定位：东北地区的航运中心，环渤海区域中心城市，依河临海旅游生态名城。

（3）城镇规模：2030 年，市域总人口为 350 万人，城镇人口为 298 万人，城镇化水平为 85% 左右；中心城区为 200 万人，城市建设用地规模为 236 平方公里。

（4）空间组织：形成"一带三轴、双城联动、两副四级"的城镇空间布局结构。一带三轴中，一带即依托滨海路形成的南北向沿海发展带，三轴即从沿海向内陆辐射的北部老城区—老边—大石桥发展轴、中部北海新区—盖州发展轴、南部鲅鱼圈区—熊岳发展轴。双城联动，即北部城区与南部城区构成的中心城市联合驱动营口市域经济社会全面发展。两副四级，即大石桥和盖州两个市域副中心城市；同时形成四级城镇结构。

图 7-7 为营口市中心城区用地规划（2030 年）。

4.《锦州市城市总体规划调整（2000—2020 年）》

（1）规划期限：2000 ～2020 年，近期为 2000 ～2005 年；中期为 2006 ～2010 年；远期为 2011 ～2020 年；远景为 2020 年以后。

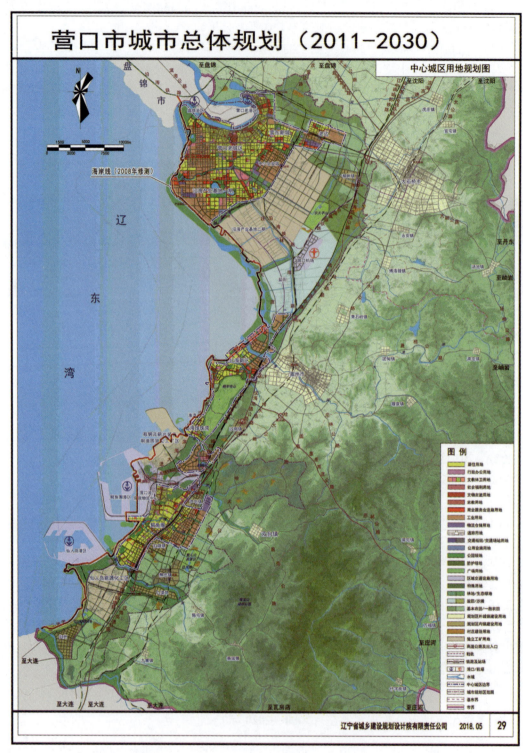

图 7-7 营口市中心城区用地规划 (2030 年)

（2）职能定位：辽宁重要工业港口城市，辽西地区中心城市。

（3）城镇规模：2020 年，市区人口为 97.70 万人，用地规模为 107 平方公里；主城区人口为 75.7 万人，用地规模为 71.1 平方公里。

（4）空间组织：一城多片式的空间布局结构。规划以渤海大道为纽带连接锦州市主城区和锦州港区，共同组成一个哑铃形的城市空间布局形态。

图 7-8 为锦州市主城区用地规划（2020 年）。

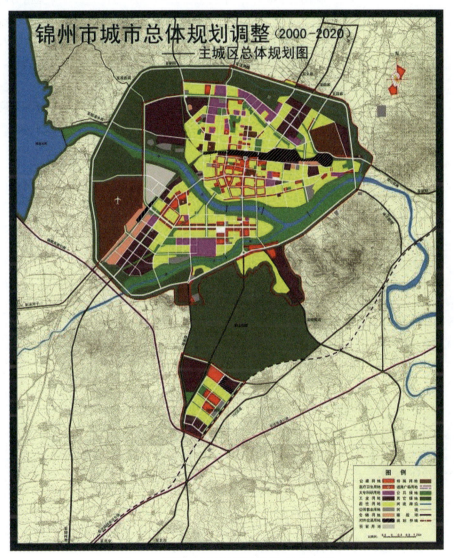

图 7-8　锦州市主城区用地规划（2020 年）

5.《葫芦岛市城市总体规划调整（2005—2020）》

（1）规划期限：2005～2020 年，近期为 2005～2010 年；远期为 2011～2020 年。

（2）职能定位：辽宁西部重要的中心城市，东北、华北两大经济区的节点城市，环渤海地区重要的以工业、港口、旅游为主体的滨海宜居城市。

（3）城镇规模：2020年，市区人口为80万人，城市建设用地规模为96平方公里。

（4）空间组织：规划"一核一带，两心三轴"的市域空间结构。一核，即葫芦岛和兴城两城区构成的组合型中心城市作为市域核心城市。一带，即沿京沈铁路、秦沈高速铁路、京沈高速公路、102国道组成的辽西走廊通道沿线。两心，即绥中、建昌两县城作为市域片区中心城市。三轴，即市域核心城市分别至建昌和南票设置城市功能辐射轴，主要依托铁路和高等级公路，强化核心城市的功能影响和辐射作用；绥中至建昌设置城市功能联系轴，主要依托306国道和规划中的高速公路，强化市域核心城市与绥中、建昌，直至朝阳市的城镇功能联系。图7-9为葫芦岛城区用地规划（2020年）。

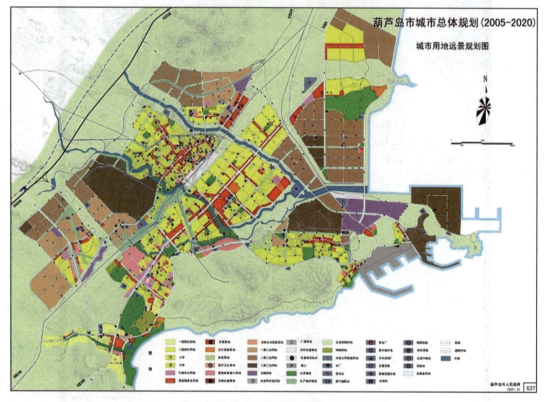

图7-9　葫芦岛城区用地规划（2020年）

（二）地方部门专项规划

辽宁海岸带地方政府各部门也制定了相应的发展规划，本研究将各地重点区域的规划人口、规划用地、职能定位、产业重点进行了归纳，见表7-14。

表 7-14 辽宁海岸带重点区域发展规划

城市	重点区域	规划期	职能定位	城镇规模		产业重点
				人口（万人）	用地（平方公里）	
大连市	大连老城区	2010~2020年	东北地区金融、商务、会展中心，大连市行政中心、文化中心、体育中心、高新技术产业基地	335	300	现代服务业、高新技术产业、先进制造业
	金州新区—保税区	2010~2020年	辽宁沿海经济带上集聚发展的先导区，东北亚国际航运中心的核心海港区和国际空港区，临港生产服务业中心和物流业、高新技术产业、战略性新兴产业、先进制造业基地，逐步创建改革试验区	265	365	临港物流业、汽车工业、总部经济、研发中心、职业教育、装备制造、仪器仪表、精细化工
	长兴岛新区		辽宁省综合配套改革试验区，东北地区第二产业提升的重要支撑区之一	30	90	石油化工、造船、装备制造和港口物流等产业
	庄河老城区	2009~2030年	我国东北重要的地区门户和北黄海沿岸中心城市，以港口、旅游、现代服务为主的滨海生态城市	80	72	轻型装备制造、电子信息、生物制药、新能源、食品深加工、家具和静脉产业
	花园口新区	2009~2030年	国家级新材料产业基地、辽宁沿海重要的新型产业基地	50	60	新材料、生物制药、新能源、节能环保产业
	皮杨新区	2011~2020年	大连市国际航运中心重要承载区，普兰店市港城区一体化中心城区	38	30	海洋装备制造业、服装纺织业和农副产品、海产品深加工业
	太平湾新区		生态化、国际化和智慧化的临港新城区	50	26.5	以万吨公共运输码头建设为核心，实施港区联动，推进深海航道建设，发展现代物流产业
	大长山岛镇	2009~2030年	北黄海重要的海洋生态旅游基地	10	10	以海岛休闲度假、海洋牧场等为主体的现代旅游业

城市	重点区域	规划期	职能定位	城镇规模		产业重点
				人口（万人）	用地（平方公里）	
丹东市	丹东老城区	2011～2020年	以传统商贸、旅游服务、文化展示、职业教育和综合居住功能为主的城市综合功能区	75	64.65	商贸、旅游服务、教育
	丹东新区	2011～2020年	以行政文化、商业金融、环保产业、先进制造业、职业教育、旅游服务和综合居住功能为主的新区	44.5	49.67	商业金融、环保产业、先进制造、教育、旅游服务
	东港老城区	2010～2030年	我国东北东部出海门户，辽宁沿海经济带东部地区中心城市之一，以临港产业为主的沿海宜居城市	50	42.16	能源、钢铁、机械、石油化工、再生资源综合利用、对外物流、旅游、商贸
	前阳新区	2011～2015年	东北东部出海通道的交通枢纽、外向型产业示范基地、生态型综合新区	17	26.54	纺织、食品加工、生物医药、机械加工、造船、汽车及零部件、物流、旅游
	大孤山新区	2011～2015年	大连东北亚国际航运中心的港航服务基地和产业配套区、中国重要的特钢基地、临港工业区、宜居旅游新区	50	35.38	特种钢制造加工业、精密铸造业、化纤产业、电子信息产业、现代物流业、现代商贸及房地产业
营口市	营口老城区	2010～2030年	全市政治、经济、文化中心，是营口市政府所在地	90	145	高新技术与现代制造业
	鲅鱼圈新区	2010～2030年	营口南部中心、港口及临港产业区，配套服务设施完善的现代化城区	70	75	港口及临港产业区、商贸、物流、旅游
	北海新区	2010～2030年	营口市新行政文化中心、商贸服务中心、中国电机之都	35	42.8	电机
	盖州老城区	2010～2030年	市域副中心	25	26	新型产业
盘锦市	辽东湾新区	2011～2030年	东北亚生态宜居城市、环渤海重要的国际港口城市，辽中南区域性中心城市，盘锦市"双核结构"的沿海增长极和区域中心城市	120	245.1	港口物流、装备制造、化学工业、机电产品出口加工制造、新材料、环保产业、生态旅游服务
	欢喜岭镇	2009～2030年	宜居、宜业、宜游的温馨小镇；综合旅游服务基地	5	11.86	旅游综合服务

城市	重点区域	规划期	职能定位	城镇规模		产业重点
				人口（万人）	用地（平方公里）	
锦州市	锦州新区	2000~2020年	中国东北西部地区重要的出海口，渤海北岸的区域金融商贸中心，北方滨海旅游城市	45	70	海洋运输、海洋渔业、滨海旅游、海洋生物医药、海水综合利用、海洋工程装备制造
葫芦岛市	葫芦岛老城区	2006~2020年	辽宁西部重要的中心城市，东北、华北两大经济区的节点城市，环渤海地区重要的以工业、港口、旅游为主体的滨海宜居城市	70	96	矿产资源生产和加工基地，重化工业基地，旅游休闲服务，特色轻工，以港口和陆路交通为特色的流通产业基地，商务服务与科教文化中心
	南票新区	2006~2020年	锦葫联动一体协作先导区、辽西走廊转型发展实验田、东北地区生态宜居示范城	26	20	医疗保健装备制造产业、绿色家居加工贸易产业、海上运动装备制造产业、都市休闲文化创意产业
	兴城老城区	2006~2020年	市域副中心之一	35	35	集滨海、温泉、古城为一体的旅游业，集聚商业职能
	东戴河新区	2009~2030年	国内领先的战略性新兴产业聚集区、我国北方滨海生态旅游休闲与人居胜地、辽宁率先实现低碳产业发展先行区、科技创新示范区、绥中县域经济社会跨越式发展的引擎	34	35	数字产业、高端装备制造业

（三）规划拼图及评价

将地方城市总体规划及各部门专项规划的用地规划图拼合在一起，会发现各城市普遍存在采用超常规发展战略、新区遍地开花、城镇用地空间蔓延严重等问题。

（1）各城市普遍采用超常规发展战略，规划人口与用地规模严重偏大。2010年辽宁沿海带规划总人口为1972万，城镇人口为1232万；实际上，2010年沿海六市总人口为1871万，城镇人口为1141万，原有规划人口与用地规模偏大。分区域来看，原有规划对大连市人口和用地规模预测偏小，低估了大连市的人口集聚能力；同时，对其他地市人口规模预测偏高，营口与葫芦岛规划总人口分别为290万人与310万人，严重高于2010年实际人口（243万人与262万人），偏差率分别高达19.34%和18.32%，高估了其他地市的人口集聚能力和核心城市大连的扩散效应（表7-15）。因此，从目前的趋势来看，辽宁海岸带仍处于极化阶段，扩散效应并没有达到预期效果，各城市采取的超常规发展战略需要进行调整。

表 7-15   2010 年辽宁海岸带各市规划人口与实际人口对比

地市	规划人口（万人）		实际人口（万人）		偏差率（%）	
	总人口	城镇人口	总人口	城镇人口	总人口	城镇人口
大连市	630	479	669	498	−5.83	−3.82
丹东市	270	170	245	148	10.20	14.86
锦州市	330	168	313	150	5.43	12.00
营口市	290	180	243	143	19.34	25.87
盘锦市	142	95	139	92	2.16	3.26
葫芦岛市	310	140	262	112	18.32	25.00
沿海六市	1972	1232	1871	1143	5.40	7.79

注：2010 年实际人口数据来自《辽宁统计年鉴 2011》，规划人口数据来自《辽宁沿海经济带开发建设规划（2006—2020）》

海岸带各岸段普遍采用超常规发展战略，将各岸段现状城市规模（2010 年）与地方政府规划（2020 年）对比发现，规划期内海岸带地方政府规划新增总人口达 738 万人，年均增长率达 6.89%；规划新增用地达 1235.27 平方公里，年均增长率达 11.87%；两者均远超过全国和辽宁省城市规模扩张速度。从城市扩张规模看，大连岸段新增人口和用地最多，新增人口 357 万人，新增用地 606.75 平方公里，接近海岸带规划总规模的一半；从城市扩张速度看，绥中岸段规划城镇人口年均增长率最高，达 33.54%；盘锦岸段规划城市建设用地年均增长率最高，达 40.29%（表 7-16）。

表 7-16   辽宁省海岸带各岸段现状城市规模（2010 年）与地方政府规划（2020 年）对比

岸段	总人口				城镇建设用地			
	现状人口（万人）	地方规划人口（万人）	新增人口（万人）	年均增长率（%）	现状面积（平方公里）	地方规划面积（平方公里）	新增面积（平方公里）	年均增长率（%）
大连	457	814	357	5.94	335.15	941.90	606.75	10.89
丹东	95	237	142	9.57	58.03	218.40	160.37	14.17
葫芦岛	82	132	50	4.88	74.46	157.53	83.07	7.78
锦州	8	45	37	18.85	6.98	70.00	63.02	25.93
盘锦	7	65	58	24.96	5.11	150.86	145.75	40.29
绥中	1	18	17	33.51	1.59	28.67	27.08	3.54
营口	129	206	77	4.79	115.05	264.28	149.23	8.67
总计	779	1517	738	6.89	596.37	1831.64	1235.27	11.87

（2）新区（区）遍地开花，缺乏合理的时空秩序。目前辽宁海岸带正处于城镇化加速发展阶段，新城新区作为推进城镇化的重要载体，在区域城镇化发展中起到了巨大的推动作用，且已成为区域经济发展的重要增长极。但是，近年来，辽宁海岸带各地的新城新区遍地开花，辽宁省海岸带各地市均正在建设或规划建设多个新城新区，共 15 个，规划总人口达 732 万人，占沿海经济带的 44%；新增人口 489 万人，超过同期沿海经济带（444 万人）和全省（475 万人）新增总人口，超过区域人口集聚能力；规划总用地达 1124 平方公里，高于地方财政支付能力，人均城镇建设用地面积达 154 平方米，高于城镇建设用地标准。其中，大连新（市）区规划人口 265 万人，新增人口 150 万人，位居首位（表 7-17）。

表 7-17　2010～2020 年辽宁海岸带地方政府规划建设新区

城市	新区	规划人口（万人）	规划用地（平方公里）	新增人口（万人）
大连	大连新（市）区	265	365	150
	长兴岛新区	30	90	23
	花园口新区	23	37	18
	栗子房新区	5	5	3
	皮杨新区	38	29	27
	太平湾新区	20	138	8
丹东	丹东新区	45	50	39
	大孤山新区	50	35	46
	前阳新区	17	27	14
锦州	锦州新区	45	70	37
营口	鲅鱼圈新区	70	75	19
	北海新区	20	16	18
盘锦	辽东湾新区	60	139	55
葫芦岛	南票新区	26	19	16
绥中	东戴河新区	18	29	16
新区合计		732	1124	489
沿海经济带		1676	——	444
全省		3 187	——	475

注：由于部分新区规划期至 2015 年或 2030 年，本研究运用线性趋势外推方法，预测了部分地区 2020 年规划人口和用地

（3）城镇用地空间蔓延严重。从城市规划和重大区域规划拼图可以发现（图7-10），在辽宁海岸带的许多城市，都有一个或几个新区或开发区。这些新区或开发区或在一个次级行政区内占有一块空间，或跨越几个次级行政区，建设用地分散，土地资源浪费严重。新区和开发区的不合理布局导致城市空间无序蔓延。城镇空间主要沿海岸带扩展，部分城镇之间已经连绵成片，其中，渤海沿岸最为典型。城镇建设用地空间无序蔓延导致旅游、农业、生态岸线被大量侵占，生态空间缺失，土地后备资源短缺，区域生态安全面临威胁。

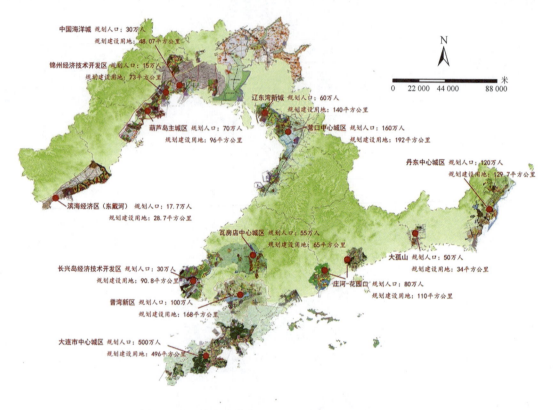

图7-10　辽宁海岸带各地区城市规划和重大区域规划

第四节　城镇发展类型划分

城镇发展类型划分是分类引导城镇发展、实施差异化空间发展战略的依据。依据战略定位及其与产业园区、港口建设的互动关系，并充分考虑现有开发强度、资源环境承载能力和发展潜力，将海岸带各级地方政府所规划的城镇划分为重点新区、潜力新区、老城区、中心镇四种类型。

一、评价单元及类型体系

（一）评价单元确定

城镇发展类型评价单元的确定是进行城镇分类的前提。基于城镇在发展现状、战略地位、功能定位等方面上的一致性，且与行政单元相协调，因此，本规划的评价单元是各级地方政府所规划的城镇。参考各级地方政府的城市总体规划、产业园区规划，以及各城镇在战略地位、功能定位等方面的一致性和差异性，将海岸带中心镇以上的城镇划分为31个城镇（表7-18）。

表7-18　辽宁省海岸带城镇

岸段	城镇
大连	大连老城区、大连新（市）区、花园口新区、庄河老城区、栗子房新区、长兴岛新区、皮杨新区、太平湾新区、大长山岛镇、炮台镇、青堆镇
丹东	丹东老城区、丹东新区、前阳新区、东港老城区、大孤山新区
葫芦岛	葫芦岛老城区、南票新区、兴城老城区、东辛庄镇、高岭镇、沙后所镇
锦州	锦州新区
盘锦	辽东湾新区、欢喜岭镇
绥中	东戴河新区
营口	营口老城区、鲅鱼圈新区、盖州老城区、北海新区、水源镇

（二）城镇类型

依据战略定位及其与产业园区、港口建设的互动关系，并充分考虑现有开发强度、资源环境承载能力和发展潜力，将海岸带各级地方政府所规划的城镇划分为重点新区、潜力新区、老城区、中心镇四种类型（表7-19）。

表7-19　城镇分类及发展模式

城镇类型	发展模式
重点新区	具有重要战略区位、较大发展潜力，应采用超常规模式重点发展
潜力新区	为港口或产业园区发展配套而建设
老城区	以优化现有城（镇）区空间结构、提升人口承载力为重点，并适度拓展城镇规模
中心镇	辐射带动周边区域

新区是集中连片的新增城市发展空间和吸聚新增城市人口的主要载体，对推进区域城

镇化进程和完善区域城镇体系的空间组织具有重要战略意义。根据其战略重要性，可细分为两类：一是具有重要战略区位、较大发展潜力，应采用超常规模式重点发展的城镇，即重点新区；二是为港口或产业园区发展配套而建设的城镇，即潜力新区。

老城区是依托现有老城区，开发建设时间较长、基础较好、人口密度较高，但所面临的资源环境约束较突出，今后的任务是以优化现有城（镇）区空间结构、提升人口承载力为重点，并适度拓展城镇规模的城镇。

中心镇是城镇体系中对周边区域具有辐射带动作用的重点镇。

二、评价指标体系与方法

城镇类型划定采用分步判别法判定：

第一步，基于规划发展规模指数这一类指标，结合各城镇是否有建制县（市）及其功能定位，判定各城镇是属于新区还是老城区（镇）。

第二步，立足发展现状、战略区位、规划用地条件、财政支撑能力四类指标建立多层分级评价指标体系，判定各新区所属的基本类型，即重点新区、潜力新区。

第三步，根据城镇等级体系，判断各老城区（镇）所属的基本类型，即老城区和中心镇。

（一）新老区分类指标体系

1. 评价指标选取

判定一个城镇属于老城区（镇）还是新区的关键指标是规划发展规模指数，一个城镇的规划主要包括城镇建设用地和人口两个因素。因此，本研究从规划用地扩展规模指数和规划人口增长规模指数两个方面分析和评价城镇的亚类属性。该指标体系表述如下：

$$规划发展规模指数 = (L, P) \tag{7-1}$$

式中，L 为规划用地扩展规模指数；P 为规划人口增长规模指数。

一般来讲，老城区（镇）的规划发展规模较小，新区的规划发展规模较大。但是，部分老城区的规划发展规模过大，容易和新区混淆，同时，部分产业园区的规划城镇建设用地和人口规模较小，容易和老城区（镇）混淆。因此，在划分老城区（镇）和新区时，需参考各城镇是否有建制县（市）及其功能定位。

2. 评价因子的量化与分级

规划用地扩展规模指数（L）是与现状用地相比，规划用地的扩展强度，计算公式见式（7-2）。

$$L = \frac{L_p}{L_e} \tag{7-2}$$

式中，L 为规划用地扩展规模指数；L_p 为规划用地面积；L_e 为现状用地面积。

规划人口增长规模指数（P）是与现状人口相比，规划人口的增长强度，计算公式见式（7-3）。

$$P = \frac{P_p}{P_e} \qquad\qquad (7\text{-}3)$$

式中，P 为规划人口增长规模指数；P_p 为规划人口数量；P_e 为现状人口数量。

量化指标的价值评判需要依靠一定的分等定级的方法，在统计学的方法中主要包括等计数法、等范围法、自然划分法、标准差法、分位数法、自定义法等。其中，等范围法按指标分值分成若干级，每一级别的范围相等，是最常用的分等定级方法。本规划采用等范围法，将规划用地扩展规模指数划分为 5 个等级，即高度扩展（≥2.5）、较高扩展（2 ~ 2.5）、中度扩展（1.5 ~ 2）、较低扩展（1 ~ 1.5）、低度扩展（<1），依次赋值为 1、3、5、7、9；将规划人口增长规模指数划分为 5 个等级，即高度增长（≥2.5）、较高增长（2 ~ 2.5）、中度增长（1.5 ~ 2）、较低增长（1 ~ 1.5）、低度增长（<1），依次赋值为 1、3、5、7、9。

3. 评价指标权重的确定

在多指标的综合评价过程中，各个指标对评估总目标的作用大小及影响的重要程度不同。为了正确反映这一客观事实，需要对指标进行赋权。确定评价指标权重的方法有两大类，即主观赋值法和客观赋值法，各有特色和不足之处。在采用组合赋权时，应采用不同类的赋权方法进行组合，使各类赋权的优点融为一体，综合运用和发挥最佳的效应。本研究评价指标权重的确定结合采用德尔菲（Delphi）测定法、层次分析法（analytic hierarchy process，AHP）。最终确定规划用地扩展规模和规划人口增长规模的权重都是 0.5。

4. 规划发展规模指数综合评价方法

规划发展规模的评价方法是在分级赋值（表 7-20）的基础上，采用指数法计算各城镇规划发展规模总分值。

表 7-20　规划发展规模评价指标体系

目标层	指标层	因子层	计算方法	评价标准	评价分值	权重
城镇发展类型	规划发展规模指数	规划用地扩展规模指数 A_1	规划用地扩展规模指数 = 规划用地面积/现状用地面积	>2.5	1	0.5
				2 ~ 2.5	3	
				1.5 ~ 2	5	
				1 ~ 1.5	7	
				<1	9	
		规划人口增长规模指数 A_2	规划人口增长规模指数 = 规划人口数量/现状人口数量	>2.5	1	0.5
				2 ~ 2.5	3	
				1.5 ~ 2	5	
				1 ~ 1.5	7	
				<1	9	

计算公式如下：

$$P_{Total} = \frac{1}{m}\sum_{i=1}^{m}\mu P_i \tag{7-4}$$

式中，P_i 为第 i 项指标分值；μ 为各指标的权重；P_{Total} 为规划发展规模总分值；m 为指标个数。

运用表 7-20 和式（7-4）分别计算出 31 个城镇的规划发展规模指数，将城镇划分为两个类型，即老城区（Ⅰ）、新区（Ⅱ）（表 7-21）。

表 7-21　规划发展规模评价等级

规划发展规模等级	评价总分值
老城区	≥7
新区	<7

（二）新区细分指标体系

1. 评价指标选取

新区的分类指标体系不仅要能反映新区的发展需求，还要能体现出新区原有规划的合理程度。因此，从发展现状、战略区位、规划用地条件、财政支撑能力 4 个方面对新区进行细分。该指标体系表述如下：

$$新区发展指数 = (A_1, A_2, A_3, A_4) \tag{7-5}$$

式中，A_1 为发展现状，发展现状反映了新区的未来发展需求，通过新区所依托城镇、产业园区、港口的发展阶段（B_{1-1}）来进行评价；A_2 为战略区位，战略区位反映了新区的集聚辐射力，通过所依托城镇的等级（B_{2-1}）、所依托产业园区的等级（B_{2-2}）、所依托港口的等级（B_{2-3}）3 个因素来进行评价；A_3 为规划用地条件，反映了土地资源、旅游资源等资源生态要素与新区协调发展的程度，通过是否占用基本农田（B_{3-1}）、是否涉及自然保护区（B_{3-2}）、是否为重点旅游资源地（B_{3-3}）3 个因素来进行评价；A_4 是财政支撑能力，反映地方财政对新增规划用地的资金支撑度，通过新增规划用地资金需求强度（B_{4-1}）来进行评价。

2. 评价因子的量化与分级

（1）发展现状：主要指新区发展的必要性及产业园区的生活配套区向新区转变过程中所处的阶段，通过所依托城镇、产业园区、港口的发展阶段（B_{1-1}）来进行评价。将新区所依托城镇、产业园区、港口的发展阶段划分为 4 个阶段，即规划期、起步区、发展期和成熟期，依次赋值为 3、5、7、9。

（2）战略区位：战略区位指各城镇在全国、东北地区、辽宁省域及各级地市中所发挥的作用，反映了城镇的集聚辐射力。新区的战略区位在很大程度上取决于所依托城镇、产业园区和港口的战略地位，通过所依托城镇的等级（B_{2-1}）、所依托产业园区的等级（B_{2-2}）、所依托港口的等级（B_{2-3}）3 个因素来进行评价。所依托城镇的等级（B_{2-1}）划分标准，根据《辽宁省沿海经济带开发建设规划（2006—2020）》和《辽宁省城镇体系规划（2003—2020 年)》中对各城市战略地位和等级的定位，划分为 4 类，即核心城市、都市区中心城市、一般城市和小城镇，依次赋值为 9、7、5、3。结合辽宁海岸带各产业园区的发展现状，将所依托产业园区的等级（B_{2-2}）划分为 5 类，即国家级经济技术开发区、省级经济技术开发区、辽宁沿海经济带 42 个重点园区、市级经济技术开发区、非经济技术开发区，依次赋值为 9、7、5、3、1。根据《辽宁省沿海港口布局规划》，将所依托港口的等级划分为 5 类，即主要港口、地区性重要港口、一般港口、筹建港口、未邻近港口，依次赋值为 9、7、5、3、1。

（3）规划用地条件：规划用地条件指规划用地是否与资源生态环境协调发展，反映了土地资源、旅游资源等对城镇发展规模、集聚能力的限制，通过是否占用基本农田（B_{3-1}）、是否涉及自然保护区（B_{3-2}）、是否为重点旅游资源地（B_{3-3}）3 个因素来进行评价。根据是否占用基本农田，将基本农田（B_{3-1}）因素划分为 2 类，即是、否，依次赋值为 1、9。自然保护区（B_{3-2}）和重点旅游资源地的划定标准同基本农田。

（4）财政支撑能力：财政支撑能力指地方财政收入对新增规划用地的资金支撑度，通过新增规划用地资金需求强度（B_{4-1}）来进行评价。新增规划用地资金需求强度（F）的计算公式如下：

$$F = \frac{L_n \times C_i}{I_i} \tag{7-6}$$

式中，F 为新增规划用地资金需求强度；L_n 为新增规划用地面积；C_i 为 i 区域土地开发成本；I_i 为 i 区域地方财政一般预算收入。

采用等范围法，将新增规划用地资金需求强度（F）划分为 5 个等级，即高度需求（>2）、较高需求（1.5～2）、中度需求（1～1.5）、较低需求（0.5～1）、低度需求（<0.5），依次赋值为 1、3、5、7、9。

3. 评价指标权重的确定

本规划采用德尔菲测定法、层次分析法，确定各评价指标的权重。最终确定发展现状、战略区位、规划用地条件和财政支撑能力的权重依次为 0.3、0.3、0.3、0.1。

4. 新区类型综合评价方法

新区类型综合评价方法是在分级赋值（表 7-22）的基础上，采用指数法计算各新区发展指数总分值。

表 7-22　新区类型综合评价指标体系

目标层	指标层	因子层	计算方法	评价标准	评价分值	权重
新区	发展现状 A_1	所依托城镇、产业园区、港口的发展阶段 B_{1-1}	专家打分法	规划期	3	0.3
				起步期	5	
				发展期	7	
				成熟期	9	
	战略区位 A_2	所依托城镇的等级 B_{2-1}	专家打分法	核心城市	9	0.3
				都市区中心城市	7	
				一般城市	5	
		所依托产业园区的等级 B_{2-2}		国家级	9	
				省级	7	
				地市级	5	
		所依托港口的等 B_{2-3}		主要港口	9	
				地区性重要港口	7	
				一般港口	5	
	规划用地条件 A_3	是否占用基本农田 B_{3-1}	空间叠加法	是	1	0.3
				否	9	
		是否涉及自然保护区 B_{3-2}	空间叠加法	是	1	
				否	9	
		是否为重点旅游资源地 B_{3-3}	空间叠加法	有	9	
				无	1	
	财政支撑能力 A_4	新增规划用地资金需求强度 B_{4-1}	新增规划用地资金需求强度=（新增规划用地面积×土地开发成本）/地方财政一般预算收入	>1.5	3	0.1
				1~1.5	5	
				0.5~1	7	
				<0.5	9	

计算公式如下：

$$P_{\text{Total}} = \frac{1}{m} \sum_{i=1}^{m} \mu P_i \tag{7-7}$$

式中，P_i 为第 i 项指标分值；μ 为各指标的权重；P_{Total} 为新区发展指数；m 为指标个数。

运用表 7-22 和式（7-7）可以计算出各个新区的发展类型，将新区划分为 2 个等级，即重点新区（Ⅱ-1）、潜力新区（Ⅱ-2）（表 7-23）。

表 7-23　新区类型综合评价等级

亚类	基本类型	评价总分值
新区	重点新区	>7
	潜力新区	<7

（三）老城区（镇）指标体系

根据《辽宁省城镇体系规划（2003—2020 年）》中城镇规模等级结构规划，将老城区（镇）划分为老城区和中心镇两类。

三、划分结果

运用分步判别法，依据各城镇的战略定位及其与产业园区、港口建设的互动关系，并充分考虑现有开发强度、资源环境承载能力和发展潜力，将海岸带各级地方政府所规划的城镇划分为重点新区、潜力新区、老城区、中心镇四种类型（表7-24），分类引导不同类型城镇差异化发展。图7-11为辽宁海岸带城镇类型划分结果。

表7-24 城镇类型划分结果

亚类	基本类型	岸段	城镇
新区	重点新区	大连	大连新（市）区
		营口	鲅鱼圈新区
		丹东	丹东新区
		锦州	锦州新区
		盘锦	辽东湾新区
		葫芦岛	东戴河新区
	潜力新区	大连	长兴岛新区、花园口新区、栗子房新区、皮杨新区、太平湾新区
		营口	北海新区
		丹东	大孤山新区、前阳新区、南票新区
老城区		大连	大连老城区、庄河老城区
		营口	营口老城区、盖州老城区
		丹东	丹东老城区、东港老城区
		葫芦岛	葫芦岛老城区、兴城老城区
中心镇		大连	大长山镇、炮台镇、青堆镇
		营口	水源镇
		盘锦	欢喜岭镇
		葫芦岛	东辛庄镇、高岭镇、沙后所镇

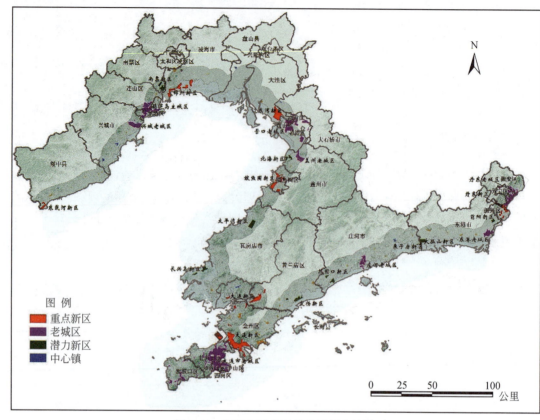

图7-11　辽宁海岸带城镇类型划分结果

第五节　城镇发展的总体功能定位及战略目标

实施积极的人口城镇化发展战略和差异化的空间发展战略，协调推进港口城市、工业城市、旅游城市、宜居城市和中心城市建设，培育有序发展的沿海城镇密集带。

一、总体功能

辽宁海岸带城镇发展的功能定位是：国家沿海城镇发展轴带及环渤海特大城市群的重要组成部分、东北地区对外开放的重要平台和辽宁省人口集聚强劲、滨海特色鲜明的新型城镇化先导区。

（1）国家沿海城镇发展轴带及环渤海特大城市群的重要组成部分。2010年辽宁海岸带规划范围常住人口为950万人，城镇人口为702万人，城镇化水平约为74%，拥有33个县（市、区）级以上的城镇、1个200万人口特大城市、4个50万人以上人口的大城市，是国家沿海城镇发展轴带及环渤海特大城市群的重要组成部分。沿海城镇发展轴带作为国家三大开发轴线之一、是国家经济对外开放的前沿地带，已成为我国经济实力最雄厚、技术水平最先进、内外经济联合的产业密集地带。环渤海特大城市群作为三大特大城市群之一，中国北部沿海的黄金海岸，在中国对外开放的沿海发展战略中占重要地位。

（2）东北地区对外开放的重要平台。充分发挥东北地区出海通道和对外开放门户的作用，创新国际合作机制，全面参与东北亚及其他国际区域经济合作，构建内外联动、互利共赢、安全高效的开放型经济体系，打造富有活力和国际竞争力的沿海开放地带，提升东北地区对外开放水平。

（3）辽宁省人口集聚强劲、滨海特色鲜明的新型城镇化先导区。进一步加强城镇生活配套设施建设和滨海城市特色营造，大力提升城镇的居住生活功能和休闲旅游功能。进一步加强生态建设和环境保护，优化美化人居环境，加快建设生态屏障、绿色空间和生态城镇，实现人与自然和谐相处。

二、发展战略

（一）积极的人口城镇化战略

按照城镇发展定位要求，依托沿海港口建设和各类产业园区发展，提升城镇综合功能和生态环境品质，实施积极的人口城镇化发展战略。依托沿海港口建设和各类产业园区发展，大力提升城镇的产业功能和就业吸聚能力；积极完善城镇生活配套设施和改善生态环境，大力提升城镇的居住生活功能和人口吸聚能力；加强城乡社会统筹管理，放宽中小城市落户条件，促进在城镇稳定就业和居住的农民与外来人口有序转变为城镇居民。

（二）差异化的空间发展战略

引导不同类型城镇差异化发展，实施差异化的空间发展战略。根据不同城镇的资源环境条件、战略区位、发展现状和财政支撑能力四个方面指标，将海岸带各级地方政府所规划的城镇划分为重点新区、潜力新区、老城区和中心镇四种类型，按照"控制总量、突出重点、分类发展"的原则，引导不同类型城镇差异化发展，实施差异化的空间发展战略。至2020年，海岸带地区总人口为1435万人，城镇人口为1220万人，城镇建设用地为1100平方公里，城镇化水平达到85%。2010~2020年，规划新增总人口为485万人，新增城镇人口约为520万人，新增城镇建设用地为505平方公里，成为辽宁省新型城镇化发展的重点区和先导区。其中，积极发展和培育15个城市新区，规划2020年新区城镇总人口和城镇用地规模分别达到500万人和476平方公里；在2010~2020年，新增城镇人口360万人，新增城镇用地274平方公里，分别占同期海岸带新增人口总量的69%和新增城镇用地的54%。

（三）城镇与产业、港口协同发展战略

城镇与产业、港口协同发展，推动城镇、产业、港口三位一体。将城镇作为产业和港口空间分布的主要依托，驱动城市群沿基础设施束（尤其是沿海布局和沿江布局）呈带状地高度集中分布，并建立合理有效的城市空间组织系统，在地域上形成庞大的空间经济社会巨系统。通过大连、营口、锦州、丹东等节点城市的联动，支柱产业配套、新兴产业共建、基础产业互补，实现产业链与城市链的有机结合、产业与城市的耦合、产业与港口的吻合。以整合区域资源为手段，使产业、港口在合理的城市群内部获得共生共长的联动优势，形成城市、产业和港口三位一体、互生互长的发展态势。

（四）集约开发、滚动发展战略

城镇的开发建设，一方面要本着"整体规划、集约开发"原则，城镇实行高度的集约化管理，进行分片开发和滚动发展，使开发建设资金相对集中，并使城镇建设用地得到合理使用，避免平面扩张、全面开花、战线过长，以及资金不够造成的水系破坏和土地撂荒，进而避免政府政策不许、资金短缺等因素，损坏当地居民的切身利益。另一方面努力通过政府投资和市场融资两种渠道，完成基础设施建设，将"熟地"以不同价格出租或转让给生产企业、房地产开发商，利用招商引资后土地出让收入和部分税收收入，再投入新地开发的"资金大循环"的土地开发新模式，做到"投入一片，开发一片，建成一片，收益一片"。

（五）生态宜居城镇发展战略

海岸带在加速推进工业化、城镇化的同时，必须处理好经济和生态的关系，真正把环境作为生产力，通过加大绿化力度，提高资源利用的效率和效益，防污、治污、转变经济增长方式，科学调整产业结构，合理安排生态环境建设，为经济社会可持续发展"保驾护航"，并以此努力提高辽宁海岸带人民的幸福指数和健康水平。同时，按照"现代性、功能性、安全性、宜居性"的要求，加大基础设施的投入力度，构建高速成环、城乡一体、铁路公路水路互补、内外畅通的立体路网体系；不断完善供水、供气、通信、能源、环卫等基础设施，彰显生态宜居功能；加快推进老城区改造，提供居民的生活水平；适时推进新区建设，增强城镇的吸引力和接纳能力。

三、总体发展目标

（一）人口规模

1. 规划依据

（1）控制总量不大于《辽宁沿海经济带开发建设规划（2006—2020）》所预测的城镇

人口规模。经比较发现，《辽宁沿海经济带开发建设规划（2006—2020）》中对 2010 年沿海六市总人口和城镇人口的预测偏差率控制在 5%～8%，基本符合事实，可以作为本规划确定人口总量的重要依据。同时，个别地市（如营口市、葫芦岛市）预测偏差率高于 20%，本研究需要相应做出调整。

《辽宁沿海经济带开发建设规划（2006—2020）》规划预测，到 2020 年，海岸带行政范围总人口达 1901 万人，城镇人口达 1514 万人，城镇化率达 80%。

（2）各城镇发展类型的发展现状、战略区位、规划用地条件和财政支撑能力具有显著差异（刘继生等，1994），从而导致人口聚集能力不同。

重点新区：具有重要战略区位、较大发展潜力，应采用超常规模式重点发展。重点发展新区是各区域城镇化发展和人口集聚的重点区域，在同一规划期内，每个地市原则上只能集中资源支持和建设 1 个重点新区，避免遍地开花。规划新增城镇人口占区域新增量的 50% 左右。

潜力新区：为港口或产业园区发展配套而建设。由于该类新区不是规划期内各级政府的建设重点，并且现有产业园区大多以装备制造业、重化工业等资源密集型和技术密集型产业为主，人口集聚能力较弱，规划人口规模不宜过大，年均增长率控制在 10% 以内。

老城区：以优化现有城（镇）区空间结构、提升人口承载力为重点，并适度拓展城镇规模。该类型城镇的规划人口规模一般均参照各城市所编制城市总体规划时所预测的数据，但当其人口年均增长率超过 5% 时，需进行适度调整。

中心镇：城镇不宜进行大规模扩张，规划人口年均增长率控制在 5% 以内，新增人口占区域新增总人口的比重不宜高于 10%。

（3）在每个地市选择 1 个发展规模大、发展潜力大的新区进行重点支持，培育区域新的经济增长极。规划新增城镇人口占区域新增量的 50% 左右。

通过对美国东北部大西洋沿海城市群、日本太平洋沿岸城市群的研究发现，沿海城市群规模等级呈"金字塔"形结构，由 1 个核心城市、3～6 个中心城市、50 个以上中小城市构成，其中核心城市集聚了该区域 40%～50% 的人口和生产要素，各个中心城市又集聚了各自都市圈 40%～50% 的人口和生产要素。这样有便于各级城市功能互补、协调发展，形成强大的凝聚力。据此，本研究确定，规划期各中心城市（丹东、锦州、营口、盘锦、葫芦岛）的新增人口为各自都市圈的 50% 左右，各重点新区的新增人口为各自城市的 50% 左右。

2. 规划人口规模

（1）规划城镇人口估算。在充分理解和参考各地市所编制的城市总体规划的基础上，首先，本研究将区内城市规划区细分为 31 个城镇；其次，再根据不同城镇的资源环境条件、战略区位、发展现状和财政支撑能力四个方面指标，将海岸带各级地方政府所规划的城镇划分为重点新区、潜力新区、老城区、中心镇四种类型；最后，根据"控制总量、突出重点、分类发展"的原则，对这 31 个城镇的规划人口规模进行逐一核定。

在上述基础上，经统计汇总，规划范围 2020 年城镇人口约为 1220 万人（图 7-12）。

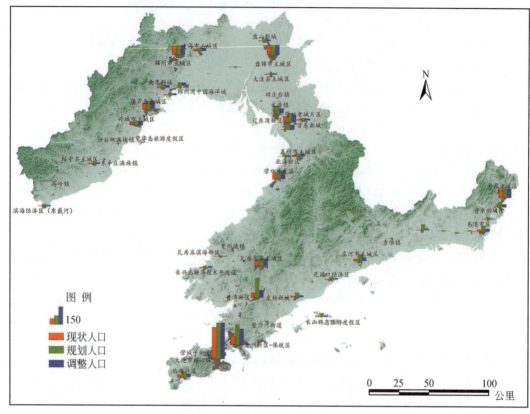

图 7-12　辽宁海岸带城镇人口比照

（2）城镇化水平估算。根据《辽宁沿海经济带开发建设规划（2006—2020）》，沿海经济带的城镇化水平 2010 年为 63%，2020 年达到 75%，在 2010～2020 年年均增加 1.2个百分点。

由于海岸带 10 公里规划范围是城镇化发展的重点区和集中区，各级地方政府又规划建设大量的新区，规划期末将基本建成国家沿海城镇发展轴带及环渤海特大城市群的重要组成部分和辽宁省人口集聚强劲、滨海特色鲜明的新型城镇化先导区。本研究估计，海岸带城镇化发展水平将高于沿海经济带；但由于海岸带城镇化水平基数较大，海岸带城镇化发展速度将与沿海经济带持平，在 2010～2020 年年均增加 1.1～1.2 个百分点。

据此推算，海岸带规划范围 2020 年城镇水平约为 85%。

（3）总人口估算。海岸带规划范围 2020 年的总人口为 1435 万人，系前述估算的城镇人口除以城镇化水平。

（4）总人口与城镇化增长分析。在 2010～2020 年，规划范围新增总人口 485 万人，年均增长 4.22%；新增城镇人口 520 万人，年均增长 5.68%；农村人口由 243 万人减少至130 万人，平均每年约 11 万农村人口实现就地城镇化。

（二）用地规模

1. 规划依据

（1）与人口规模相协调。采用城镇体系规划和城市总体规划确定用地规模的常规方法，根据城镇人口规模预测结果及人均建设用地预期测算城镇用地规模。同时遵循分类引导的原则，对不同的城镇类型采用不同的人均建设用地标准。如果不考虑工业开发板块的重点工业园区用地和港口物流板块的港口物流用地，人均建设用地标准可以在90~120平方米。由于中心镇人口密度较低，人均建设用地标准相应高于城市地区。

（2）与资源环境承载力相协调。尊重辽宁海岸带的自然本底，结合土地利用规划和资源环境评估结果，提取适宜城镇建设的用地范围。城镇用地应当不占用生态保护用地、不占用基本农田用地、不占用重要旅游资源用地，因此，生态保护用地、基本农田用地、重要旅游资源用地的用地范围也是确定城镇用地范围的基本依据。

（3）与城市规划相协调。尊重地方的已有的城市规划，结合辽宁沿海经济带城镇体系规划确定不同城镇类型的拓展方向。对老城区，基本上尊重地方城市规划，结合人均用地控制标准和资源环境承载力对城镇拓展边界进行微调；对重点新区，基本上尊重地方城市规划，结合人均用地控制标准和资源环境承载力对城镇拓展边界进行微调，新区拓展方向主要集中在工业园区、港口、老城区附近，有利于工业–港口–城镇的互动及新区与母城的联系；对潜力新区，城镇用地的调控方案与重点拓展新区类似，但是人口、用地规模相对偏小，对已有规划的调整较大；对中心镇，在现状用地基础上适度拓展即可，人口、用地规模都相对较小（表7-25）。

表7-25　人均建设用地标准（单位：平方米）

城镇类型	人均建设用地标准
重点新区	90~120
潜力新区	90~120
老城区	90~110
中心镇	100~180

2. 规划用地规模

规划到2020年，规划范围内城镇建设用地是1100平方公里。2010~2020年，新增城镇建设用地505平方公里。其中，重点新区、潜力新区、老城区和中心镇四种类型城镇分别规划新增城镇建设用地199.2平方公里、74.9平方公里、224.2平方公里、7.0平方公里，分别占海岸带新增城镇建设用地的39.42%、14.82%、44.37%、1.39%，人均城镇建设用地分别为96平方米、93平方米、91平方米、163平方米（表7-26）。图7-13为辽宁海岸带不同类型城镇的规划用地规模调整方案。

表 7-26   不同类型城镇的分类发展目标

城镇类型	个数（个）	2020 年城镇建设用地（平方公里）	规划期新增城镇建设用地（平方公里）	人均城镇建设用地（平方米）
重点新区	6	362.5	199.2	96
潜力新区	9	113.8	74.9	93
老城区	8	599.5	224.2	91
中心镇	8	25.9	7.0	163

注：①本表只包含中心镇以上的城镇。②城镇用地不包括工业开发板块所涉及的重点工业园区用地和港口物流板块所涉及的港口物流用地。由于老城区包括除重点工业园区之外的产业用地较多，而其他三种类型主要为城镇生活功能用地，相互间有较大差别，不具可比性

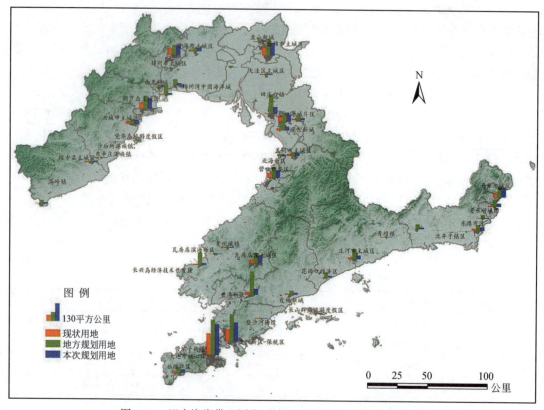

图 7-13   辽宁海岸带不同类型城镇的规划用地规模调整方案

第六节   发展规模与空间布局

强化"一核一区两翼"布局，分类推进城镇发展，培育 7 个跨行政区复合型城市，构建以特大城市为龙头、大城市为主体、中小城市及各类小城镇有序发展的伞形（或集聚型）城镇规模等级体系。

一、分类推进城镇发展

按照城镇发展定位要求，依托沿海港口建设和各类产业园区发展，提升城镇综合功能和生态环境品质，实施积极的人口城镇化发展战略；按照"控制总量、突出重点、分类发展"的原则，引导不同类型城镇差异化发展，实施差异化的空间发展战略。

至 2020 年，海岸带地区总人口达 1435 万人，城镇人口达 1220 万人，城镇建设用地为 1100 平方公里，城镇化水平达 85%。2010～2020 年，规划新增总人口达 485 万人，新增城镇人口约 520 万人（包括 130 万乡村人口就地城镇化），新增城镇建设用地达 505 平方公里，成为辽宁省新型城镇化发展的重点区和先导区。

其中，重点新区指具有重要战略区位、较大发展潜力，应采用超常规模式重点发展的城镇。每个沿海地级市集中发展一个重点新区，包括大连新（市）区、丹东新区、鲅鱼圈新区、辽东湾新区、锦州新区、东戴河新区共 6 个。规划 2010～2020 年新增城镇人口达 260 万人、新增城镇建设用地达 199.2 平方公里地，分别占海岸带新增城镇人口和新增城镇建设用地的 50%、39.42%。

潜力发展新区指为港口或产业园区发展配套而建设的城镇，包括长兴岛新区、皮杨新区、花园口新区、太平湾新区、栗子房新区、前阳新区、大孤山新区、北海新区、南票新区共 9 个。规划 2010～2020 年新增城镇人口达 100 万人、新增城镇建设用地达 74.9 平方公里地，分别占海岸带新增城镇人口和新增城镇建设用地的 19%、14.82%。

老城区是以优化现有城（镇）区空间结构、提升人口承载力为重点，并适度拓展城镇规模的城镇，包括大连老城区、庄河老城区、丹东老城区、东港老城区、营口老城区、盖州老城区、葫芦岛老城区、兴城老城区共 8 个。规划 2010～2020 年新增城镇人口达 155 万人、新增城镇建设用地达 224.2 平方公里。

中心镇指城镇体系中对周边区域具有辐射带动作用的重点镇，包括大长山岛镇、炮台镇、青堆镇、水源镇、欢喜岭镇、高岭镇、东辛庄镇、沙后所镇共 8 个。规划 2010～2020 年新增城镇人口达 5 万人、新增城镇建设用地达 7.0 平方公里（表 7-27）。

表 7-27　不同类型城镇的分类发展目标

城镇类型	个数（个）	2020 年			2010～2020 年		名称
		规划城镇人口（万人）	规划城镇建设用地（平方公里）	规划人均用地（平方米/人）	新增城镇人口及所占比重（万人）	新增城镇建设用地（平方公里）	
重点新区	6	378	362.5	96	260（50%）	199.2	大连新（市）区、丹东新区、鲅鱼圈新区、辽东湾新区、锦州新区、东戴河新区
潜力新区	9	122	113.8	93	100（19%）	74.9	长兴岛新区、皮杨新区、花园口新区、太平湾新区、栗子房新区、前阳新区、大孤山新区、北海新区、南票新区

续表

城镇类型	个数（个）	2020 年			2010～2020 年		名称
		规划城镇人口（万人）	规划城镇建设用地（平方公里）	规划人均用地（平方米/人）	新增城镇人口及所占比重（万人）	新增城镇建设用地（平方公里）	
老城区	8	657	599.5	91	155（30%）	224.2	大连老城区、庄河老城区、丹东老城区、东港老城区、营口老城区、盖州老城区、葫芦岛老城区、兴城老城区
中心镇	8	16	25.9	163	5（1%）	7.0	大长山岛镇、炮台镇、青堆镇、水源镇、欢喜岭镇、高岭镇、东辛庄镇、沙后所镇

注①本表只包含中心镇以上的城镇。②城镇用地不包括工业开发板块所涉及的重点工业园区用地和港口物流板块所涉及的港口物流用地。由于老城区包括除重点工业园区之外的产业用地较多，而其他三种类型主要为城镇生活功能用地，相互间有较大差别，不具可比性

二、规模结构

坚持走新型城镇化道路，优化提升老城区，重点发展新区，限制发展生态敏感区的城镇规模，构建以特大城市为龙头、大城市为主体、中小城市及各类小城镇有序发展的伞形（或集聚型）城镇规模等级体系（表7-28、图7-14）。

表 7-28　辽宁海岸带城镇规模等级结构规划

等级	规模	城市组团名称
特大型城镇	>100 万人	大连老城区、大连新（市）区
大型城镇	50 万～100 万人	营口老城区、鲅鱼圈新区、丹东老城区、葫芦岛老城区
中等城镇	20 万～50 万人	庄河老城区、太平湾新区、丹东新区、东港老城区、盖州老城区、北海新区、辽东湾新区、锦州新区、兴城老城区、南票新区
小型城镇	<20 万人	长兴岛新区、皮杨新区、花园口新区、大孤山新区、栗子房新区、前阳新区、东戴河新区、欢喜岭镇、青堆镇、炮台镇、水源镇、沙后所镇、东辛庄镇、高岭镇、大长山岛镇

（1）特大型城镇2个，即大连老城区、大连新（市）区。至2020年规划总人口达511万人，新增人口达118万人，占海岸带规划新增总人口的15%；新增城镇建设用地达156平方公里。

（2）大型城镇4个，包括营口老城区、鲅鱼圈新区、丹东老城区、葫芦岛老城区。至2020年规划总人口达300万人，新增人口达70万人，占海岸带规划新增总人口的8.91%；新增城镇建设用地达117平方公里。

（3）中等城镇10个，包括庄河老城区、太平湾新区、丹东新区、东港老城区、盖州老城区、北海新区、辽东湾新区、锦州新区、兴城老城区、南票新区。至2020年规划总人口达274万人，新增人口达163万人，占海岸带规划新增总人口的20.75%；新增城镇

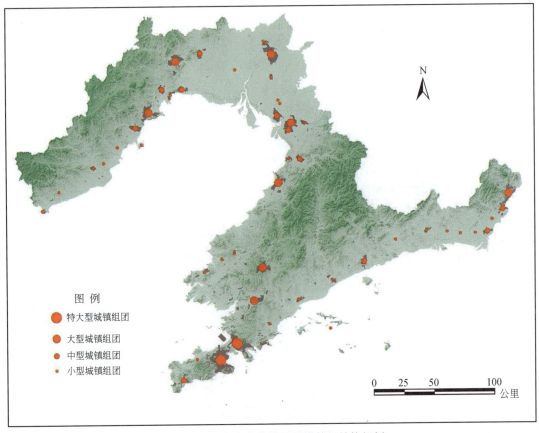

图 7-14　辽宁海岸带城镇规模等级结构规划

建设用地达 174 平方公里。

（4）小型城镇 15 个，包长兴岛新区、皮杨新区、花园口新区、大孤山新区、栗子房新区、前阳新区、东戴河新区、欢喜岭镇、青堆镇、炮台镇、水源镇、沙后所镇、东辛庄镇、高岭镇、大长山岛镇。至 2020 年规划总人口达 88 万人，新增人口达 44 万人，占海岸带规划新增总人口的 5.56%；新增城镇建设用地达 57 平方公里。

三、空间布局

强化"一核一区两翼"布局。在控制总量的前提下，推进城镇差异化发展，优化核心城市，提升大连市龙头地位；打造营盘都市区，强化沿海经济带开发主轴产业与人口集聚；壮大渤海翼和黄海翼，促进锦葫都市区、丹东都市区协调发展，构建"一核一区两翼"的城镇发展格局。

分类推进城镇发展。根据不同城镇的资源环境条件、战略区位、发展现状和财政支撑能力四个方面指标，将海岸带各级地方政府所规划的城镇划分为重点新区、潜力新区、老城区和中心镇四种类型。其中，重点新区指具有重要战略区位、较大发展潜力，应采用超常规模式重点发展的城镇，包括大连新（市）区等 6 个。潜力发展新区指为港口或产业园区发展配套而建设的城镇，包括长兴岛新区等 9 个。老城区是以优化现有城（镇）区空间结构、提升人口承载力为重点，并适度拓展城镇规模的城镇，包括大连市主城区等 8 个。中心镇指城镇体系中对周边区域具有辐射带动作用的重点镇，包括大长山岛镇等 8 个。图 7-15 为城镇建设板块空间布局规划。

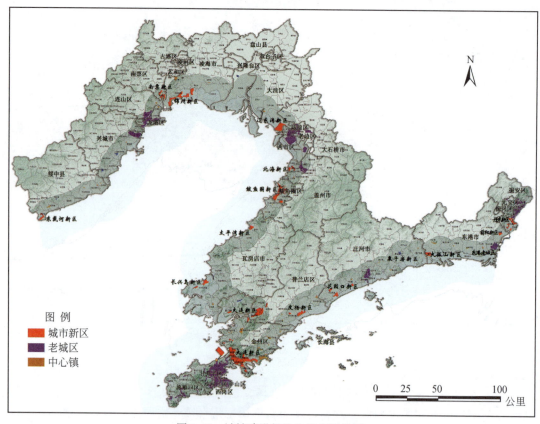

图 7-15　城镇建设板块空间布局规划

培育 7 个跨行政区复合型城市。以新城和新区建设为契机，重视跨行政区的毗邻城市间的同城化建设，培育大连新（市）区（普湾新区、金州新区和保税区）、辽东湾（辽东湾新区和营口老城区）、锦州湾（锦州新区和南票新区及葫芦岛老城区）、庄河老城区–花园口新区、大孤山新区—栗子房新区、鲅鱼圈新区—太平湾新区和东戴河新区–山海关 7 个跨行政区复合型城市。

第七节　辽宁海岸带城镇发展重点

辽宁省海岸带城镇建设要把优化核心（大连都市区）、强化一区（营盘都市区）、壮大两翼（渤海翼和黄海翼）、培育跨行政区复合型城市作为战略重点。

一、优化"核心"：大连都市区

大连都市区在海岸带内以大连老城区为中心，以大连新（市）区为副中心，以庄河老城区、花园口新区、长兴岛新区等城镇为重要支点，是辽宁海岸带的核心和龙头。要优化产业结构，做强现代服务业，建成东北亚重要的国际航运中心与物流中心及文化、旅游城市和滨海国际名城，提升带动区域整体发展和服务东北老工业基地振兴的能力。重点发展大连新（市）区，积极培育庄河-花园口城市组群。要优化产业结构，做强现代服务业，建成东北亚重要的国际航运中心与物流中心及文化、旅游城市和滨海国际名城，提升带动区域整体发展和服务东北老工业基地振兴的能力。重点发展大连新（市）区，积极培育庄河-花园口城市组群。

（1）大连老城区是大连都市区的核心，重点建设面向东北亚重要国际航运中心的高端服务业、电子信息、软件和文化创意产业，加快建设东北亚国际航运中心、国际物流中心、区域性金融中心和产业聚集区，成为我国北方对外开放的重要门户、文化旅游城市和滨海国际名城。规划至2020年总人口规模为321万人，城镇建设用地规模为256平方公里，规划期内新增城镇建设用地为84平方公里，空间上向北拓展。

（2）大连新（市）区是辽宁沿海经济带上集聚发展的先导区和大连新的城市中心，包括金州新区—保税区和普湾新区两部分，要依托大窑湾港，重点发展临港产业、高端制造业、高端服务业等新兴产业，推进重大基础设施建设，建成东北亚国际航运中心的核心海港区和国际空港区，以总部经济、研发中心、职业教育基地为主的现代服务业集聚区和以装备制造、仪器仪表、精细化工为主的产业集聚区。规划至2020年总人口规模为190万人，城镇建设用地规模为180平方公里，规划期内新增城镇建设用地为73平方公里，沿黄海、渤海岸向北发展。

（3）长兴岛新区是大连都市区重要的临港工业区，要依托其优良的深水岸线资源、土地资源和独特的区位优势，建设东北亚重要国际航运中心组合港区，吸引东北腹地传统工业走向沿海地区，引导老工业基地的传统布局由资源依托型向交通依托型转变，建成大连国际航运中心的重要组成部分，成为区域深水枢纽港、物流中心、自由贸易区、金融服务中心、信息服务中心、港航服务中心、东北最大的临港工业基地、世界级国内临港产业转移的承接地。规划至2020年总人口规模为15万人，城镇建设用地规模为15平方公里，规划期内新增城镇建设用地为6平方公里，空间上向毗邻工业园区，主要在东北方向拓展。

（4）庄河老城区是庄河—花园口城市组群的中心城市，大连都市区和丹东都市区的节点城市，要依托区位优势，发展轻型装备制造、电子信息、生物制药、新能源、食品深加工、家具和静脉产业等，带动北黄海开发建设，建成现代化、生态型中等海滨城市，东北东部边境跨海通道上的交通枢纽及物流中心，辽宁黄海沿岸中北部地区的经济中心。规划至2020年总人口规模为30万人，城镇建设用地规模为28平方公里，规划期内新增城镇建设用地为15平方公里，空间上向南拓展，限制向北拓展。

（5）花园口新区是庄河—花园口城市组群的重点工业区，要借助大连市产业结构调整和建设"四大基地"、发展"八大产业集群"的机遇，发展以精细化工、新型建材和机械电子为主导的新型产业园区，建成国内外产业转移的承接基地、振兴东北老工业基地的先导区、循环经济和可持续发展的示范区。以明阳镇为依托，完善产业园区的生活配套功能。规划至 2020 年总人口规模为 12 万人，城镇建设用地规模为 12 平方公里，规划期内新增城镇建设用地为 11 平方公里，空间上向东拓展（表 7-29）。

表 7-29　大连都市区核心区的结构、职能及发展规模（2020 年）

城镇	主要职能	发展类型	建设重点	人口规模（万人）	城镇建设用地规模（平方公里）	新增城镇建设用地规模（平方公里）	空间扩展方向
大连老城区	大连都市的核心，东北亚国际航运中心、国际物流中心、区域性金融中心和产业聚集区，我国北方对外开放的重要门户、文化旅游城市和滨海国际名城	老城区	重点建设面向东北亚重要国际航运中心的高端服务业、电子信息、软件和文化创意产业	321	256	84	向北发展
大连新（市）区	包括金州新区—保税区和普湾新区两部分，辽宁沿海经济带上集聚发展的先导区和大连新的城市中心，东北亚国际航运中心的核心海港区和国际空港区，以总部经济、研发中心、职业教育基地为主的现代服务业集聚区和以装备制造、仪器仪表、精细化工为主的产业集聚区	重点新区	依托大窑湾港，重点发展临港产业、高端制造业、高端服务业等新兴产业，推进重大基础设施建设	190	180	73	沿黄海、渤海岸向北发展
长兴岛新区	大连都市区重要的临港工业区，大连国际航运中心的重要组成部分，区域深水枢纽港、物流中心、自由贸易区、金融服务中心、信息服务中心、港航服务中心、东北最大的临港工业基地、世界级国内临港产业转移的承接地	潜力新区	依托其优良的深水岸线资源、土地资源和独特的区位优势，建设东北亚重要国际航运中心组合港区，吸引东北腹地传统工业走向沿海地区，引导老工业基地的传统布局由资源依托型向交通依托型转变	15	15	6	毗邻工业园区，主要在东北方向拓展
庄河老城区	庄河-花园口城市组群的中心城市，大连都市区和丹东都市区的节点城市，现代化、生态型中等海滨城市，大连的卫星城，东北东部边境跨海通道上的交通枢纽及物流中心，辽宁黄海沿岸中北部地区的经济中心	老城区	发展轻型装备制造、电子信息、生物制药、新能源、食品深加工、家具和静脉产业等，带动北黄海开发建设	30	28	15	向南拓展，限制向北拓展

续表

城镇	主要职能	发展类型	建设重点	人口规模（万人）	城镇建设用地规模（平方公里）	新增城镇建设用地规模（平方公里）	空间扩展方向
花园口新区	庄河－花园口城市组群的重点工业区，国内外产业转移的承接基地，振兴东北老工业基地的先导区，循环经济和可持续发展的示范区	潜力新区	借助大连市产业结构调整和建设"四大基地"、发展"八大产业集群"的机遇，发展以精细化工、新型建材和机械电子为主导的新型产业园区；以明阳镇为依托，完善产业园区的生活配套功能	12	12	11	向东拓展

二、强化"一区"：营盘都市区

营盘都市区在海岸带内以营口老城区为中心，以鲅鱼圈新区为副中心，以辽东湾新区、北海新区、盖州老城区等为重要支点，是辽宁省沈大城市发展轴的重要组成部分和海岸带与辽宁中部城市群的联系枢纽。应加快各类产业园区发展和各级城镇的人口集聚，形成沈大城市发展轴上重要的产业与人口聚集区。重点发展辽东湾复合型城市，重点保护辽河口湿地自然保护区。

（1）营口老城区是营盘都市区的中心城市和沈大城市发展轴上的重要战略节点城市，要依托港口和临近腹地的优势，建成东北地区重要的出海通道、环渤海地区重要的临港工业基地。规划至 2020 年总人口规模为 90 万人，城镇建设用地规模为 107 平方公里，规划期内新增城镇建设用地为 40 平方公里，空间上向南拓展。

（2）鲅鱼圈新区是营口市的副中心城市和辽中城镇群最近的出海口，要依托港口优势，发展海洋运输业、临海工业，建成辽中现代重化工产业基地和现代港口城市。规划至 2020 年总人口规模为 70 万人，城镇建设用地规模为 55 平方公里，规划期内新增城镇建设用地为 22 平方公里，空间上沿海岸向北、向南拓展。

（3）辽东湾新区，是营盘都市区的副中心城市和辽宁"五点一线"沿海开发开放的中心节点，要依托沿海发展的优势，积极融入沈阳经济区，发挥盘锦独有优势，建成环渤海重要的国际港口城市、辽中南区域性中心城市、盘锦市"双核结构"的沿海增长极和区域中心城市。规划至 2020 年总人口规模为 40 万人，城镇建设用地规模为 48 平方公里，规划期内新增城镇建设用地为 43 平方公里，空间上沿海岸向南拓展。

（4）北海新区是营盘都市区的重要支点，充分发挥资源优势和区位优势，加强城市基础设施建设，完善旅游服务职能，建成营口市新行政文化中心、商贸服务中心、中国电机之都。规划至 2020 年总人口规模为 20 万人，城镇建设用地规模为 11 平方公里，规划期内新增城镇建设用地为 11 平方公里，空间上沿海岸带向东拓展。

（5）盖州老城区是营盘都市区的重要支点，营口市域的副中心城区，要加强与营口鲅鱼圈和沿海产业基地的产业联系与社会联系，重点加快仙人岛能源化工区建设，融入沿海经济带建设，建设成为营口都市区的重要一极。规划至 2020 年总人口规模为 21 万人，城镇建设用地规模为 24 平方公里，规划期内新增城镇建设用地为 10 平方公里，空间上向四周拓展（表 7-30）。

表 7-30 营盘都市区核心区的结构、职能及发展规模（2020 年）

城镇	主要职能	发展类型	建设重点	人口规模（万人）	城镇建设用地规模（平方公里）	新增城镇建设用地规模（平方公里）	空间扩展方向
营口老城区	营盘都市区的中心城市，营口市域政治、经济、文化中心，环渤海地区重要的临港工业基地	老城区	加强与盘锦辽东湾新区的联系；发展临海工业、旅游业	90	107	40	向南拓展
鲅鱼圈新区	营口市的副中心城市，辽中城镇群最近的出海口、辽中现代重化工产业基地、现代港口城市	重点新区	重点建设港口，发展海洋运输业、临海工业	70	55	22	沿海岸向北、向南拓展
北海新区	营盘都市区的重要支点，营口市新行政文化中心、商贸服务中心、中国电机之都	潜力新区	充分发挥资源优势和区位优势，加强城市基础设施建设，完善旅游服务职能	20	11	11	沿海岸带向西拓展
盖州老城区	营盘都市区的重要支点，营口市域的副中心城区	老城区	加强与营口鲅鱼圈和沿海产业基地的产业联系与社会联系，重点加快仙人岛能源化工区建设，融入沿海经济带建设	21	24	10	向四周拓展
辽东湾新区	辽宁"五点一线"沿海开发开放的中心节点，东北亚生态宜居城市，环渤海重要的国际港口城市，辽中南区域性中心城市，盘锦市"双核结构"的沿海增长极和区域中心城市	重点新区	重点建设辽滨水城、港口区和临港工业区，区域影响力和辐射力不断增强，人口和产业迅速集聚，实现资源型城市成功转型	40	48	43	沿海岸向南拓展

三、壮大"两翼"

（一）渤海翼：锦葫都市区

锦葫都市区要强化石油化工、运输设备工业等支柱产业，积极发展新能源、海洋产业和旅游业，建成渤海北岸滨海旅游城市带和辽西地区的中心城市。重点发展锦州湾复合型城市，重点保护和治理锦州湾的生态环境。

（1）锦州新区是锦葫都市区的副中心城市，要依托锦州港，与锦州主城区互补互动，发展港口、仓储、工业、旅游、商贸等产业，建成中国东北西部地区重要的出海口、渤海北岸的区域金融商贸中心和北方滨海旅游新区。规划至2020年总人口规模为43万人，城镇建设用地规模为46平方公里，规划期内新增城镇建设用地为39平方公里，空间上沿海向东拓展。

（2）葫芦岛老城区是锦葫都市区的副中心城市，要发挥区位优势，积极承接京津冀都市圈辐射（王志锋和杨少丽，2011），进一步发展有色金属、电子信息等产业聚集区，建成辽西走廊文化旅游休闲观光带和滨海宜居城市。规划至2020年总人口规模为70万人，城镇建设用地规模为73平方公里，规划期内新增城镇建设用地为29平方公里，空间上沿海向东拓展。

（3）南票新区，是锦葫联动一体协作的先导区和辽西走廊转型发展的实验田，要依托区位优势和港口优势，强化港城一体，引领产业、政务、综合服务功能复合发展，启动转型发展，发展特色产业，实践城乡统筹，推动就近城镇化，建成东北地区生态宜居示范城。规划至2020年总人口规模为20万人，城镇建设用地规模为18平方公里，规划期内新增城镇建设用地为16平方公里，空间上呈现"V"字形拓展。

（4）兴城老城区是葫芦岛市的次中心城市，要依托资源优势，发展滨海、温泉、古城为一体的旅游业，完善商业职能，建成海滨旅游休闲疗养城市和历史文化名城。规划至2020年总人口规模为30万人，城镇建设用地规模为31平方公里，规划期内新增城镇建设用地为11平方公里，空间上向东拓展（表7-31）。

表7-31　锦葫都市区核心区的结构、职能及发展规模（2020年）

城镇	主要职能	发展类型	建设重点	人口规模（万人）	城镇建设用地规模（平方公里）	新增城镇建设用地规模（平方公里）	空间扩展方向
锦州新区	包括锦州经济技术开发区和中国海洋城两部分，锦葫都市区的副中心城市，中国东北西部地区重要的出海门户和口岸与现代化新区	重点新区	加强城市综合职能建设，形成以港口、仓储、工业、旅游、商贸功能为主的综合性现代化新区	43	46	39	沿海向东拓展
葫芦岛老城区	锦葫都市区的副中心城市，辽西走廊文化旅游休闲观光带和滨海宜居城市	老城区	积极承接京津冀都市圈辐射，进一步发展有色金属、电子信息等产业聚集区	70	73	29	向东拓展

城镇	主要职能	发展类型	建设重点	人口规模（万人）	城镇建设用地规模（平方公里）	新增城镇建设用地规模（平方公里）	空间扩展方向
南票新区	锦葫联动一体协作的先导区、辽西走廊转型发展的实验田、东北地区生态宜居示范城	潜力新区	强化港城一体，引领产业、政务、综合服务功能复合发展；启动转型发展，发展特色产业；实践城乡统筹，推动就近城镇化	20	18	16	呈"V"字形拓展
兴城老城区	葫芦岛市的次中心城市，海滨旅游休闲疗养城市和历史文化名城	老城区	发展滨海、温泉、古城为一体的旅游业，完善商业职能	30	31	11	向东拓展

（二）黄海翼：丹东都市区

丹东都市区要发挥沿海、沿江、沿边的区位优势，积极推进边境经济合作，重点发展外向型经济和旅游业；积极推进港城一体化和同城化建设（郭建科和韩增林，2013）。重点发展丹东新区，重点保护鸭绿江河口湿地保护区。

（1）丹东老城区是丹东都市区的中心城市和政治、经济、文化、信息中心，要发挥沿海、沿江、沿边的区位优势，进一步拓展商住、旅游、贸易等城市功能，建成东北东部地区重要的港口城市，全国重要的边境口岸城市。规划至2020年总人口规模为70万人，城镇建设用地规模为56平方公里，规划期内新增城镇建设用地为27平方公里，空间上主要向西拓展，适度向北拓展。

（2）丹东新区是丹东都市区的核心区，要发挥沿海、沿江、沿边的区位优势，重点发展商贸、物流、金融、旅游等现代服务业，建成中朝边境国际金融商贸中心，丹东市未来的城市行政文化中心，现代化的水陆口岸、物流枢纽及现代化产业基地。规划至2020年总人口规模为25万人，城镇建设用地规模为23平方公里，规划期内新增城镇建设用地为14平方公里，空间上沿海向东、向西拓展。

（3）前阳新区是丹东都市区重要的产业区和东北东部出海通道的交通枢纽，要依托区位优势，发展纺织、食品加工、生物医药、机械加工、造船、汽车及零部件等工业，发展区域物流、旅游等服务业，建成丹东都市区外向型产业示范基地、生态型综合新区。规划至2020年总人口规模为5万人，城镇建设用地规模为5平方公里，规划期内新增城镇建设用地为2平方公里，空间上向南拓展，限制向北拓展。

（4）东港老城区是丹东都市区的副中心城市，要依托大东港，发展能源、钢铁、机械、石油化工、再生资源综合利用等临港重化工业，完善城市职能，建成以国际贸易、海洋产业和临港加工业为主的现代边境港口城市。规划至2020年总人口规模为25万人，城镇建设用地规模为 26 平方公里，规划期内新增城镇建设用地为 10 平方公里，空间上向东拓展（表 7-32）。

表 7-32　丹东都市区核心区的结构、职能及发展规模（2020 年）

城镇	主要职能	发展类型	建设重点	人口规模（万人）	城镇建设用地规模（平方公里）	新增城镇建设用地规模（平方公里）	空间扩展方向
丹东老城区	丹东都市区的中心城市和政治、经济、文化、信息中心，东北东部地区重要的港口城市，全国重要的边境口岸城市	老城区	发挥沿海、沿江、沿边的区位优势，进一步拓展商住、旅游、贸易等城市功能	70	56	27	主要向西拓展，适度向北拓展
丹东新区	丹东都市区的核心区，中朝边境国际金融商贸中心，丹东市未来的城市行政文化中心，现代化的水陆口岸、物流枢纽及现代化产业基地	重点新区	重点发展商贸、物流、金融、旅游等现代服务业，拓展丹东的城市发展空间，提升城市承载力，实现丹东新区—老城—东港同城化	25	23	14	沿海向东、向西拓展
前阳新区	丹东都市区重要的产业区，东北东部出海通道的交通枢纽、丹东都市区外向型产业示范基地、生态型综合新区	潜力新区	发展纺织、食品加工、生物医药、机械加工、造船、汽车及零部件等工业，发展区域物流、旅游等服务业	5	5	2	向南拓展，限制向北拓展
东港老城区	丹东都市区的副中心城市，以国际贸易、海洋产业和临港加工业为主的现代边境港口城市	老城区	发展能源、钢铁、机械、石油化工、再生资源综合利用等临港重化工业，完善城市职能	25	26	10	向东拓展

四、培育跨行政区复合型城市

近期积极培育大连新（市）区、辽东湾、锦州湾、庄河—花园口 4 个重点跨行政区复合型城市。大连新（市）区要参照国家级新区的要求，以发展现代服务业和高端制造业为重点，打造大连城市副中心区，在 2010～2020 年规划新增城镇人口 108 万人，新增城镇建设用地 72 平方公里。

辽东湾复合型城市要重点推进营口老城区与辽东湾新区的同城化建设，整合提升城市综合功能和可持续发展能力，在 2010～2020 年新增城镇人口 80 万人，新增城镇建设用地 83 平方公里。锦州湾复合型城市要以锦州新区、南票新区的建设和葫芦岛—兴城双城一体化发展为重点，协调推进锦州市和葫芦岛市在港口、产业园方面的分工协作及园城和谐发展，在 2010～2020 年规划新增城镇人口 75 万人，新增城镇建设用地 79 平方公里。综合发挥庄河市城市功能完善和花园口新区产业发展迅速的优势，加快推进庄河–花园口复合型城市发育，在 2010~2020 年规划新增城镇人口 18 万人，新增城镇建设用地 25 平方公里，远景规划建成黄海翼上的一个大都市。在远景规划期，应通过主动融入接轨秦皇岛和山海关的城市建设，积极培育东戴河–山海关组合型旅游城市；通过推进与大孤山港口、太平湾港口建设相配套的城镇建设，培育大孤山—栗子房、鲅鱼圈—太平湾 2 个复合型港口城市（表 7-33）。

表 7-33 辽宁省海岸带复合型城市的结构、职能及发展规模（2020 年）

复合型城市	主要职能	建设重点	新增城镇人口（万人）	新增城镇建设用地（平方公里）
大连新（市）区	大连城市副中心区	参照国家级新区的要求，以发展现代服务业和高端制造业为重点	108	72
辽东湾	东北地区重要的出海通道、环渤海地区重要的临港工业基地和现代化港口城镇组群	重点推进营口老城区与辽东湾新区的同城化建设，整合提升城市综合功能和可持续发展能力	80	83
锦州湾	我国东北西部地区重要的临港产业基地、出海门户和口岸	以锦州新区、南票新区的建设和葫芦岛—兴城双城一体化发展为重点，协调推进锦州市和葫芦岛市在港口、产业园方面的分工协作及园城和谐发展	75	79
庄河—花园口	带动黄海翼开发建设的产业示范区和大都市区	综合发挥庄河市城市功能完善和花园口新区产业发展迅速的优势，加快推进庄河—花园口复合型城市发育	18	25

五、辽宁海岸带城镇发展导则

辽宁海岸带城镇的发展建设应遵循以下五项原则：坚持按照人口与土地相协调的要求进行城镇建设，调整优化城镇空间的区域分布，促进城镇建设协同发展、集约开发，促进城镇建设与自然环境的协调和谐，建立健全跨行政区城镇建设的协调机制，促进复合型城市的健康发展。

1. 坚持按照人口与土地相协调的要求进行城镇建设

在扩大城镇建设空间的同时，要增加相应规模的人口，提高建成区的人口密度。放宽城镇入户条件，引导农村人口向城镇集聚；简化进城务工人员及投资者子女落户审批手续，实现基本公共服务由户籍人口向常住人口全覆盖；积极稳妥地推进户籍制度改革，引导农村人口向城镇集中。同时合理确定城市开发边界，规范新区建设，提高建成区的人口密度，调整优化建设用地结构，防止特大城市面积过度扩张（郭腾云等，2009）。

定期监测各类城镇的人口集聚能力，并据此动态调控城镇建设用地增量指标配置。加大城镇人口普查力度，由统计部门牵头，各有关部门配合，对城镇实有人口进行认真普查，实现城镇居住人口的动态监测；同时公安、住建、民政等部门要充分发挥各自职能作用，确保城镇户籍人口、常住人口底清数明。根据城镇的人口集聚能力，动态调控城镇建设用地增量指标配置。严格控制建设用地总规模，切实保护耕地和基本农田；切实调控新增建设用地规模，严格控制新增建设用地占用耕地。

2. 调整优化城镇空间的区域分布

适度扩大老城区和潜力新区的建设空间，扩大重点新区的建设空间，严格控制中心镇的建设空间。鼓励发展滨海城镇。

老城区拓展要以优化城镇用地结构、改善人居环境、提高人口承载力为重点，优先用好存量建设用地和未利用地，不断提高土地集约利用水平。优化城镇用地结构，逐步提高公共设施用地、公共绿地和居住用地的比重，提升城镇的生活居住功能。科学确定城镇规划发展的人口规模与用地规模，严格执行国家规划城镇用地控制标准，控制建设用地过快增长。

重点新区在规划选址阶段要最大限度地利用废弃盐田、重度盐碱地、荒滩和矿山废弃地，尽量不占或少占耕地和基本农田；在规划实施阶段要坚持分步实施、滚动发展，优先使用规划起步区内土地，紧凑发展、集约利用，只有在起步区基本达到规划城镇用地控制标准后再启动下一个拓展区，避免遍地开花、摊子过大。

潜力新区大多属于与产业园、港口配套建设的城镇生活新区，在空间布局上要注重总体控制，合理布局生产空间和生活空间，避免混杂交错和干扰搬迁；在发展规模上要注重与所依托的港口、产业园区的发展阶段及发展规模相协调。在发展初期、中期阶段，规模和功能不宜过大和超前；在发展后期与成熟阶段，要按照新区的标准进行规划建设。

中心镇，毗邻或位于生态敏感区内的城镇要坚持生态优先原则，严格控制人口集聚规模和新增城镇建设用地规模；位于其他地区的城镇大多不属于规划期内的发展重点，要科学规划发展时序，避免急于求成。

3. 促进城镇建设协同发展、集约开发

推进城镇建设与产业园区和港口建设的协同发展，合理布局生产空间和生活空间，避免混杂交错和干扰搬迁。重视分步实施、滚动发展，优先集中开发起步区，避免遍地开花，严格控制城镇无序蔓延。

强化沿海港口的职能分工与区域一体化发展机制，形成错位发展、优势互补的现代港口集群，建设成为东北亚重要的国际航运中心和物流中心。

强化海岸带各类产业园区的区域一体化发展机制，充分发挥各自比较优势，科学确定职能定位与主导产业，尽量避免恶性竞争和重复建设，打造若干规模和水平居世界前列的产业集群，建设具有较强自主创新能力和国际竞争力的临港产业带。

强化城镇与港口、产业园的互动发展机制，提升城镇发展的产业功能和城镇对港口及产业园区的服务支撑能力。

推进都市区交通、能源、水利、环保等基础设施共建互通，电信、教育、就业、社保、安保等基本公共服务的互联共享。统筹公共事务管理，推进区域基本公共服务均等化。

4. 促进城镇建设与自然环境的协调和谐

城镇建设的开发规模必须控制在区域资源承载力和环境容量允许的范围内，严格控制在生态保护区和生态脆弱区进行城镇建设开发活动。严格保护基本农田和林地、湿地等生态用地，加强城镇绿地系统建设，改善人居环境。

严格保护基本农田和涉及公共利益、具有特殊功能的林地、湿地，以山脉、水系、岸线为骨干，利用林地生态廊道、河流生态廊道和海岸带功能区连通生态源地和生态节点，构建完善的沿海生态网架。

重视大连都市区核心区、营盘都市区核心区、锦葫都市区核心区、丹东都市区核心区等城镇密集区域的绿地系统建设，在各城镇之间利用河流、山体、耕地与基本农田、林地等构建河流生态廊道或林地生态廊道，维护自然风貌，防止城市蔓延。

在城镇建设区，要加强河道两岸绿化美化，重视城市公园、公共绿地的建设，改善城镇环境。

5. 建立健全跨行政区城镇建设的协调机制，促进复合型城市的健康发展

建立海岸带及都市区城镇规划建设协调小组，推进基础设施共建互通，公共服务的互联共享，促进跨行政区复合型城市的同城化发展。

大连新（市）区：成立推进金普新区创建国家级新区的专门机构，加强城际综合交通体系建设，加强区域协调与合作，努力创建以现代服务业和高端制造业为重点的国家级新区。

辽东湾：营口盘锦两市共同成立机构，共同出资建设辽河大桥，并就选址、道路连接、管理等相关事宜进行协商。加强基础设施共建共享，就辽滨地区与营口市区的基础设施、公共设施共享问题建立协调机制。两市在辽河口生态环境保护上加强沟通与合作，共同保护两岸湿地。

锦州湾：建立锦州葫芦岛两市规划工作协商制度，共同协商铁路站场布置、园区道路贯通等事宜。加强基础设施共建共享，共同推动辽西区域中心机场建设。加强锦州湾环境保护和污染治理工作。建议对锦州与葫芦岛两市海域进行勘界。

庄河—花园口：建立庄河市和花园口经济区规划工作协商制度，加强基础设施共建共享，综合发挥庄河市完善的城市功能和花园口经济区的产业发展优势。

第八章　旅游休闲功能区

第一节　旅游资源评估

一、旅游资源总体特征

（一）我国北方重要的滨海旅游资源分布区

辽宁省是我国东北地区唯一的沿海省份，是我国北方滨海旅游资源的最重要分布区之一。在岸线的旅游适宜性方面，辽宁海岸带具有突出优势（表8-1），主要表现在如下方面。

表8-1　辽宁省滨海岸线资源与周边省市对比

地区	大陆海岸线长度（公里）	海岛岸线长度（公里）	总岸线长度（公里）	占全国岸线的比例（%）	海岛数量（个）
辽宁省	2 110	700.2	2 810.2	8.82	506
河北省	487.3	199	686.3	2.1	132
天津市	153	0	153	0.47	0
山东省	2 531	668.6	3 199.6	9.79	299
全国	18 412	14 235	32 647	100	7 300

注：海岛数量指面积大于500平方米的海岛，大约7300座

——辽宁海岸带是我国北方最重要的基岩岸线景观的分布区，以大连为中心的渤海–黄海沿岸是我国基岩岸线，长为460公里（不含岛屿岸线），岸线曲折，岬湾相间，是我国滨海观光的重要区域。

——辽宁海岸带是我国重要的滨海湿地资源分布区，滨海湿地和滩涂岸线长为893公里，鸭绿江、大洋河、辽河、双台河及大凌河等河口一带形成大面积的滨海湿地，构成丰富的滨海生态旅游资源，拥有全国最大的湿地自然保护区——双台子河口自然保护区。

——辽宁海岸带沙滩资源丰富，在辽东湾东西两岸的盖州和绥中环渤海沿岸发育有平直的优良的沙（砂砾）质海滩资源，具有发展滨海休闲度假的资源条件（图8-1）。

——辽宁沿海近海岛屿资源丰富，分布有大小岛屿506个，岛屿总面积为187.7平方公里。在我国北方4个沿海省市中，辽宁省岛屿资源最为丰富。沿黄海的外长山列岛、里

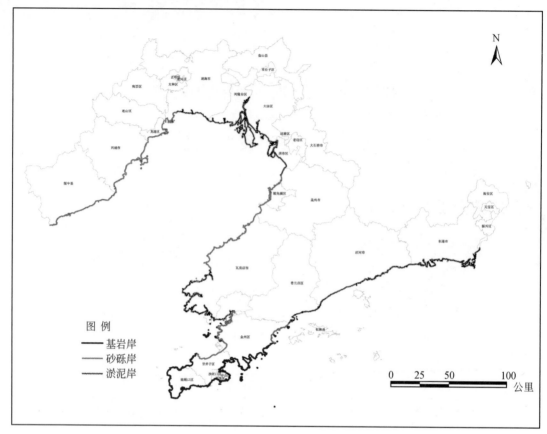

图8-1　辽宁海岸带海岸类型

长山列岛、石城列岛和大鹿岛、小鹿岛，沿渤海的觉华岛、大笔架山、小笔架山、长兴岛、凤鸣岛、西中岛、东蚂蚁岛、西蚂蚁岛、虎平岛、猪岛和蛇岛等岛屿自然景观环境各异，具有良好的发展旅游业的资源条件。岛屿资源的数量和景观环境品质均超山东省和河北省，是我国北方地区岛屿资源最为丰富的省区。

——陆域河流水系旅游资源丰富，森林覆盖率高。辽宁海岸带是我国北方水系资源最为丰富的区域，有辽河、大辽河、大凌河及中朝界河鸭绿江等，入海口形成大面积的滨海湿地。辽宁海岸带平均森林覆盖率可达44.6%，其中，丹东市以66%的森林覆盖率位居第一，为发展滨海生态休闲旅游提供了优越的自然环境条件（图8-2）。

（二）地域文化多元

辽宁的文化类型多元，由燕文化、汉魏文化、鲜卑文化、高句丽文化、契丹文化和满族文化等组成了整个文化的总体格局，且以清朝文化最为突出，海岸城市锦州、葫芦岛、朝阳被誉为清史文化纽带区域。辽宁遗产资源十分丰富，拥有六处世界遗产地，其中两处世界遗产——五女山山城和九口山长城就位于辽宁海岸带。辽宁海岸带蕴藏着悠久的史前文明，辽西走廊及其腹地的古生物化石形成于晚侏罗世—早白垩世陆相地层，距今有一亿

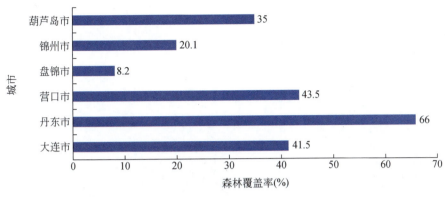

图 8-2 辽宁海岸带各城市森林覆盖率

五千万年，具有重要的科学研究价值和珍贵的收藏价值。

二、旅游资源分布特征

根据旅游休闲岸线适宜性评估的分析及当前开发情况，去除淤泥质沙滩资源和淤泥质基岩资源等不适宜开发旅游的岸线，扣除已经被城镇和工业园区占据的、已经完全开发的海岸线，得出当前辽宁海岸带旅游适宜岸线为 1311.94 公里，其中，大陆岸线为 711.94 公里，岛屿岸线为 600 公里，占整个海岸线的 46.7%，其中，沙滩岸线为 242.67 公里，占整个旅游适宜岸线的 18.5%，占整个海岸线的 8.6%；基岩景观岸线为 828.7 公里，占整个旅游适宜岸线的 62.8%，占整个海岸线的 29.5%；生物景观岸线为 240.57 公里，占整个旅游适宜岸线的 18.3%，占整个海岸线的 8.6%。总结其分布地点和范围可知，沙质岸线主要分布在大连市、营口市和葫芦岛市，湿地岸线主要分布在丹东市和盘锦市，基岩岸线主要分布在大连市，岛屿岸线主要分布在大连市。

（一）沙滩岸线资源

沙滩岸线是发展滨海休闲度假的重要资源。辽宁海岸带沙滩岸线资源较为丰富，拥有沙滩岸线 242.67 公里，占整个旅游适宜岸线的 18.5%，占整个海岸线的 8.6%。大连市和葫芦岛市是沙滩岸线的最主要分布区。大连市拥有 103.3 公里的沙滩岸线，集中分布在东海岸岛屿上及渤海湾瓦房店西海岸，多以岛屿海湾、岬湾的形式出现。葫芦岛市拥有沙滩岸线 87.1 公里，主要分布在兴城市和绥中县东海岸带，沙滩岸线呈现连续分布，坡度平缓，沙质优良。营口市沙滩岸线 37.81 公里，主要分布在西海岸的一线的局部地段。锦州市有 10.8 公里的沙滩岸线，主要分布在笔架山以西岸段（图 8-3、表 8-2）。丹东市和盘锦市以淤泥质岸线为主，其中，丹东市獐岛和大鹿岛上有 3.66 公里的沙滩岸线。

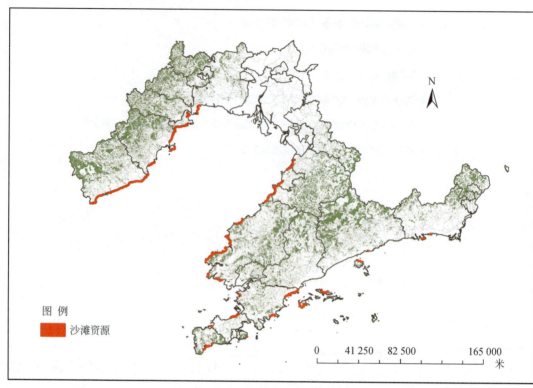

图8-3　沙滩岸线分布

表8-2　辽宁海岸带沙滩岸线资源分布

城市	县（市、区）	岸段	长度（公里）	后方利用情况
丹东市	东港市獐岛	金沙滩	0.66	獐岛村
	东港市大鹿岛	单国圈—大鹿岛村月亮湾天然浴场	3	大鹿岛村
大连市	庄河市	蛤蜊岛	0.7	蛤蜊岛村
		石城岛卧龙滩浴场	1.5	石城岛村
	长海县	大长山岛镇北海浴场	0.8	城镇
		大长山岛镇饮牛湾	1.1	城镇
		广鹿岛彩虹滩浴场	3.45	未开发
	金州区	庙上村—河嘴村	4.5	城镇
		杏树屯街道大连市	5	城镇，农田
	中山区	棒棰岛	0.75	岛屿
	旅顺口	盐场新村—郭家沟村	1.6	城镇
		得胜村南岸	4.7	城镇
		光荣街道东岸柏岚子东岸	6	城镇

续表

城市	县（市、区）	岸段	长度（公里）	后方利用情况
大连市	甘井子区	大黑石村北岸	1.8	城镇
		羊圈子村—拉树房村	12	养殖、城镇
		拉树山村西岸	2.5	农田
	瓦房店市	华铜村—矿洞山村	2	农田，城镇
		前大地村—泡子村	6.5	长兴岛经济技术开发区产业配套区
		仙浴湾村—大嘴村	6.4	城镇（瓦房店滨海新区）、园区（瓦房店沿海经济区）
		西中岛沙滩	4	园区（长兴岛经济技术开发区）、城镇（产业配套新区）
	长兴岛	前哨村—北灰窑村	2	园区（长兴岛经济技术开发区）、城镇（产业配套新区）
		新港村—三堂村	36	园区（长兴岛经济技术开发区）、城镇（产业配套新区）
营口市	盖州市	白沙湾村—仙人岛村	9.81	园区（仙人岛能源化工区）
		仙人岛村—熊岳河口	5	仙人岛能源化工区产业配套区
		田崴子村—光辉村	10	城镇（营口北海新区）
		北海村岸线	3	城镇（营口北海新区）
	鲅鱼圈区	丁园子村熊岳河口—号房子社区	6	城镇、养殖
		小董屯村—望海农业村	5	园区（营口临港工业区）、城镇（营口开发都市区）
锦州市	凌海市	上朱家口村—前三角山村	9	园区（锦州经济技术开发区）、城镇（锦州滨海新区）
				园区（锦州经济技术开发区）、城镇（锦州滨海新区）
		大笔架山	1.8	旅游区
葫芦岛市	连山区	牛营村—抓里头子村	6	城镇
	龙港区	望海寺街道	3	城镇（葫芦岛城区）、园区（龙湾商务中心区）
		军事用地—东窑村	15	城镇（葫芦岛城区）、园区（龙湾商务中心区）
	兴城市	邴家村—四城子村	14	城镇（兴城市）
		觉华岛	4.6	园区（觉华岛旅游经济度假区）
		台里村—方安村	7	城镇

续表

城市	县（市、区）	岸段	长度（公里）	后方利用情况
葫芦岛市	绥中县	二河口村—前王虎屯	14	农田、养殖
		前王虎屯—小蛎蝗村	4	农田、养殖、城镇
		小赵屯—杨家村	3.5	农田、养殖、城镇
		杨家村—止锚湾村	8	园区（东戴河新区）
		止锚湾村—绥中县界	8	农田、养殖、城镇（东戴河新区）
总长度		242.67		

辽宁海岸带沙滩岸线是我国北方地区滨海休闲度假资源的重要构成部分，具有满足东北地区、京津地区滨海休闲度假需求的职能。因此，沙滩岸线资源应作为稀缺资源，加以充分合理利用。在岸线利用上，应作为旅游休闲岸线加以保护和利用，防止工业、港口和城镇生活岸线侵占。目前由于工业园区的开发和海港的建设，部分沙滩岸线已经被占用或破坏。未来的岸线利用方面应杜绝将沙滩岸线用于非旅游休闲开发用途。

（二）基岩景观岸线资源

基岩景观岸线是发展滨海观光旅游的重要资源基础，是具有保护和旅游利用价值的地质景观资源。辽宁省海岸带岸线曲折，基岩景观岸线较长。海岸带基岩景观岸线总长度为

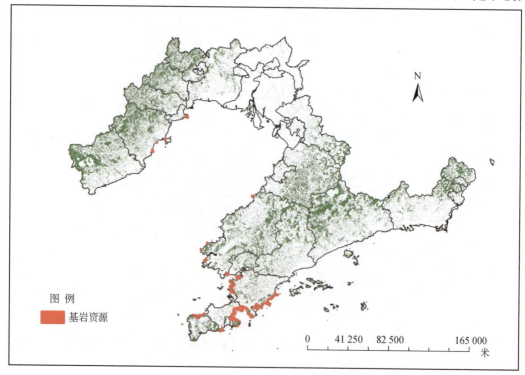

图 8-4　基岩资源分布

828.7 公里，占整个旅游岸线的 62.8%，占整个海岸带的 29%。基岩景观岸线主要以岬角、基岩类岛屿形式存在。基岩岸线主要分布在大连市，共有 822.2 公里的基岩岸线，其中，600 公里的基岩岸线分布在岛屿上，其他岸线分布在沿海岸带上；丹东市有 1 公里的基岩岸线，分布在东港市海洋红村；营口市有 3.5 公里的海岸线，分布在仙人岛和盖州市西崴子村；葫芦岛市有 2 公里的基岩岸线，分布在龙港区渔民村；盘锦市和锦州市以沙质岸线和淤泥质岸线为主，只有局部岸段有基岩岸线出露（图 8-4、表 8-3）。

表 8-3 基岩资源分布

城市	县（市、区）	岸段	长度（公里）	后方利用情况
丹东市	东港市	海洋红村	1	养虾场、海洋红港口
大连市	中山区	棒棰岛基岩岸线	0.25	旅游景区
		东海屯—薛家屯	2.3	未开发
		薛家屯—傅家庄	5.25	已开发为城镇和旅游景区
	沙河口区	沙河口区岸线	0.5	未开发
		小平岛东海岸	4	未开发
	金州区	城子村	30	城山头旅游景区
		庙上村岸线	13.4	已开发为金石滩景区和农田、城镇
	旅顺口区	小平岛西街—黄泥河村	12	农田
		光荣街道东岸	9	城镇
		柏岚子村岸线	10	景区
		大兴村—牧羊城村	13	城镇、农田
		羊头洼港口—大甸子村	15	开发为园区（大连旅顺绿色生态经济区）
		艾子口村北岸—北海村北岸	9.3	农田、城镇
		石灰窑村西海岸	2.6	未开发
		小黑石村—大黑石村	8.7	未开发
	金州区	前石村—后石村	5	农田、城镇
		荞麦山村西海岸	2.7	未开发
		河咀区—煤窑村	12	城镇
		后石村—荞麦山村	7.4	养殖、城镇
	甘井子区	黄龙尾靶场	21	农田
		大连湾村东岸	4	旅游景区
		老偏岛—玉皇顶	1	旅游景区
	普兰店市	黑岛岛屿基岩	1	旅游景区
	瓦房店市	松木岛村海岸	1.4	未开发
		国有林场	4	未开发
		桑屯村	11	未开发
		新港村岬角岸段	1.2	未开发
		世辉耀村岬角	2.2	未开发
		南大地村—大魏村	5	未开发
		王崴子村—华铜村	8	未开发
	大连岛屿	岛屿基岩	600	旅游景区

城市	县（市、区）	岸段	长度（公里）	后方利用情况
营口市	盖州市	西崴子村	1.5	城镇、园区
		仙人岛村	2	园区、城镇
葫芦岛	龙港区	渔民村	2	城镇（葫芦岛城区）、园区（北港工业区）
总岸线			828.7	

景观价值最高的基岩景观岸线主要分布在大连，局部地段得以保护和开发利用。而其他区域大部分区域基岩岸线都受到不同程度的破坏，开发为工业园区和港口岸线。其中，丹东海洋红村、营口仙人岛村等基岩岸线拥有典型的海蚀地貌景观，具有很大的保护和景观观赏价值。但是由于忽视基岩景观岸线的景观价值和旅游价值，这些具有景观观赏价值的岸线没有受到应有的保护，大多被规划为工业园区、港口或居住岸线，不断受到蚕食和破坏。

（三）生物景观岸线资源

辽宁沿海是我国滨海型湿地重要的分布区，辽宁海岸带具有景观价值和旅游价值的湿地岸线为246.26公里，占旅游适宜岸线的18.7%，占整个岸线的8.8%。滨海湿地主要分布在河流入海口区域，以湿地的形态存在，其中，盘锦市和丹东市海滨地区是湿地的重要分布区，在我国湿地生态系统中占据重要地位。这些湿地不仅具有巨大的生态价值，也具有巨大的景观观赏和科普旅游价值，是发展生态旅游的理想区域。

盘锦市有113.31公里的生物景观岸线，包括双台子河口湿地和红海滩湿地及辽滨河口湿地。盘锦市的双台河口湿地保护区面积为800平方公里，是人与生物圈保护区网成员[1]。丹东市也是滨海湿地的主要分布区，有70公里的生物景观岸线，主要是东港市鸭绿江江口湿地和大洋河湿地，是国家级自然保护区。双台子河口湿地和鸭绿江口湿地面积广阔，生物资源丰富，拥有丰富的鸟类资源，是候鸟南北迁徙的主要中途栖息地，被世界鸟类爱好者关注，是世界观鸟热点区域之一。目前鸭绿江江口湿地受大东港的扩建和海洋红工业园区建设的挤压，面积面临不断缩小的威胁。大连市有生物景观岸线32.26公里，主要是庄河湿地、湖里河口湿地、碧流河湿地、沙河湿地等河口型湿地，其中，庄河湿地位于庄河市区南，随着城市扩张，逐步演化为城市湿地。营口市有4公里的生物景观岸线，集中分布在大辽河口。由于盘锦辽滨新区的建设和营口新区的建设，已经逐渐被城市和工业园区包围。锦州市有15公里的生物景观岸线，集中在大凌河河口湿地，目前已经被规划为工业园区范围。葫芦岛市有6公里的生物景观岸线，主要是六股河河口湿地，目前城市发展向湿地范围扩张，已经对湿地生态环境产生了威胁。从总体趋势看，由于城市、工业园区、港口的扩张，辽宁沿海面临湿地范围不断缩小，湿地生态景观环境日渐消失的威胁（图8-5、表8-4）。

---

① 属联合国教科文组织。

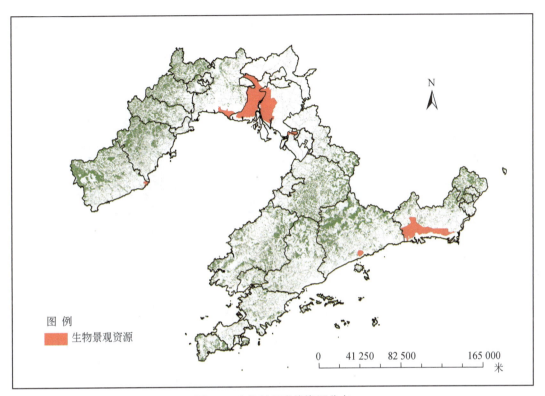

图 8-5　生物景观岸线资源分布

表 8-4　生物景观岸线资源分布

城市	县 （市、区）	岸段	岸线长度 （公里）	面积 （平方公里）	后方利用情况
丹东市	东港市	东港市开发区—黄土坎农场	39	1081	农田和海产养殖
		黄土坎农场—菩萨庙镇海洋红村	31		农田、海产养殖、港口（海洋红港）、产业园区（大孤山精密铸造产业园）
大连市	庄河市	青堆子镇湖里河口—黑岛镇英那河口	20	15	港口（黑岛中心渔港）、产业园区（临港工业园、海洋综合产业园区）、城镇（青堆镇）
		庄河市磨石房村—海洋村	3	20	城镇（庄河市区）、产业园区（都市工业园区、精细化工区、新能源区）
	瓦房店市	庄河市尖山村—瓦房店市东老滩村	3.76	12	海产养殖、城镇
	普兰店市	普兰店市清水河村—大连市东凉村	5.5	10	农田

续表

城市	县（市、区）	岸段	岸线长度（公里）	面积（平方公里）	后方利用情况
营口市	西市区	街道第一街坊	4	2.8	城镇（营口老城区）、园区（营口高新技术产业园区）
盘锦市	大洼区	荣滨村	14	5	园区（辽东湾新区）
		赵圈河乡—王家乡	45	20	园区（辽东湾新区）
	盘山县	盘山县东郭镇	60	800	园区（辽河口生态经济区）
锦州市	凌海市	一苇场—滩涂管理站	15	200	园区（大有产业园区）
葫芦岛市	兴城市	山东村—二河口村	6	10.11	城镇
总计			246.26	2175.91	

（四）历史人文资源

辽宁海岸带优越的地理区位和深厚的历史背景留下了大批文物古迹和古遗址，文化类型多样，遗产资源丰富。省级以上文物保护单位有47处，其中，国家级文物保护单位有7处，以葫芦岛市分布最多。其中，葫芦岛市共有文物保护单位26个，省级有17个，国家级有5个；大连市文物保护单位有20个，省级有10个；丹东市文物保护单位有10个，省级有7个；营口市文物保护单位有8个，省级有3个，国家级有2个；锦州市文物保护单位有5个，省级有3个（图8-6、表8-5）。

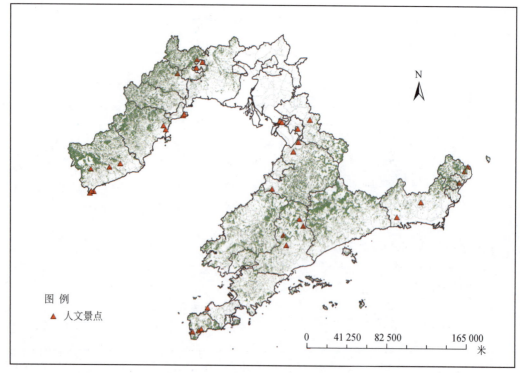

图 8-6 辽宁海岸带历史人文资源分布

表8-5　辽宁海岸带历史人文资源分布

城市	县（市、区）		名称	级别
丹东市	元宝区		抗美援朝纪念馆	4A级景区
	振安区		辽东烈士纪念塔	
	东港市	海域	甲午海战古战场	
	振兴区	英华山	中国人民志愿军第十三兵团炮兵指挥所旧址	省级文物保护单位
		九连城镇上尖村	河尖古城址	省级文物保护单位
		九连城镇九连城村	九连城城址	省级文物保护单位
	凤城市	利民村	刘家堡遗址	省级文物保护单位
	东港市	马家店镇三家子村	后洼遗址	省级文物保护单位
		前阳镇山城村	前阳洞穴遗址	省级文物保护单位
		孤山乡孤山南麓	大孤山古建筑群	省级文物保护单位
大连市	普兰店市	双塔镇	望海寺摩崖造像	
		安波镇	摩崖石刻	
		莲山街道	清泉寺	
		沙包镇	吴姑城	
		向应镇	关向应故居	
		二十里堡镇	响水寺	
		星台镇葡萄沟村	巍霸山城和清泉寺	省级文物保护单位
	甘井子区	大连湾镇振兴路	大嘴子遗址	省级文物保护单位
		营城子沙岗村	营城子壁画墓	省级文物保护单位
		营城子镇四平山	四平山积石墓	省级文物保护单位
		营城子镇后牧村	岗上楼上墓地	省级文物保护单位
	金州区	大黑山	大黑山山城	省级文物保护单位
	瓦房店市	复州城镇西街路北	横山书院	省级文物保护单位
	旅顺口区		海军兵器馆	
			中苏友谊纪念塔	
			旅顺蛇类自然博物馆	
			旅顺日俄监狱旧址博物馆	4A级景区，省级文物保护单位
			关向应纪念馆	4A级景区，省级文物保护单位
			大连大学博物馆	3A级景区
		铁山镇刁家村南	牧羊城城址	省级文物保护单位

城市	县（市、区）		名称	级别
营口市	盖州市	九寨镇	石棚山石棚	国家级文物保护单位
	鲅鱼圈区		望儿山	4A 级景区
	大石桥市	永安镇	金牛山遗址	国家级文物保护单位
	大石桥市	官屯镇石棚峪村	石棚峪石棚	省级文物保护单位
	西市区		西炮台遗址	3A 级景区
	站前区		楞严禅寺	
	盖州市	青石岭镇高丽城村东山	高丽城山城	省级文物保护单位
		鼓楼街道办事处	盖州钟鼓楼	省级文物保护单位
锦州市	凌海市	温滴楼满族乡	观音寺	
		温滴楼满族乡	茶山寺	
	太和区	大薛街道	辽沈战役纪念碑	省级文物保护单位
	古塔区		辽沈战役纪念馆	4A 级景区，省级文物保护单位
	天桥镇经济开发区		笔架山古建筑群	省级文物保护单位
葫芦岛市	南票区		舍利塔	
			塔山烈士纪念塔	省级文物保护单位
	兴城市		白塔峪塔	省级文物保护单位
			磨石沟塔	省级文物保护单位
			张作霖温泉别墅	
			兴城古城	4A 级景区，国家级文物保护单位
			祖氏石坊	省级文物保护单位
		白塔峪沟村西面塔山上	兴城白塔峪塔	省级文物保护单位
		红崖子乡磨石沟村	磨石沟塔	省级文物保护单位
	菊花岛		火龙宫寺	3A 级景区
	连山区	邰集屯乡小荒地村	邰集屯城址	省级文物保护单位
		杨杖子经济开发区南莲花山	莲花山圣水寺	2A 级景区，国家级文物保护单位
		塔山乡塔山村东	塔山阻击战革命烈士纪念塔	省级文物保护单位
		山神庙乡凉水井子村	灵山寺	省级文物保护单位
	龙港区	码头西山	葫芦岛筑港开工纪念碑	省级文物保护单位
	南票区	沙锅屯乡下庙村	沙锅屯遗址	省级文物保护单位
		沙锅屯乡下庙村	沙锅屯石塔	省级文物保护单位
		暖池塘乡安昌岘村	安昌岘塔	省级文物保护单位

续表

城市	县（市、区）	名称	级别
葫芦岛市	绥中县	李家乡石牌房村	朱梅墓	省级文物保护单位
		塔子沟村妙峰寺山	妙峰寺双塔	省级文物保护单位
		沙河乡三台子村	三台子烽火台	省级文物保护单位
		前所镇前所村	前所城	国家级文物保护单位
		万家镇	姜女石	国家级文物保护单位
		万家镇	九门口水上长城	国家级文物保护单位、世界文化遗产和4A级景区
			前卫斜塔	
		万家镇	碣石	

从绥中县到兴城是历史文物古迹集中分布区，与丰富的沙滩资源共同构成一条旅游资源集中分布带。最西端的绥中县毗邻著名的旅游胜地山海关，不仅拥有漫长的滨海沙滩岸线，历史文化资源也十分丰富，其中，位于海滨的姜女石和碣石景区被认为是秦始皇东巡碣石处，考古发现了6处秦汉遗址和大量文物，被列为国家级文物保护单位。碣石景区占地面积近1平方公里，景观独特，具有极大的历史文化价值和旅游价值。位于碣石景区以北的九门口水上长城全长1704米，是万里长城中唯一的一段水上长城，与碣石景区共同构成一个内涵丰富的旅游资源群。这一区域紧邻山海关，未来的发展应考虑与山海关旅游区的一体化发展。葫芦岛市的兴城古城是我国目前保存最完整的四座明代古城之一，是辽宁沿海最重要的旅游景区之一。

（五）旅游资源空间分布

大连市拥有数量最多的各类资源类型，以基岩岸线为主。葫芦岛市的资源禀赋次之，以沙滩资源和历史文化资源为主。丹东市和盘锦市滨海湿地景观资源丰富，是我国重要的湿地生态旅游区。锦州市和营口市旅游资源相对贫乏（表8-6）。

表8-6 辽宁海岸带各类岸线分布（单位：公里）

城市	海岸线总长度	旅游适宜岸线总长度	其中，沙滩岸线	其中，生物景观岸线	其中，基岩景观岸线
大连市	1302.46	957.76	103.3	32.26	822.2
葫芦岛市	254	95.1	87.1	6	2
丹东市	122.6	74.66	3.66	70	1
营口市	119.62	45.31	37.81	4	3.5
锦州市	113.62	25.8	10.8	15	0
盘锦市	113.31	113.31	0	119	0
总计	2025.61	1311.94	242.67	246.26	828.7

第二节 旅游岸线利用与旅游产业发展现状

一、旅游适宜岸线的总体开发情况

与我国其他沿海区域相比较，由于辽宁海岸带城市化水平相对较低，旅游开发也相应相对滞后，滨海岸线的旅游利用率较低。在1311.94公里的旅游适宜岸线中，已开发的岸线共372.06公里，占整个旅游适宜岸线的28.2%，占整个海岸线的18.4%。

——具有景观观赏价值的基岩景观岸线828.7公里，已经开发利用89.2公里，全部集中在大连市，主要用于滨海公园和景区开发利用。

——适宜发展休闲度假的沙滩岸线共242.67公里，开发利用131.06公里，占全部沙滩岸线的54%。虽然沙滩岸线开发利用较多，但是大多停留在设施简陋的海水浴场利用水平。已经开发的沙滩岸线以大连市和葫芦岛市最多，分别为73.70公里和30.80公里。

——生物景观岸线资源总长度为246.26公里，主要分布在辽河口和鸭绿江口湿地国家级自然保护区内。受自然保护区保护要求的限制，旅游开发集中在边缘区域，已用于旅游开发134公里（表8-7）。

表8-7　辽宁海岸带分市旅游适宜岸线开发强度（单位：公里）

城市	岸线总长度	旅游适宜岸线	其中各类岸线					
			沙滩岸线	已开发沙滩	生物景观岸线	已开发生物景观岸线	基岩景观岸线	已开发基岩景观岸线
大连市	1302.46	957.76	103.30	73.70	32.26	0	822.20	107
葫芦岛	254.00	95.10	87.10	30.80	6.00	0	2.00	0
丹东市	122.60	74.66	3.66	3.66	70.00	29	1.00	0
营口市	119.62	45.31	37.81	16.00	4.00	0	3.50	0
锦州市	113.62	25.80	10.80	6.90	15.00	0	0	0
盘锦市	113.31	113.31	0	0	119.00	105	0	0
总计	2025.61	1311.94	242.67	131.06	246.26	134	828.70	107

虽然目前未开发的旅游适宜岸线较多，但是新一轮海岸带开发中，明确划定为以旅游为主的园区和城镇数量少、规模小，其中，在42个重点园区中，与旅游相关的园区共有5个。而其他类型的开发占据了大量旅游适宜岸线，旅游适宜岸线处于不断缩小趋势，尤其是基岩岸线和滨海湿地不断受到港口建设和园区用地的侵蚀（表8-8）。

表8-8　辽宁海岸带旅游适宜岸线利用趋势

城市	海岸类型	分布范围	开发现状	已有规划方向
丹东市	河口淤泥质海岸	鸭绿江口湿地	国家级自然保护区	适度开发旅游活动
	基岩淤泥质海岸	东港市沿海岸带湿地（西起杨家屯，东至大东港）	围海养殖	温泉旅游开发、大孤山经济区开发、海洋红港口打造

续表

城市	海岸类型	分布范围	开发现状	已有规划方向
大连市	河口淤泥质海岸	庄河市栗子房镇至庄河市区	围海养殖	建设辽宁海洋产业经济区（临港产业园、海洋渔业产业园和黑岛新城及化纤新材料园）
	基岩淤泥质海岸	庄河市市区至普兰店市清水河站	工业园区开发建设	庄河花园口工业园区、庄河新港、皮杨陆岛经济区、皮口港区建设
	基岩质海岸	大连市辖区海岸线	岸线均已开发	行政中心搬迁
	基岩质海岸	瓦房店市南部炮台镇、复州湾镇和谢屯镇南部海岸线	盐田、围海养殖	将开发建设普湾新区
	基岩淤泥质海岸	长兴岛、交流岛岸线	长兴岛临港工业区	辽宁省综合改革实验区，实行现行国家级经济技术开发区的政策
	基岩质海岸	瓦房店市三台满族乡至浮渡河沿线	渔业、旅游岸线已初步开发	打造瓦房店沿海经济区、瓦房店红沿河核循环经济区、太平湾临港经济区
营口市	砂砾质海岸	南至浮渡河，北至营口市辖区老边区	港口、渔业、旅游岸线已初步开发	打造仙人岛能源化工区、营口新港区、营口临海产业基地
	河口淤泥质海岸	南至老边区，北至大辽河入海口	城镇、旅游岸线已开发	将打造辽河老街、湿地公园等旅游景点
盘锦市	河口淤泥质海岸	大辽河入海口，西至大凌河入海口	围海养殖捕捞、芦苇养殖、湿地自然保护区	打造辽河口生态经济区、辽东湾新区
锦州市	河口淤泥质海岸	锦州市南部海岸线（西至锦州港，东至大凌河入海口）	港口、渔业岸线已开发	将打造滨海新区、龙栖湾新区、建业经济区和大有经济区
葫芦岛市	基岩质海岸	葫芦岛市辖区东部岸线	港口、渔业、旅游岸线已初步开发	将打造打渔山产业园区、龙湾商务中心区
	砂砾质海岸	兴城市东海岸	港口、渔业、旅游岸线已初步开发	将打造兴城临海产业区
	基岩、砂砾质交叉海岸	绥中县东海岸	港口、渔业岸线已初步开发	将打造辽宁东戴河新区

二、各类型旅游适宜岸线开发强度

（一）沙滩岸线开发现状

辽宁海岸线沙滩岸线主要集中在环渤海海岸带，黄海海岸带沙滩岸线主要分布在岛屿上。沙滩岸线目前大多用于沙滩浴场，设施环境相对简陋，处于初级开发阶段。由于工业园区用地和居住用地逼近海岸线，一些沙滩浴场后方腹地为工业园区或城镇居住区，没有为未来预留足够的公共休闲空间，岸线资源利用效率较低。集中连片且开发程度较低的沙滩岸线主要集中在绥中县的滨海地带，有数十公里连绵分布的滨海沙滩岸线，目前只有局部岸段用于旅游开发（表8-9、图8-7）。

表8-9 已开发的沙滩岸线（单位：公里）

城市	县 (市、区)	已开发岸段	岸线长	已开发岸线长	景区名称
大连市	庄河市	蛤蜊岛	0.7	0.7	蛤蜊岛沙滩
		石城岛卧龙滩浴场	1.5	1.5	卧龙滩浴场
	长海县	大长山岛镇北海浴场	0.8	0.8	北海浴场
		大长山岛镇饮牛湾	1.1	1.1	饮牛湾浴场
		广鹿岛彩虹滩浴场	3.45	3.45	彩虹滩浴场
大连市	中山区	棒棰岛	0.75	0.75	棒棰岛浴场
	金州区	杏树屯街道大连市	5	5	杏树屯浴场
		庙上村—河嘴村	4.5	4.5	黄金海岸
	旅顺口区	得胜村南岸	4.7	3	黄金湾浴场沙滩
	瓦房店市	羊圈子村—拉树房村	12	122-1	羊圈子、拉树房和棋盘磨浴场
		华铜村—矿洞山村	2	2	李官镇滨海浴场
		前大地村—泡子村	6.5	6.5	龙凤滩
		仙浴湾村—大嘴村	6.4	6.4	仙域湾浴场
		西中岛沙滩	4	4	洪西头浴场
	长兴岛	前哨村—北灰窑村	2	2	前哨沙滩浴场
		新港村—三堂村	36	20	长兴岛浴场
丹东市	獐岛	金沙滩	0.66	0.66	金沙滩
	大鹿岛	单国圈—大鹿岛村月亮湾天然浴场	3	3	月亮湾浴场
营口市	盖州市	白沙湾村—仙人岛村	9.81	3	白沙湾浴场
		仙人岛村—熊岳河口	5	3	仙人岛海滨浴场
		北海村岸线	2	2	北海浴场
	鲅鱼圈区	丁园子村熊岳河口—号房子社区	6	5	月牙湾海水浴场
		小董屯村—望海农业村	5	3	营口海滨浴场
锦州市	凌海市	上朱家口村—前三角山村	9	3.6	白沙湾浴场
				1.5	人工海滨浴场
		大笔架山	1.8	1.8	大笔架山浴场

城市	县 （市、区）	已开发岸段	岸线长	已开发岸线长	景区名称
葫芦岛市	龙港区	望海寺街道	3	3	望海寺海滨浴场
		军事用地—东窑村	15	3	龙湾海滨浴场
	兴城市	邴家村—四城子村	14	14	兴城海滨浴场
		觉华岛	4.6	4.6	觉华岛海滨浴场
	绥中县	二河口村—前王虎屯	14	1.2	天龙寺海滨
		小赵屯—杨家村	3.5	1.5	洪家村前所沙滩
		止锚湾村—绥中县界	8	3.5	碣石公园海滨

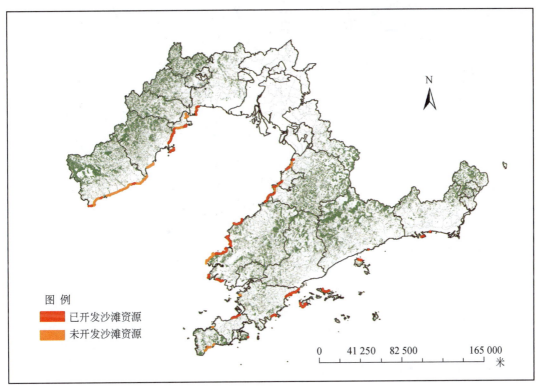

图 8-7　已开发沙滩岸段分布

（二）滨海湿地生态旅游岸线开发现状

滨海湿地是海岸带生态系统的重要组成部分，也是发展滨海生态旅游的理想区域，利用滨海湿地发展湿地生态旅游是滨海湿地生态化利用的方向之一。辽宁海岸带滨海湿地主要分布在河口区域，其中，盘锦辽河生态经济区被列为辽宁和沿海 42 个重点园区之一，其重要发展方向是生态产业，其中包括生态旅游（表 8-10、图 8-8）。

表8-10 已开发生物景观岸线（单位：公里）

城市	县（市、区）	已开发岸段	景区名称	岸线长	已开发岸线长	已开发名称
丹东市	东港市	东港开发区—黄土坎农场	鸭绿江江口湿地	39	29	鸭绿江江口湿地
营口市	西市区	街道第一街坊	大辽河口湿地	4	2.8	大辽河口湿地
盘锦市	盘山县	盘山县东郭镇	双台子河口湿地	60	60	双台子河口湿地
	大洼区	赵圈河乡—王家乡	红海滩湿地	45	45	红海滩湿地

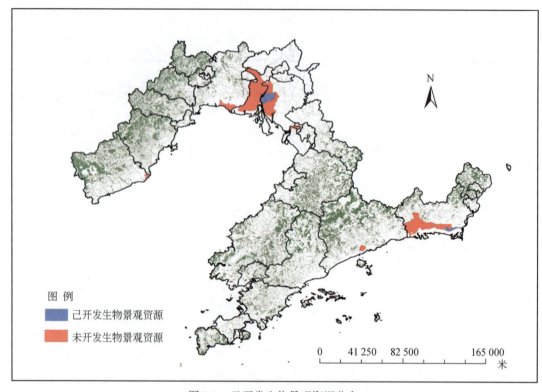

图 例

■ 已开发生物景观资源
■ 未开发生物景观资源

图8-8 已开发生物景观资源分布

（三）基岩岸线开发现状

辽宁沿海基岩岸线主要集中分布在海岸线曲折的大连市，以及各个海湾岬角区。其中，大连城山头和金石湾景区是我国著名的滨海基岩景观岸线，大连城山头海岸线长为92公里，岸线曲折，有典型的岬角、海湾、潟湖和岛屿生态系统，属于国家级自然保护区。大连金石滩岸线长为13.4公里，属于典型的海蚀地貌景观，为国家级风景名胜区。除城山头自然保护区和金石滩风景区外，其他区域基岩岸段景观价值没有得到充分的认识，很多具有景观价值的基岩岸段都作为港口和园区用岸线，其中，营口仙人岛、丹东大孤山—海洋红、锦州大笔架山、葫芦岛望海寺等具有保护价值的基岩景观岸线都成为或规划为港口和园区用岸线（表8-11、图8-9）。

表8-11　已开发基岩资源（单位：公里）

城市	县（市、区）	已开发岸段	景区名称	岸线长	已开发岸线长	景区腹地
大连市	金州区	城子村	城山头	30	30	城山头
		庙上村	金石滩	13.4	13.4	金石滩
		前石村—后石村西海岸		5	5	农田，城镇
		王家村西海岸		6	6	养殖，城镇
		河咀区—煤窑村		12	8.2	城镇
		后石村—荞麦山村		7.4	7.4	养殖，城镇
	甘井子区	大连湾村东岸	碧海山庄	4	4	碧海山庄
		老偏岛—玉皇顶		1	1	已开发为景区
	中山区	棒棰岛	棒棰岛	0.25	0.25	棒棰岛旅游区
		薛家屯—傅家庄		5.25	5.25	已开发旅游景区和城镇
	沙河口区	沙河口区岸线		0.5	0.5	已开发为旅游景区和城镇
	旅顺口区	柏岚子	老铁山景区	10	10	老铁山景区
		艾子口村北岸—北海村北岸		9.3	5	农田，城镇
		羊头洼村—大甸子村		15	7.8	养殖，城镇
		大连岛屿	海王九岛	600	30	海王九岛

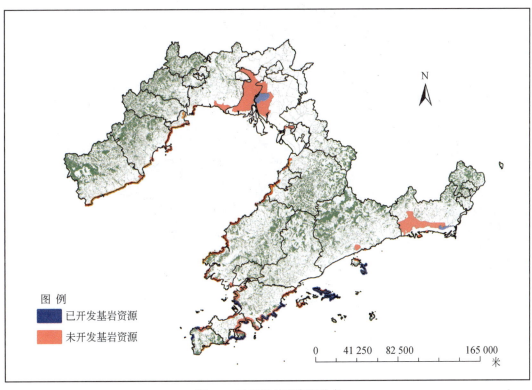

图8-9　已开发基岩资源分布

综上所述，沙滩岸线当前的开发强度达到 54%，生物景观岸线开发强度达到 54%，基岩岸线开发强度为 12.90%，相对较低，主要集中在各类岛屿基岩岸线的开发上（表 8-12）。

表 8-12 辽宁海岸带各类岸线分布

城市	海岸线总长度（公里）	沙滩岸线（公里）	已开发沙滩（公里）	沙滩岸线开发强度（%）	生物景观岸线（公里）	已开发生物景观岸线（公里）	生物景观岸线开发强度（%）	基岩岸线（公里）	已开发基岩岸线（公里）	基岩岸线开发强度（%）
大连	1302.46	103.3	73.7	71	32.26	0	0	822.2	107	13
丹东	122.6	3.66	3.66	100	70	29	41	1	0	0
营口	119.62	37.81	16	42	4	0	0	3.5	0	0
盘锦	113.31	0	0	0	119	105	88	0	0	0
锦州	113.62	10.8	6.9	64	15	0	0	0	0	0
葫芦岛	254	87.1	30.8	35	6	0	0	2	0	0
总计	2025.61	242.67	131.06	54	246.26	134	54	828.7	107	12.90

根据以上研究可知，当前 1311.94 公里的旅游适宜性岸线中，已初步开发 372.06 公里，开发强度达到 28.2%（图 8-10、表 8-13）。

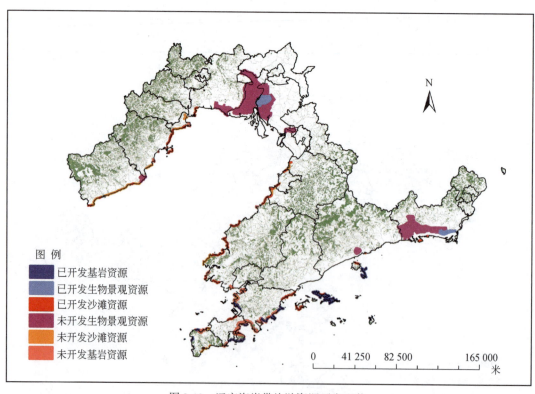

图例
- 已开发基岩资源
- 已开发生物景观资源
- 已开发沙滩资源
- 未开发生物景观资源
- 未开发沙滩资源
- 未开发基岩资源

| 0 | 41 250 | 82 500 | 165 000 |
米

图 8-10 辽宁海岸带旅游资源开发现状

表 8-13　辽宁海岸带六市旅游规划岸线分析

丹东市	长度（公里）	已开发岸线	大连市	长度（公里）	已开发岸线
沙滩资源	3.66	3.66	沙滩资源	103.3	73.7
基岩资源	1	0	基岩资源	822.2	107
生物景观资源	70	29	生物景观资源	32.26	0
总计	74.66	32.66	总计	957.76	180.7
开发强度	0.44		开发强度	0.19	
营口市	长度（公里）	已开发岸线	盘锦市	长度（公里）	已开发岸线
沙滩资源	37.81	16	沙滩资源	0	0
基岩资源	3.5	0	基岩资源	0	0
生物景观资源	4	0	生物景观资源	119	105
总计	45.31	16	总计	119	105
开发强度	0.35		开发强度	0.88	
锦州市	长度（公里）	已开发岸线	葫芦岛市	长度（公里）	已开发岸线
沙滩资源	10.8	6.9	沙滩资源	87.1	30.8
基岩资源	0	0	基岩资源	2	0
生物景观资源	15	0	生物景观资源	6	0
总计	25.8	6.9	总计	95.1	30.8
开发强度	0.27		开发强度	0.32	

三、旅游产业发展现状

（一）发展历程

辽宁省海岸带和海洋资源的开发利用已有很长的历史，清朝时期的营口及民国时期的大连一直是我国通往海外的重要口岸。20 世纪 90 年代，确定将大连建成"东北亚地区的商贸、金融、旅游、信息中心之一"，突出了旅游业的重要地位。滨海旅游业的开发以大连市为龙头，建设特色城市广场和旅游会议中心，发展生态农业旅游和蓝色海岛风光旅游。周边的营口、盘锦、丹东、锦州和葫芦岛也在大连市旅游业的辐射带动下发展壮大，海上游乐园、海滨公园、湿地公园等以海洋文化为主题的旅游项目逐步开展，A 级景区数量递增，国内旅游迅速发展，海岸带旅游发展已初具规模。2003 年的振兴东北老工业基地和 2009 年的辽宁沿海经济带建设的两大战略，以及"五点一线"的海岸带开发策略，以工业园建设为开发重点，滨海公路的修建为发展滨海旅游提供了条件。

（二）旅游开发空间特点

辽宁海岸带旅游业的发展以大连市为龙头，以辽东半岛为旅游增长极，以辽河三角洲和辽西走廊为重要的旅游辐射带进行空间布局，当前的 A 级旅游景区、自然保护区及国家森林公园集中分布在大连市、锦州市和葫芦岛市的海岸带及其经济腹地内，高级别的景区景点多集中在大连市（图 8-11）。

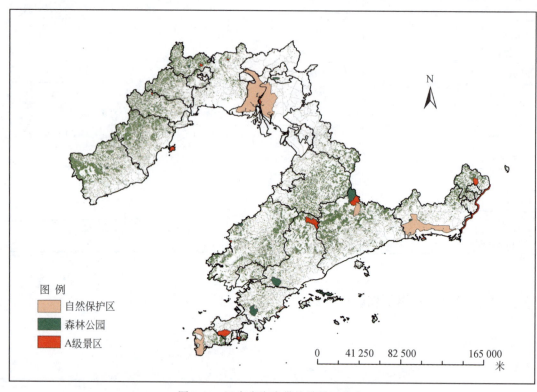

图 8-11　辽宁省海岸带旅游景区分布

（三）客源市场特点

据辽宁海岸带近十年来的国内游客和入境游客统计，从国内市场来看，华北地区（北京、天津、山西、内蒙古、河北）和东北地区（黑龙江、吉林）是辽宁海岸带的两个核心国内客源区；华东地区（上海、山东、浙江、江苏）是最具有增长潜力的国内客源区；华南地区（广东和福建）将是颇具潜力的国内客源区。从入境客源市场来看，日本、韩国是辽宁海岸带的两个核心入境客源国；俄罗斯、港澳台和朝鲜市场将成为促进辽宁海岸带入境旅游大发展的潜力客源国（地区）；东南亚和欧美澳亦成为辽宁海岸带快速成长的入境客源区（表 8-14）。

表8-14 辽宁海岸带客源市场分布

客源		市场基础	旅游购买力	距离阻抗系数	与辽宁的关系	需求强度	市场综合价值
国内	华北地区	★★★★★	★★★★	★★	★★★★	★★★★	★★★★★
	东北地区	★★★★★	★★★	★	★★★★★	★★★★★	★★★★★
	华东地区	★★★★	★★★★★	★★★	★★★	★★★★	★★★★
	华南地区	★★★	★★★★★	★★★★	★★★	★★★	★★★
	港澳台	★★★★	★★★★★	★★★★	★★★	★★★★	★★★★
国外	日本	★★★★★	★★★★★	★★★	★★★★	★★★★	★★★★★
	韩国	★★★★★	★★★★★	★★	★★★	★★★★	★★★★★
	俄罗斯	★★★★	★★★★	★★★	★★★★	★★★★★	★★★★
	朝鲜	★★★	★★	★	★★★★★	★★★★★	★★★★
	东南亚	★★★	★★★★	★★★★	★★★	★★★	★★★
	欧美澳	★★★	★★★★★	★★★★★	★★	★★	★★★

资料来源：《辽宁省旅游发展总体规划》(2008—2020)

（四）投资情况

改革开放以来，随着外资企业的涌入和国家政策的扶持，辽宁旅游业的投资项目不断增加。"九五"期间，旅游投资总额达到300亿元以上（其中，政府投入12亿元，外资引入160亿元，自筹资金128亿元）；"十五"期间旅游投入上升到350亿~400亿元。仅大连市的投资额就达到133亿元，其中，78%的资金由非国有企业和外资企业注入；"十一五"期间投资额增长到4000亿元，仅海岸带海滨温泉旅游的投资规模近2000亿元。2011年，辽宁省共签约投资额10亿以上的温泉旅游项目74个，投资额达到2600亿元。年内全省竣工项目38个，新开工项目42个，重点打造了辽东半岛海滨度假旅游、生态旅游和创办了大连国际服装节。大连长山群岛、丹东鸭绿江和盘锦辽河三角洲等旅游产业聚集区初步形成（表8-15）。

表8-15 辽宁辽宁省海岸带旅游投资情况

时期	投资情况
"九五"期间	旅游投资总额达到300亿元以上（其中，政府投入12亿元，外资引入160亿元，自筹资金128亿元）
"十五"期间	旅游投入上升到350~400亿元，重点打造辽东半岛海滨度假旅游、生态旅游和大连国际服装节，仅大连市的投资额就达到133亿元，其中，78%的资金由非国有企业和外资企业注入
"十一五"期间	投资额增长到4000亿元，仅海岸带海滨温泉旅游的投资规模近2000亿元，同时，大连长山群岛、丹东鸭绿江和盘锦辽河三角洲等旅游产业聚集区建设步伐加快，连同其他几个旅游产业聚集区及150多个招商项目的投资额近2000亿元
2011年	签约投资额10亿以上的温泉旅游项目74个，投资额达到2600亿元。年内全省竣工项目38个，新开工项目42个

（五）开发政策

改革开放后，辽宁省提出建设"海上辽宁"的战略设想，发展辽东半岛外向型经济，使辽宁海岸带旅游业步入起步阶段；"八五"、"九五"期间辽宁省出台了《关于加强政策扶持促进旅游业发展的通知》（辽政发〔1999〕43 号），将大连建成"东北亚地区的商贸、金融、旅游、信息中心之一"，以大连为中心的海岸带城市得到了大力发展，同时加快冬季旅游项目的开发，平衡淡旺季旅游市场；"十五"期间，国家退出了振兴东北老工业基地的战略，辽宁省出台了《辽宁省政府关于大力发展旅游业建设旅游强省的意见》（辽政发〔2001〕18 号），推出了 12 个全国优秀旅游城市和 21 个旅游强县（市、区），其中海岸带七个城市（含兴城市）全部纳入优秀旅游城市行列，21 个旅游强县包含了海岸带 11 个县（市、区），形成了"大旅游、大产业、大发展"的格局；"十一五"期间，辽宁省推出红、绿、蓝、白、金"五色旅游"，打造了辽宁中部、辽东半岛和辽西走廊三大旅游区；"十二五"期间，辽宁省打造"辽宁沿海经济带建设"，推出了一带串联（辽宁沿海旅游增长带）、一区整合（沈阳经济区都市旅游区）、一线突破（西蒙东文化旅游精品线）的旅游开发格局（表 8-16）。

表 8-16　辽宁辽宁省海岸带旅游开发政策

时期	开发政策
改革开放后	"海上辽宁"的战略设想，发展辽东半岛外向型经济，使辽宁海岸带旅游业步入起步阶段
"八五"、"九五"期间	出台《关于加强政策扶持促进旅游业发展的通知》（辽政发〔1999〕43 号），将大连建成"东北亚地区的商贸、金融、旅游、信息中心之一"，以大连为中心的海岸带城市得到了大力发展，同时加快冬季旅游项目的开发，平衡淡旺季旅游市场
"十五"期间	推出了振兴东北老工业基地的战略，出台了《辽宁省政府关于大力发展旅游业建设旅游强省的意见》（辽政发〔2001〕18 号），推出了 12 个全国优秀旅游城市和 21 个旅游强县（市、区），其中海岸带七个城市（含兴城市）全部纳入优秀旅游城市行列，21 个旅游强县包含了海岸带 11 个县（市、区），形成了"大旅游、大产业、大发展"的格局
"十一五"期间	推出红、绿、蓝、白、金"五色旅游"，打造了辽宁中部、辽东半岛和辽西走廊三大旅游区
"十二五"期间	打造"辽宁沿海经济带建设"，推出了一带串联（辽宁沿海旅游增长带）、一区整合（沈阳经济区都市旅游区）、一线突破（西蒙东文化旅游精品线）的旅游开发格局

通过以上研究可知，辽宁海岸带旅游开发历史悠久，资源类型丰富，气候适宜，资源质量高。当前旅游业的发展以大连市为龙头，级别较高的旅游景区多集中在大连市，投资导向和优惠政策也均集中在大连市，伴随着辽宁省海岸带开发热潮，大连的旅游龙头地位将会进一步凸显。各个地级市县旅游业的发展潜力巨大，在新一轮的开发热潮中，将会赋予新的角色和定位。

（六）旅游接待能力

大连市是辽宁海岸带接待能力最强的市（图 8-12），且排名远超过排名第二的丹东市，盘锦市位居第三，葫芦岛市和锦州市不相上下，营口市接待量最差。三个县（市）的旅游接待能力，兴城市明显优于同类城市凌海市及绥中县。

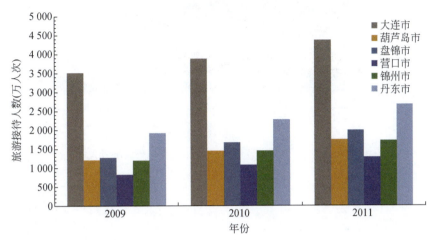

图 8-12　各地级市 2009～2011 年旅游接待人数

从国内外旅游总收入来看（图 8-13），各地级市均逐年递增。大连市位居第一位，其次为丹东市。虽然葫芦岛市旅游人数低于盘锦市，但旅游总收入两者持平，说明葫芦岛市的人均花费高于盘锦市。而且锦州市旅游接待人数远高于营口市，但营口市旅游总收入逼近锦州市。从旅游人均花费来看，营口市旅游接待量虽然比较低，但旅游人均花费 1143元，仅次于大连市的 1485 元。2011 年全国国内旅游出游人均花费 731 元，与全国平均水平相比，辽宁海岸带六个城市均超越了这一水平（图 8-14）。

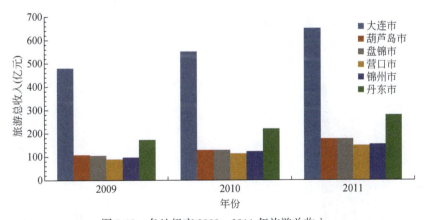

图 8-13　各地级市 2009～2011 年旅游总收入

根据已有入境旅游现状资料可知，从入境旅游发展速度上看（图 8-15），2006～2011年，辽宁海岸带六市入境旅游人数呈快速增长的趋势。大连市遥遥领先，其次是丹东市，排名第三的是锦州市，其中葫芦岛市的入境旅游人数最少。

从旅游外汇收入增长速度上看（图 8-16），盘锦市的增长速度最高，其次为营口市，大连市的外汇收入虽然位居第一，但增长速度在六个地市中最慢。

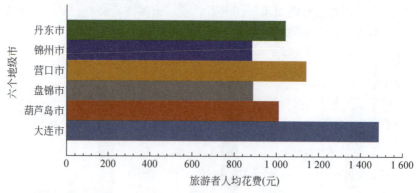

图 8-14　辽宁沿海经济带各地级市 2011 年国内外旅游者人均花费

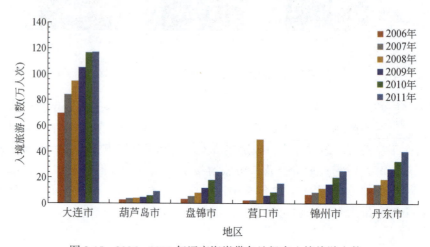

图 8-15　2006～2011 年辽宁海岸带各地级市入境旅游人数

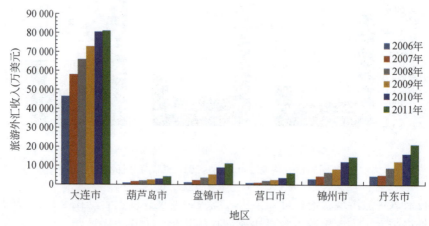

图 8-16　2006～2011 年辽宁海岸带各地级市旅游外汇收入

　　国内旅游总收入排名与国内旅游人数基本一致（图 8-17、图 8-18）。大连市最高，营口市和锦州市相对较低。营口市的旅游人数和收入都较低，但国内旅游者人均花费超过了丹东市和葫芦岛市，位列大连市之后。

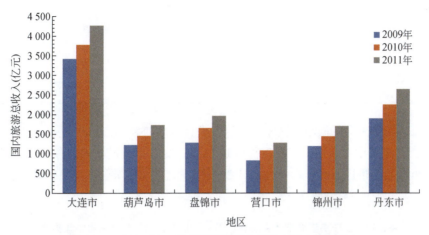

图 8-17　2009～2011 年辽宁海岸带各地级市国内旅游收入

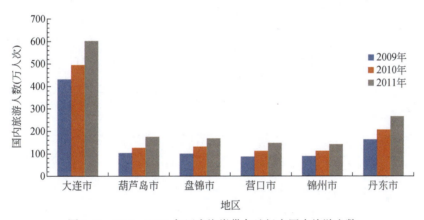

图 8-18　2009～2011 年辽宁海岸带各地级市国内旅游人数

（七）旅游企业

辽宁海岸带六市县目前已有 316 家星级酒店，1/2 以上的星级酒店集中在大连市，仅有的 12 个五星级酒店中大连市有 8 家，37 家四星级酒店大连市有 22 家，可见大连在整个沿海经济带上的旅游龙头地位。辽宁海岸带的星级酒店中，二星和三星级酒店最多，高星级酒店相对缺乏（表 8-17）。

表 8-17　2011 年辽宁海岸带依托县（市）星级酒店基本情况（单位：家）

地区	五星级	四星级	三星级	二星级	一星级	合计
大连市	8	22	76	77	1	184
丹东市	1	3	29	13	7	53
葫芦岛市	0	2	24	0	0	26

地区	五星级	四星级	三星级	二星级	一星级	合计
营口市	2	2	15	1	0	20
盘锦市	0	5	5	6	0	16
锦州市	1	3	11	1	1	17
凌海市	1	1	0	1	0	3

辽宁海岸带级别高的旅游景区不多，除了大连市的两家5A景区外，以3A和4A居多（表8-18），且多集中在大连；自然保护区共42个，丹东市数量最多，有13家，大连市12家，以省级自然保护区居多；森林公园共29个，大连市数量最多，有13家，以省级森林公园居多。

表8-18　辽宁海滨城市A级景区、森林公园、自然保护区和旅游强县分布

等级	地市	景区名称
5A（2）	大连市（2）	老虎滩海洋公园、老虎滩极地馆、金石滩国家旅游度假区
4A（28）	大连市（9）	圣亚海洋世界、棒棰岛宾馆景区、西郊国家森林公园、冰峪省级旅游度假区、大连自然博物馆、旅顺日俄监狱旧址博物馆、大连森林动物园、大连现代博物馆、关向应纪念馆
	丹东市（4）	凤凰山国家风景名胜区、抗美援朝纪念馆、鸭绿江国家风景名胜区、五龙山风景区
	营口市（2）	月亮湖景区、望儿山风景旅游区
	盘锦市（2）	苇海鼎翔旅游度假区、红海滩风景区
	葫芦岛市（5）	兴城龙湾海滨、兴城古城、葫芦山庄、兴城海滨、九门口水上长城
	锦州市（6）	辽沈战役纪念馆、奉国寺、北普陀山、笔架山、锦州市博物馆、北镇医巫闾山大芦花风景区
3A（29）	大连市（12）	大连广播电视塔、大连大学博物馆、大连开发区文化广场、庄河银石滩国家森林公园、仙浴湾省级旅游度假区、大连女子骑警基地、大黑山风景区、旅顺口区生命奥秘展览馆、安波温泉旅游度假区、金龙寺国家森林公园、大长山岛镇风景区、闯关东影视基地
	丹东市（4）	大鹿岛、黄椅山森林公园、獐岛、大孤山
	营口市（2）	月亮湖公园、西炮台遗址
	盘锦市（4）	湖滨公园、知青总部、中兴公园、辽河绿水湾景区
	葫芦岛（3）	凉水井子灵山寺、兴城菊花岛、建昌龙潭大峡谷景
	锦州市（4）	萧军纪念馆、吴楚庄园、凌河公园、岩井寺
2A（8）	大连市（2）	大连骆驼山海滨森林公园、万家岭老帽山旅游度假区
	盘锦市（1）	鑫安源绿色生态园
	锦州市（1）	义县万佛堂石窟
	葫芦岛（4）	人文纪念公园、红螺山风景区、圣水寺、乌云山生态休闲农庄景区

等级	地市	景区名称		
旅游强县 （11）	大连市（4）	瓦房店市、普兰店市、庄河市、长海县		
	丹东市（2）	凤城市、宽甸县		
	营口市（2）	盖州市、鲅鱼圈区		
	盘锦市（1）	大洼区		
	葫芦岛（1）	北镇市		
	锦州市（1）	绥中县		
自然保护区 （42）	大连市（12）	森林公园（29）		大连市（13）
	丹东市（13）			丹东市（6）
	营口市（3）			营口市（0）
	盘锦市（1）			盘锦市（2）
	葫芦岛（7）			葫芦岛市（4）
	锦州市（6）			锦州市（4）

　　辽宁海岸带共有旅行社 654 家，其中国内旅行社 609 家，国际旅行社 45 家。仅大连便拥有近一半的旅行社，葫芦岛市和丹东市次之，营口市最少。以国际旅行社来讲，大连市最多，其次是丹东市，这与丹东市优越的跨界区位相符合。但总体看来，海岸带国内旅行社数量远大于国际旅行社，反映了边境出入境旅游相对落后的局面（图 8-19）。

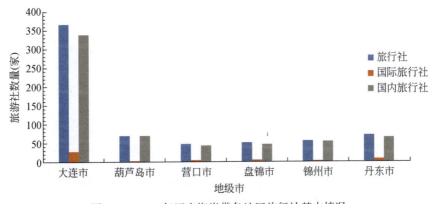

图 8-19　2011 年辽宁海岸带各地区旅行社基本情况

（八）旅游战略定位对比分析

　　从沿海六市的旅游业整体发展状况分析，大连市旅游产业发展比较成熟，旅游景区数量多，高质量的景点也多，国内外旅游收入和接待人数均位于首位，且高级别酒店和旅行社数量较多。丹东市旅游业发展位居大连市之后，旅游总收入和游客数量位于第二，但人均旅游花费低于营口市。营口市旅游发展相对落后，但来访游客的人均花费较高，位居沿海六市第二位。沿海六市的旅游发展实力可排为大连市、葫芦岛市、丹东市、盘锦市、锦州市和营口市。

表8-19为2011年辽宁海岸带各地区旅游资源基本情况，表8-20为2011年辽宁海岸带各城市"十二五"期间旅游战略定位。

表8-19　2011年辽宁海岸带各市县旅游资源基本情况

地区	自然资源特色	人文资源特色
大连市	海、滩、沙、景和山、岛、礁、路精巧组合的滨海资源；温泉和滑雪旅游资源；岛屿风光，如长海县海岛	"近代战争史"的重要见证地（两次鸦片战争、中日甲午战争、日俄战争），如旅顺、花园口；"闯关东"的前沿登陆口和对外中转疏散枢纽；"欧式广场、建筑文化"的荟萃地，如中山广场、人民广场及周边建筑等；重大节庆活动地，如"服装节""国际啤酒节""国际马拉松"等，体现了"时尚之都、浪漫大连"
丹东市	温泉资源；鸭绿江水上长廊；山岳资源；田园风光	赴朝旅游集散地；历史战争的见证地（抗美援朝）；红色遗址，如断桥、抗馆、浮桥遗址；节庆文化地，如特色乡村旅游节庆、鸭绿江旅游节、观鸟节、海鲜节、采摘节、枫叶节等；特色乡村农事活动
葫芦岛市	温泉资源，如兴城温泉；峡谷风光，如龙潭大峡谷；岛屿风光，如菊花岛	红色圣地，如塔山阻击战纪念馆；世界遗产地，九门口长城；历史遗迹，如古城、碣石、朱梅墓；宗教遗址，如圣水寺和灵山寺；中国筝岛，如古筝文化
锦州市	宗教名山，如北普陀山；山岳景观，如笔架山、医巫闾山、茶山	历史事件发生地，如辽沈战役纪念馆，台子山军事防御工事；人类活动遗址，如辽代帝王陵墓群、青铜器时代遗址；名人故居，如萧军纪念馆；废城与聚落遗迹，如大茂堡城明代遗址、大砬子遗址、辽东明代长城遗址、大三家窝铺汉城遗址等
盘锦市	湿地景观，如双台河口国家级自然保护区；湿地珍稀鸟类资源，如丹顶鹤；湿地植被资源，如红海滩	历史事件发生地，如甲午末战纪念馆、唐王东征古战场、沙岭战役纪念地；名人故居，如李龙石旧居、张学良将军纪念馆；人类活动遗址，如沙岭烈士陵园；工业景观，如油气塔林、钻井平台、石油科技馆、高新技术园区
营口市	温泉资源；观光游憩海域，如北海海滨浴场等；岩石洞与岩穴；岛礁，如仙人岛	原始聚落遗址，如金牛山古人类遗址；历史事件发生地，如虎石沟万人坑遗址、营口老监狱旧址；军事遗址，如西炮台；聚落遗迹，如辽代城池遗址、大平山战国遗址；宗教寺庙，如楞严禅寺；历史纪念建筑，如大石桥市烈士馆；节庆活动，如迷镇山娘娘庙庙会、望儿山母亲节
凌海市	观光游憩海域，如大凌河入海口观景台、大凌河景观河；沿海滩涂，如万亩观苇涛；	人类活动遗址，如辽墓群、青铜器时代遗址；历史事件发生地，如辽沈战役锦州前线指挥所、台子山军事防御工事；军事遗址与古战场，如台子沟3号敌台；废城与聚落遗迹，如大砬子遗址；宗教与祭祀活动场所，如翠岩禅寺
绥中县	观光游憩海域；温泉资源；佛教名山，如三佛山；峡谷景观，如龙门峡谷	世界文化遗产，九门口水上长城；宗教寺庙，如天龙寺
大洼区	湿地景观，如红海滩景区、苇海观鹤景区	历史纪念建筑，如烈士陵园；历史事件发生地，如大堡子城址、甲午末战场；宗教与祭祀活动场所，如清真寺

表8-20 2011年辽宁海岸带各城市"十二五"期间旅游战略定位

城市		"十二五"期间的旅游战略定位
大连市		打造蓝色旅游经济圈，建设世界滨海旅游名城，把旅游产业培育成为大连市战略性支柱产业，成为助推大连全域城市化的新引擎。"两港五中心"："两港"即国际航空枢纽港、国际邮轮母港；"五中心"即滨海度假中心、商务会议中心、文化节事中心、田园休闲中心、信息服务中心
丹东市		打造成为辽宁中部城市群的休闲地、国内赴朝边境旅游的集散地、东北亚区域旅游的观光目的地
营口市		面向大东北和环渤海地区温泉、海滨、休闲旅游的主要目的地和自驾游的重要集散地
	营口开发区	区域：辽南的滨海温泉旅游休闲度假胜地；国内：东北地区多功能综合性旅游胜地和敬母胜地，成为哈大黄金旅游线上的必留之地；国际：东北亚地区著名的滨海温泉旅游休闲度假胜地
盘锦市		成为盘海营及辽中地区最知名和最具吸引力的旅游目的地，成为辽宁省旅游业布局中仅次于大连和沈阳的旅游次中心，成为国际上知名的生态湿地旅游目的地，创建"中国湿地之都"的品牌影响力
锦州市		以五年建成旅游强市为目标，打造"锦绣之州，神奇之旅"的品牌
	凌海市	辽西山水休闲乐园、中国滨海名城
葫芦岛市		环渤海地区新兴休闲度假旅游基地和经济繁荣、社会文明、海城一体、环境优美的现代都市
	绥中县	在葫芦岛市的定位：旅游业的龙头、旅游服务标准和服务质量的示范区 在辽宁定省的定位：新兴旅游热点地区 在环渤海地区旅游市场的定位：观光、休闲度假目的地 在全国旅游市场的定位：关外旅游第一县；国家级的长城聚合地 在国际旅游市场的定位：文化体验地、休闲度假目的地；东北亚热点地区

第三节 面临问题与国内外发展案例借鉴

一、面临问题

　　旅游休闲功能是海岸带的重要功能之一，也是滨海城市的重要职能之一，是海岸带开发的重要内容。但是在辽宁省海岸带新一轮开发中，普遍存在重视园区、港口和城镇建设，忽视休闲旅游功能建设的倾向。海岸带大量生态岸线被园区占用，沿海滩涂和浅海水域被大规模填充，这些建设活动对海洋生态造成毁灭性破坏，很多具有景观观赏价值的基岩岸线被作为港口，沙滩岸线被作为海景房地产，造成大量滨海公共休闲资源的浪费和消失。

（一）滨海岸线长度不断缩短

　　1978~2012年辽宁海岸线共缩短了312.54公里，其中，丹东市海岸线减少了27.6公里，大连市减少230.76公里，盘锦市减少了15.6公里，锦州市减少了44.42公里，葫芦岛市减少了8.36公里，仅营口市增加了25.7公里，海岸线流失率接近12.6%。期间，辽宁省开展了大规模的围填海活动，一定程度上增加了人工海岸线长度，但改变了海岸线的自然形态，减少了自然岸线长度，造成了各类海岸带资源的流失（表8-21）。

表8-21　辽宁海岸带岸线变化趋势

城市	1978~1988年	1988~1993年	1993~1995年	1995~2000年	2000~2002年	2002~2004年	2004~2006年	2006~2007年	2007~2008年	2008~2012年
丹东市	−15.55	−4.33	−5.80	−11.55	−2.44	−7.51	11.48	4.32	3.28	0.50
大连市	−153.81	−34.72	−9.41	2.49	−14.52	4.02	−1.21	12.99	−2.27	−34.32
营口市	−3.70	−.039	−7.51	−0.93	−0.25	4.95	7.00	−3.26	1.40	28.00
盘锦市	−19.72	−8.27	−0.96	−1.08	21.29	−2.14	0.82	−7.43	1.89	0.00
锦州市	−16.84	−7.02	−2.77	−6.06	3.93	3.39	4.63	−2.49	1.11	−22.30
葫芦岛市	−6.28	−1.41	−1.54	1.40	−1.17	−0.91	−0.06	−1.51	0.12	3.00
全省	−215.90	−56.14	−27.99	−15.73	6.84	1.80	22.66	2.57	−5.53	−25.12

资料来源：1978年6个时相MSS影像（80m）；1988年5个时相TM影像（30m）；2000年5个时相ETM影像（30m）；1993年、1995年、2002年、2004年、2006年、2007年和2008年覆盖全区36景CBERS（60m）影像；辽宁省地形图；社会经济统计数据及相关资料

通过对辽宁海岸带消失的海岸带类型，消失岸线范围，消失面积/岸线长度，当前用途及未来发展规划研究发现（表8-22），大连市、丹东市和锦州市岸线消失的面积最大；丹东市和锦州市的淤泥质海岸所形成的湿地、苇场、盐田多用于围海养殖，消失的速度最快。

表8-22　辽宁海岸带岸线减少情况

城市	消失的海岸带类型	消失岸线范围	消失面积/岸线长度	当前用途	未来发展规划
丹东市	河口淤泥质海岸	东港市南部的湿地（滩涂、盐田、苇田），主要在大孤山镇	消失了7057公顷湿地，27.6公里海岸线	围海养殖、堤坝建设、园区发展	正打造大孤山经济区及海洋红港口
大连市	基岩质、基岩淤泥质海岸	大连市辖区基岩海岸	消失了230.76基岩岸线	港口建设、填海造陆	转移行政中心至普湾新区，建设大连市新城
营口市	砂砾质海岸、河口湿地岸线	辽河口湿地、盐田、沙滩	填海造陆37.5平方公里，增加了25.7公里岸线	城镇建设、港口建设、产业园区建设	将打造营口沿海产业基地、北海新区和营口高新区、营口开发区和仙人岛能源化工区
盘锦市	河口淤泥质海岸	双台子河口湿地、苇田和大洼区沿海滩涂	减少了4.8万公顷湿地和15.7公里海岸线	围海养殖、堤坝建设、产业园区建设	将打造辽东湾新城和辽河口生态经济区
锦州市	河口淤泥质海岸	凌海市南部沿海滩涂、盐田和湿地	减少了44.72公里海岸线	围海养殖、港口建设、堤坝建设、产业园区建设	将打造锦州港港区、龙栖湾新区、建业经济区和大有经济区

城市	消失的海岸带类型	消失岸线范围	消失面积/岸线长度	当前用途	未来发展规划
葫芦岛市	砂砾质海岸、部分河口淤泥质和基岩质海岸	葫芦岛市辖区东部基岩质海岸、兴城市东部基岩质和砂砾质海岸	减少了 8.36 公里海岸线	城镇建设、围海养殖、绥中煤码头建设、产业园区建设	将打造打渔山园区、北港工业园区、龙港海洋工程工业区、龙湾CBD[1]、兴城临海产业区和东戴河新区

（二）忽视旅游经济发展

2009 年 7 月 1 日国务院批准了《辽宁沿海经济带发展规划》，辽宁沿海作为整体开发区域被纳入国家战略，决定实施"五点一线"开放开发战略。而辽宁沿海经济带开发过程中，重点支持资金技术密集、关联度高、带动性强的交通运输设备、通用设备及成套设备制造业，支持大型压缩机、大型重载精密轴承、大型船用曲轴、数控机床及功能部件等产品的研发。大规模的海岸工程建设势必会引发一系列生态环境问题，对稀有动植物、珍贵文物、名胜、古迹和游览胜地等产生影响。国际上滨海国家会严格限制大型工业企业在海岸带安置的比例，在海岸带重点发展旅游业、渔业和港口运输业等农业及服务业。随着国家对辽宁沿海经济带战略的逐步落实，辽宁沿海各县（市）纷纷圈地、填海、造陆进行产业园区和城镇规划，开发热情极度高涨。以工业为主的战略定位和"十二五"期间的战略目标致使沿海各县（市）将经济开发放在首位，"五点一线"战略的提出，使 5 个重点发展区域和滨海公路线成为发展重点，各县（市）借政策机遇，在沿海岸带上共确定了 42 个产业园区，与旅游相关的园区有 5 个（表 8-23），其余 35 个产业园区大都以发展工业为主，单个园区面积均超过 30 平方公里，占据了大面积的近海岸带和海岸线。一些园区为谋求自身发展，不惜重金围海造陆，严重地破坏了自然和旅游休闲岸线。

表 8-23　辽宁海岸带列入 42 个重点园区中以旅游开发为主的园区

园区名称	所属	基本情况
长山群岛海洋生态经济区	大连市	也称为长山群岛旅游避暑度假区，省级度假区。由 142 个岛、坨、礁组成，陆域面积为 119 平方公里，海域面积为 7720 平方公里
安波温泉旅游度假区		位于普兰店市北，距大连 150 公里。温泉含安波、俭汤两处，度假区规划面积为 8 平方公里。现有床位大约 3000 张
龙门温泉旅游度假区		以许屯温泉、李官海滨为核心，临近白沙湾浴场，规划用地为 40 平方公里

---

① 中央商务区（central business district，CBD）。

园区名称	所属	基本情况
辽河生态经济区	盘锦市	规划总面积为 100 平方公里，一期控制面积为 30 平方公里。49 公里海岸线，30 万亩近海滩涂，芦苇面积为 80 万亩
觉华岛旅游度假区	葫芦岛市	岛屿面积为 13.5 平方公里，海岸线长为 27 公里

（三）海岸带生态环境恶化

我国 12 个沿海省份中，辽宁省对海岸带的环境保护力度相对薄弱，存在的环境破坏问题较严重。虽然 2009 年辽宁省政府启动了"湿地保护工程"，重点解决海岸带采石挖沙、地下水超采造成的海岸侵蚀、海水入侵等生态环境问题。然而，2011 年的海岸带环境监测中，依然存在以下问题：大片沿海滩涂、湿地被围垦作为城市建设用地、水厂养殖区和工业开发区等，近海环境质量状况随之恶化，海洋生态系统承受压力增大，服务功能显著下降。辽宁沿海经济带 42 个重点园区占据了约 70% 的沿海岸线，各县（市）为谋求自身利益发展，往往只注重短期经济效益，率先占据大面积海岸带，开发建设各类产业园区。同时，各个县（市）之间处于竞争状态，在编制规划时未考虑到相邻县（市）之间的协调和资源共享，造成资源重复建设，致使旅游休闲岸线和自然岸线预留空间大大减少，严重地破坏了海岸带整体环境。

二、国外同纬度海岸带发展模式借鉴

辽宁省海岸带位于 38°43′N ~ 41°41′N，118°50′E ~ 125°47′E，位于同一纬度带上的北温带滨海国家主要有地中海北岸国家、美国东海岸城市和北欧国家，其中，欧洲的英国、荷兰、希腊、法国、意大利和西班牙，美国东海岸的波士顿等地区海岸带旅游发展对辽宁省海岸带旅游发展具有一定的借鉴意义。

（一）总体发展特点

保护优先。国外海岸带旅游开发政策的制定往往以环境保护为立足点，在保证海岸带生态系统平衡的基础上适当地开展旅游活动，从而实现海岸带的有效利用和旅游业的合理开发。国际上滨海旅游业发展突出的国家多为经济发达的地区，以地中海周边国家为例，北岸国家如西班牙、意大利、法国和瑞典等国家在历史上就是全球经济发展强国，而地中海南岸的摩洛哥和利比亚等国家经济相对落后，拥挤并且污染严重。

依托腹地。滨海旅游业的发展依托强有力的经济腹地往往可实现双赢的效果，因此，经济腹地的经济、文化、民俗、传统和历史都可以服务于旅游业的开发模式。传统的滨海旅游形式以"sand、sea、sun"（3S）为主，主要开展滨海休闲观光度假旅游。随着生态旅游的开展，游客环境意识的增加，国外滨海旅游的开发模式已从"3S"转向"3N"。"3N"，指那些厌倦了快节奏城市生活、饱受城市病困扰的现代人，能在大自然（nature）中沐浴，让心沉浸在乡村的人与自然、人与人的和谐完美的怀恋（nostalgia）中，从而使自己的精神融入人间天堂（nirvana）。国外滨海国家和城市转变了旅游开发模式，推出如自然安静休闲度假型开发、历史文化游览型开发、独特景观游览型开发、健康休闲度假型开发、时尚旅游度假型开发、运动休闲度假型开发等多种形式的滨海深度体验旅游。

疏密有度。国外的滨海开发在大范围内保留原生态，只在若干海湾进行点状布局，在旅游"点"的小范围内进行高容积率的设施建设和高集中度的行业配套，这种开发模式实现发展旅游的同时可以更好地保护环境。例如，西班牙海岸带的开发是密中有疏：海滨的沙滩有多少保留多少，成为公共的日光浴场所；沙滩后面的空地则尽量修建成配备公共设施，如具有多种功能的宽阔的休闲大道，让观景者、漫步者、骑车者、轮滑者及闲不住的孩子各得其所。之后，才是开发建设密度很高的酒店、度假屋，并且在城市发展和土地利用方面有着严格的规定，防止城镇向海岸带扩散。

（二）案例借鉴

1. 美国东海岸都市旅游带的形成

作为国际上海洋经济最发达的国家之一，美国20世纪70年代就出台了《海岸带管理法》（Integrated Coastal Zone Management，ICZM），推行海岸带综合管理。目前，ICZM已经打破国家界限，获得了联合国环境规划署（UNEP）、欧盟和其他国际组织如联合国粮农组织（Food and Agriculture Organization，FAO）及欧洲海岸保护联盟（European Union for Coastal Conservation，EUCC）的大力支持，其研究方法框架被视为海岸带开发管理的最有效方法（吴岱明，1987），同样适用于其他国家和地区。美国的海岸带综合管理，旨在解决由旅游引发的各种问题，保证旅游业可持续发展和海岸带资源被各行业均衡利用，并就各行业自身的特点，实行分散管理。即在ICZM原则的基础上，相关行业各司其职，将旅游业融入其中，促进旅游业与海岸带其他经济部门的融合和共赢。

美国东部大西洋滨海旅游带指北起波士顿，南至迈阿密的巨大都市旅游绵延带，伴随着美国东部都市群的一体化演进，该地区旅游产业迅速发展，尤其是其东北部已集聚形成了一个以都市群为依托，以滨海都市旅游为主体的巨大城市旅游带。美国东海岸带旅游业已经形成了北起波士顿，南至迈阿密的巨大都市旅游绵延带。

为了防止海岸侵蚀，营造良好的滨海沙滩旅游环境发展滨海旅游业，美国在东海岸带实施海滩养护工程，并于2010年出台了《海洋、海岸和大湖区国家管理政策》，成立了国家海洋理事会，建立了区域咨询委员会，将"海洋遗产保护"正式列入国家海洋政策，提出了"加强沿海社区、海洋和大湖区环境的恢复力及其应对气候变化影响和海洋酸化的能力"，用以可持续地开发利用海洋资源，实现海洋资源的经济价值、生态价值、旅游价值和文化价值。

2. 北欧国家建设滨海休闲海岸

西方一批率先走向工业文明的国家在交通革命的带动下，出现了回归自然的强烈需求。到 19 世纪中叶，欧洲大西洋沿岸、英吉利海峡和波罗的海沿岸出现了众多的滨海疗养地，滨海旅游的雏形开始形成。北欧的著名滨海国家英国和荷兰是历史上滨海旅游发展最早的地区。

3. 西班牙巴伦西亚海岸线的梯级利用模式

巴伦西亚，是西班牙第三大城市，因其极优越的地理位置被誉为"地中海的明珠"。巴伦西亚海岸带开发严格遵循欧洲通行的可持续旅游认证标准——欧洲"蓝旗"（Blue Flag）可持续旅游认证体系。巴伦西亚共有 104 个海滩和 12 个游船码头，截至 2013 年，有 86 个海滩和 11 个游船码头符合"蓝旗"可持续旅游认证标准。巴伦西亚海岸带除了发展旅游业，还集中着水稻、柑橘和蔬菜等农业及渔业。造船、机器、化学、纺织、食品等工业多集中在城市中心和近海岸带地区。土地利用结构在空间上呈现出由城市地区、半城市化地区、农业地区向原生态海岸带逐渐过渡的特征。合理的产业布局不仅可以使每平方米滨海区域创造更多的价值，也可以保护脆弱的滨海生态系统。

通过对国外同类型海岸带进行分析和总结（表 8-24 ~ 表 8-26），当前国外海岸带发展的成功经验主要表现在保护力度、空间布局和产品开发三个方面。从保护力度方面来看，国外一直秉承生态保护和生态旅游相结合的开发理念，在海岸带开发过程中以生态保护为重；从空间布局方面看，国外海岸带的产业布局大都按照内陆重工业→近海岸带造船业、食品加工业等轻工业→滨海岸带旅游业、农业和渔业的布局进行分布，控制重工业在沿海岸带布局，降低对滨海环境的污染影响；从产品开发方面来讲，国外海岸带产品的开发注重多样化、差异化，尤其是对岛屿的开发，注重原生态打造。

表 8-24　国外对比区域海岸带自然环境条件分析

研究区域	气候	自然环境
辽宁海岸带	温带大陆季风气候	夏绿阔叶林带，雨热同季，冬长夏暖，春秋季短，四季分明。海岸线长 2 178 公里
地中海北岸	温带海洋气候、亚热带地中海式气候	常绿硬叶林带，夏季炎热干燥，冬季温暖湿润，地势地平，土壤单一。海岸线长 32 821 公里
美国东海岸	大陆性气候	夏绿阔叶林带，夏季炎热潮湿，而冬季寒冷，多风并且多雪。海岸线长 290 公里
北欧国家	温带海洋性气候	温带落叶阔叶林带，全年温和湿润，四季寒暑变化不大。海岸线长 12 525 公里

表 8-25 国外对比区域海岸带旅游条件分析

	辽宁海岸带	地中海北岸	英吉利海峡	美国东海岸
资源特色	地域文化多彩、史前文明悠久、文化类型多样、历史遗迹众多、滨海资源丰富	历史文化悠久、民族风情多样、艺术类型多彩、建筑文化独特、滨海风光优美	历史文化悠久、民族风情多样、艺术类型多彩、建筑文化独特、知名学府云集	历史事件众多、游轮港口发达、音乐类型多样、知名学府云集
旅游产品	基岩岸、沙砾岸和淤泥岸、沙滩和岸堤风光、游乐园、农/渔家乐、古陵墓、宗教建筑、历史遗迹、相声小品、二人转	沙滩、海滨和岛屿风光、邮轮旅游、特色建筑、国际艺术节庆活动、海岛度假村	疗养胜地、滨海浴场、海底隧道、海港旅游、水族馆、大型游乐园、知名学府配套旅游、国际大型会议活动	港口风光、海港旅游、邮轮旅游、流行音乐圣地、知名学府配套旅游
资源开发	伴随开发政策而深入，旅游开发配合区域工业发展，以龙头城市带动周边城市旅游发展	立足环境保护理念，从个别国家的独立开发过渡为区域性合作开发	立足环境保护理念，从个别国家的独立开发过渡为区域性合作开发	立足环境保护理念，向南北岸线延伸
经济发展水平	GDP 为 6 950 亿元，人均 GDP 为 38 605 元，是东北老工业基地振兴和我国面向东北亚开放合作的重要区域	GDP 为 64 166 亿美元，人均 GDP 为 30 241.5 美元，是欧、亚、非三大洲的交通枢纽，在经济、政治和军事上都具有极为重要的地位	GDP 为 88 139 亿美元，人均 GDP 为 44 069.5 美元，是北欧经济发达的重要地区	GDP 为 2 037 亿美元，人均 GDP 为 334 482.75 美元，美国东部都市群的一体化的核心区域

表 8-26 国外对比区域海岸带旅游开发政策分析

时期	国家或城市	开发政策
20 世纪中叶	地中海国家	为创造就业机会，出台旅游规划，在海岸带建造旅游胜地，包括公寓式住宅和码头
1992 年	地中海国家	里约热内卢地球峰会后旅游开发模式向旅游业替代性模式转变，附带性开展农业生态旅游、乡村度假旅游和农场假日旅游
1995 年	欧盟	《欧盟旅游绿皮书》，发起了旅游战略管理行动，通过促进区域环境可持续发展的欧洲合作计划
20 世纪末	地中海国家	《欧盟合作成果》中提出形成区域合作网络
20 世纪末	地中海国家	出台土地管理政策来合理规划和利用海岸带土地
21 世纪	美国	东海岸带实施海滩养护工程，出台了《海洋、海岸和大湖区国家管理政策》，并成立国家海洋理事会，建立区域咨询委员会，将"海洋遗产保护"正式列入国家海洋政策

第四节 辽宁海岸带旅游资源开发布局

旅游适宜岸线是满足未来城乡居民旅游、休闲的重要空间，是宝贵的不可再生资源。在沿海经济带开发中，为城市发展保留足够的旅游休闲岸线和景观岸线是现代海滨城市发展的基本特征。为此，未来应将辽宁海岸带建设成为景观优美、布局合理、旅游休闲服务功能完善、旅游基础设施先进的滨海旅游休闲带和滨海景观观光带，我国重要的旅游休闲带、东亚地区滨海旅游休闲目的地。

一、发展战略

1. 经济建设与旅游建设同步进行

辽宁海岸带开发过程中应改变目前重视工业园区建设、忽视旅游功能建设的固有思路，重视旅游开发对海岸带发展品质和可持续发展能力的提升作用。为此，应通过发展国际航空港、国际邮轮港、滨海度假中心建设，积极发展商务会议会展、宾馆餐饮、文化创意、都市农业，形成现代都市功能与旅游功能融合的都市新业态，将滨海旅游休闲功能建设和旅游服务业发展融入沿海经济带建设战略布局中，使得旅游业成为推动沿海经济带优化经济结构、促进发展方式转变、推动现代服务业发展、建设宜居环境、增强区域综合竞争力的重要力量。

2. 滨海旅游休闲业优先发展

在沿海产业布局、岸线利用、土地利用过程中，应实施旅游休闲优先发展战略，严格保护旅游适宜岸线。滨海优质岸线和沙滩资源应优先用于公共休闲空间、度假酒店、滨海公园及相关的旅游配套服务建设。对旅游适宜岸线资源，应划定重要海岸带旅游及景观资源保护区，进行旅游休闲资源和景观资源的战略储备与保护，为未来公共休闲空间发展和旅游业发展预留合理的空间。

3. 地区旅游一体化开发

应积极打破行政区域限制，实现旅游开发的一体化发展。近期应重点进行营（口）盘（锦）、锦（州）葫（芦岛）两大都市圈的旅游资源整合，实现营（口）盘（锦）都市圈、锦（州）葫（芦岛）都市圈的旅游发展同城化。在相邻城市旅游发展同城化的基础上，以滨海公路为纽带，整合旅游资源，协调旅游管理，实现整个海岸带旅游发展的一体化，构建沿海无障碍旅游带。

二、发展布局

1. 构建"一轴多心"的旅游空间布局

以海滨岸线为轴，以滨海公路到向海区域为区界，以近岸岛屿为外环，构建以滨海都市旅游功能区为核心的"一条轴带，多个中心"的旅游空间布局，形成一条滨海景观观光、休闲度假、生态旅游、历史人文旅游带的滨海旅游走廊（图8-20）。

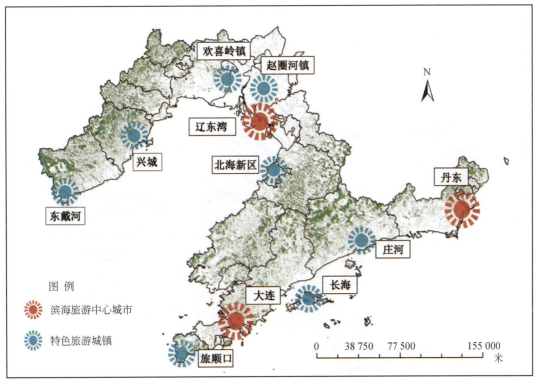

图 8-20　辽宁海岸带"一轴多心"空间布局

2. 建设三大滨海旅游中心城市和八个特色旅游城镇

推进大连、丹东、辽东湾组合城市三大滨海旅游服务中心城市建设，积极发展旅顺口、长海、庄河、北海新区、兴城、东戴河、欢喜岭村、赵圈河镇 8 个特色旅游城镇，促进旅游服务功能扩散。

3. 重点建设 12 个旅游功能组团

整合沿海旅游资源，重点建设丹东沿鸭绿江都市与边境旅游组团、鸭绿江湿地生态旅游组团、东港市海洋红—大洋河—大鹿岛滨海生态休闲与滨海景观公园组团、庄河—蛤蜊岛—黑岛—石城岛—海王九岛旅游组团、长山群岛旅游度假组团、大连金石文化旅游组团、大连老城区—旅顺口滨海休闲与文化旅游组团、大连长兴岛海岛旅游组团、大连龙门—安波—皮口—长海温泉旅游子团、营口白沙湾—营口城（开发区、北海新区、产业基地）—营口老城区—盘锦新城都市商务旅游组团、辽河口—蛤蜊岗—大凌河湿地生态旅游组团、兴城—绥中滨海度假旅游组团，形成一条连续分布的，由滨海都市旅游、滨海休闲度假区、滨海生态旅游区、滨海景观观光走廊构成的滨海旅游功能带（图 8-21）。

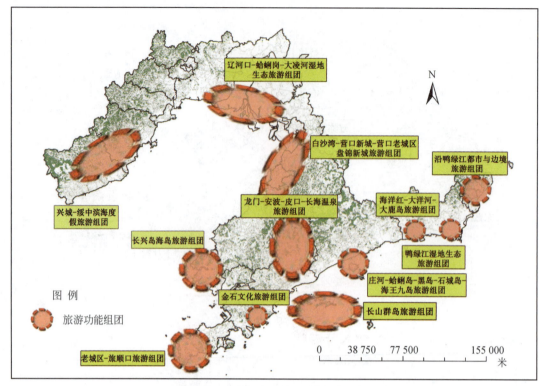

图8-21　辽宁海岸带旅游功能组团

4. 以滨海公路为轴建设滨海景观观光走廊

以滨海公路为轴，对滨海公路两侧进行景观美化，绿化带注入地域文化主题，布局旅游服务设施，将滨海公路沿线建设成为一条串联沿海各市和景区的连续的自驾车观光走廊与具有地域主题文化的滨海景观主题文化长廊。原则上滨海公路沿线和向海地带不布局工业园区项目，已有的工业园区项目尽量向公路外侧迁移。

5. 构建从滨海向内陆的"旅游休闲与港口-新城-工业园区"梯级发展模式

充分吸收国际沿海带开发的成功经验，调整目前沿海带"港口+新城+工业园区"，高强度利用岸线空间发展模式，构建从沿海向内陆的"旅游休闲与港口-新城-工业园区"梯级发展模式，降低滨海带的利用强度。

6. 建设沿海七大类滨海休闲旅游功能区

根据辽宁海岸带的旅游资源特色、分布与组合状况、依托腹地发展条件和设施建设布局等方面的条件，重点形成七大类旅游功能区，即滨海城市商务休闲娱乐功能区、滨海休闲度假功能区、滨海景观观赏功能区、海上运动休闲娱乐功能区、海岛旅游休闲度假功能区、温泉度假疗养功能区、湿地生态旅游带功能区（表8-27）。

表 8-27 辽宁海岸带旅游功能分区

功能区	功能
滨海城市商务休闲娱乐功能区	依托滨海城市的海岸带资源，包括沙滩资源、基岩资源和湿地资源，形成具有都市休闲功能的休闲带，依托滨海腹地历史文化基础，打造具有休闲性质的滨海文化体验旅游项目，如大连市旅顺区历史文化景点、营口市辽河老街、东港市大孤山寺庙等
滨海休闲度假功能区	依托滨海休闲资源，尤其是海岛资源和沙滩资源，打造具有度假休闲功能的旅游区
滨海景观观赏功能区	指海岸带腹地各类山岳、河流、湖泊自然景观区，如东港的龙头山、大黑山、龙潭湖等
海上运动休闲娱乐功能区	结合旅游业与港口业，打造港口游轮旅游；结合旅游业与渔业，打造渔家体验旅游；结合旅游业与体育运动，形成海上运动娱乐带
海岛旅游休闲度假功能区	依托大连长海县群岛、海王九岛、东港市鹿岛和葫芦岛市菊花岛等岛屿，发展海岛休闲旅游
温泉度假疗养功能区	以温泉资源为基础，打造一批休闲、养生、疗养的旅游基础设施和相关项目，如东港市枣山温泉、北井子温泉、丹东市北国之春温泉等
湿地生态旅游带功能区	依托滨海湿地，特别是河海交汇处湿地，多珍稀鸟类聚集区发展生态旅游区

三、重点任务与开发内容

1. 构建旅游型都市圈和旅游型城镇

将旅游服务功能融入城市建设，培育城市旅游休闲产业，发展具有都市旅游休闲功能的都市圈和旅游型城镇，构建大连、营盘、锦葫都市旅游圈。大连应积极培育以国际空港、邮轮游艇、滨海休闲、医疗保健、会展赛事、商业购物等为重点的现代都市新业态，构建辽宁沿海旅游带的旅游集散中心，打造国际旅游名城。丹东、营口、盘锦、锦州、葫芦岛等城市应重点扶持新城的滨海度假酒店业、商业购物步行街区、餐饮街区、文化创意园区建设，积极发展都市高端商务、滨海休闲、海上娱乐、游艇观光等现代旅游业态。

2. 建设大型海滨旅游景区体系

统筹规划景区布局，整合协调大辽河口两岸（营口新区、盘锦新区）、辽河口和大凌河口的城镇和园区建设规划，配合河口生态保护和生态建设，规划建设大型河口湿地自然公园。划定有代表性的或有保护价值的典型海域，设立保护区，建设海洋公园、海洋地质公园、海洋自然保护区及渔村民俗文化保护区等多种类型的海洋保护区，并争取建设 1~2 处海滨地质公园。

3. 打造特色海岛旅游链

将海岛旅游开发纳入沿海经济带开发重点中，打造特色旅游岛链。以长山群岛的大长山岛、小长山岛、广鹿岛、格仙岛、哈仙岛、蚆蛸岛、塞里岛和獐子岛为开发核心，建设海岛型休闲度假旅游基地。配合长山群岛的旅游开发，重新定位皮口港及其腹地的开发方向，将皮口港建设成为服务于长山群岛旅游交通的主要港口。开发石城岛、海王九岛、蛤蜊岛、黑岛旅游，同时提升庄河市的旅游服务功能，将庄河建设成为特色旅游城镇和黄海沿岸自驾车旅游节点城镇。开发金州湾和北海湾岛屿，为渤海海域岛屿发展提供亲水空间。

4. 构建环黄渤海邮轮旅游线

配合大规模的港口和新城建设，发展现代邮轮旅游，将建设邮轮母港和邮轮停靠点纳入港口建设中，将辽宁沿海建设成为东北亚地区邮轮旅游基地。大连作为辽东半岛最重要的旅游中心城市，跨黄海和渤海，位于黄海和渤海的交汇与纽带区域，区位条件优良，城市规模和经济基础雄厚，商业发达，具有发展邮轮旅游的良好区位条件、城市条件和商务条件。考虑到大连老港区临近城市中心区，周边商务购物环境较好，临近大连主要旅游景区，具有建设邮轮母港的陆岸条件，可考虑将老港区改造为邮轮母港。在营口国际客运码头、锦州港、长山群岛、旅顺新港、庄河港、盘锦港、葫芦岛港、金石滩港和兴城海滨码头建设邮轮停靠点，促进旅游服务功能的配套建设，发展现代购物街区、文化休闲产业区、旅游观光景区等旅游服务业，重视城市岸线的码头游艇设施建设。

5. 构建滨海自驾车旅游走廊和低碳慢行观光游览系统

依托贯穿辽宁沿海的滨海旅游公路，按照自驾车旅游产品建设需求，完善沿线的旅游公共服务设施，沿线布局旅游服务中心、旅游标示系统、自驾车营地。具有海景景观路段，建设自行车游览专用车道、徒步游览步道等设施，最终形成贯穿滨海地带的低碳慢行游览系统。对滨海公路沿线景观进行景观美化，种植观赏植物，构建一条设施完善、景观优美的旅游观光走廊。同时推动海上运动休闲产品开发。

第五节 分岸段旅游岸线利用与优化调整

一、丹东段

丹东市海岸线长为 122.6 公里，是辽宁海岸带的最东北段，也是我国海岸带的最北端。丹东以鸭绿江为界，与朝鲜相邻，同时具有沿海、沿江、沿边的区位特点。丹东市是我国对朝旅游的主要口岸城市，在辽宁海岸带各个城市中，丹东旅游业发展规模仅次于大连市（图 8-22、表 8-28、表 8-29）。

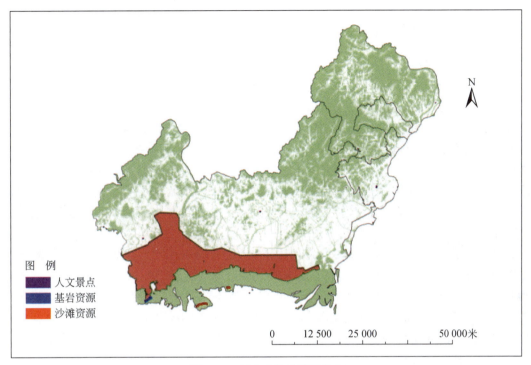

图例
人文景点
基岩资源
沙滩资源

0　　12 500　　25 000　　　　50 000米

图 8-22　丹东市旅游资源分布

表 8-28　丹东市主要旅游资源

类型	范围	等级
自然保护区	鸭绿江口湿地自然保护区	国家级
森林公园	辽宁大孤山国家森林公园	国家级
	辽宁五龙山森林公园	省级
A级景区	凤凰山国家风景名胜区、抗美援朝纪念馆、鸭绿江国家风景名胜区、五龙山风景区	4A
	大鹿岛、黄椅山森林公园、獐岛、大孤山	3A

表 8-29　2009～2011 年丹东市旅游接待情况

年份	旅游总收入		国内旅游人数		国内旅游收入		入境旅游人数		入境旅游收入	
	（亿元）	增速（%）	（万人次）	增速（%）	（亿元）	增速（%）	（万人次）	增速（%）	（万美元）	增速（%）
2009	171.1	49.1	1 897.2	33.6	162.6	49.9	26.8	40.4	12 535.3	38.7
2010	219.1	28	2 248	18.5	208	27.9	32.7	22	16 402.5	30.9
2011	279.6	27.6	2 646.1	17.7	265.8	27.8	40.1	22.57	21 310.39	26.7

（一）岸线资源特征

受鸭绿江入海口的影响，丹东海岸带类型以淤泥质海岸为主，是我国沿海重要湿地分布区，其中，鸭绿江口湿地是国家级自然保护区。丹东市共有旅游适宜岸线74.66公里，占整个海岸带旅游适宜岸线的5.67%。其中，湿地景观岸线长70公里，占同类生物景观岸线长的28.4%，占整个旅游岸线的5.3%。河口湿地环境形成了我国重要的鸟类栖息地，是我国主要观鸟旅游区之一。丹东市沙滩岸线较短，为3.66公里，占整个海岸带沙滩岸线的1.5%，占整个旅游岸线的0.28%，沙滩主要分布在大鹿岛等岛屿上。丹东基岩岸线较少，总长度大约长1公里，占整个基岩岸线的0.12%，占整个旅游岸线的0.075%。基岩岸线主要分布在大孤山的基岩岸段，岸线曲折，海蚀地貌景观特色突出，具有建设海滨景观带的资源条件。

丹东市是辽宁省海岸带的第二大旅游强市（除了大连市外），是我国著名的边境旅游城市。2011年国内外旅游接待人数已达2686.1万人次，旅游总收入达279.6亿元。丹东市旅游发展主要沿鸭绿江展开，形成著名的沿鸭绿江的丹东鸭绿江都市风光带，而沿黄海的滨海旅游开发相对滞后。目前滨海带旅游适宜岸段共32.66公里，主要是鸭绿江河口湿地岸线用作旅游开发利用29公里，开发强度达到41%。岛屿沙滩岸线基本作为旅游休闲岸线，处于初级开发阶段。

（二）岸线开发过程中存在的主要问题

（1）鸭绿江沿岸预留的都市休闲空间不足。丹东新城发展沿鸭绿江展开，大量工业园区、居住用地占用沿江岸段。其中，黄金坪以上岸段主要是居住区，黄金坪以下一直到大东港港区，沿江主要布局工业园区，忽视都市型岸线和滨江景观带的建设，滨江资源利用不合理。

（2）港口和工业园区发展双向挤压滨海湿地空间。丹东鸭绿江沿江旅游休闲空间用地潜力有限，旅游发展空间向滨海带发展是未来丹东旅游空间扩展的理想区域，滨海湿地也是发展湿地生态旅游的主要内容。但是目前湿地空间受到大东港扩建、大东港工业园区建设、大孤山工业园区和海洋红港口建设的双向挤压，未来发展滨海湿地旅游的发展空间几乎全部被港口和工业园区占据。大孤山区域是丹东市旅游资源丰富，发展条件较好的区域，但是目前基本用于海洋红新港建设（图8-23、表8-30）。未来丹东滨海湿地大东港和海洋红园区的双向夹击，将使湿地范围和环境受到严重威胁，进而威胁鸟类栖息环境，对观鸟旅游的发展将造成较大影响。

（三）优化与调整重点

丹东市作为我国著名的边境旅游城市，旅游业发展应是未来城市发展的重要方向之一。建设辽宁中部城市群的休闲地、国内赴朝边境旅游的集散地、东北亚区域旅游的观光目的地应是丹东未来发展的目标之一。

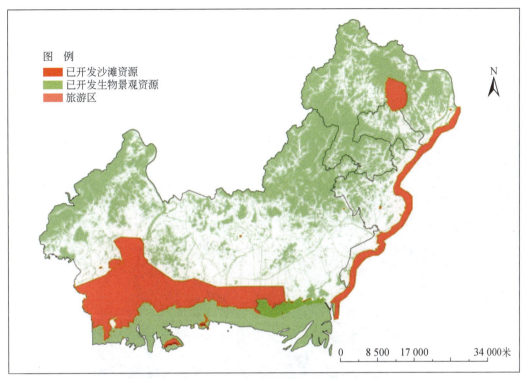

图 8-23　丹东市旅游开发现状

表 8-30　丹东市旅游适宜岸段

城市	资源类型	县（市、区）	岸段	长度（公里）	已开发岸线（公里）	开发强度（%）	开发利用现状
丹东市	沙滩资源	獐岛	金沙滩	0.66	0.66	100	金沙滩
		大鹿岛	单国圈–大鹿岛村月亮湾天然浴场	3	3	100	月亮湾浴场·
	基岩资源	东港市	海洋红村	1	0	0	港口和园区
	生物景观资源	东港市	东港开发区—黄土坎农场	39	29	74	鸭绿江江口湿地
			黄土坎农场—菩萨庙镇海洋红村	31	0	0	大洋河湿地
丹东市旅游资源总计				74.66	32.66	44	

　　根据丹东市海岸带生态资源、旅游资源分布，以及城镇、港口和工业园区布局，将丹东旅游发展划分为 5 个功能带（区），即沿江都市休闲旅游带、滨海湿地生态旅游带、滨海景观观赏功能区、海岛休闲度假功能区、温泉度假疗养功能区。针对目前发展面临的问题，丹东海岸带开发重点进行如下调整：

　　（1）协调鸭绿江都市旅游带发展与城市建设之间的关系。扩展城市功能组团之间的绿色公共休闲空间，新城与老城组团之间应按照旅游城市发展对景观环境的要求，以及旅游服务设施建设需求，统筹沿江岸线的利用，重视组团之间公共休闲空间的预留。限制居住用地和工业园区用地占用沿江岸线的比例，增加沿江地段的都市公共休闲空间的比例，重视都市型商业景观岸线建设，发展酒店业等旅游服务产业聚集区。

（2）协调鸭绿江江口湿地旅游与东港经济区的岸线利用之间的关系。鸭绿江江口湿地位于大东港区西部近海滩涂湿地，紧邻东港经济开发区西南部的装备制造业园区。在东港经济开发区规划图中，"文化创意产业片区"将装备制造业园区和鸭绿江江口湿地隔离。但是在实际发展中，东港经济开发区围海造岛规划面积为18.55平方公里，其中，陆域面积为13.87平方公里，围合水域面积为4.68平方公里。围海造岛对局部小气候造成影响，特别是在河海交汇处的湿地地区，容易造成湿地岸段自然特征的消失。同时大东港港口与鸭绿江江口湿地相隔不远，港口建设及港口运输功能的开启，使鸭绿江入海口稍微转向，江水对海岸淤泥的沉积和冲刷功能大大下降，从长远来看，对鸭绿江江口湿地的自然形成造成了一定的影响，特别是鸭绿江水越来越难以向东港市南部湿地区域冲刷。因此，要控制和压缩大东港港口的继续扩张，保护鸭绿江口湿地环境（图8-24）。

图8-24　鸭绿江江口湿地与大东港区

（3）协调大洋河河口湿地旅游与大孤山经济区发展之间的关键。大孤山经济区下辖孤山、椅圈、黄土坎、菩萨庙、新农五个乡镇和大孤山风景名胜管理局（五镇一局），面积为701平方公里，人口为17.2万人，海岸线长为71.05公里。大洋河口湿地位于大孤山经济区大洋河河口。经济区的成立，将大洋河两岸及河口湿地全部容纳进来，且紧靠大孤山精密铸造产业园区，同时，海洋红原有围海面积已达8400亩，为了配合港口建设，还要兴建港区围堰工程10 000亩，园区和港口发展将直接影响河口湿地的保护。除湿地环境外，海洋红半岛的地形地貌和基岩景观资源具有保护和旅游开发利用价值，应防止港口建设占用。为保护海洋红地貌景观，在港口建设中，要将半岛区域及沿河湿地区域预留为景观和生态用地。

表8-31为丹东市海岸带旅游岸线规划。

表8-31　丹东市海岸带旅游岸线规划

功能区	区域范围	调整方向
沿江都市休闲旅游带	鸭绿江景观带	扩大沿江城市组团之间的绿色休闲空间范围
滨海湿地生态旅游带	鸭绿江口湿地、大洋河口湿地	控制港口和园区向湿地范围扩展，建立湿地生态公园
滨海景观观赏功能区	大孤山滨海带	保护沿岸岬角地貌景观，建立滨海景观带
海岛休闲度假功能区	大鹿岛和獐岛	建设旅游型海岛
温泉度假疗养功能区	北井子镇温泉、椅圈镇温泉、枣山温泉、五龙背温泉、金山镇温泉	建设温泉度假区

二、大连段

（一）岸线资源特征

大连市是我国东北地区旅游资源最丰富，旅游吸引力最强的滨海旅游城市，是辽宁省旅游业发展的龙头城市。大连市大陆岸线长为1302.46公里，海岛岸线长为700.2公里，是我国海岸线最长的城市。大连市滨海旅游资源丰富，是我国北方地区拥有的旅游适宜岸线最长的城市。大连共有旅游适宜岸线957.76公里，占辽宁海岸带旅游适宜岸线长的72.9%。

大连有自然保护区12个，其中，国家级4个，省级1个，市级7个；森林公园共13个，其中，国家级森林公园9个，省级4个；A级景区25个，5A级2个，4A级9个，3A级12个，2A级2个。大连市4个国家级区中，斑海豹国家级自然保护区、城山头海滨地貌国家级自然保护区、蛇岛老铁山国家级自然保护区位于辽宁沿海带或附近海域（表8-32）。

表8-32　大连市主要旅游资源

自然保护区	蛇岛老铁山国家级自然保护区、仙人洞国家级自然保护区、斑海豹国家级自然保护区、城山头海滨地貌国家级自然保护区	国家级
	大连长海海洋生物自然保护区	省级
	三山岛海珍品自然保护区、金石滩海滨地貌自然保护区、老偏岛——玉皇顶海洋生态自然保护区、海王九岛海洋景观自然保护区、小黑山水源涵养生态功能自然保护区、大连长山列岛珍贵海洋生物自然保护区、石城乡黑脸琵鹭自然保护区	市级

续表

森林公园	大连长海海岛国家森林公园、大连金龙寺国家森林公园、大连旅顺口国家森林公园、大连天门山国家森林公园、大连大赫山国家森林公园、大连仙人洞国家森林公园、大连银石滩国家森林公园、大连西郊国家森林公园、大连普兰店国家森林公园	国家级
	大连长兴岛森林公园、大连大黑石森林公园、大连骆驼山海滨森林公园、大连龙门汤森林公园	省级
A级景区	老虎滩海洋公园·老虎滩极地馆、金石滩国家旅游度假区	5A级
	圣亚海洋世界、棒棰岛宾馆景区、西郊国家森林公园、冰峪省级旅游度假区、大连自然博物馆、旅顺日俄监狱旧址博物馆、大连森林动物园、大连现代博物馆、关向应纪念馆	4A级
	大连广播电视塔、大连大学博物馆、大连开发区文化广场、庄河银石滩国家森林公园、仙浴湾省级旅游度假区、大连女子骑警基地、大黑山风景区、旅顺口区生命奥秘展览馆、安波温泉旅游度假区、金龙寺国家森林公园、大长山岛镇风景区、闯关东影视基地	3A级
	大连骆驼山海滨森林公园、万家岭老帽山旅游度假区	2A级

　　大连市旅游资源开发主要围绕市区展开，开发较为充分，但是市区以外区域旅游发展相对滞后（图8-25）。适宜岸段共开发了180.7公里，其中，沙滩岸线已开发利用73.7公里，主要作为沙滩浴场，开发利用范围达到71%（表8-33）。基岩景观岸线是大连市最重要的旅游景观资源，已开发107公里，开发强度为13%（表8-34）。滨海湿地岸段局部零星分布，大多仍处于未利用状态（表8-35）。

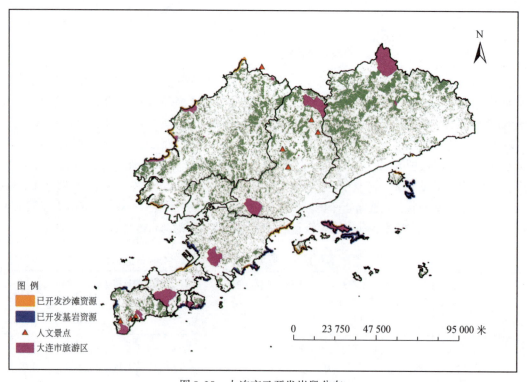

图 8-25　大连市已开发岸段分布

表 8-33　大连市沙滩岸线资源

县（市、区）	岸段	岸线长（公里）	已开发岸线长（公里）	开发强度（%）	岸线开发用途
庄河市	蛤蜊岛	0.7	0.7	1	蛤蜊岛沙滩
	石城岛卧龙滩浴场	1.5	1.5	1	卧龙滩浴场
长海县	大长山岛镇北海浴场	0.8	0.8	1	北海浴场
	大长山岛镇饮牛湾	1.1	1.1	1	饮牛湾浴场
	广鹿岛彩虹滩浴场	3.45	3.45	1	彩虹滩浴场
中山区	棒棰岛	0.75	0.75	1	棒棰岛浴场
金州区	杏树屯街道大连市	5	5	1	杏树屯浴场
	庙上村—河嘴村	4.5	4.5	1	黄金海岸
旅顺口区	盐场新村—郭家沟村	1.6	0	0	未利用
	得胜村南岸	4.7	3	64	黄金湾浴场沙滩
	光荣街道东岸柏岚子东岸	6	0	0	未开发
甘井子区	大黑石村北岸	1.8	0	0	未开发
瓦房店市	羊圈子村—拉树房村	12	12	1	羊圈子、拉树房和棋盘磨浴场
	拉树山村西岸	2.5	0	0	未开发
	华铜村—矿洞山村	2	2	1	李官镇滨海浴场
	前大地村—泡子村	6.5	6.5	1	龙凤滩
	仙浴湾村—大嘴村	6.4	6.4	1	仙域湾浴场
	西中岛沙滩	4	4	1	西中岛洪西头浴场
长兴岛	前哨村—北灰窑村	2	2	1	前哨沙滩浴场
	新港村—三堂村	36	20	56	长兴岛浴场

表 8-34　大连市基岩景观岸线资源

县（市、区）	岸段	岸线长（公里）	已开发岸线长（公里）	开发强度（%）	岸线开发用途
金州区	城子村	30	30	1	城山头
	庙上村	13.4	13.4	1	金石滩
	前石村—后石村西海岸	5	5	1	农田、城镇
	荞麦山村西海岸	2.7	0	0	未开发
	王家村西海岸	6	6	1	养殖，城镇
	河咀区—煤窑村	12	8.2	68	城镇
	后石村—荞麦山村	7.4	7.4	1	养殖、城镇
甘井子区	大连湾村东岸	4	4	1	碧海山庄
	老偏岛—玉皇顶	1	1	1	已开发为景区
	黄龙尾靶场	21	0	0	未开发

县（市、区）	岸段	岸线长（公里）	已开发岸线长（公里）	开发强度（%）	岸线开发用途
中山区	东海屯—薛家屯	2.3	0	0	未开发
	棒棰岛	0.25	0.25	1	棒棰岛旅游区
	薛家屯—傅家庄	5.25	5.25	1	已开发旅游景区和城镇
沙河口区	沙河口区岸线	0.5	0.5	1	已开发为旅游景区和城镇
	小平岛东海岸	4	0	0	未开发
旅顺口区	小平岛西街—黄泥河村	12	0	0	未开发
	柏岚子	10	10	1	老铁山景区
	羊头洼港口—大甸子村	25	0	0	未开发
	艾子口村北岸—北海村北岸	9.3	5	54	农田、城镇
	石灰窑村西海岸	2.6	0	0	未开发
	小黑石村—大黑石村	8.7	0	0	未开发
	大兴村—牧羊城村	13	0	0	未开发
	光荣街道东岸	9	0	0	未开发
	羊头洼村—大甸子村	15	7.8	52	养殖、城镇
瓦房店市	松木岛村海岸	1.4	0	0	未开发
	国有林场	4	0	0	未开发
	桑屯村	11	0	0	未开发
	新港村岸段	1.2	0	0	未开发
	世辉耀村	2.2	0	0	未开发
	南大地村—大魏村	5	0	0	未开发
	王崴子村—华铜村	8	0	0	未开发

表 8-35　大连市滨海湿地岸段资源

县（市、区）	岸段	岸线长（公里）	已开发岸线长（公里）	开发强度（%）	已开发名称
庄河市	青堆子镇湖里河口—黑岛镇英那河口	20	0	0	河口湿地未开发
	庄河市磨石房村—海洋村	3	0	0	庄河口湿地未开发
瓦房店市	庄河市尖山村—瓦房店市东老滩村	3.76	0	0	碧流河口湿地未开发
普兰店市	普兰店市清水河村—大连市东凉村	5.5	0	0	沙河湿地未开发

大连市旅游接待能力是辽宁省各地级市之首，2011 年国内外旅游接待人数为 4377.6 万人次，比 2009 年增长了 24.5%，旅游总收入达到 650.2 亿元，比 2009 年增长了 35.5%（表 8-36）。

表 8-36　2009～2011 年大连市旅游接待情况

年份	旅游总收入		国内旅游人数		国内旅游收入		入境旅游人数		入境旅游收入	
	（亿元）	增速（%）	（万人次）	增速（%）	（亿元）	增速（%）	（万人次）	增速（%）	（万美元）	增速（%）
2009	480	19.8	3 412	13.7	430.5	21.3	105	10.5	72 700	10.5
2010	550.1	14.6	3 777.1	10.7	495.5	15.1	116.6	11.1	80 400	10.5
2011	650.2	18.2	4 260.6	12.8	597.9	20.7	117	0.3	81 000	0.2

（二）岸线开发过程中存在的主要问题

（1）大量高质量景观岸线资源和沙滩资源被工业园区占用。近年来，大连市强劲的工业发展冲动对旅游业发展产生了较大的抑制作用，可开发的后备利用旅游适宜岸线资源大幅度减少。长兴岛—仙浴湾—驼山—李官片区是辽宁沿海沙滩资源最为集中、品质最好的区域之一，具有发展休闲度假产业的良好条件，但是这一地区大部分被工业园区占用。此外，庄河沿岸工业园区布局与旅游布局的矛盾冲突也较为明显。

（2）工业园区和港口大规模开发对旅顺口旅游发展潜力造成极大威胁。大连旅顺口是辽宁省滨海旅游自然资源和人文资源最为集中的地区，分布着多处国家级风景名胜区、国家级自然保护区、国家级森林公园，是大连市旅游业发发展的潜力区，也是辽东半岛旅游业发展条件最优的区域。但是由于大力发展工业的冲动，旅游作为旅顺口优势产业的地位在不断下降，园区、港口占用了部分具有旅游价值的岸线资源，并使得旅顺口整体景观环境质量不断下降。

（3）长山群岛渔业发展与旅游业发展之间存在矛盾。长山群岛是辽宁沿海海岛旅游资源最优良的区域，具有发展海洋旅游和休闲度假旅游的良好条件，但是渔业生产，尤其是海水养殖业对旅游业发展造成较大程度的影响。

（三）优化与调整重点

大连市是辽宁沿海的"滨海度假中心城市"，保持大连市旅游业龙头地位，打造滨海城市休闲带、滨海休闲度假带、滨海景观观赏带、海上运动娱乐带、海岛旅游度假带、温泉度假疗养区和湿地生态旅游带，应是大连未来发展的主要方向之一（表 8-37）。要改变目前工业发展优先、工业发展全域展开的发展思路，将旅游发展作为大连市最重要的功能，确保旅游发展的空间。重点进行如下方面的调整：

（1）调整旅顺口发展思路。旅顺口处于辽东半岛的最南端，是我国近代海洋文化的代表性区域。调整旅顺口旅游发展需求与工业产业园区发展之间的矛盾冲突，将旅游业定位为旅顺口主要产业，控制工业发展规模，重点发展旅游休闲产业、文化创意产业、金融保险等现代服务业。

表 8-37　大连市海岸带旅游功能分区

功能区	依托资源
滨海城市休闲带	指大连市辖区高端商务酒店聚集区，滨海大道、劳动公园、星海公园、付家庄公园等免费休闲空间
滨海休闲度假带	金石滩黄金海岸、杏树屯街道沙滩、白沙滩、龙凤滩沙滩、仙浴湾海滨浴场等砂质岸线
滨海景观观赏带	庄河市的天门山、仙人洞、银石滩等景点
历史文化景点	大连市旅顺区历史文化景点
海上运动娱乐带	大连市滨海滩涂、海鲜养殖地及大连港、长海县广鹿岛客运站、庄河港客运站、金石滩港、旅顺新港、皮口港货运港区、长海县金蟾港、海汇 2 号客轮和大连邮政港
海岛旅游度假带	主要指大连长海县群岛、海王九岛和蛤蜊岛等岛屿
温泉度假疗养区	瓦房店、普兰店、庄河和市区共 15 处温泉资源
湿地生态旅游带	瓦房店三台湿地、金州湾湿地、元宝砣子湿地、皮口湿地、庄河蛤蜊滩湿地和旅顺柏岚子等湿地资源

　　（2）海岛旅游开发与庄河旅游城市建设的一体化发展。庄河市位于大连和丹东两个旅游城市的中点区域，具有作为大连到丹东自驾车旅游线的服务节点条件，也是沿黄海旅游带的重要节点城市。庄河市拥有滨海湿地资源和海岛资源，具有发展旅游业的良好条件。庄河市工业园区建设对海滨自然环境造成威胁，尤其是布局在市区附近的新兴产业园区对蛤蜊岛等岛屿旅游景观环境造成极大威胁，影响了整体旅游功能的发挥。未来，应积极调整市区滨海区域工业园区的布局，将滨海带作为庄河市区公共休闲空间，建设湖里河口湿地公园，将庄河打造成为海王九岛、石城岛、黑岛、蛤蜊岛等海岛旅游区的集散城市。

三、营口段

（一）岸线资源特征

　　营口市海岸线长 119.62 公里，滨临大辽河口，有滨海和滨河城市的区位特点。营口市的旅游适宜岸段大约占整个岸段的一半，共 45.31 公里，其中，沙滩岸段为 37.81 公里，拥有白沙湾优质沙滩；基岩岸段为 3.5 公里，其中，北海团山海蚀地貌景观和仙人岛海蚀地貌景观具有很高的观赏价值；生物景观岸段为 4 公里，主要分布在大辽河口。营口市有三个市级自然保护区，四个 A 级旅游景区，其中，4A 级景区两个，3A 级景区两个（表 8-38）。旅游适宜岸段中初步开发利用了 18.8 公里（图 8-26、表 8-39），其中，沙滩岸线有 16 公里作为旅游开发利用，还有 20 多公里长的沙滩岸段被规划为非旅游用岸线。生物景观岸线主要分布在大辽河口，其中，2.8 公里作为城市景观岸线，开发强度达到 70%，基岩岸线主要分布在仙人岛等岬角地带，规划作为港区和石油化工区。营口市作为一个以工业为主的城市，旅游业发展在六个沿海城市中最为落后，特别是旅游接待能力，

2011年旅游总收入尽管增长了29.2%，但总收入仅为147.9亿元，仍落后其他滨海城市（表8-40）。

表8-38 营口市旅游资源

自然保护区	大石桥老轿顶自然保护区、玉石自然保护区、团山海蚀地貌自然保护区	市级
A级景区	月亮湖景区、望儿山风景旅游区	4A级
	月亮湖公园、西炮台遗址	3A级

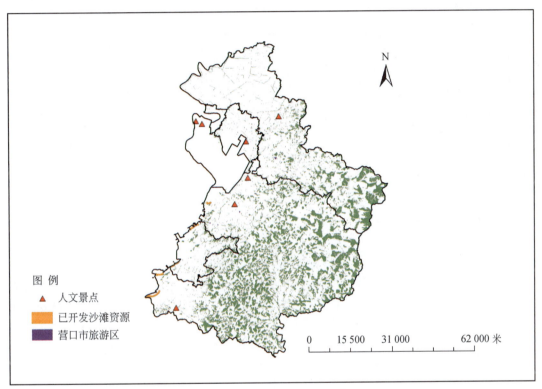

图8-26 营口市旅游开发现状

表8-39 营口市旅游开发现状

资源类型	县（市、区）	岸段	长度（公里）	已开发岸线	开发强度（%）	已开发岸段	重点规划岸线
沙滩资源	盖州市	白沙湾村–仙人岛村	9.81	3	31	白沙湾浴场	6.81
		仙人岛村–熊岳河口	5	3	60	仙人岛海滨浴场	2
		田崴子村–光辉村	10	0	0	未利用	10
		北海村岸线	2	2	1	北海浴场	0
	鲅鱼圈区	丁园子村熊岳河口–号房子社区	6	5	83	月牙湾海水浴场	1
		小董屯村–望海农业村	5	3	60	营口海滨浴场	2

资源类型	县 (市、区)	岸段	长度 (公里)	已开发岸线	开发强度 (%)	已开发岸段	重点规划岸线
基岩资源	盖州市	西崴子村	1.5	0	0	未开发	1.5
		仙人岛村	2	0	0	未开发	2
生物景观资源	西市区	街道第一街坊	4	2.8	70	辽河口湿地	1.2
营口市旅游资源总计			45.31	18.8	41		26.51

表 8-40　2009~2011 年营口市旅游接待情况

年份	旅游总收入		国内旅游人数		国内旅游收入		入境旅游人数		入境旅游收入	
	(亿元)	增速 (%)	(万人次)	增速 (%)	(亿元)	增速 (%)	(万人次)	增速 (%)	(万美元)	增速 (%)
2009	89.5	45.5	820	40.2	87.7	46.2	5.98	20.37	2640.6	22.3
2010	114.5	27.9	1074.2	31	112	27.7	8.6	43.4	3728.1	41.2
2011	147.9	29.2	1279.4	19.1	143.9	28.5	15.1	30.4	6185.8	69.1

（二）岸线开发过程中存在的主要问题

（1）滨海岸线被新城、港口和工业园区占满，城市公共休闲空间不足。近年来营口市工业园、新城建设、港口建设快速发展，滨海岸线基本被占满，但是缺乏对城市公共休闲空间的必要考虑，仙人岛等有价值的景观岸线资源被工业园区占用，鲅鱼圈新港区建设挤占沙滩资源。

（2）具有景观价值的海蚀地貌资源和沙滩资源被侵占。在营口工业园区布局与选址中，对旅游休闲资源的保护考虑不足，造成仙人岛、白沙湾等旅游适宜岸段被规划为新城镇和工业园区。

（三）优化与调整重点

强化城市的休闲度假、商务会议、宗教民俗等旅游功能。强化营口"百年商埠"城市形象，构建都市商务休闲旅游功能。调整城市组团功能，发展都市旅游休闲组团，弥补城市旅游休闲功能不足的问题（表 8-41、表 8-42）。

表 8-41　营口市海岸带旅游功能分区

功能区	依托资源
温泉度假疗养区	鲅鱼圈温泉、熊岳温泉、双台温泉、海韵温泉、兴海温泉、康乐温泉等 30 多家温泉
滨海城市休闲带	楞严寺、辽河公园、月亮湖公园、人民公园、镜湖公园、南湖公园等公共休闲空间、营口各市区滨海高端酒店聚集区

续表

功能区	依托资源
滨海休闲度假带	北海浴场、金沙滩海滨浴场、月牙湾滨海浴场、白沙湾浴场、仙人岛浴场、南红梨生产基地、辽河口湿地
湿地生态旅游带	辽河口湿地
海上运动娱乐带	营口国际客运码头
	营口市滨海滩涂、海鲜养殖地
历史文化景点	辽河老街、金牛山遗址、石棚峪、高丽城山城遗址、石棚山、迷镇山娘娘庙
滨海景观观赏带	望儿山风景区、蟠龙山公园

表 8-42　营口市海岸带旅游重点建设项目

功能区	重点建设项目	地点和规模
温泉度假疗养区	辽宁山海国际温泉城	盖州市
	富吉温泉广场	盖州市
	思拉堡温泉小镇	盖州市，360 万平方米
	奕丰双台温泉新城	盖州市，106 万平方米
	悦龙庄（喜来登）温泉酒店	盖州市，96 万平方米
	御景山温泉宾馆	盖州市，4.4 万平方米
	乾宇生态园	盖州市，22 万平方米
	兴辰度假村二期	盖州市，11 万平方米
	五星级万豪温泉酒店	鲅鱼圈，30 万平方米
	天沐海滨温泉城	鲅鱼圈，160 万平方米
	台湾艾莉温泉城项目	鲅鱼圈，24.9 万平方米
	忆江南温泉酒店	鲅鱼圈，4 万平方米
	天赋温泉开发项目	老边区，50 万平方米
	养老产业园	鲅鱼圈，37 万平方米
	鸿舍行馆	鲅鱼圈，4 万平方米
滨海城市休闲带	北海城市休闲旅游区	盖州市北海，150 万平方米
	望海珍珠湾商务旅游区	鲅鱼圈，300 万平方米
	绿岛生态旅游度假村	老边区，18 万平方米
	柳树镇生态旅游度假村	老边区，33.4 万平方米
	月亮湖公园	鲅鱼圈，95.8 万平方米
	营口卧龙湾·东部城项目	营口市西市区
	营口卧龙湾·华强城项目	营口市西市区
	营口卧龙湾·金泰城项目	营口市西市区
	维景国际五星级酒店	营口市西市区
	营口迎宾馆	产业基地

功能区	重点建设项目	地点和规模
滨海城市休闲带	五矿酒店	产业基地
	香格里拉大酒店	鲅鱼圈，20 万平方米
	国际逸园	鲅鱼圈，37 万平方米
	辽宁国际商贸港	大石桥市，1005 亩
	香港豪泰五星级酒店	大石桥市，11 公顷
	兴隆摩尔世界	大石桥市，2.4 平方公里
	大石桥市沃尔玛商城	大石桥市，2 公顷
湿地生态旅游带	辽河入海口湿地公园	营口市辖区，2.8 平方公里
海上运动娱乐带	营口国际客运码头	营口市辖区
	营口沿海水产养殖基地	营口大石桥市
滨海休闲度假带	水果种植基地	营口市大石桥市
	仙人岛—浮渡河景区	仙人岛，30 万平方米
历史文化景点	迷镇山公园	大石桥市
	金牛山古人类遗址公园	大石桥市，168 公顷
	蟠龙山文化产业园区	大石桥市，12.29 公顷
滨海景观观赏带	建一黄丫口风景区	大石桥市，2400 万平方米
	蟠龙山公园	大石桥市，5 平方公里

（1）调整营口老港区功能，建设都市商务旅游带和水上旅游集散中心。以营口市辖区的百年商埠为特色的商务旅游中心区，调整营口老港区功能，从货运为主的港口向旅游港口方向发展，使得营口老港逐步发展为辽东湾新区和营口新区的水上旅游集散中心。发展游艇码头、建设沿江商务区、沿江文化休闲区。

（2）调整北海新区发展方向，建设旅游休闲型新城。调整目前北海新区作为营口市行政中心的发展思路，将北海新区作为以旅游休闲度假和文化产业为主要功能的新城进行建设，使北海新区与营口老城、营口新城和鲅鱼圈共同组成 4 个不同功能的城市组团。北海新区重点发展旅游宾馆业、休闲餐饮业、文化娱乐业，以及港口金融、保险等产业，建设北海团山海蚀地貌地质公园，重点关注营口北海新区沙滩岸线利用方向，结合北海新区的建设，以打造北海旅游新城为目标，将沙滩岸线作为都市公共休闲空间和旅游服务设施集聚带进行规划建设，打造一条海蚀地貌地质公园–都市休闲海岸–都市生态海岸旅游带。

（3）营口仙人岛—营口白沙湾旅游休闲岸段的保护性利用。营口白沙湾是辽宁海岸带沙滩岸线中砂质最好的岸段，砂质洁白。但是仙人岛能源化工区的建设必将威胁白沙湾的环境。未来仙人岛能源化工区的建设必须考虑对白沙湾沙滩资源与周边环境的影响，确保白沙湾旅游休闲空间和旅游环境安全，将白沙湾建设成为鲅鱼圈都市区的休闲度假功能区（图 8-27）。

图 8-27　仙人岛能源化工区与仙人岛黄金沙滩

四、盘锦段

（一）岸线资源特征

　　盘锦市是辽宁沿海湿地资源最为丰富的区域，海岸线长 113.31 公里，主要是滨海湿地岸线。湿地岸线集中在双台河口湿地和红海滩湿地，占整个生态景观岸线的 48.3%，占辽宁省沿海带旅游适宜岸线的 9%（图 8-28）。盘锦湿地以其独特性和规模性，受到国际湿地组织的重视，被列为"世界重要湿地"之一，获得"中国最美湿地"[①]之称。此外，盘锦湿地有世界最大的苇田，总面积为 8 万公顷，盘锦湿地有接连成片的红海滩，总面积为 10 万亩左右（表 8-43）。

　　盘锦市有一个国家级自然保护区，两个省级森林公园，A 级景区有七个，其中 4A 级景区两个，3A 级景区四个，2A 级景区一个（表 8-44）。盘锦市旅游适宜岸段共 119 公里，全部河口地带形成生物景观岸段。已有 105 公里的岸段（包括河口岸段）作为湿地观光游览区域，其中，红海滩景区是著名的湿地景区，景区面积为 20 多平方公里，分为苇海观鹤景区、月牙湾湿地公园、红海滩风景区的游客接待中心（图 8-29）。

　　盘锦市旅游发展相对滞后，旅游总收入和旅游人数虽逐年递增，但仍处于落后位置，且旅游点主要集中在大洼区王家镇和赵圈河乡的红海滩旅游区。2011 年国内旅游人数达 1959.4 万人次，入境旅游人数达 24.4 万人次；旅游总收入由 2009 年的 105.7 亿元增长到 2011 年的 176.4 亿元（表 8-45）。

---

①　2005 年中国国家地理主办海选。

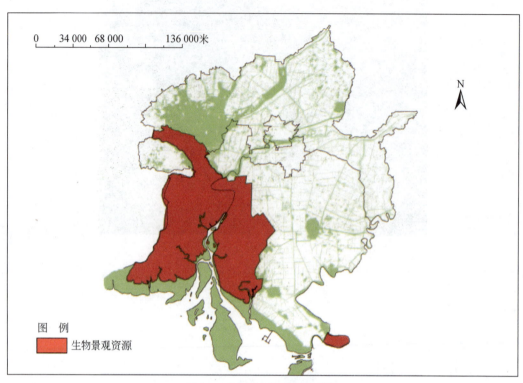

图 8-28　盘锦市旅游资源分布

表 8-43　盘锦市旅游现状

	资源类型	县（市、区）	岸段	长度（公里）	已开发岸线（公里）	开发强度（%）	已开发岸段	重点规划岸段
盘锦市	生物景观资源	盘山县	盘山县东郭镇	54.31	54.31	1	双台子河口湿地	0
		大洼区	荣滨村	14	0	0	辽滨湿地	14
			赵圈河乡—王家乡	45	45	1	红海滩湿地	0

表 8-44　盘锦市旅游资源

类型	名称	等级
自然保护区	双台河口国家级自然保护区	国家级
森林公园	辽宁辽河湿地森林公园、辽宁盘锦森林公园	省级
A 级景区	苇海鼎翔旅游度假区、红海滩风景区	4A 级
	湖滨公园、知青总部、中兴公园、辽河绿水湾景区	3A 级
	鑫安源绿色生态园	2A 级

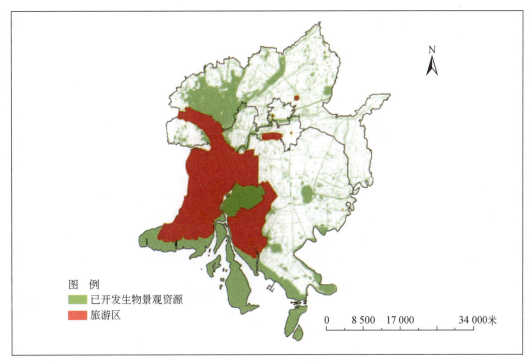

图 8-29　盘锦市旅游开发现状

表 8-45　2009～2011 年盘锦市旅游接待情况

年份	旅游总收入		国内旅游人数		国内旅游收入		入境旅游人数		入境旅游收入	
	（亿元）	增速（%）	（万人次）	增速（%）	（亿元）	增速（%）	（万人次）	增速（%）	（万美元）	增速（%）
2009	105.7	34.3	1 270	29.6	102	34.2	11.5	40.1	5 486	43.3
2010	128.1	29	1 653.5	30.2	130.3	27.7	18.1	58.8	8 915.9	62.5
2011	176.4	48.3	1 959.4	18.5	169.2	29.9	24.4	34.8	11 095.4	24.4

注：2009～2011 汇率分别为 6.83、6.77 和 6.46

（二）岸线开发过程中存在的主要问题

在盘锦市岸线旅游开发过程中，存在着城市之间旅游休闲功能协调不足，湿地生态保护、旅游发展与工业发展矛盾突出的问题。辽滨沿海经济区规划岸线总长为 166.9 公里，其中，海岸线长为 73.9 公里，河岸线长为 93 公里（包含内湖岸线）。其中，金帛湾生活区岸线总长为 73.8 公里（含内湾岸线），工业岸线总长为 65 公里，自然生态保护岸线仅有 28.1 公里。辽滨沿海经济区仅一期规划面积便为 110 平方公里，全部属于未开发利用土地，占用了大量的湿地和苇田。

（三）优化与调整重点

（1）协调辽滨新区和营口新区、营口老城之间的旅游休闲功能与布局。盘锦辽滨新区与营口老城和营口新区仅仅以大辽河为界，一河之隔，协调两城区之间发展方向，实现同城化发展应是未来营口新区和辽滨新区发展的主要方向。

（2）保护与改善滨海湿地生态环境，发展湿地生态旅游。盘锦滨海湿地是辽宁海岸带生态系统的重要构成。由于近年来大规模的填海造地，滨海湿地范围大面积减少，鸟类栖息地受到严重影响。盘锦滨海湿地作为目前我国存留的面积最大的湿地，承载着重要的滨海生态功能，因此，未来要将生态旅游发展与滨海湿地保护有效结合，逐步用生态旅游产业替代非生态类产业，打造滨海以生态旅游为主要功能的生态区。

根据各功能区的依托资源（表8-46），以及《盘锦百里滨海旅游产业带规划》的内容和定位，归纳总结各个功能区的重点建设项目（表8-47）。

表 8-46 盘锦市海岸带旅游功能分区

功能区	依托资源
温泉度假疗养区	二界沟镇与荣兴乡镇的地热温泉资源
滨海城市休闲带	兴隆台区，双台子区和大洼区的湖滨公园，中兴公园，钻井公园，带状公园，东湖公园和世纪广场等城市公共休闲空间、兴隆台区商务会展中心
湿地生态景观带	双台河口国家级自然保护区，赵圈河，东郭，羊圈子，二界沟、荣兴、大洼三角洲湿地等
海上运动娱乐带	全国著名的文蛤繁殖、出口基地盘锦二界沟蛤蜊岗子，全国大型河蟹苗种基地双台子河和以百万亩芦苇为特征的湿地植被资源
滨海休闲度假带	以有机水稻为代表的辽河平原农业旅游资源
	以油井塔林为特征的辽河油田工业旅游资源
历史文化景点	以张氏祖居、祖墓及甲午末战古战场为标志的辽河口历史文化资源

表 8-47 盘锦市海岸带旅游重点建设项目

功能区	重点建设项目	用地规模
苇海湿地生态体验区	湿地拓展训练营	北起鼎翔景区，南倚鸳鸯沟景区，西至鸳鸯沟，东抵小道子，规划区段位于鸳鸯沟与小道子上游滨水地段，面积达60余平方公里
	珍稀候鸟保育区	
	朝鲜民俗风情村	
	垂钓体验园	
	大型停车场	
	低空直升机	
	观光小火车	
	绿色生态社区	
	鼎翔生态渔港	

功能区	重点建设项目	用地规模
盘锦湿地温泉度假区	红海滩湿地奇观	盘锦市辽河三角洲和双台河口国家级自然保护区腹地，主要在赵圈河乡境内
	湿地鸟类乐园	
	温泉乡村酒店	
	温泉度假小镇	
	知青家园	
	湿地露营地	
	石油博览园	
	赵圈河旅游服务中心	
三道沟旅游生产核心区	红锦渡码头服务区	三道沟渔港及周边地区
	渔港小镇	
	辽滨游艇基地	
	海上红海滩	
	中集集团露营地	
	农副产品加工基地	
	海产养殖基地	
	高端森林运动公园	
	旅游配套设备制造基地	
绿水湾乡村民俗休闲区	绿水农庄民俗村	辽河绿水湾位于辽河三角洲腹地，距辽河入海口仅18海里
	北方湿地植物大观园	
	设施农业实验基地	
	海洋渔业实验基地	
	盘锦有机认养中心	
	循环经济示范园区	
田庄台历史文化游览区	田庄台文化古镇	大洼区田庄台镇及周边地区
	关帝庙、清真寺、崇兴寺宗教文化体验区	
	甲午末战遗址	
辽滨新区旅游集散中心	湿地游览区	辽滨新区南部，滨海大通道盘锦段最南端，覆盖辽滨新区及周边地区
	城市休闲公园	
	高端运动公园	
	荣兴湖公园	

五、锦州段

（一）岸线资源特征

锦州市海岸线长大约为113.62公里，其中，凌海市占83.7公里。锦州市旅游适宜岸线较少，总长为25.8公里，占整个旅游岸线的2%。其中，沙滩岸线长为10.8公里，占沙滩岸线总长的4.45%，占整个旅游岸线的0.82%；生物景观岸线长为15公里，占整个生物景观岸线的6.1%，占整个旅游岸线的1.14%（图8-30）。

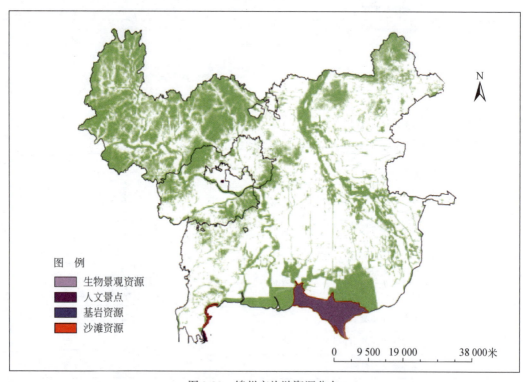

图例
- 生物景观资源
- 人文景点
- 基岩资源
- 沙滩资源

0　9 500　19 000　38 000米

图8-30　锦州市旅游资源分布

锦州市旅游适宜岸段共25.8公里，其中，沙滩岸段10.8公里，生物景观岸段15公里。大笔架山是锦州著名的景观和旅游区，但是由于锦州港的建设，对笔架山及其周边环境造成巨大影响。旅游岸段共开发了6.9公里，其中，沙滩岸线已开发6.9公里，主要集中在大笔架山以东区域，开发强度达到63.8%，生物景观岸线和基岩岸段未开发（图8-31、表8-48、表8-49）。锦州剩余岸线基本规划为工业园区、港口和城镇利用，预留的旅游岸线，尤其是公共休闲岸线基本没有。

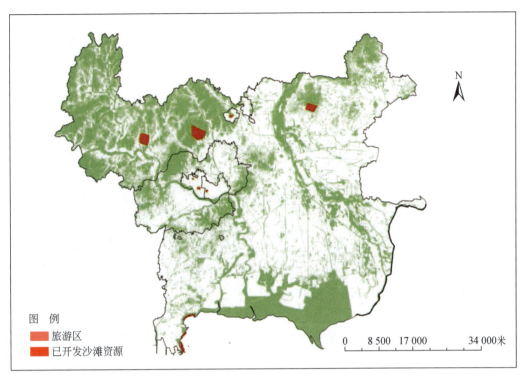

图 8-31 锦州市旅游开发现状

表 8-48 锦州市旅游开发现状

城市	资源类型	市县区	岸段	长度（公里）	已开发岸线（公里）	开发强度（%）	已开发岸段	重点规划岸线（公里）
锦州市	沙滩资源	凌海市	上朱家口村—前三角山村	9	3.6	57	白沙湾浴场	3.9
					1.5		人工海滨浴场	0
			大笔架山	1.8	1.8	1	大笔架山浴场	0
	生物景观资源	凌海市	一苇场—滩涂管理站	15	0	0	凌河口湿地	15
锦州市旅游资源总计				25.8	6.9	27		

表 8-49 锦州市旅游资源

类型	名称	等级
森林公园	辽宁翠岩山森林公园、辽宁岩井寺森林公园	省级
A 级景区	辽沈战役纪念馆、奉国寺、北普陀山、笔架山、锦州市博物馆、北镇医巫闾山大芦花风景区	4A 级
	萧军纪念馆、吴楚庄园、凌河公园、岩井寺	3A 级

锦州市旅游接待能力位于六市中游，2009～2011年取得了较大的发展。旅游总收入由2009年的96.3亿元，增长到2011年的152.6亿元；国内外旅游人数也以年约250万人次的速度增长（表8-50）。

表8-50　2009～2011年锦州市旅游接待情况

年份	旅游总收入		国内旅游人数		国内旅游收入		入境旅游人数		入境旅游收入	
	（亿元）	增速（%）	（万人次）	增速（%）	（亿元）	增速（%）	（万人次）	增速（%）	（万美元）	增速（%）
2009	96.3	38.6	1 190.5	36.8	90.6	39.4	15	31	8 317.2	27.7
2010	120.6	26.5	1 441.7	19.9	112.4	24.1	20	33.3	12 072.1	45.1
2011	152.6	26.5	1 704.1	18.3	143	18.2	25.3	26.5	14 753.5	29.6

（二）岸线开发过程中存在的主要问题

锦州市的旅游适宜岸线主要集中在笔架山以西岸段，由于受工业用地、港口用地、新城居住用地的严重挤压，大笔架山风景区的整体景观受到了严重影响。锦州市湿地资源较为丰富，大凌河口湿地为自然保护区。此外，按照新一轮规划，锦州沿海岸带自西向东沿海岸线展开的布局依次为锦州港港区（10平方公里）、滨海新区（55.76平方公里）、龙栖湾新区（103平方公里）、建业经济区（101平方公里）、大有经济区（125平方公里）。按照此规划布局，锦州105公里长的海岸带所有的岸线将全部被开发，且大多是布局产业包括新能源和可再生能源、石油化纤与纺织服装、装备制造和临港保税加工、特种金融材料、健康食品产业和农产品深加工产业。高强度工业园区和港口开发造成自然岸线全部消失。

（三）发展方向与优化调整重点

（1）改善大笔架山周边环境。尽可能地改善大笔架山周边景观环境，将大笔架山以西海滨地带作为旅游用岸线加以控制，限制居住类用地布局在滨海岸线。

（2）建设大凌河口湿地生态旅游区。降低锦州海岸带开发强度，提高岸线和园区土地利用效率，树立集聚发展原则。调整工业园区布局，强化对大凌河口湿地的保护，将大凌河和小凌河口之间的湿地作为湿地生态保护区，重点发展滨海生态休闲旅游。压缩大有经济产业区范围，增加大凌河湿地生态旅游区。

根据各功能区的依托资源（表8-51），归纳总结各个功能区的重点建设项目（表8-52）。

表 8-51　锦州市海岸带旅游功能分区

功能区	依托资源
温泉度假疗养区	锦州市北湖温泉公园、锦州汤河子温泉度假村和锦州市府西路温泉会馆和凌海汤池子温泉旅游资源
滨海城市休闲带	滨海大道、劳动公园, 星海公园, 付家庄公园等免费休闲空间以及龙浴岛商务旅游中心
滨海休闲度假带	笔架山海滨浴场、海滨人工浴场和白沙湾浴场（孙家湾浴场）、北镇鸭梨种植基地、黑山锦丰梨种植基地和黑山花生种植基地、道光廿五集团工业旅游、锦州港区工业游
湿地生态旅游带	大凌河口湿地（凌海湿地）
海上运动娱乐带	锦州凌海市建业乡、西八千乡和阎家镇海鲜养殖基地
海岛度假旅游带	笔架山、龙栖湾海洋城龙浴岛（当前规划填岛四座）
历史文化景点	以广济寺塔、奉国寺、万佛堂石窟、广胜寺塔和北镇庙等为代表的"辽文化"旅游产品；以辽沈战役纪念馆、辽西抗日义勇军遗址为代表的红色旅游产品
滨海景观观赏带	以医巫闾山为代表的生态旅游区

表 8-52　锦州市海岸带旅游重点建设项目

功能区	重点建设项目	地址和规模
温泉度假疗养区	温泉风情小镇	凌海市, 3 平方公里
	北湖温泉公园	凌海市
	汤河子温泉度假村	锦州市太和区
	温泉会馆	锦州市府西路
	汤池子温泉度假村	凌海市
滨海城市休闲带	儿童公园改造项目	北起和平路、南至上海路, 西起林西路、东至锦西街, 34 935 平方米
	星月广场项目	锦州市辖区, 5.3 万平方米
	吴楚庄园	锦州市凌海市, 3 万亩
	古塔公园	锦州市古塔区
	北湖公园	锦州市古塔区
	东湖公园	锦州市辖区
	凌河水上公园	锦州市东起云飞街, 西至人民街, 全长 1 500 延长米, 约 12 公顷
	女儿河公园	锦州市太和区
	城市海景水上乐园	锦州市辖区, 1 万平方米
滨海休闲度假带	笔架山海滨浴场	锦州市天桥镇, 岸线长 1.8 公里
	白沙滩浴场	锦州市天桥镇, 3.6 公里
	海滨人工浴场	锦州市天桥镇, 岸线长 1.5 公里
	罕王殿山生果园	锦州市凌海市

功能区	重点建设项目	地址和规模
滨海休闲度假带	吴楚庄园	凌海白台子乡，1 300 亩
	道光廿五集团工业旅游项目	锦州市太和区
	澳洲娱乐城改造项目	锦州市古塔区，1.67 万平方米
	锦州精英国际酒店建设项目	锦州市古塔区解放路 11 号，6 000 平方米
	翠岩山庄	锦州市凌海市翠岩镇
	世博园项目	龙栖湾，6 平方公里
湿地生态旅游带	红海滩	锦州市凌海市大凌河口湿地自然保护区，8.356 万公顷
海上运动娱乐带	渔家风情旅游度假村	凌海市
海岛旅游度假带	笔架山	锦州市天桥镇，1.2 平方公里
历史文化景点	蒙古风情旅游度假村建设项目	锦州市古塔区人民街以西松坡路
	岩景寺风景区	锦州市凌海市温滴楼乡
	辽沈战役文化产业园项目	锦州市古塔区，1 平方公里
	辽沈战役纪念馆军博园	锦州市
	萧军故居	锦州市
滨海景观观赏带	医巫闾山千家寨旅游风景区开发项目	锦州市北镇市
	北普陀山大兴沟	锦州西北郊
	松山生态园	锦州市凌海市
	紫金山	锦州市

六、葫芦岛-绥中段

（一）岸线资源特征

葫芦岛市是辽宁海岸带沙滩资源和历史人文旅游资源最为丰富的区域。葫芦岛市海岸线长大约为254公里，岸线以沙质和基岩岸线为主，拥有87.1公里长的连续分布的优质沙滩岸线和7家国家级文物保护单位。葫芦岛市旅游适宜岸线长为95.1公里，占整个旅游岸线的7.2%。其中，沙滩岸线长为87.1公里，占整个沙滩岸线的35.9%，占整个旅游岸线的6.6%；基岩岸线长为2公里，占整个基岩岸线的0.24%，占整个旅游岸线的0.15%；生物景观岸线长为6公里，占整个生物景观岸线的2.4%，占整个旅游岸线的0.46%（图8-32）。由于旅游资源丰富，兴城市已经发展成为我国北方重要的滨海休闲旅游城市，绥中县与山海关毗邻，也具有发展旅游业的良好资源和环境条件（表8-53）。

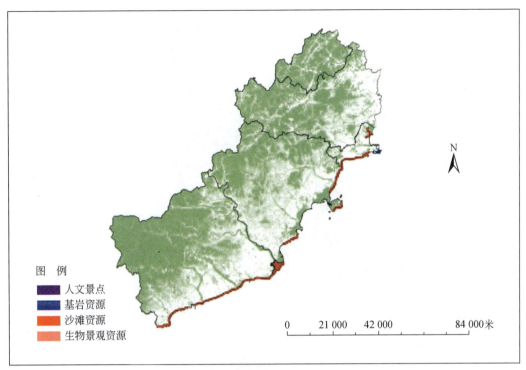

图 8-32　葫芦岛市旅游资源分布

表 8-53　葫芦岛市旅游资源

自然保护区	虹螺山自然保护区	省级
	王宝河自然保护区、六股河入海口滨海湿地自然保护区	市级
	六股河赤麻鸭、绿翅鸭自然保护区、青山自然保护区、杂色蛤亲贝自然保护区	县级
森林公园	辽宁首山国家森林公园、辽宁三山妙峰森林公园	国家级
	辽宁锥山森林公园	省级
A 级景区	兴城龙湾海滨、兴城古城、葫芦山庄、兴城海滨、九门口水上长城	4A 级
	凉水井子灵山寺、兴城菊花岛	3A 级
	人文纪念公园、红螺山风景区、圣水寺、乌云山生态休闲农庄景区	2A 级

　　葫芦岛市旅游岸段共 95.1 公里，以沙滩岸线为主，沙滩岸段长为 87.1 公里，基岩岸段长为 2 公里，生物景观岸段长为 6 公里。旅游岸段共开发了 30.8 公里，均为沙滩岸线，开发强度达到 35%。已经利用的沙滩岸线主要集中在兴城市附近，而沙滩岸线资源十分丰富的绥中县滨海沙滩旅游开发相对滞后。在沙滩资源利用方面，规划的住宅、园区占用沙滩岸线资源的现象比较突出（图 8-33、表 8-54）。

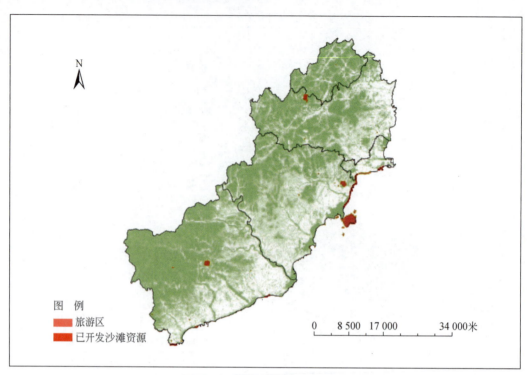

图 8-33　葫芦岛市旅游开发现状

表 8-54　葫芦岛市旅游开发现状

城市	资源类型	市县区	岸段	长度（公里）	已开发岸线（公里）	开发强度（%）	已开发岸段	重点规划岸线（公里）
葫芦岛市	沙滩资源	连山区	牛营村—抓里头子村	6	0	0	未开发	6
		龙港区	望海寺街道	3	3	1	望海寺海滨浴场	0
			军事用地—东窑村	15	3	20	龙湾海滨浴场	12
		兴城市	邴家村—四城子村	14	14	1	兴城海滨浴场	0
			觉华岛	4.6	4.6	1	觉华岛海滨浴场	0
			台里村—方安村	7	0	0	未开发	7
		绥中县	二河口村—前王虎屯	14	1.2	8.6	天龙寺海滨	12.8
			前王虎屯—小蛎蝗村	4	0	0	未开发	4
			小赵屯—杨家村	3.5	1.5	43	洪家村前所沙滩	2
			杨家村—止锚湾村	8	0	0	未开发	8
			止锚湾村—绥中县界	8	3.5	44	碣石公园海滨	4.5
	基岩岸线	龙港区	渔民村	2	0	0	未开发	2
	生物景观资源	兴城市	山东村—二河口村	6	0	0	六股河入海口滨海湿地自然保护区	6
葫芦岛市旅游资源总计				95.1	30.8	32		64.3

葫芦岛市 2009～2011 年的旅游接待能力持续增强，2011 年国内外旅游接待人数为 1745.2 万人次，比 2009 年增长了 43.6%；旅游总收入达到 176.4 亿元，比 2009 年增长了 65.3%（表 8-55）。

表 8-55　2009～2011 年葫芦岛市旅游接待情况

年份	旅游总收入		国内旅游人数		国内旅游收入		入境旅游人数		入境旅游收入	
	（亿元）	增速（%）	（万人次）	增速（%）	（亿元）	增速（%）	（万人次）	增速（%）	（万美元）	增速（%）
2009	106.7	51.8	1210.7	37.6	104.3	52.3	4.5727	29.83	2621.8	29.5
2010	128.1	20.7	1460.1	20.6	125.9	20.7	5.7184	25.06	3240.6	23.6
2011	176.4	37.7	1736.4	18.9	173.63	37.8	8.8	54.3	4259.18	31.4

根据葫芦岛市海岸带旅游资源的特点和分类，可打造滨海城市休闲带、滨海休闲度假带、滨海景观观赏带、历史文化景点、海上运动娱乐带、海岛旅游度假带、温泉度假疗养区和湿地生态旅游带（表 8-56）。

表 8-56　葫芦岛市海岸带旅游功能分区

功能区	依托资源
滨海城市休闲带	背阴嶂森林公园、龙湾公园、龙回头、龙背山森林公园、飞天广场、龙湾商务中心区
温泉度假疗养区	兴城温泉、汤上温泉
滨海休闲度假带	葫芦岛海滨、兴城海滨浴场、天龙寺海滨、碣石公园滨海浴场、觉华岛海滨浴场、龙湾海滨、望海寺海滨、绥中前所洪家屯电厂海滨、二河口海滨、高岭小蛎蝗海滨
湿地生态旅游带	葫芦山庄湿地、六股河河口湿地
海上运动娱乐带	葫芦岛港、兴城海滨码头
	对虾、海蟹、笔杆蛏、海蜇养殖区
海岛度假旅游带	觉华岛旅游度假经济区
历史文化景点	兴城古城、碣石宫秦汉遗址、九门口水上长城、塔山阻击战纪念地、莲花山圣水寺、灵山寺、朱梅墓园、葫芦山庄、前卫所、张学良筑港纪念碑、"重庆号"巡洋舰起义烈士墓、龙王山新石器遗址
滨海景观观赏带	三女峰、大虹螺山、乌金塘水库、碱厂水库

（二）发展思路与优化调整重点

改变占用旅游适宜岸线发展工业园区的发展思路，坚持以旅游业为龙头产业的发展思路，构建葫芦岛–兴城滨海文化商务旅游区、绥中滨海休闲度假带两个旅游带。重点进行如下调整：

（1）葫芦岛市北港工业区与滨海旅游功能建设的协调。北港工业区规划面积为 35 平方公里，海岸线全长为 32 公里，园区打造有色金属基地、能源电力基地、石油化工基地和船舶制造基地，区内海岸线全部被占据，除了滨海公路一带，基本无公共休闲空间。此外，葫芦岛临港经济区中的龙港海洋工程工业区规划面积为 19.6 平方公里，产业定位为海洋工程装备制造和船舶修造基地，并即将建造港口。而其境内的渔民村为典型的基岩岸线，景色优美，且为突出的半岛，具有很高的保护价值和景观价值（图 8-39），岸线的大规模开发势必会对优美的景观价值造成破坏。

（2）兴城旅游城镇建设与兴城临海产业区建设的协调。兴城临海产业区依托港口优势和辽宁装备制造业、葫芦岛石油化工业、兴城纺织服装业优势，着力发展以装备制造业、精细化工业、纺织服装业为主导的临港工业。临港工业的打造势必会对沿海环境造成影响。

（3）东戴河旅游新区建设与山海关旅游的一体化发展。东戴河新区规划面积为 100 平方公里，岸线长度为 29.7 公里，滩平浪缓、水碧沙白，属原生沙质海岸及生物多样性海洋保护区。房地产项目的逐步进驻，占据了大面积的滨海岸带，调研过程中发现仅佳兆业集团就规划了 11 平方公里的旅游房地产。

根据以上分岸段旅游岸线利用与优化分析，将辽宁海岸带旅游岸段进行分岸段汇总统计（表 8-57）。

表 8-57　辽宁海岸带旅游岸段统计（分岸段汇总数据）

市县	长度（公里）	面积（平方公里）	名称	位置	岸段长度（公里）	面积（平方公里）
丹东市	1.67	2.004	鸭绿江风景名胜区	浪头镇东安民村—文斌村		0.6
			海洋红岬角	海洋红村	1.67	0.44
			旅游点			0.482
			中国人民志愿军第十三兵团炮	丹东市振兴区		0.167
			前阳洞穴遗址	东港市前阳镇		0.05
			大孤山古建筑群	东港市孤山镇		0.108
			河尖古城址	丹东市振安区		0.107
			九连城城址	丹东市振安区		0.027
			枣山温泉	东港市椅圈镇		0.006
			北井子温泉	东港市北井子镇		0.017
小计					1.67	2.004
大连市	271.57	341.26	三家山岸线资源保护区	庄河市黑岛市栗子房镇	8.61	36.35
			黑岛旅游区	庄河市黑岛村	6.62	21.69
			蛤蜊岛景观区	庄河市兰店乡	3.84	48.71
			庄河湿地	庄河市兰店乡	0	20.02
			蛤蜊岛	庄河市兰店乡海域	0.74	0.041
			平岛旅游区	普兰店杨树房街道	0.064	0.467

续表

市县	长度 （公里）	面积 （平方公里）	名称	位置	岸段长度 （公里）	面积 （平方公里）
大连市	271.57	341.26	黑岛旅游区	大连市金州区黑岛	6.83	1.628
			杏树屯浴场	大连市金州区杏树屯街道	4.19	0.479
			杏树屯旅游区	大连市金州区杏树屯街道	6.89	4.496
			金石滩旅游区	金石滩街道—湾里街道	30.89	54.816
			红土堆子旅游区	金州区马桥子街道—新港街道	10.02	17.497
			大黑山地质公园	大连市金州区	0	56.645
			大连海滨旅游娱乐区	大连市甘井子区	14.8	0.737
			龙王塘风景区	旅顺区龙王塘街道—德胜街道	18.29	2.161
			大连旅顺国家级地质公园	旅顺区龙王塘街道—铁山街道	11.73	26.113
			柏岚子村基岩岸线	旅顺区柏岚子村	0.54	0.101
			老铁山旅游娱乐区	旅顺区大兴村—牧羊城村	9.32	1.576
			旅顺区基岩岸线	旅顺区羊头洼村—大甸子村	11.24	2.025
			西湖咀旅游娱乐区	旅顺区大甸子村西部	1.67	0.225
			大潮口旅游娱乐区	旅顺口区北海村—石灰窑村	13.6	2.59
			大黑石村岸线	旅顺口区大黑石村	1.74	0.2615
			黄龙尾靶场	黄龙尾靶场	14.21	2.651
			金州湾旅游娱乐区	金州区拥政街道—七顶山街道	40.56	17.43
			长岛旅游娱乐区	金州区七顶山街道	6.05	1.102
			兔岛旅游娱乐区	瓦房店市谢屯镇	3.54	1.424
			凤鸣岛旅游娱乐区	瓦房店凤鸣岛	4.1	1.94
			长兴岛资源保护区	瓦房店长兴岛	0	2.059
			长兴岛浴场	瓦房店长兴岛	22.72	3.237
			驼山旅游娱乐区	瓦房店驼山乡—西杨乡	2.08	0.422
			太平湾浴场	瓦房店土城乡—李官镇	8.32	1.684
			圣亚海洋世界	大连市沙河口区	0	0.0476
			大连闯关东影视基地	大连市旅顺口区	0	0.0033
			岗上墓地	甘井子区后牧村	0	0.0332
			关向应纪念馆		0	0.0091
	小计				271.57	341.26
营口市	40.51	35.72	白沙湾	盖州市归州镇—九垄地镇	12.95	18.83
			仙人岛海滨浴场	仙人岛村—熊岳河河口	4.09	0.58
			月亮湖公园	鲅鱼圈熊岳镇—红海街道	5.18	1.64
			双台温泉旅游小镇	盖州市双台真	0	3.17

市县	长度（公里）	面积（平方公里）	名称	位置	岸段长度（公里）	面积（平方公里）
营口市	40.51	35.72	营口海滨浴场	营口市盖州市田崴子村—光辉村	6.78	0.71
			北海娱乐区	盖州市团山办事处西崴子村西部海岸	1.60	3.85
			团山海蚀地貌	盖州市团山办事处	3.47	0.73
			辽河口湿地	营口市西市区	6.44	5.69
			石棚峪石棚	盖州市二台乡石棚山村	0	0.004
			望儿山风景旅游区	盖州市枣域村	0	0.4515
			四平山积石墓	盖州市新兴村		0.029
			营城子壁画	盖州市沙岗村		0.0053
			钟鼓楼	盖州市民胜村		0.0333
小计					40.51	35.72
盘锦市	30.91	141.85	红海滩	盘锦市大洼区赵圈河乡	15.35	122.7
			鸭舌岛	盘锦市辽河口	15.56	18.99
			盘锦知青总部	盘锦市大洼区赵圈河乡	0	0.16
小计					30.91	141.85
锦州市	9.49	12.65	白沙滩	凌海市娘娘宫镇	9.49	12.65
					9.49	12.65
葫芦岛市	133.52	111.81	北港海景保护区	龙港区岸段	0	10.88
			塔山阻击战革命烈士纪念碑	葫芦岛市连山区	0	0.0247
			兴城海滨景观资源区	龙港区南部	17.43	18.68
			兴城古镇	兴城市花园村	0	0.0026
			祖氏石坊	兴城市东二村	0	0.0396
			兴城温泉	兴城市新地号村	0	1.62
			前所城	绥中县前所村	0	0.0304
				兴城市泡河村—大英堡子村	12.14	7.65
				沙后所满族镇—海滨满族乡	21.73	36.81
				兴城市海滨满族乡台里村—潘山村	9.65	8.2
				天龙寺风景保护区	9.75	5.74
				天龙寺—高岭镇小蜊蝗村	37.4	5.2
			绥中县王宝镇沙滩腹地旅游区	绥中县王宝镇	0	2.55
			牛梅墓	绥中县孟家村	0	0.0404
			止锚湾风景区	绥中县前所镇大赵村—万家镇孟家村	25.42	14.34
小计					133.52	111.81

图 8-34 为辽宁海岸带旅游功能分区。

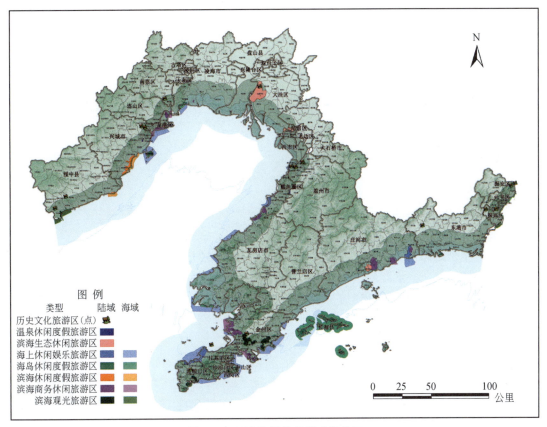

图 8-34 辽宁海岸带旅游功能分区

第九章　农业渔业功能区

第一节　农业渔业发展现状及存在问题

一、农业渔业发展条件

（一）区位条件

辽宁海岸带毗邻黄海、渤海，与日本、韩国、朝鲜临江相望，面向经济活跃的泛太平洋区域，处于东北亚经济圈的核心地带，是我国东北地区通往世界各地的海上通道，已经与世界上 160 多个国家和地区通航，四通八达的交通网络，物流通畅快捷，发展现代农业生产和加工的区位优势明显。

（二）土地资源

土地是农业生产所必需的独特生产要素，具有不可替代性。沿海六市海岸带地区多以平原为主，土地、耕地资源总量相对较多，而且海洋和滩涂资源十分丰富，其中，淡水水域面积约占 10%，耕地面积约占 20%，为海岸带农渔业的发展提供了土地保障。

（三）光热资源

辽宁沿海六市地理坐标处在东经 119°12′～124°22′、北纬 39°55′～43°26′，属于暖温带半湿润季风气候，四季分明，光照充足，雨量充沛。年日照时数在 2200 小时以上，年平均气温在 8～11℃，无霜期在 180 天左右。自然条件优越，沿海农业开发潜力巨大。

（四）淡水资源

辽宁沿海六市内河流众多，水网密布。年降水量在 600～1200 毫米。丰富的自然降水和过境客水，保障了沿海农渔业开发的用水需求。但是受自然条件影响，海岸带地区各流域间水资源量差异较大，丹东鸭绿江流域水资源丰富，占全省水资源总量 25% 以上，锦州和葫芦岛所处的辽西沿海诸河流域水资源量较少，占辽宁省水资源总量的 12% 左右，属于干旱缺水地区。

（五）渔业资源

　　沿海地区渔业资源目前可供利用的经济种类有 80 余种，其中，鱼类有 30 余种，海珍品有 3 种，虾类有 9 种，底栖贝类有 20 余种，海蜇有 2 种，海藻有 10 余种，其他约有 10 余种。毛虾、对虾、海蜇是闻名全国的三大地方捕捞品种。海岸带可供养殖滩涂面积约为 1600 平方公里，沿海港湾适宜养殖对虾面积为 600 平方公里，浅海增殖保护面积为 2700 平方公里。黄海北部约为 4600 平方公里，渤海近 700 平方公里的浅海水域是我国重要的海产品养殖基地之一，并拥有海洋岛和辽东湾两大渔场。鲍鱼、海参、海胆、扇贝、对虾、梭子蟹等优势种资源居全国前列，海带、裙带、大连湾牡蛎、大连紫海胆等是北方的地方种，刺参、皱纹盘鲍等均为同类中的优质良种。

二、农业渔业发展现状分析

　　辽宁沿海地区农渔业生产基础较好，2010 年第一产业总产值为 1499 亿元，占辽宁省的 48.3%，其中，农业总产值为 488 亿元，占全省农业产值的 42.8%，渔业总产值为 441 亿元，占全省渔业产值的 89.7%。图 9-1 为辽宁海岸带一般农田空间布局现状图，表 9-1 为沿海六市农业和渔业总产值占全省情况。

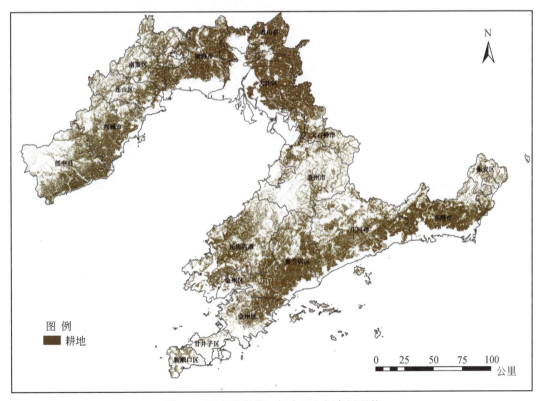

图 9-1　辽宁海岸带一般农田空间布局现状

表 9-1　2010 年沿海六市农业和渔业总产值占全省情况

地区	第一产业总产值（万元）	占全省的比例（%）	农业总产值（万元）	占全省的比例（%）	渔业总产值（万元）	占全省的比例（%）
全省	31 065 305	100.0	11 402 970	100.0	4 910 026	100.0
沿海六市	14 990 485	48.3	4 880 588	42.8	4 405 358	89.7
大连	6 290 488	20.2	1 658 685	14.5	2 446 164	49.8
丹东	1 675 524	5.4	549 073	4.8	534 050	10.9
锦州	2 911 063	9.4	1 108 701	9.7	295 016	6.0
营口	1 333 103	4.3	470 077	4.1	394 624	8.0
盘锦	1 404 272	4.5	619 980	5.4	470 111	9.6
葫芦岛	1 376 035	4.4	474 072	4.2	265 393	5.4

注：绝对数按当年价格计算

　　沿海六市基本农田和一般农田占地比例均较高，主要粮食作物播种面积和产量均占全省的 40% 左右，蔬菜产量约占全省的 45%，水果产量占全省的 75% 左右，花卉产值占全省的 46%，肉类产量占全省的 45%，水产品产量更是占全省的 92%。水稻、水果和水产品的产量居于全省前列，生产优势比较明显（表 9-2、图 9-2）。

表 9-2　2010 年辽宁沿海六市主要粮食作物产量和面积占全省比重（单位：%）

地区	水稻		玉米		薯类		大豆		蔬菜	
	产量	面积	产量	面积	产量	面积	产量	面积	产量	面积
沿海六市	40	48	38	36	54	50	57	50	37	40
大连	4	4	9	9	26	23	31	27	8	9
丹东	7	7	4	3	5	4	5	3	4	3
锦州	4	4	14	13	4	4	7	6	11	12
营口	6	9	2	1	0	0	1	1	2	3
盘锦	16	21	0	0	0	0	4	5	3	4
葫芦岛	1	1	7	7	16	17	6	5	6	7

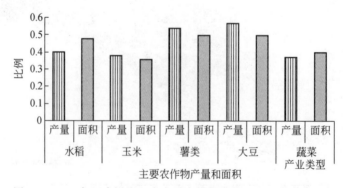

图 9-2　2010 年辽宁沿海六市主要农作物产量和面积占全省比例

辽宁海岸带园地主要分布在绥中、盖州及大连南部等沿海乡镇地区（图9-3），海岸带水果产量稳居全省70%以上，这与该地区得天独厚的适宜水果生长的气候是密不可分的，但是沿海地区2000～2008年水果产量年平均增长速度为5.9%，而其他地区的年平均增长速度为9.9%，这可能是由于沿海地区水果生产的增长潜力较小，而其他地区起点低，潜力较大。辽宁省沿海地区水稻产量占全国的46%，尤其是盘锦水稻产量约占全省水稻产量的16%，沿海地区2000～2008年水稻产量年平均增长速度为3.7%，而辽宁省其他地区为3.9%，但盘锦市同比增长4.3%，高于沿海地区0.6个百分点。

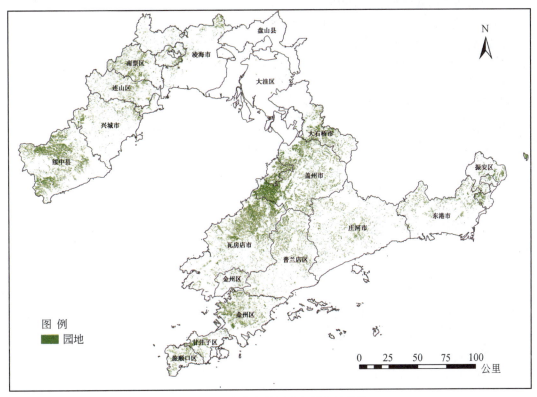

图9-3　辽宁海岸带园地空间布局现状

在"以养为主，养捕并举"的方针指导下，近几年辽宁海岸带地区渔业发展迅猛，"十一五"期间水产品产量年平均增长4.1%，而辽宁省其他地区水产品产量则出现负增长（−0.2%）。辽宁海岸带地区坚持面积、产量、质量和效益四重发展，制定了一系列措施，调动了渔民发展海水养殖业的积极性。此外，注重把科技投入海洋渔业养殖，开发了健康的养殖技术和生态型的养殖方式，不仅提高了经济效益，还促进了海洋渔业的可持续发展。在捕捞业中，海岸带地区近年来努力发展远洋渔业，压缩近海捕捞强度，推进远洋渔业稳步发展。从渔船数量和捕捞产量上看，在沿海11个省份中，辽宁省位居前列，是全国远洋渔业第一大省，远洋渔业产量约占全国远洋渔业总产量的20%。图9-3为辽宁海岸带园地空间布局现状图。

三、农业渔业空间分布分析

（一）水稻产业空间分布分析

辽宁省水稻种植区可划分为 4 个稻区，包括辽河平原稻区、东南沿海稻区、辽东山地冷稻区和辽西低山丘陵稻区，其中，辽河平原稻区水稻面积最大，是辽宁省水稻的主要产区，单产水平比较高，平均单产在 550 千克以上。

在国家水稻优势区布局规划确定的 82 个水稻重点县中，辽宁海岸带有 6 个，分别为大石桥市、大洼区、盘山县、东港市、庄河市、凌海市。

在海岸带水稻产业空间布局方面，水稻种植业主要分布在盘锦的大洼区、盘山县、东港市及大石桥市的营口平原地区，2010 年水稻种植面积分别为 59 333 公顷、43 264 公顷、44 158公顷、32 387 公顷；水稻产量分别达到 543 041 吨、373 801 吨、285 031 吨、360 154吨。另外，在庄河市、凌海市也略有分布，但种植面积和产量远低于以上四个县（市、区）。

（二）玉米产业空间分布分析

玉米是辽宁省种植面积最大的农作物，辽宁省和美国的艾奥瓦州处于同一纬度，属于黄金玉米带。根据自然条件、生产力水平、栽培历史和农民生产习惯，从玉米的生态学、生物学和经济价值进行综合分析，玉米理所当然是辽宁省的优势作物种群，是辽宁省经济效益、生态效益、社会效益最高，生产潜力和产量稳定性最好的作物，也是粮食生产中安全系数最大的品种。从辽宁省海岸带的空间分布来看，玉米播种面积及产量较高的县（市、区）主要包括北部的凌海市及辽东半岛的普兰店市、瓦房店市、庄河市等，2010 年玉米产量分别为 260 137 吨、282 016 吨、310 657 吨、367 291 吨；其次为绥中县、兴城市，玉米产量分别为 207 485 吨、189 917 吨。

（三）油料作物空间分布分析

辽宁沿海带的油料作物主要包括花生和大豆两种，但是随着农产品市场的开放，沿海地区大豆的优势已经逐渐萎缩，而花生的优势逐渐显现，并作为今后一个时期的发展重点。从沿海产业带来看，油料作物播种面积及产量较高的几个县（市、区）主要包括凌海市、大洼区、瓦房店市、普兰店市及庄河市等地区。尤其是辽西地区，由于部分乡镇是沙性土壤，种植玉米和大豆等作物产量低而不稳，花生栽培优势较为突出。

（四）蔬菜产业空间分布分析

辽宁省有 22 个县（市、区）被列为全国设施蔬菜优势区，其中 19 个县（市、区）

列入蔬菜重点核心区，7 个县（市、区）列入全国设施蔬菜出口优势区，4 个县（市、区）列入蔬菜出口重点核心区。从沿海产业带看，蔬菜播种面积及产量较高的几个县（市、区）主要包括辽东半岛的普兰店、瓦房店地区，辽河平原的凌海市、大洼区，以及辽西地区的绥中县，以上五个地区蔬菜产量分别达到 724 473 吨、681 749 吨、702 894 吨、742 510 吨、1 329 526 吨。

（五）水果产业空间分布分析

辽宁海岸带地处温带，辽南、辽西地区位于全国两大苹果优势区域之一的"渤海湾苹果优势产业带"内，十分适宜水果栽培。渤海湾的瓦房店、普兰店、庄河、盖州、绥中、兴城等 12 个县（市、区）被国家确定为苹果重点扶持基地县（市、区）。从水果产业在海岸带的空间分布来看，总产量最高的几个地区主要集中在大连的瓦房店、普兰店、庄河及营口的盖州、葫芦岛的绥中县等地区，其中，瓦房店的水果产量最高，达到 66 吨，盖州、普兰店及庄河水果总产量均在 40 万吨左右。

（六）水产品空间分布分析

辽宁省沿海可供养殖滩涂面积约为 1600 平方公里，沿海港湾适宜养殖对虾面积为 600 平方公里，浅海增殖保护面积为 2700 平方公里。黄海北部约为 4600 平方公里，渤海近 700 平方公里的浅海水域是我国重要的海产品养殖基地之一，并拥有海洋岛和辽东湾两大渔场。从空间分布格局，海岸带地区水产品较高的几个县（市、区）主要分布在辽东半岛东部海域附近，包括庄河市、东港市、普兰店市、金州区及辽河湾的大洼区、葫芦岛的绥中县，其中，庄河市水产品总产量最高，为 613 634 吨，其次为东港市和金州区，水产品总产量分别为 473 556 吨和 411 098 吨。

四、农业渔业发展存在的主要问题

1. 农田基础设施薄弱，机械化水平有待进一步提高

近年来，辽宁海岸带地区粮食综合生产能力虽有很大提高，但是也存在农田基础设施薄弱的发展问题。一是当前海岸带地区大部分农田水利设施"欠账"较多，老化失修严重，灌排能力下降。二是地区农业机械化水平不高，2010 年沿海地区水稻机械栽植水平仅为 34.5%，机收水平仅为 51.9%，玉米机收水平仅为 16%。三是乡镇农技推广站水稻技术推广人员处于新老交替阶段，技术人员短缺，基层推广部门工作经费短缺，在一定程度上制约了技术服务工作的开展。四是由于地形原因，粮食生产还存在着规模化程度较低的现象，农业资源利用率、劳动生产率及土地产出率均不高。

2. 水资源短缺制约水稻面积的进一步扩张

制约辽宁海岸带水稻产业进一步发展的主要因素是水资源。2000 年以来，由于水资源不足，辽宁多次出现旱改水、水改旱的局面。到 2003 年，全省水田面积已经减少到 600 多万亩。近几年，辽宁省水资源相对比较丰富，水田面积恢复性发展的速度加快，保障了 1000 万亩的总体规模。但如今水资源已经没有潜力可挖，水资源约束了水田面积的进一步发展。辽宁多年平均水资源总量为 342 亿立方米，其中，地表水资源量为 302.49 亿立方米，地下水资源量为 124.68 亿立方米，人均水资源占有量为 547 立方米，为全国人均水资源量的 1/3，世界人均水资源量的 1/12。按照国际惯例，人均占有量 1700 立方米为临界线，人均占有量 1000 立方米以下为贫水区，人均占有量 700 立方米以下为严重贫水区。辽宁海岸带地区除了辽东半岛东部地区外均为严重贫水区，导致种植业结构调整困难。水资源总量不足与分布的不平衡，特别是与用水需求极不协调，已经成为制约辽宁水稻生产持续发展的瓶颈。

3. 大豆产业逐渐萎缩，花生产业链条较短

为振兴大豆产业，国家从 2000 年开始实施高油大豆良种补贴项目，2004 年开始实行种植补贴，2010 年将良种补贴政策扩大为全覆盖，这一定程度上推动了辽宁沿海带大豆生产的发展。但是，由于辽宁海岸带地区大豆种植粗放、亩产低，无法保证统一品种统种统收，竞争力偏弱，导致种植面积萎缩。据不完全调查，近几年辽宁省大豆加工能力较强的大豆油脂企业有 38 家，年加工能力为 627 万吨，而大豆种植面积和产量十分有限，产销矛盾突出，远不能满足大豆加工企业的生产需求，不得不依靠进口维持生产。另外，在油料作物种植方面，还存在着花生产业链条较短的问题，辽西北花生主产区加工能力偏低，专业交易市场、物流中心与信息发布平台尚未形成，产业链条短，影响沿海花生产业的快速发展。

4. 果品结构不尽合理，产品质量亟待提高

首先，沿海带果品结构不尽合理，鲜食品种多，鲜食加工和加工型品种少；晚熟品种多，中早熟品种少；普通质量的果品多，高档果品少。其次，果业产学研结合不够紧密，自主创新能力还不强，缺少具有自主创新知识产权的水果科技成果和品种，尤其是辽西地区的技术水平与先进地区相比差距较大，地区间发展不平衡。最后，果业产业化体系不健全。辐射带动作用较强的龙头企业和农民之间没有形成密切的利益共同体，果业标准化水平不高，产品附加值较低，产品质量亟待提高。

5. 近海污染严重，养殖管理粗放，海洋渔业的发展空间面临转移

辽宁沿海地区工业比较发达，近海污染严重，对土地和海洋都产生深远的不良后果，严重影响农产品的品质及数量。辽宁近海海域平均每年受纳来自工业企业、生活、农田、养殖和船舶等各类污水约 3 亿吨，造成近海海域生态环境质量下降。其中，陆源污染占整

个海洋污染的80%，船舶污染占15%，海水养殖、海洋矿藏开发造成的污染占5%。海域污染严重改变了鱼虾的洄游路线，同时对鱼虾幼体的成长发育产生了不利影响，加之捕捞强度过大，致使近海海域渔业资源明显减少，有些鱼种已不能形成鱼汛甚至绝迹。沿海地区拥有资源的滩涂多数已被承包管养，养殖过程中普遍存在着操作简单、管理粗放、技术落后等现象。养殖及管理方式的不规范严重影响了养殖单产水平的提高，使得滩涂资源的效益得不到很好的发挥。同时由于技术滞后于生产，病害防治、品种更新等难以适应生产发展的需求。此外，养殖生产还存在着一定的盲目性，一些新品种的引进实验缺少一定的科学性，致使养殖业的发展不稳定甚至导致一些不必要的损失。港口、滨海旅游业、临港工业的日益发展给海洋渔业发展带来了一定的压力，使近岸海洋渔业发展空间不断减小，海洋渔业的发展空间逐渐紧缩。

6. 缺乏知名龙头企业带动，农企利益联结机制有待进一步完善

由于受企业制度落后、投入少、科技创新能力不足、品牌不亮、市场开拓能力不强等多种因素影响，辽宁海岸带缺乏全国知名、拉动能力强的大型龙头企业。此外，由于农企合同订单兑现率较低，农企双方的信用机制没有充分建立起来，信用意识较为淡薄，合同不规范，合同履行难，同时，真正实行让利于农、返还利润的龙头企业很少，农户收入增长空间较小。

第二节　农渔业发展模式及经验借鉴

一、发达国家农渔业典型发展模式及经验借鉴

（一）丹麦模式

（1）发挥政府职能，实现农渔业计划性与市场性紧密结合。政府对农渔业的计划性主要指国家对农场主制定的保证食品安全和保护环境等的法律法规，以及用配额来调节持续的市场供应、稳定生产和地区均衡。政府对农渔业的市场性体现在对国内农渔业市场资源进行最佳配置和扩大国际出口贸易。因此，在计划的指导下，大力发展以农渔业出口为导向的市场经济是丹麦农渔业的一大特色。

（2）建立"大农渔业"理念。丹麦建立了"大农渔业"理念，不仅将农渔业看作经济基础，还看作社会、人文事业发展的基础。农渔业的功能不仅是满足人民温饱的需求，更重要的是注重农产品的卫生、质量、营养和安全，还包括农渔业与生产、生活、生态之间的关系，特别注重农渔业与生态之间不可分割的重要关系。

（3）大力发展农民合作组织。合作社通过对生产要素的优化配置及农产品的产业化生产经营，把分散的家庭农渔业生产活动集中成为一条龙的生产经营体系，从而既解决了协

作体内农户生产的销售问题又解决了加工单位原料供应不足的问题。

（4）高度重视环境保护。丹麦政府制定的环保法、国内的环保产业及公民的环保意识在世界上都是名列前茅的。废渣、废气、废水都要经过净化处理，符合标准才可以排放。

（5）高新科技与严格管理相结合。丹麦非常重视将农渔业科研成果与严格管理相结合。以肉猪业为例，不同品种的猪都规定了科学的饲料成分配比和饲养方法，而且从种猪的选用、仔猪的饲养、成猪的屠宰加工直到精加工成品，都经过非常严格的程序，全程都要经过高标准、严格的质量与卫生控制和监督。

（二）美国模式

（1）完备的农渔业法规体系。美国的农渔业法规体系主要包括农渔业生产过程控制、农产品价格保护、农渔业金融信贷、土地保护、剩余或废弃农产品处理、农产品出口贸易等相关内容。除了综合性的农渔业法规体系以外，政府还制定了30多部单项农渔业法规，各州政府一般也都颁布执行较为全面的综合性农渔业法规。

（2）政府的金融支持。政府的金融支持主要包括农渔业补贴和信贷支持。农民可以从商业银行、保险公司、农渔业信用系统等许多机构获得贷款。政府还设有农渔业可持续发展赠款，帮助农民从可持续发展的角度进行农渔业生产。另外，农渔业补贴也是美国农民收入的保障。

（3）健全的市场机制。第一，土地和人力资源市场化。农民拥有土地所有权或经营权，农场主可以对土地进行自由处置。农渔业及相关产业的人力资源按照市场需求在各相关部门中进行优化配置。第二，生产资料供应市场化。美国农民在生产过程中使用的一切生产资料都由农民自主选择。第三，农产品销售市场化。农民根据市场供需选择优质的、易销售的农产品进行生产。

（4）高新技术在生产过程中的广泛渗透。第一，庞大的农技推广体系为高新技术在生产过程中的广泛渗透提供了保障支持。第二，美国农渔业运用的大量现代科技手段，以及计算机在农渔业生产中的广泛应用，使美国的农场管理、生产和科研实现了高质、高效和高收益。

（5）完善的农渔业信息服务系统。农业部建立了健全、完整、庞大的信息服务系统和全球电子信息网络以保证信息来源，而且各家新闻媒体能够免费发布农业部的市场信息。农业部通过立法来保障农产品市场信息的收集和发布，还对整个过程及涉及人员进行统一管理，并建立相应的管理制度，从而实现市场信息收集和发布的标准化、规范化。

（三）韩国模式

（1）完善的农渔业保护政策。提高农产品的收购价格，改善农产品和农用机械的流通环境，推行"农工地区"计划，调整农渔业结构和农村产业结构，加快基础设施建设。另外，政府还采取扩大农用贷款规模、支持农渔业协会发展、限制国外农产品进口等措施，以实现对本国农渔业发展的支持和保护。

（2）大力开展农村经济社会建设。政府非常注重对农民生产和生活环境的建设，以缩小城乡差别。建设重点涵盖了农村经济社会的各个方面，并融入了更多的文化内涵。

（3）高度重视农技推广工作。韩国农渔业是在农林水产食品部下属的农村振兴厅的统一负责下，由全国各道市郡的农村振兴院和农村指导所开展具体工作，进行农渔业科研和科技推广工作。同时通过举办各种交流会和学习班，充分利用各种设施和手段，对农民进行农渔业生产技术、经营和管理、农渔业政策等方面的培训。

（4）大力发展高附加值农渔业。韩国政府大力发展高附加值农渔业，并将重点放在发展"本土特产"和设施园艺上。发展"本土特产"的目的是开发具有传统民族特色的产品。发展设施园艺的目的是提高农产品质量、产量及农产品附加值。

（5）构建全国性的农渔业信息服务网络。韩国利用计算机网络和遥感技术等高科技手段，建立了全国性的农渔业信息服务网络，能够给农民提供最新的农渔业生产技术和及时、准确的市场信息，从而更好地引导农民参与市场。

二、都市农业发展路径及经验借鉴

（一）国外发展都市农业的主要做法

（1）美国。美国都市农业的主要形式是耕种社区（或称市民农园），是一种农场与社区互助的组织形式，参与市民农园的居民与农园的农民或种植者共同分担生产成本、风险及盈利，为农园提供固定的销售渠道，农园尽最大努力为市民提供安全、新鲜、高品质且低于市场零售价的农产品，实现互惠互利。

（2）德国。德国都市农业以市民农园为代表。市民农园的土地来源于两大部分，一部分是镇、县政府提供的公有土地，另一部分是居民提供的私有土地。每一个市民农园的规模约有2公顷。大约50户市民组成一个集团，共同承租市民农园，租赁者要与政府签订为期25~30年的使用合同，经营什么、如何经营，政府都不加干涉，但其产品却不能出售，这是与美国市民农园的主要区别之一。

（3）日本。日本的都市农业有三种主要模式，一是观光型农业，即设立菜、稻、果、树等田园，吸引游人参观体验，其实质是农业与旅游业的结合；二是设施型农业，即在一定区域范围内运用现代科技与先进的农艺技术，建设现代化的农业设施，一年四季生产无公害农副产品；三是特色型农业，即通过有实力的农业集团建设一些有特色的农副产品生产基地，并依托先进的科技进行深层次开发，形成在国际市场具有竞争能力的特色农业。

（4）法国。法国都市农业的形式多样，主要有家庭农场、教育农场、家庭农园等，而且对农业的投入每年都不断增加。

（5）新加坡。新加坡的农业是高科技、高产值的都市农业，其主要模式有：一是现代化集约的农业科技园，基本建设由国家投资，然后通过招标方式租给商人或公司，租期为

10 年；二是农业生物科技园，主要进行新农业技术研究与开发工作；三是海水养殖场，主要有圣约翰岛水产养殖中心和使用浅水养殖法的樟宜鱼养殖研究处。

（6）荷兰。荷兰是欧洲最具有现代都市农业国际化、专业化、优质化和高新技术特征的"花卉之国"，该国借助于发达的设施农业，集约生产经营花卉、蔬菜及奶类动物食品，使其人均农产品出口创汇居于世界榜首，成为全球现代都市农业的典范。

（二）国外都市农业发展的经验

（1）先进的科学技术是都市农业发展的重要支撑。发达国家都市农业在工业化、现代化的基础上进步很快，已经跳出了传统的以化肥、农药、机械为主要技术投入的常规现代农业阶段。广泛采用生物技术，农业技术变革成为推动其发展的主要动力。产品技术附加值高、设施技术普及、技术绿色化等成为主要的技术特征。

（2）完善的生产流通体系是都市农业发展的保障。发达国家的都市农业走向了产业一体化、城乡一体化发展，已没有农村工业的概念，把农业作为一个完整的产业来对待，整个生产体系专业化程度较高，产业相关的横向行业配套齐全，生产规模化、企业化、商品化、外向型，同时还建立了规范的农产品市场体系。

（3）建设完善的科、教、推广体系是发展都市农业的有效手段。发达国家都市农业的科研、教育、推广各环节与市场体系紧密联系，科研成果市场化转化速度快。同时，各国政府都较重视农业教育，也把增加对农业的科研投入视为自己保持农业领先水平的有效手段。

（4）宏观管理不断适应市场需求是都市农业发展的有力支持。各发达国家都市农业的宏观管理政策主要表现为：加强农产品标准体系建设和规范化管理、建立健全的法律法规制度、重视农村环境建设、实行"大农业"式的行政管理体制、实行国际协调和合作管理、加强科技开发及设施投入、加强与专业合作组织的合作、给予技术与经营指导、重视教育并积极培养农业发展的后备力量、搞好基础设施建设、运用农业补贴政策等特征。

三、农渔业产业化经营模式及经验借鉴

1. 因地制宜发挥自身的比较优势

发达国家在发展农渔业产业化过程中，都能够从本国的具体国情出发，依据自身的资源条件和社会经济发展水平，因地制宜地采取适合本国国情的农渔业产业化发展之路。例如，美国属于人少地多的国家，农场经营规模比较大，便发展大豆、玉米、小麦等土地密集型大宗农产品，取得了很好的效果，在国际市场上占据了很大的市场份额。

2. 打造坚实的科技教育基础

在农渔业产业化经营过程中，发达国家都十分重视农渔业教育、科研和技术推广普及，从而为提高农渔业产业化体系的竞争力奠定了基础。以荷兰为例，首先，建立了相当

完善的农渔业教育体系。荷兰的农渔业教育体系由初等、中等、高等和大学四个层次组成；此外，还有农渔业职业教育和技术培训系统作为补充。其次，农渔业科研工作分工明确，分别由农渔业试验站、区域研究中心、研究所和大学等部门承担。再加上经费充足、先进设备支撑，使其许多研究领域在世界处于领先水平，研究成果及时推广应用到农渔业生产和经营中。

3. 大力引导和支持农民合作组织的发展

发达国家在农渔业产业化的过程中，出于保护农民的利益和发展本国农渔业的考虑，政府一般都制定了相应的法律法规及优惠政策来引导和支持合作组织的发展。一是建立健全有关法律、法规，为农民合作经济组织的健康发展创造前提条件。二是政府实施优惠的经济政策，对农民合作经济组织的发展给予财政、金融等经济支持和税收减免等。例如，德国政府为支持合作社的发展，对合作社用税后利润进行投资的部分免征所得税；支持信贷合作社向农民提供低息贷款，给予合作社一定的利息补贴和财政支持。

4. 充分发挥政府的职能作用

从总体上看，发达国家政府在农渔业产业化发展过程中起到了不可忽视的作用。具体包括政策扶持与引导作用、宏观管理与调控作用；制定和实施相关优惠政策，引导农渔业产业化的发展；对农渔业进行高效的宏观调控管理与服务等。

四、农渔业流通体系建设及经验借鉴

1. 重视政府的引导和调控作用

在农渔业生产和流通中，美国政府一直扮演着"引路人"的角色：颁布法律、制定政策，全方位地引导和规范农渔业健康发展。日本政府一直对大米等主要农产品实行价格保护政策，在大米等农产品进口方面，还设有数量限制及农产品检疫等非关税壁垒，目的是保证农民的生产积极性，保证城市得到可靠的供应，在对外贸易中保护自己的利益。

2. 发达的农产品购销体系

完善的农产品购销体系是农渔业流通现代化过程中的必要条件。美国的农渔业合作社通过分散经营和集中运销的市场化运作方式，构建了农村市场机制的传送模式，解决了生产、购销和市场的一系列矛盾，化解了农户的经营风险。美国交通发达，流通效率非常高，农产品通过配送直接进入市场，营销渠道短，流通环节少，大大降低了不必要的费用。

3. 协调小生产与大市场间的矛盾

日本、法国的农渔业生产是建立在分散的一家一户基础之上的。这种小规模经营方式使得单个农户身单力薄，不足以抗御自然灾害和市场风险，农协的建立很好地解决了这个矛盾。辽宁海岸带地区可以以市为单位建立省际合作经济组织，这样就相对容易管理和协调，并且可以依据各自区域的自然经济条件，发挥彼此的优势，构造农渔业流通市场机制的传送组织，解决生产与流通的诸多矛盾。

4. 发展农家特色超市

西方国家农产品主要通过大型超市销售，集贸市场和其他小商业点的销售量比较少。当前辽宁海岸带农村大部分地区农民购买商品一般还是通过集贸市场和乡村小店铺，农村超级市场远未普及。如果能够把传统夫妻店、小杂货店改造为农家超市，在乡村普遍建立连锁门店，使农村商品销售也实现集中配送，将可以大大加快流通效率，节省交易成本。

5. 农产品出口的集约化

美国和法国是农渔业生产大国，政府通过为农民提供补贴和对外贸企业提供政策支持，鼓励农产品出口，为剩余农产品找到了出路。辽宁海岸带在发展农产品流通现代化过程中，也应当大力支持过剩农产品的内销和出口。在产地建立加工贸易企业，由这些企业收集国内外市场信息，然后指导农民进行有计划的生产活动，努力使农产品适应市场需求，符合行业包装与卫生标准，实现收购、运送和销售的一条龙作业。

五、农渔业科技创新体系建设及经验借鉴

1. 农渔业科技创新体系多层次、参与主体多元化

综合分析美国、日本、荷兰等几个典型国家的农渔业科技创新体系基本框架，从层次看，各国均形成了国家、地方、企业相互协作的多层次农渔业科技创新体系，国家和地方层次清晰，分工不同，职责不同。从参与主体看，农渔业科技创新体系的参与主体涉及企业、大学、科研机构、推广机构、农渔业企业、农民、农渔业合作组织等。在各主体构成的体系网络里，科技流、资金流、人才流、信息流交互式流动频繁，保持了农渔业科技创新的稳定性、持续性和前瞻性。

2. 政府作用发挥举足轻重

在农渔业科技创新体系建设中，政府无论是采取直接干预方式（如日本）还是间接干预方式（如美国），均实现了对农渔业科技创新资源的有效配置。因此，政府发挥具有不可替代性的作用。政府通过宏观调控，综合运用法律、经济、财政等手段消除创新主体间协调沟通的障碍，为农渔业科技创新体系建设营造了一个较为完善的农渔业科技转化制度环境和有效的运行机制，促进了科研体制改革。

3. 加强法律保护保障

建立知识产权保护法，保护农渔业科技创新主体的利益免受侵害，激励各主体积极参与农渔业科技创新活动，消除因信息交流不当产生的知识产权纠纷。用法律法规保障各国农渔业科技研发、推广资金投入的比例和数量，重点支持具有社会效益、生态效益而无经济效益

或经济效益较弱的基础性、前瞻性研究，保障农渔业科技推广机构推广经费来源的稳定。

4. 资金投入保障有力

随着各国对农渔业科技生产力作用认识的不断提高，对农渔业科技创新体系重视程度的不断加大，对农渔业科技创新各方利益主体的保护，各国已经形成由政府公共投资和企业、社会机构等私人投资共同分担的农渔业科技创新体系建设资金投入模式，投资主体多元化、投资来源多渠道。

5. 产学研合作密切

各国在农渔业科技创新体系建设中十分注意产学研密切合作，注重农渔业科技与农渔业生产的有效结合。各国实践表明，产学研合作成功主要得益于政府参与的引导性，创新主体间介入、组合方式的灵活性，农渔业科技成果转移、推广衔接的无缝性，创新主体间利益保护的有效性。

六、农渔业信息化建设及经验借鉴

（一）美国农渔业信息化建设的经验

（1）强调政府在农渔业信息化建设中的主导作用。以市场为中心，建立起强大的政府支撑体系，为农渔业信息化发展创造环境，提供政府担保、税收优惠等一系列优惠政策，刺激资本市场的运作，推动农渔业信息化的快速发展。

（2）农渔业信息资源共建共享。在信息爆炸时代，提供快捷、可靠、高质量的农渔业信息，单靠某个单位的有限力量是很难实现的，信息资源共建共享变得越来越迫切和必要。1995 年，美国成立农渔业网络信息中心，该农渔业网络信息中心联盟分别围绕农渔业、林业和社会科学等主题进行信息的收集工作。通过该农渔业网络信息中心联盟的门户网站，全球用户都可获取丰富可靠的信息。

（3）建立完善的农渔业信息资源管理法律体系。在农渔业信息资源管理法律体系建立方面，美国形成了一套从信息资源采集到发布的完整的立法管理体系，其中包括信息资源的收集与发布，个人隐私权保护等，并注重监督效力，依法保证信息资源的真实性、有效性及保护知识产权，维护信息资源主体的权益，以达到农渔业信息资源的合理共享。

（二）日本农渔业信息化建设的经验

（1）政府十分重视农渔业信息化体系建设。日本政府重点支持农渔业信息化领域，全国各地农渔业信息服务系统均由政府投资。主要通过中央政府和地方政府划拨预算，专业公司招标承建的方式，建设那些资金投入大、技术难度高的大容量通信网络，推进农渔业信息基础设施的稳固建设。

（2）计算机网络系统应用广泛。日本建立了农渔业技术信息服务全国联机网络，其核心是电信电话公司的实时管理系统，将大容量处理计算机和大型数据库系统、气象预报系统、互联网网络系统、高效农渔业生产管理系统、温室无人管理系统及个人电脑用户等连接起来，农户可依农作物品种或按地区特点，通过 DRESS 或者机构联网系统，查询有关农作物栽培等方面的技术资料。

（3）建立地域农渔业信息系统。主要依靠政府拨款，从发展地域农渔业信息系统入手，建立起发达的有地域特色的地域农渔业信息系统。

（三）法国农渔业信息化建设的成功经验

（1）重视计算机及互联网在农渔业中的应用。目前，从上到下的法国农渔业部门都各自具备信息数据库，以及计算机局域网和广域网。

（2）农渔业信息服务主体多元化。在法国农渔业部的农渔业网站指导中收录的具有代表性的涉农网站多达 700 个。这些网站因彼此的服务内容、服务对象各不相同，形成了良好的互补关系，成为推动法国农渔业信息化的主要动力。法国国家农渔业部、省农渔业部门和大区农渔业部门主要负责及时发布政策、市场动态、统计数据等信息，并且提供的农渔业信息服务都是免费的。

（四）韩国农渔业信息化建设的成功经验

（1）加强政府在农渔业信息化中的作用。政府不断完善农渔业信息化发展战略，加大对信息网络基础设施的投入与建设。1986 年，政府在建设信息网络领域的资金总投入高达 20 亿美元，占政府投资总额的 7.7%。到 1994 年，又颁布了《农渔业振兴计划和农业政策改革计划》，以加强信息技术的综合应用。

（2）利用多媒体远程教育系统推广农渔业技术。韩国农渔业信息化建设的突出特点是利用远程教育系统推广农渔业技术。该系统利用专用网与公用 Internet 相连，通过电讯实现点对点单向的多媒体信息广播和双向多媒体信息交换。通过 Internet 会议系统对农民进行培训，利用地方农渔业技术中心网站和农村振兴厅的网站向农场主提供信息等。

第三节　农业渔业区功能定位与遴选方法

一、农业渔业区功能定位

（一）战略定位

《辽宁沿海经济带发展规划》围绕"大力发展现代农业"，重点阐述了"全面推进农业结构调整""加快建设农产品加工基地""建立健全农业技术服务和安全防控体系"三方面重点任务。基于以上对海岸带农渔业发展现状及上位规划指导的解析，该规划确定辽宁海岸带农业渔业区定位为：立足辽宁沿海，依托环渤海地区，服务东北振兴，面向国内外，打造全国重要的优质特色农渔业生产、出口和加工基地；东北地区海洋绿色生态养殖和水产品加工出口基地；辽宁省现代农渔业发展先导示范区。

（二）战略重点

以高效合理利用农渔业资源、规范农渔业发展空间秩序为抓手，依靠科技创新，加快提高土地产出率、资源利用率、劳动生产率，实施创新支撑发展战略；营造良好的品牌发展氛围，逐步形成培育品牌、品牌促进的良性循环，实施品牌引领发展战略；加快"走出去"步伐，提高"引进来"质量，不断提高利用两个市场、两种资源的能力，实施开放驱动发展战略。

二、农业渔业区遴选原则

1. 可持续发展原则

促进农渔业资源的合理利用和开发，避免盲目的资源开发和生态环境破坏，增强区域社会经济发展的生态环境承载能力，促进区域经济社会的协调发展。

2. 区域分工完整性与主导功能定位原则

以农渔业主导功能为主，充分考虑农渔业功能的多样性，确保农渔业功能分区的完整性，按照农渔业多种功能有序开发、发挥比较优势的要求，突出主导，突出重点，统筹兼顾。

3. 区内相似性和区间差异性原则

区内相似性是凝聚力的基础，区间差异性是区间合理分工、通力协作的保障。把握本原则有利于农渔业资源的优化配置和区域政策的有效实施。

4. 可操作性与可调整性

农业渔业区划分的形成与一定范围的自然环境与社会经济因素相关，要充分考虑当前实际，使区划具有可操作性。在农业渔业区遴选中适当兼顾行政区域的完整性，必要时做出适当调整，有利于农业渔业区划分方案的实际应用和普遍接受。

三、农业渔业区划分方法

(一) 划分指标确定

在自然地理基本条件分区的基础上，以辽宁海岸带农业生产的基本特征为数据来源，本研究共选取 3 个指标组对辽宁海岸带进行农业渔业区划分。

1. 产业区位熵

产业区位熵表示 i 地区 k 行业产出 X_i^k 在本地总产出中的份额与整个 k 行业占区域经济总产出的份额之比，用以反映区域产业专业化程度。

$$LQ_i^k = \frac{X_i^k / \sum_{i=1}^{n} X_i^k}{\sum_{k}^{N} X_i^k / \sum_{k}^{N} \sum_{i}^{n} X_i^k} \quad (i = 1, 2, 3, \cdots, n; k = 1, 2, 3, \cdots, n) \tag{9-1}$$

2. 产业规模

产业规模评价标准包括产业绝对规模系数和产业扩张弹性系数两个指标。

产业绝对规模系数 (J_i)：是产业总产出与区域总产出的比值，是反映产业绝对规模的指标。

$$J_i = \frac{X_i}{\sum_{i=1}^{n} X_i} \quad (i = 1, 2, 3, \cdots, n) \tag{9-2}$$

式中，X_i 为产业总产出。

产业扩张弹性系数 (T_j)：是产业增加值与全部产业增加值的比值，用以反映产业未来扩张潜力大小。

$$T_j = \frac{Z_j}{\sum_{j=1}^{n} Z_j} \quad (j = 1, 2, 3, \cdots, n) \tag{9-3}$$

式中，Z_j 为产业 j 的增加值。

3. 经济技术

经济技术评价标准包括增加值率、劳动生产率两个指标。

增加值率 (C_j)：是产业 j 的增加值占该产业总投入的比重。

$$C_j = \frac{Z_j}{X_j} \quad (j = 1, 2, 3, \cdots, n) \tag{9-4}$$

劳动生产率 (S_j)：以劳动者报酬与增加值对比，反映产业活劳动消耗的经济效益。

其正指标是产业劳动报酬产出率，逆指标为产业每生产单位增加值需要消耗活劳动的数量。

$$S_j = \frac{Z_j}{L_j} \quad (j = 1, 2, 3, \cdots, n) \tag{9-5}$$

式中，L_j 为产业 j 的劳动消耗。

（二）数据处理及划分方法

1. 数据无量纲处理

由于对分区的研究是在多指标的基础上进行的，不同的指标值具有不同的单位和量纲，其数值的变异可能是很大的，这就会对分类结果产生影响。因此，在进行聚类分析之前，首先要对各个参与分析的指标值进行无量纲处理。该研究按照式（9-6）对指标数据进行无量纲处理，公式如下：

$$X_i = \frac{x_i - \bar{x}}{S^*} \tag{9-6}$$

式中，X_i 为处理后标准化数据；x_i 为原始数据；$\bar{x}$ 为原始数据均值；S^* 为原始数据的修正标准差。

2. 区域优势产业确定

基于威弗-托马斯组合指数模型，建立一种综合打分排序的方法，主要步骤如下：

（1）设有 n 个产业。$E(i, 1)$，$E(i, 2)$，$\cdots$，$E(i, m)$ 是对应于第 i 产业的 m 类指标值（$i = 1, 2, \cdots, n$）。将 $E(1, j)$，$E(2, j)$，$\cdots$，$E(n, j)$ 按从大到小的顺序排列（$j = 1, 2, \cdots, n$）。

（2）计算第 i 个产业在第 j 个指标下的威弗-托马斯组合指数，计算公式为

$$w(i, j) = \sum_{k=1}^{n} \left[s(k, i) - 100 \times \frac{E(k, j)}{\sum\limits_{l=1}^{n} E(l, j)} \right]^2 \tag{9-7}$$

其中，$s(k, i) = \begin{cases} \dfrac{100}{i} & (k \leq i) \\ 0 & (k > i) \end{cases}$

（3）确定第 j 指标下的优势产业。设其优势产业个数为 k，则 $k = \min\{w(1,j), w(2,j), \cdots, w(n,j)\}$，优势产业集合为：$w(k,j) = \{1, 2, \cdots, k\}$。

（4）在不同的指标下根据威弗-托马斯组合指数的大小给各产业打分，具体的打分方法是：该指标的最后一个优势产业的得分为 1，每超过一个增加 1 分，每落后一个减去 1 分。

（5）计算各产业综合得分。设 i 产业在 j 指标上的得分为 $a(i, j)$，则 i 产业的综合

得分为：$a_i = \sum_{j=1}^{n} \omega_j \times a(i, j)$（$\omega_j$ 为对应于 j 指标的权数）。

将各产业的得分按由大到小的顺序排序，得分大于或等于 1 的产业为优势产业，得分小于 1 的产业为非优势产业。

3. 划分方法

利用 SPSS 12.0 软件的聚类分析功能，对标准化后的指标值进行聚类分析。聚类分析完成后，利用 ArcGIS 10.0 软件将聚类结果与辽宁海岸带 1∶25 万地形图和 DEM 等进行空间叠加处理，在叠加处理过程中，重点考虑海岸带的地形地貌和水热组合等自然地理特征对农业生产和社会经济发展的影响，按照地理空间分布相对连续、县（区、市）行政界线保持相对完整的原则，对初步分区结果进行调整，最后得到辽宁海岸带农业功能分区最终结果。

第四节　空间分布与主导因素分析

一、农业渔业区空间分布

（一）农业渔业区总体空间分布

在辽宁海岸带农渔业发展现状分析的基础上，综合考虑其自然条件和生态环境建设的要求，结合相关规划，将辽宁海岸带农业种植区划分为辽西地区农业区、辽东半岛农业区、辽河平原农业区三大优势区；渔业划分为六大区，分别为辽西海域渔业区、辽河口临近海域渔业区、辽东半岛西部海域渔业区、辽东半岛南部海域渔业区、长山群岛海域渔业区、辽东半岛东部海域渔业区（图 9-4）。

（二）农业区空间分布

在辽宁海岸带总体空间格局基础上，综合考虑其自然条件和生态环境建设的要求，确定优质稻米、玉米、大豆、花生、专用薯类及水果、蔬菜等作为沿海区域农业发展的优势产品，从产品开发入手，推进优势特色产品向优势产区集中，形成辽西地区农业区、辽东半岛农业区、辽河平原农业区三大优势区（图 9-5）。

——辽西地区农业区：包括绥中县、兴城市及连山区等沿海地区，未来应着力打造水产、水果等出口型农产品加工业，加强精品农业、特色农业和创汇农业基地建设。本区绥中县境内着重发展玉米、花生及食用菌产业，兴城市及连山地区着重发展花生及食用菌产业，凌海市地区重点发展水稻、玉米及花生产业。

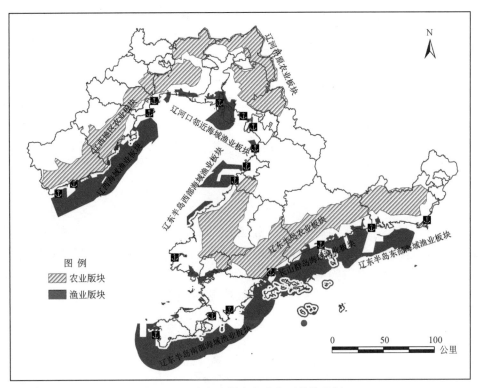

图 9-4 辽宁海岸带农业渔业区总体规划

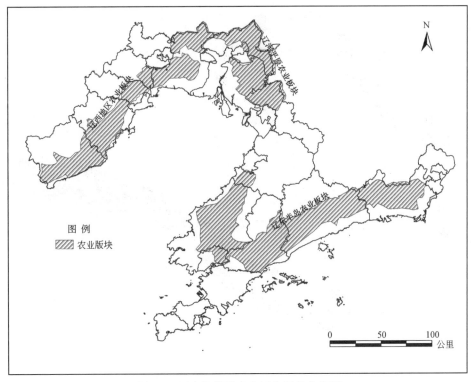

图 9-5 辽宁海岸带农业区空间分布规划

——辽河平原农业区：包括凌海市北部乡镇、盘山县、大洼区及大石桥市北部地区，未来应在建立大型优质稻米、精品蔬菜生产基地的基础上，重点发展专用品种的专业化生产。

——辽东半岛农业区：包括盖州市西南部乡镇、瓦房店、普兰店及庄河市、东港市部分地区。未来本区内应加强生态环境建设，大力发展节水旱作农业。本区盖州区域内重点发展水果种植产业，瓦房店、普兰店等地区重点发展玉米、水果、蔬菜及大豆等产业，庄河及东港地区重点发展水稻、大豆、食用菌及薯类产业。

（三）渔业区空间分布

依据《辽宁省海洋功能区划》，基于对辽宁省海岸带的地理位置、自然资源和环境状况分析，综合考虑海岸带开发利用现状和社会经济发展需求，划分海岸带渔业区布局。规划确定辽宁海岸带六大重点沿海渔业区，分别为辽西海域渔业区、辽河口临近海域渔业区、辽东半岛西部海域渔业区、辽东半岛南部海域渔业区、长山群岛海域渔业区、辽东半岛东部海域渔业区（图9-6）。

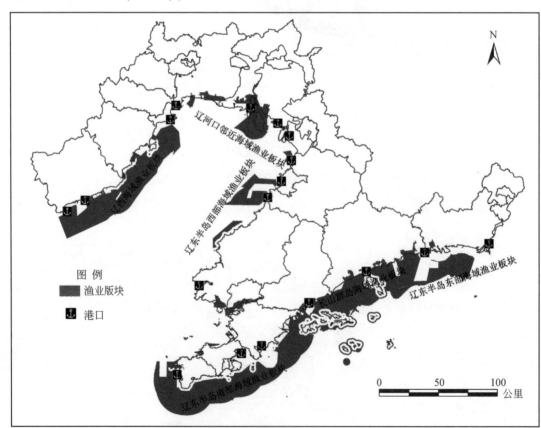

图9-6　辽宁海岸带渔业区空间分布规划

——辽西海域渔业区：海岸线自锦州湾至绥中万家镇辽冀海域分界线，位处辽宁海岸带与京津冀经济区的接合部；绥中沿岸、兴城海滨、觉华岛等滨海旅游条件优越，近海矿产、油气和渔业资源丰富。本区域功能定位为滨海旅游、港口航运和渔业资源利用。未来应发展连山区、北港工业区、兴城临海产业区和绥中滨海经济区临海产业，加强近海和中深海渔业资源养护与利用。

——辽河口临近海域渔业区：海岸线自营口白沙湾至锦州港，此区域是辽宁沿海经济带"主轴"的重要部分，是我国重要的油气资源区、环渤海重要的滨海湿地保护区和东北地区重要的出海通道。本区域功能定位为港口航运、海洋保护、矿产资源开发和临海工业与城镇。在渔业发展方面未来应在保护双台子河、大凌河河口湿地系统，开发辽东湾顶滩海油气资源，建设鲅鱼圈北部、营口沿岸、辽滨、龙栖湾临海临港产业的基础上，推进营口白沙湾、北海新区、辽滨、笔架山沿岸滨海旅游和城镇建设，加强凌海和盘山浅海区域渔业资源养护与利用。

——辽东半岛西部海域渔业区：岸线自大清河口至旅顺老铁山西角，海区港口航道自然条件优越，本区域的旅顺西部、金州湾北部、瓦房店市北部滨海旅游资源丰富，海砂矿产资源和海洋风能开发潜力较大，海域生物多样性显著，斑海豹、蝮蛇等是国家重要的生物保护物种。本区域功能定位为港口航运、临海工业和城镇、滨海旅游和海洋保护。

——辽东半岛南部海域渔业区：海岸线自旅顺老铁山西角至登沙河口区段的海域，本区域是辽宁沿海经济带"主轴"的重要部分。本区域功能定位为港口航运、临海产业集聚区、滨海旅游和海洋资源开发利用。

——长山群岛海域渔业区：长山群岛海域包括大长山、小长山、广鹿岛、獐子岛和海洋岛等海岛周边海域。区域位于北黄海中部，是国家海岛旅游和国家海洋牧场建设的重要组成部分，也是辽宁沿海经济带发展的重要区域。海域岛礁众多、环境优美、自然景观独特，水域广阔、环境质量优良、渔业资源十分丰富。本区域功能定位为旅游度假、渔业资源利用和海洋保护。

——辽东半岛东部海域渔业区：海岸线自登沙河口至鸭绿江口，此区域是辽宁沿海经济带的"一核"，也是其"主轴"和"两翼"发展的重要部分。沿岸地区和近海渔业基础条件优越、资源丰富，黄海北部和大连南部海洋能源储量巨大。本区域功能定位为港口航运、滨海旅游、临海工业及渔业资源开发利用。未来应着重发展石城岛东西海域、杏树屯及登沙河以北海域现代渔业，保护石城列岛等近岸和岛礁生态系统。

二、农业渔业区布局影响因素分析

（一）资源区位因素

辽宁沿海带地处欧亚大陆东部，位于东北松辽平原南部。光照充足、雨热同季、土壤类型丰富、土质肥沃、海岸线长，这些自然因素孕育了辽宁沿海带农业发展得天独厚的优越条件。同时，辽宁也因此成为国家粮食的主产区和畜产品、水产品、水果、蔬菜及多种特色农产品的重要产区，并列入了国家粮食 13 个主产省之一。形成了辽西设施农业林草畜牧业、中部平原和辽北粮牧并举、辽南精品农业、辽东特色农业、沿海地区"两水一牧"六大优势区，为辽宁海岸带地区现代农业全面发展创造了条件。

（二）劳动力素质因素

随着工业化、城镇化的快速发展，农村劳动力转移继续呈现明显的加快趋势，农村高素质人才的流失较多，尤其是新生代农民工离农意识更为强烈，常年从事农业生产的劳动力逐渐呈现妇女化、老龄化趋势，农业劳动力素质结构性下降，成为阻碍农业现代化发展的重要因素。同时，由于区域农户生产经营规模较小，总体上呈现小而分散的状态，农民专业化合作经营组织的能力远不能适应农业现代化发展的需要，农业产业化与农户利益联结机制尚不完善，大型农产品加工龙头企业偏少，对农户生产经营组织带动能力偏弱，这都成为影响农渔业产业布局的重要因素。

（三）科技创新因素

辽宁是全国农业科技大省，拥有沈阳农业大学、辽宁职业学院及多所农业中等专科学校。另有省级与地市级农业科研院（所）15 个，农业科技人员和农技推广人员 3.7 万人，全省农业科技进步贡献率高于全国约 10 个百分点，具有较强的科技创新能力和转化能力。尤其是在玉米等作物的优良品种选育方面走在全国的前列，为农业生产、加工、流通等诸多环节提供了有力的科技支撑。

（四）基础设施建设因素

农业基础设施建设是农业发展的最直接影响因素，辽宁海岸带部分农业基础设施存在老化现象。大部分农田水利设施"欠账"较多，老化失修严重，灌排能力下降。粮食主产区尤其是农业大县地方财力投入不足，田间工程维护难度加大。2010 年沿海地区水稻机械栽植水平仅为 34.5%，机收水平仅为 51.9%；玉米机收水平仅为 16%。农业和农村公共服务设施体系尚不健全，农业标准化、专业化程度还不高，制约和影响着沿海产业带现代农业的快速发展。

（五）对外开放因素

辽宁海岸带依托大连、丹东、营口、锦州等港口，在农产品出口等方面有着得天独厚的优势，重点针对俄罗斯、日本、韩国、东南亚等地区发展设施农业、农业精品深加工业、拓展出口创汇产业等，增强了农业对外开放的优势，成为 21 世纪影响农渔业产业分布的重要因素。

（六）生态环境因素

随着城镇化及工业化发展的加速推进，耕地和水资源紧缺的约束越来越严重。随着人口的自然增长，人地矛盾将更加凸显。辽宁省海岸带的水资源比较匮乏，人均水资源量为826立方米，仅占全国平均水平的38%，占世界平均水平的10%，而且农渔业与其他产业发展间的矛盾越来越大，特别是辽西地区水资源严重短缺，生态环境的恶化势头时有显现，土壤沙化、工业三废和农业面源污染趋势严重，自然灾害和生物灾害相互作用及气候变化负面影响不断加剧，传统农渔业发展方式与生态环境间的矛盾日益突出。

第五节　总体布局与基地建设

一、总体空间布局

根据辽宁海岸带农业渔业资源的区域特点、产业现状及发展趋势，确定未来农业渔业空间布局划分为基础农业保护区、特色农业提升区、都市农业发展区、浅海水产养殖区、近海渔业捕捞区（图9-7）。

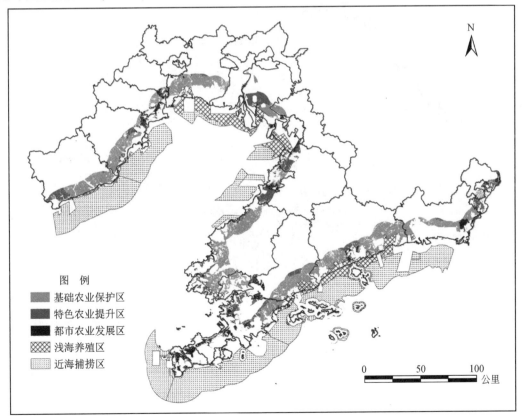

图例
基础农业保护区
特色农业提升区
都市农业发展区
浅海养殖区
近海捕捞区

图9-7　辽宁海岸带农业渔业区空间布局规划

（一）优先保障基础农业保护区

1. 空间布局

根据辽宁省海岸带自然条件和比较优势分析，确定优质稻米、玉米、大豆、花生、专用薯类、蔬菜等作为沿海区域农业发展的优势产品。基于县（市、区）区域农业发展特色，基础农业保护区主要包括绥中县海岸带地区、兴城市海岸带地区及连山区的东部，凌海市南部，瓦房店西部及南部地区，普兰店、庄河及东港市的东部地区。具体可划分为九大次区域保障性农业区，分别为绥中玉米–花生–薯类种植区、兴城花生–食用菌种植区、连山花生种植区、锦州水稻–玉米–花生种植区、营口平原水稻种植区、瓦房店玉米–水果–蔬菜种植区、普兰店水果–大豆–蔬菜种植区、庄河水稻–大豆–水果–薯类种植区、东港水稻–食用菌种植区（图9-8）。该类型区是全国保障农产品供给安全的粮食主产区、辽宁省现代农业发展先导示范区。

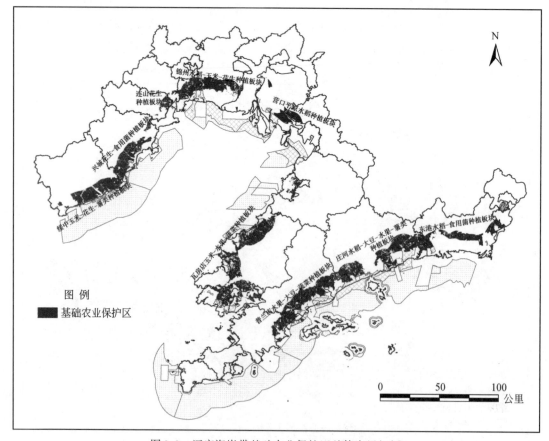

图9-8　辽宁海岸带基础农业保护区总体布局规划

2. 建设重点

要从确保国家粮食安全和东北地区食品供给的大局出发，严格保护耕地、稳定粮食播种面积、优化品种结构、提高单产和品质、加强生产能力建设。以东港、绥中、大洼3个国家级高标准农田建设示范县为重点，打造高产稳产粮食核心区，在绥中、兴城、连山等县（市、区）海岸带地区开展中低产田改造工程，加大对坡耕地、盐碱地、沙化地改造治理。抓好高产示范区建设，以点带面，扩大示范效应，着力打造以优质粳稻为主的水稻产业带，以籽粒与青贮兼用型玉米为主的专用玉米产业带，加快建设优势突出、特色鲜明的花生和马铃薯产业基地（表9-3）。

表9-3　辽宁海岸带农业区范围及发展方向分析

名称		范围界定	产业主导发展方向
辽西地区农业区	绥中玉米–花生–薯类种植区	前所镇、西甸子镇、高岭镇、前卫镇、王宝镇、荒地满族镇、塔山屯镇、小庄子镇、城郊乡网户满族乡、李家堡乡	玉米、花生、薯类产业
	兴城花生–食用菌种植区	曹庄镇、东辛庄镇、沙后所满族镇、元台子满族乡、望海满族乡、刘台子满族乡、南大山满族乡、海滨满族乡	花生、食用菌产业
	连山花生种植区	寺儿堡镇、沙河营乡、大兴乡、塔山乡	花生产业
辽河平原农业区	锦州水稻–玉米–花生种植区	阎家镇、松山镇、娘娘宫镇、安屯乡、建业乡、西八千乡、大有农场	水稻、玉米、花生产业
	营口平原水稻种植区	田庄台镇、清水镇、荣兴满族乡、水源镇	水稻产业
辽东半岛农业区	瓦房店玉米–水果–蔬菜种植区	西杨乡、土城乡、李官镇、永宁镇、炮台镇、谢屯镇、仙浴湾镇、三台满族乡、红沿河镇、驼山乡、复州城镇、阎店乡、泡崖乡、复州湾镇	水果产业
	普兰店水果–大豆–蔬菜种植区	杨树房街道、皮口街道、大刘家街道、城子坦街道、唐家房街道	水果产业
	庄河水稻–大豆–水果–薯类种植区	黑岛镇、吴炉镇、青堆镇、鞍子山乡、兰店乡、栗子房镇	水稻、大豆、薯类、柞蚕产业
	东港水稻–食用菌种植区	前阳镇、孤山镇、北井子镇、黄土坎镇、十字街镇、长山镇、椅圈镇、菩萨庙镇、同兴镇	水稻、食用菌产业

（二）积极发展特色农业提升区

1. 空间布局

特色农业提升区主要涵盖了盖州、瓦房店、普兰店、锦州等水果产业优势区，丹东东部中药材产业集中区，食用菌生产规模较大的东港和兴城、柞蚕产业迅猛发展的盖州、庄河等沿海地区及芦苇产业发展规模较大的大洼区。该类型区是全国水果、中药材、食用菌、柞蚕、芦苇等特色农产品生产、出口和加工基地。具体可划分为11个特色产业区，包括绥中专用薯类特色农业区、兴城食用菌特色农业区、大洼芦苇特色农业区、盖州北部水果特色农业区、盖州南部水果特色农业区、瓦房店水果特色农业区、金州水果特色农业区、普兰店水果特色农业区、庄河水果及柞蚕特色农业区、东港食用菌特色农业区、丹东东部中药材特色农业区（图9-9）。

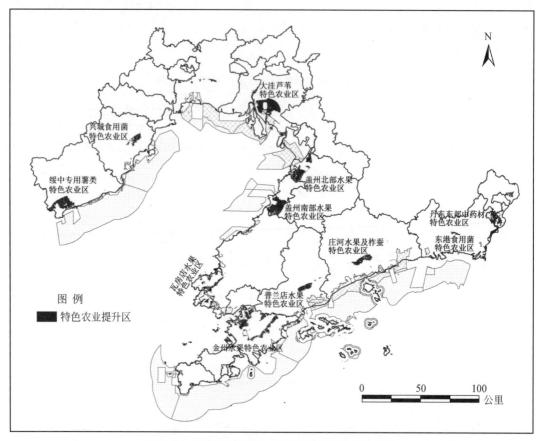

图9-9 辽宁海岸带特色农业提升区总体布局规划

2. 建设重点

未来特色产业发展方面有以下五大重点：一是水果产业以提质为重点，提高果品上品率、优质果率和单产水平，巩固提高国际竞争力，扩大出口。二是建设球根花卉种球繁育和鲜切花生产基地，引育名贵品种、发展具有辽宁特色花卉产业，实施品牌战略，扩大外销和出口比重，构建区域化、规模化花卉产业体系；主抓球根花卉百合、郁金香种球繁育和鲜切花出口生产基地建设，加速推进种球国产化进程，在大连建设百合种球国产化繁育基地，基地面积达到100公顷；发展地产君子兰、玫瑰、大丽花、杜鹃、木兰花、菊花等高档花卉。三是中药材产业坚持以地产优势品种为主、引育省外品种为辅，实施生产基地良好农业规范（good agriculture practice，GAP）认证和品牌战略，构建具有辽宁特色的中药材产业体系，发展平地中药材，扩大地产人参、辽细辛、辽五味、龙胆草等辽宁品牌品种生产基地建设。四是食用菌产业要加强繁育基地和生产示范基地建设，加强科研和技术开发，重点抓好百菇园示范区建设，加强食用菌生产大县建设，扶持产业化龙头企业发展，实施名牌战略。五是要加快标准柞园生态建设和生产基地改造升级，延长柞蚕业产业链，完善产权政策，促进柞蚕业可持续发展。

（三）加快建设都市农业发展区

1. 空间布局

都市农业发展区主要分布于重点城市建成区周边，农业基础设施完备，规模化经营、标准化生产、组织化管理水平较高的地区。该类型区是以设施农业、精品高效农业、种苗农业、生态农业、外向出口创汇农业及休闲观光农业等为主的现代都市农业新兴区（图9-10）。

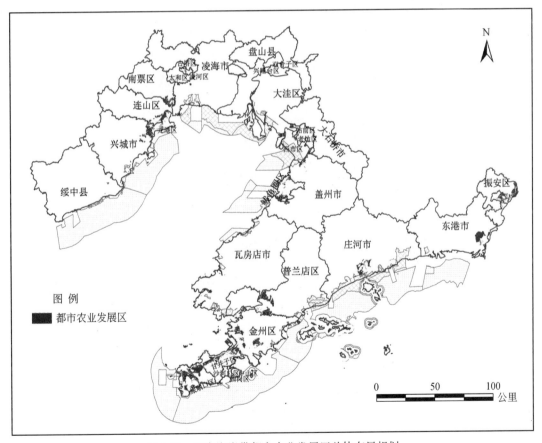

图9-10　辽宁海岸带都市农业发展区总体布局规划

2. 战略重点

本研究确定辽宁海岸带都市农业包括设施农业、精品高效农业、种苗农业、生态农业、外向出口创汇农业、休闲观光农业六大都市农业。以满足市民多样化消费需求、推进城乡一体发展为目标，积极建设以大型设施农业为基础，以新、奇、特等高档农产品生产为主，集休闲、观光、度假、教育为一体的综合性休闲农业园区、农业主题公园、观光采摘园和休闲农庄，切实打响沿海"都市农业新兴区"品牌，努力打造现代农业发展新模式。

(四) 合理发展浅海水产养殖区

1. 空间布局

浅海水产养殖重点发展区主要布局在双台子河口、长山群岛周边及凌海、庄河、瓦房店、甘井子、盖州等地区海域沿岸。规划建设九大浅海水产养殖区，包括石河口—兴城台里养殖区、辽河口临近海域养殖区、大清河口-鲅鱼圈红海河口养殖区、红海河口—瓦房店三台乡好坨子养殖区、瓦房店三台乡好坨子—金州七顶山养殖区、大连老铁山养殖区、小窑湾—登沙河口养殖区、登沙河口—庄河青堆子湾养殖区、庄河青堆子湾—鸭绿江口养殖区（图9-11）。该区域是全国海洋绿色生态养殖和水产品加工出口基地。

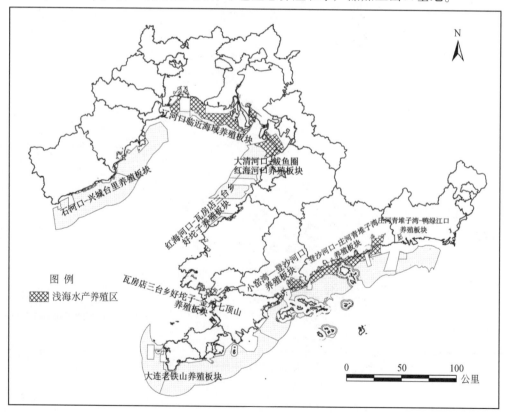

图9-11 辽宁海岸带浅海水产养殖总体布局规划

2. 战略重点

按照优质、高效、生态的要求，调整优化产业布局，继续加大对渔业的科技投入，结合产业发展的实际，组织科技攻关，实施五大渔业科技工程：一是渔业优良品种繁育工程。通过优势主导品种和新品种的引进、驯化、培育，推广应用优良苗种，实现规模化养殖，加快精品渔业发展。二是实施健康养殖模式工程。大力推广立体养殖技术和网箱养殖技术，积极推广稻田养殖、渔禽结合养殖等高效循环生态养殖模式，不断提高水产品质量安全水平。三是实施渔业病害防治工程。对全省主要养殖品种的病害做到预警、预防和及时救治。四是实施海洋牧场建设工程。通过底播增殖、藻类移植、苗种放流、鱼礁建设、筏式养殖、深水网箱养殖等手段，多形式建设海洋牧场。在沿海适宜海域开展海洋牧场建设关键技术研究，重点开展人工鱼礁建设，改良海洋生态环境。五是实施渔业标准化建设示范工程。通过渔业标准化建设，坚持保护、修复海洋资源与拓展水产业发展空间相结合，控制养殖密度，示范带动渔业产业的健康发展（表9-4）。

表9-4　辽宁海岸带渔业养殖区发展分析

名称	未来建设重点
石河口—兴城台里养殖区	保护原生砂质海岸和刺参、魁蚶的生态环境，加强海岸防护林建设
辽河口临近海域养殖区	在大辽河、双台子河和大清河流域达标排放，避免石油勘探开发污染海域环境；控制减少流域污染物的排放
大清河口–鲅鱼圈红海河口养殖区	加强海岸的综合整治，强化污染物排放的达标管理，部分地区限制或禁止开采地下水
红海河口—瓦房店三台乡好坨子养殖区	加大海洋捕捞管理强度，增加增殖放流数量和品种，建立浮渡河口水下沙堤自然保护区
瓦房店三台乡好坨子—金州七顶山养殖区	加大海洋捕捞管理强度，增加增殖放流数量和品种，部分地区限制或禁止开采地下水
大连老铁山养殖区	实施渔业资源增殖计划，建成一批海珍品增殖基地；加强邻海工业与城镇建设管理，严格控制污染物向海中排放，保护海洋环境
小窑湾—登沙河口养殖区	实施渔业资源增殖计划，建成一批海珍品增殖基地；控制海水入侵，部分地区限制或禁止开采地下水
登沙河口—庄河青堆子湾养殖区	大力发展海水养殖，增加养殖品种，建设养殖基地，控制海水养殖污染和近海环境污染
庄河青堆子湾—鸭绿江口养殖区	大力发展海水养殖，增加养殖品种，建设养殖基地，控制海水入侵，部分地区限制或禁止开采地下水

（五）适度发展近海渔业捕捞区

1. 空间布局

近海渔业捕捞区主要分布在绥中海域、兴城海域、辽东湾、营口海域、浮渡河口海域、驼山外海域、老铁山海域、大连南部海域、长山群岛海域、东港外海等地区。该区域是全国集海洋捕捞产业、海产品精深加工出口于一体，保障海产品有效供给的重要产区。规划建设十大浅海捕捞区，分别为绥中海域捕捞区、兴城海域捕捞区、辽东湾捕捞区、营口海域捕捞区、浮渡河口海域捕捞区、驼山外海域捕捞区、老铁山海域捕捞区、大连南部海域捕捞区、长山群岛海域捕捞区、东港外海捕捞区（图9-12）。

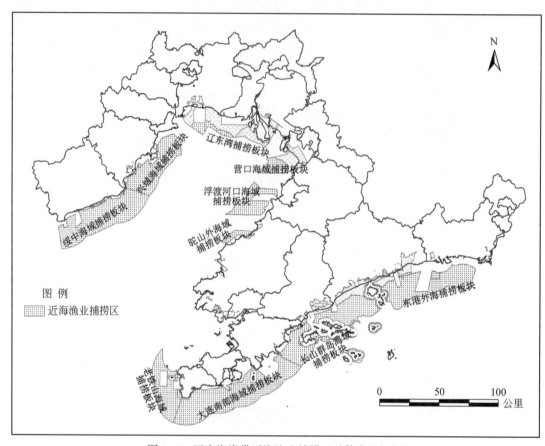

图9-12　辽宁海岸带近海渔业捕捞区总体布局规划

2. 战略重点

压缩近海捕捞强度，推进近海渔场向外海渔场转移，拓展远洋捕捞新空间；强化水生生物产卵场、索饵场、越冬场和洄游通道等重要渔业水体保护，加强渔业船舶的水污染防治；坚持现代渔业与旅游观光有机结合，充分利用滨海、渔港、岛礁、人工鱼礁，大力发展休闲渔业。加强对近海捕捞生产的管理，严格控制捕捞渔船的盲目发展，对保留的近海捕捞作业渔船，鼓励一船多用，转港作业，开展多元化生产，广泛合理地开发利用地方种群资源。严格遵守《中日渔业协定》《中韩渔业协定》，做好入渔渔船的组织管理。同时严格执行伏季休渔、海蜇管理等各项渔业法规和管理制度，保证近海捕捞生产规模适度、科学有序。

二、重点建设任务

围绕建设"优质、高效、外向、生态、安全"的农业渔业发展格局,着力促进生产经营规模化、产业化、标准化,着力强化政策体制保障和科技人才支撑,切实提升辽宁海岸带农业渔业现代化发展水平。

(一)打造高产稳产粮食核心区

以东港、绥中、大洼3个国家级高标准农田建设示范县为重点,打造高产稳产粮食核心区。结合标准农田建设和农业综合开发中低产田改造项目,重点在绥中、兴城、连山等县(市、区)开展中低产田改造工程,加大对坡耕地、盐碱地、沙化地的改造治理。大力发展节水农业,推广节水防渗设施和旱作水种、水稻浅湿灌溉、地膜覆盖、水肥一体化、膜下滴水等农田节水技术,提高农业灌溉用水利用系数。大力发展粮油作物播种、收获等环节的机械化,积极推广适合丘陵山区使用的轻便农业机械和适合大面积作业的大型农业机械。

(二)推动农业渔业仓储物流与加工能力建设

加强粮食流通基础设施建设,优先改造地方国有粮食企业待维修的仓容和部分粮食烘干设施,在盘锦、绥中、东港等地新建一批粮食企业仓容设施。提升农产品产业化加工能力,大力扶持农产品加工龙头企业发展,重点提升稻谷、玉米、粮食植物油、杂粮、粮食食品和饲料加工业六大门类粮食加工水平。在营口、盘锦、丹东建设3个规模较大的大米及副产品深加工基地,在锦州建立玉米深加工基地,在大连建设蔬菜和水产品深加工基地。

(三)重点实施五大农业产业提升促进工程

辽宁海岸带农业产业提升促进工程包括粮油产业提升工程、"菜篮子"产业提升工程、"一县一业"建设工程、无公害农业发展工程、新兴农业发展工程。建设花生原良种繁育基地,重点推广花育20、花育23、唐油4、鲁花12等花生新品种,推动粮油产业提升工程建设;加快专业育苗、标准化生产、加工与市场准入设施建设,扩大现代设施蔬菜生产规模,提升品种档次,推动"菜篮子"产业提升工程建设;围绕水果、柞蚕、食用菌等特色产业,推动特色产业向优势区域集中,深入发展"一县一业"建设工程;围绕水稻、水果、蔬菜等农产品基地建设,打造辽南无公害农业示范区,推动无公害农业发展工程建设;大力发展生物育种产业、生物质秸秆深度开发和休闲农业产业,推动新兴农业发展工程建设(表9-5)。

表 9-5　辽宁海岸带农业产业提升促进工程

工程名称	重点任务
粮油产业提升工程	推进水稻育苗设施化、规模化、标准化，新型育苗水田面积达到 50 万公顷；建设花生原良种繁育基地，重点推广花育 20、花育 23、唐油 4、鲁花 12 等花生新品种
"菜篮子"产业提升工程	加快专业育苗、标准化生产、加工与市场准入设施建设，扩大现代设施蔬菜生产规模，提升品种档次，建设一批设施农业产业批发市场，构建统一的农产品营销网络平台
"一县一业"建设工程	围绕水果、柞蚕、食用菌等特色产业，推动特色产业向优势区域集中，深入发展"一县一业"建设工程，形成特色产业的规模优势和品牌优势；重点在大连、丹东、营口等地建设 100 公顷以上优质水果标准示范园 20 处；在东港、兴城等地区建设一批食用菌菌种繁育基地和食用菌野生资源驯化研究中心；在盖州、大石桥、庄河等地建设柞蚕高产高效基地
无公害农业发展工程	围绕水稻、水果、蔬菜等农产品基地建设，打造辽南无公害农业示范区；在大洼、盘山、大石桥等地区发展无公害绿色有机水稻 10 万公顷；在瓦房店、普兰店、金州、庄河、盖州、大石桥等地区发展无公害有机水果 15 万公顷；在瓦房店、普兰店等地区发展无公害有机蔬菜 8 万公顷
新兴农业发展工程	大力发展生物育种产业、生物质秸秆深度开发和休闲农业产业，建设 15 个农作物育种创新中心，扶持一批生物秸秆开发利用、大型养殖企业沼气发电等骨干企业，发展一批休闲农业观光区、采摘园、休闲农庄

（四）健全农渔产品质量安全体系

加快完善农业标准化体系，积极推广"龙头企业+基地+农户"的建设模式，以"三品一标"和出口企业基地为载体，建设农业标准化综合示范区 100 个，示范面积达到 15 万公顷。构建与国际接轨的农渔产品质量安全体系，建立农产品上市身份证制度，重点确定蔬菜、水果上市认证范围，逐步形成产销区一体化的农产品质量安全追溯信息网络。加强质量检验实验室建设，重点建设 20 个区位作用明显、基础设施完备的县级质监站，在重点农业县（区、市）及蔬菜、水果、水产品主产区建设乡镇农残监测点（站）。

（五）完善农渔业信息化服务体系

大力实施农渔业信息化服务工程，强化地方农业网站建设，开发农产品电子商务平台，加快发展网上促销、网上交易；继续推进"12316"金农热线，为农民提供更广泛的专家咨询服务。加快农产品批发市场和农贸市场信息化建设，打造市、县、乡层次有序、规模合理的农贸市场网络，积极培育以现代物流业为重点的信息化市场服务体系。组织开发农渔业可视化服务系统、农渔业预警系统、专家智能应用系统、农业数据中心服务系统、农业市场监测与运行分析系统，及时为政府和农民提供有效的决策支持和信息。

（六）强化科技和人才支撑体系建设

以省属农业高等学校为依托，整合农业中专、技校等多元农民培训资源，完善新型农民培训体系建设，培育新生代农民成为种养业、农机作业、科技带头人、农村经纪人、专业合作组织领办人和科技示范户。坚持转基因技术和常规育种技术相结合，重点开展优质高产多抗专用水稻、优质高产抗病专用玉米、优质高产抗病专用大豆、优质高产抗病专用甘薯、优质花生等主要农作物品种选育创新和产业化技术研究，开发优质特色专用蔬菜、花卉、食用菌等新品种和产业化技术，积极改良和引进海水名贵鱼、贝类等新品种，大力推广畜禽、水产良种工厂化现代繁养殖技术。

三、产业基地建设

（一）水稻生产基地

在《全国优势农产品区域布局规划（2008—2015）》规划中，东北三省20万亩、总产量8万吨以上的水稻重点县有82个。整个辽宁省包括辽河三角洲、中部平原和东南部沿海平原三大主产稻区。在三大主产稻区中，涉及沿海区域的国家规划重点县主要有大石桥市、大洼区、盘山县、东港市、庄河市、凌海市六个县（市、区）。未来应积极建设六大水稻生产基地，包括大石桥水稻生产基地、大洼水稻生产基地、盘山水稻生产基地、东港水稻生产基地、庄河水稻生产基地、凌海水稻生产基地（图9-13）。推动大石桥市水源、石佛、沟沿、高坎、旗口等镇建立优质水稻基地，年产水稻达到40万吨以上。大洼水稻生产基地、盘山水稻生产基地应按照稳定面积、提高单产、强化品质、增加效益的发展目标，实现水稻稳定增产；稳定以上两个基地水稻生产面积在160万亩以上，总产稳定在100万吨以上，水稻产值达到3亿元以上，优质水稻面积和优质品率分别达到95%以上，积极打造国家级现代农业示范区。依托辽东半岛热量资源优势、水资源优势、水稻品种优势、栽培技术增产优势、海滩盐碱地改良利用潜力优势五大优势，最大限度地挖掘水稻生产能力。

（二）专用玉米生产基地

玉米是辽宁省第一大粮食兼饲用作物，历年播种面积、产量均居全省榜首。辽宁省玉米优势区域主要分布在辽河平原中北部地区、辽西丘陵和南部沿海地区。未来积极建设三大专用玉米生产基地，包括绥中专用玉米生产基地、凌海专用玉米生产基地、大连中部专用玉米生产基地（图9-14）。

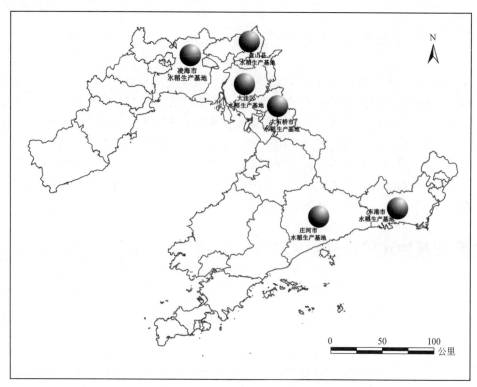

图 9-13　辽宁海岸带水稻生产基地规划

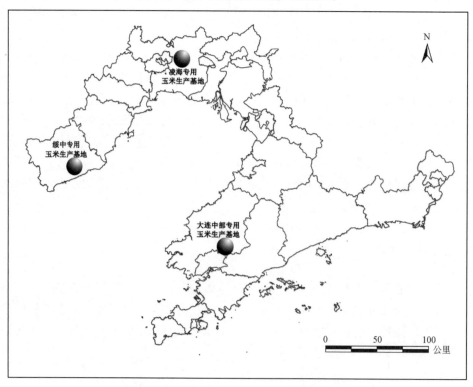

图 9-14　辽宁海岸带专用玉米生产基地规划

——大连中部专用玉米生产基地：区内重点发展高淀粉玉米生产，在玉米品种特性和成熟期选择上，由于瓦房店市、普兰店市和庄河市冬春降水少，春旱发生较多，干旱程度重于省内辽西以外的其他地区，适于种植抗病、耐旱、抗倒的晚熟品种。

——凌海专用玉米生产基地：根据区域内自然生产条件和社会经济技术条件，未来应重点发展高淀粉玉米生产，突出发展高油玉米。在品种特性和成熟期的选择上，应考虑春旱的不利因素，适宜种植抗病、耐旱的中晚熟品种和晚熟品种。

——绥中专用玉米生产基地：区内应以种植高油玉米为主，适当发展青贮玉米生产。在品种特性和成熟期选择上，因存在春旱的不利因素，且伏旱也经常发生，应注意抢时、抢墒播种，适宜种植抗病、耐旱的中晚熟和中熟品种。

（三）油料作物生产基地

辽宁海岸带油料作物主要包括花生和大豆，规划建设六大油料作物生产基地，包括绥中花生生产基地、兴城花生生产基地、连山花生生产基地、凌海花生生产基地、庄河大豆生产基地、普兰店大豆生产基地（图9-15）。

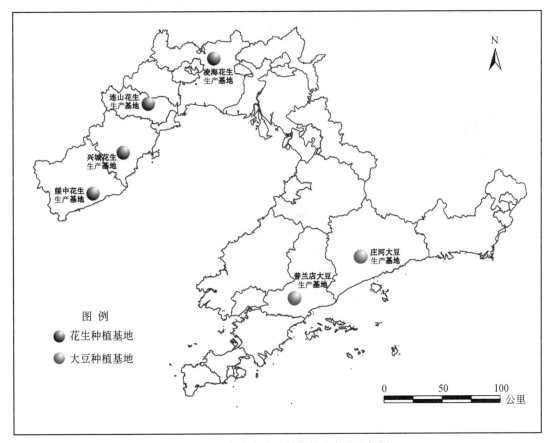

图9-15　辽宁海岸带油料作物生产基地规划

近年来，辽宁海岸带油料作物生产形势越来越好，由以大豆为主逐渐转向以花生为主，但与全国油料先进生产地区相比，还存在较大差异。综合考虑沿海经济带的农业发展，尽快在沙壤土以外土壤种植油料作物会取得更高的产量，但保障粮食生产安全是我国的基本国策，决不能因为发展油料作物的生产而减小粮食作物的种植面积，在综合兼顾协调花生种植及粮食生产的基础上，重点在西部干旱少雨的辽西地区及农牧交错地区发展油料作物的生产，既解决种植玉米、大豆等作物产量低而不稳的问题，又能发挥花生避旱减灾的作用。

（四）蔬菜生产基地

建设六大蔬菜生产基地，分别为绥中蔬菜生产基地、凌海蔬菜生产基地、营口蔬菜生产基地、盘锦蔬菜生产基地、瓦房店蔬菜生产基地、普兰店蔬菜生产基地（图9-16）。

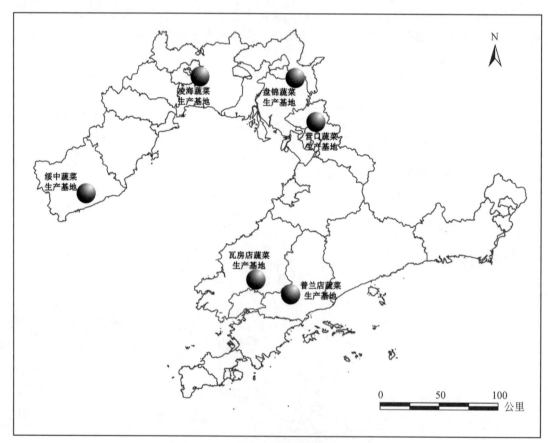

图9-16　辽宁海岸带蔬菜生产基地规划

——绥中蔬菜生产基地：主要包括大王庙镇、高甸子镇两个地区，未来应围绕空间布局，积极推进设施蔬菜种苗繁育园、设施蔬菜科研园、设施蔬菜产业标准园等一批具有影响力的蔬菜产业发展重点项目。

——凌海蔬菜生产基地：主要分布在凌海市及城市近郊地区，应坚持以优质、高效、生态、安全、多样化满足城乡居民消费需求，以发展日光温室为主，裸露蔬菜为辅，在改造设施、稳定面积的基础上，扶持龙头企业，建设凌海、义县、北镇蔬菜生产加工基地，实施蔬菜200万亩推进工程，提升设施蔬菜产业升级。

——营口蔬菜生产基地：主要分布在盖州太阳升、团甸、高屯、万福、梁屯等镇及大石桥博洛铺、旗口等镇，规划期内年产蔬菜达到115万吨。

——盘锦蔬菜生产基地：规划期内应大力发展优质、高产、高效蔬菜，增强蔬菜产品市场竞争力，提高蔬菜产业整体效益。重点推进设施蔬菜生产，规划近期蔬菜面积发展到48万亩，其中，设施蔬菜面积发展到40万亩，新增生产基地主要集中在盘山县的高升镇、古城子镇、甜水镇、胡家镇、羊圈子镇；大洼区的新开镇、东风镇、西安镇和田庄台镇等乡镇，进而以盘山县古城子镇、高升镇、大洼区新开镇为典型，带动全市蔬菜产业整体发展。打造蔬菜专业生产基地，以沙岭镇、古城子镇、新开镇等为主的茄子和黄瓜生产基地；以羊圈子镇、东郭镇等为主的大棚香瓜生产基地；以大洼镇、王家乡镇、田家镇等为主的番茄生产基地；以高升镇、甜水乡镇、胡家镇等为主的草莓及温室香瓜生产基地，以及以新兴镇为主的食用菌和以近郊为主的叶菜生产基地。

——瓦房店、普兰店蔬菜生产基地：规划期内应重点发展以大连为主的出口创汇园艺产品的生产，加快品种结构的调整，增加花色品种，重点开发名特优新产品，加强质量检测体系建设，全面提升产品质量。要积极培育龙头企业，与丹东互为依托，积极开拓韩国、日本、中国台湾、中国香港、新加坡、马来西亚、菲律宾等市场，建设成为东北地区重要的蔬菜出口基地。

（五）水果生产基地

规划建设五大水果生产基地，分别为大石桥水果生产基地、盖州水果生产基地、瓦房店水果生产基地、普兰店水果生产基地、金州水果生产基地（图9-17）。

——大石桥、盖州水果生产基地：围绕做大基地、做强产业、调优品种、提升质量，加快水果生产方式的转变。以提质为重点，大力开展标准化果园建设，提高果品上品率、优质果率和单产水平；继续推进盖州的苹果、葡萄生产基地，大石桥的南国梨生产基地建设。加快红旗镇、熊岳镇、九寨镇、二台农场等旅游果树产业观光带建设，形成各具特色的水果生产布局；扶持引导水果生产向规模化、特色化、设施化、市场化和标准化方向发展，调优品种结构，增加淡季和节日上市水果比重。

——瓦房店、普兰店水果生产基地：本区域是国家主要的水果生产基地，是著名的"苹果之乡"，果树栽培面积达3.3万公顷，果树3500万株，年产水果50万吨，年收入近15亿元，现已建成十大优质果基地，区域名优新品种面积和产量占80%以上。"驼峰"牌、"天福龙"牌红富士苹果、桃及"李官"牌葡萄等一批名优新品种获得国家绿色食品标识。未来，应着力加大水果生产标准化宣传培训的力度，充分发挥新闻媒体的作用，采

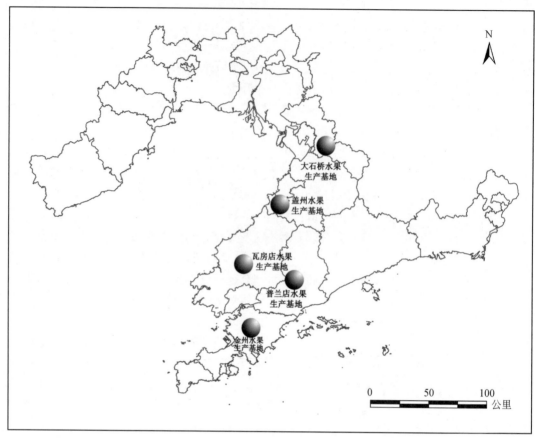

图 9-17　辽宁海岸带水果生产基地规划

取各种方式对果农进行培训，使果农尽快掌握水果生产标准化知识。建立健全水果生产标准化体系，包括建立果品质量标准化体系、果品质量检测体系及信息服务体系。抓好标准化基地和龙头企业的建设，由龙头企业和经济合作组织按照市场的需求，组织农户进行标准化生产；在这方面，瓦房店市许屯镇东马屯果业专业合作社、驼山乡果树协会等走在了前列。

　　——金州水果生产基地：目前，金州区已拥有金州红、九园、后石、石河、金科、北海、大山等绿色优质水果注册商标达20多个。其中，金州良种示范场的"金州红"大樱桃，获得中国名牌农产品称号，金州大樱桃产地证明商标。未来应结合镇情村情，坚持化零为整连片发展，不断推进果树绿色生产走向规模化，努力打造辽宁省绿色水果重要生产基地。

（六）食用菌生产基地

　　规划建设两大食用菌生产基地，包括兴城食用菌生产基地和东港食用菌生产基地（图 9-18）。

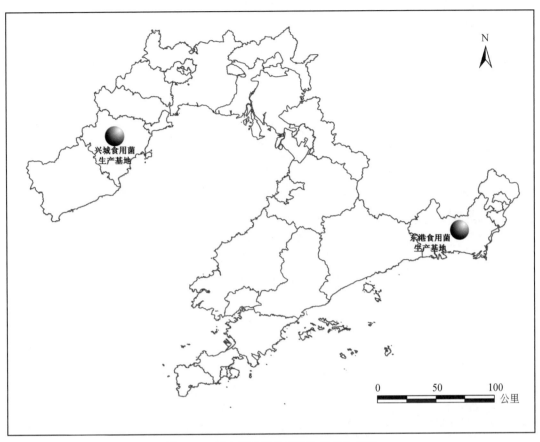

图 9-18　辽宁海岸带食用菌生产基地规划

——兴城食用菌生产基地：充分利用辽西地区的麦秸、棉秸、棉壳等农副产品资源进行代料开发，发展适合西部地区秸秆类栽培的双孢菇、香菇等菌类生产，建设两个菌类生产基地，提高菌种生产质量。

——东港食用菌生产基地：东港市发展食用菌应立足于资源保护和野生菌类的开发性利用，发展地栽生产和代料栽培。充分利用山区地域广阔、气候湿润、资源丰富、品种多样、营养丰富充足、菌类产品质量好的优势，突出重点，加快发展。加快菌类资源的保护性开发，扩大现有菌类资源的人工栽培，实行野生家养；以东港市及附近县（市、区）为重点，加快以香菇、滑子菇、黑木耳为主的食用菌开发，将整个东部山区建设成为香菇生产基地，建设一个全省最大的食用菌菌种与繁育基地。

（七）浅海水产品增养殖基地

根据九大浅海渔业养殖区划分，规划建设九大浅海水产品养殖基地。包括石河口—兴城台里养殖基地、辽河口临近海域养殖基地、大清河口–鲅鱼圈红海河口养殖基地、红海河口—瓦房店三台乡好坨子养殖基地、瓦房店三台乡好坨子—金州七顶山养殖基地、大连老铁山养殖基地、小窑湾—登沙河口养殖基地、登沙河口—庄河青堆子湾养殖基地、庄河青堆子湾—鸭绿江口养殖基地。

（八）捕捞基地

基于对三大渔业捕捞区及 10 个渔业浅海捕捞区的划分，规划建设十大浅海捕捞基地，分别为绥中海域捕捞基地、兴城海域捕捞基地、辽东湾捕捞基地、营口海域捕捞基地、浮渡河口海域捕捞基地、驼山外海域捕捞基地、老铁山海域捕捞基地、大连南部海域捕捞基地、长山群岛海域捕捞基地、东港外海捕捞基地。

四、分区发展指引

（一）葫芦岛海岸带农渔业发展指引

发挥葫芦岛海岸带资源优势和区位优势，加快农业发展方式转变，用现代装备武装农业，用现代科技提升农业，用现代经营方式变革农业，用现代知识培训农民。不断提高土地产出率、资源利用率和劳动生产率，提高农业综合生产能力和农业综合竞争力，加快构建具有葫芦岛海岸带特色的现代农业产业体系，夯实农业发展基础，促进农业增效、农民增收，促进葫芦岛市农业农村经济再上新台阶。根据葫芦岛海岸带自然资源、区位、市场等综合优势，结合农业部优势农产品区域规划，确定优质杂粮、优质油料花生、优质脱毒薯类为本区域重点发展的特色农产品（表 9-6）。

表 9-6　葫芦岛海岸带农渔业发展格局

产业门类	产业布局
蔬菜	主要围绕沿三条线发展空间布局：一是 1306 线，即城郊乡—高台乡—西平乡—宽帮乡—高家岭乡—八家子镇—雷家店镇—黑山科镇—牤牛营子乡；二是朱小白线，即葛家乡—和尚房子乡—养马甸子乡—杨树湾子乡—药王庙乡—小德营子乡—新台门镇—白马石乡—孤竹营子乡；三是沿海线，即曹庄乡—沙后所乡—海滨乡—小庄子镇—塔山屯镇—荒地镇—网户乡—王宝镇—前卫镇—西甸子镇
花生	兴城市海岸带地区、绥中县海岸带地区、连山县海岸带地区
脱毒马铃薯	六股河流域（包括绥中、兴城段、连山区海岸带地区）

（二）锦州海岸带农渔业发展指引

科学调整农村产业结构，逐步完善农业服务体系，按照"稳粮保供给、增收保民生、改革促统筹、强基促后劲"的要求，确定锦州海岸带农业主导产业为粮食、油料、蔬菜、果树、食用菌五大类产业。应巩固、完善各项惠农政策，稳定粮食等主要农产品生产，优化农业和农村经济结构，着力构建现代农业支撑体系，加快农业科技进步，推进农村改革和体制机制创新，确保粮食和农业生产，促进农民收入持续较快增长，为经济社会发展全局提供有力支撑（表9-7）。

表9-7　锦州海岸带农渔业发展格局

产业门类	产业布局
粮食产业	凌海市海岸带地区
油料产业	凌海市海岸带地区
蔬菜产业	主要集中在凌海及城市近郊，特色型设施农业，沿海企业出口型设施农业和休闲观光型设施农业
果树产业	主要集中在凌海及城市周边果树农场优势水果产业带区，适度向北延伸
食用菌产业	主要集中在凌海及城市郊区

（三）盘锦海岸带农渔业发展指引

坚持以重点工程项目为载体，扎实推进社会主义新农村和现代农业建设，提高资源利用率、土地生产率和劳动生产率；全面提升县域工业化、农村城镇化和农业产业化水平。着力构建适应现代农业发展的新型产业体系、政策支撑体系、农业科技创新体系和农业社会化服务体系，促进现代农业可持续发展，稳定农民增收，为全面建设滨海新盘锦而不懈努力（表9-8）。

表9-8　盘锦海岸带农渔业发展格局

产业门类	产业布局
水稻	主要集中在大洼、盘山两县海岸带地区，整合100万亩高产高效农田，积极打造国家级现代农业示范区
蔬菜	主要集中在盘山县的高升、古城子、甜水、胡家、羊圈子镇；大洼区的新开、东风、西安和田庄台等乡镇。以沙岭、古城子、新开等镇为主的茄子和黄瓜生产基地；以羊圈子、东郭等镇为主的大棚香瓜生产基地；以大洼、王家乡、田家等镇为主的番茄生产基地；以高升、甜水乡、胡家等镇为主的草莓及温室香瓜生产基地，以及以新兴镇为主的食用菌和以近郊为主的叶菜生产基地
芦苇	利用滨海沼泽湿地，苇田面积保持在120万亩
水产捕捞业	压缩近海捕捞，开发外海渔业，适时发展远洋渔业
水产养殖业	浅海有计划地底播文蛤、杂色蛤、益蛏、毛蚶、青蛤等贝类，加强水下沙洲和滩涂的增养殖

（四）营口海岸带农渔业发展指引

以农业转型升级为切入点，以发展县域经济为重要载体，大力推进农村工业化、城镇化和农业现代化，促进农村经济社会科学发展、创新发展、和谐发展，确保农业增效、农民增收、县乡实力增强，逐步实现"点上现代化、面上产业化"，努力将营口农业打造成精品型农业、高效型农业、科技型农业，为建设沿海经济强市提供有力支撑。按照辽宁省《优势农产品区域布局规划》，调整产业布局，发展营口特色农业、生态农业和安全农业。重点推进高产优质粮食产业、优质安全果蔬产业等特色产业发展，推进特色产品向优势区域集中，发展品牌农业。优化产业结构，发展新兴产业，继续强化农产品加工业，壮大县域经济，缩小区域差异和城乡差距（表9-9）。

表9-9 营口海岸带农渔业发展格局

区域布局	产业布局
东部山区特色经济带	重点发展水果、柞蚕、畜禽养殖、山野菜、干果、林地经济等，建成特色农业生产基地
中部地区精品农业经济带	重点抓好以城乡接合部为特点的城郊经济，主要发展保护地大棚蔬菜、水果等产业，建成精品农业生产基地
西部地区高效农业经济带	重点抓好优质绿色无公害水稻和水产养殖，建成高效农业生产基地

（五）大连海岸带农渔业发展指引

按照大连市域城市化发展方向和构建区域核心城市与生态宜居城市的要求，积极推进体制创新、机制创新和工作创新，依托城市、服务城市，大力发展都市型现代农业，加强农业农村基础建设，加快建设社会主义新农村，不断壮大县域经济，推进城镇化建设，为促进大连市农业农村经济又好又快发展奠定坚实基础。依托全域城市化发展战略，结合各地自然资源和区位优势，构建"三圈两区一带"（三圈，即主城新城镇圈、黄海城市组团、渤海城市组团；两区，即丘陵山区农业发展区、水源涵养地农业发展区；一带，即滨海农渔业风情带）的都市型现代农业的总体布局（表9-10）。

表9-10 大连海岸带农渔业发展格局

农业类型	产业布局
都市农业	主城新城镇圈：推进近海养殖外移，逐步退出畜牧业养殖和粮食作物种植，鼓励发展花卉、种苗、精品果蔬，做大做强樱桃、黄桃、把梨，培育壮大休闲农业和创意农业；黄海城市组团：大力发展海参、鲍鱼、扇贝、杂色蛤等增养殖业，适度发展特种畜牧养殖业，加快优质水产品物流基地建设；渤海城市组团：大力发展精品蔬菜、优质苹果、樱桃及西瓜、甜瓜，鼓励发展肉牛、肉禽现代化畜牧养殖业，积极推进海洋渔业工厂化养殖和育种、育苗
山区农业	大力发展设施农业，推进水果、蔬菜和粮食规模化、专业化生产经营，重点发展优质苹果、蓝莓、板栗、榛子、食用菌和设施水果蔬菜生产；大力发展生猪、禽类、黄牛等草食动物和特种动物养殖，加快发展温泉、滑雪、农家乐等观光休闲农业；加大"四荒"植树造林力度，涵养水土，净化水质，大力发展绿色农业、有机农业和特色精品农业
临海农业	稳步发展远洋渔业，大力发展近海、滩涂和工厂化高效益水产品增养殖，积极扩大水产育种育苗规模；依托海岛、海滩、海水资源，大力发展以海滨洗浴、沙滩日光浴、观赏游览、赶海垂钓为主的观光休闲产业，鼓励发展适合海岛特点的高端休闲产业；积极推进海防基干林带建设

（六）丹东海岸带农渔业发展指引

全力打造全国、全省最大的浆果、板栗、柞蚕、花卉、食用菌等特色农产品生产基地，发展畜牧健康养殖、渔业工厂化养殖，加快海水精品淡水珍品渔业带建设，使其形成一个在全省乃至全国有影响的农业特色产业。稳定粮食生产，确保粮食安全，大力推进农业产业化经营，着力建设东北东部重要的特色农产品生产、加工和出口基地。努力提高农业水利化、机械化和信息化水平，提高劳动生产率、土地产出率和设施农业比率，形成农工贸紧密衔接、产加销融为一体、多元化和多功能的现代农业体系，为全面建设小康社会奠定坚实的物质基础（表9-11）。

表9-11　丹东海岸带农渔业发展格局

产业门类	产业布局
蔬菜产业	主要集中于城郊周边5个乡镇及东港市孤山、椅圈、龙王庙、黄土坎、小甸子等地
水果产业	以发展草莓、苹果为主，适度发展蓝莓、树莓、晚熟桃
食用菌产业	以东港市的长山、新农、前阳、黑沟、孤山、十字街和振安区的汤山城、五龙背、九连城等乡镇为主的南部平原食用菌生产基地
花卉产业	重点以城郊为主，适当扩大到其他县（市、区）近郊的乡镇

第六节　空间准入阈值设定与引导机制构建

一、优化农渔业基地布局，确保农渔业生产空间

优化布局是农渔业发展的关键，未来应调整加强水稻生产基地建设，建立绿色水稻生产基地、有机水稻生产基地等，启动有机稻米的生产试验试点工作，适应国际市场和国内经济发达地区大中城市对优质安全性食用稻米的需求，打造高产稳产粮食核心区。在专用米基地上，以市场为导向，以当地资源为基础，组装绿色专用米生产基地。优化水果、中药材、食用菌、柞蚕等特色农业及都市农业的总体布局，强化特色农业发展建设。严格管制农业渔业区内各类工业化、城镇化开发活动，控制各类建设占用耕地，确保基本农田总量不减少、用途不改变、质量有提升。

二、推进生产生活空间集约利用，控制区内基本农田改变用途

结合农村人口向城市转移的速度和规模，逐步适度减少农业渔业区内农村生活空间，将闲置居民点、矿山废弃地等复垦整理为农业生产用地或绿色生态空间。区内的非农建设用地和其他零星农用地应优先整理、复垦或调整为基本农田，也可转为农业生产或直接为

农业生产服务的用地。严格控制区内基本农田用途改变，确实无法避开区内基本农田的（如国家能源、交通、水利、国防等重点建设项目），应经法定程序修改规划，按相应程序依法进行报批。禁止占用区内基本农田进行非农建设，禁止在基本农田上建房、建窑、建坟、挖砂、采矿、取土、堆放固体废弃物或者进行其他破坏基本农田的活动，禁止占用基本农田发展林果业和挖塘养鱼。

三、产业发展与生态保护相结合，规避农业开发影响生态环境

在农渔业发展过程中，必须高度注重生态环境保护。严禁有损自然生态系统的开荒及侵占水面、湿地、林地、草地等农业渔业开发活动，在确保耕地不减少的前提下，稳步推进退耕还林、退田还湖、退池还海。大力推进农业清洁生产，按照减量化、再利用、资源化的循环经济理念，大力推广节地、节水、节种、节肥、节药、节能等节约型农业技术和节能型农业装备，积极引导发展循环农业。强化农业生态保护和农业面源污染治理，加快开发以农作物秸秆为主要原料的肥料、饲料、工业原料和生物质燃料，推进畜禽粪便等农业废弃物无害化处理和资源化利用。依靠科技进步，加快发展方式转变，努力实现自然资源的有效利用和生态环境的良好保护，提高农渔业可持续发展能力。

四、协调渔业与其他产业关系，优化渔业生产活动空间

旅游业重点发展区域周边海域浮筏养殖退出沿岸 2 公里以外，严禁在军事岛屿周边 5 公里范围内实施渔业生产活动，保障重点港口建设用海及航道用海。渔业区建设方面：石河口—兴城台里养殖区应着力保护原生砂质海岸和刺参、魁蚶的生态环境，加强海岸防护林建设；辽河口临近海域养殖区应控制在大辽河、双台子河和大清河流域达标排放，避免石油勘探开发污染海域环境，控制减少流域污染物的排放；大清河口—鲅鱼圈红海河口养殖区应加强海岸的综合整治，强化污染物排放的达标管理，部分地区限制或禁止开采地下水；红海河口—瓦房店三台乡好坨子养殖区应加大海洋捕捞管理强度，增加增殖放流数量和品种，建立浮渡河口水下沙堤自然保护区；瓦房店三台乡好坨子—金州七顶山养殖区应加大海洋捕捞管理强度，增加增殖放流数量和品种，部分地区限制或禁止开采地下水；大连老铁山养殖区应实施渔业资源增殖计划，建成一批海珍品增殖基地，加强邻海工业与城镇建设管理，严格控制污染物向海中排放，保护海洋环境；小窑湾—登沙河口养殖区应实施渔业资源增殖计划，建成一批海珍品增殖基地，控制海水入侵，部分地区限制或禁止开采地下水；登沙河口—庄河青堆子湾养殖区应大力发展海水养殖，增加养殖品种，建设养殖基地，控制海水养殖污染和近海环境污染；庄河青堆子湾—鸭绿江口养殖区应大力发展海水养殖，增加养殖品种，建设养殖基地，控制海水入侵，部分地区限制或禁止开采地下水。

五、规范近海捕捞作业方式，开展增殖放流工作

加快建立捕捞渔船控制制度，切实加强渔船建造管理，规范渔船检验、登记和流转管

理。推进渔船、渔机和渔具标准化；合理调整捕捞作业结构和渔船、渔具规模；加快制订捕捞渔具准用目录，建立健全渔具标准和重要经济鱼类的最小可捕标准，规定最小网目尺寸，制定各种渔具的限制使用措施；继续落实沿海捕捞渔民转产转业政策；探索渔具渔法准入、渔业资源网格化管理等新的资源管理制度和措施。开展增殖放流和投放人工鱼礁工作，根据海域渔业自然环境不同，增殖放流的品种也不同。大连、丹东、营口、葫芦岛沿海海域应该进行对虾、海参、海蜇、文蛤、沙蚬子增殖放流，特别是大连海域有投放人工鱼礁的自然优势；盘锦、锦州沿海海域应该进行海蜇、对虾、车虾、文蛤、沙蚬子等增殖放流。

六、实施良种工程建设，强化农渔产品质量安全管理

继续组织实施水产良种工程建设项目，重点建设大宗品种和出口优势品种的遗传育种中心和原良种场，建立符合我国水产养殖生产实际的水产良种繁育体系，提高品种创新能力和供应能力；加大对原种保护、亲本更新、良种选育和推广的支持力度，提高水产苗种质量和良种覆盖率；继续实施水生动物防疫体系建设规划，加快省级、市级、县级三级水生动物疫病防控技术支持机构的建设，完善水生动物防疫体系，科学指导重大水生动物疫病防控工作，提高水生动物疫病防控能力。严格产地环境、投入品使用、生产过程、产地准出监控，积极推进市场准入管理，强化各环节执法监管，杜绝假劣农资导致的重大恶性农产品质量安全事件。农业主管部门应根据农产品质量安全风险评估、农产品质量安全监督管理等工作需要，尽快制定农产品质量安全监测计划并组织实施；在发展农业产业化经营，做大做强龙头企业时，必须积极推行农业质量检测检验体系，制定和实施农业产前、产中、产后各环节工艺流程和衡量标准；抓好农业质量标准体系、农产品质量监督检测体系和农业标准化推广体系的建设，做到质量有标准、生产有规程、产品有标志、市场有检测；在生产、加工、运输、储藏等环节上全程监督和控制，保证农产品的质量，逐步扩大无公害农产品生产基地，有害物质残留超标的农产品不能进入市场。

第十章　生态保护功能区

第一节　国内外海岸带开发与生态环境保护经验借鉴

海岸带是地球生态系统中最有生机的部分之一，同时也是生态系统平衡非常脆弱的地带。20 世纪 70 年代末以来，我国海岸带地区已成为改革开放的前沿，并且凭借地区丰富的自然资源和优越的地理环境，已成为我国经济活力最为充沛的黄金海岸。近年来，伴随人类对海岸带进行了大规模的开发利用，海岸带地区出现了一系列的生态环境问题；另外，由于海域使用缺乏统筹规划和权属管理，资源过度利用与开发不足并存，近岸海域污染和生态环境恶化等问题日益影响海洋经济的健康持续发展。因此，加强海岸带生态修复和可持续发展就成为各界学者和地区决策者的关注焦点。本研究通过对国内外海岸带生态环境保护经验的梳理，以及对绿色发展、亲水近水的保护与发展等新的发展趋向的分析，为辽宁海岸带保护和利用提供经验借鉴。

一、加强陆域非点源污染防治

海岸带是人类活动的集中区、环境变化的敏感区和生态交错的脆弱带，改革开放以来，随着我国东部沿海地区工业化、城市化进程的迅速发展，海岸带陆源污染问题日益突出，已经对区域环境质量、生态安全和生态服务功能构成了严重的威胁。随着经济社会的发展，大量陆源污染物被河流系统输送至近岸海域，对海岸带的环境和生态造成了极大的冲击。早在 20 世纪末，非点源污染就已占美国水污染排放量的一半以上，其中，农业面源污染是非点源污染的主要来源；近年来，在我国东部经济比较发达的地区，非点源污染也逐渐成为水环境污染的主导性因素，尤其是大城市周边地区，非点源污染已超过点源污染，成为河流、地下水污染的主要原因。从受纳水体的角度来看，河流、湖泊、水库、河口湿地等类型水体都是非点源污染研究所密切关注的对象。在欧美，除了陆域的河流、湖泊、水库之外，海岸带区域的河口、海湾与近海也早已成为非点源污染研究的重点对象，例如，五大湖、Chesapeake Bay（切萨皮克湾）、墨西哥湾、密西西比河、美国重要的河口等，欧洲的波罗的海、黑海、地中海、葡萄牙重要河口等。

20 世纪 70 年代初，美国对五大湖治理的重视及《清洁水法》（*Clean Water Act*）的颁布引起了人们对非点源污染问题的关注和重视。1995 年由多个涉海国家和地区在美国华盛顿形成并通过的一项国际协定，即 "保护海洋环境免受陆源污染全球行动计划"（global program of action for the marine environment from land-based activities，GPA），号召区域海域和各成员国分别制定相应的行动计划，旨在推动从国家、区域到全球三个层面共同采取行动来保护海洋环境。截至 2005 年，已有 78 个涉海国家、15 个海区、11 个联合国所属机构、7个政府间合作组织及29个非政府组织加入了GPA。

通过对各级组织海洋环境保护行动的经验借鉴，可得到以下两个启示：一是将"流域—河口—海湾—海域"作为连续体，加强陆源非点源污染的研究力度，不仅是海岸带环境保护和治理的前提与基础，对维持海岸带系统的生态健康、促进海岸带区域的经济社会可持续发展也具有十分重要的理论意义和指导作用；二是统筹兼顾近岸海域与上游流域的环境保护目标要求，按照入海河口的水质目标和氮磷等主要入海污染物控制总量，共同落实到省（市）际、地（市）际断面的水质目标和总量控制指标，积极解决近岸海域环境污染和生态破坏问题，逐步实现海洋环境与经济、社会协调发展。

二、促进生态化海水养殖

海水养殖在世界上大多数地区迅猛发展。然而，由于水产养殖自身的生态结构和养殖方式的缺陷，对地区生态环境造成一定的影响，如养殖营养物的外排、化学药物的使用、对海洋生态的人为干扰、对沿岸红树林和滩涂的破坏，以及养殖水体自身不完整的生态结构所导致的养殖系统生命力脆弱。海水养殖在使人类获得巨大的经济效益的同时，也给海洋带来巨大的污染，使得生态环境恶化，水域生物多样性减少，近海生态系统结构发生变化。尤其是近年来，海水养殖的大面积推广，近海污染也成为海洋最主要的环境问题之一。海水养殖对近岸生态环境的影响包括对养殖水体自身生态环境的污染和对近海水域生态环境的破坏两个方面。对养殖水体的污染主要是营养物的污染、药物的使用污染及底泥的富集污染，而对近海生态环境的破坏主要表现为对近岸海洋生物生态系统的破坏和沿岸滩涂、红树林资源的破坏。

首先，目前国内外海水养殖用饵料的有效使用率只有30%左右，小鱼小虾加工的活鲜饵料利用率差，也造成生态破坏，水体富营养化、赤潮。其次，海水养殖密度大，容易发生养殖病害，造成大量养殖物死亡、虾病；鲜活饵料（贝类）需求量增加，成本上升，人工合成饵料的使用，产品质量降低。最后，大量的吊养浮筏，水动力受影响，使水流减缓，影响水体交换，加快沉积速度，改变地质环境，在沿海滩涂区域还容易造成土壤沼泽化、盐渍化。

国际上，防止海水养殖业造成环境问题的主要解决措施是通过养殖生态化来实现可持续发展，实行多元立体综合养殖，利用种间优势，种间相互促进，营造良好的生态环境。例如，在虾池综合养殖海湾扇贝、太平洋牡蛎等和一些植物食性的鱼类，养虾池内繁殖浮游植物也是改善水质的重要技术措施之一；为发展海洋牧业化，日本在大分县佐伯湾通过音响驯化方式来控制鱼类的活动范围；美国等一些国家曾设置大型网箱或浮沉式网箱，或用电子屏栅形成围栏防止鱼外逃；挪威等一些国家通过海洋养殖的方式，对离海岸较远的养殖业进行自动化控制，达到改善近海海域水质的目的。

三、控制围填海工程

近岸海域是我国重要的自然资源，科学合理的围填海工程对缓解沿海地区人地矛盾、推动社会经济发展，可产生显著的经济和社会效益，而违背客观自然规律的无序围填海必将给沿海地区带来严重的、永久的负面影响。中华人民共和国成立到现在，我国已先后经历了3次大的围填海热潮。第一次大规模的围填海热潮是中华人民共和国成立初期的围海晒盐，这一阶段的围填海的环境效应主要表现在加速了岸滩的促淤；第二次大规模的围填海热潮是围垦海涂扩展农业用地，围填海的环境效应主要表现在大面积的近岸滩涂消失；第三次大规模的围填海热潮是滩涂围垦养殖热潮，围海养殖的环境效应主要表现在大量的人工增殖使得水体富营养化突出，海域生态环境受到较大程度破坏。

大面积的围填海活动也带来了一系列严重的资源、环境、社会问题，主要表现在下列几个方面。首先是近岸海域渔业资源衰减，近岸海域是海洋生物栖息、繁衍的重要场所，大规模的围填海工程改变了水文特征，影响了鱼类的洄游规律，破坏了鱼群的栖息环境、产卵场，很多鱼类生存的关键生态环境遭到破坏，渔业资源锐减。舟山群岛是我国的四大渔场之一，近年来渔业资源急剧衰退，大面积的围填海是其原因之一。庄河市蛤蜊岛附近海域生物资源丰富，素有"中华蚬库"之称，但连岛大堤的修建彻底破坏了海岛生态系统，由此引发的淤积造成生物资源严重退化，"中华蚬库"不复存在。其次是近岸海域生态系统破坏，滨海湿地、红树林、珊瑚礁、河口、海湾等都是重要的近岸海域生态系统，大规模围填海活动致使这些重要的生态系统严重退化，生物多样性降低。广西因填海和滩涂开发而大量砍伐红树林，造成2/3的红树林已经消失。濑户内海与韩国的大规模填海和推移岸线，影响海流流向和泥沙运移状态，自然湿地面积减小、湿地景观格局破碎化，物种减少。在东京湾，围填海造成海洋污染加剧，湿地温室气体排放增加，水体富营养化、潮下带近海湿地赤潮灾害增强，湿地底质污染、湿地土壤含盐量变化。胶州湾的填海工程造成湿地生物多样性水平下降、自然湿地净初级生产力降低、潮间带滩涂湿地和潮下带近海湿地渔获量减小、自然湿地植被退化演替。孟加拉国通过围填海使得地下的雨水渠延长，排水力减低，引发洪水、地面沉降等灾害。

通过梳理国内外海岸带开发过程中对生态环境的保护经验，可得到以下启示：尽早治理超标和重点排污地区，控制污染物排放，是防止近海海域环境不可逆发生的有效途径；谨慎细致的环境影响评估，提出切实可行、科学合理的实施方案，是有效防止海域生态环境急速恶化的基本保障；通过强有力的法律途径保护重要湿地、滩涂和海域生态系统完整性；另外，海陆统筹、制定国土优化开发和生态系统保护的综合性规划也是十分必要的。

第二节　辽宁海岸带生态系统特征及问题

一、生态系统基本特征

辽宁省海岸带具有良好的生态本底基础，地理位置与气候条件优越，生态系统结构与功能总体质量较好。森林总体覆盖率较高，流域生态环境保护措施与建设卓有成效。从辽宁蛇岛老铁山作为第一个国家级自然保护区建立以来，流域内大力实施造林灭荒、封山育林、防护林体系建设、自然保护区建设、退耕还林、水土保持、农村能源建设、生态农业建设、重点流域和城市环境综合整治等环境保护与生态建设工程并取得明显成效。图 10-1 为辽宁省海岸带土地利用图。

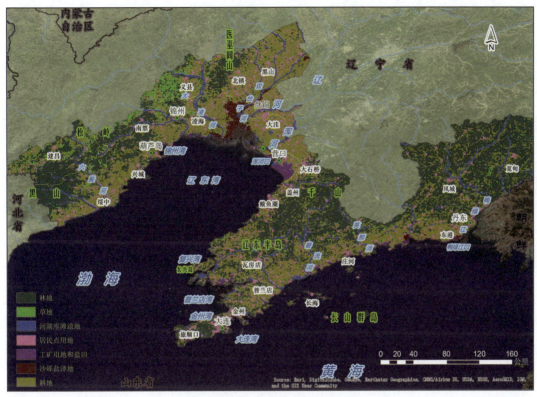

图 10-1 辽宁省海岸带土地利用

辽宁省海岸带生态系统的主要特征可概括为"两山一原"、"两海一湾"及山地、河流、海岸、海域、岛屿五大生态系统与泥岸、岩岸、沙岸三大海岸类型。

（一）两山一原

辽宁省海岸带地处东西向阴山—天山复杂构造带东段，在原始地质构造基础上，第四纪以来几经海面升降，现代海岸基本轮廓确定。冰后期以来，河流、波浪、潮汐和沿岸泥沙运移等多种因素的共同作用，促进了海岸的发育与演变。

海岸带地形地貌多样，总体上分为辽东半岛东部山地丘陵、中部下辽河平原冲积平原、辽西山地丘陵三个类型区域（图 10-2）。

东部由长白山余脉及支脉延续部分千山山脉和辽东半岛丘陵区组成，属构造剥蚀低山丘陵区，约占全省总面积的 2/3，以千山山脉为骨干，走向与辽东半岛方向一致，北宽南窄，北高南低，海拔多在 400 米以下。

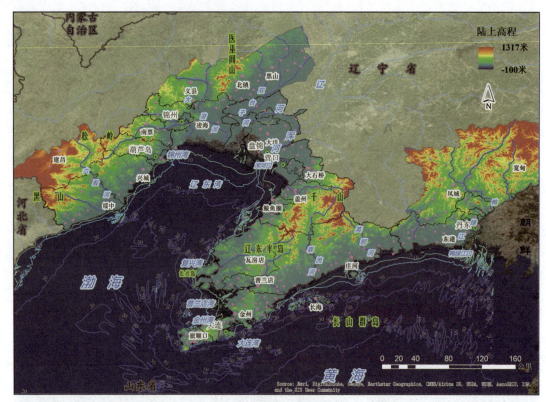

图 10-2 辽宁沿海地势

西部由医巫闾山–松岭–黑山等山体和细河谷地相间排列，地势向西升高，临海为狭长的滨海平原，称为辽西走廊；医巫闾山位于阜新至锦州铁路线以东，多由海拔为 200～500 米的丘陵组成；松岭山脉斜卧在阜新—建昌一线，大部分为切割破碎的丘陵地，平均海拔为 400～700 米。由于长期构造下沉，海岸较曲折，多港湾岛屿，受此影响，沿海地形特征使辽河平原和辽河三角洲成为海陆物质交换和海陆生态环境相互作用的主要区域。

中部下辽河平原冲积平原由巨厚的冲积层构成，平原南部地势低洼，海拔均在 50 米左右，因平原北部下降幅度较小，且受第四纪松辽分水岭上升的影响，形成起伏平缓的漫岗丘陵；中部下辽河平原地势自北向南倾斜，从山到原，依次分布着剥蚀堆积的山前坡洪积扇裙和山前坡洪积倾斜平原、山前冲洪积微倾斜平原、河间冲积平原、冲积三角洲平原等，为辽宁省径流汇流、地表物质沉积中心。

（二）两海一湾

辽宁属暖温带湿润半湿润季风气候区，沿海海域面积为 54.7 万平方公里，其中，近海水域面积为 6.8 万平方公里，分属两大海域——渤海和黄海，由辽东半岛分割。东南面为黄海海域，由辽东半岛、朝鲜半岛和山东半岛环绕；西北面为渤海海域，发育辽河三角洲，由辽东半岛、辽河三角洲和辽西走廊环绕形成一个较大的海湾，即辽东湾。沿岸分布有狭窄的滨海平原和大面积的滩涂，黄海北岸和辽东湾顶部，淤泥质滩涂连片集中，滩面宽阔水浅，可供海水养殖业发展。

辽东半岛以南为黄海的北部海域，发育有长山群岛，除鸭绿江、大洋河外，沿岸入海河流短小，径流量不大，海岸侵蚀以海蚀（波浪和潮汐）为主。庄河东以淤泥质海岸为主，西以基岩海岸为主。受高盐高温的黄海暖流的影响，冬季海水温度有时可达0℃以上，尤其大连湾附近海域。辽东半岛以北为渤海海域，发育最大的海湾即辽东湾，面向辽河三角洲平原。辽东湾沿岸发育有几十条河流，入海河流携带大量泥沙堆积于湾顶，形成宽广的辽河口三角洲湿地，是鸟类活动和芦苇等植物生存的重要场所，辽河口三角洲湿地是中国芦苇的主产区之一。辽东湾海域是我国水温最低的区域，沿岸为我国冰情最严重的海区。和黄海海域相比，渤海海域沿岸城镇广布，人口较多，因此，沿岸开发程度也比较高，环境问题也比较突出。

（三）五大主要生态系统

1. 山地及森林生态系统

山地是主要入海河流的发源地和水源涵养区，辽宁山地生态系统主要包括辽东半岛山地丘陵区、辽西低山丘陵区。辽东半岛山地丘陵区，系长白山脉的延伸部分及千山山脉，主要山体为步云山、绵羊顶子山、歪歪山等，其中，步云山海拔为1131米，是半岛的制高点。这些山地地区植被覆盖良好，平均森林覆盖率为25%，设有多处自然保护区和森林公园，自然植被为阔叶林与针阔混交林，多柞木林，主要树种是油松、赤松、栎林，且为大洋河、英那河、碧流河等河流的源区。土壤多为山地暗棕色和棕色森林土，土层厚0.5~1.0米，半岛东部沿海北部多砂石土，南部为黑土，中部为平原淤土、棕黄土地带。地面枯枝落叶层较厚，土壤侵蚀轻微。

辽西低山丘陵区总土地面积占全省总面积的22%，是辽宁农牧业生产的重要基地。本区地貌为低山丘陵，植被分布上是华北植物区系向内蒙古植物区系的过渡带，气候上是半干旱气候向半湿润气候的过渡带，土壤侵蚀形式为水蚀、风蚀叠加并存，强弱交替。本区气候南北差异较大，北部年降水量为370毫米左右。地带性土壤类型北部为褐土，东南为棕壤，西北部受内蒙古科尔沁沙地影响，有风沙土存在，土壤水蚀、风蚀、沙化日趋严重。辽西低山丘陵区生态环境所面临的乱砍滥伐、陡坡开垦、过度放牧等不合理的经济活动导致水土流失严重，自然灾害频繁。经过联合国粮食及农业组织"二七七二"造林种草工程、国家水利部大凌河流域水土流失综合治理工程、中德合作造林工程等项目，人工治理森林覆盖率达到了20%，使本区恶劣、脆弱的生态环境状况得到改善。

2. 平原生态系统

辽河平原至滨海平原，地势低平易涝，有辽河、太子河、浑河、大凌河、小凌河、沙河等，各河中下游比降小，水流缓慢，多河曲和沙洲，港汊纵横，堆积旺盛，河床不断抬高，汛期常导致排水不畅或河堤决溃，酿成洪涝灾害。河曲发育，河道中沙洲众多，河床不断淤积，河水宣泄不畅。绝大部分土地已开垦利用，土质肥沃，滨海的盘锦地区5000平方公里范围内遍布沼泽盐碱地，已成为东北水稻的重要产区，是省内主要粮食产地。主要土壤为河淤土、黑土、棕黄土与海滨盐土，平均森林覆盖率为15%～20%。

3. 河流生态系统

辽宁沿海经济带境内大小河流众多，且多为独流入海的季节性河流，其中，以东部的鸭绿江和中部的辽河最为著名。河流多发源于辽东丘陵及西部山区，相对短小，流速快，含沙量较大，流量季节变化大，且有冰期。根据经济带地理位置，可分为黄海流域水系和渤海流域水系。注入黄海的河流主要包括鸭绿江、浑江、爱河、大洋河、蒲石河、碧流河、大沙河、英那河、庄河、登沙河、清水河等；注入渤海的河流主要包括复州河、浮渡河、熊岳河、大清河、沙河、大辽河、辽河、绕阳河、大凌河、太平河、锦盘河、月牙河、小柳河、小凌河、女儿河、六股河、青龙河等。

4. 海岸生态系统

海岸生态系统分为两类，一类是潮间带生态系统，另一类是海岸湿地生态系统。潮间带生态系统生物多样性丰富、生物量大。我国四大海域中，从北向南，海岸潮间带生物种类逐渐增多，但从单位面积的生物量来看，黄海和渤海分别为湿重生物量2199克/平方米、密度1013个/平方米，均高于南方海域。海岸湿地生态系统主要分布在一些海湾和河口，位于海岸的高潮区、中潮区和潮上带，以盐碱沼泽地和滩涂为主要类型，植被以草本植物为主，同时也是鸟类的栖息地，形成了沼泽-草地-鸟类生态系统。辽宁省海岸滩涂面积为2518.57平方公里，其中，鸭绿江口和辽河三角洲是辽宁沿海主要的海岸湿地生态系统分布区域，鸭绿江口的苇田面积达110平方公里，芦苇向海的泥滩高潮区，则有大面积的灰绿碱蓬、盐角草等矮小植被。双台河口国家级自然保护区拥有世界第一大苇田，面积达670平方公里，且拥有大面积的翅碱蓬滩涂和浅海海域，为湿地生物提供了重要的栖息环境，尤其是为丹顶鹤、白鹤、黑嘴鸥等多种濒危物种提供了理想的栖息和繁殖环境，也是鱼、虾、蟹和文蛤的重要产地。

5. 近海海域生态系统

辽宁海岸带东起鸭绿江口、西至山海关老龙头，海岸线长2920公里，其中，大陆海岸线长2110公里；岛屿众多，岛屿岸线长628公里，占中国岛屿岸线总长的4.4%。辽宁临渤海和黄海，海域面积约为5.34万平方公里，其中，辽东湾为2.72万平方公里，黄海北部为2.62万平方公里，分别占51%和49%。水深在0～15米的水域面积为1.4万平方公里，水深在0～10米的水域面积为7730平方公里，其中，辽东湾为5360平方公里，黄海北部为2370平方公里，分别占69%和31%。近岸水域中，可供浮筏养殖的水面为182.7平方公里，主要分布在辽东半岛南部海域。全省海域水深较浅，平均只有13.7米，最大水深在老铁山水道，水深大于 60 米。辽东湾和黄海北部泥质海底平均水深最浅，分别为 6.1 米和 11.2 米，辽东湾东、西两岸水深分别为 10 米和 12 米，辽东半岛顶部平均水深最大，海域等深线基本顺岸分布。-10 米等深线离岸距离在黄海北部自东向西变小，在辽东湾由湾口两侧向湾顶加大。

辽宁是我国北方主要海岛分布区域，也是海岛数量较多的省份之一。海岛分布的经纬度在 120°48′00″E ~ 123°48′23″E 与 39°02′54″ ~ 40°30′05″N。根据全省海岛资源综合调查统计，海岛面积在 500 平方米以上的岛屿共 266 个，占全国 500 平方米以上海岛数的 4%；全部海岛面积为 191.54 平方公里。辽宁海岛分布在渤海和黄海近岸海域，毗连辽东半岛东南沿岸的北黄海海域中海岛数量多，分布较集中。渤海辽东湾海域中岛屿数量少，分布零散，主要岛屿为觉华岛。在统计的 266 个岛屿中，分布在黄海的为 171 个，占 64.3%；分布在渤海的为 95 个，占 35.7%。从海岛面积看，分布在北黄海的海岛面积为 170.6 平方公里，占 89.1%；分布在渤海的海岛面积为 20.93 平方公里，占 10.9%。黄海岛屿岸线占海岛岸线总长度的 82.15%，而渤海岛屿岸线则占海岛岸线总长度的 17.85%。

（四）三大海岸类型

辽宁海岸带位于新华夏系巨型隆起带和沉降带上，受地质构造和河流泥沙的填充作用形成基岩质海岸、砂砾质海岸和淤泥质海岸（河口淤泥质海岸和基岩淤泥质海岸）三种类型，分布在四个岸段。基岩质港湾、海岸占大陆岸线的 21.7%，主要分布在大连；沙砾质海岸约占岸线的 43%，主要分布于葫芦岛小凌河口至山海关一带；淤泥质海岸占全省岸线的 36%，主要分布在辽东湾北部及鸭绿江、大洋河口一带。辽东半岛西海岸以港湾型基岩为主，辽东半岛东海岸以基岩淤泥质为主，辽河三角洲滨海平原以河口淤泥质海岸为主，辽西走廊滨海岸堤以砂砾质海岸为主。

河口淤泥质海岸主要分布在丹东鸭绿江江口湿地、庄河栗子房镇至庄河市区、营口老边区至大辽河入海口处、盘锦大辽河入海口西至大凌河入海口处及锦州市南部海岸线；基岩淤泥质海岸主要分布区域为东港市沿海岸带湿地，西起杨家屯，东至大东港，大连市基岩淤泥质海岸分布较广，主要集中在庄河市区至普兰店市清水河站、长兴岛及交流岛的全部岸线市辖区海岸线；基岩质海岸主要分布在大连瓦房店南部炮台镇、复州湾及谢屯镇南部海岸线及浮渡河口沿线，岸线均已开发利用，以盐田、围海养殖等利用方式为主；砂砾质海岸分布较少，主要分布在营口市浮渡河与老边区及葫芦岛兴城市东海岸；绥中县东海岸为基岩、砂砾质交叉海岸，以港口、渔业岸线为主（表 10-1）。

表 10-1　辽宁省海岸类型

类型	分布岸段	占全省岸线的比例（%）
基岩质海岸	城山头—老铁山—黄龙尾 大长山、小长山、觉华岛	21
港湾基岩岸		
岛屿基岩岸		

类型	分布岸段	占全省岸线的比例（%）
淤泥质海岸	鸭绿江口—大洋河口	
平原淤泥岸	盖平角—小凌河口	36
岬湾淤泥岸	大洋河口—老鹰咀	
砂砾质海岸		
岸堤砂砾	山海关—兴城，盖平角—太平湾	43
湾砂砾岸	兴城—小凌河口—太平湾—东岗	

二、主要生态问题

辽宁作为东北老工业基地的龙头，经济发展历史悠久，经过不同时期，产业结构经过不断的发展和完善。如何构建和谐经济带、顺利完成沿海经济带与生态环境的良性互动发展，是辽宁沿海经济带空间发展所面对的关键问题。随着辽宁沿海经济带作为整体开发区域被纳入国家战略，该地区城市化发展进程加快，而快速的城市化需要大量的资金、资源及人口转移作为支撑，由此带来了巨大的生态环境压力。近年来，渔业、滨海工业、港口建设、海上交通、油田开发、滨海旅游等海洋开发活动日益增加，建港与养殖的矛盾、海洋石油开发与渔业资源养护的矛盾、沿海地区工业排污与盐业和水产养殖的矛盾时有发生，海洋污染状况加剧，水质和底质环境恶化，破坏了海洋生物栖息繁衍的生态环境，严重的海区发生了生物物种变化，制约着海洋资源可持续利用，给海洋经济带来严重后果。

（一）污染物排放总量居高不下，海洋功能受损

根据海岸带污染调查，铅、镉、有机氯农药的最高含量未超过Ⅰ类海水水质标准，化学耗氧量、铜、锌的最高含量超过Ⅰ类海水水质标准，油的最高含量超过Ⅱ类海水水质标准，汞的最高含量超过Ⅲ类海水水质标准。浅海石油的超标率为23.38%，汞潮间带超标率为10.5%，浅海超标率为1.74%，铜、锌浅海超标率分别为8.27%和5.26%，潮间带铜、锌的平均浓度分别是浅海水域的2.44倍和2.50倍。此外，由于城市生活污水和含有机物的工业废水大量排入大海，海水营养化程度明显加重，赤潮发生频率、规模和危害大增，水域污染直接损害渔业资源及其生态环境。根据环保部门公布的数据，严重污染海域面积逐年增加，尤其中度污染海域面积增加，海水中主要污染物无机氮、活性磷酸盐的含量居高不下。70%以上的入海污染物排入敏感的海洋类型功能区，导致自然保护区、旅游区和渔业区现状达标率分别仅为79.8%、68.5%和58.8%。重点海湾沉积物污染严重，特别是汞、铅、砷、铜、石油烃和滴滴涕的污染，局部海域生物质量下降，多种持久性有机污染物均有检出（表10-2、表10-3）。

表 10-2　2010 年辽宁省入海河流水质监测结果

河流名称	断面名称	城市名称	水环境功能区类别
辽河	赵圈河	盘锦	IV
大辽河	辽河公园	营口	V
大凌河	西八千	锦州	IV
鸭绿江	厦子沟	丹东	III
碧流河	城子坦	大连	V
英那河	入海口	大连	III
复州河	三台子	大连	III
庄河	小于屯	大连	IV
登沙河	登化	大连	V
大洋河	大洋河桥	丹东	II
大清河	大清河口	营口	V
大旱河	营盖公路	营口	V
沙河	入海口	营口	IV
熊岳河	杨家屯	营口	V
六股河	小渔场	葫芦岛	IV
连山河	沈山铁路桥下	葫芦岛	V
兴城河	红石碑入海前	葫芦岛	IV
五里河	茨山桥南	葫芦岛	V
小凌河	西树林	锦州	IV

资料来源：辽宁省环境保护厅，2010 年入海河流监测数据

表 10-3　2010 年辽宁省各地市工业废水排放指标

项目		排放量（万吨）	达标排放量（万吨）	集中处理率（%）
沿海城市	大连	27 421	26 125	94.2
	丹东	4 070	3 044	9.12
	锦州	3 859	3 648	45.47
	营口	3 197	3 196	80
	盘锦	2 446	2 303	62.97
	葫芦岛	3 230	2 521	42.53
全省合计		70 524	64 429	66.14
沿海地市合计		44 223	40 837	55.72
沿海占比（%）		62.71	63.38	84.25

（二）填海工程规模扩大迅速，湿地面积萎缩，生物多样性降低

近岸海域是我国重要的自然资源，大规模的围填海是一种严重改变海域自然属性的用海行为。实践已经证明，科学合理的围填海工程对缓解沿海地区人地矛盾、推动社会经济发展，具有十分重要的现实意义，可产生显著的经济和社会效益。但违背客观自然规律的无序围填海必将给沿海地区带来严重的、永久的负面影响。当前，辽宁海岸带无序开发问题突出，近海海域利用密度过大，导致滨海湿地退化，湿地环境容量持续减少，近岸海域渔业资源衰竭，生态系统破坏，海洋环境污染加剧（表10-4）。

表 10-4 辽东湾海洋生态监控区健康状况

生态监控区	面积（平方公里）	主要生态系统类型	健康状况
双台子河口	3000	河口	亚健康
锦州湾	650	海湾	不健康

（三）地下水超采，土壤盐渍化，海水入侵加剧

从 20 世纪 60 年代开始，辽东湾东西两侧海岸侵蚀范围逐年扩大，侵蚀强度不断加强，其中，侵蚀最严重的熊岳以每年 2~4 米的速率大幅后退，特别严重的达 10 公里。海水入侵范围也很大，主要分布在营口、盘锦、葫芦岛，海水入侵不仅加剧了水污染紧缺形势，而且导致水环境生态系统的破坏、地下水污染、土地盐碱化、危害人类健康、制约经济和社会可持续发展等一系列负面影响。另外，陆上截流和经济快速发展用水，导致入海淡水减少，河口水域环境发生改变，海水盐度明显升高，多数水生生物产卵场退化和消失，海水入侵面积扩大，地下水矿化度和氯离子浓度增高，淡水咸化、水质变差，失去了原有使用价值。初步统计，由于地下水超采，90% 以上的岸段出现不同程度的海水入侵问题。2010 年监测结果表明，辽宁盘锦、葫芦岛龙港区北港镇、黄海沿岸辽宁丹东海水入侵范围有所增加，海水入侵状况严重。葫芦岛北港镇、丹东、盘锦平安乡哈巴村监测区海水入侵范围有所增加（表10-5）。

表 10-5 2010 年辽宁省沿岸海水入侵变化趋势

监测断面位置	海水入侵程度变化趋势
营口盖州团山乡西崴子	降低
营口盖州团山乡西河口	降低
盘锦平安乡哈巴村	升高
盘锦清水乡/城郊乡	基本不变
锦州小凌河东侧何屯村	基本不变
锦州小凌河西侧娘娘宫镇	基本不变
葫芦岛北港镇	升高

监测断面位置	海水入侵程度变化趋势
葫芦岛连湾镇	基本不变
丹东东港北井子镇	无监测
丹东东港西	升高
丹东东港长山镇	升高
大连金州区、甘井子区	降低

资料来源：辽宁省海洋与渔业厅，2010 年辽宁省海洋环境质量公报

（四）不定期溢油风险严重污染海域环境

随着渤海各港口油类及化学品吞吐能力的持续加大，重大船舶溢油事故风险也将随之增加，我国每年发生的海上溢油事故约有 500 起。2000 年以来，渤海海域发生的溢油事故明显增多，高于全国其他海域。2002～2008 年，大连海域共发生大小溢油污染事故 81 起，其中发生规模以上的船舶溢油污染事故 7 起，共溢油 600 吨。2010 年大连湾石油管线爆炸，导致 1500 吨石油流入大海，海面浮油漂到事发地东北方 35 公里的旅游胜地金石滩。污染海域面积达 1118 平方公里，其中，严重污染海域面积累计 508 平方公里，主要集中在大连湾、大窑湾、小窑湾和事故点大孤山半岛周边海域。溢油污染岸线长 163 公里（北至金石滩，南至小平岛），约占大连市大陆岸线的 12%。本次油污染事件影响周边 7 个浴场、9 个旅游景区、2 个养殖区和 3 个保护区，其中，泊石湾海水浴场因受影响较重而关闭。在海水和大气降水作用下，石油以可溶性油的形式向沙体内部对流和弥散，使整个沙滩遭到石油污染。据估计，污染海域的生态危害或将持续 10 年（图 10-3）。

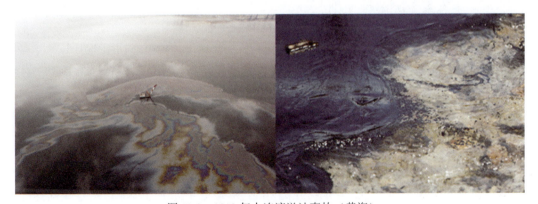

图 10-3　2010 年大连湾溢油事故（黄海）

（五）水资源严重缺乏，供需矛盾突出

辽宁是我国淡水资源严重缺乏的省份之一，制约辽宁经济发展的最主要因素将是水资

源的短缺问题，全省水资源总量为342亿立方米，人均和耕地亩均占有水资源量均为全国的1/3。其中，辽河流域地表水资源为231.8亿立方米，鸭绿江为182.5亿立方米，沿海诸河为134.2亿立方米。作为传统的老工业基地，辽宁省水资源开发强度较大，辽河流域水资源开发强度超过70%，远超过了40%的国际警戒线。全省水资源地区分布悬殊，辽东山区土地面积占全省的28.6%，水资源量占54.1%；中部平原和辽西地区土地面积分别占全省的45.1%和26.3%，而水资源量分别只占32.1%和13.8%，低于全省平均水平。辽宁主要河流水质以劣V类水质为主，除鸭绿江水质良好外，浑河、大辽河、辽河、大凌河城市段水质污染均比较严重。随着辽宁沿海经济带战略地位的不断提升，该地区的城市化与工业化发展进程将不断加快，水资源问题也将更加突出。

第三节　生态保护功能区遴选依据及方案

一、基本原则

（一）生态保护优先原则

根据海岸带自然景观和海洋资源等自然属性，以保护、维持自然景观生态过程和功能为前提，确定海域的各项功能，保护生物物种多样性、合理开发利用生态空间。在具有多种功能的地域，优先保障海洋生态环境保护类功能区，加强各类功能区环境生态保护。

（二）生态系统完整性原则

对不同类型、不同尺度的生态系统，在保护和开发利用过程中要切实考虑生态过程和生态系统功能的完整性，杜绝"一刀切"。对生态重要性高的区域要进行严格管理，对环境胁迫性高的区域要进行严格防治，对其他一般性区域可进行适度的开发利用。

（三）功能类型一致性原则

综合考虑辽宁海岸带相邻岸段之间的关系，以及区域间生态功能的互补作用，切实保障岸段、陆域、海域及国家生态安全，分析和确定区域的主导生态功能，统筹安排各行业用海，避免海域开发占用重要海洋生态系统、海洋景观、资源区，引导海洋产业优化布局，通过功能类型的优化、改善提升海岸带生态服务功能。

（四）生态关系协调原则

辽宁沿海带生态功能定位既要与国家主体功能区划、辽宁省海洋功能区划及社会发展规划、经济发展规划和其他各县（市、区）的专项规划相互衔接，又要考虑人与环境、生物与环境、生物与生物、社会经济与资源环境之间的协调，把社会经济的可持续发展建立在良好的生态环境基础上，实现人与自然、人与人的和谐共生。

二、区划目标

海岸带生态保护功能区布局的核心工作是设定各个特定功能区的主导功能和环境保护要求，对各类型功能区因地制宜地实施保护措施，并合理限制规范各类沿海开发活动的地点、时间、方式和规模，以达到保护海岸带生态环境，促进海岸带经济增长与生态保护的协调发展的目的。

（1）根据辽宁海岸带不同的生态系统类型、生态问题、生态系统服务功能类型及其空间分布特征，结合生态重要性评价和环境胁迫性评价结果，提出辽宁海岸带生态功能区划方案，明确各类生态功能区的主导服务功能及其生态保护目标，划定重要生态功能区域。

（2）按照综合生态系统管理思想，分析各个生态功能区的主要问题，研究制定针对重要功能区的用途管制要求、用海方式控制要求、海域整治要求、生态保护重点目标和环境保护等管理要求，促进海洋资源的优化配置和节约集约利用。

（3）以生态功能区划为基础，指导该区域实施生态保护与生态建设，优化产业布局和资源利用结构，完善经济社会发展规划，协调社会经济发展和生态保护的关系，努力构建生态文明示范区域。

三、基本思路与技术路线

在借鉴国内外相关研究成果经验的基础上，针对辽宁海岸带自然资源、生态环境特点设计评价技术流程。技术评价流程按照评价过程的逻辑递进顺序分为市域评价、县域评价、单要素评价、综合评价4个部分，市域评价主要针对沿海六市，因其尺度较大，评价单元和数据精度可以适当粗略一些。海岸带地区和沿海核心县（市、区）周边地区是未来辽宁省海岸带开发建设的重点区域，对评价精度要求较高，需要进行专门的市域范围内的精细评价工作。另外，由于辽宁省海岸带存在空间分异性特征，如地形地貌、上下游、人口与产业集聚、港口码头、航道等方面，这种差异在各个沿海县（市、区）的重要性程度不同，且在空间上存在重叠或包含的现象，在实际评价过程中，县域评价要考虑到对评价因子侧重点的适当取舍，尽可能在评价因子中选取关键指标开展重分类、细化评价工作，精细评价十分必要（图10-4）。

（一）市域整体评价

省级主体功能区划生态保护功能区的内容主要通过生态重要、灾害危险、生态脆弱、环境承载四个方面进行评价。环境容量的评价通过对主要污染物 SO_2、化学需氧量和氨氮

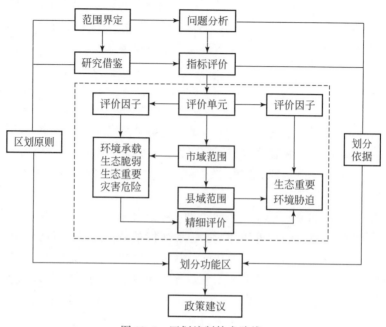

图 10-4 区划编制技术路线

进行单要素评价，针对本区域的环境污染特点，分析区域环境容量承载特征与空间分异特征，评价环境问题的现状与趋势。采用以下公式：

$$环境容量 = \max\{[大气环境容量(SO_2)], [水环境容量(氨氮, 化学需氧量)]\} \quad (10\text{-}1)$$

其中，$[水环境容量] = f[(化学需氧量环境容量), (氨氮环境容量)]$

根据空气环境容量的评价结果，划定三类环境空气质量功能区。一类环境空气质量功能区指自然保护区、风景名胜区和其他需要特殊保护的地区，大连地区的一类环境空气质量功能区主要包括金州国家森林公园、旅顺—蛇岛老铁山国家级自然保护区、普兰店国家森林公园、大连冰峪沟、天门山风景区、仙人洞森林公园及自然保护区与长海县等；二类环境空气质量功能区指城镇规划确定的居民区、商业交通居民混合区、文化区、一般工业区和农村地区，以及一、三类区不包括的地区；三类环境空气质量功能区，特指工业区（图 10-5）。

生态系统脆弱性评价采用公里网格的土地沙漠化脆弱性、土壤侵蚀脆弱性，以及局地性的采矿区地面塌陷、土壤盐渍化脆弱性进行单要素评价，再对分级的生态环境问题单要素进行复合，确定公里网格生态系统脆弱类型。采用公式：

$$[生态系统脆弱性] = \max\{(土地沙漠化脆弱性), (土壤侵蚀脆弱性),$$
$$(土壤盐渍化脆弱性)\} \quad (10\text{-}2)$$

综合分析结果表明，海岸带生态系统脆弱的高值区位于辽东湾、长海县等地区，锦州、葫芦岛、盘锦、大连旅顺口的生态系统较为脆弱，丹东地区为生态系统脆弱性的低值区（图 10-6）。

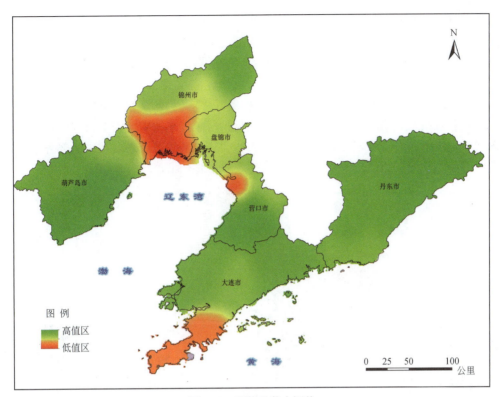

图 10-5 环境承载力评价

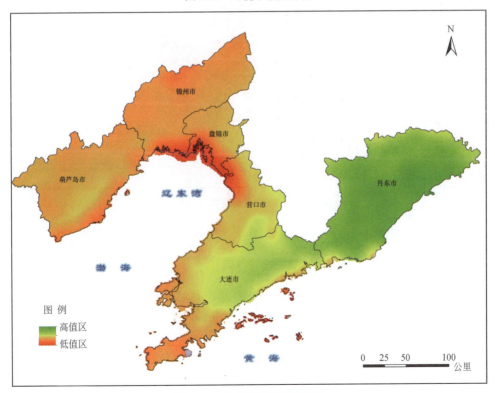

图 10-6 生态系统脆弱性评价

生态重要性采用公里网格的森林生态重要性、草地生态重要性、荒漠生态重要性、湿地生态重要性、生物多样性保护重要性、特殊生态系统重要性进行单要素分级评价，再通过单要素复合分析，确定生态重要性程度，划分生态重要区域类型。具体采用以下公式进行分析：

$$[生态重要性] = \max\{(森林生态重要性),(草地生态重要性),(荒漠生态重要性),$$
$$(湿地生态重要性),(生物多样性保护重要性),(特殊生态系统重要性)\} \quad (10\text{-}3)$$

综合分析结果表明，丹东鸭绿江湿地自然保护区、辽东湾双台河口自然保护区、营口地区均为生态重要性程度较高的地区，锦州市、大连城区、葫芦岛及绥中的部分少有森林资源、滩涂、盐田稻田、水体分布的区域为生态重要性的低值区（图10-7）。

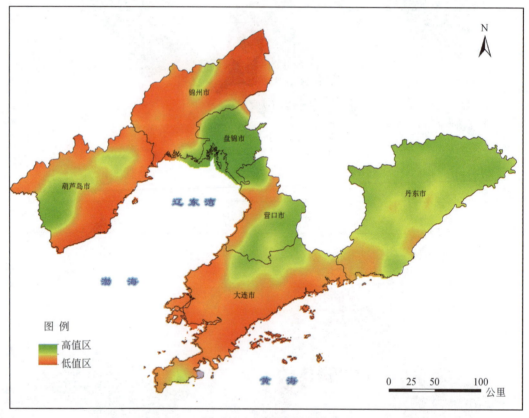

图10-7　生态重要性评价

自然灾害危险性评价主要涉及地震、洪涝、滑坡及泥石流等水文地质灾害。采用以下公式进行评价：

$$[自然灾害危险性] = [(自然致灾因子综合指数)+(自然灾害成灾综合指数)]/2$$
$$(自然致灾因子综合指数) \quad (10\text{-}4)$$

其中，洪涝危险性采用了100米DEM及基于主要河流的"环状缓冲"分析，计算洪涝危险性指数；丹东至大连城区段、辽河口、双台河口为洪涝灾害严重区域；地震灾害程度较严重的区域主要包括辽东湾盘锦段、营口至大连旅顺口段及丹东大孤山地区。

根据综合评价结果，海岸带灾害危险性的高值区分布在辽东湾、营口至大连旅顺口段、大连普兰店至丹东东港段，葫芦岛及锦州大部分地区、营口盖州市、大连瓦房店市及丹东东北部区域均为灾害危险性程度较低的区域（图10-8）。

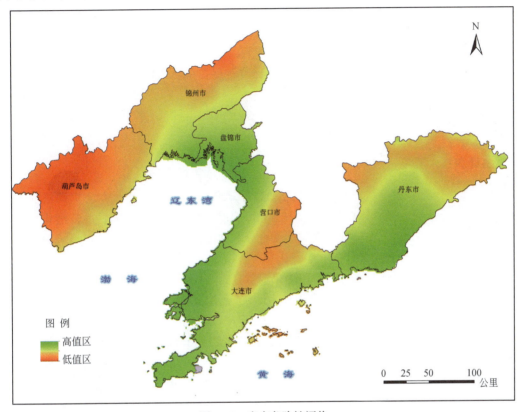

图10-8　灾害危险性评价

（二）县域精细评价

根据县（市、区）区域范围内的生态环境特征、自然灾害分布特点，结合更高精度的空间数据开展县域范围的生态环境问题精细评价。单要素评价的范围为《辽宁海岸带保护和利用规划》方案确定的丹东、大连、营口、盘锦、锦州、葫芦岛六市的33个县（市、区），还包括以海岸线为主干，向海洋侧延伸12海里海域范围。县域范围评价指标的选取是在省级主体功能区划的评价指标基础上进行归并、细化，并按照优先保护生态系统、保证生态系统完整性及自然资源可持续利用、保障海岸带社会经济和谐发展的基本原则与总体思路进行划分，总体上以生态重要性和环境胁迫性评价为两项重要指标；考虑到县级范围内生态系统特征、重要性级别，将县域范围内的生态重要性的评价指标细化为水源涵养重要性、物种保护重要性及湿地保护重要性三类。基于县（市、区）的生态环境问题与自然灾害特征分析展开环境胁迫性评价，研究范围内地震、土地沙漠化与石漠化等灾害发生频率较低，从重点保护海岸带两大重要湿地及物种保护区的角度，将灾害发生频率高、胁迫性大的生态环境因素归类为水环境、土壤盐渍化与水土流失三大类。

确定生态功能区的边界有两种途径，一种是基于生态重要性和环境胁迫性的评价结果划定边界，一种是以相关领域行政主管部门批准设立的国家级与地方级保护区为依据，统筹地方调整方案诉求划定边界。

1. 计算方法

$$[生态重要性] = \max\{(水源涵养重要性),(物种保护重要性),(湿地保护重要性)\}$$
(10-5)

$$[环境胁迫性] = \max\{(水环境胁迫性),(盐渍化胁迫性),(水土流失胁迫性)\}$$
(10-6)

2. 计算技术流程

第一步：生态重要性与环境胁迫性的单要素分级。采用 30 公里×30 公里网格的水源涵养重要性分级、物种保护重要性分级、湿地保护重要性、水环境胁迫性、盐渍化胁迫性和水土流失胁迫性分级数据，根据 6 类单要素分级标准，实现生态重要性与环境胁迫性的单要素分级。

第二步：生态重要性与环境胁迫性的单要素复合。对分级的生态重要性与环境胁迫性的单要素图进行空间叠加分析，判断生态系统的生态重要性与环境胁迫性类型是单一型还是复合型。

第三步：生态重要性程度确定。对单一型生态重要性与环境胁迫性类型区域，根据其要素重要程度确定生态重要性与环境胁迫性程度；对复合型生态重要性与环境胁迫性类型区域，根据重要性区域优先、区域重合取并集的原则，采用主导因素法确定生态重要程度。

第四步：生态胁迫性区域确定。对公里网格的生态重要性程度分级结果，采用主体功能区划的区域综合方法、主导因素方法、类型归并方法等，划分生态重要区域，生态重要性程度划分为极重要、重要两种。

3. 指标性评价

总体评价：分析评价生态重要性与环境胁迫性的类型、集中分布区域、空间分异特征，不同生态重要性与环境胁迫性类型区、集中分布区域、空间分异特征，重点关注生态极重要和重要区域，以及环境胁迫性极高与高的区域。

单要素评价：评价水源涵养重要性、物种保护重要性、湿地保护重要性、水环境胁迫、盐渍化胁迫和水土流失胁迫的分级分布特征、极重要和重要区域分布特征。

四、划分依据

（一）生态重要性评价

生态重要性评价的主要内容包括水源涵养重要性、物种保护重要性、湿地保护重要性等方面。根据不同生态系统功能的差异性及各类生态问题的形成机制和影响因素的差异性，分析各个地域单元的生态重要性特征，按照重要性程度分为极重要和重要两个级别，在三个单要素评价基础上进行生态重要性综合评价，划分了生态重要性极重要和重要两种类型区域。

1. 水源涵养重要性

水源涵养重要性评价是对不同区域所具有的涵养水源、改善水文状况、调节区域水分循环、防止河流湖泊水库淤塞等生态功能的评价，水源涵养与坡度地形、森林覆盖、土壤植被等因素相关。根据规划区的自然资源禀赋，确定该指标的评价依据，最终评价划定为极重要、重要两个级别（表10-6）。水源涵养极重要是包括一级流域的河流源头、城市生活饮用水一级水源地在内的森林、湿地生态系统，面积约为4400平方公里。从评价结果看（图10-9），这一类型区域集中分布在绥中和兴城的中东部、瓦房店中南部、普兰店北部、庄河西南部、丹东东北部，其中，西部和东部分别是黑山山脉和千山山脉的水源涵养地区，这些区域森林植被保持完好，水源涵养服务功能极重要。

表10-6 水源涵养重要性评价依据

评价指标	极重要	重要
水源涵养重要性	包括一级流域的河流源头、城市生活饮用水一级水源地在内的森林、湿地生态系统	包括二级流域的河流源头、城市生活饮用水二级及以下水源地在内的森林、湿地生态系统，以及农业灌溉用水水库、较大河流河道周围的森林生态系统

水源涵养重要区域是包括二级流域的河流源头、城市生活饮用水二级及以下水源地在内的森林、湿地生态系统，以及农业灌溉用水水库、较大河流河道周围的森林生态系统，面积约为1400平方公里，主要分布在绥中西部、连山区西部、盖州南部、大连中南部、庄河北部、丹东西部区域，这一类型区域包括了一些植被保持相对较好，水源涵养能力较强的商品林和经济林地，同时也是生态相对比较脆弱的区域，未来应禁止采伐天然林、加大天然林的保育工程，禁止污染环境和破坏生态的工程项目建设，发展公益林、稳定商品林，进一步提高水源涵养功能。

指标评价依据中，流域等级划分参考第一次《全国水利普查公报》，在本规划中的一级流域指河流流域面积大于100平方公里的河流，二级流域流域面积为50～100平方公里。水域功能和标准分类依据地表水水域环境功能和保护目标，依据《地表水环境质量标准》（GB 3838—2002），按功能高低依次划分为五类（表10-7）：

Ⅰ类主要适用于源头水、国家自然保护区；

Ⅱ类主要适用于集中式生活饮用水地表水源地一级保护区、珍稀水生生物栖息地、鱼虾类产卵场、仔稚幼鱼的索饵场等；

Ⅲ类主要适用于集中式生活饮用水地表水源地二级保护区、鱼虾类越冬场、洄游通道、水产养殖区等渔业水域及游泳区；

Ⅳ类主要适用于一般工业用水区及人体非直接接触的娱乐用水区；

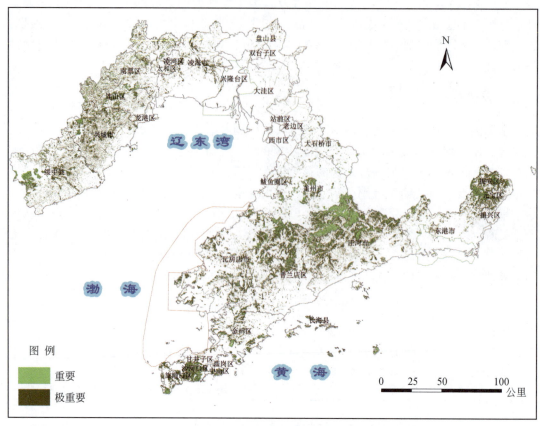

图 10-9　水源涵养重要性评价

Ⅴ类主要适用于农业用水区及一般景观要求水域。

表 10-7　地表水环境质量标准基本项目标准限值（单位：毫克/升）

项目	Ⅰ类	Ⅱ类	Ⅲ类	Ⅳ类	Ⅴ类
化学需氧量（COD）	≤15	≤15	≤20	≤30	≤40
氨氮（NH_3-N）	≤0.15	≤0.5	≤1	≤1.5	≤2

2. 物种保护重要性

物种保护重要性是对不同区域范围内生态系统多样性、动植物物种多样性进行评价，不同地区物种保护重要程度的不同取决于典型的生态系统的分布，以及濒危珍稀动植物的分布。辽宁省生物多样性种类非常丰富，不但陆生生态系统类型完善，还拥有海洋和淡水生态系统、湿地类型。按照区域生物多样性评价标准，根据研究范围的实际情况，确定辽宁省海岸带物种保护重要性评价依据，最终划分为极重要和重要两个级别（表 10-8）。极重要区域是优先生态系统或者物种数量比率大于 30% 的区域、国家级和省级自然保护区、森林公园，以及海岸带特有的或者濒危动植物所在区域；其中，优先保护生态系统在综合考虑生物物种的丰富度、稀有性、独特性、受胁迫性的基础上，采用基于物种分析的方法进行确定，然后在根据优先保护生态系统的分布特点，选取集中分布区域作为物种保护极重要区域；重要保护区域是物种数量比率在5%～30%的区域，省级以下自然保护区、森林公园，以及海域二级及以下物种保护区、渔业资源保护区。

表10-8　水源涵养重要性评价依据

评价指标	极重要	重要
物种保护重要性	优先生态系统或者物种数量比率>30%的区域、国家级和省级自然保护区、森林公园，以及海岸带特有的或者濒危动植物所在区域	物种数量比率在5%～30%的区域，省级以下自然保护区、森林公园，以及海域二级及以下物种保护区、渔业资源保护区

从评价结果看（图10-10），物种保护极重要区域主要分布于盘锦、大连和丹东的大部分区域，该类型区域生态系统复杂、物种资源丰富，保护区类型多样，主要包括以水生哺乳动物为代表的大连斑海豹保护区、以爬行动物和两栖动物为代表的辽宁蛇岛保护区、以珍禽及候鸟为代表的双台子河口保护区、以珍稀鱼类和其他珍贵水产资源为代表的辽宁三山岛海珍品保护区等，总面积达2200平方公里。物种保护重要区域主要分布于绥中和兴城西北部、瓦房店东北部、普兰店北部及庄河与丹东的交界处，面积为1400平方公里，该类型区域是天然林保护比较完好、森林生物物种多样性较丰富的区域。

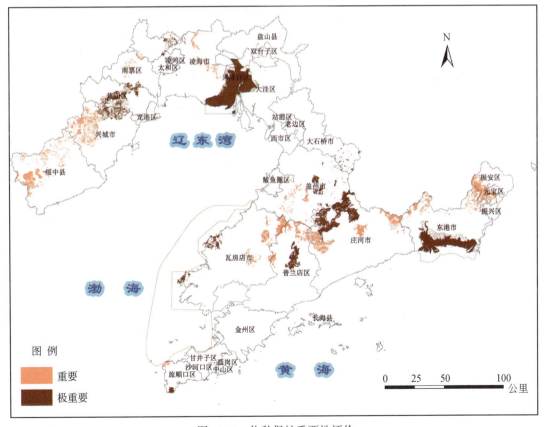

图10-10　物种保护重要性评价

3. 湿地保护重要性

湿地广义上被定义为包括沼泽、滩涂、低潮时水深不超过 6 米的浅海区、河流、湖泊、水库、稻田等，其位于陆生生态系统和水生生态系统之间的过渡性地带，被称为"地球之肾"。辽宁省湿地面积广阔，分布以滨海平原和河流川地为主，有滨海湿地、河流湿地、湖泊湿地、沼泽湿地和人工湿地五种类型，湿地在辽宁省的生态意义重要，主要包括以下部分，即沿海滩涂及河口三角洲（以 DEM 数据为基础，计算海拔为 5 米、平均坡度为 1°以下的河口区）、盐田、灌溉稻田、各种水体等。其他湿地采用土地利用图进行提取。根据国家《湿地保护条例》和辽宁省《湿地保护规划》，确定湿地保护重要性评价依据（表 10-9），最终划分为极重要和重要两个级别。湿地保护极重要区域是现状和规划的国家级和省级湿地自然保护区，以及在重要河口形成的自然湿地或者在海岸带面积超过 1 平方公里的湿地，其中，重要河口是包括双台河、大凌河、辽河、碧流河、英那河等重点河流的河口地带。湿地保护重要区域是海拔在 5 米以下，面积小于 1 平方公里的自然或人工湿地、一般性入海河流河口形成的自然湿地，以及分布在海岸地带的其他滩涂区域。

表 10-9 水源涵养重要性评价依据

评价指标	极重要	重要
湿地保护重要性	现状和规划的国家级和省级湿地自然保护区，以及在重要河口形成的自然湿地或者在海岸带面积超过 1 平方公里的湿地	海拔在 5 米以下，面积小于 1 平方公里的自然或人工湿地、一般性入海河流河口形成的自然湿地，以及分布在海岸地带的其他滩涂区域

从评价结果看（图 10-11），极重要区域主要分布于丹东、盘锦、大连，包括丹东鸭绿江湿地、盘锦双台河口湿地、以及英那河口、庄河口、大辽河口、六股河口等河口湿地，面积约为 1100 平方公里；重要区域主要分布于绥中、兴城和凌海的沿海区域，盘山县中北部，面积为 500 平方公里，主要是沿海的滩涂湿地与河流湿地分布的地区，保护等级相对较低。

4. 生态重要性综合评价

根据以上三个指标的评价结果，按照极重要区域优先保护、重要区域协调处理的原则进行综合评价，鉴于辽宁海岸带生态保护的重要地位，不设最低等级，最终划定了生态重要性极重要和重要两类功能区。其中，极重要区域优先保护指凡属于水源涵养极重要区域、物种保护极重要区域、湿地保护极重要区域三者之一的地区，直接划定为生态重要性极重要类型区；重要区域协调处理指根据实际情况，将仅属于一种重要类型的区域，即水源涵养重要区域或物种保护重要区域或湿地保护重要区域，划定为生态重要性重要区域；将同时属于两种或以上类型重要区域，即两种或两种以上类型区域在空间上位置包含或重合，如区域属性同时具备水源涵养重要性和湿地保护重要性，或同时具备水源涵养重要性、湿地保护重要性和物种保护重要性，将其划定为生态重要性重要区域。

从评价结果来看（图 10-12），生态重要性极重要类型区域主要分布于绥中和兴城的东

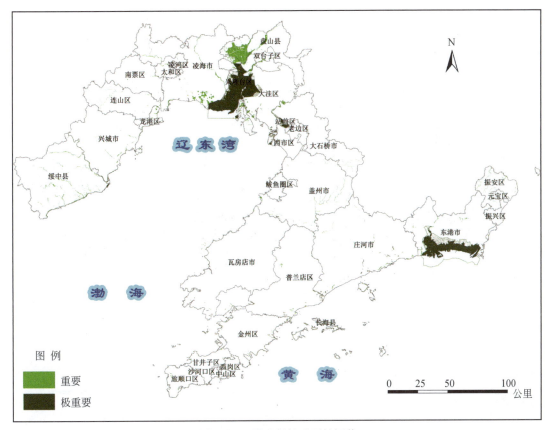

图 10-11　湿地保护重要性评价

部、连山区中西部、大洼区南部、普兰店中部、庄河北部、东港南部及丹东东北部地区，此类型区域森林植被保持完整、物种种类繁多、生态系统服务功能强大，具有很高的保护价值；生态重要性重要类型区域主要分布于绥中西部、兴城西北部、盘山县中北部、瓦房店与普兰店交界处、普兰店与庄河交界处、东港北部及丹东市西部地区。

（二）环境胁迫性评价

环境胁迫性评价是考察特定区域的发展受自然资源和生态环境现状制约的程度，反映人类活动引发的潜在生态问题、强弱程度，即环境胁迫程度高的区域也是将来发展受限制较大的区域，也是产生生态环境问题的可能性较大的区域。环境胁迫性评价主要包括水环境胁迫、盐渍化胁迫和水土流失胁迫三项内容。在单独分析三类环境胁迫评价指标的基础上进行综合评价，最终划定环境胁迫极高和较高两种类型区域。

1. 水环境胁迫

水环境胁迫性是由江、河、湖泊的等级类型及河、海水环境的功能类型确定，是对水

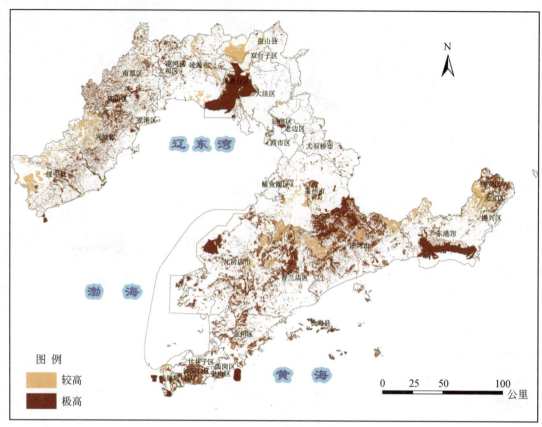

图 10-12　生态重要性综合评价

环境现状和脆弱性程度的综合评价。在分析近年来规划范围内重要河流水环境和海域环境的污染情况及重要河流河段的治理现状的基础上，根据辽宁沿海带的区域特点，确定水环境胁迫性评价标准（表 10-10），将研究区域划定为水环境胁迫极重度和重度两个等级。

表 10-10　水环境胁迫性评价依据

评价指标	极重度	重度
水环境胁迫性	河流水环境 V 类及以上 海域环境 IV 类及以上区域	河流水环境 IV 类 海域环境 III 类区域

从评价结果来看（图 10-13），水环境胁迫极重度区域分布于小凌河锦州段、大凌河凌海段、大辽河营口段、大清河盖州段、碧流河入海河口地区，面积约为 300 平方公里，此类型区域是水环境问题最为严重、整治最为迫切的地区；重度区域分布于六股河、兴城河、大小凌河、双台子河的入海河口地区，以及复州河、登沙河、庄河的部分河段地区，面积约为 500 平方公里，是水环境胁迫相对严重的区域。

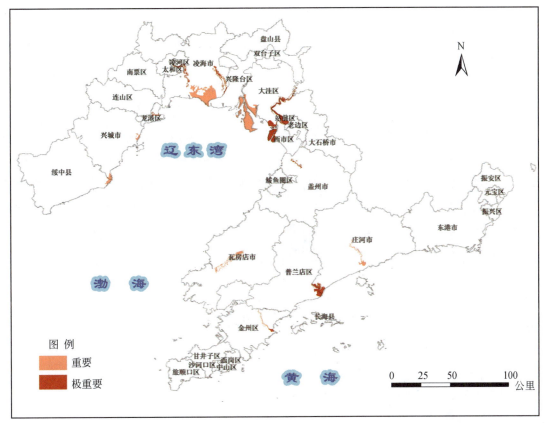

图 10-13　水环境胁迫性评价

2. 盐渍化胁迫

盐渍化胁迫程度主要受干燥度、地形坡度、蒸发量、降雨量及地下水水位与地下水矿化度等因素的影响，其中，蒸发量、降雨量是直接关系盐渍化形成的气候指标，直接影响土壤中的可溶性盐类的迁移和积累。区域气候干旱、蒸发量大，容易导致土壤中的易溶盐分随水向上迁移并从溶液中结晶析出，因此，发生盐渍化的可能性越高，受到的胁迫程度越严重；地下水矿化度是形成盐渍化的水文地质条件的一项重要指标，当地下水矿化度较高时，土壤中的钙、钠、钾等离子的含量相对较高，由毛细作用带到地表的盐分也就随之增多，盐渍化发生的可能性增高，即受到的胁迫程度也会增高。另外，基于辽宁海岸带特殊的地理位置与地质条件，海水入侵严重、地下水水位下降趋势明显的河口地带，以及淤泥质海岸均为盐渍化比较敏感的区域。

根据盐渍化胁迫程度分级标准（表 10-11），划定盐渍化胁迫极重度和重度区域（图 10-14）。盐渍化胁迫极重度区域主要分布于盘锦的盘山县西南部、营口的盖州北部和大辽河口地区、丹东的东港市南部区域，总面积约为 500 平方公里，是盐渍化影响极其敏感的区域。盐渍化胁迫重度区域主要分布于绥中南部、盘山县北部、鲅鱼圈南部、盖州西南部及旅顺口的西北部区域，总面积约为 550 平方公里。

表 10-11　盐渍化胁迫性评价依据

评价指标	极重度	重度
盐渍化胁迫性	蒸发量/降雨量>10 毫米 地下水矿化度>10 克/升 河口、淤泥质岸海水入侵、地下水水位下降趋势显著，盐渍化影响极敏感区域	蒸发量/降雨量为 3～10 毫米 地下水矿化度为 3～10 克/升 海拔<5 米，平均坡度 1°以下的沿海平原区，河口、淤泥质海岸盐渍化影响较敏感区域

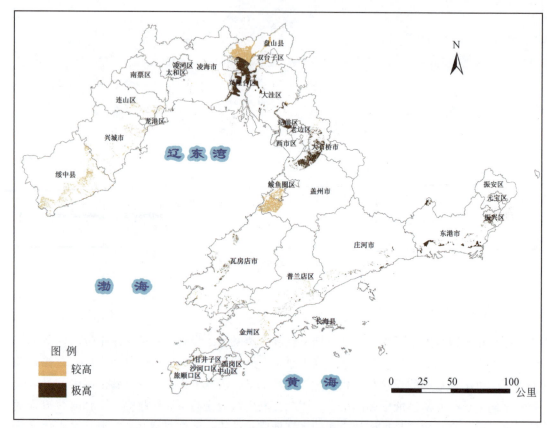

图 10-14　盐渍化胁迫性评价

3. 水土流失胁迫

　　水土流失胁迫性评价是为了识别水土流失容易发生的区域、评价水土流失对人类活动的胁迫程度。水土流失受植被覆盖度、土壤质地、地形起伏度和降雨侵蚀力等因素的影响。辽宁海岸带地形地质条件复杂，降雨充沛、冲蚀力强，水土流失现象明显，根据评价依据（表 10-12），将其分为水土流失胁迫极重度和重度两类区域（图 10-15）。极重度区域面积约为 300 平方公里，主要分布于绥中西部和盖州南部地区，此类型区域包括大青山、千山山脉等山地地区，地质构造活动相对频繁，表生带土壤垂直迁移或者顺斜坡横向迁移，使表部土层较薄且分布零散、稀少，进而更易发生水土流失。重度区域范围相对较大，面积约为 10 000 平方公里，主要分布于葫芦岛西北部、锦州西北部、盘锦西部、营口中南部、大连西部和丹东北部，此类型区域地貌类型多样，土层浅薄，以及人类活动比较剧烈，也是水土流失的主要原因。

表 10-12　水土流失胁迫评价依据

评价指标	极重度	重度
水土流失胁迫	水力侵蚀剧烈或极强 平均侵蚀模数大于 8000 吨/(平方公里·年) 坡度大于 15° 的山地，植被盖度低于 20%	水力侵蚀强 平均侵蚀模数为 5000 ~ 8000 吨/(平方公里·年)； 坡度低于 15° 的山地，植被盖度为 20% ~ 60%

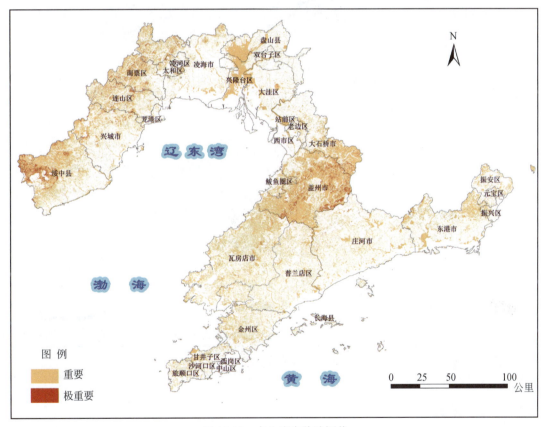

图 10-15　水土流失胁迫评价

4. 环境胁迫性综合评价

在水环境胁迫、盐渍化胁迫和水土流失胁迫三个单因子指标评价的基础上，对环境胁迫性指标进行综合评价。先确定区域属于环境胁迫的单一型还是复合型，单一型是仅仅受三种胁迫中的一种胁迫类型的影响，复合型是受两种或两种以上胁迫类型的影响。对单一型胁迫区域，根据原胁迫程度确定该区域的综合胁迫程度，即极重度胁迫区域划定为环境胁迫性极高类型区，重度胁迫区域划定为环境胁迫性较高类型区。对复合型胁迫区域，采用最大限制因素法确定该区域的综合胁迫类型，即属于三种类型中任一种极重度胁迫的区域或者同时属于两种或以上重度胁迫的区域，均为环境胁迫性极高类型区。

从评价结果来看（图 10-16），环境胁迫性极高类型区域主要集中在盘锦西部、营口中南部和丹东南部区域；环境胁迫性较高类型区域的分布范围比较广泛，主要集中在葫芦岛和盘锦的西北部、营口南部、大连西部和丹东北部区域。

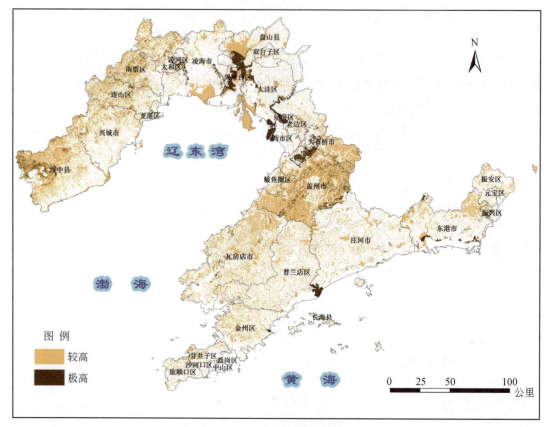

图 10-16　环境胁迫性综合评价

五、划分方案

根据辽宁海岸带生态系统类型，以及生态过程及人类活动的空间分异特点，本研究构建"三带""四区""多廊道""多节点"的区域生态空间格局。结合区域生态重要性和环境胁迫性评价结果，划定四类生态功能区，共包括 72 个生态保护区域。依据生态系统与生态功能的空间差异、地貌差异、土地利用的组合，将四类生态功能区划分为重点保护和一般保护两个等级。

（一）空间网络体系

根据辽宁海岸带的特殊区位，以自然保护区、山区生态林为重点，结合重要入海河流及河口湿地、海岛海岸保护，构造以水源涵养、湿地保护和侵蚀防治为目标的"三带"和"四区"；以山体、河流、道路为依托，加大沿线的生态林建设和保护，形成多条生态廊道；结合自然保护区、森林公园及城市绿心等多个生态景观点，构筑"点-线-面"相结合的生态网络体系（图10-17），保护沿海地区生态系统的安全性和稳定性。

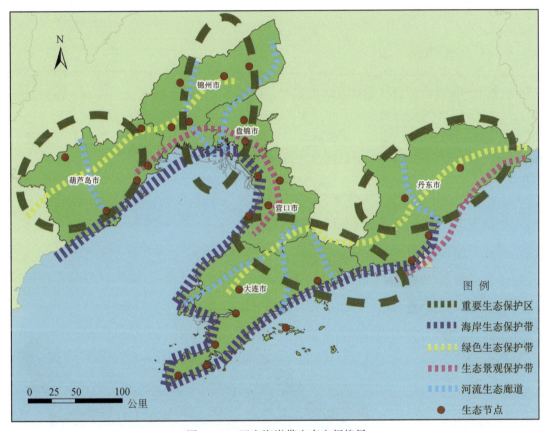

图10-17　辽宁海岸带生态空间格局

（1）"三带"：以森林生态系统保护和水源涵养为目标，加大植树造林工作力度，根据山体走势和森林植被覆盖现状，构建一条绿色生态保护带；以湿地生态系统保护和海岛海岸侵蚀防治为目标，加强湿地保护区的管理，打造一条海岸生态保护带；以滨海大道为依托，增加沿线绿化带建设面积，扩大亲海、近海开敞空间，建设一条生态景观保护带。

（2）"四区"：以鸭绿江自然保护区和双台子河口自然保护区为重点区域，以大洋河、英那河、大辽河、大凌河、小凌河等河口湿地为补充区域，形成辽东湿地保护生态区和辽河三角洲湿地保护生态区，有效保护自然湿地生态系统及重要生物物种；以千山、黑山两大自然山体为中心，以周围森林植被、河道为补充，大力发展山区生态林，构建辽东半岛水源涵养生态区和辽西山地水源涵养生态区，以提高水源涵养和改善区域气候的整体功能。

（3）"多廊道"：以大辽河、大凌河、小凌河、六股河、英那河、碧流河等重要入海河流为重点，在沿河两岸植树造林，构筑多条河流生态廊道，保护重要的河流生态系统和生态功能区。

（4）"多节点"：以国家级、省级自然保护区和森林公园为重点区域，连接市县级自然保护区、森林公园，以及城市绿地，以保护动植物物种多样性为目的，构造不同等级的生态景观节点。

（二）生态功能区

依据海岸带地区的自然属性及环境现状，通过对海岸带生态系统评价和生态问题诊断，结合区域生态环境保护目标，建立生态保护功能区分类指标体系，划定四类生态功能区，即生物多样性保护功能区、水源涵养与土壤保持功能区、河流湿地保护与环境治理功能区、海岛海岸保护与侵蚀防治功能区（图10-18、表10-13）。

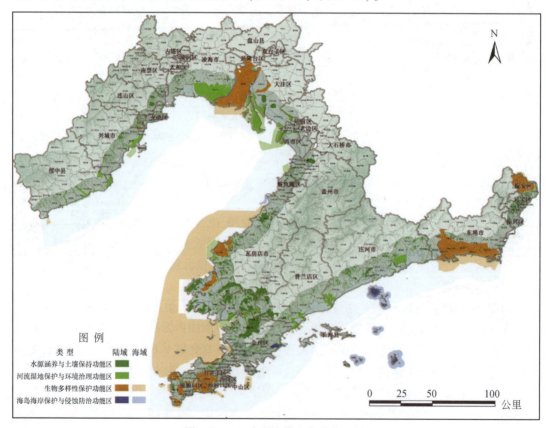

图 10-18　辽宁海岸带生态功能区划

表10-13 辽宁海岸带生态功能区统计

生态功能区类型	数量（个）	陆域面积（平方公里）	点面积（平方公里）
生物多样性保护功能区	18	1 785	6 592
水源涵养与土壤保持功能区	23	2 137	3 126
河流湿地保护与环境治理功能区	22	1374	1918
海岛海岸保护与侵蚀防治功能区	9	115	567
总计	72	5 411	12 203

（1）生物多样性保护功能区。包括国家级、地方级自然保护区、森林公园的分布区域和海上珍稀物种的分布区域，是生物多样性重要性评价指数极高和较高的区域，共划分18个区域，面积为6592平方公里，其中，重点保护区有16个，面积6540平方公里；主要分布在盘锦、大连和丹东等地区。该类功能区存在的典型生态问题有：工业快速发展和城市化扩张过程中，交通、水电水利等项目的建设，以及过度开发、资源的过度利用，导致草原、森林、湿地等生态系统受到损害，生物的栖息地破碎化现象严重；外来物种入侵、生物多样性受到威胁，许多野生动植物物种濒临灭绝。生态保护工作应侧重于：严格禁止在自然保护区内开发建设项目，加强自然保护区的管理；严禁对野生动植物进行乱采、滥杀；禁止在自然保护区引进外来物种，防止外来物种入侵。

（2）水源涵养与土壤保持功能区。包括重要河流的水源地和重要水库及其汇水区，是水源涵养重要性评价指数高和极高、水土流失胁迫程度重和极重的区域。共划分23个区域，面积为3126平方公里，其中，重点保护区有1个，即大连洼子店水库水源保护区，面积约为5平方公里；主要分布在大连地区。该类功能区存在的典型生态问题有：人类活动的干扰强度大；部分地区存在森林资源过度开发现象；湿地面积萎缩、受损严重。生态保护工作应侧重于：建立专门的水源涵养保护区并加强管理和维护；严格保护具有重要水源涵养功能的自然植被，禁止各种不利于保护生态系统水源涵养功能的经济社会活动和生产方式，如毁林开荒、开垦草地、无序采矿等；控制水污染，开展生态清洁小流域的建设；继续加强生态恢复与生态建设，治理土壤侵蚀，恢复与重建水源涵养区森林、草原、湿地等生态系统，提高生态系统的水源涵养功能。

（3）河流湿地保护与环境治理功能区。包括重要河流入海口湿地及沿海滩涂分布区域，是湿地保护重要性评价指数高和极高、水环境和盐渍化胁迫程度重和极重的区域。共划分22个区域，面积约为1918平方公里，其中，重点保护区有8个，面积为660平方公里，主要分布在葫芦岛、盘锦、大连的沿海河口区域。该类功能区存在的典型生态问题有：填海造陆、围海养殖现象严重，导致河口湿地生态系统退化；工业废水、生活污水、农田退水大量排放，以及淡水养殖等导致地表水质受到严重污染。生态保护工作应侧重于：加强洪水调蓄功能区的建设，重点保护湖泊、湿地生态系统的完整性；重点加大流域治理力度，恢复和保护上游植被，控制水土流失与土壤侵蚀的发生；加强河流河口地带的规划与综合管理，禁止高耗水、高污染企业的布局；提升企业的污水处理能力，控制污水排放，发展循环经济，禁止导致河流水体污染的企业发展，保护水环境。

（4）海岛海岸保护与侵蚀防治功能区。包括海蚀地貌分布的重要区域和海岸侵蚀防护的重要区域。共划分9个区域，面积约为567平方公里，其中，重点保护区有3个，面积为67平方公里，主要分布于大连和营口及葫芦岛缓中地区。该类功能区存在的典型生态问题有：海岛的开发利用存在破碎性、无序化特点；围垦滩涂、大量开采海滩砂和珊瑚礁、过度开采沿岸地下水、滥伐红树林、修建不合理海岸工程等人为活动，造成海岸侵蚀灾害，同时海平面上升进一步加剧海岸侵蚀。生态保护工作应侧重于：制定海岛、海岸开发规划和管理条例，科学评估海岛、海岸的生态保护与利用价值，禁止不合理的采石挖沙和毁岸行为，合理布局产业发展，控制海域的开发密度和开发强度，应尽量避免由岸向海平行推进延伸式的围填海开发利用方式；推进集约节约用海，修建科学合理的人工海岸线，保留一定长度的自然海岸和纳潮水域，确保海域水环境生态系统的稳定性。

表10-14为各类功能区重点保护区名录。

表10-14 各类功能区重点保护区名录

功能区类型	重点保护区	面积（平方公里）
海岛海岸保护与侵蚀防治功能区	城山头海蚀地貌保护区	36.91
	大笔架侵蚀防治区	7.29
	浮渡河口海蚀地貌保护区	22.93
	小计	67.13
水源涵养与土壤保持功能区	大连洼子店水库水源保护区	4.60
	小计	4.60
河流湿地保护与环境治理功能区	碧流河河口湿地保护区	63.98
	大辽河口湿地保护区	252.16
	登沙河口湿地保护区	12.30
	复州湾湿地保护区	0.15
	六股河口湿地保护区	35.91
	普兰湾河口湿地保护区	192.72
	沙河河口湿地保护区	44.05
	英那河河口湿地保护区	59.23
	小计	665.10
生物多样性保护功能区	大连斑海豹保护区	4023.20
	大连金龙寺生物多样性保护区	41.36
	大连老偏岛-玉皇顶海洋生物多样性保护区	24.16
	大连旅顺口老铁山生物多样性保护区	40.80
	大连旅顺口生物多样性保护区	290.21
	大连蛇岛保护区	25.63
	大连驼山海滨生物多样性保护区	124.27
	大连长海海洋珍贵生物保护区	2.72

功能区类型	重点保护区	面积（平方公里）
生物多样性保护功能区	大连长兴岛生物多样性保护区	62.29
	丹东大孤山生物多样性保护区	8.88
	丹东五龙山生物多样性保护区	197.10
	丹东鸭绿江口湿地国家级自然保护区	909.69
	葫芦岛珊瑚菜保护区	0.92
	葫芦岛首山生物多样性保护区	7.00
	葫芦岛止锚湾刺参保护区	9.47
	双台子河口国家级自然保护区	772.83
	小计	6540.53
总计		7272.76

下　篇

第十一章　不同岸段功能区的发展导向

第一节　丹东岸段

一、区域基本特征分析

丹东市地处辽宁省东南部、鸭绿江与黄海的汇合处，与朝鲜新义州市隔江相望，是我国海岸线的北方起点，是沿江、沿海的边境城市。丹东市辖3区、1县、2市。其中，元宝区、振兴区、振安区3个市辖区及东港市属海岸带范围，行政区域面积为3515平方公里，总人口为143万人。

（一）资源环境特点

地势北高南低。丹东市主要由长白山余脉和千山山脉东延部分构成。山体多呈北东向延伸，部分呈东西向和北西向展布，属辽东丘陵东部。自北向南依次排列着中低山区、低山丘陵区和波状平原区3个次级地貌单元，形成北高南低的地势特征。山地和丘陵约占总面积的72%，平原谷地占28%。

水资源充沛。丹东市是我国北方雨量最多的地区，年均降水量为670~1200毫米，全市共有大小河流1361条，其中，干流长度为5公里以上或集水面积为500公顷以上的河流有912条，河流水面达55 325公顷。全市有水丰、铁甲、土门子等大中型水库8座，水库水面达8779公顷，是辽宁省中部城市的"水塔"。

旅游资源丰富。丹东市拥有鸭绿江断桥、虎山长城、抗美援朝纪念馆、甲午海战遗址等众多著名历史文化景点，鸭绿江、凤凰山、青山沟、大孤山、大梨树、大鹿岛等风景名胜区，白石砬子、鸭绿江口滨海湿地等11个自然保护区，五龙山、蒲石河、黄椅山等7个森林公园，旅游观光资源面积达100 000公顷以上。

湿地生态重要性高。鸭绿江口湿地保护区是国家级自然保护区，在世界鸟类迁徙和生物多样性保护中具有重大意义，每年4~5月有超过50万只鸟类从新西兰、澳大利亚迁往美国阿拉斯加州繁殖途中在此停歇。同时，鸭绿江口湿地也是永久的生物基因库，已发现约365种植物、240多种野生鸟类和近80种鱼类。

森林覆盖率高。丹东市有林地面积列全省第一，森林蓄积量为4010万立方米，列全省第二，森林覆盖率达65.9%，列全省第三。全市有670 000公顷森林划为国家公益林和省级天保工程，是辽宁省东部的重要生态屏障。林下中草药等野生植物资源种类繁多，品种齐全，列入国家重点保护野生植物名录的植物有418种。

气候舒适宜人。丹东属暖温带季风型大陆性气候，夏无酷暑，冬无严寒，春秋过渡季短。年平均气温为 8.9℃，年均日照时数为 2459 小时，夏季炎热期约有 20 天，8 月（最热月）平均气温为 22.2～23.5℃；冬季气温远高于东北多数地区，最冷的 1 月平均气温为 –7.4～–11.5℃（极端最低气温为–38.5℃）。

（二）经济社会发展特征

1. 经济相对滞后

改革开放初期，丹东是中国北方重要的工业城市。1978 年工业增加值和 GDP 仅次于大连和锦州；工业增加值是营口、盘锦的 1.06 倍和 2.49 倍；GDP 是营口和盘锦的 1.06 倍和 2.14 倍；孔雀表、东方齐洛瓦冰箱、菊花彩电、康齿灵牙膏、丹东丝绸享有全国声誉。但随着市场经济的发展，丹东传统优势产业逐步衰落。产业结构数据显示，1978～2001 年，第二产业占 GDP 的比例不断下降，从 56.13% 降至 35.63%，第三产业则从 21.71% 升至 44.25%（图 11-1）。近年来，虽然丹东紧抓老工业基地振兴、沿海经济带建设及对朝开放的重大机遇，大力推进城镇化和工业化，经济社会发展成效显著。2011 年，第二产业占 GDP 的比例增至 51.20%。但是，与大连等其他海岸带城市相比，经济发展仍相对滞后。2010 年，工业增加值仅相当于营口和盘锦的 64.11% 和 55.23%；GDP 相当于营口和盘锦的 72.71% 和 78.69%。

图 11-1　丹东产业结构变化

2. 产业特色明显

从产业基础看，农副食品加工业、交通运输设备制造业、通用设备制造业是工业的主导产业。2008 年经济普查数据显示，三个产业分别占工业行业营业收入的 14.09%、12.13% 和 11.12%，占国民经济所有行业收入的 6.74%、5.80% 和 5.32%。从产业发展导向看，丹东未来着力打造的是四个支柱产业、三个优势产业、三个新兴产业。支柱产业指汽车零部件、钢铁等材料、电子信息及农产品加工；优势产业指仪器仪表及文化、办公用机械制造业、专用设备制造业和纺织服装、鞋、帽制造业；新兴产业指节能环保、生物及新能源等高新科技行业。

旅游业和港口物流业是服务业的主导产业。截至2009年底，全市已有各类旅游住宿设施1225家，其中，星级饭店45家（4星级3家，3星级29家）；旅游景区24家（国家A级以上旅游景区10家）；旅行社55家（出境社7家）；旅游纪念品经营单位达到124家。2011年，国内旅游人数达到2646万人次、国内旅游收入达到266亿元，约为GDP的30%；入境旅游人数达到40万人次，旅游外汇收入达到2.13亿美元。丹东港是中国对朝贸易的主要门户，占中朝贸易总量的80%。2008年数据显示，朝鲜占丹东口岸进出口贸易总值的81.1%；其次为韩国，占丹东进出口贸易总值的9.9%。近年来，丹东港又与本钢集团有限公司、首钢集团、中国石油化工集团有限公司、中国储备粮管理总公司、中粮集团有限公司、北大荒集团、长春一汽–大众汽车有限公司、中海集装箱股份有限公司、中铁物流集团、韩国三星集团、SK集团、现代集团等开展合作，货物吞吐量从2000年的553万吨增长至2011年的7636万吨。

此外，丹东农业也具有特色，形成了优质稻米、草莓、树莓、蓝莓、板栗、柞蚕、海水精品、鸭绿江淡水珍品等十大特色农业基地。

3. 人民生活幸福

2012年，中荷人寿联合北京大学社会调查研究中心对北京、上海、天津、辽宁、山东、河南、安徽等地20个城市的调查显示，烟台、丹东、大连的幸福感最高。幸福感高的原因之一是丹东人民更加深刻地认识到改革开放的成果。改革开放以来，丹东经济社会取得了飞速的发展。不考虑物价，2011年GDP是1978年的67.7倍；城镇居民家庭人均可支配收入和农居人均纯收入分别是1978年的49.9倍和73.8倍。而一江之隔的朝鲜经济发展基本是停滞的。这种强烈的对比关系很容易产生国家和民族的自豪感，也很容易产生满足和幸福的心理。环境宜居也是丹东幸福感高的原因。丹东始终坚持"生态化"的发展方向，城市建设突出自然山水特色。近年来元宝山公园、锦江山公园、帽盔山公园、青年湖公园的改造，五道河、花园河、大沙河等内河绿化美化，为城市又增添了新的亮点。2010年，《南方人物周刊》将丹东列入中国十座宜居城市之一，并以"丹东之美，当属清秀、质朴之美，而且，这里或将成为东方的瑞士"作为入选理由。

（三）人口、产业分布格局

数据显示，经济社会发展呈现向海岸带集聚的基本格局。1990年，海岸带占全市人口的55.17%，2010年增至58.60%；2005年，海岸带的城镇建设用地占全市的52.99%，2010年增至69.19%；2008年的经济普查数据显示，海岸带的法人单位就业人数占全市的70.90%。受地形限制，振兴区、东港市的沿江、沿海地区是海岸带工业化、城镇化的核心区域。按照《丹东市城市总体规划2009—2020》，振兴区所在的丹东中心城区正向南拓展，正推进与东港的同城化。数据显示，2010年振兴区和东港市的法人单位就业人数和城镇建设用地分别占海岸带的75.84%和78.89%。

二、海岸带开发保护情况

（一）海岸带自然地理特征

大陆海岸线长 93.3km，其中，河口岸线长 1.38km，岛屿海岸线长 32.5km（表 11-1）。鸭绿江口西岸至大洋河口西岸为平原型淤泥质海岸，大洋河口西岸至庄河交界为岬湾型淤泥质海岸。潮间带滩涂平均宽度约为 5.54km，最宽处（大洋河口）达 15km，最窄处（五四农场外滩）约为 2.5km，滩面坡度为 1.3∶1000。平均大潮低潮线至 10m 等深线之间水下浅滩宽度约为 10km，滩面坡度为 1.33∶1000。10m 等深线以下海域，海底平坦，坡度为 1.06∶1000。海域底质依次由黏土质粉砂、粉砂、砂质粉砂、粉砂质砂及细砂组成，粒径由岸向海、由西向东逐渐变粗。

表 11-1　丹东海域情况

项目	辽宁	丹东	比例
海岸线总长（公里）	2 935.7	125.8	4.28%
大陆海岸线（公里）	2 308.1	93.3	4.04%
岛屿海岸线（公里）	627.6	32.5	5.18%
海域总面积（公顷）	约 6 800 000	约 350 000	5.15%
0~10 米海域面积（公顷）	3 499 000	61 520	1.76%
滩涂面积（公顷）	169 600	32 097	18.93%

（二）海岸带开发情况

丹东岸线主要用于生态环境保护，目前大陆海岸线有 86 公里位于丹东鸭绿江口湿地国家级自然保护区内，比例高达 92%，工业化和城镇化主要占用了东港市市区以东的岸线。到 2020 年，这一格局基本维持。2011~2020 年，工业化和城镇化占用海岸线的需求主要集中在大东港西海域——东港工业与城镇建设区，占用岸线长度为 6.6 公里，面积为 14.6 平方公里。

（三）海洋环境

主要受鸭绿江、大洋河流域的工农业和生活污水的污染。2010 年 8 月对重点开发海域的监测结果表明，海水水质良好，个别站位无机氮的含量超过第二类海水水质标准。沉积物总体质量良好，符合第一类海洋沉积物质量标准；浮游生物和底栖生物分布较为均匀，未出现异常现象。对鸭绿江口生态监控区的监测显示，监控区海域水质环境和沉积环境状况良好，生物群落结构和丰度处于正常水平，湿地涉禽鸟类数量也有所增加。

三、区域发展面临的主要问题

（一）区位因素限制经济的发展

临近朝鲜的区位本应是丹东的主要发展优势之一，但是在很长一段时期却成为制约区域经济发展的劣势因素。一方面，朝鲜对外开放的速度推进太慢，对丹东的带动作用十分微弱。20 世纪 90 年代朝鲜开始学习中国，2002 年成立新义州特别行政区，2011 年中国和朝鲜对鸭绿江上两个面积最大的岛屿——威化岛和黄金坪岛的开发达成协议。但截至目前，两岛仍未进入实质性开发阶段。基础设施还没有开工建设，也没有投资企业入驻。另一方面，作为边境城市，交通等基础设施不完善，致使丹东与国内外其他地区间很难进行人流、物流、信息流的交换，进而导致丹东长期处于闭塞的区位状态，因而这一改革开放初期的"明星"城市未能继续再创辉煌。

（二）经济发展与湿地保护之间存在矛盾

丹东鸭绿江口湿地国家级自然保护区 1987 年经原东沟县人民政府批准建立，1995 年晋升为省级，1997 年被批准为国家级。在最初申报时，上报面积过大，总面积共 10.81 万公顷，很多村落、镇区、城区所在地都位于保护区内。2005 年，曾对该保护区范围进行过一定程度的调整，东港市城区和大东港区原位于该保护区试验区内，因为不具备保护价值，被调整到该保护区范围以外。但大孤山、黄土坎镇、椅圈镇、北井子镇、长山镇、菩萨庙镇等仍在该保护区范围内，城镇发展受限。此外，未来市区要进一步拓展也受到该保护区范围的约束。如何协调经济发展和湿地保护的关系，既保障湿地的生态功能，又不阻碍当地经济的发展就成为当前亟待解决的难点问题。表 11-2 为保护区土地利用类型。

表 11-2　保护区土地利用类型

土地利用类型		面积（公顷）	土地利用类型		面积（公顷）
农用地	耕地	17 207.0	设施用地及其他用地	交通	51.3
	林地	793.8		水利	23.5
	园地	659.6		其他	6.3
	牧草地	20.4	自然保护用地	滩涂	15 422.1
	坑塘水面	570.8		盐碱地	1 713.6
	养殖水面	8 683.1		苇地	4 027.2
建设用地	住宅	2 296.7		河流水面	1 729.5
	工商	1 056.8		荒草地	866.1
	仓储	95.6			

四、发展路径选择研究

充分发挥沿江、沿海、沿边区位优势，紧紧抓住"五点一线"沿海经济带开发开放、新中朝鸭绿江大桥开工建设的重大机遇，依托深厚的历史积淀、独特的自然资源和"背山面水"的生态本底，转变经济发展方式，实施"精明增长"战略，深化面向朝鲜半岛的开放与合作，协调重点建设区开发与生态环境保护，加快临海经济开发区港园城一体化建设，推进大孤山与栗子房的区域统筹，依托两种资源、两种市场适度发展旅游业，保护自然生态，营造怡人景观，促进地区品质重塑和功能提升，将丹东打造成辽宁海岸带东翼花园式经济增长极、全国著名旅游休闲目的地、中国与朝鲜半岛开放合作的战略先导区。

（一）空间布局

以主、副城区为增长极核，以城镇与工业园区为开发节点，以江、海岸线为综合开发轴，以西南部鸭绿江口湿地自然保护区、中部生态农业发展区和东北部山地水源涵养区为保护片区，推进形成山水相交融、自然人文相辉映的"一轴三区、两核多点"的空间组织构架。

有序拓展，集约开发，加快老城区"西扩东联"，统筹新城区、前阳镇区与东港市区规划建设，积极推进大孤山"副城区"建设；集中保护，限制开发，加强集中连片生态农业发展区的生产空间保护，限制相对分离的都市农业发展区大规模的城镇化、工业化开发，形成农业生产安全格局；严格保护，逐步修复，强化鸭绿江口湿地自然保护区和山地水源涵养区生态保护与修复，打造"一江十河"生态廊道。

适度压缩农业空间，集约利用工业空间和港口空间，有效扩大城镇空间，积极维系生态和旅游空间。到2020年，重点建设区面积占比由规划基期的6.47%增长至12.83%；适度开发区面积占比由51.26%减少至37.66%；重点保护区面积占比由42.47%增长至49.51%（表11-3、图11-2）。

表 11-3　丹东岸段、岸线各类功能区面积统计

项目		岸段					岸线				
		现状		规划		比重变化（%）	现状		规划		比重变化（%）
		面积（km²）	比重（%）	面积（km²）	比重（%）		长度（km）	比重（%）	长度（km）	比重（%）	
重点建设区	工业开发板块	—	—	33.57	2.15	—	—	—	4.85	3.96	—
	城镇建设板块	—	—	125.87	8.06	—	—	—	0.00	0.00	—
	港口物流板块	—	—	40.85	2.62	—	—	—	12.66	10.33	—
	小计	101.05	6.47	200.29	12.83	6.36	9.80	7.99	17.51	14.28	6.29

续表

项目		岸段					岸线				
		现状		规划		比重变化（%）	现状		规划		比重变化（%）
		面积（km²）	比重（%）	面积（km²）	比重（%）		长度（km）	比重（%）	长度（km）	比重（%）	
适度开发区	旅游休闲板块	—	—	6.75	0.43	—	—	—	1.67	1.36	—
	农业渔业板块	—	—	581.31	37.23	—	—	—	13.32	10.86	—
	小计	800.41	51.26	588.06	37.66	-13.60	13.46	10.98	14.99	12.23	1.25
重点保护区（生态保护板块）		659.97	42.27	773.08	49.51	7.24	99.34	81.03	90.10	73.49	-7.54
合计		1561.43	100.00	1561.43	100.00	0.00	122.60	100.00	122.60	100.00	0.00

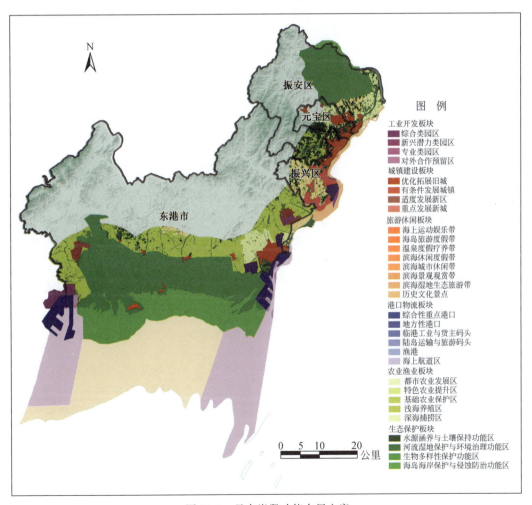

图 11-2 丹东岸段功能布局方案

（二）重点任务

1. 深化面向朝鲜半岛的开放与合作

提升城市建设品质，充分彰显改革开放和社会主义建设成就，加强沿江视觉廊道打造和历史街区的保护修复。深化对外开放水平，加强与朝鲜优势产业的对接，扩大丹东边境经济合作区范围，推进互市贸易区、边境综合保税区、出口加工区、中朝跨境经济合作区的建设。扩充对朝鲜半岛物流体量，打造我国对朝鲜半岛开放的"桥头堡"，开辟朝鲜—丹东—沈阳、朝鲜—丹东—通化、朝鲜—丹东—大连的物流通道，进一步发挥丹东港对朝鲜半岛最大物流枢纽的作用。

2. 协调沿江沿海新城新区开发与湿地生态保护

组团开发，绿色隔离，有序推进国门湾、翡翠湾和珍珠湾三湾开发，实现各组团的有机联系和合理分割，保护集中连片滨海湿地和基本农田。科学调整，突出保护，将大洋河河口西侧一定规模的湿地试验区划归为重点建设区，为大孤山的发展预留空间，在长山镇、北井子镇、椅圈镇调整少量试验区湿地作为镇区拓展空间，科学引导湿地退耕、退渔及居民搬迁，强化湿地占补动态平衡。生态修复，物种保全，加快鸭绿江口湿地国家级自然保护区生态修复工程及保护区鸟类高潮停歇地建设。

3. 加快临海经济开发区港城园一体化建设

优质优用，高质高效，调整东港经济开发区内再生资源产业园的空间布局，避免高附加值城市生活空间的低效益使用。调整布局，优化组合，压缩工业用地规模，预留生态和城市生活岸线，推进前阳经济区与前阳镇区协调建设，引导工人"工作在园区、居住在社区"，实现地区工业化与城镇化的相互带动。统筹联动，协同发展，强化大东港港区与东港经济开发区、临港产业园区、前阳经济区的联系，以及海洋红港区对大孤山经济区建设的带动作用。

4. 推进大孤山与栗子房统筹发展

整合资源，协同发展，着力构建大孤山与庄河栗子房"规划共绘、设施共建、产业共兴、环境共保、政策共享"的新型合作关系，按照"一个区域、一个城市、一个港口"的要求，积极推进大孤山副城区和海洋红港建设；近期要以统一规划和统筹布局为切入点，限制城镇跨河发展，将栗子房作为临港产业发展的合作空间；远期要实现产业经济、行政管理、公共服务等全方位的融合，推进区域同城化。

5. 依托两种资源、两种市场发展旅游业

依托资源优势，发展境内旅游，加强抗美援朝遗址、虎山长城、百万候鸟湿地、海岛、温泉等旅游景区服务设施建设，培育文化旅游、生态旅游、休闲旅游精品旅游线路。

依托区位优势，发展境外旅游，强化丹东紧邻朝鲜的集散地优势，积极壮大赴朝旅游、边境游旅游业态，加强旅游宣传和旅游品牌打造的力度，加快建设赴朝旅游集聚区，重点打造丹东国际游客服务中心、阿里郎旅游休闲乐园、朝鲜民俗风情文化园，逐步实现旅游的全方位发展。

第二节 大连岸段

一、区域概况

大连市辖六区、三市（县级）、一县，分别是中山区、沙河口区、西岗区、甘井子区、旅顺口区、金州区、瓦房店市、普兰店市、庄河市和长海县。陆域管辖面积为 13 632.79 平方公里，岸段 10 公里陆域规划范围面积为 7464.42 平方公里，占辽宁海岸带规划总面积的51.58%。海域总面积为 29 476 平方公里，海域面积约占全省的 81%。2010 年大连市总人口为 669.04 万人，实现地区生产总值 5158.1 亿元，分别占辽宁沿海经济带的 37.49% 和55.70%，占辽宁省的 15.73% 和 28.22%。

（一）区位条件

（1）地理区位。大连地处欧亚大陆东岸，中国东北辽东半岛最南端，位于 120°58′E ~123°31′E，38°43′N ~40°10′N，东濒黄海与朝鲜半岛近邻，西临渤海与华北相望，南与山东半岛隔海相望，面向经济活跃的泛太平洋区域，是太平洋通往欧亚地区的重要"大陆桥"之一，北依辽阔的东北平原与俄罗斯、蒙古陆路相连，是东北、华北、华东及东北亚的海上门户，是我国重要的港口、贸易、工业、旅游城市，在辽宁沿海经济带战略、东北老工业基地振兴乃至全国发展大格局中占有举足轻重的战略地位。

（2）交通区位。大连是东北及内蒙古农产品出口、原油进口、矿石进口的主要出入海口，承接了东北地区 70% 以上的海运和 90% 以上的外贸集装箱转运任务。大连港已建成东北地区最发达、最密集的综合运输网络。海港拥有 80 多个现代化专业泊位，已与世界上 160 多个沿海国家和地区通航。陆路有沈大、哈大等区域干线铁路和烟大轮渡，以及沈大、丹大等多条高速公路，空港有 52 条国内航线和 20 多条国际航线（表 11-4）。

表 11-4 大连综合交通发展现状（2010 年）

指标	单位	指标值	指标	单位	指标值
货物周转量	亿吨公里	5938.4	港口货物吞吐量	亿吨	3.14
其中：铁路	亿吨公里	200.9	机场旅客吞吐量	万人	1070
公路	亿吨公里	261.9	公路通车里程	公里	8735
水运	亿吨公里	5475	其中：高速公路	公里	437

指标	单位	指标值	指标	单位	指标值
民航	亿吨公里	0.64	二级以上	公里	3080
客运周转量	亿人公里	173.2	建制村油路通达率	%	100
其中：铁路	亿人公里	61.94	港口泊位	个	196
公路	亿人公里	63.5	其中：万吨级以上泊位	个	78
水运	亿人公里	5.76	港口综合通过能力	亿吨	2.46
民航	亿人公里	42	民用机场（含军民合用）	个	2

资料来源：《大连市综合交通发展"十二五"规划》

（二）自然环境

（1）气候条件。大连位于北半球的暖温带地区，气候为具有海洋性特点的暖温带大陆性季风气候，冬无严寒，夏无酷暑，四季分明。年平均气温为10.5℃，年降水量为550~950毫米，全年日照总时数为2500~2800小时。

（2）地形条件。整个地形为北高南低，北宽南窄。大连处于华北板块的东部，早期的地壳运动使半岛经历多次海陆变迁，地层发生强烈变形和变位，形成众多的构造行迹和地质珍奇。NE、NNE和EW向构造控制区内地势走向和海岸线总体轮廓以千山山脉为骨架向南延至老铁山形成大片低山丘陵，岩性由石英岩、千枚岩、板岩、石灰岩、变粒岩、片麻岩等组成。区内山体东西两侧倾没入海处形成基岩海岸，后续营造的沙砾海岸和淤泥海岸，在毗连陆地向水下自然延伸部分，依次发育水下浅滩、浅海堆积平原、水下三角洲等内陆架水下地貌单元，岩溶地貌随处可见，喀斯特地貌和海蚀地貌比较发育。

（3）水文和水资源。大连地区主要有黄海流域和渤海流域两大流域。注入黄海的较大河流有碧流河、英那河、庄河、赞子河、大沙河、登沙河、清水河、马栏河等；注入渤海的主要河流有复州河、浮渡河、李官村河、三十里堡河等。境内水资源总量为32.92亿立方米，其中，地表水资源量为32.51亿立方米，地下水资源量为7.08亿立方米，两者之间的重复计算水量为6.67亿立方米。全市人均水资源量仅为590立方米，仅为全国人均水平的1/4。海域冬季盛行偏北向浪，夏季偏南浪居多，春秋季浪向多变，海水平均温度为11.2℃，最高为26.2℃，最低为-1.9℃。黄海北部平均水深为40米，盐度为32‰，渤海平均水深为18米，盐度低于30‰。

（4）空间资源。大连区内山地丘陵多，平原低地少，土地资源总面积为13 632.79平方公里。海域管辖面积约为29 000平方公里，其中，滩涂约为1100平方公里，0~20米海域面积约为6000平方公里，20米以上海域面积约为21 900平方公里。拥有岛礁251个，总面积为530平方公里。海湾30处，总面积为1870平方公里。

（5）资源禀赋。全市拥有海洋生物三大类共209科、414种，分别占辽宁省海洋生物种和资源总量的48%和86%，分布有6种主要经济鱼虾类洄游通道、15个产卵场及2个渔场，海珍品主要有刺参、皱纹鲍鱼、大连紫海胆、虾夷扇贝等，经济贝类主要有菲律宾蛤仔、文蛤、竹蛏、牡蛎等。近海风能和海洋潮汐能源储量丰富，可开发利用的风能和潮汐能装机潜力分别达到 130 万千瓦和 50 万千瓦；已发现金属、非金属和能源等矿产资源 56 种，占全省发现矿种的 51%，其中，探明储量 48 种，已开发利用 46 种。大连地区滨海旅游景区近百处，其中，国家级风景名胜区 2 处、国家级旅游度假区 1 处、国家级滨海地质公园 1 处、国家级森林公园 8 处和省级森林公园 6 处、自然保护区 10 处、典型地质遗迹 96 处、天然海水浴场 83 处，形成大连南部—旅顺南部基岩海岸、小窑湾—城山头基岩海岸、登沙河—鹰嘴石沙质海岸、前大地—将军石沙质海岸、长山群岛五大区域性自然景观系统。

（三）经济社会

（1）产业经济。2010 年地区生产总值为 5158.16 亿元，约占东北三省的 14%，人均地区生产总值突破 1.1 万美元。其中，第一产业增加值为 345.1 亿元，较 2009 年增长 6%；第二产业增加值为 2645.5 亿元，增长 20.7%；第三产业增加值为 2167.5 亿元，增长 10.9%。三次产业构成比例为 6.7∶51.3∶42，对经济增长的贡献率分别为 2.6%、64.7% 和 32.7%。

（2）城镇发展。2010 年城镇化率为 65%[①]，城镇居民人均可支配收入达 21 292.56 元（表 11-5）。东北亚国际航运中心基本功能进一步完善，形成以"两港"为核心、以"两路"为支撑的通达域内域外的立体交通网络和航运中心框架。货物周转量为 5938 亿吨公里。城市供水、供电、供气、供热能力大幅提升，地铁、快轨等域内重点交通设施建设取得重大进展。区域性金融中心建设全面启动，金融业主要发展指标翻番。会展、商贸等综合服务功能明显增强。

表 11-5 2010 年大连经济社会基本情况

项目	大连	沿海经济带	辽宁	东北三省
年末总人口（万人）	669.0	1 784.7	4 251.7	10 829.5
生产总值（亿元）	5 158.16	9 259.9	18 278.3	37 493.5
工业总产值（亿元）	2 309.49	4 276.32	8 789.27	17 326.85
出口总额（亿美元）	272.590 9	335.4	431.2	638.8
实际利用外商直接投资（亿美元）	100.302 5	132.3	207.5	246.9
全社会固定资产投资（亿元）	4 047.890 4	7 349.2	16 043	32 466.5
社会消费品零售总额（亿元）	1 639.755 4	2 901.9	6 887.6	14 353.7
城镇居民人均可支配收入（元）	21 292.56	—	17 713	15 660.5
农村居民家庭人均纯收入（元）	12 317	—	6 908	6 452.1

注：年末总人口指标中，大连数据来源于第六次全国人口普查数据，其他数据来源于统计年鉴

---

① 大连市国民经济和社会发展第十二个五年规划纲要。

二、海岸带开发利用现状

(一) 岸线利用现状

大连海岸线东起庄河市南尖山镇与东港市交界处，西至瓦房店市李官乡与盖州市交界处。根据海洋部门最新勘测数据，全市海岸线长 2211 公里，其中，大陆海岸线长 1371 公里，岛屿岸线长 840 公里，宜港岸线长 400 余公里。大陆海岸线中渤海岸线长 621 公里（占 45.29%），黄海岸线长 750 公里（占 54.71%），占辽宁省大陆岸线的 65%，居全国沿海地级市首位。岛岸线大部分分布在黄海，沿岸各县（市、区）海岸线长度见表 11-6。

表 11-6　10 公里陆域规划范围各县（市、区）海岸线长度

地区	总人口（万人）	GDP（亿元）	行政区面积（平方公里）	10 公里陆域规划范围	
				岸线（公里）	面积（平方公里）
中山区	35.66	507.86	48.96	28.18	48.96
西岗区	30.24	239.94	26.80	17.08	26.80
沙河口区	65.71	268.02	41.82	7.13	41.82
甘井子区	67.00	708.46	501.53	129.37	501.53
旅顺口区	20.50	180.08	508.26	149.92	508.26
金州区	60.30	1 100.42	1 474.88	289.80	1 301.62
长海县	7.30	53.45	142.05	0.00	142.05
瓦房店市	100.00	650.19	3 851.47	316.38	2 295.28
普兰店市	93.00	536.49	2 923.39	87.47	947.10
庄河市	90.50	500.70	4 113.62	277.13	1 651.00
全市	570.21	4 745.62	13 632.78	1 302.46	7 464.42

大连地区海岸分为基岩质海岸、淤泥质海岸和砂砾质海岸 3 种类型。该区海岸的形成主要是 NE 向构造和 NNE 向构造，经第四季冰后期海侵，受海洋水动力和河流泥沙充填作用的影响，在河口附近形成淤泥质海岸，各种类型海岸分布见表 11-7。

表 11-7　各类型海岸分布

类型	起止地点
淤泥质海岸	庄河市南尖镇与东港市分界处—金州区杏树屯镇老鹰咀
基岩质海岸	金州区大李家乡城山头—甘井子区营城子镇黄龙尾
	瓦房店市谢屯镇平岛—瓦房店市三堂乡东嘴子
砂砾质海岸	金州区杏树屯镇老鹰咀—金州区大李家乡城山头
	甘井子区营城子镇黄龙尾—瓦房店市谢屯镇平岛
	瓦房店市三堂乡东嘴子—瓦房店市李官乡与盖州市交界处

大陆海岸线已开发利用 1206 公里，约占大陆总岸线的 88%，其中，渔业岸线 487 公里、盐业岸线 343 公里、旅游岸线 139 公里、交通运输岸线 121 公里、工业岸线 116 公里。岛屿岸线已开发利用 561 公里，约占岛屿总岸线的 67%，其中，渔业岸线 462 公里、盐业岸线 41 公里、旅游岸线 48 公里、交通运输岸线 2 公里、城镇岸线 8 公里。

（二）土地利用现状

大连市陆域土地总面积为 13 632.78 平方公里，岸段 10 公里陆域规划范围面积为 7464.42 平方公里，占辽宁海岸带规划总面积的 51.58%。通过 GIS 空间分析技术对大连市土地利用第二次土地调查数据的提取、分类、统计结果，大连岸段的国土开发强度为 15.55%，其中，甘井子段的开发强度最高，达到 42.68%，庄河段最低，为 9.04%（表 11-8）。

表 11-8　大连市国土开发强度统计

项目	大连市	甘井子	旅顺口	金州	长海	瓦房店	普兰店	庄河
建设面积（km²）	2 120.49	214.05	120.56	387.11	20.47	606.70	312.74	371.82
总面积（km²）	13 632.78	501.53	508.26	1 474.88	142.05	3 844.47	2 930.62	4 113.36
开发强度（%）	15.55	42.68	23.72	26.25	14.41	15.78	10.67	9.04

注：根据大连土地利用第二次土地调查数据统计，范围为大连全域

从土地利用空间格局来看，大连岸段的建设用地布局较分散，虽然作为大连市中心的渤海、黄海交汇的岸段南部分布相对集中，但随着长兴岛经济技术开发区、普湾新区、花园口经济区的开发建设，渤海、黄海沿线的建设用地呈"插花"式散布，渤海岸段的复州湾、普兰店湾和黄海岸段的庄河湾区域建设用地都分布较多（图 11-3）。

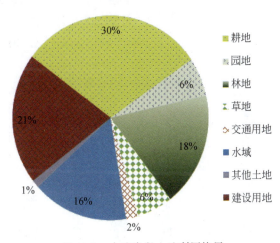

图 11-3　大连岸段土地利用格局

（三）海域利用现状

大连近岸海域开发程度较高，2007 年海域开发利用面积为 4240 平方公里，占规划范围内海域面积的 25%，其中，养殖用海为 2637 平方公里、交通运输用海为 953 平方公里、盐业用海为 279 平方公里、军事用海为 240 平方公里、工业用海为 33 平方公里、旅游娱乐用海为 13 平方公里；规划海域内滩涂、0～5 米海域、5～20 米海域、20 米以上海域利用率依次为 63%、34%、31%、19%。

三、海岸带开发中存在的主要问题

与国际上一些先进国家和地区的海域使用状况相比，大连岸段在建设项目空间布局、资源集约节约利用、重要海洋生态系统和景观生态资源安全与完整、海洋灾害防治及区域可持续发展等方面存在诸多亟待解决的问题。

（一）海岸带人工化程度较高，公众亲海空间持续减少

从 1978 年以来大连海岸线演变趋势来看，自 1978～2000 年海岸线长度迅速缩短后，岸线变化趋于平稳。1978～2000 年，鲇鱼湾油港和大连港均有较快发展，海岸线迅速缩短。2000 年以后，岸线进退交替，人类活动对自然岸线裁弯取直和人工改造使海岸线变短的同时，形成新的人工岸线，增加了岸线长度，老港口改造扩建和新港口建设发展使海岸线小幅变化。至 2010 年，大连岸段的海岸线人工化已达到 71%。大陆海岸线已开发利用 1206 公里，约占大陆总岸线的 88%，其中，渔业岸线 487 公里、盐业岸线 343 公里、旅游岸线 139 公里、交通运输岸线 121 公里、工业岸线 116 公里，分别占大陆岸线的比例为 35%、25%、11%、9%、8%（图 11-4）。岛屿岸线已开发利用 561 公里，约占岛屿总岸

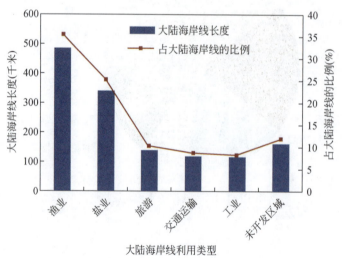

图 11-4　大连岸段大陆海岸线利用类型

线的 67%，其中，渔业岸线 462 公里、盐业岸线 41 公里、旅游岸线 48 公里、交通运输岸线 2 公里、城镇岸线 8 公里，分别占岛屿岸线的比例为 55%、5%、6%、0.2%、1%（图 11-5）。

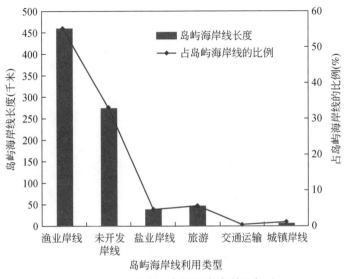

图 11-5　大连岸段岛屿海岸线利用类型

较高的岸线人工化程度，使得海岸生态系统结构发生了较大的变化，部分生态环境遭到破坏，包括：①河口排洪受阻。全市注入海洋的各河流河口，普遍被盐池或虾池、参池占据。一旦遭遇特大洪涝灾害，势必影响泄洪。②岛礁坨数量减少。全市因各类开发已有多个岛坨与陆地相连，改变了岛陆、岛基、岛坡、环岛水域的海岛生态系统，如金州兔岛、长岛、交流岛等。③海岸工程垃圾遍布。部分海岸美学景观丧失，堆石、木材、砖瓦、弃船、杂物等随意堆放。不少岸段成了垃圾场，废弃虾池成为光秃沙堆，或为沙尘暴新的沙源。④海洋生境破坏严重。部分生物的栖息环境、产卵场等遭到破坏，渔业资源锐减，生物多样性指数明显降低等。此外，岸带的过高利用率岛屿使得大连岸段所剩的自然岸段仅为 33%，大陆岸线所剩的自然岸段更只有 12.04%，从而导致岸线后备资源严重不足，难以满足人们不断增加的对近水亲水空间的需求。

（二）围填海缺少总体布局，围海工程过热，部分海湾束窄甚至消失

截至 2009 年底，大连地区累计填海面积约为 80 平方公里，围海面积约为 560 平方公里。根据 2010 年大连市遥感影像解译结果，大连渤海岸段的普兰店湾和长兴岛周边海域大面积海域已被围填海开发，同时黄海岸段皮口—庄河湾—青堆子湾沿线区域的岸线海域都被围或被填。无序的围海填海导致海湾束窄或丧失，1953 年版海图标识大连岸段有 30 个海湾，但到 2010 年，部分海湾已丧失或出现水域面积萎缩乃至变形，太平湾、复州湾、葫芦山湾、普兰店湾、金州湾、双岛湾、龙王塘湾、大窑湾等均有程度不等的面积束窄或丧失现象。从 2010 年的遥感影像也可以看出，大连湾和小窑湾为兴建港口进行的填海造

地已使得原有的海湾束窄很多。同时，近年来围海开发盐田、虾池、参池也使滩涂湿地面积逐年减缩。过热的围填海工程，破坏了区域陆海生态系统，特别是滨海湿地和海湾等生态系统处于亚健康或不健康状态，加之沿海经济密集地区地下水超采，进一步导致围填海区域海水入侵、局部沿岸海蚀问题突出。截至2012年，大连地区海水入侵面积约为900平方公里，约占所辖陆域面积的7%，入侵纵深达7公里。渤海岸段海水入侵面积约为700平方公里，黄海岸段海水入侵面积约为200平方公里。此外，围填海过程中产生的废弃物也威胁海岸带水域环境，长兴岛南部沿岸、普兰店湾、金州湾近岸、大连湾和庄河部分区域水质均受到不同程度的污染。

（三）海陆之间缺乏统筹

海陆空间规划、管理和开发等方面缺乏统筹协调。岸段陆域部分的空间规划有主体功能区规划、土地利用规划、城市规划及工业园区规划、港口规划等专业性规划，岸段海域部分的空间规划有海洋主体功能区规划，各项规划之间缺乏统筹、协调，"规划打架"现象频出。在管理方面，以陆海空间管理为例，陆域部分的管理部门涉及国土、城建等部门，海域部分则主要由大连市海洋与渔业局管辖，但是对围填海后已与陆地连成一片、呈陆地性质的国土空间，在当前的行政体制下，仍属大连市海洋与渔业局管辖，使得这部分空间的开发与整体陆域空间开发脱节。开发方面，海岸带的开发涉及多个部门，由于历史和体制原因，部门之间协调是海岸带开发利用中面对的一个现实问题；大量的开发活动效率低下，技术落后，造成大量的海洋资源被破坏和浪费。例如，早期的盐田、近期的围海养殖、临海工业等，各地区都想招商引资建设项目，发展经济，而对环境的承载力考虑较少。全市各地区新的临海工业意向性建设近百余处，其重复性建设非常多。

四、发展路径选择

（一）发展战略

充分发挥大连位于东北亚区域中心的区位优势，紧抓深入实施振兴东北老工业基地和辽宁沿海经济带国家战略的机遇，依托自然环境优越、气候条件舒适、港口资源丰富、产业基础雄厚、交通基础设施完善的发展禀赋，结合强化大连在辽宁海岸带核心地位的战略要求，以优化开发秩序、提高开发效率为目标，以加快转变经济发展方式、统筹配置陆海空间为手段，以提升大连核心城市的龙头地位、促进地区协调发展、加快城市空间高品质建设、预留面向东北亚的合作开放空间、提高岸段开发支撑能力、统筹重点海岛海域保护与利用为任务，将大连岸段打造成辽宁海岸带发展龙头、全国滨海城市建设示范区和中国面向东北亚开放的引领区。

（二）空间布局

以大连主城区和新市区为核心，以重点城镇组群、产业园区支撑开发的渤海岸段、黄海岸段为两翼，以自然保护区、动物迁徙过境区、生态旅游景区为生态节点，逐步形成土地利用集约高效，人口、产业、自然环境协调有序的"双核两翼多节点"的"V"字形国土空间开发保护格局。

集中引导，均衡布局，推进主城区向北拓展，逐步向金州新区、大连保税区主功能区、普湾新区疏解城市功能，推动以长兴岛经济技术开发区、花园口经济区和大连新兴产业经济区为核心的产业园区有序发展，促进大连渤海段、黄海段均衡发展、整体提升；内涵挖掘，品牌打造，依托"山、海、城、林、岛、泉"资源优势，构筑沿黄渤海岸滨海旅游度假环，打造长山生态海岛旅游品牌，形成"一环一岛"的旅游空间格局；同防同治，共建共享，加强河流入海口、海岛保护区与水源涵养地生态保护与修复，构筑以各类保护区为重要生态节点、以丘陵山地及河流为廊道的网络式生态安全格局；特色发展，规模带动，推动农业产业化发展，形成沿海农渔业养殖带、东西两大丘陵农业发展区的"一带两区"农业发展空间格局。

有序增加城镇空间，集约利用工业空间，适度压缩生态空间，增加复合空间。到2020年，重点建设区面积占比由7.16%增长至12.54%，适度开发区面积占比由56.98%减少至52.59%，重点保护区占比由35.87%减少至34.87%（表11-9）。

表11-9　大连岸段、岸线各类功能区面积统计

项目		岸段					岸线				
		现状		规划		比重变化（%）	现状		规划		比重变化（%）
		面积（平方公里）	比重（%）	面积（平方公里）	比重（%）		长度（平方公里）	比重（%）	长度（平方公里）	比重（%）	
重点建设区	工业开发板块	—	—	263.12	3.52	—	—	—	99.70	7.65	—
	城镇建设板块	—	—	551.72	7.39	—	—	—	95.20	7.31	—
	港口物流板块	—	—	121.25	1.62	—	—	—	69.54	5.34	—
	小计	534.11	7.16	936.09	12.54	5.39	131.60	10.10	264.44	20.30	10.20
适度开发区	旅游休闲板块	—	—	629.70	8.44	—	—	—	271.39	20.84	—
	农业渔业板块	—	—	3295.90	44.15	—	—	—	413.11	31.72	—
	小计	4252.92	56.98	3925.60	52.59	-4.39	621.01	47.68	684.50	52.56	4.88
重点保护区（生态保护板块）		2677.39	35.87	2602.73	34.87	-1.00	549.85	42.22	353.52	27.14	-15.08
合计		7464.42	100.00	7464.42	100.00	0.00	1302.46	100.00	1302.46	100.00	0.00

（三）重点任务

1. 优化提升核心城市的龙头地位

加快转变，推动创新，促进地区经济增长由依赖投资、出口及资源、能源等要素投入的粗放发展模式向以消费需求、创新驱动和服务经济为主的可持续发展模式转型。优化结构，增强辐射，提高第三产业比重，扩大产业辐射范围，提升带动辽宁海岸带整体发展的能力。完善制度，盘活存量，严格保护绿色生态空间，合理控制新增建设用地规模，提高土地综合利用效率。到 2020 年，形成开发品质、开发强度、单位面积土地产出率居辽宁省海岸带首位的海岸带开发格局。

2. 促进黄海、渤海岸段地区协同发展

并行开发，协同发展，同步推进以瓦房店—长兴岛为中心的渤海区域组团、以庄河—花园口—长海为中心的黄海区域组团开发建设，高标准规划、高质量建设一批环境优美、生态宜居的中心城镇，带动辽宁海岸带黄海渤海两翼空间协调发展。统筹布局，协调对接，加快大连太平湾和营口仙人岛、大连栗子房和丹东大孤山统一规划、统一建设，采用组团据点式开发方式，规避集中连片的大规模建设。

3. 加快滨海宜居城市高品质建设

美化环境，节能减排，全面建设生态宜居城市。生态优先，复合开发，维持太平角、旅顺小黑石等 96 处典型地质遗迹的原生性，保护金石滩、傅家庄、沙山湾、星海湾等 83 处沙滩浴场的完整性，打造景观优美的城市旅游空间。优化布局，提升品质，全面落实旅顺绿色经济区规划，发展先进交通运输装备研发制造业，发展低碳、环保、高新技术和战略性新兴产业，发展金融会展、旅游休闲、科技研发、港口物流和教育文化，将旅顺口区打造成西部临港新城、历史文化名城、旅游休闲度假城、科技创新城、生态宜居城和花卉之都。

4. 预留面向东北亚的合作开放空间

立足开放，面向市场，在长兴岛复州河口、普兰店湾北侧、栗子房青堆子湾和大连国家生态工业示范园西侧等区域预留区位重要、具有重要战略价值的空间，作为未来大连面向东北亚合作、引领东北地区对外开放，发展区域性服务功能和战略性支柱产业的重要空间储备；近期维持预留区现状功能，严格控制新增建设用地规模；远期实现与长兴岛、花园口、栗子房港区等已有城区园区港区的规划对接，按生态环境优美、土地利用高效、空间开发有序的原则实现高品质国土空间开发建设。

5. 提高岸段开发的综合支撑能力

节约利用，集约提升，严格控制地下水开采，提高农业用水效率。技术创新，保障需求，实施海水淡化工程建设，扩大再生水、雨洪水等非常规水资源利用规模，提高水资源

保障能力。构筑通道，加强支撑，加快长兴岛、大窑湾、太平湾、栗子房等港区的疏港通道建设，重点推进大连湾疏港高速公路、长兴岛北疏港高速公路、长兴岛疏港铁路、大窑湾港区北岸铁路新建工程等集疏运功能载体建设，形成高效运转的港口集疏运系统。

6. 统筹重点海岛海域保护与利用

强化保护，适度开发，加强石城岛黑脸琵鹭保护区、长海海洋珍稀生物保护区、海王九岛保护区、四坨子–老偏岛、三山岛、长山群岛、城山头国家级自然保护区等重点海岛与斑海豹自然保护区生态保护与修复，维持金州新区范坨子、马坨子、东西双坨子、棺材石、旅顺诸岛等无居民海岛（礁）及水下礁盘原生性；加快长山群岛、长兴岛及周边小岛的基础设施建设，支持海岛补给中转基地建设；发展以獐子岛为龙头的现代化海水养殖业，壮大以大长山岛、小长山岛、广鹿岛、海王九岛为中心的海岛生态旅游业，推动海岛可持续发展。

第三节 营口岸段

一、区域概况

营口市为辽宁省辖市，下辖站前区、西市区、鲅鱼圈区、老边区 4 个城区和大石桥、盖州 2 个县级市，38 个镇，3 个乡，31 个街道办事处，140 个社区，613 个行政村。2010 年末，全市总人口为 242.85 万人，城镇化率为 58.86%，地区生产总值为 1002.45 亿元，按可比价格计算，比上年增长 17.8%；分产业看，第一产业增加值为 77.2 亿元，增长 6.0%，第二产业增加值为 554.8 亿元，增长 18.5%，第三产业增加值为 370.4 亿元，增长 19.0%，三次产业增加值占生产总值的比例为 7.7：55.3：37.0，第二产比例较大；人均生产总值为 42 604 元，按可比价格计算，比 2009 年增长 17.3%（表 11-10）。市辖区呈东南、西北狭长形状，南北长约为 50.7 公里，东西宽约为 111.8 公里，土地总面积为 5365.45 平方公里，海岸线长为 122 公里。

表 11-10　2010 年营口市及所辖县（市、区）、区经济发展情况

地区	行政区域土地面积（平方公里）	年末总人口（万人）	地区生产总值（亿元）			地方财政一般预算收入(亿元)	地方财政一般预算支出(亿元)
			合计	第二产业增加值	第三产业增加值		
站前区	70.41	26.87	83.01	44.52	38.49	5.50	5.45
西市区	39.74	16.84	52.04	34.01	18.02	4.39	4.95
鲅鱼圈区	259	35.2	400.01	250.21	141.81	27.33	26.62
老边区	305	12.6	200.07	158.56	30.45	10.08	11.24
盖州市	2946	72.9	160.01	76.65	57.41	8.51	18.26
大石桥市	1598	72.2	410.18	255.23	123.44	21.37	24.34
全市	5180	242.85	1002.45	554.67	370.55	100.1	137.7

注：本表区、县级市数据为快报数据，其总和与全市统计数据不一致

（一）区位条件

营口临海跨河，是以航运、工业、贸易、旅游为主的东北重要港口城市，境内形成由公路、铁路、水路三种运输方式构成的运输网络，并附有管道运输方式。沈大高速公路、哈大线和庄林线、长大铁路纵贯市域。营口港有营口、鲅鱼圈、仙人岛三个港区，年吞吐量超亿吨，是东北第二大港、国家十大枢纽港之一，是东北最近的出海口。

营口市位于辽东半岛西北部，距沈阳市 166 公里，距大连市 204 公里，距鞍山市 84 公里，距盘锦市 70 公里。西临渤海辽东湾，与锦州、葫芦岛隔海相望；北与大洼、海城为邻；东与岫岩、庄河接壤；南与瓦房店、普兰店相连。

（二）自然条件

营口市属华北地台、辽东台背斜，位于千山山脉向下辽河平原和渤海过渡地带，地势由东南向西北逐渐倾斜。自然形成了低山、丘陵和平原三大地貌类型区，呈现"五山、一水、四分田"的格局。

营口市属暖温带半湿润大陆性季风气候，雨热同步、干冷同期、光照充足，雨量适中，积温适度，四季分明。营口市地质构造复杂，矿产资源丰富。发现各类矿产 39 种，已开采利用的有 19 种，其中，菱镁保有储量居全国第一位，硅石、花岗岩、白云岩、硼石、金等保有储量居在全市占有重要地位，地热资源比较丰富。

营口市境内有大小河流 150 余条，分渤海水系和黄海水系。全市水资源匮乏，并分布不均。

（三）经济社会概况

"十一五"期间，营口市国民经济继续保持较快增长。全市生产总值由 2005 年的 375.64 亿元增长到 2010 年的 1002.45 亿元，年均增长 119.82%（图 11-6），在全省 14 个

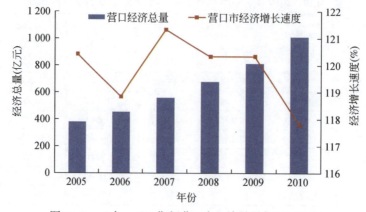

图 11-6 "十一五"期间营口市经济总量与增长速度

地市中连续位列第 4 位；全社会固定资产投资额由 2005 年的 221.20 亿元增长到 2010 年的 982.86 亿元，年均增长 43.61%；社会消费品零售总额由 2005 年的 1 070 116 万元增长到 2010 年的 2 498 000 万元，年均增长 18.51%；人均 GDP 由 2005 年的 16 487 元增长到 2010 年的 41 452 元，增加了 1.5 倍；城市居民人均可支配收入由 2005 年的 9009 元增长到 2010 年的 18 055 元，增加了一倍之多；农民人均纯收入由 2005 年的 4503 元增长到 2010 年的 8863 元，年均增长 14.56%；地方财政一般预算收入由 2005 年的 163 500 万元增长到 2010 年的 1 001 063 万元，年均增长 44.57%（表 11-11）。

表 11-11 "十一五"期间营口市经济发展情况

年份	GDP（亿元）	全社会固定资产投资额（亿元）	人均 GDP（元）	城市居民人均可支配收入（元）	农民人均纯收入（元）	地方财政一般预算收入（万元）	地方财政一般预算支出（万元）	社会消费品零售总额（万元）	第二产业占 GDP 的比例（%）	第三产业占 GDP 的比例（%）
2005	375.64	221.20	16 487	9 009	4 503	163 500	360 198	1 070 116	51.40	37.82
2006	447.77	290.26	19 810	10 135	5 001	204 800	439 147	1 226 357	54.51	35.60
2007	552.49	417.82	24 597	12 143	5 791	290 400	612 601	1 441 017	55.90	34.80
2008	674.73	543.07	30 178	14 352	6 944	400 052	772 788	1 784 000	57.47	33.80
2009	806.96	762.56	34 427	15 858	7 687	571 500	1 063 800	2 114 411	56.30	35.65
2010	1 002.45	982.86	41 452	18 055	8 863	1 001 063	1 372 882	2 498 000	55.30	37.00

地区产业结构基本上呈现"二三一"的结构，其中，第二产业比例高达 55% 以上，第三产业比例保持在 36% 左右。具体来讲：

（1）营口市农业发达，盛产水稻、水果、水产品及蚕茧、山羊绒等，是国家级、省级生产基地。2010 年全区农业增加值为 7.9 亿元，比 2009 年增长 12%；种植业增加值为 2.2 亿元，比 2009 年下降 4.4%；林业增加值为 0.38 亿元，比 2009 年增长 29%；畜牧业增加值为 1 亿元，比 2009 年增长 42%；渔业增加值为 4.3 亿元，比 2009 年增长 14.2%。

（2）营口市工业基础雄厚（表 11-12），工业比例已超过 82.8%，一个传统的轻工业城市已经完全转变成重工业城市。全市有 40 多个行业，各类企业 3000 多家，已形成冶金、重化工、装备制造、耐火材料、建材、针纺服装六大支柱产业，2010 年六大支柱产业占规模以上工业增加值的比例达 78.3%，其中，冶金、镁质材料等产业具有一定优势。2010 全年完成工业总产值 798.4 亿元，比 2009 年增长 28.25%。区属规模以上工业企业完成产值 575.05 亿元，比 2009 年增长 33.54%；鞍钢鲅鱼圈分公司完成工业产值 233.67 亿元，比 2009 年增长 50.44%；滨海工业区完成工业产值 57.9 亿元，比 2009 年增长 40.42%。全区中外合资经营企业、中外合作经营企业、外商独资经营企业完成产值 292.2 亿元，比 2009 年增长 21%；华能营口电厂完成工业产值 31.8 亿元，比 2009 年增长 6.85%；港务局完成工业产值 31.25 亿元，比 2009 年增长 14.18%。随着辽宁省沿海经济带发展的推进，一批大型项目落户营口，包括鞍钢集团鲅鱼圈新厂、五矿中板、中冶京诚重装备中试及制造基地和富士康科技园、仙人岛能源化工基地等。未来几年，大型项目的竣工和投产，必将继续推动营口经济的高速增长。

表 11-12　2010 年营口市主要工业产品产量

产品名称	产量	比 2009 年增长（%）	产品名称	产量	比 2009 年增长（%）
钢材	684.7 万吨	31.2	机制纸及纸板	0.11 万吨	-87.3
生铁	855 万吨	13.4	金属切削机床	4248 万吨	49.3
铝材	30.89 万吨	31.7	原盐	52.86 万吨	-27.2
润滑油	37.7 万吨	32	啤酒	1 151 000 升	-45.7
水泥	326.43 万吨	3.5	钢琴	2 128 架	108.6
耐火材料制品	1 136.28 万吨	15.1	化学纤维	0.94 万吨	16.8
食用植物油	40 万吨	16.2	纱	1.82 万吨	-0.9
果汁及果汁饮料	1.33 万吨	36.8	布	17 179 万米	28.2
卷烟	145.3 亿支	0	服装	12 247 万件	28.8
家用电冰箱	43.19 万台	34.4	发电量	150.54 亿千瓦时	53.2
塑料制品	34.3 万吨	27.3	焦炭	273.66 万吨	-4.8

同时，东北地区未来重点发展产业为先进装备制造业、能源产业、石油化工、冶金及电子信息、新材料、生物技术、航空等高新技术产业。这些重点产业的发展对铁矿石、钢铁、原油、化工品等产品提出了新的需求，可进一步带动营口的港口发展和产业发展。

（3）服务业以交通运输、仓储和邮政业与批发零售业为主，两者占服务业的比例达到47.7%，其次是房地产业、住宿餐饮等，而金融、科技服务、商务服务等服务业的比例较低。

（四）港口经济发展现状

营口港包括四大港区，分别为位于辽河入海口永远角凹岸的盘锦港区、沿辽河的营口老港区、沿渤海的鲅鱼圈港区和仙人岛港区，2010 年港口吞吐量为 2.26 亿吨，已发展成为东北第二大港，为全国十大港口之一。长大铁路、沈大高速公路、哈大公路、庄林公路，纵贯营口全境。营口南有大连周水子国际机场，北有沈阳桃仙国际机场，构成了十分便利的立体交通网络。

营口港与沈大高速公路、哈大公路、长大铁路相连，规划为四个港区（营口港区、鲅鱼圈港区、仙人岛港区、盘锦港区），其中，位于盘锦市南端的盘锦港、营口主城北部的营口老港区和新区的鲅鱼圈港区是已投产港区；至 2010 年，港口水域面积为 34.5 平方公里，陆域面积为 22 平方公里，仙人岛港区正在建设之中。截至 2006 年底，营口港现有生产性泊位 71 个，码头岸线长为 14 651.4 米，核定年通过能力为 12 460 万吨，集装箱为338 万标准箱。营口港口岸是国家一类开放口岸。

目前营口港疏港道路主要通过城市干道连接国省道和高速公路，对城市交通影响较大，也成为港口运输能力拓展的瓶颈，急需规划建设专用便捷的疏港通道，减少与城市交通的相互干扰，提高港口的货物集散能力。

近年来营口港的年吞吐总量和集装箱吞吐量都处于稳定上升的趋势中，大大超过营口市 GDP 总量的增长速度，港口发展成为带动城市经济发展的重要动力。其中，2010 年港口吞吐量为 22 579 万吨，集装箱运量完成 333.8 万标准箱，已步入全国十大港口行列。

营口港拥有强大的腹地支撑。营口港的腹地包括三个层次：直接依托是营口市；直接腹地是沈阳经济区，包括沈阳、鞍山、抚顺、本溪、辽阳、铁岭及营口市，直接腹地总面积大约为 65 000 平方公里，人口约为 2100 万人，2010 年 GDP 为 11 358 亿元；间接腹地是整个东北地区，包括辽宁省、吉林省、黑龙江省和内蒙古东部地区，间接腹地总面积大约为 125 万平方公里，人口约为 1.2 亿人，2010 年 GDP 为 4.81 万亿元。伴随腹地经济的快速发展，营口港未来的发展潜力巨大。

二、营口市海岸线利用现状

（一）海岸带利用现状

营口市海岸线由白沙湾至辽河口，管辖海域总面积为 1185 平方公里，沿海滩涂为 1.3 万公顷，岸线长为 122 公里，主要为外海岸线，没有岛屿，岸线基质可分为基岩岸、淤泥质岸。已利用岸线长度为 84.20 公里（约占岸线总长度的 69.02%），自然岸段为 37.80 公里（约占岸线总长度的 30.98%）（表 11-13）。整体来看，营口岸线利用程度较高，自然岸线保留比例过低（大连自然岸线比例约为 56%）；已利用岸线中养殖岸线最长，港口、工业生产岸线次之，全市基本没有生活岸线，城市亲海生活空间较为匮乏。

表 11-13　营口市海岸线利用现状

岸段	海岸类型	岸段长度（公里）
辽河口—咸水河口	自然岸段（滩涂）	23.50
咸水河口—大清河北口	养殖岸线	19.40
大清河北口—大清河南口	养殖岸线	6.90
大清河南口—光辉渔港	自然岸段（滩涂、礁石）	6.90
光辉渔港	渔港	0.78
光辉渔港—望海渔港	工业、仓储	5.78
望海渔港	渔港	1.54
望海渔港—华能电厂	工业	14.20
营口港鲅鱼圈港区	商港	15.20
红海河口—熊岳河口	自然岸段（沙滩）	7.40
营口港仙人岛港区	商港	5.60
营口港仙人岛港区—浮渡河口	开放式养殖岸段	14.80

10 公里范围内陆域面积为 1168.09 平方公里，其中，重点建设面积为 227.58 平方公里，占总面积的 19.48%，适度建设区面积为 577.27 平方公里，占总面积的 49.42%，重点保护区面积为 363.24 平方公里，占总面积的 31.10%。整体来看，营口海岸带地区利用程度为辽宁海岸带六个地市中最高，开发强度过大（图 11-7）。

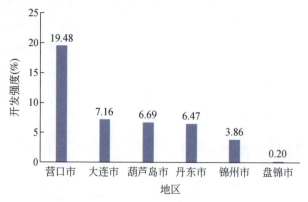

图 11-7 2010 年辽宁海岸带各地区开发强度

（二）填海现状

在国家对土地使用实施严格控制的背景下，自 2006 年以来，营口市根据地区经济发展、工业城镇建设需要，开展了不同程度的填海规划，截至 2012 年已经完成填海面积约为 37.5 平方公里，其中，鲅鱼圈 32.3 平方公里，北海 0.2 平方公里；沿海产业基地 5 平方公里，利用原海岸线长度约为 26.8 公里。另外，营口高新区在修建海防堤的同时也有不同程度的填海活动。

（三）海洋环境现状

2009 年营口市近岸海域水质符合国家 V 类海水水质标准。营口市近岸海域 II 类功能区水质达标率均为 0，V 类功能区站位水质均达标，站位达标率为 50%，功能区达标率为 50%。主要污染物为无机氮，其次为活性磷酸盐和生化需氧量。总体上来看，营口市近岸海域水质状况处于 III 类标准。

（四）湿地生态保护现状

营口市位于大辽河入海口，湿地面积较大，湿地类型丰富，有浅海水区域、岩石性海岸、潮间带海涂、盐水沼泽、河口水域、永久性河流、库塘湿地等。主要湿地（面积在 100 公顷以上）有 16 个，总面积为 22 000 公顷。由于人类活动的干扰，大规模的城市建设、港口建设对湿地生态系统造成巨大的压力，不合理占用岸线和海域现象突出，盲目围海填海，自然滨海湿地急剧减少，海湾和岸线减缩问题突出。湿地是具有丰富资源潜力和环境效应的生态系统，在维持区域生态平衡、保护生物多样性及降解环境污染和提供旅游资源等方面均有重要作用。近年来，工业化城市化的快速推进、港口的建设，使得营口市湿地面积日益减少，特别是大面积的滨海湿地消失，生物多样性严重减退，优质水资源短缺，自然降解污染物能力下降。营口市目前受到保护的海岸湿地主要为大辽河南岸的永远角，面积约为 2.08 平方公里，植被为芦苇群落，郁闭度大于 95% 以上，分布的动物为部分潮间带无脊椎动物，鸟类主要有海鸥、野鸭、白鹳等。

三、营口市海岸线利用过程中存在的重大问题

（一）海岸带开发采用超常规发展战略，规划人口与用地规模严重偏大

营口中心城区现状城市人口为 103.2 万人（2010 年数据），现状城镇用地面积为 13 320 公顷，已批待建及在建用地面积为 1475.32 公顷，人均用地面积为 129.1 平方米，计算已批待建及在建用地为 143 平方米（表 11-14）。

表 11-14　中心城区现状建设用地平衡情况

用地代码		用地名称	用地面积（公顷）	比例（%）	人均用地面积（平方米）
R		居住用地	3 215.76	24.14	31.2
C		公共设施用地	1 043.1	7.83	10.1
其中	C1	行政办公用地	200.19	1.50	1.9
	C2	商业金融用地	616.64	4.63	6.0
	C3	文教体卫用地	209.6	1.57	2.0
	C4	文物古迹用地	3.51	0.03	0.0
	C5	其他公共设施用地	13.16	0.10	0.1
M		工业用地	3 752.43	28.17	36.4
W		仓储用地	588.22	4.42	5.7
T		对外交通用地	1 288.84	9.68	12.5
S		道路广场用地	1 994.69	14.98	19.3
其中	S1	道路用地	1 955.85	14.68	19.0
	S2	广场用地	34.57	0.26	0.3
	S3	公共停车场	4.27	0.03	0.0
U		市政设施用地	205.67	1.54	2.0
G		绿化用地	1 202.91	9.03	11.7
其中	G1	公共绿地	650.92	4.89	6.3
	G2	防护绿地	551.99	4.14	5.3
D		特殊用地	28.38	0.21	0.3
城镇建设用地面积			13 320	100.00	129.1

用地代码		用地名称	用地面积（公顷）	比例（%）	人均用地面积（平方米）
已批待建及在建用地			1 475.32		
合计1			14 795.32		
其中	E	水域及其他	3 806.52		
	E1	水域	203.34		
	E2	其他	3 603.18		
合计2			18 601.84		

《营口市城市总体规划（2011～2030年）》中明确提出，营口沿海地区在到2020年形成"南北双城、八大片区"的空间结构。具体来讲，营口北部城区规划为城市主中心，包括营口老城片区、产业基地片区、营东新城片区、临空产业区、北海新区五大片区，2030年末人口达130万人，人均用地面积为118平方米；营口南部城区规划为城市副中心，包括鲅鱼圈片区（即营口开发区）、熊岳片区和仙人岛能源化工区，2030年末人口达70万人，人均用地面积为118平方米。规划远期，中心城区规模为236平方公里，总人口达200万人，人均用地面积为118平方米（表11-15、表11-16）。

表11-15　营口市现状城镇建设规模与未来规划规模对比情况

指标	现状（2010年）	规划远期（2030年）	增长率（%）
人口规模（万人）	103.2	200	93.80
用地规模（平方公里）	133.2	236	77.18
人均用地面积（平方米）	129.1	118	—

表11-16　中心城区远期规划（2030年）建设用地平衡情况

用地代码		用地名称	用地面积（公顷）	比例（%）	人均用地面积（平方米）
R		居住用地	5 869.35	24.87	29.35
C		公共设施用地	3 936.35	16.68	19.68
其中	C1	行政办公用地	313.45	1.33	1.57
	C2	商业金融用地	2 315.85	9.81	11.58
	C3	文化娱乐用地	373.76	1.58	1.87
	C4	体育用地	153.24	0.65	0.77
	C5	医疗卫生用地	173.78	0.74	0.87
	C6	教育科研用地	560.34	2.37	2.80
	C7	文物古迹用地	4.19	0.02	0.02
	C8	其他公共设施用地	41.74	0.18	0.21
M		工业用地	4 218.29	17.87	21.09
W		仓储用地	963.8	4.08	4.82
T		对外交通用地	1 743.26	7.39	8.72

用地代码		用地名称	用地面积（公顷）	比例（%）	人均用地面积（平方米）
S		道路广场用地	3 051.54	12.93	15.26
U		市政设施用地	561.14	2.38	2.81
G		绿化用地	3 227.89	13.68	16.14
其中	G1	公共绿地	2 210.25	9.37	11.05
	G2	防护绿地	1 017.64	4.31	5.09
D		特殊用地	28.38	0.12	0.14
城市建设用地面积			23 600	100.00	118.00

通过将现状与规划方案进行对比分析，可知，未来 20 年，营口中心城区人口规模增长率为 93.80%，城镇用地面积增长 77.18%，相当于未来 20 年，在营口沿海地区，新增约合现状用地规模 3/4 的空间，并在这一空间内建设一个与现状规模相当的新城，这样的冒进式、遍地式的发展模式将对沿海、湿地生态系统造成严重破坏，不合理占用岸线和海域现象突出，盲目围海填海，自然滨海湿地急剧减少，海湾和岸线减缩问题突出。按照营口市环境保护局统计数据，近岸海域岸线近 70% 用于港口航运、工业与城镇开发，整体上，已经基本形成从大辽河口至仙人岛全线开发的整体态势。

（二）新城或新区遍地开花，缺乏合理的时空秩序

在快速城市化背景下，新城或新区纷纷揭土而建，同时也出现了大量的"鬼城"和"卧城"，成为中国房地产市场泡沫的最佳展示品。营口市凭借相对丰富的沿海低效盐田、闲置滩涂和岸线资源优势，在辽宁沿海经济带新城更是争相上马，从南至北的新城或新区共计 7 个，沿海地区便分布着 4 个新城或新区，即约合 30 公里的岸线上就分布着一个中小规模新城或新区（表 11-17）。

表 11-17　沿海地区规划新城或新区功能定位与拟建人口规模

新城或新区	发展重点地区	功能定位	规划人口规模（万人）
营口老城片区	发展重点在于旧城改造、河海新西市、高新技术产业园和中小企业园建设	区域性的金融、贸易、服务中心	80.0
营东新城片区	老边区、老边新区、柳树镇地区	冶金、钢铁锻造、装备制造产业、商业服务与居住	11.0
产业基地片区	集中在澄湖西路以西地区	工业、教育科研、体育设施和配套生活服务设施	12.0
临空产业区	以营口机场为中心	发展空港物流	1.1
北海新区	盖州市高速公路以西地区	城市公共服务设施和居住设施发展	25.0
鲅鱼圈片区	营口开发区	营口南部中心、港口及临港产业区，配套服务设施完善的现代化城区	60.0

新城或新区	发展重点地区	功能定位	规划人口规模（万人）
熊岳片区	熊岳老镇、沈大铁路客运专线和沈大铁路熊岳站	商贸物流、居住功能	8.5
仙人岛能源化工区	以蓝西河为界，北部重点发展港区、临港能源化工产业及配套物流等功能，南部结合白沙湾旅游区发展旅游度假和居住功能	港口、能源化工产业区，兼有白沙湾旅游度假功能	2.4

从各个新城或新区发展定位上来看，空间布局和功能定位大同小异。7 个新城或新区中有 4 个新城或新区具有工业制造功能定位，有 4 个具有商业服务与居住功能定位，功能定位交错重叠；在城市面貌上更是处处雷同，大马路、大立交、大人工湖、大喷泉、大广场比比皆是；大部分地区纷纷圈地造城，跃进式、浮夸式开展土地征用开发，导致大量农田占用、过度填海造地、土地闲置浪费。

（三）新城或新区建设与生态环境保护之间的关系有待进一步梳理清楚

营口市位于大辽河入海口，湿地面积较大，湿地类型丰富，有浅海水区域、岩石性海岸、潮间带海涂、盐水沼泽、河口水域、永久性河流、库塘湿地等。主要湿地（面积在 100 公顷以上）有 16 个，总面积为 22 000 公顷。由于人类活动的干扰，大规模的城市建设、港口建设对湿地生态系统造成巨大的压力，不合理占用岸线和海域现象突出，盲目围海填海，自然滨海湿地急剧减少，海湾和岸线减缩问题突出。目前，受到保护的海岸湿地主要为大辽河南岸的永远角，面积约为 2.08 平方公里，植被为芦苇群落，郁闭度大于 95% 以上，分布的动物为部分潮间带无脊椎动物，鸟类主要有海鸥、野鸭、白鹳等。

营口大石桥市凭借丰富的菱镁矿被称为“中国镁都”，矿区包括大石桥圣水寺矿区和高庄一平二房镁矿区。大规模的菱镁矿开采产业带来一系列的环境问题，目前已形成 28 平方公里的污染带。每平方公里月降尘高达 120 吨，污染带已危及 5 个乡镇、居民 4.3 万人、耕地 1.14 万亩、果园 1100 亩、绿地 5900 亩。由于菱镁矿大多是露天开采，生产过程需要大面积地剥离地表土壤和岩石，剥离过程破坏林地。爆破及破碎过程中产生大量的粉尘，造成矿区周围严重的大气污染。裸露及松动的岩石，是产生地质灾害的隐患。废弃矿石侵占土地、污染地表水和地下水、造成土壤污染，同时破坏自然景观。其堆放不合理，容易引起滑坡等地质灾害。在矿石煅烧过程中，产生大量的烟尘 SO_2 等污染物。大石桥市还有丰富的硼矿资源，在硼矿和硼酸的生产工艺中，废水、废气和废渣排放对环境危害也比较严重，在生产硼砂的过程中产生了大量的硼泥，大量硼泥的露天堆放严重污染了当地地表水、地下水和土壤。

（四）增长方式急需转变

粗放、低效的经济增长方式和产业扩张模式必然将对能源、资源尤其是区域生态环境造成巨大压力，导致区域与城市可持续性的下降。营口未来发展必须认真考虑经济增长方式问题。营口虽然拥有土地资源上的优势，但是粗放式增长和外延式扩张将造成土地单位产出较低、用地缺乏统筹、集约程度不高等问题，这种土地资源的浪费必然影响城市的可持续发展。营口滨海的生态环境状况不容乐观。区域工业分散在主城、老边、鲅鱼圈、大石桥、盖州及各镇级工业区内，较难集中统一治理，整体环境质量较差，因此，产业基地的发展在生态环境保护与治理方面还将面临更加严峻的挑战。

（五）板块功能规划建设不协调

在营口沿海地区新城、新区规划过程中，各板块内部功能规划布局相对比较合理，但由于各新区、新城之间缺乏统一协调、引导，板块之间功能不协调问题普遍存在。例如，营口开发区位于南侧仙人岛能源化工区主要风频下风向，并且开发区南部、熊岳河以北区域规划均为商住建设用地，部分商住项目已开发建设，要求仙人岛能源化工区规划项目建设时应满足开发区环保安全要求，并避免对开发区旅游业、房地产业发展的影响。另外，仙人岛区规划中将居住用地集中在熊岳街道，而并非依托其北部发展相对成熟、设施相对完善的鲅鱼圈区，地区发展规划编制过程中缺乏协调性。再如，辽东湾新区与营口老城区一河之隔，且发展相对紧凑，应作为一个城市来规划建设，而南部仙人岛能源化工园区与大连太平湾地区也紧密相邻，各地均提出功能相近、目标过大的发展规划方案，势必造成地区未来的恶性竞争、重复建设和资源浪费。

四、发展路径选择

（一）发展战略

立足营口位于辽中南、东北内陆最近出海口的区位优势，紧抓辽宁沿海经济带开发、沈阳经济区综合配套改革试验区建设两大国家战略重叠覆盖的重大机遇，依托经济发达、交通便利、资源丰富的发展基础，以壮大经济总量、促进地区可持续发展为目标，以拓展经济发展空间、促进营盘分工协作、协调仙人岛—太平湾地区联合发展、推进南北组团港园城一体化、统筹功能空间保护与利用为任务，将营口市建设成为经济实力雄厚、核心竞争力突出、空间配置合理、生态环境良好的经济科学发展示范区，打造成海岸带经济增长的重要支撑载体、东北物流枢纽、环渤海地区重要的临港工业基地。

（二）空间布局

统筹未来长远发展，兼顾资源环境容量，以海岸线为开发主轴，以南、北双城为增长组团，以老城区、鲅鱼圈城区为辐射极核，以国家森林公园、自然保护区、风景名胜区、河口湿地为生态节点，逐步形成"一轴两组团、两核五节点"的国土开发与保护布局，适度扩大开发空间，强化保障自然生态空间，实现国土空间集约利用与有效保护。

据点开发，轴向集聚，有序推进营口老城区、沿海产业基地、经济技术开发区、仙人岛能源化工区等沿海岸线地区建设，形成产业和城镇集聚带；核心带动，组团推进，逐渐提升老城区、鲅鱼圈城区综合服务水平，增强其辐射带动能力，推动南北组团集中开发建设；优先保护，强化支撑，加强营口团山海蚀地貌、营口大辽河口自然保护区、永远角湿地、仙人岛国家森林公园、熊岳河口湿地生态系统保护与修复，提高环境支撑能力；深度挖掘，特色发展，适度开发海滨、温泉、历史人文等旅游资源，形成以滨海大道为主轴，以鲅鱼圈温泉、海滨休闲旅游重点集聚区和老城历史文化休闲旅游集聚区为核心的"一轴两核"的旅游空间格局；保障农业，稳定生产，打造西北辽河下游平原农业生态环境维护区与西部水产水稻高效经济区，确保农业生产空间安全。

截至 2020 年，重点建设区面积占比由规划基期的 19.48% 增长至 24.26%；适度开发区的面积占比由 49.42% 减少至 48.02%；重点保护区面积占比由 31.10% 减少至 27.72%（表 11-18）。

表 11-18　营口岸段、岸线各类功能区面积统计

项目		岸段					岸线				
		现状		规划		比重变化（%）	现状		规划		比重变化（%）
		面积（km²）	比重（%）	面积（km²）	比重（%）		长度（km）	比重（%）	长度（km）	比重（%）	
重点建设区	工业开发板块	—	—	88.05	7.54	—	—	—	20.15	16.85	—
	城镇建设板块	—	—	165.79	14.19	—	—	—	7.87	6.58	—
	港口物流板块	—	—	29.57	2.53	—	—	—	14.91	12.46	—
	小计	227.58	19.48	283.41	24.26	4.78	47.50	39.71	42.93	35.89	-3.82
适度开发区	旅游休闲板块	—	—	34.96	3.00	—	—	—	35.68	29.83	—
	农业渔业板块	—	—	525.91	45.02	—	—	—	25.49	21.31	—
	小计	577.27	49.42	560.87	48.02	-1.40	53.46	44.69	61.17	51.14	6.45
重点保护区（生态保护板块）		363.24	31.10	323.81	27.72	-3.38	18.66	15.60	15.52	12.97	-2.63
合计		1168.09	100.00	1168.09	100.00	0.00	119.62	100.00	119.62	100.00	0.00

（三）重点任务

1. 打造沿海经济带的经济增长核心区

以港兴市，壮大物流，全面提升鲅鱼圈港区辐射功能，加快构建覆盖东北腹地的物流网络体系，形成海岸带新的对外窗口和战略空间。产业立市，强大经济，促进沿海产业基地、鲅鱼圈经济开发区地区快速开发，推进地区新型工业化与城镇化进程，增强产业集聚

能力。资源强市，做大旅游，依托辽河特色文化、百公里海岸线和温泉资源优势，加快发展文化产业与特色旅游业，提升区域品质显示度。截至2020年，该区主要经济指标增长速度位于辽宁海岸带首位，不低于东南沿海发展较快地区水平。

2. 推动营盘都市区一体化建设

明确分工，形成合力，以老城区与盘锦辽东湾新区联动发展为切入点，逐步推进营盘都市区建设。统筹规划，协调布局，共同保护与修复鸭舌岛芦苇湿地，共建都市公共绿心，净化都市环境。协同建设，联合发展，突出鲅鱼圈亿吨港区和临近腹地的区位优势，逐步将营口-盘锦港打造成东北亚国际航运副中心。加强合作，强化互动，整合盘锦在石油化工产业、营口在装备产业的互补优势，逐步将营盘都市区打造成环渤海地区重要的临港工业基地。

3. 协调仙人岛与太平湾的竞合关系

资源共享，联合打造，立足仙人岛能源化工区与大连太平湾临港经济区位置邻接、产业相关的地区实际，加快资源共享、产业互动，推动两区统筹规划、协调发展，限制太平湾港区、临港园区规模建设，规避与鲅鱼圈港区、园区恶性竞争，鼓励联合打造临港石油化工基地，促进能源石油化工产业集聚；近期以统筹规划、协调布局为切入点，共建临海化工产业合作空间；远期加快两区同城化建设，推动产业融合、管理同步、设施共享、发展齐进。

4. 促进南北组团港城园一体化发展

调整布局，优化环境，撤销营口老港区北部货运功能片区，保留南部客运观光功能，加快新兴产业向沿海产业基地集聚，完善老城综合服务功能，提升城市品位、环境质量与经济承载能力，打造生活、生产服务业高度聚集的区域核心。完善配套，宜居打造，加快鲅鱼圈区城市建设，完善社会公共设施配套，控制仙人岛开发建设规模，保护仙人岛国家森林公园与白沙湾海滨旅游区，预留城镇生活开放空间，将鲅鱼圈区打造成具有生产、生活多种功能复合的区域副中心。

5. 统筹功能空间科学保护与合理开发

差别开发，有序推进，整合提升老城区建设品质，加快推进沿海产业基地开发建设，继续增强鲅鱼圈区集聚能力，维持北海新区现状建设规模，规避城镇、园区遍地开花，引导产业集中布局。强化保护，渐进修复，加强对营口团山海蚀地貌、营口辽河口自然保护区、永远角湿地、仙人岛国家森林公园、熊岳河口湿地生态系统保护与修复。复合开发，持续发展，保护白沙湾与月亮湾自然岸线、老城区历史文化遗址，保障生态安全，适度发展滨海旅游与文化休闲旅游业。

第四节　盘锦岸段

一、区域概况

盘锦地处辽宁省西南部、渤海北岸、辽河三角洲中心地带，东与鞍山市相连，南邻辽东湾、营口市，西与锦州市接壤，1984 年 6 月建市。辖区总面积为 4080 平方公里，占辽宁省总面积的 2.75%，共辖兴隆台区、双台子区两个市辖区，大洼区、盘山县两个县，2010 年人口规模达 131 万人（表 11-19），是全国首批 36 个率先进入小康的城市之一，是全国优秀旅游城市、国家级生态建设示范区、全国双拥模范城、全国社会治安综合治理先进市，是全国资源城市转型试点市，是辽宁省城乡一体化综合配套改革试点市、社会管理创新综合改革试点市。

表 11-19　2010 年盘锦市各县（市、区）面积、人口

县（市、区）名称	面积（平方公里）	人口（万人）
大洼区	1683	40.3
盘山县	2065	29.8
兴隆台区	118	19.6
双台子区	214	41.3

（一）区位条件

盘锦位于辽河三角洲中心地带渤海湾北部，是北京至沈阳、北京至大连、沈阳至大连的节点城市，也是国家经济战略辽宁沿海经济带的主轴城市。京沈、京大高速铁路、高速公路横贯其中，沈阳、大连国际机场向其辐射。正在兴建的亿吨盘锦新港及疏港铁路，将成为辽宁中部城市群最近的出海通道和港口。

（二）自然条件

盘锦市海岸位于辽东湾北部，属浅海区域，全长为 118 公里，全部为河口和河海淤泥质平原海岸。近岸分布着蛤蜊岗、门头岗、黑岗头、黄沙岗等众多水下沙洲，沙洲岸线全长为 57.5 公里。盘锦市海域滩涂总面积为 3.55 万公顷，其中，连岸滩涂为 2.37 万公顷，水下沙洲为 1.18 万公顷。以双台子河口为界，分为两个滩涂，即盘山县滩涂和大洼区滩涂。

盘锦为退海冲积平原，境内多水无山，平均海拔为 4 米，有大、中、小河流 21 条，总流域面积为 3570 平方公里。其中，大型河流 4 条：辽河、大辽河、绕阳河、大凌河；中小河流 17 条：锦盘河、沙子河、月牙河、南屁岗河、鸭子河、丰屯河、旧绕阳河、大羊河、外辽河、新开河、张家沟、东鸭子河、西鸭子河、潮沟、小柳河、太平河、一统河。其中，外辽河与新开河是辽河与大辽河的连通河道。

盘锦市属暖温带大陆性半湿润季风气候区。其特点是四季分明、雨热同季、干冷同期、温度适宜、光照充裕。2009年平均气温为9.3℃，年总降水量为535.8毫米。年总日照时数为2738.8小时，大雾日数仍多于历年平均值；大风日数较常年明显减少；雨雪、雷暴日数较常年偏多且明显多于2008年。年度主要气候事件有大雾、雷暴、低温寡照、暴雨、干旱、高温、寒潮、暴雪等。全年总的气候特点是气温稍高，热量条件好于常年，降水稍少，降水时空分布不均，日照时数偏少。

草原资源和芦苇资源丰富。盘锦市有优质草场0.4万公顷，分布于石山种畜场和盘山县大荒农场。主要饲用植物四十余种，载畜能力可达2.7万头混合牛。在0.8万公顷河滩地中，大部分可改造成季节性草场，另有0.47万公顷水面可放养水生植物，大量的稻草和农副产物可供牲畜饲用。盘锦市苇田收割面积为55 608公顷，年产芦苇为50万吨左右，列世界之先，主要分布于大辽河口至大凌河口海岸线以北地段的辽滨、赵圈河、羊圈子、东郭4个苇场和新生农场苇田大队。

盘锦市地下石油、天然气、井盐等矿产资源丰富。盘锦缘油而建、因油而兴，是一座新兴石油化工城市。目前盘锦是全国最大的稠油与高凝油生产加工基地、最大的高等级沥青生产基地和防水材料生产基地。

盘锦是全国重要的优质粳稻生产区。盘锦大米享誉国内外，是"中国名牌产品"，荣获"中国驰名商标"，盘锦也是中国北方最大的河蟹人工孵化和养殖基地。

（三）经济社会概况

盘锦综合实力居全省上游。2011年，全市地区生产总值实现1155.5亿元，增长13.9%；人均地区生产总值为82 535元；全社会固定资产投资完成额为780亿元，同比增长33.5%；地方财政一般预算收入完成112.3亿元，同比增长43.5%；社会消费品零售总额实现217.9亿元，同比增长17.7%；实际利用外资20亿美元，同比增长119.2%；城镇居民人均可支配收入为24 266元，同比增长15.4%；农民人均纯收入为11 435元，同比增长17.3%，主要经济指标增速持续走在全省前列。

二、岸线利用现状及存在问题

（一）岸线利用现状

盘锦市海岸线由大辽河口至大凌河口，岸线长为113.31公里。岸线基质可分为基岩质海岸、淤泥质海岸。已利用岸线中养殖岸线最长，港口、工业生产岸线次之，全市基本没有生活岸线，城市亲海生活空间较为匮乏。

（二）存在问题

（1）河流污染严重，水环境质量低。盘锦市河流众多，但是随着经济的发展，水污染问题更趋严重，辽河、大辽河、大凌河的大部分河段为Ⅴ类水质，主要超标物质是化学需氧量、高锰酸盐、氨氮等。各支流水质的监测结果也不容乐观，螃蟹沟、绕阳河、一统河、小柳河、清水河水质超标严重，很多河段都是劣Ⅴ类水质。另外，在很多地区，水资源短缺现象依然存在，开发建设造成的水土流失不断发生，使得开发建设与水土流失治理不能同步进行。

（2）洪涝灾害威胁加大。盘锦两大灌区水利工程大都修建于20世纪50~70年代，水利工程能力逐渐衰减，洪涝威胁日益凸显。大河防洪标准虽已达到规划标准，但是沿海平原区，地质上属构造沉降区，河岸、河床为疏松沉积层，抗冲能力弱，受上游来水来沙的影响，辽河、大辽河近岸河床部分河段冲刷较为严重。大辽河口防洪体系尚未完全形成，防洪防潮堤还未达标，严重威胁辽滨经济开发区的安全。沿海海防堤尚未封闭，沿海经常受潮水威胁，一遇大潮损失严重。另外还有太平河、清水河、平安河、双绕河、西绕河、张家沟等多条小河流没有得到治理，威胁防洪、除涝和灌溉安全，制约经济发展。

（3）湿地资源退化。辽河口生态经济区内的欢喜岭新市镇位于双台河口自然保护区的试验区边缘，但该区域开发建设已久、人类生产生活活动频繁，影响了芦苇的正常生长，导致其生态服务功能减弱，部分地块逐渐成为盐碱地或者撂荒地，已经逐步失去了原有的自然湿地属性。此外，辽东湾新区大规模围填海和开发建设活动对当地湿地资源产生了不可逆转的破坏后果。近海填海造地等工程项目的实施，使得潮汐减小，红海滩的植物能接触到的海水量减少，影响了红海滩的正常生长。

三、发展路径选择

（一）发展战略

立足地区海韵、河风、湿地、水城的自然本底，紧抓辽宁沿海经济带开发开放、资源型城市经济转型两大国家战略双重辐射的重大机遇，以扩总量、调结构为目标，以科学发展、创新发展、跨越发展、转型发展为主线，以打造科学发展示范区、建设生态型工业新城、统筹功能空间协调发展、加快营口-盘锦-锦州地区互动协作、完善区内外基础支撑体系建设为重点任务，着力加强海岸岸线资源、滩涂与海岸带生态环境保护，有序开发石油天然气资源，适度发展石油化工、石油装备制造业和海洋工程装备制造产业，保护性地发展生态海洋水产养殖业、旅游观光与度假休闲产业，推进地区由产业型向服务型顺利转型，将盘锦建设成为生态安全、宜居宜游、包容增长的科学发展示范区、向海发展先导区、改革创新试验区。

（二）空间布局

按照"向海发展，陆海互动，协调发展"布局思路，全新谋划盘锦从辽河时代步入海洋时代全面开放的新空间架构：以辽东湾新区为开发核心，以辽河岸线、大辽河岸线为生态保护带，以辽河平原南部集中连片农业生产空间、辽河口左岸湿地、鸭舌岛为重点保护区，构建"一核两带三片区"空间格局，推进经济发展方式转变，优化资源空间配置。

高起点、高标准开发建设辽东湾新区，推进基础设施和公共服务设施建设，进一步完善功能、树立形象，努力打造成现代化、多功能、生态型滨海水城；加大大辽河口、辽河河口湿地的保护力度，提升盘锦湿地生态功能，打造最美"湿地之都"；适度开发辽河口苇海生态经济区、红海滩湿地温泉旅游度假区、鼎翔生态旅游区、辽东湾沿海度假休闲区、辽河文化民俗旅游区和明长城文化旅游区、鸭舌岛滨海湿地资源，积极发展滨海湿地生态旅游和滨海生态养殖业，创建滨海湿地生态旅游品牌和滨海生态养殖基地；大力发展现代化农业，培育壮大优势特色产业，打造芦苇、水稻、水产、畜禽养殖等生态农业生产加工基地。

规划期内，重点建设区面积占比从基期的 0.20% 增长至 7.74%；重点保护区的面积占比由 99.80% 减少至 92.26%（表 11-20）。

表 11-20　盘锦岸段、岸线各类功能区面积统计

功能类型		岸段					岸线				
		现状		规划		比重变化（%）	现状		规划		比重变化（%）
		面积（km²）	比重（%）	面积（km²）	比重（%）		长度（km）	比重（%）	长度（km）	比重（%）	
重点建设区	工业开发板块	—	—	49.00	3.56	—	—	—	6.74	5.95	—
	城镇建设板块	—	—	54.44	3.96	—	—	—	12.64	11.16	—
	港口物流板块	—	—	3.15	0.23	—	—	—	0.00	0.00	—
	小计	2.82	0.20	106.59	7.75	7.55	1.69	1.49	19.38	17.11	15.62
重点保护区	旅游休闲板块	—	—	142.64	10.36	—	—	—	10.87	9.59	—
	农业渔业板块	—	—	263.76	19.16	—	—	—	28.26	24.94	—
	生态保护板块	—	—	863.30	62.73	—	—	—	54.80	48.36	—
	小计	1373.47	99.80	1269.70	92.25	-7.55	111.62	98.51	93.93	82.89	-15.62
合计		1376.29	100.00	1376.29	100.00	0.00	113.31	100.00	113.31	100.00	0.00

（三）重点任务

1. 打造科学发展示范区

着眼长远，全局统筹，高起点规划、高标准建设辽东湾新区，加快科技进步和创新，推进经济结构调整和产业优化升级，节约资源，保护环境，发展壮大石油化工及精细化工、船舶及海洋工程装备制造两大产业集群，积极探索循环经济、新能源开发利用等新经济发展模式，打造国家新型工业化示范基地，现代化、生态型科学发展示范区。

2. 建设生态型工业新城

统筹保护，科学开发，将散布于园区和城镇之间的芦苇沼泽湿地自然景观镶嵌于工业园区、新城的内部景观之中，保障城镇绿色开放空间需求，打造现代化宜居新城。妥善拆除，景观修复，保障油气开采后滨海芦苇沼泽湿地与红海滩资源安全。依托港口，有序开发，加快荣兴港发展，支撑以港强市战略实施，推进辽东湾新区建设，加快石油化工产业集聚，完善市政设施配套，适度拓展旅游、物流及生活居住空间，实现地区人地系统协调可持续发展。

3. 统筹功能空间协调发展

协调布局，全面发展，发挥地区优势，统筹实施大辽河、辽河沿线湿地生态系统保护和环境治理，保障生态功能空间格局安全；适度开发建设农产品生产加工产业基地，保障农渔业空间生产安全；稳定油气采掘业发展，壮大石油化工及精细化工产业，有序扩大工业开发空间，以增量带动结构优化；快速推进辽东湾新区高品质、高标准建设，扩大盘锦国际湿地旅游周的影响力；加快盘锦港口物流园区建设，推进专业化粮食物流、油制品物流发展。

4. 加快与营口、锦州互动合作

统一规划，协同建设，加快推进辽东湾新区与营口老城区在港口、产业与城市功能等方面的一体化配置。合理保护，协力修复，共同维护、构建鸭舌岛芦苇湿地生态系统，打造成营盘都市区绿心，美化都市人居环境。推进协作，协调发展，建立与锦州大有经济区之间的协作关系，共同成立辽河口湿地保护与利用协调机构，增强锦州大有经济区开发与辽河口湿地保护的协调性，共同启动大凌河口保护计划，一并加大近海海域环境整治力度。

5. 完善区内外基础支撑体系配套

完善配套，强化支撑，加快港口、铁路、公路、水利、能源等重大基础设施配套建设，逐步建成功能完备的现代化集疏运体系，支撑以港强市战略实施；高品质建设城市基础设施和公共服务设施，优先实施民生工程，全面提升城市功能和城市形象；打通盘锦与辽宁沿海经济带、沈阳经济区、辽西北地区的快速通道，形成陆海空立体化、快捷高效、四通八达的区际集疏运体系。

第五节 锦州岸段

一、区域概况

锦州市位于辽宁省西南部、"辽西走廊"东端，是连接华北和东北两大区域的交通枢纽、辽宁沿海经济带"渤海翼"的重要节点，也是环渤海经济圈的重要开放城市。锦州市下辖 10 个县（市、区），总面积为 10 047 平方公里，海岸线长为 124 公里，人口为 308.3 万人。涉及海岸带保护与利用的区域包括 3 个市辖区（太和区、古塔区、凌河区）、凌海市及 4 个开发区（锦州经济技术开发区、龙栖湾新区、大有经济区、建业经济区）。2011 年，全市地区生产总值完成 1115.9 亿元，公共财政预算收入实现 103.7 亿元，社会消费品零售总额达到 374.6 亿元，实际利用外资 5.4 亿美元，出口总额为 15 亿美元。锦州是 2013 年世界园林博览会的举办城市，该届世界园林博览会的主题为"城市与海，和谐未来"。

（一）区位条件

京哈铁路、锦承铁路、秦沈铁路客运专线和京沈、锦阜、锦朝高速公路在锦州交汇，乘动车 3 小时可达首都北京、1 小时可达省会沈阳。通过锦州机场中转联航可在一日内飞往全国各地，4C 级金州湾国际机场正在建设中。便捷的交通条件使锦州与朝阳、阜新、盘锦、葫芦岛等周边城市形成了"一小时城市群"，成为辽宁省三大区域物流中心城市之一。同时，锦州港是中国沿海最北端的一类开放商港，腹地覆盖东北西部、内蒙古东部乃至蒙古国和俄罗斯远东地区，目前已与世界上 80 多个国家和地区建立了通航关系，并跻身中国港口 20 强。港口现已建成包括 25 万吨级油泊位、10 万吨级散杂货泊位和 5 万吨级集装箱专用泊位在内的 21 个泊位，具备内外集装箱运输、油品、大宗散货的装卸、仓储、运输等多项功能。2011 年，港口吞吐量达到 7712.0 万吨，集装箱运输突破 83.9 万标准箱。

（二）自然条件

锦州是辽宁省主要产盐区之一，拥有海岸线总长为 97.7 公里，素有"海上锦州"的美誉。近海水域面积为 12 万公顷，沿海滩涂面积为 26.6 万亩，25 万亩近海渔场。锦州矿产资源有石油、天然气、煤炭、石灰石、膨润土、萤石、花岗岩等。全地区发现矿种有 48 个，已开发利用 22 个。膨润土储量为亚洲第一。锦州境内拥有"涨潮隐，落潮现"的天下一绝的笔架山天桥、开凿于 1500 多年前的万佛堂石窟，以及青岩寺、奉国寺、北普陀山、辽沈战役纪念馆等一批知名的自然、人文景观。

（三）社会经济发展概况

20 世纪 60 年代锦州曾被国务院命名为"大庆式"新兴工业城市，曾创造出第一支半导体晶体管、第一块石英玻璃、第一根棉纶丝、第一台电子轰击炉等 21 项中国第一的产品。现已形成以石油加工、新型材料、农产品深加工为主体，包括汽车零部件、电子、医药、纺织等行业在内的门类齐全的工业体系。光伏、汽车及零部件、精细化工等新兴产业集群快速壮大，钛白粉、单晶硅切片、汽车安全气囊、石英制品、汽车起重机等一系列高科技产品居国内领先地位。2011 年，规模以上工业增加值实现 532 亿元。全市有辽宁工业大学、渤海大学、锦州医科大学等高校 9 所、省级工程技术研究中心 31 家、省级重点实验室 12 个、科研院所 22 家和 15 万名科技人员，教育和科研实力居辽宁省第 3 位。

二、锦州海岸带开发保护的重大问题

（一）提升锦州海岸带持续竞争力

目前锦州市地方政府对经济发展的热情一定程度上要大于合理、规范、有序的发展，如何通过合理规划，使锦州市 4 个开发区合理有序地发展，是锦州海岸带开发保护的关键性问题。在辽宁沿海经济带上升为国家战略之后，锦州市将海岸带几乎全部规划为开发区，且开展了大规模的填海工程和基础设施建设，而缺乏统一全盘的考虑，尤其是对岸线资源的保护与合理利用。必须统一规划、合理布局，才能实现锦州海岸带科学发展，使其保持持久的竞争力。

（二）统筹锦州沿海 4 个开发区协调发展

锦州市 4 个开发区（锦州经济技术开发区、龙栖湾新区、大有经济区、建业经济区）由于经济区的管理层级、建立时间参差不齐，在管理上、规划上、衔接上都存在一定的问题。如何统筹兼顾，将锦州沿海 4 个开发区全盘考虑，关系锦州海岸带的可持续发展。锦州开发区成立较早，具有一定的基础，但存在港口发展缓慢、主导产业弱势等问题。龙栖湾新区、大有经济区、建业经济区都在规划当中，其中，龙栖湾新区是锦州海岸带"一核两区"的核心。然而，这 4 个开发区分别有独立的管委会，有国家级开发区，也有省级开发区，管理层次上不统一，容易造成重复建设、产业雷同等问题。必须通过统筹兼顾实现锦州沿海 4 个开发区的整合，从而促进锦州海岸带的科学发展。

（三）衔接开发区与凌河口自然保护区范围

锦州沿海布局的开发区与凌河口自然保护区范围存在一定程度的重叠，如何衔接开发区与凌河口自然保护区范围是关系海岸带保护的重大问题之一。凌河口自然保护区位于锦州开发区和凌海市南部大凌河至小凌河口之间的沿海地带，有大面积滩涂、苇草、沼泽。行政区划主要包括锦州南站新区娘娘宫镇和凌海市的建业乡、大有农场三乡镇场南部陆地、滩涂及辽东湾北海岸部分浅海，总面积为 77 030 公顷，是一处典型的滨海河口湿地。目前已建成和规划中的开发区与凌河口自然保护区范围存在一定程度的重叠，必须衔接好两者的范围，处理好两者之间开发与保护的关系，实现锦州海岸带的合理保护与利用。

（四）改进技术解决港口煤炭运输对生态环境污染的问题

锦州开发区成立以来，港口运输以煤炭运输为主。锦州港笔架山港区技术老化，运煤码头仍然采用煤炭抓斗技术，因此，产生较大的粉尘污染，加上受海风的影响，锦州市区也受到了较大的粉尘污染。同时，锦州港还存在一定程度的重金属污染、油污染等问题。必须通过改进技术，在锦州港规划新的运煤码头，降低对生态环境的污染。

三、发展路径选择

（一）发展战略

抓住辽宁沿海经济带上升为国家战略的重大历史机遇，依托作为辽西走廊咽喉要道承接华北、东北两大区域的区位优势，立足历史积淀丰厚、交通条件便利、产业基础雄厚、教育科技发达的发展基础，全面实施沿海突破战略，以促进经济发展方式转变、实现地区跨越式发展为主要目标，以优化提升空间效益、合理布局功能空间为调控手段，重点加快地区经济发展、推进锦葫都市区协同建设、强化锦州与盘锦发展互动、有序推进国土开发与经济建设、构建生态旅游复合开放空间、提升设施配套和资源保障水平，把锦州市建设成为科学发展先行区、现代产业集聚区、改革创新引领区、生态文明样板区，打造成为辽宁海岸带西翼重要的经济增长极、具有国际竞争力的临港产业和新兴制造业基地。

（二）空间布局

按照重点带动、整体开发、内外衔接、统筹推进的基本要求，以锦州沿海地区为发展主轴，以沿海防护林基干林带、国家森林公园、自然保护区、风景名胜区、湿地保护区为生态节点，加快形成锦州港笔架山港区和龙栖湾港区双港互动格局，强化保护自然生态空间，积极构建有序、高效、清晰的国土空间结构。

有序推进锦州港和龙栖湾新区、锦州经济技术开发区、锦州大有经济区三大开发区建设，构筑"一轴多节点、双港三片区"的国土空间开发与保护框架，适度增加开发建设空间，吸引产业、人口、资金、信息流高度向沿海集聚；有序开发海滨、温泉、湿地等旅游资源，重点发展大凌河口湿地公园生态旅游，实施大小笔架山景观恢复工程，形成从大笔架山到龙栖湾新区连续的滨海景观带；极力保障辽河平原水稻–玉米–花生农业种植区与后三角山—大凌河浅海渔业养殖区农渔业生产安全；加强大凌河河口湿地保护区、大笔架山国家级海洋特别保护区管护，修复海岸带生态系统，重新规划与恢复沿海防护林基干林建设，特别是恢复锦州龙栖湾新区至锦州大有经济区段沿海防护林基干林带，沿滨海大道新建沿海防护林带，保护岛屿与海景资源，维持生态系统平衡。

合理扩大城镇化工业化空间，适度压缩重点保护区空间，到 2020 年，重点建设区面积占比由基期的 3.86% 增长至 11.57%；重点保护区占比由 96.14% 减少至 88.43%（表 11-21）。

表 11-21 锦州岸段、岸线各类功能区面积统计

功能类型		岸段					岸线				
		现状		规划		比重变化（%）	现状		规划		比重变化（%）
		面积（km²）	比重（%）	面积（km²）	比重（%）		长度（km）	比重（%）	长度（km）	比重（%）	
重点建设区	工业开发板块	—	—	52.13	5.12	—	—	—	10.72	9.44	—
	城镇建设板块	—	—	43.39	4.27	—	—	—	5.39	4.74	—
	港口物流板块	—	—	22.18	2.18	—	—	—	10.28	9.05	—
	小计	39.29	3.86	117.70	11.57	7.71	19.12	16.83	26.39	23.23	6.40
重点保护区	旅游休闲板块	—	—	12.65	1.24	—	—	—	9.49	8.35	—
	农业渔业板块	—	—	487.38	47.89	—	—	—	14.06	12.37	—
	生态保护板块	—	—	399.94	39.30	—	—	—	63.68	56.05	—
	小计	978.38	96.14	899.97	88.43	-7.71	94.50	83.17	87.23	76.77	-6.40
合计		1017.67	100.00	1017.67	100.00	0.00	113.62	100.00	113.62	100.00	0.00

（三）重点任务

1. 打造辽宁海岸带西翼重要的经济增长极

依托老城，加快联动，突显老城区在产业发展带动、技术服务辐射与基础设施配套的支撑优势，促进经济技术开发区建设集约、集中。依托港口，壮大集群，立足锦州亿吨大港平台优势，加快临港产业和沿海产业集群发展。依托产业，壮大体量，充分发挥精细化工、石油化工产业优势，壮大地区经济竞争力。依托资源，做大旅游，适度开发笔架山、龙栖湾世界园林博览会十里白沙滩、航星游艇俱乐部、大凌河河口湿地、温泉等旅游资源，培育并壮大地区新兴服务业发展。到 2020 年，其主要经济指标增长速度位于辽宁海岸带前列。

2. 推进与葫芦岛、盘锦地区联动发展

双港联动，双赢发展，充分发挥锦州、葫芦岛两市在资源、区位和产业等方面的组合优势，以锦州港、葫芦岛港为依托，以锦州经济技术开发区与葫芦岛城区联动发展为切入点，逐步推进锦葫都市区建设，确立锦州在都市区中的中心地位。积极保护，主动衔接，加强大凌河口生态系统保护，修复大有农场苇地生态系统，延续盘锦辽河口湿地功能，适度开发湿地生态旅游，切实保障辽河、大凌河河口湿地功能区的原真性、稳定性。

3. 有序推进国土开发与经济建设

差别开发，有序推进，提升优化锦州经济技术开发区城镇建设品质与产业层次，逐步推进龙栖湾新区和锦州湾中国海洋城建设，维持锦州大有经济区现状建设规模。优化港口布局，合理安排时序，近期重点推进锦州港亿吨大港的建设，发展成为内外贸结合、工商运并举的多功能、综合性港口，远期推进龙栖湾港区建设。

4. 构建生态旅游复合开放空间

强化保护，逐步修复，撤并大凌河湿地保护区内分散居民点，减少保护区内人类活动，近期维持湿地保护区内的石油开采现状，远期原则上均实现拆除整理，恢复湿地生态功能。提升品位，特色发展，尽快对大凌河河口湿地保护区进行区划调整，防止锦州大有经济区工业项目占用保护区，确保湿地保护区生态功能，并依托锦州大有经济区，适度开展高品质旅游服务设施配套建设，积极打造湿地生态旅游品牌，实现生态安全与旅游休闲相兼顾，湿地限制开发和居民生计改善相并重。

5. 提升设施配套与资源保障水平

完善配套，强化支撑，加快推进城市基础设施和重点工程建设，全面启动生活垃圾和污泥焚烧发电厂等环保工程；加强城市道路交通网络建设，实现主次干道全部提档达标和小街小巷全覆盖；加快推进城际铁路等续建和新开工重点工程建设；加强大凌河流域重要水源地保护，确保水源地水质安全；严控地下水开采量，划定禁止开采区和限制开采区，恢复地下水良性循环；加大水环境污染治理力度，进行流域综合治理，逐步恢复河流水体生态功能。

第六节　葫芦岛岸段

一、葫芦岛岸段概况

葫芦岛市位于渤海之滨、辽宁省西南部，地处辽宁沿海经济带西翼，东邻锦州市，西接山海关，北靠朝阳市，扼关内外之咽喉，是中国东北的西大门，为山海关外第一市。市域总面积为 10 415 平方公里。葫芦岛市辖 3 个市辖区（连山区、龙港区、南票区）、2 个县（绥中县、建昌县）、1 个县级市（兴城市）、35 个街道办事处、34 个镇、59 个乡（含 22 个民族乡）、207 个社区居委会、1066 个村民居委会。2010 年第六次全国人口普查市域总人口为 262.35 万人，其中，城镇人口为 108.98 万人，占 41.54%，农村人口为 153.3698 万人，占 58.46%。

（一）自然地理条件

1. 地质地貌

葫芦岛市地势自西北向东南倾斜，西北部为燕山余脉，中部为松岭，东南部为狭长平原地带——"辽西走廊"平原。全市山地丘陵总面积为 78.32 万公顷，占总面积的 75.2%；平原面积为 23.76 万公顷，占总面积的 22.8%；洼地及海滩面积为 2.1 万公顷，占 2.0%，海岸线总长为 258 公里，位居全省第二位。地势由西北向东南呈阶梯式降低，形成西北部为低山丘陵区、中部为丘陵、东南部为沿海平原的格局，地貌区分异常明显，其面积分别为 45.0 万公顷、38.6 万公顷、20.5 万公顷，分别占总域面积的 43.2%、37.1%、19.7%。

2. 气候水文

葫芦岛市属温带大陆性季风气候区，冬季寒冷，以西北风为主；夏季炎热，多东南风；春季少雨而多风；秋季短暂而晴朗。年平均气温为 9.7℃，平均无霜期为 184 天，平均年降水量为 618 毫米，平均日照时间为 2496.4 小时。全市多年平均水资源总量为 19.56 亿立方米，其中，地表水为 18.02 亿立方米，地下水为 5.83 亿立方米，人均占有水资源量为 714.65 立方米，不足全国人均占有水资源量的 1/3，较全国人均占有量少 12.8%。境内有独立水系 15 条，总长约为 1330 公里，流域面积为 500～1000 平方公里的有 7 条，大于 1000 平方公里的有 3 条，分别属于六股河、大凌河、女儿河及沿海诸河流域，平均年径流量为 18.2 亿立方米。

3. 矿产资源

葫芦岛市已发现和探明的矿产资源有 51 种，已开发利用的矿种，主要矿种有煤、钼、铅、锌、硫、锰、金、石灰石、耐火土及各种建筑用石料和砖瓦黏土等。煤矿是第一矿种，累计探明储量近 4 亿吨，目前保有地质量约为 1.8 亿吨。主要分布在南票、建昌冰沟和连山虹螺岘地区，占全市矿业总产值的一半以上。钼是优势矿种，累计探明矿石储量为 3.8 亿吨，金属量为 40 多万吨。主要分布在连山区钢屯、杨家杖子地区，是全国重要的钼精矿产地。铅锌、银矿以共生和伴生赋存为主，累计探明矿石储量为 1400 万吨，金属量为 60 万吨，保有矿石量为 500 万吨。硫铁已探明储量近 2000 万吨，年生产能力为 40 万吨，主要分布在八家子地区。此外，葫芦岛市的大理石、花岗室、耐火黏土、硅石、沸石、地热等储量也较大。

4. 生物资源

葫芦岛市陆生野生动物资源以华北动物区系为主，处于华北、蒙新、东北三个动物地理区相互交错种过渡地带，是大批候鸟春秋季迁徙的"中转站"。野生植物资源方面，处于华北植物区，有长白植物区系和内蒙古植物区系的侵入。植物种类复杂，资源比较丰富。全市共有野生植物113科507属1097种。境内自然保护区共计13个，其中，国家级2个，省级2个，市级3个，县级6个。总面积为2816平方公里，占全市土地面积的27.03%（表11-22）。从葫芦岛市的湿地资源来看，全市湿地总面积为33.94万公顷，其中，海滨湿地面积以19.41万公顷居首，占湿地总面积的57.2%；河流湿地面积为7.97万公顷，占总面积的23.5%；库塘湿地面积为0.8万公顷，占总面积的2.4%；沼泽湿地面积为5.76万公顷，占16.9%。

表 11-22　葫芦岛市自然保护区

名称	级别	所在地	占地面积（平方公里）
绥中县原生沙质海岸及生物多样性海洋自然保护区	县级	绥中县	2077
兴城青山自然保护区	县级	兴城市	281
葫芦岛白狼山自然保护区	省级	建昌县	124
葫芦岛市虹螺山自然保护区	市级	连山区	105
建昌柏山柏树自然保护区	县级	建昌县	52
兴城海滨风景名胜区	国家级	兴城市	42
兴城杂色蛤自然保护区	县级	兴城市	35
绥中六股河赤麻鸭绿翅鸭自然保护区	县级	建昌县	27
辽宁王宝河自然保护区	市级	绥中县	22
建昌宫山咀苍鹭自然保护区	县级	建昌县	19
乌金塘水库饮用水源一级保护区	市级	南票区	14
绥中县三山妙峰森林公园	省级	绥中县	10
兴城首山国家级森林公园	国家级	兴城市	8

（二）社会经济背景

1. 产业结构

葫芦岛市是东北比较典型的重工业城市，已形成了石油化工、有色冶金、机械造船、能源电力四大支柱产业，其经济处于工业化中期。依托于渤海船舶重工有限责任公司、锦化化工（集团）有限责任公司、中冶葫芦岛市有色金属集团有限公司等国家大型、特大型企业，经济快速发展。到2010年，GDP实现531.4亿元，比上一年增长15.5%。第一产业增加值为71.6亿元，增长6.5%；第二产业增加值为247亿元，增长20.3%；第三产业增加值为212.8亿元，增长12.8%，第一、第二、第三产业增加值占GDP的比例分别为13.5∶46.5∶40，三次产业对GDP增长的贡献率分别为1.0%，8.2%和6.3%。

2. 经济地位

与辽宁省其他城市相比，葫芦岛市经济规模小、发展水平低、城市规模有限。从经济规模看，葫芦岛市 GDP 仅占全省 GDP 总量的 2.9%，远低于省内绝大多数其他城市，在全省 14 个地级市中排第 13 位。从经济发展水平看，2010 年葫芦岛市人均 GDP 为 20 302 元，仅为全省平均水平的 47.93%，在全省 14 个地级市中排名末位。从市辖区（连山、龙港、南票）总人口看，葫芦岛的城市规模仅次于沈阳、大连、鞍山、抚顺，居全省第五位，但由于市辖区农业人口数量比重过大，城市化水平和规模等级较低。

3. 旅游资源

葫芦岛市作为国家级园林城市和中国优秀旅游城市，旅游资源丰富，品种齐全，全市已初步形成"泉、城、山、海、岛"的五大旅游资源体系。按照《旅游资源分类、调查与评价》（GB/T 18972—2003）评价结果，葫芦岛市旅游资源 8 个主类齐全，31 个亚类有 29 个，共计 326 个资源单位（图 11-8）。现有景区景点 55 处，文物保护单位 127 处；A 级景区 12 处，其中，AAAA 级旅游区 5 处，AAA 级旅游区 2 处，AA 级旅游区 4 处，A 级旅游区 1 处。其中，葫芦岛海滨、兴城海滨国家级风景区（含菊花岛）、兴城古城、绥中长城、碣石沧海—碣石宫秦汉遗址、塔山阻击战纪念地、圣水寺、兴城温泉等旅游资源具有吸引中远程市场的潜力，灵山寺、首山国家级森林公园、白狼山等则具有吸引近中程市场的潜力。此外，市域内近海浴场资源丰富，浴场岸线共 20.69 千米，沙质海滩主要集中分布在龙港区老龙湾、望海寺、兴城海滨、绥中县高岭乡、网户乡等地。

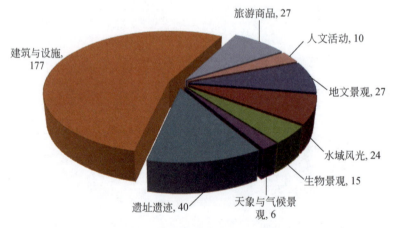

图 11-8　葫芦岛旅游资源类型构成

（三）土地利用现状

1. 总体土地利用结构

根据第二次全国土地调查数据，葫芦岛沿海四县（区、市）的土地利用结构以耕地和林地为主，分别占总面积的 32.56% 和 30.89%（表 11-23）。从耕地分布来看，空间分异明显，且耕地质量差别较大。全市东南沿海地带土地平坦，土质肥沃，是主要粮食生产基地；西部土质贫瘠，粮食产量较低。耕地中绝大部分是旱田，在"山、平、洼"三级地貌上都有分布，受地势、土壤、水资源的影响，地力差别很大，中低产田面积多。从主要建设用地结构来看，葫芦岛市城镇及工矿用地为 659.86 平方公里，占总面积的 9.13%。其中，村庄所占比例较高，占城镇及工矿用地面积总和的 57%，城市建设用地则占 15%，采矿用地和建制镇的用地面积比重均为 10%。

表 11-23　葫芦岛岸段土地利用结构

类型	面积（平方公里）	比重（%）	类型	面积（平方公里）	比重（%）
耕地	2352.36	32.56	交通运输用地	61.10	0.85
园地	590.55	8.17	水域与水利设施用地	379.48	5.25
林地	2231.51	30.89	其他土地	25.62	0.36
草地	923.93	12.79	城镇及工矿用地	659.86	9.13

2. 土地利用结构区域差异

葫芦岛市的耕地主要分布在东部沿海的兴城市和绥中县。三个县（市）耕地面积合计为 1680.78 平方公里，共占全市耕地总面积的 71.45%。连山区的耕地面积也比较大，为 553.04 平方公里，占全区用地总量的 33.45%，南票区和龙港区的耕地数量均很少。龙港区作为葫芦岛市的中心城区，城镇及工矿用地比重最高，约占全区用地总量的 50%（图 11-9）。

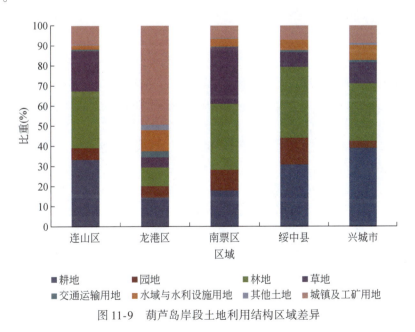

图 11-9　葫芦岛岸段土地利用结构区域差异

二、海岸带概况与利用现状

葫芦岛市海岸线东起连山区塔山乡上坎子村老河口,西至绥中县万家镇孟家村红石礁,海岸线总长为258公里,岸线总长占全省海岸线的12%,居全省第二位。按基本形态和物质组成,全境岸段可划分为丘陵台地基岩—砂砾岸、堆积平原沙质岸、台地岬湾—泥沙平滩岸、河流填充与岛后堆积泥沙平滩岸四种海岸类型。此外,海域中共有菊花岛、磨盘山岛、张家山、小海山和杨家山5个岛屿,岸线总长为33公里。

(一)海岸动力地貌

葫芦岛市海岸多为基岩海岸、砂质海岸、平滩海岸等,近岸海域多为大陆边缘被海水淹没的水下自然延伸部分,海底地形平坦,向渤海中部缓倾,平均坡度为1/2500~1/2000。柳条沟海域海床地貌较为单一,为滨海斜坡区和岸边平坦区。海岸线呈微弯凹型海湾,陆域为低山丘陵地貌,山丘紧靠海岸,形成陡壁,基岩裸露。近岸为海蚀地貌,往外海延伸逐渐变为海积地貌,上部为海相沉积,以淤泥和淤泥质土为主,下部为陆相沉积,以坡积、洪积为主,以中粉质黏土为主。绥中海域沿岸河口沙咀及潟湖发育,海底坡度平缓,为典型的沙质海岸。波浪和潮流动力条件较弱,在波浪的长期作用下,形成了芷锚湾环海寺角和强流河之间的岬角弧形海岸,强流河口以东为平直的沙质海岸,大致为ENE走向,至六股河口附近向北转折至NNE走向。海底坡度平缓,等深线顺直,5米、10米等深线距岸分别约为1.3公里、3.5公里,平均坡降约为1/1000。

(二)岸线类型

全市海岸类型主要包括:①丘陵台地基岩—砂砾岸,主要分布在大酒篓—望海寺—台子山—孤山子山,兴城的四道沟、钓鱼台海滨浴场、荒地南山、长山寺、龙泉寺、山东屯、菊花岛东南两侧,绥中的芷锚湾、小黑山等地,岸线长约为63公里,占全区大陆海岸线的28%。②堆积平原砂质岸,集中分布在芷锚湾以北的绥中全境,占岸线总长的34%。该类型海岸为陆域众多入海河流携带泥沙复经波浪营造而形成的庞大海岸堆积客体,从陆向海依次分布为平原-沿岸沙堤-海滩-沙嘴-水下沙坝等若干地貌子系统,在沙体规模、外部轮廓、沉积结构、稳定加积等动力修复中,具有鲜明的典型性、原生性和多样性,在辽宁乃至环渤海堪称一流。③台地岬湾—泥沙平滩岸,主要分布在大酒篓—大白马石—笊篱头子—老河口,以及长山寺—南兴城角的海滨和沙后所两地,葫芦岛市以北岸段系基岩突岬形成的半静水环境而承纳河流及沿岸泥沙流物质所致,湾内地质以细砂、泥沙为主,海滨和沙后所两地则以0.25~0.5毫米的中砂占优。④河流填充与岛后堆积泥沙平滩海岸,分布在菊花岛北侧的龙脖子—吴屯—大麻山,以及兴城曹庄的棺材石—北兴城角一线,该岸段是岛屿背风侧波影区沉积环境的堆积产物,菊花岛北侧以泥沙为主(砂占47.10%,粉砂占36.27%),曹庄一带主要接受兴城河和烟台河补给,以0.063~2毫米的砂（砂占 76.89%，粉砂占 12.55%）底质占优。

（三）岸线利用现状

各岸段岸线利用现状呈如下态势：①笊笠头子—大酒篓岸段。目前已有笊笠头子渔港和北港综合产业园区、船舶产业园区等多处围堰区，填海造陆工程正在逐步推进。②大酒篓—望海寺岸段。渤船重工（老港区）、小型渔港、旅游和养殖等占用部分岸线，柳条沟港区既有的"两杂、两油"4 个泊位占用自然岸线 480 多米。③北兴城角—长山寺角岸段。兴城小坞渔港海滨与菊花岛北部龙脖子湾之间建有陆岛交通码头，长山寺湾内现有大量围垦。④狗河口—强流河口岸段：中海油油气分离厂和神华国华绥中电厂及相应配套码头占用岸线约为 1500 米，船舶制造占用岸线约为 1100 米；沿岸分布着众多渔港，其中，照山渔港建有千吨级的杂货泊位，兼做少量砂石料运输。沿岸还分布有渔业养殖区。

三、海岸带开发的重大问题与矛盾

（一）锦葫区域发展缺乏有效统筹

在辽宁"五点一线"沿海开放战略的实施过程中，锦葫两市都加快发展，各自提出了锦州湾沿岸开发的宏伟建设规划，且正在紧锣密鼓地推进，但可能存在一些问题：①高强度开发与区域承载力问题，锦州湾沿岸地区是锦州和葫芦岛的建设重点，高强度开发可能导致该区资源环境承载能力超载，引发诸多生态环境问题。②产业分工与协作较差，锦州与葫芦岛都是锦州湾沿岸的重要工业城市，两市国有企业比例较大，由于资源禀赋、交通区位、工业布局等因素影响，两市在产业结构上存在较大的相似性，传统工业比例都较大，近几年都注重临港型工业、物流业等，也存在较大的相似性。③工业园和开发区多而分散，且毗邻区园区功能冲突严重，目前，锦州有西海工业园区、自马综合工业园区、南站工业园区、娘娘官开发区、凌海百里经济带、松山新区等，而葫芦岛有经济技术开发区、专利园区、北港工业区、东城经济区等，开发区与工业园区没有得到有效整合，没有发挥出最大效益。④基础设施建设缺乏协调，锦葫两市未能对锦州湾沿岸的基础设施建设进行统一规划，难以解决一些跨市重要项目的建设，突出反映在高速公路、港口、机场等规划建设方面。例如，沿锦州湾的锦州港和葫芦岛港，从整体开发锦州湾的角度讲可将两港合并建设成为辽西的综合性大港口，但行政分割和区域利益使得近在咫尺的两个港口，难以整合成为一个大港强港。⑤生态环境共建共管机制缺乏，两市都不遗余力地发展工业，但没有全力合作推进锦州湾生态环境的建设管理，多年来锦州湾沿岸工业产生的废（污）水、船舶修理与航运过程中的废（污）水及石油泄漏等造成锦州湾水质下降。

（二）新兴海洋产业发展较滞后

葫芦岛市的大陆海岸线居辽宁省第二位，海洋空间资源、滨海旅游资源、生物资源十分丰富，但目前对海洋资源总体开发不足，海洋产业附加值及海洋产业在整个国民经济中的比例较低。在港口物流方面，葫芦岛港相邻锦州港和秦皇岛港，并具有复合性腹地，相比之下葫芦岛港的竞争力较弱，而现状以运输功能为主，港口的功能较单一，港口的产业、贸易等功能发挥不够。另外，葫芦岛港的设备老化、基础设施不完善，迫切需要实现港口设施的现代化和信息化。滨海旅游方面，尽管拥有一系列滨海旅游品牌产品，但缺乏旅游整体规划和资源整合，滨海旅游产业开发程度低，2010年葫芦岛接待国内旅游人数占全省的5.16%，国内旅游收入占全省的4.97%，均排在全省第10位，与大连、沈阳等地市的差距十分显著。海洋养殖与生物制药及保健食品业方面，全市渔业结构还未摆脱捕大于养的不均衡结构，人工养殖仅占渔业总产量的18.5%，良种培育和繁殖基地寥寥无几，优良品种普及率低，现有制药技术设备难以满足新一代海洋药物和保健产品开发需求。对泳装产业、船舶配套产业等特色海洋产业而言，既有产业链条短，产品附加值低。例如，兴城的泳装制造业缺少相关产业支持配套（如设计业、面料辅料业、展览业、模特业等），加之缺乏自主创新和自主品牌，产品基本上是来料加工，产品的附加价值得不到提升。

（三）高端要素驱动乏力

尽管拥有紧邻京津冀都市圈和坐拥东北地区陆上门户的区位优势，但葫芦岛在吸引高端要素带动经济转型升级方面仍亟待跟进。主要表现在：①固定资产投资规模较小，经济开放程度不高（胡智等，1998），葫芦岛市固定资产投资、人均固定资产投资均排名落后，远低于全省平均水平。2010年葫芦岛固定资产投资总体规模为400.9亿元，在14个地市中仅高于阜新和朝阳，排第12位；全市实际外商直接投资额为2.23亿美元，仅占全省实际外商直接投资总额的1.07%，远小于其他城市（图11-10）。②缺乏高层次专业人才，近年来葫芦岛技术工人非但引不进来，反而向外流失，据第二次全国经济普查，葫芦岛第二、第三产业活动单位从业人员中，具有研究生及以上、大学本科、专科、高中、初中及以下学历的人员分别占0.88%、12.33%、21.52%、28.18%和37.10%，在具有技术等级证书的人员中，具有高级技师、技师、高级工、中级工证书的人员分别占0.23%、0.80%、6.08%和5.10%，高端人才所占比例低于全国平均水平。③科技创新能力不强，企业缺乏创新意识且研发能力弱，葫芦岛市工业企业技术开发经费仅占规模以上工业企业销售收入的0.2%，远低于国家1%的要求。此外，葫芦岛本地科研资源匮乏，而与异地特别是与京津地区高校、科研院所的沟通和合作不够紧密，借他山之石的产学研合作体系有待建立和完善。

（四）海岸带环境质量堪忧

葫芦岛重点污染源集中，一批石油、化工、冶金、建材、机械等大型骨干企业聚集，

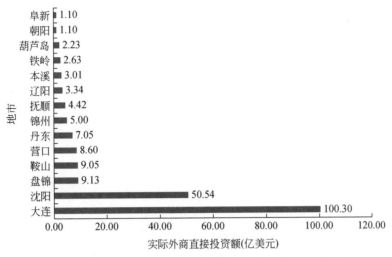

图 11-10 2010 年辽宁省各地市实际外商直接投资额对比

它们进行生产的同时也排放了大量的污染物，对周边大气、水、土壤环境等影响很大，排放的污水经河入海，长期以来对周边海域的水质环境造成严重的影响，是葫芦岛市近岸海域的主要污染源。多数陆源排放口的长期大量超标排放，导致葫芦岛市、海湾和湿地等典型生态系统环境恶化的趋势加剧。排海污水中营养盐的高浓度导致海域水体富营养化及营养盐失衡，无机氮和活性磷酸盐含量超标是近岸海域赤潮发生的主要原因。连山河、五里河、茨山河等较大河流，均为季节性河流，由于大量工业与生活污水的排放，其均受到不同程度的污染，其中，五里河最为严重，枯水期、丰水期水质均为劣Ⅴ类；乌金塘水库水质也受到严重的污染，钼超标严重。三河入海口由于沿河和沿岸的企业排污，近岸海域海水和底质受到严重污染，底栖生物几乎绝迹，尤其是底质中沉积的重金属蓄积污染难以清除（表 11-24）。

表 11-24 葫芦岛市主要河流污染情况

水体	污染程度	主要污染物
女儿河	污染级	有机类和三氮类污染
平山水源	Ⅴ类水体	有机类污染
宫山嘴水库	污染状态	氮磷类污染
乌金塘水库	Ⅳ水体	有机类污染
五里河下游城区段	劣Ⅴ类水体	严重污染
茨山河	劣Ⅴ类水体	严重污染

（五）水资源短缺严重

根据第二次水资源评价结果，葫芦岛市多年平均水资源总量为 19.56 亿立方米。其中，地下水资源总量为 5.83 亿立方米，地表水径流量为 18.02 亿立方米，地表水和地下水的重复量为 4.29 亿立方米。可开发量为 7.21 亿立方米，已开发量为 4.87 亿立方米，开发率达 67.5%。全市人均水资源量为 728 立方米，不足全国人均水资源量的 1/3。按照国际公认的标准，人均水资源量为 1000 立方米以下的为贫水区，700 立方米以下的为严重贫水区，葫芦岛市属于严重贫水区。近年来，地下水大量开采及开采布局不尽合理，地下水采补平衡受到破坏，已形成漏斗区 4 个，已不同程度地引起海水入侵，并导致地下水水位持续下降恶化，造成部分民井、农灌井水变咸和土壤的盐渍化，造成农作物大面积减产。根据全市海水入侵现状普查，全市沿海地区海水入侵面积为 307.92km²，海岸线长度为 60.87km，共分为七块区域，即龙港的白马石—刘台子、双树乡、兴城的曹庄—沙后所、兴城的望海—刘台子、绥中的塔山、绥中的网户、绥中的万家等乡镇的 116 个行政村，人口总计 10.7 万人，灌溉面积为 12.53 万 km²。

除上述问题外，葫芦岛岸段还面临着以下问题：特殊用地制约开发建设布局，在葫芦岛城市现状用地中，特殊用地高达 507.3 公顷，占总用地的 10.4%，远高于一般城市水平；沿渤海湾的军事用地占据城市发展的优良海岸线，并在海滨路和海滨南路处形成难以改善的交通瓶颈；沿岸海底管线、光缆和禁航区等使港口开发存在诸多限制因素。涉海行业缺少长远规划层面的衔接，现状利用混杂，大片宜港岸线处于被分割状态，面临难以规模化、集约化发展的困境。

四、发展路径选择

（一）发展战略

发挥紧邻京津冀都市圈和坐拥东北地区陆上门户的区位优势，紧抓东北老工业基地振兴、环渤海地区优化开发及辽宁沿海经济带"五点一线"战略实施的重大机遇，以区域综合竞争力与可持续发展能力双提升为主要目标，加快与京津冀都市圈的对接与合作，推进锦葫都市区一体化进程，以海带山、以山促海实现山海统筹，促进港园城互动发展，加大海岸线开发与保护力度，促进高端要素集聚、科技创新引领和综合服务功能提升，将葫芦岛岸段打造成为北方滨海旅游度假胜地、环渤海地区重要的临港产业走廊、辽宁承接产业转移示范区和辽西金融商贸服务中心。

（二）空间布局

以海岸线为开发主轴，以山麓地带和京沈铁路—京沈高速公路之间的狭长地带为特色农业与生态走廊，以连山河、兴城河、六股河、狗河和九江河五条河流及其滨河绿地为绿带；以葫芦岛主城为极核，以北港—打渔山、兴城—觉华岛、东戴河新城为副中心，以国家森林公园、自然保护区、风景名胜区、河口湿地为生态节点，着力构建"一轴一廊五绿带，一核两心多节点"的国土开发与保护布局框架。

集约用地、集中用海，将葫芦岛老城区、龙湾中央商务区、南票新城、打渔山产业园区、北港工业区、兴城临海产业区和绥中东戴河新区作为承接产业和人口的主要载体。海陆联动、海陆并重，加强河流入海口、滨海湿地与水源涵养地保护，重点对各类自然保护区进行生态系统保护与修复。链式整合、规模布局，以兴城—觉华岛旅游度假区优化开发为龙头，串联整合海滨、古城、温泉、长城、碣石等优质旅游资源，打造高端滨海度假与生态旅游带。

适度扩大城镇与工业空间，积极拓展旅游空间，有序压缩农业空间，严格维系生态空间，局部构建生态与旅游、农业与生态、城镇与园区相结合的复合空间。到2020年，重点建设区面积控制在241.39平方公里，占比由规划基期的6.69%增长至12.82%；适度开发区面积为1192.69平方公里，占比由71.43%减少至63.29%；重点保护区面积为448.33平方公里，占比由21.88%增加至23.82%（表11-25）。

表11-25 葫芦岛岸段、岸线各类功能区面积统计

功能类型	岸段					岸线				
	现状		规划		比重变化（%）	现状		规划		比重变化（%）
	面积（km²）	比重（%）	面积（km²）	比重（%）		长度（km）	比重（%）	长度（km）	比重（%）	
重点建设区	125.96	6.69	241.39	12.82	6.13	29.13	11.47	33.89	13.34	1.87
工业开发板块	—	—	79.62	4.23	—	—	—	16.88	6.65	—
城镇建设板块	—	—	150.20	7.98	—	—	—	2.30	0.91	—
港口物流板块	—	—	11.57	0.61	—	—	—	14.71	5.79	—
重点保护区	1756.45	93.31	1641.02	87.18	−6.13	224.86	88.53	220.10	86.66	−1.87
旅游休闲板块	—	—	142.87	7.59	—	—	—	106.11	41.78	—
农业渔业板块	—	—	1049.82	55.77	—	—	—	25.05	9.86	—
生态保护板块	—	—	448.33	23.82	—	—	—	88.94	35.02	—
合计	1882.41	100.00	1882.41	100.00	0.00	253.99	100.00	253.99	100.00	0.00

（三）重点任务

1. 加快与京津冀都市圈的对接与合作

以北港工业区、辽宁东戴河新区、兴城滨海经济区、打渔山泵业产业园和高新技术产业园区为载体，高起点承接京津地区先进装备制造业、现代临港产业、数字信息产业等新兴产业的转移；瞄准京津冀客源市场需求，以滨海游憩、生态旅游、温泉度假为发展方向，打造关外第一旅游目的地；依托京津智力优势，打造高新技术产业研发和孵化基地；建设特色农业基地、健全农产品流通体系，构建面向京津的便捷高效的农渔产品配送供给网络。

2. 推进锦葫都市区一体化进程

统筹布局，联动发展，不断强化葫芦岛在锦葫都市区的副中心地位。统一规划，优化用地功能空间布局，增强南票新城居住用地空间与锦州滨海新区三类工业用地空间的协调性；统一建设，以南票新城建设为契机，北联南拓，整合连山、龙港、兴城市域，构建组团式都市区空间结构；统一治理，启动锦州湾保护计划，严格控制陆源入海污染物入海量，实施近岸海域海水和底质整治工程。

3. 以海带山、以山促海实现山海统筹

依托海滨、古城、温泉、岛屿、历史文化等旅游资源，培育精品山海联动旅游线路，打造山海互动型生态休闲度假品牌。依托港口集疏运体系，强化经济要素山海联动配置，促进综合物流功能向山区进一步延伸。实施多库串联、水系联网策略，优化配置山区与滨海水资源，提升区域水资源保障能力。设立水系上游生态保护倒逼机制，保障山区水源地生态安全，降低陆源污染入海威胁。依托天际线、山际线、海岸线"三线"资源，以岸线整治和山体生态修复为抓手，打造山海交相辉映的大尺度景观格局。

4. 促进四大片区港园城三区互动发展

以业以港托城，强化南票新城—打渔山泵业产业园、北港工业区—主城东北片区、柳条沟港区—主城东南片区、东戴河新区的功能互动与空间协调。以港以城兴业，加快现代物流、临海装备制造、高端海洋产业围绕港口集中布局，培育以觉华岛旅游度假区、龙湾中央商务区为代表的高端服务功能区，发展壮大休闲旅游、商务会展、金融服务等现代服务业。以城以业布港，近期强调港区集约化利用、优先配置城区与园区用地，远期根据港口需求动态调整港区用地与用海规模。

5. 加大海岸线开发与保护力度

在优质宜港岸线，建设以柳条沟、绥中、北港为主体的葫芦岛港群，加快推进临海产业向重点园区集聚。在绥中止锚湾沿岸、六股河河口、狗河河口、兴城河河口等优质生态岸线，整治修复沿岸河口受损生态系统和原生砂质海岸景观。在兴城海滨、长滩河至团山海滨、老龙湾、觉华岛等特色旅游岸线，优先保障滨海旅游用海需求，完善旅游服务设施。在张见、小坞、团山子、大南铺等特色渔业岸线，推动大型渔港集中、集约建设，加强近海和中深海渔业资源养殖，发展现代化和规模化海洋牧场。

第十二章 海岸带规划的支撑体系

第一节 提升承载能力

一、交通体系

(一)综合交通现状分析与评价

1. 综合交通现状分析

2003 年,国务院正式提出东北振兴战略,2009 年,辽宁沿海经济带正式上升为国家战略。在两大国家战略叠加效应下,近年来辽宁沿海经济带加快了交通等基础设施投资,交通建设迅速发展。截至 2010 年底,辽宁沿海经济带有铁路 1471 公里,高速公路 1325 公里,等级公路达到 32 677 公里。区域交通基础设施的建设取得了显著成就,连接区域内主要城市间及区域对外联系的交通骨干网络初步形成(表 12-1)。

表 12-1 2010 年沿海经济带各地市交通运输里程

地区		铁路(公里)	公路(公里)		总计(公里)
			等级公路	高速公路	
辽宁省		4 035	91 540	3 089	107 323
沿海经济带	丹东	83	4 663	176	4 922
	大连	515	8 205	436	9 156
	营口	148	3 896	139	4 183
	盘锦	133	3 090	151	3 374
	锦州	184	6 825	175	7 184
	葫芦岛	408	5 998	140	6 546
	合计	1 471	32 677	1 325	35 365
占全省比例		36.5%	35.7%	39.4%	32.9%

注:公路数据来源于《辽宁省统计年鉴 2011》,全市域;铁路来源基础地理信息底图统计分析,沿海经济带

辽宁省是我国最早有干线铁路的第二个省份,也是我国铁路网络最稠密的省区之一,是全国平均铁路网的 3~4 倍。沿海经济带内铁路网也较为发达,两条东北西南走向的干

线铁路——京哈铁路、沈大铁路与两条西北东南走向的沈丹铁路、沟海铁路构成了主框架。

海岸带地区高速公路发展迅速，2010 年底达到 1325 公里，主要由 G1（京哈高速）、G15（沈海高速）、G11（鹤大高速）组成了"N"字形格局，西北东南走向的 G16（丹锡高速）是重要联络线，加强了丹东与营口、盘锦及腹地的联系。同时，近年来公路建设进程加快，里程不断增多，2010 年底等级公路里程达到 32 677 公里。

当前，辽宁海岸带共有 4 个机场，分别是大连周水子国际机场（4E 级）、丹东浪头国际机场（4E 级）、锦州小岭子机场（4C 级）及大连长山机场。其中，大连周水子国际机场是北方机场群中重要的区域枢纽机场，与北京、哈尔滨、沈阳、大连、天津机场共同构筑北方机场群网络的主体框架（表 12-2）。

表 12-2　辽宁沿海经济带的主要机场（2011 年）

机场	始建	级别	类型	旅客吞吐量			货邮吞吐量		
				名次	本期（万人）	比上年（%）	名次	本期（万吨）	比上年（%）
大连周水子国际机场	1972 年	4E 级	干线	15	1201.2	12.2	15	13.79	−1.9
丹东浪头国际机场	1985 年	4E 级	支线	124	13.2	32.6	97	0.086	36.3
锦州小岭子机场	2003 年	4C 级	支线	129	10.3	6.7	90	0.121	0.1
大连长山机场	2008 年复航	—	支线	172	0.35	−24.3	165	—	—

资料来源：《2011 年全国运输机场生产统计公报》，全国共 178 个民航机场

2. 综合交通能力评价

（1）有力支撑了沿海经济带的经济社会发展需要。现有综合交通网络有力保障了海岸带地区客货运输的需要。2010 年，从总量来看，海岸带共完成客运量 41 514 万人、货运量 6.78 亿吨，占辽宁省的比重分别为 40.71%、46.44%，尤其是货运量几乎占辽宁全省的 1/2。从运输方式来看，客运中公路运输占绝对优势，占客运总量的 88.2%，铁路客运和航空客运各占 10.9%、0.9%；货运中也是以公路运输为主，占 89.1%，铁路货运占 10.9%，航空货运量比重很小。从增长趋势来看，海岸带的客运量增长幅度较小，而货运量增长趋势明显。从各地市的货运量增长看，锦州增长速度最快，达到 44%，营口、盘锦也较快，丹东和葫芦岛相对较慢，均在 5% 左右（图 12-1、表 12-3）。

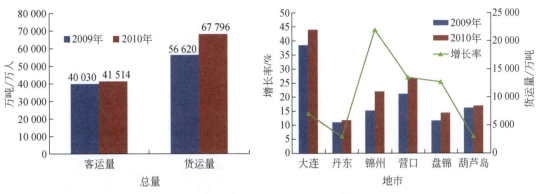

图 12-1　沿海经济带的客货运量增长

表 12-3　2010 年沿海经济带各地区交通运输量情况

项目	铁路		公路		航空		合计	
	客运量（万人）	货运量（万吨）	客运量（万人）	货运量（万吨）	客运量（万人）	货运量（万吨）	客运量（万人）	货运量（万吨）
全省	13 298	18 622	87 908	127 361	777.51	10.42	101 983	145 993
大连	2 145	2 942	14 886	19 045	359.73	4.74	17 391	21 992
丹东	512	366	4 811	5 466	10.00	0.06	5 333	5 832
锦州	810	580	3 785	10 368	9.64	0.12	4 605	10 948
营口	442	2 581	4 616	10 750	—	—	5 058	13 331
盘锦	117	298	3 128	6 916	—	—	3 245	7 214
葫芦岛	479	623	5 404	7 856	—	—	5 883	8 479
总计	4 505	7 390	36 630	60 401	379.37	4.92	41 514	67 796
比重（%）	33.88	39.68	41.67	47.43	48.79	47.22	40.71	46.44

资料来源：《辽宁省统计年鉴 2011》，各地市为全市域

（2）有效增强了沿海经济带与腹地之间的经济联系。通过交通基础设施的建设与支撑，实现生产要素在海岸带的优化配置，与不同层次腹地之间建立更密切的经济联系。一是与辽宁腹地的经济联系，主要体现在海岸带地区与以沈阳为中心的沈阳经济区之间的联系，一方面，腹地经济需要充分利用沿海经济带的港口和临海便利而廉价的运输条件及对外联系的"窗口"作用，获取比较优势，提升国际和国内市场竞争力，加入国际分工体系中；另一方面，沿海经济带在构建沿海产业带和临港工业园区时，需要腹地的资金、技术、人才和产业配套能力的支持，也需要腹地经济不断增长而日益扩大的物流来支撑。二是海岸带地区与东北腹地的经济联系，包括黑龙江省、吉林省、辽宁省及内蒙古自治区东部的呼伦贝尔市、通辽市和赤峰市等地区进出口货物的运输。三是与环渤海区域的经济联系，积极承接北京、天津的科技创新辐射，与北京中关村园区、天津滨海新区等对接，引导中高端产业人才、企业家及科技人才等在海岸带与京津地区的流动，也促进中小企业、商贸物流业、城市服务业及休闲地产等发展。

（3）综合交通网络的支撑能力存在很大的空间差异。通过提取区域内 3 级以上公路网长度，计算地区交通路网密度发现，大连市区公路密度最大，约为 35 公里/百平方公里，其中，中山区达到 59 公里/百平方公里；丹东市路网密度也较高，约为 30 公里/百平方公里，其中，元宝区达到 36 公里/百平方公里；相对来看，盖州市、盘山县和绥中县的公路网密度较低，盘山县仅为 13 公里/百平方公里（图 12-2）。从地均铁路密度来看，锦州市凌河区最高，达到 38 公里/百平方公里，其次是大连市沙河口区，为 28 公里/百平方公里，再次是葫芦岛市龙岗区，为 24 公里/百平方公里，东港市、大洼区、庄河市等铁路网密度较低，铁路网密度基本上在 1~2 公里/百平方公里（图 12-3）。从高速里程来看，大连市区具有明显的密度优势，丹东市元宝区、营口市鲅鱼圈区及锦州市的沙河口区的高速公路密度也都较高，达到 12 公里/百平方公里左右，盖州市和普兰店市高速公路密度较低，在 1~2 公里/百平方公里（图 12-4）。

此外，各地市所具备的航空等交通优势也有差异。大连周水子国际机场为全国重要干线机场之一，年旅客吞吐量超过 1200 万人，丹东浪头国际机场和锦州小岭子机场也是重要的区域性支线机场，年旅客吞吐量均超过 10 万人次，大连长山机场极大提高了该岛的交通便捷性。

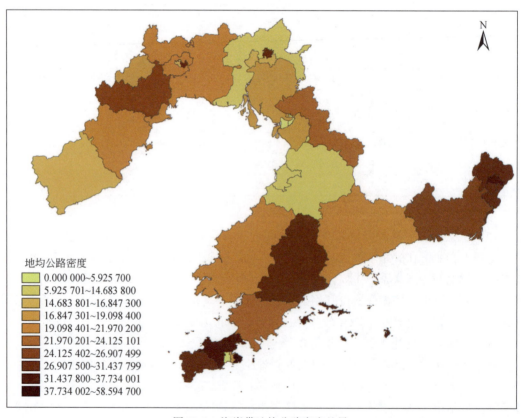

地均公路密度
0.000 000~5.925 700
5.925 701~14.683 800
14.683 801~16.847 300
16.847 301~19.098 400
19.098 401~21.970 200
21.970 201~24.125 101
24.125 402~26.907 499
26.907 500~31.437 799
31.437 800~37.734 001
37.734 002~58.594 700

图 12-2　海岸带地均公路密度差异

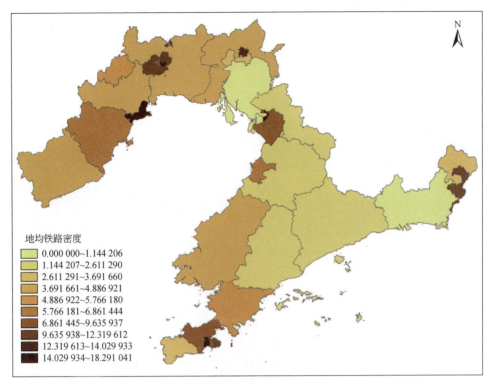

图 12-3　海岸带地均铁路密度差异

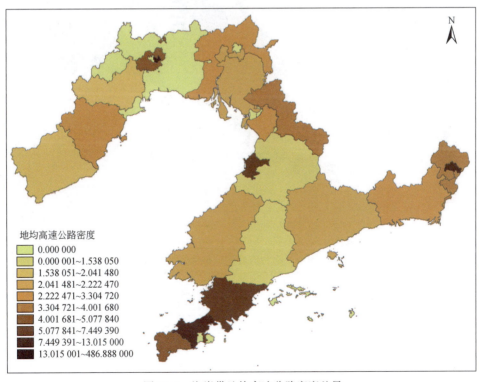

图 12-4　海岸带地均高速公路密度差异

交通设施不但为区域发展提供基本的支撑能力，而且加速了区域的空间分异进程，营造了具有不同优势水平的空间区位，也影响了各区位的未来发展潜力与机遇。同时，不同的交通设施对各区位交通优势度的作用程度不同。本研究采用空间分析技术方法，按铁路、公路、航空三种交通运输方式，按区县级行政区，对沿海经济带的交通优势度进行栅格数据分析与评价。

评价结果显示，交通区位条件较好的县（市、区）主要呈现轴向分布，形成京哈沿线和沈大沿线两条轴线，丹东市区交通区位条件较好，其他远离这两个轴线的县（市、区）交通区位条件相对较差（图12-5）。从具体县（市、区）来看，综合交通区位条件很好的县（市、区）共有5个，包括中山区、凌河区、西岗区、甘井子区、古塔区，以两大交通枢纽城市大连和锦州的市区为主；综合交通区位条件好的县（市、区）有6个；综合交通区位条件较好的县（市、区）共12个；综合交通区位条件一般和较差的县（市、区）都均有5个（表12-4）。

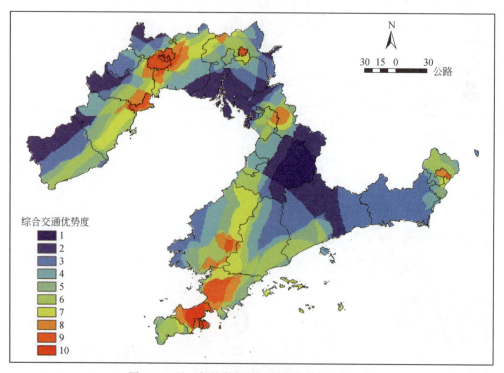

图12-5　基于栅格数据的辽宁海岸带交通优势度

表12-4　海岸带综合交通区位条件优势现状评价

优势程度	个数	县（市、区）
很好	5	中山区、凌河区、西岗区、甘井子区、古塔区
好	6	双台子区、沙河口区、太和区、龙港区、元宝区、金州区
较好	12	长海县、旅顺口区、兴隆台区、老边区、振安区、兴城市、振兴区、瓦房店市、凌海市、普兰店市、连山区、鲅鱼圈区

优势程度	个数	县（市、区）
一般	5	盘山县、站前区、大石桥市、南票区、绥中县
较差	5	庄河市、东港市、大洼区、西市区、盖州市

3. 重要港口和园区集疏运体系分析

（1）港口集疏运体系分析。总体上来看，海岸带港口集疏运体系状况较好。以综合交通网络高速公路、国道、铁路为骨架，以滨海公路作为加强沿海城镇联系的重要补充，海岸带已建成东北地区最发达、最密集的综合运输网络。拥有 5 个主要港口，100 多个万吨级以上泊位，最大靠泊能力为 30 万吨级，已同世界 160 多个国家和地区通航，是东北地区唯一的出海通道。启动了大连东北亚国际航运中心建设，扩大了沿海港口集群优势，港口货物吞吐量超过 3 亿吨，集装箱吞吐量近 400 万标准箱，大连、营口两港吞吐量均突破亿吨，全国港口排行前列。综合交通网络框架较好地支撑了亿吨大港的大宗货物物流。

不同港口的集疏运条件差异较大，成熟港区条件相对较好，一些新兴港区条件有待进一步改善。通过梳理各主要港口的现有集疏运体系状况发现，综合支撑条件最好的应该是大连市的大港区，较好的有营口和丹东，锦州次之，盘锦和葫芦岛港口的集疏运相对较弱（表 12-5）。

表 12-5　主要港口的现有集疏运体系支撑类型

港区	铁路		公路			航空
	国家铁路	疏港铁路	等级公路	高速公路	疏港高速	
大东港区	沈丹线	■	201	G11	■	浪头国际机场
浪头港区	沈丹线		201	G11		浪头国际机场
海洋红港区			201	G11/G16		
大窑湾港区	沈大线	■	201/202	G15/G11	■	大连周水子国际机场
长兴岛港区	沈大线	■	202	G15	■	大连周水子国际机场
旅顺新港区	沈大线	■	201/202	土羊高速	■	大连周水子国际机场
鲅鱼圈港区	沈大线	■	202	G15		
仙人岛港区	沈大线		202	G15		
营口老港区	沈大线	■	202	G15		
盘锦港海港区	沟海线	■	305	G16		
盘锦港河港区	沟海线		305	G16		
锦州港	京哈线/沈山线	■	102	G1/G16/阜锦高速		锦州小岭子机场
柳条沟港区	京哈线/沈山线		102	G1		
绥中港区	京哈线/沈山线		102	G1		
北港港区	京哈线/沈山线		102	G1		
兴城港区	京哈线/沈山线		102	G1		

（2）工业园区集疏运体系分析。42 个园区中，四种交通方式支撑均有的园区共有 14 个，拥有三种交通方式支撑的园区有 17 个，这两类共 31 个，占园区总数的 73.8%，说明沿海经济带重点发展园区交通支撑体系的总体情况较好，绝大部分拥有快捷的交通支撑体系。拥有两种交通方式支撑的园区共有 5 个，只有一种交通方式支撑的园区有 3 个，缺乏上述四种方式支撑的也有 3 个。总体来看，只有两种及以下交通方式支撑的园区共有 11 个，除了旅游岛屿、生态旅游等园区外，其余园区集疏运体系显然难以支撑未来园区的经济社会发展需求，需要进一步加大交通基础设施建设（表 12-6）。

表 12-6　主要园区的现有集疏运体系支撑类型

地市	园区	铁路	高速公路	国道	航空
大连市（19个）	1. 长兴岛临港工业区	■	■		
	2. 大连花园口经济区	■	■	■	
	3. 大连循环产业经济区	■	■	■	
	4. 大连经济技术开发区核心产业区	■	■	■	■
	5. 大连保税区主功能区	■	■	■	■
	6. 大连旅顺南路软件产业带	■	■	■	■
	7. 大连旅顺绿色生态经济区	■	■	■	■
	8. 大连湾临海装备制造业聚集区	■	■	■	■
	9. 大连金渤海岸现代服务业发展区	■	■	■	■
	10. 大连金州登沙河新区	■	■	■	■
	11. 大连皮杨中心产业区	■	■		
	12. 大连长山群岛海洋生态经济区				■
	13. 大连普湾新区	■	■		■
	14. 大连瓦房店沿海经济区			■	
	15. 大连新兴产业经济区	■	■		
	16. 大连安波温泉旅游度假区				
	17. 辽宁海洋产业经济区		■	■	
	18. 大连生态科技创新城	■	■	■	■
	19. 大连龙门温泉旅游度假区	■	■	■	
丹东市（4个）	20. 丹东新区组团	■	■	■	■
	21. 丹东前阳组团	■	■	■	■
	22. 丹东东港组团	■	■	■	■
	23. 丹东大孤山经济区		■	■	
锦州市（3个）	24. 锦州滨海新区	■	■	■	■
	25. 锦州龙栖湾新区	■	■	■	■
	26. 凌海大有临海经济产业区				

续表

地市	园区	铁路	高速公路	国道	航空
营口市（6个）	27. 辽宁（营口）沿海产业基地	■	■	■	
	28. 营口经济技术开发区	■	■	■	
	29. 营口高新技术产业园区	■		■	
	30. 营口仙人岛能源化工区	■	■	■	
	31. 营口大石桥沿海新兴产业区	■	■	■	
	32. 营口北海新区	■	■	■	
盘锦市（4个）	33. 盘锦辽东湾新区			■	
	34. 盘锦石油装备制造基地	■	■	■	
	35. 盘锦辽河口生态经济区	■	■		
	36. 盘锦化工材料产业基地	■	■	■	
葫芦岛市（6个）	37. 葫芦岛北港工业区	■	■	■	
	38. 辽宁东戴河新区	■	■	■	
	39. 兴城临海产业区	■	■	■	
	40. 葫芦岛打渔山泵业基地	■	■	■	
	41. 葫芦岛新材料高新技术产业基地	■	■	■	
	42. 觉华岛旅游度假经济区				

4. 综合交通网络支撑建设存在的问题

（1）对外交通通道与交通骨架网络建设较早、条件较好，但是仍然存在设计能力不足等问题，不能很好适应海岸带经济社会快速发展的新形势。辽宁是我国老工业基地，较早形成铁路、公路、水运、航空等相结合的综合运输网，交通方便畅达。但由于部分道路建设较早，不能很好适应海岸带经济社会快速发展的新形势。例如，京哈铁路是中国第一条标准轨距铁路，于1881年动工，1912年建成，虽然经过若干次升级改造，但依然无法支撑经济社会快速发展的需求。此外，海岸带东西大通道建设有待进一步加强，尤其是与蒙古国、俄罗斯等国家煤炭资源开发、合作日渐深入，跨地区运输体系有待完善。

（2）相对于工业园区与新城新区，港区的集疏运体系压力最大，尤其体现在哑铃式两头难的现实问题。从工业园区、新城新区及港区这3种类型的交通运输需求来看，港区的交通运输量最大，工业园区和新城新区次之，新城新区相对以人际流动为主，货流量压力较小。

（3）尚未建立起区域便捷快速的联系通道，欠发达地区综合交通路网基础薄弱。辽宁省综合交通网络是以沈阳为中心，交通结构整体上为放射状。沈大、沈丹、京哈（沈阳—锦州—葫芦岛方向）高速、铁路和国道的交通网络组织方式，有利于省会城市与各地级市的交通联系。但就海岸带地区而言，东西向城市间联络线基础较弱，如葫芦岛市处于京沈两大核心城市之间，南北向交通条件较好，但是向西发展的通道只有通过绕道锦州经丹锡高速，或者经绥中县走306国道，再加上南北向交通联系更多是通道性质，制约了本地经济发展。丹东到营口及丹东到吉林通化方向之间的联系也不便捷。此外，海岸带地级市的交通基础设施条件总体上要远好于县级市、县城，一些小城镇地区条件最差。

（4）综合交通体系既涉及公路、铁路、机场、港口等不同部门，也涉及不同城市、区县行政主体差异，综合协调难度大。目前交通规划、建设、运营的管理和责任主体涉及规划、交通、城建等行业主管部门及不同城市行政主体。长期以来，各个运输部门根据自身的行业管理特点分而治之，在这个过程中各种运输方式形成了自身独特的管理经验和科学方法，但却忽视了部门间的协调。缺乏统筹规划、协调衔接，联合运输、多式联运被切割，难以形成综合交通体系优势。

（二）既有交通设施建设规划的梳理

1. 国家级重大规划关注重要通道与骨干网建设

国家层面有关交通规划均高度关注该区域的重大交通运输通道的建设，这也是海岸带综合交通运输体系的骨架部分。从国家规划层面来看，京沈、哈大的南北向纵向通道是建设的重点，这些通道的建设符合国家对辽宁省的整体布局思路。

《中长期铁路网规划》中，规划"四纵四横"等客运专线建设是重点工程，其中，北京—沈阳—哈尔滨（大连）客运专线是重点工程之一，其中，经过海岸带的是锦州—营口客运专线，以及哈大客运专线连接大连和东北地区。原铁道部（现中国铁路总公司）同时还关注干线的复线建设与电气化改造。

2004 年《国家高速公路网规划》采用放射线与纵横网格相结合的布局方案，形成由中心城市向外放射及横贯东西、纵贯南北的大通道，由 7 条首都放射线、9 条南北纵向线和 18 条东西横向线组成，简称为"7918 网"。其中，经过海岸带的为京哈高速、鹤大高速、沈海高速。

2007 年《国家综合交通网中长期发展规划》中，规划的"五纵"综合运输大通道中南北沿海运输大通道，国际区域运输通道中东北亚国际运输通道（含中蒙通道），以及首批全国性综合交通枢纽城市 42 个，辽宁海岸带中的大连市均位列其中。

2. 辽宁省重大规划中关注交通的有关内容

辽宁省政府及各地市政府，围绕国家规划也制订了相关规划。根据获取的有关材料，简述如下：

《辽宁省国土规划纲要》提出要建立综合交通网基本构架，进一步扩大综合交通设施总体规模，提高域内外运输干线的密度和质量，建立一个以快速为主要特点、多种运输方式协调配套的综合交通体系，全面提高交通设施的有效供给能力，形成综合交通运输网总体布局，以沈阳、大连为中轴，形成一条沿海大道、两条中部环线，三横七纵的网络格局。

《辽宁沿海经济带开发建设规划（2006—2020）》提出大连、沈阳为全国性交通枢纽城市，丹东、锦州、营口为区域性交通枢纽城市，盘锦、葫芦岛为地区性枢纽城市。提出区域交通外联行动计划，目标是推进区域交通枢纽的建设，增强区域运输通道的交通联系，加强都市区之间的联系及都市区内部城镇之间的联系，加强港口集疏运系统的建设及沿海向内陆辐射走廊的建设，促进沿海产业发展和产业布局的调整。

这些规划在国家规划的基础之上，都吸收了国家对重要通道和主干网的发展思路，依据地区发展形势，为支撑沿海经济带开发、保障人民生活生产需要等提供了重要支撑。

（三）辽宁海岸带交通设施支撑能力建设方向与重点

1. 综合交通运输网络建设原则

（1）全力支撑海岸带建设。基础设施是人类利用自然和开展各项活动的基础，是区域发展的重要保障，是全面推动辽宁海岸带建设的基本支撑力量和重要途径。海岸带的全面建设势必产生大量的交通运输需求，因此，交通设施建设的首要任务是全力支撑海岸带的开发和建设。

（2）合理引导产业与人口布局。交通基础设施是各类要素流动和配置的重要保障和承载体（陈良文和杨开忠，2007）。不仅要打造强大的产业体系，而且要布局合理的城镇体系，因此，交通基础设施建设必须要合理引导产业和人口布局。

（3）集约节约原则。交通设施建设具有资源密集的基本特性，需要占用大量的土地资源，为此，辽宁海岸带交通设施建设必须坚持资源集约利用的基本原则，注重土地资源的合理、节约和集约利用，通过资源整合减少土地资源的占用，尤其是耕地资源的占用。

（4）适度超前原则。交通设施虽然是先行性的区域基础设施，但其建设也必须坚持适度超前原则，合理处理"交通现行"和"适度超前"的关系。合理确定建设规模，适度超前发展。

2. 海岸带交通建设方向与重点

为了全力支撑海岸带的形成与发展，按照"强化通道，加强干线，增加支线，相互交融，形成网络"的思路，交通设施网络应形成以下建设框架。

（1）形成畅通快捷的综合运输通道。重点建设南北方向"两主一副"运输通道与东西方向两条国际运输通道。南北方向"两主一副"运输通道："两主"分别是京哈通道和哈大烟通道，"一副"是东北东部通道。锦州市、葫芦岛市和绥中县建设成为京哈通道的重要节点城市；依托哈大烟通道，将大连建设为东北亚国际航运中心。东西方向两条国际运输通道：沈阳—丹东—朝鲜、锦州—赤峰—蒙古国。依托鸭绿江公路大桥及口岸区等建设，建设沈阳—丹东—朝鲜通道、锦州—赤峰—蒙古国（自锦州港至蒙古国乔巴山），加快铁路建设，促进国际经济合作。

（2）构建快速通达的集疏运系统。发挥组合效率和整体优势，加强各种运输方式的衔接，拓展港口组团的腹地范围。建设疏港铁路，构筑铁海联运系统。加快疏港铁路建设，连接铁路干线与港口，建设铁路集装箱中心站，提高货物运输中铁路运输方式的比例，降低大宗物流成本。加大港口进出港公路建设。积极推动连接港口高速公路建设，改造国道、省道干线公路，发展公水联运，提高中短距离腹地的可达性，增强港口与城镇之间的联系。增强港口与工业园区的经济联系。加快建设沿海工业园区与港口码头间的联络线基础设施，促进港口与工业园区互动发展，港口功能从以中转运输为主，向强调加工和贸易等增值转变。

（3）完善现代化的区域联系网络，促进不同运输方式与城市交通系统协调。完善区域航空布局。以大连机场为枢纽机场，主要承担区域与国外联系、国际中转、国内联系；锦州、丹东机场以区域性服务为基础，承担周边邻近地区及其他地区联系。开展大连、锦州新机场建设论证，丹东机场、长海机场改扩建工程，加快营口机场选址论证研究。加强区域城市间交通建设。加快辽宁滨海大道锦州—盘锦段的环评工作，尽快实现全线贯通，加强沿海各城镇、港口、工业园区联系。加快重要区县城市间联络线建设。人口密集区发展轨道交通。都市区重点建设城市轨道交通、地面快速公交、地面普通公交等多元化的城市客运网络。提高旅游景区与欠发达地区的交通基础设施水平。提高旅游景区的交通可达性，建设北方重要的旅游休闲基地。促进城乡统筹发展，使具备条件的建制村都有公路连接。

二、国土整治

（一）国外围填海的经验与教训

1. 日本围填海的经验与教训——从经济优先向生态回归转变

日本国土狭小、人口众多、海湾丰富、岸线曲长，是全球较早、较系统开展"填海行动"的国家之一。其百余年的围填海经验可为辽宁海岸带前海的规划建设提供借鉴。

（1）围填海规划不断减少，从大规模围填海向投巨资开展生态修复转变。纵观日本围填海的历史过程，可将其划分为四个阶段。第一阶段：农业文明时期。明治维新之前，为增加粮食产量，在东京湾一带拓海围田、开垦耕地。第二阶段：工业文明时期。明治维新至20世纪70年代，受工业文明驱动，经济高速增长，大规模围填海为工业发展解决用地需求，东京湾、大阪湾、伊势湾及北九州市等都以各自原有的港口海湾为中心填造了大量土地，形成了支撑日本经济的"四大工业地带"。第三阶段：70年代后期至90年代，第三产业高速发展。日本开始围绕第三产业对填海区进行结构优化，填海造地的规模和速度都大大降低，并开始考虑生态环境效益。东京湾临海副中心、东京迪士尼乐园、神户人工岛、横滨港未来21世纪等都是这一时期的代表性工程。第四阶段：海洋生态文明时期。90年代以后，日本经济增长放缓，大规模填海造陆和工业生产导致的生态环境问题也陆续浮出水面，日本政府开始耗资进行生态修复和维护，同时严格控制填海规模。近年日本工业用填海量下降明显，年填海量控制在500公顷左右。

（2）长期坚持开展围填海规划与管理。日本十分注重对围填海区域的规划，其规划大致包括三个层次：一是沿海地区发展的总体设计，包括确定重点发展区段，明确功能定位等；二是针对重点发展地区的空间规划；三是基本功能段内围填海项目的详细规划，包括围填海方式、布局、形态等。日本在经过长期快速、大规模的填海活动之后，仍保持着有序规划布局和较大的储备发展空间。日本历年来实施的围填海项目基本都在各自所规划的功能区内拓展，很少出现功能穿插现象，也不存在大规模的功能调整及置换问题。这一成效一方面归功于日本围填海的规划指导，另一方面归功于有效的围填海管理。

总结日本围填海的经验，可以发现日本在围填海管理上有三方面主要特点：一是需求主导。日本围填海的发展以需求为主导、通过市场规律来调节，政府对围填海行为并无明显的政策倾向和行政干预，而是通过制定各种规划客观上对围填海在空间区域上进行引导。二是公众参与。围填海项目需经过严格而完整的公众参与程序，包括征求公众及项目所在村、街道、地方社团、海上安保署等一系列相关机构的意见后方能向国土交通省提出项目申请。三是严格审批。对围填海必要性、合理性、可行性等都需进行严格审查和审批；通过一系列法律法规规范围填海的许可、用途、费用征收、所有权归属、环境影响等问题。履行严格的审批手续是日本围填海管理的核心。

（3）日本围填海主要使用材料的变化——从挖山取石到购买原煤，再到垃圾处理。早期日本一般是挖山填海，最为典型的例子是神户著名的 6 平方公里人工岛以削平城市西部 2 座山峰为代价而建成，共消耗土石方 8000 万平方米，这种以牺牲生态资源为代价的填海材料如今在日本已被禁止。经济高速发展时期，日本开始尝试从国外大量进口原煤用来填海，同时作为储备能源。日本进入大生产、大消费的时代，因此，大量产生生活垃圾。由于垃圾处理的成本很高，目前日本将垃圾和泥沙作为填海造地的主要材料。东京湾的二期填海工程便是以垃圾为主要填海材料。但在岸线的处理上，日本则是用天然的石材来填埋，目的是改善生物多样性的环境，吸引海洋生物。

2. 荷兰围填海的经验与教训——从"填海造陆"到"退陆还海"

荷兰是围海造地大国，围海造陆已有 800 多年历史。自 1200 年以来，荷兰从大海夺得的土地共 6925 平方千米，占目前全国土地面积的 20.4%，其中，13～15 世纪，每个世纪围海造陆 350～425 平方千米。随后，围海造田对海洋动植物资源、生态和海岸线的威胁开始显现，荷兰就陆续放缓甚至放弃围填海工程，开始让近海环境休养生息。1990 年荷兰政府于须德海大堤工程和三角洲工程接近竣工尾声时制定了《自然政策计划》，用以保护由于围填海而急剧减少的动植物。1992 年 6 月，荷兰开始实施"还地为湖"的计划，经过几年实践，这一环保举措已显示出积极成果。进入 21 世纪，荷兰又推出了"退滩还水"计划，其目标是对内陆河流下游缓冲区和海洋潮水侵蚀缓冲区沿岸区域开发进行更严格的评估，以确保不会对荷兰海岸的恢复能力产生影响；同时研究海平面变化和沿岸的地面沉降，以及气候变化所导致的降水量增加，以减小海潮的威胁；进一步研究水管理新模式，实施水综合管理，同时关注水质量、环境、自然、渔业、休闲旅游、农业、航运、工业等方面的发展。此外，围海造陆工程以科学规划来协调涉海部门的利益，从而实现国家的战略目标。主要做法是由水利、交通、建设、农业、环保等部门通力合作。

（二）我国对海域使用管理的政策趋向

1. 政策梳理

随着经济社会的快速发展，我国沿海地区工业化、城镇化进程加快，围填海成为利用海域资源、缓解土地供需矛盾、拓展发展空间的重要途径。但近年来，一些地区也出现了围填海规模增长过快、海岸和近岸海域资源利用粗放、局部海域生态环境破坏严重、防灾减灾能力明显降低等问题；同时，围填海长期缺乏科学规划和总体控制，对国民经济宏观调控的有效实施也造成了一定影响。国务院出台了一系列关注海域使用管理的政策，自 2003 年以来，共有 45 项政策颁布，尤其是近几年出台文件的频率不断提高，表明国家层面对海域使用管理的高度重视（表 12-7）。

表 12-7 2003 年以来我国对海域使用管理的主要政策梳理

序号	政策名称	发文（时间）
1	关于加强区域农业围垦用海管理的若干意见	国海发〔2012〕9 号
2	国家发展改革委 国家海洋局关于印发《围填海计划管理办法》的通知	发改地区〔2011〕2929 号
3	关于开展海域使用权证书统一配号工作的通知	国海管字〔2011〕907 号
4	关于 2011 年海域使用论证资质单位年度检查情况的通报	
5	国家能源局 国家海洋局关于印发海上风电开发建设管理实施细则的通知	
6	关于开展 2011 年海域使用论证资质单位年度检查的通知	海管字〔2011〕88 号
7	关于全面推进海域动态监视监测工作的意见	
8	关于印发《海域使用论证资质分级标准》的通知	
9	关于优秀海域使用论证报告评选结果的通报	国海管字〔2011〕34 号
10	关于印发《2011 年海域使用管理工作要点》的通知	国海管字〔2011〕28 号
11	关于印发《属地受理、逐级审查报国务院批准的项目用海申请审查工作规则》的通知	海管字〔2007〕22 号
12	关于规范省级海洋功能区划修改工作的通知	国海管字〔2010〕590 号
13	关于印发《省级海洋功能区编制技术要求》的通知	国海管字〔2010〕83 号
14	关于印发海域使用论证技术导则的通知	国海发〔2010〕22 号
15	国家能源局 国家海洋局关于印发《海上风电开发建设管理暂行办法》的通知	国能新能〔2016〕394 号
16	关于海域使用论证报告依申请公开有关问题的通知	
17	关于全面开展海域使用论证报告质量评估工作的通知	国海管字〔2010〕6 号
18	国家发展改革委 国家海洋局关于加强围填海规划计划管理的通知	发改地区〔2009〕
19	关于印发分类型海域使用论证报告编写大纲的通知	海办管字〔2009〕20 号
20	财政部 国家海洋局关于海域使用金减免管理等有关事项的通知	财综〔2008〕71 号
21	关于印发《海域使用权证书管理办法》的通知	国海发〔2008〕24 号
22	关于印发《海域使用分类体系》和《海籍调查规范》的通知	国海管字〔2008〕273 号
23	关于印发《海洋功能区划备案管理办法》的通知	国海发〔2008〕12 号
24	关于印发区域建设用海管理有关技术规范的通知	国海管字〔2008〕265 号
25	关于印发《海域使用论证管理规定》的通知	国海发〔2008〕4 号
26	关于印发海域使用论证有关技术规程的通知	国海发〔2008〕7 号
27	关于建立海域使用论证工作举报制度的通知	海办发〔2007〕15 号
28	财政部、国家海洋局关于加强海域使用金征收管理的通知	财综〔2007〕10 号
29	关于印发《海洋功能区划管理规定》的通知	国海发〔2007〕18 号

序号	政策名称	发文（时间）
30	《关于加强海上人工岛建设用海管理的意见》	国海管字〔2007〕91号
31	关于印发《填海项目竣工海域使用验收管理办法》的通知	国海发〔2007〕16号
32	《关于印发海域使用权管理有关文书格式的通知》	国海管字〔2007〕193号
33	财政部、国家海洋局关于印发《海域使用金减免管理办法》的通知	财综〔2006〕24号
34	关于进一步规范地方海域使用论证报告评审工作的若干意见	
35	关于进一步加强海域使用论证工作的若干意见	国海管字〔2009〕210号
36	关于加强海洋倾废管理工作若干问题的通知	国海环字〔2008〕525号
37	国家海洋局关于印发《海域使用权登记办法》的通知	国海发〔2006〕28号
38	关于印发《海域使用权管理规定》的通知	国海发〔2006〕27号
39	关于加强区域建设用海管理工作的若干意见	国海发〔2006〕14号
40	关于进一步加强自然保护区海域使用管理工作的意见	国海函〔2006〕3号
41	关于进一步加强海域使用论证质量管理的通知	国海管字〔2005〕128号
42	关于印发《海域使用论证资质管理规定》的通知	国海发〔2004〕21号
43	关于印发《海域使用论证评审专家库管理办法》的通知	国海管字〔2004〕90号
44	关于印发《临时海域使用管理暂行办法》的通知	国海发〔2003〕18号
45	关于印发《海域使用论证收费标准（试行）》的通知	国海管字〔2003〕110号

注：主要参考国家海洋局网站信息整理，http：//www.soa.gov.cn/

2. 政策趋向

（1）国家对海域使用管理要求更加严格，趋于收紧围填海规模。修编海洋功能区划，科学确定围填海规模。海洋功能区划是依据《中华人民共和国海域使用管理法》《中华人民共和国海洋环境保护法》确立的海洋管理工作的一项重要制度，是引导和调控海域使用、保护和改善海洋环境的重要依据和手段，也是围填海年度计划管理和围填海项目审批的依据。对涉及围填海的海洋功能区，要明确开发规模、开发布局、开发时序，并提出严格的管制措施。

建立区域用海规划制度，加强对集中连片围填海的管理。对连片开发、需要整体围填用于建设或农业开发的海域，编制区域用海规划，应当严格依据全国和省级海洋功能区划，客观分析涉及海域的自然条件及面临形势，明确说明区域用海整体围填的必要性、可行性，对规划实施可能产生的环境影响进行全面分析、预测和评估。

实施围填海年度计划管理，严格规范计划指标的使用。实施围填海年度计划管理，是切实增强围填海对国民经济保障能力、提高海域使用效率、确保落实海洋功能区划、拓展宏观调控手段的具体措施。国家海洋局在各地区上报的围填海计划的基础上，提出每年的全国围填海年度总量建议和分省方案，报国家发展和改革委员会。国家发展和改革委员会将根据国家宏观调控的总体要求，经综合平衡后，形成全国围填海计划，按程序纳入国民经济和社会发展年度计划。

（2）国家高度重视海洋经济的同时，更加注重对海洋环境的保护。发展海洋经济成为

"十二五"期间我国新的战略选择和重要的经济增长点。《浙江海洋经济发展示范区规划》获国务院批复，成为首个以海洋经济为主题的国家战略，推动我国区域发展从陆域扩展到蓝色国土（海洋）。《山东半岛蓝色经济区发展规划》《广东海洋经济综合试验区发展规划》的批复标志着我国区域发展战略已经从内陆地区的开发延伸到海陆经济的综合开发。然而，近年来沿海区域经济和海洋经济的快速发展，给近海环境带来了巨大的压力和影响，我国海洋生态环境持续恶化，严峻形势引起了社会的广泛关注。为此，国家"十二五"规划纲要明确指出，要统筹海洋环境保护与陆源污染防治，加强海洋生态系统保护和修复；控制近海资源过度开发，加强围填海管理；完善海洋防灾减灾体系，重塑可持续发展格局。

（三）当前海域使用的约束性管控要点

1. 海域使用申请

海域使用论证报告。海域使用论证报告应当在详细了解和勘查项目所在区域海洋资源生态及其开发利用现状的基础上，科学客观地分析评价项目用海的必要性，项目用海选址、方式、面积、期限的合理性，项目用海与海洋功能区划、规划的符合性，以及项目用海与利益相关者的协调性和项目用海的不利影响，提出项目用海的对策和建议，并得出用海论证结论。

海域使用申请审批。下列项目用海，应当报国务院审批：①填海 50 公顷以上的项目用海；②围海 100 公顷以上的项目用海。以外的项目用海的审批权限，由国务院授权省（自治区、直辖市）人民政府规定。

2. 海域使用权证申请

（1）征收海域使用金（表 12-8）。

（2）海域使用权年限。明确海域使用权最高期限，按照下列用途确定：①养殖用海 15 年；②拆船用海 20 年；③旅游、娱乐用海 25 年；④盐业、矿业用海 30 年；⑤公益事业用海 40 年；⑥港口、修造船厂等建设工程用海 50 年。

（四）海岸带围填海区划与政策指引

海洋经济步入快速发展阶段，近岸海域、岸段和海岛的开发与保护面临新形势。坚持"资源开发利用、保护与整治"相结合的原则，合理配置海洋资源，保护海洋生态，增强海洋经济的可持续发展能力（冯士筰等，2010）。

1. 科学有序围填海域滩涂资源

根据自然生态系统的不同特征和经济社会发展需求程度，将海岸带近岸海域划分为红线区、黄线区和绿线区，界定区域功能，明确发展方向。

表 12-8　海域使用金征收标准（单位：万元/公顷）

海域等别用海类型		一等	二等	三等	四等	五等	六等	征收方式
填海造地用海	建设填海造地用海	180.00	135.00	105.00	75.00	45.00	30.00	一次性征收
	农业填海造地用海	具体征收标准暂由各省（自治区、直辖市）制定						
	废弃物处置填海造地用海	195.00	150.00	120.00	90.00	60.00	37.50	
构筑物用海	非透水构筑物用海	150.00	120.00	90.00	60.00	45.00	30.00	
	跨海桥梁、海底隧道等用海	11.25						
	透水构筑物用海	3.00	2.55	2.10	1.65	1.20	0.75	
围海用海	港池、蓄水等用海	0.75	0.60	0.45	0.30	0.21	0.15	
	盐业用海	具体征收标准暂由各省（自治区、直辖市）制定						
	围海养殖用海	具体征收标准暂由各省（自治区、直辖市）制定						
开放式用海	开放式养殖用海	具体征收标准暂由各省（自治区、直辖市）制定						按年度征收
	浴场用海	0.45	0.36	0.30	0.21	0.15	0.06	
	游乐场用海	2.25	1.65	1.20	0.81	0.51	0.30	
	专用航道、锚地等用海	0.21	0.18	0.12	0.09	0.06	0.03	
其他用海	人工岛式油气开采用海	9.00						
	平台式油气开采用海	4.50						
	海底电缆管道用海	0.45						
	海砂等矿产开采用海	4.50						
	取、排水口用海	0.45						
	污水达标排放用海	0.90						

红线区，长度为 668.15 公里，占海岸线的比例为 32.99%。指对围填海开发活动高度敏感的区域，主要包括自然保护区、湿地、河口、渔业资源保护区等各类海洋保护区，区域功能是生态服务，禁止围填海开发建设。

黄线区，长度为 959.96 公里，占海岸线的比例为 47.39%。指对围填海开发活动敏感的区域，主要包括旅游娱乐区、农渔业区和一些保留区，区域功能是休闲旅游、生态养殖与生态修复，这类区域严格控制围填海开发建设。

绿线区，长度为 397.49 公里，占海岸线的比例为 19.62%。指对围填海开发活动一般敏感的区域，主要包括港口航运区和工业与城镇建设区，区域功能是港口航运、工业发展与城镇人口集聚，这类区域可以适度围填海。坚持高效集约原则，实施围填海年度计划制度，严格控制围填海开发的时序、规模和强度。

2. 加强自然岸段的保护和生态修复

海岸带大陆海岸线总长为 2025 公里，自然岸线长度为 535 公里，比重仅为 26.4%。沿海岸线是重要的自然资源，是不可再生资源。自然岸线主要为基岩陡崖岸段和部分砂质岸段，主要分布在大连市南部海域、瓦房店市北部海域、葫芦岛兴城、绥中海域。禁止在自然岸线填海造地、开发建设项目，不得破坏自然岸段的原生生境。对可恢复岸段开展生态修复。一类是面向休闲娱乐和公众亲海等公益服务，禁止破坏自然岸线、沙滩、海岸景观，修复受损地质遗迹，养护萎缩和退化的海滨沙滩浴场。另一类是面向农业养殖和盐业围海等功能，对不属于永久性构筑物，具有恢复为自然岸线的条件的岸段，开展生态修复自然岸线工程。

3. 注重海岛资源的保护性开发

开展海岛保护性开发研究，在科学规划指导下合理开发海岛资源。分类型差别化强化细化海岛资源保护。有居民的海岛应当保护海岛沙滩、植被、淡水、珍稀动植物及其栖息地，优化开发利用方式，适度控制海岛居住人口规模，改善海岛人居环境。无居民的海岛应当优先保护、适度利用。严格限制填海、围海等改变海岛岸线的行为，严格限制填海连岛工程建设。原则上禁止新建人工岛。对确实具有人工造岛需求的，一事一议，强化对人工岛用海方案审查，严格控制人工岛建设的数量和密度，实施全过程管理。

第二节　海岸带保护与利用政策体制探索

一、规划急需解决的重大问题

（一）协调海岸带保护利用规划与其他相关规划的关系

实施海岸带规划管理，在注重海岸带综合管理规划的含义、目的和任务、性质及主要内容研究的同时，必须认识到其与城市规划、土地利用规划和海域使用规划等存在着相互促进、补充和反馈的相辅相成关系，处理好这些关系，对提高规划的调控力度和可操作性，具有重要意义。

1. 与国土规划的关系

国土规划是对国土资源的开发、利用、治理和保护进行全面规划，对生产力和人口进行合理布局，对地域范围内的国民经济建设进行总体部署。海岸带是国土的特定区域，海岸带保护与利用规划就其本质而言，是国土规划的深入与补充，或者可以说是国土规划的专项规划，其实现的目标和内容十分接近，都以资源开发利用和生产力合理布局为核心，前者侧重于海岸带的经济空间布局与人口、资源、环境和发展协调并举，后者强调地域上的综合协调，部门间、行业间的持续协调发展。

2. 与城市规划的关系

城市规划是一定时期内城市发展的目标和计划，是城市各项建设的综合部署，也是建设城市和管理城市的依据。城市规划的任务就是根据国民经济发展计划，在全面研究一定地域范围内的自然条件和经济发展基础上，明确城市发展方向，合理安排城市各项建设事业，合理组织城市内部的地域结构，创造良好的生产和生活环境。国外也有以城市规划为主的海岸管理模式，以及把已有城乡规划法规用于海岸带规划管理，并由城乡规划管理机构执行海岸带的综合管理的实例，如英国、丹麦、新西兰、塞浦路斯、肯尼亚、坦桑尼亚等国。在我国城市规划法律体系较为健全又先于《海岸带保护与利用规划》完成的情况下，规划如何摆正自己的位置，关键在于找出需要通过海岸带综合管理解决的问题——考虑海陆相互作用的关系，协调城市海陆综合管理，促进城市可持续、高品质发展。

3. 与土地利用总体规划、海域使用规划的关系

陆地和海洋是海岸带的两个地理单元，在我国目前尚未建立统一的规划体系，反映了我国目前海洋管理体制的现状。土地利用总体规划是根据国民经济建设各部门和各企业的发展对土地的需求，以及土地自身的质量和适宜性，考虑进一步开发利用土地资源，并通过综合平衡，协调各部门对土地需求的矛盾，提出合理分配土地、调整土地利用结构和合理布局的方案。海岸带产业布局，投影在空间地域上，离不开土地利用的规划，只是其侧重于陆域，可以适用于单项的管理，特别是在早期实施海岸带综合管理。海域使用规划是根据海区的自然属性和社会、经济发展的条件，对海域开发利用、治理保护在空间和时间上所做的总体部署与统筹安排。它的任务是对已利用和未利用的海域资源进行综合研究，提出规划期内海域使用的基本目标，协调各部门需求，调整生产结构布局。而对整个陆海生态系统的管理，海岸带保护与利用规划解决的不只是陆地或海洋单一方面的问题，这两类规划都只是海岸带保护与利用规划的一部分。

（二）修复围填海造成的环境问题

19世纪六七十年代开始，辽宁已经进入"向海要地"的时代，大范围的围填海工程遍地开花。进入21世纪，在国家政策的大力支持下，辽宁经济社会持续快速发展的势头不减。从振兴东北老工业基地到"五点一线"发展战略，2009年辽宁海岸带开发开放上升为国家战略，一次次地掀起了围填海的热潮，主要用于工业开发区建设、港口建设、城镇建设及养殖。受巨大经济效益的驱使，辽宁围填海活动呈现出速度快、面积大、范围广的发展态势：2009年的围填海面积比1990年增加了627平方公里，增加了53.6%。尤其是2008~2009年，围填海面积就增加了108平方公里，辽宁省的围填海活动正进入新的一轮热潮（图12-6）。但是在追求海洋经济增长的过程中，盲目开发和过度利用的现象较为普遍，造成近岸海域环境污染严重，资源环境状况不断恶化。

大量的围填海，不仅破坏了海岸自然景观环境，对海洋资源的占用也日益加剧，具体体现在：①辽宁自然岸线随着围填海活动逐年递减，1990~2009年，自然岸线减少246.8公里；②由于大范围围填海活动，有些海湾已名存实亡，现保持原有完整性的海湾有32个海湾，海湾总面积也已从1990年的1367平方公里减少为2009年的1116平方公里，减少了18.4%。③目前辽宁省已有诸多岛屿由于围填海活动影响已经与陆地相连，围填海也导致

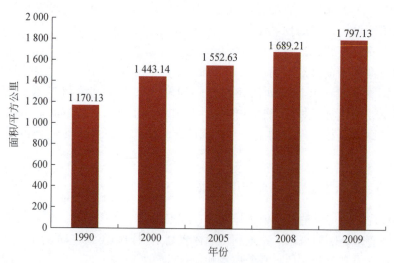

图 12-6　辽宁省历年围填海面积统计

资料来源：王伟伟等，2010

104 个岛屿失去其独立性。

二、海岸带规划管理政策存在的问题

（一）我国涉海岸带管理的法规体系不完善

我国在 1979 年提出制定海岸带管理办法的任务，但是至今尚未出台综合性、全国性的海岸带的相关法律。我国海岸带管理的立法工作起步较晚（高健等，2012），从数量上来看，虽然重要涉海法律和规章达 30 多部，但现行的大多数法规是为了满足部门专项管理的需要，而从管理涉海行业的角度延伸的部门管理法规或部门规章较少。各部门在海岸带管理中的职责、着眼点、对象和目标均不相同，势必造成管理中缺乏必要的联系与合作，忽视海岸带的整体性和独特性，导致缺位、错位、越位、不到位，甚至相互抵触的现象。

（二）涉海岸带管理的机构设置与职责分工不合理

随着邻近海域和海岸带开发利用程度的纵深发展、矛盾的日渐凸显，海洋资源管理宏观失控的可能性呈现增加趋势。究其原因在于管理机构设置不健全和部门间职责分工不合理：我国当前涉及海岸带的管理体制模式属于集中与分散相结合的半集中管理体制类型，管理机构有国家海洋局、各涉海行业的海洋管理职能部门和海洋管理机构、地方海洋管理机构等，仅在海岸带地区范围内，我国涉海部门就近 20 个。但是从中央到地方，从事综合协调、统筹规划的海岸带综合管理部门尚不健全，体制也没有理顺，由此造成的问题亟待解决。同时，涉海行业的海洋管理职能部门和海洋管理机构，缺乏相互之间协调，造成了管理上的重复、冲突或真空，形成了令出多头、政出多门的局面，地方之间、部门之间、部门与地方之间权益的纷争，造成了管理上的混乱。

（三）涉海岸带管理经济政策成效不明显

国家对新兴海洋产业的发展，如海洋生物医药业，海水淡化、海水直接利用等，采取的经济优惠措施扶持力度不够。对需要保护或限制的资源（如海砂开采和填海等），在控制的力度及限制开发的时间、品种和数量方面缺乏细化规定，体现经济政策调节的税收和海域使用金征收标准等较低。对违反海岸带管理经济政策有关规定或造成损失的管理行为进行依法处理时，采取经济措施予以制裁的标准较低，很难发挥惩戒的作用。

三、海岸带规划管理政策制定框架

总体看来，各地区海岸带规划管制的核心管制政策有很大的共性，归纳起来大致包括以下几个方面：海岸带资源保护政策、海岸带环境质量管制政策、海岸带开发管制政策、海岸带用地管制政策、海岸带交通政策、海滨休闲及旅游政策、公共接近政策、海岸线防灾规划及其他管制政策。

（一）政策制定的原则

（1）可持续发展原则。把生态优先、保护优先贯穿于海岸带开发利用的始终，做到科学规划、有序开发。坚持集中集约用海用地，构建优势产业园区，严格控制污染排放，积极发展循环经济，做到资源、经济、社会、生态效益的四者统一。在岸线分配时，应平等兼顾各类滨海开发活动的公平利用，特别不挤占靠近市区、供市民游憩的岸线。

（2）以人为本、公众参与的原则。公众参与是一种民主工具，是人类生活质量得以全面改善和提高的保障。从生态角度出发，人既是管理的主体又是管理的对象，人类的需求应得到充分的考虑。可以通过公众访谈、信息发布、信息反馈等方式，将公众的意愿整合到管理与规划过程中，每个公民都有权利参与决策的制定，享受开发利用带来的效益。

（3）可行性原则。政策实施要具备多种现实条件，如社会环境、政策成本、社会大众多重因素，因此，要充分考虑政策制定和实施各个环节中可能遇到的多种情况，使政策具备可行性。

> **专栏12-1　欧盟海岸带管理的原则（欧盟构建国家海岸带一体化管理战略）**
>
> 　　欧洲议会和欧洲理事会关于在欧洲实施一体化海岸带管理的建议原则指出：各会员国应采取战略性措施对其海岸带进行管理，主要基于如下原则：
>
> 　　◆基于生态系统方法对海岸带环境进行保护，保留其完整性和功能性，对海洋和海岸带的自然资源进行可持续管理。
>
> 　　◆认识到由气候变化给海岸带带来的威胁，以及由海平面上升和暴风雨发生的频率增加与强度的增强给海岸带带来的危险。
>
> 　　◆采取适当的和对生态负责的海岸带保护措施，包括保护沿海居民的居住地及其文化遗产。
>
> 　　◆可持续的经济机会和就业选择。
>
> 　　在制定国家战略和采取基于这些战略基础上的措施过程中，各会员国应遵循以下原则以确保良好的海岸带管理：
>
> 　　◆从广泛而全面的视角，考虑自然系统与对海岸带产生影响的人类活动的相互依存性和不相称性。
>
> 　　◆从长远角度，考虑预防原则和当代人及后代人的需要。
>
> 　　◆适应性管理，即随着问题和知识的变化而进行调整的管理。这意味着需要有一个完善的有关沿海地带演变的科学基础。
>
> 　　◆欧洲海岸带的地方特殊性和多样性，使通过采用具体的解决办法和灵活的措施来对其实际需要做出反应成为可能。
>
> 　　◆顺应自然、尊重生态系统的承载能力，从长期来看，将使人类活动更具有环境友好性、社会责任性和经济性。
>
> 　　◆包括在管理过程中所涉及的所有利益方（经济的和社会的合作伙伴、海岸带居民代表性组织、非政府机构和商业部门），如通过协定和以责任分担为基础的方式。
>
> 　　◆在国家、地区和地方层面上，有关管理机构的支持和参与，各级管理机构之间应当建立或保持适当的联系，其目的在于更好地协调现有的各种政策。在适当的时候，地区和地方政府应积极合作。
>
> 　　◆混合使用所设计的手段，目的是便于部门政策目标之间进行协调及规划和管理之间相一致。

（二）配套政策

1. 重点建设区

　　探索东北地区水资源统筹配置机制，跨区域统筹土地资源，对重点建设区的用地指标及围填海指标予以适度倾斜。鼓励园区、港口配套开发旅游休闲项目，对大型娱乐性项目、都市文化休闲项目、度假设施项目给予税收支持。依托大连港和营口港，明确港口分工，推行以资本为纽带的港口资源整合。

重大产业项目原则上均进入园区发展。制定园区产业和项目准入标准，依此引导产业项目招商。对超出产业投资年度强度和产出年度强度标准一倍以上的企业，给予税费减免；对达不到产业产出年度强度标准的企业，降低水、电、土地、税费等政策优惠幅度。

放宽户口迁移限制，规划建设经济适用房及配套设施，鼓励城市教育培训体系向外来人口开放，成立创业就业辅导中心，引导人口在新城安居乐业。

2. 适度开发区

提高财政对粮食、油料生产大县转移支付水平，继续加大对产粮大县、生猪调出大县的奖励力度，建立种业发展基金，取消主产区粮食风险基金地方资金配套。加大对渔业小额信贷的支持，扩大补贴的产品种类和支持力度。

将旅游休闲用地纳入辽宁海岸带园区建设中，将旅游服务设施用地优先列入用地规划。支持公益性、基础性旅游服务设施的建设，提供用地优惠。旅游资源开发要同步建立完善的污水垃圾收集处理设施。

建立市场退出机制，对不符合适度开发区定位的现有产业，通过设备折旧补贴、设备贷款担保、迁移补贴、土地置换等手段，促进产业跨区域转移或关闭，依法关停能耗高、污染重、效益差的企业。

加强职业教育和培训，增强区内劳动力跨区流动能力。

3. 重点保护区

严格控制海岸线无序占用，严禁占用自然保护区用于从事开发建设、围填海活动。将基本农田落实到地块并在中华人民共和国农村土地承包经营权证书上给予明确标注，严禁改变基本农田的用途和位置。

建立健全有利于切实保护生态环境的奖惩机制，通过明显提高转移支付系数等方式，加大对重点保护区的转移支付力度。建立退耕（渔、牧）还湿（泽、滩）生态补偿机制，设立芦苇湿地保护专项基金，对保护区内依靠湿地资源从事捕捞、种植、养殖等的群众给予生态补偿。加大各级财政对生态修复、建设的投入力度，逐步建立健全稳定的生态环境保护和建设投入资金渠道。

加强文化教育、职业教育和社会公共设施配套，鼓励人口到重点建设区就业并定居。

四、完善实施体制

（一）强化管理

严格落实责任，协调部门职能，健全绩效考核评价体系，采取有力措施，切实组织实施。

1. 职责到位

省人民政府要切实加强对规划实施的组织领导，制定规划实施意见。省海岸带开发建设领导小组要发挥统筹效能，按照规划要求有序落实各项任务。省海岸带开发建设领导小组办公室为海岸带行政主管部门，负责组织定期编制修订海岸带规划，并对涉及海岸带重大开发利用项目进行论证、审批。

省直各部门、市县人民政府要坚持依据规划行政，将规划提出的战略目标及任务分时段、分部门细化分解到具体部门，明确责任人和进度要求，制定实施方案，扎实有序地推进规划实施，保障规划的权威性与操作性。

2. 职能协调

探索都市区管理体制，建立跨行政区的协商机制和协作平台。探索陆海统筹管理的部门协调机制，推进陆海规划协调、基础设施共享和生态环境共建。完善填海海域管理制度，对填海后与陆地连成一体、具有陆地属性的国土空间，在海域使用权到期后原则上由国土部门管理。

3. 绩效考核

依法定期开展规划实施评估，把规划主要目标的完成情况、强制性内容的执行情况纳入对地方领导班子和领导干部的综合考核评价结果，作为地方党政领导班子调整和领导干部选拔任用、培训教育、奖励惩戒的重要依据。

——工业开发板块。综合评价经济增长、质量效益、资源消耗、环境保护等内容，主要考核地区生产总值、单位用地面积投入产出率、单位工业增加值能耗和取水量、二氧化碳排放量、主要污染物排放总量控制率、"三废"处理率、大气和水体质量、吸纳外来人口规模等指标。

——城镇建设板块。综合评价经济增长、吸纳人口、产业结构、环境保护、基本公共服务覆盖面等内容，主要考核地区生产总值、财政收入占地区生产总值的比例、非农产业就业比例、吸纳外来人口规模、单位用地面积投入产出率、单位地区生产总值能耗、单位工业增加值取水量、主要污染物排放总量控制率、"三废"处理率等指标。

——港口物流板块。综合评价经济增长、质量效益、资源消耗、环境保护等内容，主要考核地区生产总值、货物吞吐量、财政收入占地区生产总值的比例、单位地区生产总值能耗和用水量、主要污染物排放总量控制率、"三废"处理率、大气和水体质量等指标。

——旅游休闲板块。突出生态保护优先、产业发展有限的绩效考核，强化对旅游产品提供能力的评价，主要考核旅游资源保护投入、大气和水体质量、森林覆盖率、生物多样性等指标，不考核地区生产总值、投资、旅游收入、财政收入和城镇化率等指标。

——农业渔业板块。突出生态保护优先、产业发展有限的绩效考核，强化对农渔产品保障能力的评价，主要考核农民收入、大气和水体质量等指标，不考核地区生产总值、投资、财政收入和城镇化率等指标。

——生态保护板块。突出生态保护与建设绩效考核，主要考核依法管理的情况、大气和水体质量、污染物"零排放"、保护对象的完好程度及保护目标实现情况等指标，不考核地区生产总值、财政收入、旅游收入等指标。

专栏12-2	政府组织结构实例——印度尼西亚
主管机构	与海岸带相关的职责
◆海洋事务与渔业部/海洋和渔业研究机构 ◆林业部/森林保护和自然保护总局 ◆通信部/海洋通信总局 ◆矿产和能源部/石油和天然气总局 ◆国民教育和高校部 ◆海军/水文学和海洋学服务部 ◆贸易部 ◆安置和区域基础设施部/区域规划总局 ◆国家文化旅游部	➢ 鱼类、水产养殖管理和研究，海洋保护区，沿海社区授权，海洋和渔业技术发展，与区域自治相关的海洋和渔业资源管理 ➢ 海洋保护、红树林管理 ➢ 港口、运输、航海、安全，包括应急反应 ➢ 天然气、石油勘探和生产 ➢ 教育和研究 ➢ 领海安全、水文 ➢ 发展和废物管理 ➢ 工程和侵蚀控制 ➢ 旅游和文化遗产
协调机构	
◆国家环境部 ◆国家发展规划委员会 ◆国内事务部/区域发展总局 ◆国家科技部/技术评估和应用部 ◆国家调查和制图协调机构 ◆印度尼西亚科学研究院/海洋技术研究与发展中心 ◆国家海床司法管辖权协调委员会 ◆海洋安全协调局 ◆印度尼西亚海事局	➢ 国家协调、环境影响评估 ➢ 国家发展规划 ➢ 区域发展 ➢ 自然资源详细目录 ➢ 海岸带制图 ➢ 海洋科学与研究 ➢ 国家边界和海洋法 ➢ 国家水域安全 ➢ 海洋发展
非政府组织	
◆印度尼西亚环境论坛 ◆世界自然基金会 ◆亚洲湿地局 ◆联合国教育、科学及文化组织 ◆国际自然及自然资源保护国际联盟 ◆红树林基金会 ◆印度尼西亚绿色俱乐部	➢ 国家非政府协调组织 ➢ 海洋保护、公共教育 ➢ 海岸带湿地管理、水产养殖业发展、环境影响评估 ➢ 海洋污染、教育 ➢ 海洋保护区 ➢ 公众意识、沿海垃圾和污染 ➢ 红树林保护和可持续利用 ➢ 海龟保护、公众意识

（二）落实规划

建立健全保障规划实施的法律法规和体制机制，对海岸带开发保护情况进行监测监督，确保规划目标的完成。

1. 规划立法

将规划提请省人民代表大会审议并立法保护，出台《辽宁海岸带保护和利用规划实施管理条例》，研究制定《规划环境影响评价条例》，有关港口规划及相关园区规划依条例开展规划环评工作。研究制定围填海管理相关条例，探索建立海陆统筹管理制度，积极构建辽宁省海岸带管理统一法制平台。加大规划执法力度，依法建立重大决策责任追究制度，实行污染物超标问责制。

2. 规划衔接

省有关部门及各地市人民政府制定涉及海岸带发展战略和产业政策、编制涉及海岸带的规划时，必须征求海岸带陆域和海域行政主管部门意见。海水养殖、盐业、工业、交通、旅游等行业规划涉及海岸带利用的，必须符合《辽宁海岸带保护和利用规划》。土地利用总体规划、城乡规划、港口规划等涉及海岸带利用的，必须与《辽宁海岸带保护和利用规划》相衔接。

3. 规划宣传

根据海岸带动态监测管理情况、规划评估报告、国家部署和省政府要求，由省沿海办具体组织、及时开展规划调整修订工作，建设适时与定期相结合的规划完善机制。对规划期内已完成建设、需扩大建设范围的项目，补充论证并在不突破远景规划的原则下及时修订规划。

新闻媒体要以多种方式普及宣传海岸带知识，营造社会关注、有效保护、合理开发海岸带的氛围。

4. 动态监督

利用卫星遥感、航空遥感、远程监控、现场监测等手段，实时监测海岸带的资源环境变化和开发利用情况。加强对规划实施情况的监测分析，建立监测制度和监控系统。

成立由省海岸带开发建设领导小组牵头，省直有关部门组成的规划实施监督评估组织机构，负责监督和评估规划的实施情况。

5. 修订完善

根据海岸带动态监测管理情况、规划评估报告、国家部署和省政府要求，由省沿海办具体组织、及时开展规划调整修订工作，建设适时与定期相结合的规划完善机制。

对规划实施中出现的《辽宁海岸带保护和利用规划》未考虑到的重大问题，要严格按照《辽宁海岸带保护和利用规划》的编制程序和技术要求，提出整改措施，进行项目可行性论证，并及时与《辽宁海岸带保护和利用规划》衔接，并对规划进行相应修订。规划修订后报请省人民代表大会常务委员会批准实施。

第三节　时空数据集成与模拟平台建设

一、平台建设的目标及总体结构

区域规划是一种典型的空间规划，具有很强的时空性和科学性（崔功豪等，2006）。一方面需要对大量历史和现实的时空数据及海量的动态信息进行分析与评估，另一方面也需要科学家运用他们所拥有的智慧和思想对未来变化进行预测和估计，从而用先进的思想和理念对未来发展进行谋划和部署。区域规划时空数据集成与模拟平台是数据、信息和科学家先进思想和理念之间的桥梁，是解决科学问题的工具和手段。

区域规划需要将大量的多源、异构的时空数据与海量的动态信息集成到统一的平台上并进行管理，同时需要规划方案的模拟与比选及规划过程的交互化，还需要对规划成果进行可视化表达和模拟分析。辽宁海岸带保护和利用规划时空数据集成与模拟平台建设的目标如下：

（1）空间信息集成化。将大量的多源、异构的时空数据，包括遥感、基础地理信息、土地利用、社会经济等集成到统一的平台上并进行管理。

（2）方案模拟实验化。对规划方案进行模拟和实验。

（3）规划成果可视化。包括规范化的规划成果集成和图集、多媒体、三维可视化系统。

平台由"时空数据库"、"空间分析模拟"和"规划成果可视化表达与演示"三个部分构成，分别支持区域规划的基础数据和空间分析模拟、成果演示等功能，系统总体结构如图 12-7 所示。

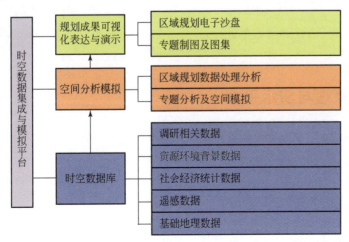

图 12-7　辽宁海岸带保护和利用规划时空数据集成与模拟平台总体结构

二、时空数据集成与数据库建设

区域规划所涉及的空间数据是多尺度、多源、异构的。根据区域规划的需要，所涉及的内容和空间范围也有所不同，辽宁海岸带保护和利用规划涉及的主要时空数据和属性数据见表 12-9。

表 12-9　辽宁海岸带保护和利用规划涉及的主要时空数据和属性数据

数据分类			详细介绍
数据内容	辽宁海岸带基础数据		辽宁海岸带行政区划、地理背景数据和遥感影像图等
	辽宁海岸带规划数据		总体布局、矿产资源规划、土地利用规划、旅游规划等
	辽宁海岸带专题规划成果		岸线规划、生态规划、水资源规划、产业规划、旅游规划、国土开发评价等
	辽宁海岸带统计数据		资源环境数据、社会经济、人口统计数据等
数据格式	空间数据	矢量	1:5 万 DLG①
		栅格	遥感影像数据（2010 年，2.5 米，1:1 万）、格网数据、图像数据
		其他格式	DEM
	属性数据	数据库平台	Access、Excel、Oracle
	数据转换		CAD、ArcGIS、MapInfo、MapGIS
地区	数据分地市、县、乡镇级管理		辽宁海岸带包括六市、32 个县（市、区）
数据来源	六市的发展和改革部门、国土部门、规划部门、水利部门、建设部门、旅游部门、统计部门等		

注：①数字线划地图（digital line graphic，GLP）

选择 1:5 万比例尺的空间数据作为区域规划的基础地理框架数据，主要包括规划区域内的行政界线、县级以上道路网和居民地等信息。

采用 2010 年 2.5 米、1:1 万卫星影像数据结合 30 米分辨率的 GDEM 作为遥感影像数据库。

对各专题组和综合组调研数据进行处理，建立为专题研究服务的调研数据库，为专题组和综合组的数据汇总、统计计算和图表制作服务。

三、计算机管理与演示平台

计算机管理与演示平台提供对辽宁海岸带自然资源、环境、生态、经济、社会、旅游等数据进行管理、分析处理、制图以及演示等功能。

（一）数据管理分析

数据是信息系统的血液。辽宁海岸带保护和利用规划所需的数据包括地市、县市方面的数据，数据来源主要是各个层面的电子数据及统计年鉴数据等。

其内容包括空间数据和非空间数据，空间数据是各种类型、各种比例尺的基础地理数据、土地管理专题数据及影像数据；非空间数据是各种表格、报表、文档等形式的人口、经济等各种统计数据。为了有效地围绕规划目标进行数据分析，必须进行一定的规范化和标准化处理，所需数据处理分析流程如图12-8所示。

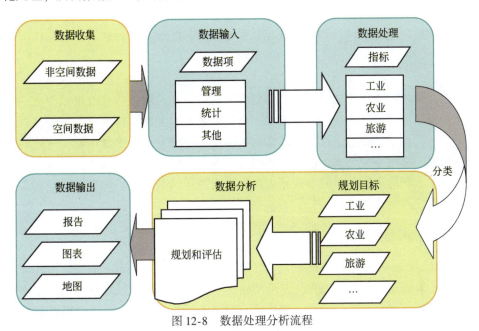

图12-8 数据处理分析流程

在数据存储和管理方面，平台采用了GIS空间数据库技术，系统能够同时支持访问和管理文件型数据和大型关系数据库，支持海量数据管理、多用户并发控制、权限管理和空间信息与属性信息一体化存储等功能。

（二）规划成果可视化表达与系列化制图

主要是对规划图集、规划挂图等规划图件，按照统一的格式、色彩、符号进行规范化制图和空间表达。辽宁海岸带保护和利用规划图集可以分为下述几类：

（1）区域规划基础类图件。包括辽宁海岸带行政区划图、土地利用现状图、地形图、卫星影像图等。

（2）功能板块建设专题图。包括辽宁海岸带功能区划方案图、工业开发板块空间布局规划图、港口物流板块空间布局规划图、城镇建设板块空间布局规划图、旅游休闲板块空间布局规划图、农业渔业板块空间布局规划图、生态保护板块空间布局规划图等。

（3）岸段功能布局方案图。包括丹东岸段、大连岸段、营口岸段、盘锦岸段、锦州岸段、葫芦岛岸段。

（三）区域规划多媒体演示系统

使用动画、网页和电子表格等形式，对规划方案进行说明；对规划思想和理念进行形象、生动、艺术的空间表现；针对具体方案，进行图件、文字、数据互查。利用 GIS 可视化技术将各项规划图的内容叠加在数字地形及遥感影像上，制作三维动画，构建基于电子沙盘概念的三维可视化平台，作为区域规划重要的空间管理方法和辅助决策工具。

1. 电子沙盘的概念

电子沙盘是相对于传统的实物沙盘模型而言的，也称为数字沙盘或虚拟沙盘。电子沙盘是集计算机、地理信息系统、虚拟现实、可视化技术和多媒体技术于一体的高新技术产品，为使用者提供一个实时、可交互操作的虚拟现实环境。电子沙盘突破了传统的实物沙盘占地面积大、携带不便、表现内容单调而且难以更新的缺点，给现代的管理、规划、决策和实施带来了新的内容。对城市规划也产生了更为深刻的影响，成为区域规划工作者更好地做好规划工作的得力助手。

2. 电子沙盘开发和实现

利用 ESRI 公司的 ArcGIS Engine 进行二次开发，主要是应用 ArcScene、ArcGlobe 组件及 3D Analyst 等可视化分析模块进行三维功能扩展，添加面向区域规划的功能菜单和工具条，实现面向区域规划的实用功能。制作具有透视效果的场景，并且用户可以自由浏览该场景，与 GIS 数据进行交互。

（1）数据源。辽宁海岸带保护和利用规划电子沙盘的制作所需数据有基础地理数据、遥感数字影像数据、社会经济数据、社会交通规划数据、行政区划数据等。

1）基础地理数据。基础地理数据是由国家测绘部门生产的空间基础地理要素的数据，是实现电子沙盘最基础的空间数据。包括数字高程模型（DEM）和数字线划地图（DLG）两类数据。①DEM 数据。DEM 数据是区域地形的数字表达，即把覆盖区域分成了大小和形状相同的规则栅格，用行号和列号来表示相应位置的二维平面坐标，栅格的数值表示相应位置的高程值。辽宁海岸带保护和利用规划电子沙盘使用 1∶5 万比例尺的 DEM 数据显示辽宁海岸带全貌和某些局部地区的真实景观。可以根据可视化的具体需要通过重采样生成其他比例尺的 DEM 数据。②DLG 数据。DLG 包括了行政区划境界、河流、道路、居民点、等高线等基础地理信息。

2）数字正射影像（digital orthophoto map，DOM）数据。遥感数字图像是地面景观在成像平面上的投影，它客观地反映了某一特定时刻地表的真实景观，具有现势性强、色彩丰富、表现直观、信息量大等特点。遥感影像不仅是提取土地利用数据等的重要数据源，而且其具有丰富的地表信息，可用作三维显示时的地表纹理。系统采用 1∶1 万的 2.5 米高分辨率的卫星影像数据和 30 米分辨率的 GDEM 数据。

3）土地利用数据。土地利用是区域规划的重要基础数据，1∶5 万土地利用数据能较好地满足土地利用总体规划和城市体系规划的需求。

4）栅格化社会经济数据。基于行政单元的统计型社会经济数据是长期以来社会经济空间信息的主要管理方式，但这种方式对区域规划的需求而言存在很大的局限性。区域规划工作中，对基于非行政单元的社会经济空间信息的需求很大，如按城市建成区、城市吸引范围内、流域、交通干道沿线、经济功能区等统计的社会经济指标等。解决这一问题的较好技术手段是将基于行政单元的统计型社会经济数据进行空间离散化处理，生成一个栅格单元的空间数据集。

5）专题规划数据。集成各个政府部门已经进行的各项专题规划，包括辽宁海岸带生态环境保护规划、交通规划、旅游规划等各专题规划数据。

6）目标特征数据。包括两部分，一部分是区域规划所要涉及的地物模型，如公路模型、铁路模型、水库大坝模型、电站模型、车站模型等，规划人员可以对这些地物模型进行布局、移动、变形等操作；另一部分是为了产生更好的临境效果而设计的实物模型，如汽车、行人、建筑物、树木等。在比较小的比例尺的电子沙盘中，地物可以用形象的符号表示，也可以用贴图的方法表示；在局部地区比例尺比较大的电子沙盘中，地物则需要按一定的比例，以真实的模型出现。

（2）电子沙盘系统的实现过程。辽宁海岸带保护和利用规划电子沙盘系统的主要功能有两部分，即基本功能和区域规划功能。基本功能主要包括显示、导航、浏览、空间查询、空间统计分析等。区域规划功能主要包括辅助规划、查询分析、成果显示等。

系统的实现过程简单概括为以下步骤：①DEM 数据的准备与处理（裁剪）；②数字遥感影像数据的准备与处理（几何精纠正、融合、裁剪等）；③DEM 数据和遥感数字影像数据、社会经济数据、各种专题规划数据等的叠加；④地物模型的制作与叠加；⑤电子沙盘的编辑与处理；⑥进行二次开发定制，实现电子沙盘的分析功能及面向区域规划应用的功能。

3. 电子沙盘系统的基本功能

（1）导航、放大、缩小和漫游功能。电子沙盘最大的特点就是其三维的地形，在沙盘中，应用鼠标和键盘就可以随意漫游，浏览电子沙盘内的各个角落，当我们选择导航时，则屏幕视景可以随之而进行自由旋转变化，使得我们能够快速、形象地了解建设中各种宏观、微观的情况。

（2）飞行功能。可以像小鸟一样沿着任意方向以任意速度飞行在电子沙盘这个虚拟的环境当中，真正有一种身临其境的真实感，鸟瞰现实中的一切。在飞行过程中，也可以使飞行加速或减速，或者保持一个固定速度飞行，也可以设置飞行路径，按特定路径飞行。

（3）空间与属性双向查询功能。可以从空间数据打开其属性表，如对功能区、地块（包含子地块）、水库大坝等重大工程建筑物的属性信息进行查询；也可以从属性信息访问其空间表达，如可以查询某年修建的所有公路等信息。

（4）其他功能。设定观察位置，创建剖面线，创建观察者视线瞄准线等。

4. 区域规划电子沙盘的应用

（1）规划方案的辅助设计。电子沙盘提供了完整的空间对象编辑功能，可以对交通线路等规划目标对象进行创建、修改、删除。针对电子沙盘对空间数据采取不同的组织方式。当采用普通矢量数据模型时，对规划目标对象的操作实际上是对空间点、线、面等几何要素进行编辑；当采用面向对象空间数据模型时，编辑过程就是对经过定制的对象直接进行拖拽、拉伸等。

（2）规划方案的空间效应分析。电子沙盘具有强大的空间分析功能，包括插值分析、表面分析、单元统计、邻域统计分析、坡度和坡向分析、等值线分析、最短路径分析等。基于这些功能可以建立各种应用模型，如人口模型、城市扩张模型、资源开发利用模型等，然后在此基础上进行空间效应分析。

（3）规划方案综合评价与比选。提出规划方法是区域规划的重要目标。但由于区域发展过程的不确定性和复杂性，规划工作通常要提出多种规划方案以供比选。方案比选通常要结合对不同规划方案的定量评价、公众参与投票、专家评审等多种方式，而电子沙盘的可视化表达、网络发布技术为社会各界参与规划方案的制定提供了强有力的手段，保证规划的科学与民主。

（4）其他应用。可把电子沙盘发布在网上，使更多的人了解辽宁海岸带，促进辽宁海岸带旅游业的发展，也可以做成教材进行地理知识普及教育。

参 考 文 献

安虎森.1998. 新产业区理论与区域经济发展. 北方论丛,（2）：17-22.

安虎森, 朱妍.2003. 产业集群理论及其进展. 南开经济究, 42（3）：31-36.

贝毅, 曲连刚.1998. 知识经济与全球经济一体化——兼论知识经济条件下国际产业转移的新特点. 世界经济与政治,（8）：28-30.

蔡程瑛.2010. 海岸带综合管理的原动力. 北京：海洋出版社.

蔡根女, 李卫武.1989. 外向型经济概论. 北京：北京林业大学出版社.

蔡孝箴.1998. 城市经济学. 天津：南开大学出版社.

常冬铭, 孙晓明, 李丽萍.2007. 港口与港口城市的互动关系. 中共济南市委党校学报,（3）：15-17.

陈航.2009. 港城互动的理论与实证研究, 大连海事大学博士学位论文.

陈航, 栾维新, 王跃伟.2009. 我国港口功能与城市功能关系的定量分析. 地理研究, 28（2）：475-483.

陈继海.2003. 外商直接投资、集聚效应与经济增长—中国数据的计量检验和实证分析. 第三届中国经济学年会入选论文. 上海：复旦大学出版社.

陈继勇, 周茂荣.2007. 中国对外开放与国际竞争力. 武汉：武汉大学出版社.

陈良文, 杨开忠.2007. 我国区域经济差异变动的原因：一个要素流动和集聚经济的视角. 当代经济科学, 29（3）：35-42, 124.

陈雪玫, 蔡婕.2008. 我国海洋运输业集群的实证分析及政策建议. 海洋开发与管理,（12）：68-70.

崔功豪, 魏清泉, 刘科伟.2006. 区域分析与区域规划. 北京：高等教育出版社.

杜瑜, 樊杰.2008. 基于产业–人口集聚分析的都市经济区空间功能分异——以我国三大都市经济区为例. 北京大学学报（自然科学版）, 44（3）：467-474.

樊杰, 2013. 主体功能区战略为我国土空间开发格局. 中国科学院刊,（02）：193-206.

樊杰.2007a. 解析我国区域协调发展的制约因素, 探究全国主体功能区规划的重要作用. 中国科学院院刊, 22（3）：194-201.

樊杰.2007b. 我国主体功能区划的科学基础. 地理学报,（4）：339-350.

范剑勇.2004. 市场一体化、地区专业化与产业集聚趋势——兼谈对地区差距的影响. 中国社会科学,（6）：39-51.

范云芳.2009. 经济全球化下的要素集聚：比较优势的源泉. 生产力研究,（11）：29-32.

方先明, 孙兆斌, 张亮.2008. 中国省区经济效率及其影响因素分析——来自2000~2005年的经验证据. 当代经济科学, 30（2）：11-17, 124.

冯士筰, 李凤岐, 李少菁.2010. 海洋科学导论. 北京：高等教育出版社.

傅先生.2011. 东部沿海地区产业转移趋势——基于浙江的考察. 经济学家,（10）：84-90.

高健, 林捷敏, 杨斌.2012. 我国海岸带经济管理领域的研究方向与进展. 上海海洋大学学报, 21（5）：848-855.

高焱森.2008. 辽宁省沿海经济带产业集群研究. 东北师范大学硕士学位论文.

高宗祺, 昌敦虎, 叶文虎.2009. 港口城市发展战略初步研究——兼评"港兴城兴, 港衰城衰"的发展思想. 中国人口·资源与环境, 19（2）：127-131.

宫秀芬．2009．辽宁产业集群发展的制约因素及对策．党政干部学刊，(9)：36-38．

顾朝林，张敏，张成，等．2006．长江三角洲城市群发展研究．长江流域资源与环境，(6)：771-775．

关白．1989．外向型经济概论．北京：北京林业大学出版社．

郭建科，韩增林．2013．中国海港城市"港－城空间系统"演化理论与实证．地理科学，33（11）：1285-1292．

郭腾云，徐勇，王志强．2009．基于 DEA 的中国特大城市资源效率及其变化．地理学报，64（4）：408-416．

韩家彬，刁春游，汪存华．2011．辽宁沿海经济带发展的财政政策研究．经济与管理，25（7）：59-63．

韩增林，刘桂春．2007．人海关系地域系统探讨．地理科学，27（6）：761-767．

何曼青．2008．经济全球化背景下产业集群发展与我国产业竞争力提升．宏观经济研究，(4)：14-20．

贺灿飞，梁进社．1999．中国外商直接投资的区域分异及其变化．地理学报，54（2）：3-11．

贺灿飞，刘洋．2006．产业地理集聚与外商直接投资产业分布——以北京市制造业为例．地理学报，61（12）：1259-1270．

贺灿飞，魏后凯．2001．信息成本、集聚经济与中国外商投资区位．中国工业经济，(9)：38-45．

贺灿飞，谢秀珍．2006．中国制造业地理集中与省区专业化．地理学报，61（2）：212-222．

贺灿飞，梁进社，张华．2005a．北京市外资制造企业的区位分析．地理学报，60（1）：122-130．

贺灿飞，梁进社，张华．2005b．区域制造业集群的辨识——以北京市制造业为例．地理科学，25（5）：11-18．

胡刚．2004．中国沿海城市带构建与管治．城市规划决策民主化研讨会论文集．

胡序威．1998．沿海城镇密集地区空间集聚与扩散研究．城市规划，22（6）：22-28，60．

胡序威，毛汉英，陆大道，等．1995．中国沿海地区持续发展问题与对策．地理学报，55（1）：1-12．

胡智，刘志雄．2005．中国经济开放度的测算与国际比较．世界经济研究，(7)：10-17，25．

黄顺泉．2011．我国制造业集聚与港口发展关系的动态面板数据模型．上海海事大学学报，32（3）：25-31．

惠凯．2004．临港产业集聚机制研究．大连理工大学博士学位论文．

姜丽丽，王士君，刘志虹．2011．港口与城市规模关系的评价与比较——以辽宁省港口城市为例．地理科学，31（12）：1468-1473．

姜丕军．2010．交通运输促进经济集聚和扩散的机理与对策．物流技术，(Z1)：25-28．

金祥荣，朱希伟．2002．专业化产业区的起源与演化——一个历史与理论视角的考察．经济研究，(8)：74-82，95．

金煜，陈钊，陆铭．2006．中国的地区工业集聚：经济地理、新经济地理与经济政策．经济研究，(4)：79-89．

寇亚明．2005．全球供应链：国际经济合作新格局．西南财经大学博士学位论文．

李爱国，黄建宏．2006．运输成本对空间经济集聚与扩散活动的影响．求索，(7)：9-11．

李翀．1998．我国对外开放程度的度量与比较．经济研究，(1)：28-31．

李红艳．2009．中国经济内外型结构演变及其对经济增长作用的实证研究．统计与决策，(10)：115-117．

李赖志，宋力．2005．发展产业集群，提升大连企业核心竞争力．大连大学学报，(1)：1-3．

李琳，杨田．2011．地理邻近和组织邻近对产业集群创新影响效应——基于对我国汽车产业集群的实证研究．中国软科学，(9)：133-143．

李欠标．2011．发展海洋经济和海洋运输的思考．综合运输，(11)：66-70．

李双成，蔡运龙．2005．地理尺度转换若干问题的初步探讨．地理研究，24（1）：11-18．

李小建．1996．香港对大陆投资的区位变化与公司空间行为．地理学报，51（3）：213-223．

李小建.1997.新产业区与经济活动全球化的地理研究.地理科学进展,16（3）：18-25.

李小建.1999.改革开放以来中国工业地理学研究进展.地理科学,19（4）：332-337.

李小建,张晓平,彭宝玉.2000.经济活动全球化对中国区域经济发展的影响.地理研究,19（3）：225-233.

梁琦,黄利春.2009.马克思的地域分工理论、产业集聚与城乡协调发展战略.经济前沿,（10）：10-14.

梁双波,曹有挥,曹卫东,等.2009.港城关联发展的生命周期模式研究——以南京港城关联发展为例.人文地理,24（5）：66-70.

辽宁省地方志编纂委员会办公室.2001.辽宁省志（地理志.建置志）.辽宁：辽宁民族出版社.

林理升,王晔倩.2006.运输成本、劳动力流动与制造业区域分布.经济研究,（3）：115-125.

林毅夫,李永军.2001.对外贸易与经济增长关系的再考察.北京大学中国经济研究中心讨论稿系列.

刘鹤,刘毅.2011.石油化工产业空间组织研究进展与展望.地理科学进展,30（2）：157-163.

刘继生,张文奎,张文忠.1994.区位论.南京：江苏教育出版社.

刘瑞玉,胡敦欣.1997.中国的海岸带陆海相互作用（LOICZ）研究.地学前缘,（Z1）：198.

陆大道.1979.工业区的工业企业成组布局型及其技术经济效果.地理学报,34（3）：248-264.

陆大道.2002.关于"点—轴"空间结构系统的形成机理分析.地理科学,22（1）：1-6.

陆大道.2003.中国区域发展的新因素与新格局.地理研究,22（3）：261-271.

陆大道.2006.当代中国科学思想库：关于我国大规模城市化和区域发展问题的认识和建议.北京：科学出版社.

陆大道.2009.关于我国区域发展战略与方针的若干问题.经济地理,29（1）：2-7.

陆大道,樊杰.2009.2050：中国的区域发展——中国至2050年区域科技发展路线图研究报告.北京：科学出版社.

路江涌,陶志刚.2006.中国制造业区域聚集及国际比较.经济研究,（3）：103-114.

路林书.1988.外向型经济与中国经济发展.北京：机械工业出版社.

栾维新等.2004.海陆一体化建设研究.北京：海洋出版社.

罗龙.1990.当代经济发展中的开放度问题.北京：中国对外经济贸易出版社.

罗勇,曹丽莉.2005.中国制造业集聚程度变动趋势实证研究.经济研究,（8）：106-115,127.

罗肇鸿.1998.世界经济全球化的积极作用和消极影响.太平洋学报,（4）：3-12.

马丽,刘卫东,刘毅.2004.经济全球化下地方生产网络模式演变分析——以中国为例.地理研究,23（1）：87-96.

潘峰华,贺灿飞,孙蕾.2008.外商直接投资溢出效应——对江苏和浙江制造业的实证研究.地域研究与开发,27（3）：21-25,43.

庞英,张晖.2006.跨国公司对我国东部沿海区域技术进步效应的研究.国际贸易问题,（8）：71-75.

仇保兴.1999.小企业集群研究.上海：复旦大学出版社.

荣朝和.1995.运输发展理论以运输化为主要线索的新进展.北京交通大学学报,19（4）：502-508.

史培军,王静爱,陈婧,等.2006.当代地理学之人地相互作用研究的趋向——全球变化人类行为计划（IHDP）第六届开放会议透视.地理学报,（2）：115-126.

苏德勤.1999.现代港口功能发展及其代别划分.中国港口,（1）：34-36.

孙贵艳,王传胜,肖磊,等.2011.长江三角洲城市群城镇体系演化时空特征［J］.长江流域资源与环境,20（6）：641-649.

唐杰等.1989.城市产业经济分析：一项经济案例研究.北京：北京经济学院出版社.

田明,樊杰.2003.新产业区的形成机制及其与传统空间组织理论的关系.地理科学进展,22（2）：186-194.

田野，马庆国．2008．沿海三大经济圈产业结构现状与协同发展初探．科学学研究，26（5）：962-969.

童昕，王缉慈．1999．硅谷—新竹—东莞：透视信息技术产业的全球生产网络．科技导报，28（9）：14-16.

童昕，王缉慈．2002．全球化与本地化：透视我国个人计算机相关产业群的空间演变．经济地理，22（6）：697-700，705.

王海平，刘秉廉．2000．现代化港口城市的内涵与特征——兼论港口经济．港口经济，（1）：9-13.

王宏远．2009．我国中小企业空间分布格局研究．中国科学院地理科学与资源研究所博士学位论文．

王缉慈．2002．地方产业群战略．中国工业经济，34（3）：47-54.

王缉慈．2004．关于中国产业集群研究的若干概念辨析．地理学报，59（S1）：47-52.

王缉慈，童昕．2001．简论我国地方企业集群的研究意义．经济地理，21（5）：550-553.

王缉慈等．2001．创新的空间：企业集群与区域发展．北京：北京大学出版社．

王列辉．2010．国外港口城市空间结构综述．城市规划，34（11）：55-62.

王强，伍世代．2007．基于SOM神经网络的城市圈内部差异性探究——以厦漳泉城市圈为例．福建师范大学学报（哲学社会科学版），3：17-22.

王伟伟，王鹏，郑倩，等．2010．辽宁省围填海海洋开发活动对海岸带生态环境的影响．海洋环境科学，29（6）：927-929.

王志锋，杨少丽．2011．FDI对东部沿海三大都市圈经济增长作用的机制比较研究——基于长三角、珠三角、京津冀代表性城市的实证分析．经济社会体制比较，158（6）：112-119.

魏浩，王宸．2011．中国对外贸易空间集聚效应及其影响因素分析．数量经济技术经济研究，28（11）：66-82.

魏后凯．2006．现代区域经济学．北京：经济管理出版社．

魏后凯．2009．金融危机对中国区域经济的影响及应对策略．经济与管理研究，（4）：30-38.

魏后凯，贺灿飞，王新．2002．中国外商投资区位决策与公共政策．北京：商务印书馆．

魏权龄．2004．数据包络分析．北京：科学出版社．

吴传钧，高小真．1989．海港城市的成长模式．地理研究，8（4）：9-15.

吴岱明．1987．科学研究方法学初探．武汉大学学报（社会科学版），（3）：41-46.

吴国付，程蓉．2006．港口对地区经济贡献度研究．武汉理工大学学报（交通科学与工程版），30（3）：535-538.

吴永富．1997．国际集装箱运输与多式联运．北京：北京人民交通出版社．

谢守红．2008．中国城市外向型经济发展研究．经济经纬，（2）：68-70，96.

徐康宁．2001．开放经济中的产业集群与竞争力．中国工业经济，（11）：22-27.

晏维龙，袁平红．2011．海岸带和海岸带经济的厘定及相关概念的辨析．世界经济与政治论坛，（1）：82-93.

晏维龙．2012．海岸带产业成长机理与经济发展战略研究．北京：海洋出版社．

杨宝良．2005．我国渐进式改革中的产业地理集聚与国际贸易．上海：复旦大学出版社．

余永定．2002．世界经济形势分析与预测评析．世界经济，（3）：3-8.

约翰·冯·杜能．1986．孤立国同农业和国民经济的关系．北京：商务印书馆．

张二震．2003．国际贸易分工理论演变与发展述评．南京大学学报（哲学·人文科学·社会科学版），40（1）：65-73.

张颢瀚．2009．论长三角港口群、区域与交通发展的一体互动．南京社会科学，（1）：12-16.

张华．2007．中国制造业空间集聚与区域经济增长．中国科学院地理科学与资源研究所博士学位论文．

张晋青．2010．辽宁省海洋运输业发展研究．资源开发与市场，26（9）：817-820.

张青贵 . 2004. 人工神经网络导论 . 北京：中国水利水电出版社 .

张同升，梁进社，宋金平 . 2005. 中国制造业省区间分布的集中与分散研究 . 经济地理，25（3）：315-319，332.

张耀光 . 2008. 从人地关系地域系统到人海关系地域系统——吴传钧院士对中国海洋地理学的贡献 . 地理科学，28（1）：6-9.

张耀光，韩增林，刘锴，等 . 2010. 海岸带利用结构与海岸带海洋经济区域差异——以辽宁省为例 . 地理研究，29（1）：24-34.

赵礼强，高燕 . 2011. 辽宁港口物流运作比较研究 . 物流科技，34（1）：10-12.

郑弘毅 . 1991. 港口城市探索 . 南京：河海大学出版社 .

郑适 . 2010. 中国产业发展监测与分析报告 . 北京：中国经济出版社 .

朱坚真，刘汉斌 . 2012. 中国海岸带的划分范围及空间发展战略 . 创新，6（4）：38-42，126.

朱英明 . 2003. 产业集聚研究述评 . 经济评论，（3）：117-121.

朱英明 . 2005. 城市群经济空间分析 . 北京：科学出版社 .

庄佩君，汪宇明 . 2010. 港—城界面的演变及其空间机理 . 地理研究，29（6）：1105-1116.

邹逸麟 . 2012. 中国历史地理概述 . 福州：福建人民出版社 .

Lang R E, Dhavale D. 2005. Beyond Megalopolis: Exploring America's New "Megapolitan" Geography. Metropolitan Institute at Virginia Tech Census Report5: 1.

Morrill R. 2006. Classic map revisited: The growth of Megalopolis. Professional Geographer, 58（2）：155-160.

Shi H, Singh A. 2003. Status and interconnections of selected environmental issues in the global coastal zones. Ambio, 32（2）：145-152.

Sloan N A, Ugandhy A S. 1994. An overview of indonesian coastal environmental management. Costal Management, 22（3）：215-233.

后 记

一

辽宁海岸带功能区划是辽宁省人民政府从空间治理的需求出发、提出的"计划外"的一种特殊类型国土空间规划。2010 年之后，在实施辽宁省海岸带的"五点一线"战略过程中，海岸带各地方政府发展积极性格外强烈，使海岸带的工业园区猛增到 40 多个，海港建设的意愿也异常强烈，大港选址方案应接不暇。如何有效地控制海岸带的开发与保护，对应该开发的岸段进行有序、集约、高效的开发；对应该保护的岸段进行严格保护，进而形成合理的海岸带国土空间开发保护格局，避免盲目开发、重复建设、严重损害海岸带美丽面貌，成为摆在辽宁省政府面前的一个难题。2012 年初，辽宁省政府提出这样的需求：编制一个规划或形成一个海岸带分区方案，用不同的颜色表示可用于开发的岸段、应严格保护的岸段，作为省政府重新审视已批准工业园区和港口的依据及作为继续审批新的建设用地和城市规模的依据。这种从工作需求中提出探索空间治理新方式的要求，其实正是同我们课题组刚刚完成的主体功能区规划要达到的目的完全吻合。因此，我们就采用功能区划的方式，完成辽宁省人民政府委托的《辽宁海岸带保护和利用规划（2012—2020）》（简称《规划》），在省级以下空间尺度上探索功能区精准落地的科学途径和规划手段，《规划》与当时全国开展的其他类型的空间布局类规划完全不同，具有创新性。简单地说，《规划》旨在具体划定海岸带不同类型功能区，对各部门和各地区在海岸带保护和利用方面实行最严格的规范和管理，促进海岸带人口经济合理布局与海岸带资源可持续开发利用。

辽宁省人民政府委托中国科学院地理科学与资源研究所牵头《规划》研制工作。《规划》项目领导小组组长由时任辽宁省委副书记、省长陈政高担任，副组长由时任副省长邴志刚及时任大连市委副书记、市长李万才担任。中国科学院地理科学与资源研究所樊杰研究员担任《规划》项目组组长，张文忠研究员担任《规划》项目组副组长。

2012 年 2 月 29 日，辽宁省人民政府在盘锦市召开《规划》领导小组会议，正式启动编制工作。《规划》是以约束性为主的综合布局规划，是指导辽宁省各类海岸带资源保护与利用、综合交通运输体系与沿海现代物流发展、沿海城镇发展和产业布局、沿海生态系统和环境保护、对外开放合作等规划方案编制与实施的纲领性文件，是辽宁省各部门和海岸带各地区编制各类相关规划的重要依据。《规划》通过评审后，由辽宁省人民代表大会批准实施，对海岸带按照功能定位进行保护利用具有法律效应。

二

《规划》编制工作历时整整一年。在详细制定工作技术路线、充分研读辽宁省相关文献和辽宁海岸带及相关各类规划，以及学习重大国土空间开发保护政策文件的基础上，开展了辽宁省沿海地区集中外业调研工作。调研组先后考察了丹东、大连、营口、盘锦、锦州、葫芦岛6个地级市和省直管的绥中县，与近百个部门进行了座谈交流，对200多个产业园区、城镇建设区、生态功能区、农（渔）业生产区、旅游休闲区及重点建设项目进行了实地走访调研。调研主要包括两方面工作：一是集中座谈，了解各地诉求。课题组专家与各地发展和改革委（局）、国土资源局、住房和城乡建设委员会、环境保护局等多个管理部门、机构进行了深入交流。二是实地调研。分总体战略与旅游组、城镇-工业园与港口物流组、农业-生态组3个小组对各地海岸带保护与利用所面临的重大问题进行重点考察和调研。

在调研结束后，课题组开始确定初步撰写思路，并于2012年8月17日向省领导和有关部门、地方政府进行汇报。辽宁省副省长、《规划》编制领导小组副组长邴志刚参加会议。《规划》思路的重点是辽宁海岸带的战略定位、工作技术流程和基础评价结果、功能布局和岸段区划的基本原则与控制性参数确定。《规划》思路得到与会者的充分肯定，被认为是"体现了国家级学术研究和规划团队的领先水平，是多年来辽宁省空间规划中最优秀的规划成果"。

而后，开始着手编制《规划》方案，在初稿、修改稿形成后，广泛征求部门和地方意见，反复修改完善，并分别向省人民代表大会和陈政高省长汇报。2012年10月25日，中央电视台《新闻联播》播出"'科学发展 成就辉煌'辽宁：开发保护并重打造海岸经济带"新闻，我就海岸带功能区划进行了简要解读。2013年3月19日，辽宁省沿海经济带开发建设领导小组办公室在北京组织召开《规划》专家评审会，专家评审组组长由陆大道院士担任。专家评审组在认真听取我的汇报、审阅有关成果后，一致认为：《规划》在指导思想、保护利用原则、功能区域定位及布局方案制定等方面反映了科学发展观和生态文明建设的要求，编制技术路线合理，研究方法科学，反映了我国新时期空间规划的前沿理念，对推进我国生态文明建设和优化国土空间格局具有示范意义。特别是人类社会经济活动受海岸带吸引的趋势将长期存在，岸线资源的重要性、稀缺性将越来越突出，《规划》为辽宁海岸带的保护和利用提供了科学依据和可操作的方案。

2013年5月29日，《规划》在辽宁省第十二届人民代表大会常务委员会第二次会议上通过。这类空间布局规划能够得到省人民代表大会批准实施，在国内也是极其少有的。

三

地域功能理论和功能区划方法是我及我的科研团队自2002年以来致力于探索的人文地理学新领域，也是致力于为我国国土空间规划的空间治理建构科学基础和技术途径。在全国尺度和省域尺度上，主体功能区成为这一系列探索中的主要成果，其中包括：①以区域综合均衡替代区域经济发展水平均衡，解释区域发展格局变化核心驱动力和空间结构有序化过程；②从生态系统服务功能、土地利用规律、人口集聚疏散过程、产业经济区位理论等多维度，建构地域功能的成因及其空间格局演变的机理；③国土空间开发利用格局同地域功能及其结构的耦合程度，决定着地理格局的可持续性，地域功能认知及其调控的目标参数就是形成可持续的地理格局；④识别地域功能，其基础工作是资源环境承载能力评价，如果综合考虑评价单元的地理位置与单元组成的整体性，这种评价就拓展为地域功能适宜性评价。主体功能区早期表达是以开发方式为主线的，所以地域功能适宜性也被称为国土空间开发功能适宜性。这个所谓"双评价"的方法成为现今国土空间规划的基础工作。

在全国尺度和省级尺度，如果将功能定位单元确定为"县"，我们的研究工作的精度及其政府工作管理的层级，都没有必要也不大可能对每个县的所有或大部分地域功能进行定位。这样，选择一项主要功能定位不仅很好地解决了空间结构有序问题，也很好地解决了科学的精准程度问题。问题在于，如何使国家和省级主体功能定位在空间上得以精准落地，就成为主体功能区规划能否在全国空间治理体系中发挥应有作用的关键。对此，习近平总书记有明确的指示。探讨主体功能精准落地问题转换成科学问题，就是大空间尺度、粗颗粒的功能分异格局，如何能够在降尺度过程中实现功能有效传导的问题。围绕这一核心问题，辽宁海岸带的功能区划研究做了探索性工作，取得了创新性成果。

创新点之一是开拓性地建立了适于辽宁海岸带空间治理和地域功能谱系及相匹配的功能评价模型组，这一基本原理也同样适合于其他区域。根据国家和省级主体功能区的研究，将县级单元划分为4种地域功能类型，即城市化、生态安全、粮食主产和遗产保护。海岸带整体功能区划分为6种，即城镇、工矿、港口、农（渔）业、旅游、生态，实现了将省级尺度降为海岸带尺度时，对地域功能类型进行细分。其中，前三者即城镇、工矿和港口之和应该是上层位的城市化空间，生态和农（渔）业在很大程度上与生态安全和粮食主产一致，只有旅游是新的类型，既有源自城市化的子空间，也有源自粮食主产和生态安全的子空间。正是由于上层位的功能不同，可以看作二级功能区类型的旅游空间就具有了不同的开发利用属性——直接决定着开发强度与旅游方式，显然，源自生态安全空间的旅游子空间原则上只能发展生态旅游业。当空间尺度从海岸带降为县区尺度时，6类地域功能进一步细分，如农（渔）业板块被进一步细分为基础农业保护区、特色农业提升区、都市农业发展区、浅海水产养殖区、近海渔业捕捞区。这样，就形成了一个地域功能的谱系，随降尺度过程而得到进一步细化，功能多样性得以增加。这样，针对每一种地域功能的识别都要从该功能的成因学机理上，构建指标体系或分类方法，这就形成了一套以功能类型为指向的识别指标体系与算法，即功能评价模型组。也就是说，未来在全国进行主体功能区精准落地，就要首先建立从国家-省级主体功能区划的地域功能类型开始，空间降尺度形成不同省（自治区、直辖市）的地域功能类型划分并持续降尺度到乡镇层级，基层的地域功能其实就是具体的功能板块而不再是主体功能，针对不同层级的不同地域功能类型形成不同的识别指标体系与算法，而背后是支撑运算的数据库。地域功能谱系、与之相配的地域功能识别方法构成的模型组、支撑识别方法实现的数据库，成为主体功能区精准落地的三大基本构件。

创新点之二是形成了"自上而下"的控制参数与空间结构同"自下而上"的"承载力"相结合的功能确定技术方法。以上的三大基本构件解决的核心问题,是功能"自上而下"的分类,但不同层级的功能识别都是基于指标体系对国土空间进行不同分辨率的评价而取得的结果,本质上,是基于资源环境承载力评价的"自下而上"的方法。资源环境承载力评价可以给出不同地块之间同一个指标的排序结果,但如何确定功能划分的阈值,其实在进行全国和省级主体功能区划时就是一个重要的参数确定方法。关于这一点,很多学者在评论主体功能区划技术方法时并未特别关注。为了求得该阈值,需要的控制性参数其实就是对国土空间需求的总量指标。具体对辽宁省海岸带而言,这个地域范围内要居住的人口总量及其城市化水平,这一指标无疑是决定着城市化空间进行"双评价"后应将划分阈值确定在哪个范围的控制性参数;粮食产出要求、港口吞吐量总目标、GDP和工业实现总产值及其结构等指标也同样重要。具体技术方法中,要从两个维度综合确定具体地域功能类型的阈值,一个维度是在总量指标下按评价顺序截取下来的阈值,另一个维度则是对一个地块不同评价顺序之间的相对必选而对阈值的校正。也就是说,最后确定的地域功能划分阈值,既能使其在该地域功能的评价排序中符合择优录取的原则,又能使任何一个地块多种地域功能确定结果符合评价的相对重要类型得以优先的原则。这种总量控制下的阈值选择方法,如果再将城镇化空间结构演变规律、工业布局空间区位指向特征、旅游线路设计原理等要素给出的不同地域功能的空间结构作为战略格局,那么,不同地块在该战略格局中的位置就被赋予不同的权重,将该权重考虑其中,无疑提升了地域空间适宜性在最终地域功能确定中的分量,从而使地域功能类型划分和地域功能空间组织成为"自上而下"与"自下而上"有机结合的结果,其科学性将有显著提升。在全国主体功能区划中,由于只是主体功能而非所有功能,我们在全国人口总量峰值且满足75%以上的城市化率的总量控制下,划分出城市化为主体功能的空间,该空间未来能够容纳全国65%左右的城市化人口。而"两横三纵"的城镇化战略格局就是"自上而下"的空间结构参照,同时也是主体功能区成为战略指引的重要产出成果。

创新点之三是实现了开发强度和空间结构的功能传导过程与总量平衡。地域功能的传导,在功能谱系、识别指标体系、算法及总量控制、空间结构调控等方面,还无法满足精确到定量的要求。通过研究可以看出,不同地域功能在开发强度、生态-生产和生活空间比例的数量化空间结构方面,都呈现有规则的变化。城市化和工矿区的开发强度居高,而生态安全功能板块开发强度应该是最低的。如果我们针对不同功能类型确定出空间开发强度——至少应该确定出最大开发强度、最小保护强度的两个边界值,给出一个变化幅度,无疑对功能区指导国土空间规划而后进行规划实施动态监测与评估,具有很好的定量依据。如果能够将生态、生产和生活空间的"三生"比例进行确定,给出随着发展"三生"比例变化的总体趋势,其实就可以起到如同三次产业结构变化趋势对一个地区制定经济社会发展规划的指导作用。空间结构的有序化其实就应当成为国土空间规划的基本依据和理论指南。我们在辽宁海岸带功能区划中进行了有益的探索。虽然没有前瞻性地给出令所有人信服的空间开发强度、空间结构数量比例等,但采用这些指标可以进行空间有序化管控得到了大家的共识。特别是有了这些数量化结果,就能够建立全域的总量平衡关系,换句话说,一个区域要增加自己的开发强度,就意味着要减少其他区域的开发强度,否则全国的国土空间供给就过剩。而开发强度的增加又意味着生态或农业等空间比例将被缩小，从而影响生态安全和粮食安全。这些平衡关系，成为一种情景，在协调各地区之间矛盾冲突和综合平衡各部门的利益时，是最具有说服力的依据，也是辽宁海岸带功能区划方案可以得到省人民代表大会通过的主要科学基础。

四

《规划》编制的一年，是我从事科研工作以来身体健康状况最糟糕的一年，更没有想到的是，糟糕的后遗症持续了 5 年之久。在接受辽宁省委托海岸带规划的前一年，我在云南参加国务院西部开发领导小组办公室组织召开的西部大开发工作座谈会时，突感头晕，此后头晕就终日缠身。也许头晕几个月下来已经习以为常，也许是采用针灸、拔血罐、吃中药等多种办法无济于事，我便产生了藐视头晕的心态，带病启动《规划》编制工作。我在辽宁省政府组织召开的项目开题论证会上汇报了我们的工作思路，我自己起草工作详细方案并组建项目队伍，同每个专题负责人研讨工作的技术路线和具体任务，我坚持每次规划研制都要有创新的工作习惯和科研作风，经常与同事进行探讨并亲自带队开始从丹东沿辽宁海岸带南下、逐个县区进行调研。在整个过程中，头晕一直"伴随"我左右。

当时心里清楚是病了，但一门心思就是想先把辽宁海岸带的外业调研做完，回到北京后再去医院彻底检查。然而，当考察到了盘锦，突发高烧……我不得不请张文忠研究员带队继续调研，自己留在了宾馆。当时我清楚地记得，高烧加重了晕眩，浑身乏力。在宾馆待着，坚持完成了领导署名的一篇文章，通过电子邮箱发给了领导秘书后，才感觉到腿一侧红肿起来，疼得不能动了。后来知道，这是丹毒，源于免疫力减弱后的真菌感染。无奈，第二天早上被直接送回北京，医院检查后直接住院。半个多月的住院--有生第一次住院、第一次输液治疗丹毒，而后转换科室又住院近 1 个月治疗，最后也没有搞清楚什么病，最后定为"综合性脑供血不足"。

不是要写自己的痛苦，而是想写我的感谢！辽宁海岸带的工作没有因为我中途被送回北京住院（长达 2 个月）而中断，时间计划上得以保障，成果质量上得到肯定。我要由衷地感谢我的同事、我的学生……首先要感谢张文忠研究员，他作为辽宁海岸带项目组的副组长，在我生病后一直带队完成了外业调研，并主持了项目总结的前半段工作。他也是一个对自己、对工作极其认真的人，正是他的认真和上心，辽宁海岸带的工作才得以在进度和质量两个方面有所保障。说句类似电影台词的一句话：我才放心了。我才放心地治病住院，我才放心最后信心满满地去辽宁汇报结题。谢谢文忠！其次我要感谢我的 3 位同级博士研究生--王强、洪辉和周侃。那一年我招收了 3 位优秀的博士研究生，他们承担了远远超出博士研究生责任的工作，不仅主动为老师提供出行服务，整理好基础数据图件供老师们做进一步分析，而且坚持定期探视和照顾病中的我，还按时保质地完成了分配给他们的任务。他们现在在各自的工作岗位上都有出色的表现，王强成为福建师范大学"宝琛计划"中青年人才支持计划的学者，并受到了学院和学校领导的一致好评，是学校出色的年轻学者。洪辉是中国国际工程咨询公司区域发展与规划业务部的业务骨干，得到了领导的高度认可。周侃留在了我的研究团队，在资源环境承载能力评价和预警工作中发挥了骨干作用，曾担任《鲁甸地震灾后恢复重建：资源环境承载能力评价与可持续发展研究》一书的副主编。祝福他们在今后的人生与学业道路上，越走越宽广、越走越敞亮！

五

《规划》研究和编制团队是由以中国科学院地理科学与资源研究所区域可持续发展分析与模拟重点实验室的科技人员为主，联合了研究所水资源科学领域的专家，并同国家发展和改革委员会综合运输研究所的研究人员合作，共同完成的。为了更好地编制和实施《规划》、实施《规划》，辽宁省人民政府专门成立了"辽宁海岸带保护和利用规划编制办公室"，由时任辽宁省发展和改革委员会副主任、辽宁省沿海办专职副主任周喜鼎担任办公室主任，主要成员有辽宁省沿海办处长边茜，以及周铁生和马庆涛两位科长。他们的工作是非常到位、精心、优质的，无论是协助搜集资料、组织座谈会，还是安排我们的外业调研路线和日程，都是积极参与和尽力协助。他们与我们没有"甲方""乙方"的区别，大家心往一处想、劲往一处使。我们的工作是高效的、紧张的，也是愉快的，这都同他们的协助分不开。在这里，一并向周主任、边处长、周科长和马科长致谢！

这本专著，辽宁海岸带保护和利用规划编制办公室的全体同志都是幕后英雄，虽然没有一章标明他们某人是参与者、合作者，但其实他们都是全书的合作者、共同贡献者。同以往基于地方规划形成的研究专著一样，每一章都有全体课题组成员共同的心血，大家研讨、交流，贡献思想、分享资料。特别是周侃博士协助我进行了繁杂的全书统稿及事务性工作，王强和王亚飞博士与我合作对该项工作的科学性进行凝练、梳理，梁博博士生也为本书出版贡献了不少力量，在此一并感谢！我负责全书结构的总体设计、每章的核心学术思路和主要结论的把关，以及全书的统稿等工作。

以下是本书各章的主要执笔人。

第一章，功能区划的学术思想与核心结论，樊杰、王强、王亚飞；

第二章，海岸带开发保护的意义与目标，陈东、周侃；

第三章，国外海岸带开发保护的模式，郭腾云、王强；

第四章，海岸带开发适宜性评价与功能区划，徐勇、周侃、汤青；

第五章，工业功能区，张文忠、余建辉、李佳洺；

第六章，港口物流功能区，朱俊峰；

第七章，城镇功能区，刘盛和、戚伟；

第八章，旅游休闲功能区，牛亚菲；

第九章，农业渔业功能区，王岱；

第十章，生态保护功能区，王传胜；

第十一章，不同岸段功能区的发展导向，王强、陈东、周侃、洪辉、汤青、王志强；

第十二章，海岸带规划的支撑体系，陈明星、王志强、洪辉。

樊　杰

于中华人民共和国成立 70 周年前夕

和谐号火车上

附件　《辽宁海岸带保护和利用规划》文本

前　言

辽宁海岸带东起鸭绿江口、西至山海关老龙头，大陆岸线长 2110 公里。规划范围包括：海岸线向陆域延伸 10 公里、向海域延伸 12 海里（约 22 公里），陆域面积 1.45 万平方公里，海域面积 2.1 万平方公里。行政区划涉及丹东、大连、营口、盘锦、锦州、葫芦岛 6 市的 28 个县（市、区）。2011 年末，行政区划范围内总人口 1287.5 万人，占全省的 30.3%；地区生产总值 9211.6 亿元，占全省的 41.4%；人均地区生产总值 71546 元，比全省平均水平高 41.0%。

《辽宁海岸带保护和利用规划》（简称《规划》）是对国务院 2009 年批复的《辽宁沿海经济带发展规划》的落实和深化，是指导辽宁海岸带资源开发、生态保护、港口建设、产业发展、城镇布局的纲领性文件，是辽宁省各部门和海岸带各地区编制相关规划、进行项目布局、建设美丽家园的重要依据，对强化海岸带保护和规范海岸带各类开发行为、实现海岸带又好又快发展具有重大的现实意义和深远的历史意义。

《规划》是具有约束性的综合布局规划。规划基期为 2011 年，规划期到 2020 年。《规划》将国土空间划分为重点保护功能区和重点建设功能区。规划期内，严禁改变《规划》确定的国土空间保护和利用的性质；严禁改变《规划》确定的重点建设区位置和用地规模；严禁在《规划》确定的重点保护区内开展工业、城镇、港口等开发建设活动。

《规划》编制的主要依据是：《辽宁沿海经济带发展规划》和《辽宁省国民经济和社会发展第十二个五年规划纲要》。《规划》与相关部门规划和地区规划进行了充分衔接。在规划期内，规划范围内的建设用地指标按照国务院批复的《辽宁省土地利用总体规划（2006—2020 年）》执行，规划范围内的海域开发按照国务院批复的《辽宁省海洋功能区划（2011—2020 年）》执行。

第一篇　发展战略

辽宁海岸带正处于加快发展的战略机遇期，必须按照科学发展观和转变发展方式的要求，把握机遇、扬长避短，显著提升保护和利用水平，努力开创稳定、快速发展新局面。

第一章　发展背景

第一节　海岸带开发意义

有利于促进东北亚区域经济一体化进程。在东北亚区域经济一体化建设进程中，加快辽宁海岸带开发，有利于进一步增强辽宁沿海地区的综合实力和国际竞争力，提升辽宁乃至整个东北的对外开放水平；加快辽宁海岸带开发，有利于强化与东北亚国家和地区的合作，促进经济一体化进程。

有利于落实我国区域发展总体战略。在东部率先发展、东北老工业基地振兴的新阶段，加快辽宁海岸带开发，有利于实现东部资金、人才、技术的进一步集聚，促进环渤海经济圈的发展；加快辽宁海岸带开发，有利于海岸带扩张增量、提升品质、强化综合服务功能和龙头带动作用，引领东北老工业基地振兴。

有利于优化辽宁区域经济发展格局。在人口、产业向海集聚和开发蓝色海洋的发展趋势下，加快辽宁海岸带开发，有利于推动蓝色海洋经济的发展，实现开发重点由内陆向沿海延伸；加快辽宁海岸带开发，有利于促进区域协调发展，增强辽宁整体经济实力和竞争力。

有利于打造海岸带优越的人居环境。在以人为本、一切发展均应以满足人的生产、生活需求为基本出发点和落脚点的现代发展理念指引下，加快海岸带的科学开发、提升宜居环境支撑能力，有利于建设生态环境优美、工作条件优越、城乡品质上乘、宜居宜业的富庶美丽家园。

第二节　面临机遇与挑战

全面推进生态文明建设带来的机遇。生态文明建设要求将优化国土开发格局作为首要任务，要求按照人口资源环境相均衡、经济社会生态效益相统一的原则，控制开发强度、调整空间结构，加快实施主体功能区战略，构建科学合理的城市化、农业发展和生态安全格局。生态文明建设的要求为辽宁海岸带形成兼顾保护和利用的开发格局提供了机遇。

发展蓝色海洋经济带来的机遇。开发蓝色海洋是人类社会发展的长期趋势。开发利用海洋资源，发展蓝色海洋经济，实现人口、产业向海岸带地区集聚，已成为发达国家和我国发达地区成功的经验。辽宁海岸带具有发展海洋经济的资源优势和区位优势，目前海洋国土开发程度不高。蓝色海洋经济的建设，将为辽宁海岸带的发展提供机遇。

进一步推进东部沿海开发带来的机遇。改革开放初期，珠三角地区凭借临近香港的人缘地缘优势，推动了沿海第一轮开发（李小建，1996）。20世纪90年代，长三角地区依靠广阔的腹地和良好的生产配套能力，推动了沿海第二轮开发。当前，在创新驱动的背景下，环渤海地区有望凭借雄厚的科技和人力资源优势，引领沿海第三轮开发。开发重点的北移为辽宁海岸带的发展提供了难得的机遇。

深入实施东北老工业基地振兴战略带来的机遇。东北老工业基地振兴战略已实施两个"五年规划"，未来将着力推进辽宁沿海经济带和沈阳经济区等重点区域发展，着力深化改革开放和体制机制创新，着力增强科技创新能力和提升区域发展质量，着力加强生态环境保护，着力提高生态文明水平。东北老工业基地振兴战略的深入实施为辽宁海岸带的发展提供了机遇。

辽宁海岸带的发展也面临着诸多挑战。主要包括如何有序布局产业体系，缓解已经出现的产业同构和恶性竞争；如何依托科技创新实现海洋经济的战略性突破，不断提升竞争力；如何通过经济发展促进生态保护和社会建设，形成经济、社会、资源、环境全面协调可持续发展的局面。

第三节 发展优势与劣势

区位优势显著。辽宁海岸带是东北亚经济圈的重要组成部分,与日本和朝鲜半岛隔海隔江相望,与俄罗斯、蒙古空间临近;地处环渤海经济圈与东北老工业基地的接合部,是京津的经济辐射区,是东北地区出海的前沿区域,2011年出口和实际利用外资规模均占东北三省的50%左右。

腹地潜力巨大。广阔的东北腹地拥有丰富的自然资源、良好的产业基础、雄厚的技术人才储备,是具备较强人口、产业集聚潜力和后发优势的地区。实施东北老工业基地振兴战略以来,经济实力不断增强,2011年,东北三省地区生产总值达到4.5万亿元,是2005年的2.6倍。

资源丰富多样。土地资源丰富,平原面积占规划区的90%以上,有约3000平方公里的低产或废弃盐田、盐碱地、荒滩和滩涂。海域面积广阔,渔业资源丰富。宜港岸线资源丰富,有400公里的深水岸线,有多种近海亲海空间以及不同组合的自然景观。

发展基础雄厚。辽宁海岸带是全国装备制造业和重化工业基地,造船、机床、内燃机车、成套设备具有国际竞争力,石油化工、冶金工业在国内具有重要地位。拥有1个特大城市(大连)、4个大城市(锦州、营口、丹东、盘锦)和1个中等城市(葫芦岛)。

基础设施完善。沿海6个综合性港口与160多个国家和地区的300多个港口有贸易往来,沈山、哈大等干线铁路以及沈大、沈山、丹大、盘海营等高速公路形成了高效的集疏运交通网络,大连、丹东、锦州3个空港已开辟117条国内和36条国际航线。

辽宁海岸带的发展也存在着一些劣势和不足,主要包括局部地区水资源短缺,局部海洋环境恶化,区域合作的体制机制尚不健全,鼓励创业创新的环境尚未普遍形成。

第四节 保护与利用现状

开发利用全面展开,保护治理急需加强。港口、园区、新城区建设全面展开,海岸带国土空间开发强度迅速增加。与此同时,重开发、轻保护的现象较为普遍。自然岸线不断减少,滨海湿地生态退化,近岸海域水体质量未见好转,海洋灾害风险增加。

空间格局基本形成,布局无序问题突出。开发框架全面拉开,基本形成以大连为核心,以营口—盘锦都市区为重要集聚区,以锦州、葫芦岛和丹东为两翼的空间开发格局。由于缺乏统筹协调,海陆之间、区域之间、城镇之间缺乏衔接,保护和开发功能之间存在冲突,港口设施和产业园区重复建设现象依然严峻。

发展规模增速较快,发展质量有待提升。2011年地区生产总值占东北三省的比重为20.1%,比2005年提高7.2个百分点。但经济增长主要依赖投资拉动,产业结构以重化工业为主,现代服务业比重相对较低,高新技术产业和现代海洋经济起步缓慢。

基础设施明显改善,粗放开发比较普遍。新城区建设和旧城改造步伐加快,滨海景观带和绿色开敞空间得到一定程度的保护,基础设施和公共服务设施进一步完善,建设品质明显提升。但工业园区占地规模偏大、集约化程度偏低;港口资源开发各自为战,海港陆域和航道利用效率不高;城镇新区未能集聚足够的人口和产业,房屋空置和用地空闲问题亟待解决。

第二章 战略目标

第一节 指导思想

以邓小平理论、"三个代表"重要思想和科学发展观为指导，按照海岸带资源保护与资源利用相协调、陆域功能与海域功能相统筹、生活岸线与生产岸线相匹配、宜居与宜业相促进的要求，以人为本，因地制宜，加快功能区建设，优化空间结构，促进新型工业化、新型城镇化、农业现代化协同发展，推进东北老工业基地振兴和海洋强省建设的进程，努力把海岸带打造成为经济发达、社会和谐、生态文明、人民幸福的美丽家园，率先实现全面建成小康社会的目标。

第二节 发展原则

坚持因地制宜、分类管制的原则。以资源环境承载能力为基础，实施功能分类管制；确定不同板块和岸线的功能定位，规范开发秩序；推进功能区建设，努力实现从国土功能分工合作中出优势、从国土空间结构调整中出效益。

坚持集约开发、循序渐进的原则。合理控制园区规模，杜绝将降低门槛作为招商引资条件，合理引导企业向园区集中布局，提高产业空间利用效率；合理控制新城、新区建设数量和规模，引导人口向城镇集聚，避免分散布局；走新型工业化和新型城镇化道路，按步骤、循序渐进地推进海岸带建设。

坚持合理保护、持续利用的原则。在生态功能与开发建设功能出现冲突时，优先保障绿色生态空间的需要，绝不以牺牲环境为代价换取经济的一时发展；严格保护生态、农业渔业和旅游休闲功能板块，坚决取缔对各类重点保护区的蚕食行为；控制国土开发的规模和强度，禁止在沿海经济带的开发利用过程中产生新的污染源，确保海岸带资源可持续利用。坚持合作开放、统筹协调的原则。加强区内区外、国内国外的开放合作，加快区域一体化进程；加强海岸带陆域部分与海域部分的统筹，实现陆域和海域统一规划、统一功能、统一管理；加强不同功能区内部的统筹，避免国土空间开发失衡；加强不同地区间的统筹，促进区内互利合作与共同繁荣。

坚持改革创新、跨越发展的原则。探索园区和港口分工合作、地区间共同治理环境和保护生态、交界地带共建新城和新区的体制机制，逐步消除海岸带资源利用的竞争冲突；以体制改革和科技创新为动力，不断增强发展的软实力，促进创新能力提升与经济同步增长，实现辽宁海岸带较好较快发展。

第三节 功能定位

东北地区对外开放平台。充分发挥东北地区出海通道和对外开放门户作用，优化外商投资环境，提升外向型经济发展水平，强化金融中心、物流中心功能，增强发展活力和国际竞争力，打造对外开放平台。

环渤海经济圈临港产业带。依托现代化港口体系，利用国内外两种资源和两种市场，以发展现代装备制造、新型原材料和高新技术产业为重点，做大做强临港工业，打造环渤海临港产业带。

东北地区滨海宜居城镇带。合理利用近海、亲海空间，推进港区、园区、城区一体化建设，显著改善城镇生活条件和居住环境，做大做强中心城市，又好又快建设城市新区，做优做特小城镇，打造滨海宜居城镇带。

我国北方高品质滨海休闲旅游带。合理开发利用滨海旅游资源，发展现代旅游新业态，建设滨海特色休闲旅游目的地和滨海观光走廊，培育极具吸引力的旅游品牌，打造滨海休闲旅游带。

东北亚重要的国际航运中心。整合港口资源，拓展港口功能，分类推进港口发展，不断扩大港口物流规模，形成布局合理、功能完善、服务优质的现代化港口群，完善集疏运体系和航运体系，打造国际航运中心。

第四节　发 展 目 标

到 2020 年，把辽宁海岸带建设成为空间结构有序、经济实力雄厚、人居环境优越、社会和谐繁荣的幸福家园。

打造布局有序的空间结构。形成以海岸线为轴，成片保护、集中开发、疏密有致的战略格局。显著提升海洋与陆地统一管理、统一建设的水平。统筹配置浅海养殖岸线、港口岸线、工业岸线、城镇建设岸线、旅游景观岸线、生态保护岸线，自然岸线占海岸线总长度的35%以上，整治修复海岸线长度不少于200公里。

建设分工合理的功能区。形成定位明确、优势互补的重点建设和重点保护功能区，实现生产空间高效集约、生活空间适度宜居、生态空间山清水秀。陆域重点保护区和重点建设区比重控制在86：14，海域重点保护区和重点建设区比重控制在88：12，重点保护岸线和重点建设岸线比重控制在79：21。

形成实力雄厚的人口产业集聚带。经济保持快速发展，装备制造、原材料工业优势不断增强，旅游休闲产业、绿色农产品产业蓬勃发展，战略性新兴产业加速崛起，服务业加快发展。地区生产总值年均增长12%以上，实现人口和经济向海岸带的有效集聚。

营造和谐舒适的人居环境。资源消耗强度显著降低，单位地区生产总值能耗、水耗达到国内先进水平。污染物排放得到有效控制，空气质量优良天数比例稳定保持在90%以上，地表水水质显著改善，生态安全保障体系初步形成。海岸带防灾减灾能力明显加强，公共环境突发事件的应急机制基本建立。

第五节　前 景 展 望

空间结构更加优化。以全国主体功能区为引领，按照海岸带功能分区，辽宁海岸带的工业、城镇、港口、农业、旅游和生态格局得到不断完善。分工合作、良性互动的工业园区体系、港口体系和城镇体系基本成型，特色鲜明、品质优良的农业基地、旅游休闲地和生态保护区的生产和服务功能显著增强。

资源利用更加集约。国土资源闲置浪费和污染物超标排放现象得到极大改善，资源节约和环境保护的意识显著加强。园区和城镇建成区建筑密度和容积率有所提高，单位土地资源产出效率大幅提升。严格的水资源管理制度基本建立，水资源实现高效利用和循环利用。节能降耗体系趋于完备，资源节约和环境友好型社会基本形成。

经济实力更加雄厚。与京津合作进一步深化，创新驱动、科学发展的动力更加强劲。与东北老工业基地对接显著加强，内陆人口和产业实现向海岸带持续集聚。参与东北亚区域经济一体化程度加深，产业国际竞争力和影响力显著提升。新型工业化和新型城镇化得到积极稳妥推进，建设成为环渤海经济隆起带。

辐射带动更加有力。海岸带与东北内陆的区际综合运输通道得到完善，东北对外开放和联系的门户功能显著增强。区内外产业体系加快整合，资源互补、产业关联的发展格局基本形成。金融、研发、教育、医疗等生产生活性服务业的服务水平显著提升，对东北的辐射带动作用进一步加强。

宜居环境更加优美。滨海宜居城镇带和旅游休闲带的品牌建设取得辉煌成就，广大人民群众共享改革开放和海岸带建设的实惠。生产生活软硬环境得到全面改善，不断提高的人民生活水平对优越生活空间的需求、产业结构升级对高效生产空间的需求能够得到满足。

国土管理更加精细。依法行政、依规划行政得到全面贯彻执行，国土空间功能管制和国土空间结构优化显著加强。区域间互动合作机制运作有效，陆地国土保护利用与海洋国土保护利用得到合理统筹。计算机和遥感技术等科学手段普遍用于海岸带管理，规划实施管理与评估修订更加科学精准。

第二篇　总体布局

根据资源环境承载能力、现有开发强度和发展潜力，确定区域功能类型，优化国土空间结构，规范保护开发秩序，拓展开放合作领域，将辽宁海岸带建成环境友好、经济发达、社会进步、开放创新的现代化区域。

第三章　形成功能分区

第一节　划分依据

依据自然生态要素地域分异规律和资源环境对人类活动的空间适宜性要求，坚持尊重自然与以人为本相结合、合理保护与有序开发相结合、区际关联与内部均质相结合、近期建设与长远发展相结合的原则，科学合理地划分辽宁海岸带功能类型区。

自然本底条件。依据对地形条件、生态系统重要性、生态脆弱性以及海岸线资源利用适宜性评价结果，揭示地域功能定位趋向。关系生物多样性保护或较大范围区域生态安全的典型自然生态系统分布区、重要物种栖息地、重要水源涵养地、海岸滩涂湿地以及地形坡度在25°以上易发生水土流失和地质灾害的区域，应被作为重点保护对象。

保护利用现状。土地利用反映了地域功能类型的现状轮廓，依据土地利用合理性评价结果和用地建设强度，判定地域功能类型归属。依法设立的各类自然文化资源保护区域、林地、内陆滩涂以及地形坡度25°以上的退耕坡地属于重点保护类型，耕地、园地、农村居住用地以及适于旅游休闲和水产养殖的区域也划归重点保护类型；城镇、工矿和港口物流用地，人口和产业集聚程度高，建设强度大，属于重点建设类型。

开发建设增量。依据自然本底条件、后备适宜建设用地潜力和近海海域环境质量评价结果，统筹考虑辽宁沿海经济带发展战略及对海岸带开发建设的总体布局指向，综合权衡和核定城镇建设、产业园区和港口物流设施布局对国土空间占有增量规模和拓展方向，将2020年前的开发建设增量纳入重点建设类型。

第二节　区划方案

按照功能区划依据，在对自然本底条件、保护利用现状及开发建设增量需求进行单要素和综合集成评价的基础上，将辽宁海岸带划分为重点保护区和重点建设区。

重点保护区。主要功能是生态保护和水源涵养，以及粮食、农果产品、水产品生产和旅游休闲。包括依法设立的自然保护区、森林公园、地质公园和风景名胜保护区，林地、草地、内陆水域和滩涂，以及耕地、园地、农村居住用地、具有旅游休闲功能的滨海岸段和海岛等区域。陆域重点保护区面积为12 395.99平方公里，占陆域规划总面积的比重为85.66%；海域重点保护区面积为18 343.01平方公里，占海域规划总面积的比重为87.58%；重点保护岸线长度为1595.28公里*，占海岸带岸线总长度的78.76%。

重点建设区。主要功能是城镇建设、工业开发和港口物流。重点建设区是有一定经济基础、资源环境承载能力较强、发展潜力较大、可以进行规模化开发建设的城镇化和工业化区域。包括现状城镇、工业、港口码头用地和2020年前的规划建设用地。陆域重点建设区面积2074.32平方公里，占陆域规划总面积的比重为14.34%；海域重点建设区面积2600.57平方公里，占海域规划总面积的比重为12.42%；重点建设岸线长度430.32公里*，占海岸带岸线总长度的21.24%（附表3-1）。

附表3-1　辽宁海岸带功能区划

类型	陆域		海域		岸线	
	规划面积（平方公里）	占陆域规划总面积的比重（%）	规划面积（平方公里）	占海域规划总面积的比重（%）	长度（公里）	占海岸带岸线总长度的比重（%）
重点保护	12395.99	85.66	18 343.01	87.58	1 595.28	78.76
重点建设	2074.32	14.34	2 600.57	12.42	430.32	21.24

第三节　重点方向

重点保护区。加强陆域生态保护与建设，综合整治重点海域生态环境。陆域各类保护区、近岸岛屿和近海自然保护区禁止从事与生态保护目的不一致的开发活动。发挥区域优势，因地制宜发展特色农业、都市农业和经济林果业。适度开发岸线、海岛与内陆旅游资源，积极发展旅游休闲业及配套产业。合理利用沿海滩涂发展现代渔业养殖，适度发展近

---

*　矢量图测定岸线长度。

海捕捞业。

重点建设区。科学推进工业化城镇化进程，优化空间布局形态，提高空间利用效率，推动快速发展。节约集约利用资源，走新型工业化道路，推进产业升级，实现工业化与城镇化协调发展。优化提升城市综合职能和人居环境品质，重点培育有发展潜力和联动效应的新城区。

第四节　建设任务

重点保护区。保护自然生态系统和重要物种栖息地，防止生态建设对栖息环境的负面扰动；加快土壤侵蚀治理，严格保护具有水源涵养功能的自然植被。完善农田基础设施建设，推进基本农田标准化改造，巩固高产稳产粮食主产区。鼓励特色农果业、水产养殖业规模化经营，提高品质、单产及现代化管理水平；强化农渔业仓储物流和加工能力建设，促进产业化发展。加快滨海旅游休闲空间改造建设和旅游服务业发展，推进新城区发展与旅游功能的融合，形成高品质旅游新城区和滨海都市旅游圈。打造海岛旅游链，提升海岸带旅游吸引力。适度集中布局农村居民点，配套完善农村基础设施和公共服务设施。

重点建设区。分类引导各类工业园区发展，提升国家级园区的整体实力和竞争力，提高省级园区产业集群质量。协调推进港口城市、工业城市和中心城市建设，优先发展城市新区，改造提升老城区，适度控制中心镇以下城镇建设空间，将海岸带打造成国家级沿海城镇带。重点建设综合性港口，适度发展地方性港口，完善陆岛运输及旅游码头、渔港建设。

第五节　管制原则

保障经济社会发展。根据海岸带经济社会发展条件和总体规划、部门规划需求，以优化空间结构为导向，以推进功能区形成为抓手，结合重点岸段的战略定位、功能分区和建设布局，保障经济社会全面发展。

提升空间利用效率。合理调整用地结构，逐步控制和压缩农村居住用地，有序扩大城市建设用地和工业用地；促进土地集约利用，合理分配存量用地，在挖潜提升现有用地效率的基础上适度扩大新增建设用地配给规模。

坚持生态环境为本。依据法律法规实施强制性保护，严格控制人为因素对自然生态和文化自然遗产原真性、完整性的干扰，严禁不符合功能定位的各类开发活动，引导人口逐步有序转移，实现污染物"零排放"，提高生态环境质量。

严格保护基本农田。实行全面规划、合理利用、用养结合、严格保护的方针，明确基本农田保护的布局安排、数量指标和质量要求，确保基本农田数量不减少、质量不下降，严禁占用基本农田。

塑造美丽岸线景观。充分发掘海岸带自然、人文旅游资源，保持岸线景观的连续性、完整性。合理安排沿岸城镇与工业布局，将旅游服务功能和休闲功能的打造作为新城区建设的重要内容，塑造具有魅力的岸线景观。

第四章 优化空间结构

第一节 构筑基本框架

着眼陆域海域长远发展，因地制宜，统筹兼顾，打造成片保护、集中开发、进度有序、疏密有致的保护开发格局，勾绘海岸带功能布局互为支撑、开发保护协调并行、国土空间高效利用、人与自然和谐相处的美好蓝图。

以黄海、渤海岸为两翼，推进区域协调发展。加速渤海岸线集约开发，强化新城新区建设，壮大提升都市区规模和品质，推进城市化发展，打造东北地区人口和产业集聚带；有序推进黄海岸线低密度开发，点状建设，片区保护，形成生态保护、特色发展并举的开发格局，为未来地区可持续发展留有空间。

以海岸线为纽带，统筹海域陆域保护利用格局。加强海岸线向陆地侧延伸10公里陆域、向海洋侧延伸12海里海域功能衔接，同步强化海陆生态保护与污染防治，有序推进岸线开发与陆域建设，实现海陆空间统筹发展、协调布局、互惠互利、共建共赢。

以园区、城镇、都市区为主要形态，塑造集聚集约的重点开发格局。积极培育重点镇、规模较小的园区和新城区，逐步形成职能定位明确、设施网络完善、规模集约发展的新增长极，缓解旧城资源环境压力，引导人口、产业向新城新区有序集聚。协调相邻城镇间竞合关系，强化跨区域城镇内部分工协作，加快基础设施共建共享，推动同城化进程。提升大连核心地位，强化营口—盘锦重点支撑作用，壮大锦州—葫芦岛渤海翼和丹东黄海翼，优化四大都市区内部空间协调布局，提升区域整体竞争力。

以斑块、廊道、保护区为重点，构建网络状的生态保护格局。加强城区、园区、路网绿化建设，增加人口、产业集聚区绿地面积。保护岸线、河流和林带的开放特性，加快形成海岸带生态廊道。严格自然保护区、森林公园、风景名胜区管控措施，扩大水源涵养林、沿海防护林、陆域和海域动植物的天然空间。连接生态源地与生态斑块，构建网络状的生态安全格局，维护自然风貌，提高生态服务功能和景观资源品质。

以复合高效利用海岸带国土空间为目标，打造疏密有致、集中与分散相结合的开发格局。优先保护、适度开发，稳定粮食生产安全，增强旅游服务功能，形成点开发、线利用、面保护的空间结构。因地制宜发展资源环境可承载的农业渔业和休闲旅游产业，引导超载人口有序向城镇转移。稳定耕地数量和质量，强化基本农田保护，控制农村居民点扩展。按照旅游发展要求，保持岸线、滨海观光道景观的连续性和完整性，合理布局旅游休闲服务网点，逐步形成资源节约型、环境友好型的产业结构。

第二节 统筹海陆配置

按照优先保护、差别开发的总体要求，强化海陆国土空间功能定位，明确岸线、海域、陆域国土空间的保护和发展重点，统筹海陆国土空间的保护利用。

加强海陆生态同步保护。加强陆域生态保护和生态建设，维护河口湿地、沿海防护林、滩涂生态系统安全，同步推进邻近海域污染防治与开发管制；实施重点海域生态综合整治，同步保护、修复邻近陆域重要生态功能区。保持海陆生态系统完整性，促进生态系统良性循环。

强化海陆资源协调开发。综合评价海陆资源环境承载能力与开发利用适宜性，科学规划，合理定位，协调海陆功能布局，统筹海陆开发与保护配置，明确岸线生产与生活分工，逐步减少高强度水面养殖规模，提升海洋可持续发展能力，保证海陆生产、生活空间格局稳定。

合理控制海陆开发节奏。严格实施围填海年度计划制度，遏制围填海增长过快的趋势，确保地区围填海控制面积符合国民经济宏观调控总体要求，保障经济开发程度与海洋生态环境承载能力相适应，节约集约用海用地，维持不同功能区间功能互不干扰、协调共存。

拓展海陆统筹规划领域。加强沿海地区行业规划、空间规划之间相互衔接，协调利益主体用海用地矛盾，构建海陆协调发展规划体系，统筹海陆设施共建共享，推进海陆污染同防同治，提升海陆资源环境承载力。

第三节　优化功能组合

按照推进形成海岸带功能区的要求，以海岸带可持续发展为核心，以生态安全格局为基准，以发展壮大区域经济为重点，以实现生产空间集约高效、生活空间宜居适度、生态空间山清水秀为方向，优化生产、生活、生态空间组合，促进人口、经济、资源环境协调发展。

推动港区、园区、城区一体化。提升港口物流集散辐射能力，提高资源配置利用效率，推动邻近港口城镇的产业园区对外开放和产业结构升级；加快现有邻近城镇产业园区、港口园区建设，发挥城镇辐射带动作用，降低产业园区基础设施建设、社会服务配套投入成本，规避重复建设和低效利用，促进地区工业化与城镇化的协调发展；引导人口劳动力有序向城区集中居住，提升城镇对港口及产业园区的服务支撑能力，推动滨海房地产业和城市综合服务业发展；预留生态和农业空间，优化城市化工业化地区生态环境，满足居民生活需求。

构筑宜业宜居环境。以海岸线及海湾、河道水系、生态廊道和城镇间通道为基本骨架，以重点生态保护地段为节点，以农渔业用地为片区，加强生态建设和环境保护，科学保护与开发海陆资源。加大特色文化挖掘、历史遗迹保护、生态景观修复力度，加快特色旅游和都市农业发展。推进城乡基础设施一体化和基本公共服务均等化，提高城市化工业化地区居民生活水平，努力建设风光秀美、生态和谐、功能齐全、设施先进、交通便捷的宜业宜居宜游空间。

发展海陆循环经济。积极探索统筹海陆的循环经济发展模式，加快城市化、工业化、农业规模化生产地区循环经济发展。建设一批循环经济产业园区与重点绿色节能工程，增强创新型城市科技服务功能，推动城市与园区之间"产、学、研"一体化发展进程。加大能源资源节约和高效利用技术开发和应用力度，降低生产空间、生活空间对生态空间的负面影响。

优化功能复合空间。推动海水养殖业、休闲农业及都市农业发展，提高农业的旅游价值；创新发展工业园区、港口旅游业态，推进产业结构优化升级；保护城镇组团间自然生态系统与农业发展空间，优化城市化地区生态环境；加快虚拟空间构建，节约实体空间；增大复合空间在海岸带开发中的比重，提升资源、空间利用效率。

第五章 构建开放格局

第一节 提升对辽宁的带动能力

发挥临海及对外开放合作便利的优势，强化与省内其他地市公共基础设施一体化建设，全面提升对辽宁全域的辐射、引领和带动能力。

强化辐射引领作用。打造全省城镇化、工业化引领区，鼓励人口与产业向海岸带集聚。打造全省产业结构优化升级的先导区，推动战略性新兴产业和先进制造业在海岸带率先发展，带动全省产业转型升级。打造全省转变发展方式的示范区，以宜居宜业环境建设为重要内容，强调经济发展与资源环境的协调可持续，引领全省走科学发展道路。打造全省参与全球竞争的战略区，激发海岸带外向经济的发展活力，促进全省融入国际市场、参与国际转包、吸纳国际生产要素，建立和巩固国际分工优势。

全面提升服务功能。以技术和资金为核心，提升生产性服务业层级，构筑科技孵化成果向全省产业化转移的基地。以滨海休闲和度假为特色，提升生活性服务业品质，高品位建设滨海生态旅游带，打造最佳亲海游憩目的地。以港口为重点，充分发挥门户功能，合力建设以大连港为核心的东北亚国际航运中心。大力发展会展业，举办进出口交易会、高新技术洽谈会、商品博览会等，建立专业化、国际性的交流和推介平台。

推进基础设施全面对接。在综合交通运输体系、能源与资源综合调配网络、生态屏障构建、区域科技创新体系等领域，实现公共服务设施全面对接，共同提升全省国土品质。打通省内主要运输通道，建设多种运输方式有机衔接、网络覆盖面广的综合交通运输网。实施重点河道跨区整治工程，明确流域各类跨界水质控制断面及考核目标，积极开展流域干流沿河生态带建设，通过系列跨流域调水工程建设，逐步解决区域性缺水问题。依托科研院所、骨干企业、重大工程项目，联合实施技术创新和产业化项目，组建产业技术创新联盟，打造技术研发与创新基地，构筑科技创新体系。

第二节 加强与邻省的分工合作

创新机制，扩展腹地，增强互补，南靠北进，深化面向东北老工业基地和环渤海经济圈的区域合作。

促进产业合作优势互补。强化与环渤海地区的京津冀都市圈、山东半岛城市群合作的深度与广度，充分利用北京在政治往来、对外开放中的枢纽地位，扩大对内对外开放合作空间，进一步深化区域间在研发和高新技术、基础原材料和装备制造业、渤海环境保护治理、滨海休闲旅游开发、滨海都市农业和海水养殖等领域的合作。加强与长吉图经济区、哈大齐工业走廊在现代物流、重化工业、装备制造等产业的分工协作，促进产业链条延伸，助推东北老工业基地全面振兴。发挥内蒙古东部地区在能源、矿产、农副产品等方面的资源优势，推进能源、冶金、重化工等产业的分工协作，共建资源、产品市场和出口加工合作区。

打造区际综合运输通道。积极推进东北东部、中部、西部三条运输通道建设，构筑高效便捷的东北地区出海大通道。优化提升京哈运输通道、哈大运输通道，推进渤海海峡跨海运输通道建设，打造我国南北交流的重要枢纽。积极推动口岸开放，增加数量，提升等级，建设以大连大窑湾保税港区为龙头、东北腹地保税物流中心和内陆无水港为节点的东北保税物流网络。

创新区域合作与协调机制。加强环渤海地区的信息互通和资源共享。消除行政壁垒，建立企业信用信息共享机制、联合执法机制、维权联动机制和检测结果互认制度，支持加快形成公平开放、规范统一的大市场。积极开展区域技术、人力资源、无障碍旅游区等合作平台建设，加强在对外贸易、招商引资、反倾销和产业损害预警等领域的交流与合作。

第三节　打造对外开放门户体系

搭建平台，强化开放，转变方式，近联远扩，拓展面向东北亚自由贸易区和亚太地区的对外开放合作领域。

搭建国际合作平台。发展对朝合作，加强双方在纺织、农业及农产品加工、矿业开采与加工等产业的国际经贸合作和资源综合开发利用，推动旅游大通道、精品旅游项目和旅游线路领域的合作共建。选择一批重点园区，开展与东北亚国家和地区在信息技术、钢铁冶炼与精密加工、船舶与汽车制造等产业的合作，以高端产业协作提升区域开发品质。开展中俄在技术含量高的资源加工业、深加工为主的农副产品加工业以及机械制造业领域的全面合作，以园区为载体促进中俄产业互动协作。

打造对外开放前沿基地。发挥海岸带的窗口优势，培育优良国际金融商务发展环境，构建东北地区企业资讯平台，打造东北走向世界的合作业务中心和资金信息枢纽。汇聚东北外向型企业和关联产业，把海岸带建成招商引资的主平台、人才资本技术集聚的主阵地、创新创业的集聚地。提升海岸带集装箱联运与国际中转、物流配送、邮轮客运等功能，发挥前沿的集聚效应，加快建设与俄罗斯远东地区、朝鲜半岛的铁路网络，鼓励增开大连至东北亚国家主要城市的空中航线，增强前沿的辐射效应，构筑以海岸带为前沿、连接东北亚的立体交通运输体系。

转变外向经济发展方式。优化利用外资结构，实行产业链招商和产业集群招商，积极引导外资投向信息技术、先进制造、节能环保、新能源、生物医药、现代农业等领域，争取大、中、小企业并重的产业集群式转移。重点引进先进技术、管理经验和海外智力，鼓励外商以独资、合资或合作等形式设立研发机构。实施"走出去"战略，鼓励有条件的企业在国外建立营销中心、生产基地、研发机构和经贸合作区。在巩固现有能源、资源境外合作基础上，通过控股、参股、直接投资等方式，与周边国家合作开发铁矿、煤炭、原油、森林等资源，建立境外能源与资源合作基地。

第三篇　功能板块建设

强化六大功能板块分工，优化六大功能板块布局。提高工业、港口物流、城镇三大板块土地使用效率，引领区域经济快速、协调、可持续发展；稳步推进旅游休闲、农业渔业两大板块建设，促进海岸带资源的合理开发利用；巩固生态保护板块占地规模，加强海岸带的保护和治理。

第六章 工业开发板块

突出重点园区引领，加强分类指导，加快工业向沿海集聚，推进辽宁海岸带新型工业化进程，建设国家级新兴产业基地。

第一节 战 略 目 标

辽宁海岸带工业发展的功能定位是：全国重要的先进装备制造业基地和原材料工业基地，国家级软件产业基地。

围绕功能定位的要求，实施产业优势转换战略，推动海岸带产业结构优化升级；强化重点园区引领战略，积极培育特色产业集群，加快传统产业改造升级，促进战略性新兴产业集聚发展；突出分类指导发展战略，因地制宜促进各个园区的差异化、特色化发展。

到2020年，辽宁海岸带先进装备制造、原材料加工、信息技术等产业全面提升，重点工业园区成为辽宁海岸带发展的经济增长点。工业板块面积控制在695平方公里以内。

第二节 空 间 布 局

优化配置园区布局。按照重点发展与均衡布局相结合的原则，促进海岸带园区科学、有序发展。采用整体分散、局部集中的方式，调整园区的空间布局、发展规模和方向，适当扩大发展基础和条件好的园区规模。鼓励园区向临海、临城发展，统筹规划园区和新城区建设，加快产城一体化进程。

合理安排园区用地规模。根据园区现有建设情况和未来发展趋势，与城镇、生态、旅游等功能用地相配合，合理安排园区用地规模，有效利用岸线资源，促进同城镇、生态、旅游等功能用地的协同发展。到2020年，对发展水平和集约化程度高、用地短缺且发展潜力好的园区，扩大用地规模；对发展水平和发展潜力一般的园区，着力提高投资强度和单位面积产出水平（附表6-1）。

附表6-1 重点园区类型与名录

影响类型	园区名称
国家级	大连保税区、大连长兴岛经济区、大连经济技术开发区、大连旅顺南路软件产业带、营口经济技术开发区、营口高新技术产业开发区、丹东新区、锦州经济技术开发区、盘锦辽东湾新区
省级	辽宁（营口）沿海产业基地、大连旅顺绿色经济区、大连新兴产业经济区、大连循环产业经济区、辽宁海洋产业经济区、大连生态科技创新城、大连登沙河产业区、大连太平湾沿海经济区、大连瓦房店轴承产业园区、大连皮杨中心产业区、大连湾临海装备制造业聚集区、普湾新区、大连花园口经济区、大连金渤海岸经济区、丹东前阳经济开发区、大孤山经济区、丹东东港经济开发区、辽宁东戴河新区、兴城滨海经济区、葫芦岛打渔山泵业产业园区、葫芦岛高新技术产业开发区、葫芦岛北港工业区、锦州大有经济区、锦州龙栖湾新区、营口北海新区、营口仙人岛能源化工区、锦州高新技术产业开发区

分类引导园区发展。不断强化国家级园区在辽宁海岸带工业发展中的龙头地位,尽快把国家级园区打造成为辽宁海岸带的核心园区;不断增强省级园区在引领国家特色产业发展方面的优势,尽快把省级园区打造成为辽宁海岸带传统优势特色产业和新兴产业发展的主要园区。各园区要按照重点产业发展方向,积极培育产业集群,显著增强辽宁海岸带新兴产业基地的实力。

第三节 重点任务

完善装备制造业主导园区的配套能力。加大技术引进和消化吸收,增强企业的自主创新能力,显著提升数控机床、基础设备、船舶制造、成套设备和交通运输设备等产业在全国装备制造业中的地位。以重点制造企业为龙头,积极发展园区内中小装备制造企业,促进配套企业走集群化、系列化的道路,提高装备制造业的综合发展水平。

提高原材料加工业主导园区精深加工水平。加强内部产业整合力度,延伸产业链条,提高产业附加价值;鼓励园区内企业采取先进技术和生产工艺,积极发展下游产业;推进冶金、资源加工等产业向集约化、精深加工方向发展;顺应国际石油化工产业大型化、基地化和一体化的发展趋势,加强与中国石油天然气集团有限公司、中国石油化工集团有限公司等行业龙头企业战略性对接,注重延伸产业链,重点发展精细化工产业和海洋化工产业,提升园区的产业竞争力。

增强高新技术产业主导园区的创新能力。依托园区骨干企业,建设一批产业技术研发平台,为园区内企业发展提供技术支撑;鼓励企业加大科技攻关力度,提升自主创新能力,促进园区产业向高端化方向发展;完善园的技术创新服务体系,依托大企业、大项目和研发中心,构建产、学、研相结合的创新网络体系;加大政策扶持力度,发挥企业主体作用,积极培育新一代通信网络、物联网、云计算、集成电路、半导体照明、数字视听、软件等高技术产业。

第七章 港口物流板块

适度加快沿海港口建设步伐,分类推进港口差异化发展,形成布局合理、功能完善、服务优质、高效安全的现代化沿海港口群。

第一节 战略目标

辽宁海岸带港口发展的功能定位是:东北亚国际航运中心的核心载体,东北地区综合运输的重要枢纽,全国重要的现代化沿海港口群。

按照功能定位要求,实施区域港口整合战略,合理配置各港口功能,推进海岸带港口资源的优化布局;实施分类发展战略,按照港口功能和区域发展地位,引导各港口合理发展。

到 2020 年,辽宁海岸带港口群的吞吐量达到 13.5 亿吨,占全国沿海港口吞吐量的 15% 左右,在全国港口体系中的地位进一步加强。陆域港口物流板块面积控制在 228 平方公里以内,岸线控制在 125 公里以内。

第二节 空间布局

推进港口合理布局。充分利用岸线资源,合理布局沿海港口,形成以大连港和营口港为主要港口，以丹东港、锦州港、盘锦港和葫芦岛港为地区性重要港口，以地方性港口（港区）、临港工业和货主码头为辅的分层次布局格局。

分类引导港口建设。重点发展六大综合性港口，增强服务周边区域的整体能力，满足东北地区和辽宁沿海经济发展的需求；适当发展地方性港口（港区），服务地方经济发展；依托后方工业和大项目带动，适度发展临港工业和货主码头；与岛屿分布和旅游景点建设相结合，合理建设陆岛和旅游码头；与渔业发展和岸线资源条件相匹配，提高渔港建设标准，合理配置中心渔港和一级渔港。

第三节　重点任务

发展综合性重点港口。加大整合各市港口资源力度，推进港口合理分工和布局，重点发展大连、营口等六大综合性港口。建设集装箱、煤炭、原油、成品油、铁矿石、散粮、液化天然气、滚装等专业化码头。

推进港口差异化发展。大连港以"一岛三湾"内各港区、长兴岛港区为重点，构建集装箱、石油、铁矿石、散粮、商品汽车、客货滚装、邮轮运输等专业化运输中转系统，形成功能完善的现代化港口。营口港以鲅鱼圈港区和仙人岛港区为重点，以内贸集装箱、铁矿石、石油和钢材运输为主导，综合发展粮食、杂货等运输，形成功能完善的综合性港口。锦州港以笔架山港区和龙栖湾港区为重点，建设以石油、煤炭、粮食和内贸集装箱运输为主的综合性港口；丹东港以大东港区和海洋红港区为重点，建设以煤炭、油品、金属矿石、粮食和集装箱运输为主的综合性港口；葫芦岛港以柳条沟港区建设为重点，建设以煤炭等大宗散货和杂货运输为主的综合性港口。盘锦港以荣兴港区为重点，建设以石油、散杂货运输为主的综合性港口。

有序推进其他港口（港区）建设。发挥地方港口（港区）作为综合性港口组成部分的作用，严格控制建设规模，合理推进地方港口港区建设。有序发展临港工业码头或货主码头，严防重复建设，严防低效利用和浪费岸线资源。适当发展陆岛运输和滚装运输，加强与沿海岛屿联系，与旅游资源相结合，科学配置旅游码头岸线资源。渔港建设要突出避风防灾功能，重点建设中心和一级渔港。根据辽宁海岸带开发、产业布局及沿海港口港区分布情况，适时推进新港区建设，合理控制建设规模，不断优化港口布局。

第八章　城镇建设板块

加快人口向海岸带城镇集聚，推进不同类型城镇协调发展，大力培育沿海城镇密集带，显著提升海岸带城镇化水平。

第一节　战略目标

辽宁海岸带城镇发展的功能定位是：国家沿海城镇带和环渤海城市群的重要组成部分，东北地区对外开放的重要载体，辽宁省人口集聚强劲、滨海特色鲜明的新型城镇化区域。

按照城镇发展定位要求，依托沿海港口建设和产业园区发展，提升城镇综合功能和生态环境品质，实施积极稳妥的人口城镇化发展战略；按照控制总量、突出重点、分类发展的原则，实施差异化的空间发展战略，引导不同类型城镇的健康发展。到2020年，城镇建设板块面积控制在1151平方公里以内（附表8-1）。

附表8-1 城镇类型与名录

城镇类型	数量	名称
城市新区	15	普湾新区、丹东新区、鲅鱼圈新区、辽东湾新区、龙栖湾新区、东戴河新区、长兴岛新区、皮杨新区、花园口新区、太平湾新区、栗子房新区、前阳新区、大孤山新区、北海新区、南票新区
老城区	8	大连老城区、庄河老城区、丹东老城区、东港老城区、营口老城区、盖州老城区、葫芦岛老城区、兴城老城区
中心镇	8	大长山镇、炮台镇、青堆镇、水源镇、欢喜岭镇、高岭镇、东辛庄镇、沙后所镇

第二节 空间布局

强化"一核一区两翼"的总体布局。优化核心城市，提升大连市的龙头地位；打造营（口）盘（锦）都市区，强化沿海城镇带的产业和人口集聚；壮大渤海翼和黄海翼，促进锦州市、葫芦岛市、丹东市协调发展，构建"一核一区两翼"的城镇发展格局。

按城市新区、老城区和中心镇分类推进城镇发展。城市新区是指为港口或产业园区发展配套建设的城镇功能区，共计15个。发展重点是普湾新区、丹东新区、鲅鱼圈新区、辽东湾新区、龙栖湾新区、东戴河新区。老城区是以优化城区空间结构、完善城市功能、提升人口承载力为重点，适度拓展城镇用地规模，包括大连老城区等8个。中心镇要注重城镇特色塑造，以提升城镇品质为建设重点，合理控制人口与用地规模。

积极推进城市一体化进程。辽东湾要强化营口市老城区与辽东湾新区的同城化建设，整合提升城市综合功能和可持续发展能力。锦州湾要着力推进锦州市和葫芦岛市在港口、产业园区方面的分工协作，促进产城协调发展。依托庄河城市功能和花园口新区产业优势，尽快建设成为黄海翼新兴的大城市。

第三节 重点任务

优化"核心"：大连市。以老城区为中心，以普湾新区和金州新区为副中心，以庄河老城区、花园口新区、长兴岛新区为重要支点，显著提升大连市的龙头地位。优化产业结构，做强现代服务业，建成东北亚重要的国际航运中心和物流中心，打造文化、旅游城市和滨海国际名城，提升带动辽宁海岸带整体发展和服务东北老工业基地的能力。

强化"一区"：营盘都市区。以营口市老城区为中心，以鲅鱼圈新区为副中心，以辽东湾新区、北海新区、盖州市老城区为重要支点，加快发展各类产业园区，积极促进人口向沿海城镇集聚，打造沈大城镇发展轴的隆起地带，增强营盘都市区连接沿海经济带与沈阳经济区的枢纽作用。

壮大"两翼":锦州市、葫芦岛市和丹东市。渤海翼要壮大兴城老城区、葫芦岛老城区、南票新区、龙栖湾新区综合服务功能,辐射促进产业园区发展,强化石油化工、运输设备制造、光伏等产业优势,打造滨海旅游城市带,提升对辽西地区的引领带动能力。黄海翼要发挥丹东市沿海、沿江、沿边的区位优势,积极推进边境经济合作,重点发展特色旅游业和物流业,积极推进丹东和东港的一体化建设。

第九章 旅游休闲板块

发展多种业态的旅游休闲产业,促进旅游服务功能与城市、园区建设相融合,以城市为中心,培育"一轴多心"的滨海旅游休闲带。

第一节 战略目标

辽宁海岸带旅游发展的功能定位是:我国北方地区滨海旅游休闲的重要功能区,具有滨海观光、会议会展、休闲度假、商务购物、城市公共休闲、湿地生态旅游等综合功能的旅游休闲带。

围绕以上定位,进一步加强旅游休闲功能建设,加快旅游服务业发展,塑造滨海宜居环境。严格保护、合理利用旅游岸线,积极发展滨海度假、商务会议会展、文化旅游创意、邮轮旅游等旅游新业态,促进现代都市功能与旅游功能深度融合。

到2020年,旅游服务业发展成为海岸带第三产业的龙头产业,旅游休闲服务功能得到全面改善,旅游基础设施基本健全,景观环境品质明显提升,成为我国北方高端会议会展、休闲度假、购物娱乐、文化创意旅游产业集聚带。在辽宁海岸带的整个岸线中,旅游休闲岸线占比达到20%以上。

第二节 空间布局

构建"一轴多心"的旅游空间布局。以海岸线为轴,依托大连、丹东、营-盘、葫-锦四大滨海旅游服务中心,有机联动滨海旅游功能区和旅游节点,打造"一条轴带,多个中心"的旅游空间布局,形成滨海旅游走廊。

建设4个滨海旅游服务中心和10个特色旅游城镇。在提升大连综合旅游服务功能的基础上,加大丹东、营-盘、葫-锦旅游服务设施建设力度,增强四大滨海旅游服务中心的吸引力。加大旅游服务重要节点建设,打造旅顺口、长海、庄河、东港、北海新区、龙栖湾新区、兴城、东戴河、欢喜岭新城、赵圈河镇10个特色旅游城镇。

重点建设15个旅游功能区。整合沿海旅游资源,强化旅游功能差异化发展,建设都市休闲、湿地生态、海岛旅游度假、滨海景观、温泉疗养、边境旅游、文化宗教等功能各异、特色突出的15个旅游功能区,加强砂砾岸、基岩岸、淤泥岸等特殊地形地貌与自然景观综合保护、治理,全面推进海岸带旅游资源保护与开发,提升旅游产业综合竞争力。近海海域大力发展海上运动休闲与娱乐旅游,突出海洋资源特色与优势(附表9-1)。

附表 9-1　重点建设的旅游功能区

区域	旅游功能区
丹东	沿鸭绿江都市旅游与边境旅游区
	鸭绿江口湿地与江海风光区
	大鹿岛-獐岛-大孤山滨海休闲与妈祖文化区
大连	庄河-蛤蜊岛-黑岛-石城岛-海王九岛旅游区
	长山群岛海岛旅游度假区
	大连金石文化旅游区
	旅顺口滨海休闲与文化旅游区
	长兴岛商务休闲旅游区
	龙门-安波-皮口-长海温泉旅游区
营口+盘锦	白沙湾-北海新区现代滨海休闲区
	营口老城区-盘锦辽东湾新区商务旅游区
	辽河口-蛤蜊岗-大凌河湿地生态旅游区
锦州+葫芦岛	世博园-笔架山-滨海湿地观光旅游区
	兴城-觉华岛滨海度假旅游区
	东戴河滨海度假旅游区

建设以滨海公路为纽带的滨海景观观光走廊。加大滨海公路两侧景观建设，融入地域文化特色，完善旅游服务设施，打造一条人与自然高度融合、景观环境优美、地域文化特色浓郁的无障碍滨海景观观光走廊。原则上在滨海公路向海一侧不再开发工业建设用地，确保滨海公路两侧景观的完整性和连续性。

第三节　重点任务

完善海岸带城镇旅游服务功能。以大连市为滨海旅游的中心节点，构建连接黄海、渤海两大旅游带的旅游集散中心，打造国际旅游名城。创新发展丹东、营口、盘锦、锦州、葫芦岛等新城区现代都市旅游服务业，提升现代旅游服务业地位。把旅顺口区、绥中县东戴河新区打造成为我国北方最有吸引力的旅游休闲城镇。强化庄河滨海景观环境保护，建设特色旅游城镇和黄海沿岸自驾车旅游节点城镇。

建设海滨旅游景区体系。加大辽河口和大凌河口湿地生态保护力度，建设我国北方最大的湿地公园。加快大辽河滨河生态景观走廊建设，将鸭舌岛建设成为营口老城区和辽东湾新区共享的生态绿心。强化盖州、庄河、东港辖区内海蚀地貌景观保护，建设海蚀地貌主题公园。加强东戴河碣石景区保护和设施建设，打造我国著名的历史文化旅游景区。实施锦州笔架山景区保护与恢复性建设，扩展景区空间，恢复景区环境。

打造海岛旅游链。加大海岛资源保护，有序推进海岛旅游开发。以长山群岛为核心，建设海岛型休闲度假旅游基地。积极推进石城岛、海王九岛、蛤蜊岛、黑岛、獐岛、大鹿岛等岛屿的旅游休闲功能建设，完善旅游休闲设施，发展休闲渔业。保护和提升金州湾、北海湾海岛的景观环境质量，发展海岛休闲旅游。

构建环黄渤海邮轮旅游线。大力培育邮轮旅游发展，打造东北亚地区邮轮旅游基地。加快大连港的邮轮母港建设，在营口国际客运码头、丹东港、锦州港、长山群岛、旅顺新港、庄河港、盘锦港、葫芦岛港、金石滩港和兴城海滨码头建设邮轮停靠港，形成对接东北亚的国际邮轮旅游线路。加大港口后方旅游服务功能的配套建设，促进港区周边现代购物街区、文化休闲产业区、旅游观光景区等旅游服务业发展。

构建滨海自驾车旅游走廊和低碳慢行观光游览系统。依托滨海公路，按照自驾车旅游产品建设需求，布局旅游服务中心、旅游标示系统、自驾车营地，完善沿线旅游公共服务设施。建设自行车游览专用车道、徒步游览步道等设施，美化滨海公路沿线景观，形成贯穿滨海地带的低碳慢行游览系统。

第十章　农业渔业板块

增强支持农、渔业发展力度，夯实发展基础，提升综合生产能力，促进结构调整和布局优化，建设"优质、高效、外向、生态、安全"的农、渔业发展格局。

第一节　战　略　目　标

辽宁海岸带农业渔业发展的功能定位是：全国重要的优质特色农业生产、出口和加工基地，海洋绿色生态养殖基地。

以高效利用农业渔业资源、优化发展布局为抓手，夯实发展基础，强化科技支撑，坚持品牌引领，创新经营机制，加快构建现代农渔业产业体系。

到 2020 年，海岸带地区农业渔业综合生产能力稳步提高，粮食、蔬菜、水果等农产品及水产品产量稳定增长。装备水平明显提高，科技支撑能力显著增强，生产经营方式不断优化。陆域农业渔业板块面积不低于 5911 平方公里，海域农业渔业板块面积不低于 10111 平方公里，岸线不低于 503 公里。

第二节　空　间　布　局

根据资源禀赋、产业基础及发展趋势，划分基础农业保护区、特色农业提升区、都市农业发展区、浅海水产养殖区、近海渔业捕捞区五种类型区，因地制宜地推进农渔业现代化建设。

基础农业保护区。为国家级、省级粮食、油料生产基地的核心区，主要包括绥中县、兴城市及连山区的东部，凌海市南部，瓦房店市西部及南部地区，普兰店、庄河及东港市的东部地区。

特色农业提升区。为优质特色农产品生产集中区，主要包括盖州、瓦房店、普兰店、东港、锦州等水果产区，丹东东部的中药材产区，东港、兴城等食用菌产区以及大石桥、盖州、庄河等柞蚕产区。

都市农业发展区。为以设施农业、精品高效农业、种苗农业及休闲观光农业等为主的现代都市农业优势区，主要分布于重点城市建成区周边，规模化经营、标准化生产、组织化管理水平较高的地区。

浅海水产养殖区。为底栖、浮游生物富集，水质良好，养殖活动不影响环境保护、海岸景观、港区通道的浅海区域，主要布局在双台子河口、长山群岛周边以及凌海、东港、庄河、瓦房店、甘井子、盖州等地区海域。

近海渔业捕捞区。为浅海带外围鱼类或其他水生经济动物密集经过或滞游的具有捕捞价值的水域，主要分布在绥中海域、兴城海域、浮渡河口海域、驼山海域、老铁山海域、长山群岛海域等地区。

第三节 重点任务

优先保障基础农业保护区。稳定粮食播种面积、优化品种结构、提高单产和品质，着力打造以优质粳稻为主的水稻产业带，以籽粒与青贮兼用型玉米为主的专用玉米产业带，加快建设优势突出、特色鲜明的花生和马铃薯产业基地。积极推进绥中、兴城、东港、连山等县（市、区）中低产田改造。大力提升播种、收获等环节的机械化水平。

积极发展特色农业提升区。积极打造"一县一业"，推动特色农业向优势区域集中，加快形成规模优势和品牌优势。水果产业以提升品质为重点，巩固提高国际竞争力，扩大出口。大力实施中药材生产基地 GAP 认证和品牌战略，扩大地产人参、辽细辛、辽五味、龙胆草等辽宁品牌品种生产规模。加强食用菌繁育基地和生产示范基地建设，重点打造食用菌生产大县。加快标准柞园生态建设和生产基地改造升级，大力延伸柞蚕业产业链。

加快建设都市农业发展区。结合新一轮"菜篮子"工程建设，大力发展蔬菜、水果、花卉等高效园艺产业和畜禽水产业，提高大城市"菜篮子"产品的自给率。在稳定城市副食品供应保障能力的基础上，进一步挖掘农业的生态涵养、观光休闲和文化传承等多种功能，提高农业综合效益。积极建设集休闲、观光、度假、教育为一体的综合性休闲农业园区、农业主题公园、观光采摘园和休闲农庄（附表 10-1）。

附表 10-1　农渔业提升促进工程

工程名称	重点任务
粮油产业提升工程	推进水稻育苗设施化、规模化、标准化，扩大新型育苗水田面积；建设花生原良种繁育基地、重点推广新品种
"菜篮子"工程	扩大现代设施蔬菜生产规模，提升品种档次，建设一批设施农业产业批发市场，构建统一的农产品营销网络平台
"一县一业"建设工程	重点在大连、丹东、营口等地建设 100 公顷以上优质水果标准示范园 20 处；在东港、兴城等地区建设一批食用菌菌种繁育基地和食用菌野生资源驯化研究中心；在盖州、大石桥、庄河等地建设柞蚕高产高效基地；在长海县等地建设水产品深加工示范基地
无公害农业发展工程	围绕水稻、水果、蔬菜等农产品基地建设，在瓦房店、普兰店、金州、庄河、大洼、盘山、盖州、东港等地打造沿海无公害农业示范区
新兴农业发展工程	大力发展生物育种产业和休闲农业，建设一批农作物育种创新中心，发展一批休闲农业观光区、采摘园、休闲农庄

合理发展浅海水产养殖区。坚持保护、修复海洋资源与拓展水产业发展空间相结合，控制养殖密度。不断调整优化养殖品种结构和区域布局。做好人工鱼礁的规划工作，加大投入力度，建设海洋牧场。发展无公害健康养殖，推广稻田养殖、渔禽结合养殖等高效循环生态养殖模式。

适度发展近海渔业捕捞区。控制近海捕捞强度，加强资源增殖放流，巩固完善休渔制度。推进近海渔场向外海渔场转移，拓展远洋捕捞新空间，鼓励开展境外渔业捕捞合作。强化水生生物产卵场、索饵场、越冬场和洄游通道等重要渔业水体保护，加强渔业船舶的水污染防治。坚持现代渔业与旅游观光有机结合，充分利用滨海、渔港、岛礁、人工鱼礁，大力发展休闲渔业。

第十一章 生态保护板块

加强生态保护，改善环境质量，提升湿地和生物多样性等生态系统功能，加大近岸与近海生态建设和环境修复力度，打造海岸带生态屏障。

第一节 战 略 目 标

辽宁海岸带生态板块的功能定位是：近海海域和海岸线多种资源的富集区，生态产品和生态服务功能的供给区，滨海宜居环境和生态安全的保障区。

围绕生态板块发展定位，实施生态保护优先战略。根据海岸带区域生态特征，着力推进分类保护，努力增强生态功能，大力促进海岸带可持续发展。

到 2020 年，基本形成海岸带生态保护格局，陆域生态保护板块面积不低于 5528 平方公里，海域生态保护板块面积不低于 6677 平方公里，岸线不少于 665 公里。

第二节 空 间 布 局

按照生物多样性保护、水源涵养与土壤保持、河流湿地保护与环境治理、海岛海岸保护与侵蚀防治四种功能类型，重点建设 28 个重点保护区，打造生态保护格局。

生物多样性保护功能区。为国家级、地方级自然保护区、森林公园的分布区域和海上珍稀物种的分布区域，主要分布在盘锦、大连和丹东等岸段，面积 6593 平方公里，其中陆域面积 1710 平方公里，海域面积 4883 平方公里。重点打造葫芦岛珊瑚菜保护区等 16 个保护片区，保护珍稀物种生存环境。

水源涵养与土壤保持功能区。为重要河流的水源地和重要水库及其汇水区，主要分布在大连、锦州、葫芦岛等岸段，面积 3125 平方公里，其中陆域面积 3007 平方公里，海域面积 118 平方公里。重点打造大连洼子店水库水源保护片区，保障区域水源安全。

河流湿地保护与环境治理功能区。为重要河流入海口湿地及沿海滩涂分布区域，主要分布在葫芦岛、盘锦、大连的沿海河口区域，面积 1919 平方公里，其中陆域面积 766 平方公里，海域面积 1153 平方公里。重点打造六股河口湿地保护区等 8 个保护片区，维护河口湿地生态系统安全。

海岛海岸保护与侵蚀防治功能区。为海蚀地貌分布和海岸侵蚀防护的重要区域，主要分布在大连、营口和葫芦岛岸段，面积 567 平方公里，其中陆域面积 45 平方公里，海域面积 522 平方公里。重点打造大笔架侵蚀防治区等 3 个防治区，进一步加强特殊岸线地形地貌与自然景观综合保护、治理，修复岸线生态功能（附表 11-1）。

附表 11-1　重点生态保护区

类型	数量	名称	面积（平方公里）	其中	
				陆域	海域
生物多样性保护功能区	16	葫芦岛珊瑚菜保护区	0.92	0.92	0
		葫芦岛首山生物多样性保护区	7	7	0
		葫芦岛止锚湾刺参保护区	9.47	0	9.47
		双台子河口国家级自然保护区	772.83	560.32	212.51
		大连驼山海滨生物多样性保护区	124.87	118.9	5.97
		大连老偏岛-玉皇顶海洋生物多样性保护区	24.16	0	24.16
		大连斑海豹保护区	4 023.09	16.78	4 006.31
		大连旅顺口生物多样性保护区	290.21	285.85	4.36
		大连蛇岛保护区	25.63	0.13	25.5
		大连金龙寺生物多样性保护区	41.36	34.03	7.33
		大连旅顺口老铁山生物多样性保护区	40.8	28.8	12
		大连长兴岛生物多样性保护区	62.29	0	62.29
		大连长海海洋珍贵生物保护区	2.72	0	2.72
		丹东大孤山生物多样性保护区	8.88	8.88	0
		丹东鸭绿江口湿地国家级自然保护区	909.69	451.3	458.39
		丹东五龙山生物多样性保护区	197.1	197.1	0
水源涵养与土壤保持功能区	1	大连洼子店水库水源保护区	4.6	4.6	0
河流湿地保护与环境治理功能区	8	六股河口湿地保护区	35.86	13.94	21.92
		大辽河口湿地保护区	252.51	150.01	102.5
		普兰湾河口湿地保护区	192.54	97.24	95.3
		复州湾湿地保护区	0.15	0	0.15
		英那河口湿地保护区	59.26	43.5	15.76
		碧流河口湿地保护区	63.98	35.65	28.33
		沙河河口湿地保护区	44.08	9.58	34.5
		登沙河河口湿地保护区	12.29	0.79	11.5
海岛海岸保护与侵蚀防治功能区	3	大笔架侵蚀防治区	7.29	0.14	7.15
		城山头海蚀地貌保护区	36.95	29.54	7.41
		浮渡河口海蚀地貌保护区	22.93	10.01	12.92
合计			7 273.46	2 105.01	5 168.45

第三节　重点任务

生物多样性保护功能区。整治鸭绿江口、双台子河口自然保护区环境，修复湿地生态系统，逐步减小人口压力，降低人类活动扰动强度。开展各类物种及遗传资源禀赋调查，加强野生动植物监测和外来物种、有害物种防御，保护生物多样性和多种珍稀动植物基因库。推进海洋生物栖息地建设，逐步改善斑海豹、黑脸琵鹭、蛇类等国家一、二级保护动物的生存环境，加强珊瑚菜、鲍、贝、参等特有动植物资源分布区域的监管，保护珍稀野生动植物和水生生物种质资源。

水源涵养和土壤保持功能区。继续推进"青山工程"，扩大辽东半岛山地丘陵、辽西山地河湖库源区水源涵养林、水土保持林面积。加强沿海造林绿化，加快沿海基干林带及其扩展体系工程。推进公益林建设，结合农防林、经济林以及城市间、开发区间绿化隔离带建设，打造集生态保护、经济效益、景观美化为一体的森林防护体系。规范沿海山丘资源开发行为，禁止无序采矿、开山取土，严格控制新的人为水土流失面积扩展。

河流湿地保护与环境治理功能区。严格控制滩涂围垦和围填海，防止自然湿地面积缩小。加强碧流河、英那河、庄河、凌河、六股河河口湿地保护区建设，逐步恢复湿地生态系统的完整性。加大"辽河流域整治"和"碧海行动计划"的实施力度，加强辽河口、大连湾、复州湾、普兰店湾、锦州湾近岸海域污染治理，严格控制近海污染物排放总量；控制渔业养殖密度和强度，防治船舶和码头海上排污，预防平台井喷溢油；积极治理海水入侵，严格控制沿岸地下水开采；加强河口水环境监督管理，增强突发性水污染事件的应急处置能力。

海岸线保护和侵蚀防治功能区。保护滨海典型地质遗迹和滨海湿地自然景观，重点维护海王九岛、城山头、浮渡河口砂咀、团山子（盖州角）、大笔架山、龙回首、止锚湾7个岸段的自然形态。加大海水侵蚀岸段的治理力度，严禁非法开采海砂。积极开展对海岸侵蚀、海水入侵相关的海洋灾害业务化监测，进一步开展海岸资源调查评价，制定滩涂利用与保护规划。

第四篇 岸段保护与利用

立足比较优势，着眼全局发展，结合不同岸段科学保护、合理利用的战略要求，明确岸段战略定位，优化岸段功能布局，落实岸段重大任务，全面推进辽宁海岸带形成科学、开放、有序、高效的发展格局。

第十二章 丹 东 岸 段

第一节 战 略 定 位

充分发挥沿江、沿海、沿边的区位优势和旅游资源优势，通过深化面向朝鲜半岛的开放合作，打造中国与朝鲜半岛开放合作的战略先导区、全国著名旅游休闲目的地。

第二节 功 能 分 区

以丹东市区为核心，以丹东港和海洋红港为依托，以城区、工业园区为人口、经济集聚区，以西南部鸭绿江口湿地自然保护区、中部生态农业发展区和东北部山地水源涵养区为生态区域，形成山水相交融、自然人文相辉映的空间格局。

到2020年，陆域重点建设区面积控制在231平方公里以内，占本市陆域规划面积的14.8%；占用岸线长度控制在18公里以内，占本市岸线总长度的14.3%。加快老城区西扩东联，统筹新城区、前阳镇区与东港市区发展，积极推进大孤山建设，城镇建设板块面积控制在128平方公里以内。有序推进大东港区建设，积极推进海洋红港区开发，陆域港口物流板块面积控制在41平方公里以内。

到2020年，陆域重点保护区面积不少于1331平方公里，占本市陆域规划面积的85.2%；占用岸线长度不少于105公里，占本市岸线总长度的85.7%。强化鸭绿江口湿地自然保护区和山地水源涵养区生态保护与修复，加强海防堤工程，提高防灾减灾能力，陆域生态保护板块面积不少于767平方公里。

第三节 重点任务

深化面向朝鲜半岛的开放与合作。加快黄金坪和威化岛经济区建设，积极促进丹东市互市贸易区、综合保税区、出口加工区发展。开辟朝鲜—丹东—沈阳、朝鲜—丹东—通化、朝鲜—丹东—大连的物流通道，发挥丹东港对朝最大物流枢纽的作用。把东港建设成为东北东部区域性物流中心，打造我国对朝鲜半岛开放的桥头堡。

协调新城新区开发与湿地生态保护。加快鸭绿江口湿地国家级自然保护区生态修复工程，保护鸟类栖息环境。有序推进国门、翡翠和珍珠三湾开发，保护集中连片滨海湿地和基本农田。严格保护大洋河河口东侧湿地，统筹协调大孤山经济区、海洋红港区发展与河口西侧湿地保护。加强东港市至椅圈镇岸线、海防路以北湿地实验区建设，适度发展生态养殖与有机农业。

促进港区、城区、园区一体化进程。强化丹东港大东港区与东港经济开发区、丹东新区、前阳经济开发区、前阳镇区的联系，营造人与自然和谐共处的生产生活空间。合理配置海洋红港区与大孤山经济区的生产生活岸线，实现港区和园区的良性互动。

推进大孤山与庄河栗子房统筹发展。积极推进海洋红港区建设，与庄河栗子房统筹临港产业发展，实现跨行政区产业经济、行政管理、公共服务等全方位融合，促进区域协调发展。

发展边境旅游与休闲旅游业。积极发展赴朝旅游、边境旅游，重点打造丹东国际游客服务中心、阿里郎旅游休闲乐园、朝鲜民俗风情文化园和抗美援朝遗址。大力发展观光与休闲旅游，加强虎山长城、百万候鸟湿地、海岛、温泉等旅游景区服务设施建设，培育文化、生态、休闲等精品旅游线路。

第十三章 大连岸段

第一节 战略定位

充分发挥地处辽东半岛最南端、黄渤海交界处的区位优势，紧紧抓住东北亚航运中心和物流中心建设的战略机遇，依托优越的自然本底、丰富的人文资源、雄厚的经济基础，打造功能完善、环境优美、产业高端、辐射带动作用强的辽宁海岸带发展龙头，建设中国面向东北亚开放的引领区。

第二节　功能分区

以大连主城区和新市区为核心，以产业园区为支撑，联动渤海、黄海两翼城镇，以自然保护区、动物迁徙过境区、生态旅游景区为生态节点，逐步形成土地利用集约高效，人口、产业、自然环境协调有序的国土空间开发保护格局。

到 2020 年，陆域重点建设区面积控制在 1034 平方公里以内，占本市陆域规划面积的 13.9%；占用岸线长度控制在 277 公里以内，占本市岸线总长度的 21.2%。重点推进长兴岛经济区、花园口经济区和大连经济技术开发区加快发展，工业开发板块面积控制在 345 平方公里以内。推进主城区向北拓展，完善金州新区、大连保税区、普湾新区的城市功能，城镇建设板块面积控制在 568 平方公里以内。

到 2020 年，陆域重点保护区面积不少于 6430 平方公里，占本市陆域规划面积的 86.1%；占用岸线长度不少于 1026 公里，占本市岸线总长度的 78.8%。立足资源优势，构筑滨海旅游度假带，陆域旅游休闲板块面积不少于 617 平方公里。推动农业产业化发展，建设沿海农渔业养殖带、东西两大丘陵农业发展区，陆域农业渔业板块面积不少于 3120 平方公里。

第三节　重点任务

优化提升核心城市的龙头地位。加强航运基础设施和服务体系建设，加快建设东北亚国际航运中心。拓展物流网络，搭建高效物流平台，加快构建东北亚国际物流中心。吸引和集聚中外金融机构，健全现代金融组织和服务体系，逐步建成区域性金融中心。重点发展先进装备制造业、大型石油化工产业、电子信息产业和战略性新兴产业，推动产业结构向高端化转变。增强大连城市综合实力，带动两翼发展。

建设高品质宜居环境。逐步压缩工业生产空间，扩大生活空间和绿色生态空间。严格保护耕地，提升城镇建设土地利用集约化程度。依托山、海、城、林、岛、泉资源优势，加快构筑生态屏障和滨海旅游体系，打造高品质宜居、宜业、宜游的城市环境。

加强岸段开发保障能力建设。严格控制地下水开采总量，不断提高工农业用水效率。继续扩大海水淡化、再生水、雨洪水等非常规水的利用规模，不断提高水资源保障能力。加快港区疏港公路、疏港铁路建设，形成高效运转的港口集疏运体系。

促进黄、渤海两翼协调有序发展。促进以瓦房店—长兴岛为中心的渤海翼集约开发，形成新城新区密集带。有序推进以庄河—花园口—长海为中心的黄海翼较低密度的建设布局，集中开发，成片保护，形成生态保护、特色发展并举的格局。

统筹重点海岛海域保护与利用。加强石城岛黑脸琵鹭保护区、长海海洋珍稀生物保护区、海王九岛保护区、长山群岛、城山头国家级自然保护区等重点海岛与斑海豹自然保护区生态保护与修复，维持无居民海岛（礁）及水下礁盘原生性。发展以獐子岛为龙头的现代化海水养殖业，壮大以大长山岛、小长山岛、广鹿岛、海王九岛为中心的海岛生态旅游业，推动海岛可持续发展。

第十四章 营口岸段

第一节 战略定位

发挥港口资源、产业基础和城市文化积淀的优势，通过提升港口服务能力、发展临港产业、打造河海特色城市文化品牌，把营口建设成为全国重要的航运枢纽、环渤海地区重要的临港工业基地以及现代化港口城市。

第二节 功能分区

以营口老城区、鲅鱼圈区为核心，以鲅鱼圈港为依托，以沿海产业园区与城镇为人口、经济集聚区，以沿海国家森林公园、风景名胜区、自然保护区、河口湿地为生态节点，形成高效集约、功能协调、发展持续的国土空间格局。

到 2020 年，陆域重点建设区面积控制在 336 平方公里以内，占本市陆域规划面积的 28.8%；占用岸线长度控制在 52 公里以内，占本市岸线总长度的 43.5%。有序推进营口老城区、沿海产业基地、北海新区、经济技术开发区、仙人岛能源化工等沿海地区开发建设，形成产业和城镇集聚带，工业开发板块控制在 107 平方公里以内，城镇建设规模控制在 200 平方公里以内。

到 2020 年，陆域重点保护区面积不少于 832 平方公里，占本市陆域规划面积的 71.2%；占用岸线长度不少于 68 公里，占本市岸线总长度的 56.5%。重点加强营口团山海蚀地貌、营口大辽河口自然保护区、永远角湿地公园、仙人岛国家森林公园、熊岳河口湿地生态系统保护与修复，陆域生态保护板块面积不少于 357 平方公里。适度开发仙人岛白沙湾、北海等海滨旅游资源，陆域旅游休闲板块面积不少于 33 平方公里。稳定以辽河下游平原农业空间为主体的生产格局，陆域农业渔业板块面积不少于 443 平方公里。

第三节 重点任务

打造海岸带重要的经济增长极。强化鲅鱼圈港区辐射功能，建设东北地区重要的出海通道。加快沿海产业基地、营口经济技术开发区建设，推进地区新型工业化与城镇化协同发展的进程。依托辽河特色文化、河海岸线和温泉资源优势，提升文化产业与特色旅游业发展的品质。

强化与盘锦的协调发展。创新老城区与盘锦辽东湾新区互动发展机制，共建以鸭舌岛芦苇湿地为主体的都市公共绿心。推动盘锦石油化工产业、营口装备产业互补发展，依托优势资源整合共建临港工业高地。

推进仙人岛与太平湾统筹发展。加快仙人岛能源化工区与大连太平湾沿海经济区的资源共享、错位发展，推动两区统筹规划、协调布局，鼓励联合打造临港石油化工基地，促进能源石油化工产业集聚，实现产业互动和产业融合，提升管理同步、设施共享的水平。

加快港城园一体化发展。强化营口经济技术开发区、仙人岛能源化工区产业发展功能，共同推进完善鲅鱼圈城市功能，促进产城融合发展。推进鲅鱼圈港区集疏运网络体系建设，实现与城市、园区交通运输资源的共享。

建设滨海宜业宜居示范区。积极承接国际生产要素和产业转移，努力提升沿海产业基地吸纳就业的能力。保护白沙湾与月亮湾自然岸线、老城区历史文化遗址，适度发展滨海旅游与文化休闲旅游。加强滨海、滨河的防护绿地建设和景观塑造，构建亲水、绿色、生态、宜居空间。加大公共基础设施建设力度，不断完善滨海宜业宜居环境。

第十五章 盘锦岸段

第一节 战略定位

充分发挥地处辽河三角洲中心的生态优势，紧紧把握建设辽东湾国家级经济技术开发区的战略机遇，通过现代化产业经济打造与优质生态环境保护的双赢，着力建设具有水乡特色、环境宜居的新型工业城市和具有国际影响力的生态旅游目的地。

第二节 功能分区

以辽东湾新区为人口和经济主要集中区，以辽河、大辽河岸线生态保护带、辽河平原南部集中连片农业生产空间、辽河口左岸湿地、鸭舌岛为重点生态保护区，形成现代化园区、新城区镶嵌于生态化绿色景观之中的空间格局。

到 2020 年，陆域重点建设区面积控制在 95 平方公里以内，占本市陆域规划面积6.9%；占用岸线长度控制在 24 公里以内，占本市岸线总长度 21.2%。高起点、高标准建设辽东湾新区，城镇建设板块面积控制在 52 平方公里以内，工业开发板块面积控制在 40平方公里以内。

到 2020 年，陆域重点保护区面积不少于 1281 平方公里，占本市陆域规划面积93.1%；占用岸线长度不少于 89 公里，占本市岸线总长度 78.8%。加大辽河河口、大辽河口湿地保护力度，生态保护板块面积不少于 863 平方公里。适度开发湿地生态旅游，加快发展温泉旅游、文化民俗旅游，陆域旅游休闲板块面积不少于 143 平方公里。

第三节 重点任务

建设生态型工业新城区。保护和修复湿地生态，构建以滨海芦苇沼泽湿地与红海滩为特色的城市绿色开敞空间。加快资源型城市转型，积极探索资源节约型、环境友好型的发展新模式。发展壮大石油化工及精细化工、船舶及海洋工程装备制造两大产业集群，走新型工业化道路。

统筹功能空间协调发展。坚持生态优先，严格控制人为因素对湿地生态系统原生性、完整性的干扰。坚持集约高效发展，引导重点生态保护区内人口向城市新区和中心镇有序转移。

加快与营口、锦州互动合作。加快推进与营口老城区在城市建设、产业发展方面的统筹规划、统筹布局。积极推进与锦州大有经济区在大凌河口湿地保护、近海海域环境整治方面的合作。

完善基础设施支撑体系。完善配套，强化支撑，加快港口、铁路、公路、水利、能源等重大基础设施建设。高品质建设城市基础设施和公共服务设施，全面提升城市功能和城市形象。加强与海岸带其他地区、沈阳经济区、辽西北地区的通道建设，优化辽东湾新区城市发展的支撑条件。

第十六章 锦州岸段

第一节 战略定位

依托港口和海洋资源，贯彻沿海突破战略，通过打造现代产业集聚区和优化调整城市布局，把锦州建设成为辽宁海岸带渤海翼重要的经济增长极、具有国际竞争力的临港产业基地。

第二节 功能分区

以锦州港、龙栖湾新区、锦州经济技术开发区、锦州大有经济区、锦州高新技术产业开发区为发展重点，以沿海防护林基干林带、国家森林公园、自然保护区、风景名胜区、湿地保护区为生态廊道和节点，构筑结构有序、利用高效、功能清晰的空间发展格局。

到 2020 年，陆域重点建设区面积控制在 140 平方公里以内，占本市陆域规划面积13.8%；占用岸线长度控制在 26 公里以内，占本市岸线总长度 23.2%。推进锦州港笔架山港区和龙栖湾港区互动发展，加快龙栖湾新区、锦州经济技术开发区、锦州大有经济区、锦州高新技术产业开发区建设，形成临港产业和城镇集聚带，工业开发板块面积控制在 64 平方公里以内，城镇建设规模控制在 54 平方公里以内。

到 2020 年，陆域重点保护区面积不少于 878 平方公里，占本市陆域规划面积的86.2%；占用岸线长度不少于 87 公里，占本市岸线总长度的 76.8%。适度开发海滨、温泉、湿地等旅游资源，重点发展凌河河口湿地公园生态旅游，实施大小笔架山景观恢复工程，修复海岸带生态系统，陆域生态保护板块面积不少于 400 平方公里。

第三节 重点任务

打造锦州向海发展的城市新区。依托老城区在产业发展、技术服务和基础设施方面的优势条件，加快新区建设。推进龙栖湾港区建设，培育发展精细化工、汽车及零部件、新能源和新型金属材料等临港产业集群。依托龙栖湾世界园艺博览会，发展现代都市休闲旅游产业。

推进与葫芦岛、盘锦地区联动发展。加强锦州经济技术开发区与葫芦岛城区在产业发展与城市建设方面的有效衔接，逐步推进一体化进程。修复大有农场苇地生态系统，延续盘锦辽河口湿地功能，切实保障辽河、大凌河河口湿地功能区的原整性、稳定性。

有序推进海岸带开发建设。分类推进工业园区建设，提升优化锦州经济技术开发区城镇建设品质与产业层次，适度做大龙栖湾新区、锦州高新技术产业开发区，逐步推进锦州大有经济区建设。加快锦州新机场、龙栖湾港区和沿海城际铁路建设进度，增强基础设施支撑能力。

强化湿地生态功能修复、保护和合理利用。逐步引导大凌河湿地保护区内居民向外迁移，禁止工业项目占用湿地保护区，适度开展湿地生态旅游，确保湿地保护区生态系统的完整性。

提升资源保障水平。加强大凌河流域重要水源地保护，严控地下水开采。加大流域水环境污染综合治理力度，确保水质安全。加强锦州湾海洋生物资源保护，实现海洋生物资源的可持续利用。

第十七章　葫芦岛岸段

第一节　战略定位

发挥紧邻京津冀都市圈的区位优势和旅游资源优势，通过与京津冀都市圈的对接合作，促进高端要素集聚，将葫芦岛岸段打造成为北方滨海旅游度假胜地和滨海宜居城市、环渤海地区重要的临港产业基地。

第二节　功能分区

以葫芦岛主城区为核心，以北港、打渔山泵业等工业园区为发展重点，以国家森林公园、自然保护区、风景名胜区、河口湿地为生态节点，构建生活、生产、生态三大发展空间。

到 2020 年，陆域重点建设区面积控制在 238 平方公里以内，占本市陆域规划面积 12.6%，占用岸线长度控制在 33.9 公里以内，占本市岸线总长度 13.3%。加快老城区、工业园区和城市新区建设，集聚人口和产业，城镇建设规模控制在 149 平方公里以内，工业开发板块面积控制在 78 平方公里以内。

到 2020 年，陆域重点保护区面积不少于 1644 平方公里，占本市陆域规划面积 87.4%；占用岸线长度不少于 220 公里，占本市岸线总长度 86.7%。加强水源涵养地、各类自然保护区生态系统保护，生态保护板块面积不少于 448 平方公里；整合海滨、海岛、古城、长城、碣石等旅游资源，打造滨海度假与生态旅游带，陆域旅游休闲板块面积不少于 143 平方公里。

第三节　重点任务

加快与京津冀都市圈的对接与合作。加速推进北港工业区、高新技术产业园区、打渔山泵业产业园区、兴城滨海经济区、觉华岛旅游度假区、东戴河新区建设，高起点承接京津地区新兴产业的转移，打造高新技术产业研发和孵化基地。瞄准京津冀客源市场需求，打造旅游目的地。健全农产品流通体系，构建面向京津便捷高效的农渔产品配送供给网络。

推进园区、城区、港区互动发展。强化南票新城—打渔山泵业产业园区、北港工业区—主城区、主城区—柳条沟港区、东戴河新区—绥中石河港区的功能互动与协调发展。围绕港口集中布局现代物流、临海装备制造、高端海洋产业，实现港口和园区建设的联动。培育以觉华岛旅游度假区、龙湾中央商务区为代表的现代服务功能区，发展壮大具有现代服务业优势的特色城镇。

合理保护和开发海岸线资源。修复整治河口、沿岸受损的生态系统，保护原生砂质海岸景观。完善旅游服务设施，培育精品旅游线路，发展滨海休闲度假旅游。推动渔港集中、集约建设，发展特色休闲渔业，建设现代化和规模化海洋牧场。

第五篇　实施保障

提升海岸带综合承载能力，健全沿海开发管理的体制机制，增强规划实施保障力度，为海岸带合理有序开发营造有利的硬、软环境。

第十八章　提升保障能力

提高水资源保障水平，完善综合交通运输体系，增强防灾减灾能力，提升海岸带景观品质。

第一节　提高淡水资源保障程度

合理配置和保护区内外水资源，建设安全的水资源保障体系。

加快输水工程建设。积极推进大连、辽西地区供水设施建设进程，加快长海县等岛屿跨海引水设施建设，提高资源型缺水地区供水保障能力。

推进水资源循环利用。积极推广污水再生、循环用水的先进技术和设备，积极引导工业企业使用再生水，不断提高市政建设的中水使用比例。

杜绝园区、城区违规开采利用地下水。园区、城区严格执行取水审批制度，督促安装标准的计量设施，建立长效监督和管理机制，禁止打自备井，杜绝违规开采利用地下水。对未经许可违规开采使用地下水资源的单位和个人，勒令其停止取水，并封堵地下水开采井。

促进水生态系统修复。实施地表水水源涵养工程，加强沿海防护林河道干流两岸水源养护林建设，推进重点江河湖库综合整治。实施地下水人工回灌工程，缓解河口地区的海水入侵状况。

第二节　加快交通体系建设

适度超前，统筹协调，打造安全高效的综合交通运输体系，全面保障经济社会发展的交通运输需求。

形成畅通快捷的综合运输通道。建设南北方向"两主一副"运输通道与东西方向两条国际交通运输通道。"两主"分别是京哈通道和哈大通道，"一副"是东北东部通道。国际运输通道分别是中国沈阳—中国丹东—朝鲜通道、中国锦州—中国赤峰—蒙古通道。

构建快速通达的集疏运系统。加强各类运输方式衔接，加快疏港铁路、疏港公路建设，构筑铁海、公水联运系统。强化港口与工业园区的交通联系，重点加快联络线建设，促进港口与园区互动发展。

打造现代化的区域联系网络。继续强化大连作为枢纽机场的功能，推进营口、锦州等新支线机场建设。加快辽宁滨海大道锦州—盘锦段的建设，尽快实现全线贯通。加快发展城市地面快速公交，适时建设城市轨道交通。

第三节　增强防灾减灾能力

针对以气象灾害、地质灾害为主的灾害风险，加大防灾减灾工程建设力度，完善防灾减灾设施体系，提高海岸带灾害防御能力。

加大对气象灾害的预报和规避。坚持以防为主，提高气象灾害防御能力，完善灾害性天气监测、预警系统，重点建设台风、龙卷风、暴雨、雷电、冰雹等灾害性天气的中短期预报平台。提高鸭绿江、辽河等主要河流的防洪工程标准，健全防灾应急系统。

加强对地质灾害的预防与治理。完善地震监测网，加强对黄渤海等地震活跃地带及城市活断层的监测。做好滑坡、崩塌、泥石流、地面塌陷和海岸侵蚀等地质灾害的防治，增强地质灾害的应急处置能力。

健全化学灾害的应急救援体系。在大连、盘锦等石油化工产业集聚区，建设专业特勤消防站，承担毒气泄漏事件和化学灾害事故的预防、处置与抢险等功能。

第四节　美化海岸带景观品质

融汇自然和人文资源，构建集城市休闲、旅游观光、商务娱乐于一体的滨海景观带。

建设风景游览型城市。强化大连、营口、丹东等城市历史街区保护和恢复，传承城市文化脉络，塑造独有的城市文化景观。依托已有景观，合理利用城市岸线资源，建设滨海景观走廊。

加强滨海公路两侧的景观美化。因地制宜选择具有观赏价值的绿化物种，通过乔灌结合打造敞开式立体化景观精品，加大沿滨海公路高水平绿化带建设力度，形成"绿色滨海公路"的优美景观。提升滨海公路旅游服务功能，完善高速公路沿线休闲设施引导标志系统。

实施港口景观绿化美化工程。提升港口围墙和建筑物的立面景观质量，对影响景观的设施进行改造、修饰或隐蔽处理。加大港区生态环境治理力度，全面治理港区的粉尘和油污污染。

打造景观观赏型工业园区。建设园林化绿色生态园区，把园区景观带绿化、道路绿化和厂区内外绿化作为园区环境建设的重要指标，着力打造园林化工业园区，营造优美的生产和生活环境。

第十九章　完善体制机制

切实加强组织领导，严格落实责任职能，努力健全体制机制，确保规划的顺利实施。

第一节　落 实 规 划

规划衔接。省直有关部门及各市人民政府制定发展战略、产业政策以及编制相关规划，涉及海岸带保护和利用的内容，必须与本规划协调一致。

动态监督。建立监测制度和监控系统，对规划实施动态跟踪和监测分析，科学评估海岸带的资源环境变化和开发利用状态。

修订完善。规划期内,地方若有新的发展需求,需经省政府同意后,方可对规划进行修订,并报请省人大常委会审议通过后实施。

第二节 强化管理

省政府负责规划实施的组织领导,分解目标和任务;研究制定符合各功能区发展方向的区域政策;加强规划宣传,营造社会关注、有效保护、合理开发海岸带的氛围。

实行国土资源部门和海洋渔业部门联合监管的管理体制,国土资源部门负责海岸带陆域的日常监管工作,海洋渔业部门负责海域部分的日常监管工作,沿海六市负责规划落实。

第三节 实施指引

根据不同功能板块的定位,采取差别化的实施指引,促进功能板块的有序建设。

工业开发板块。工业园区的起步区建设,应就近依托已有城镇,充分利用城镇公共服务设施和基础设施。工业园区建设应循序推进,高效集约使用建设用地,为长远发展留有余地。合理布局园区岸线功能,优先满足生态岸线需求,规避生产活动直接占用岸线资源。临近城镇、规模较小的工业园区,要着力与城镇整合,尽量做到产城融合发展。规模较大、产业发展较单一的工业园区,要重视培育和发展综合经济职能,实现生产、生活、生态协调发展。工业园区内部的生活区要适度同生产基地分离,尽可能为未来小城镇建设创造条件。重化工业园区要加强安全运行管理,设置必要的安全隔离带。

港口物流板块。综合性重点港口要强化相关服务设施配套,全面提高航运、物流等服务功能。钢铁、油品、煤炭等专业码头的建设要结合周边城镇规划,避免给当地居民生活带来较大的干扰和环境污染。陆岛和旅游码头建设要结合当地旅游发展的需要,适度超前发展,注重码头景观环境的美化与旅游服务体系配套。新港区的建设要控制建设规模,有序推进。

城镇建设板块。推进城镇建设与产业园区建设、港口建设的协同发展,合理布局生产空间和生活空间,杜绝居住区、办公区、商务区与产业区混建或犬牙交错的乱象,建设"绿色、生态、低碳"城镇。按照人口与土地相协调的要求,在扩大城镇建设空间的同时,增加相应规模的人口。促进城镇建设与区域自然环境的协调和谐,严格保护基本农田和林地、湿地等生态用地。加强城镇绿地系统建设与区域生态建设的有机衔接,营造宜居环境。

旅游休闲板块。加强公共休闲岸线的建设,加强城镇和工业园区具有旅游价值岸线的保护,强化休闲旅游服务功能,实现旅游全域化发展。重视海岛旅游资源保护,适当压缩旅游海岛近海养殖,改善旅游基础设施条件。重视以自然景观为主的旅游岸线的保护,控制旅游的过度开发。

农业渔业板块。严格保护基本农田,确保农业生产空间。严格渔船渔民准入管理,控制捕捞强度,保护重点渔场资源,规范近海捕捞作业方式,鼓励境外渔业捕捞合作。严格监控产地环境,加强各环节执法监管,强化农渔业产品质量安全管理。

生态保护板块。严格保护林地、湿地、草地等生态用地,继续实行退耕还林、退牧还草、退池还海，保护物种栖息地。建立湿地保护责任制和补偿机制，探索建立影响沿海湿地生态建设和修复项目补偿金的征收机制，统筹用于沿海湿地保护和生态建设。工业化城镇化开发必须控制在区域资源承载能力和环境容量范围内，逐步清理影响重要生态系统功能的各类开发项目。交通、输电等基础设施建设尽量避免对重要自然景观和生态系统的分割。

彩　图

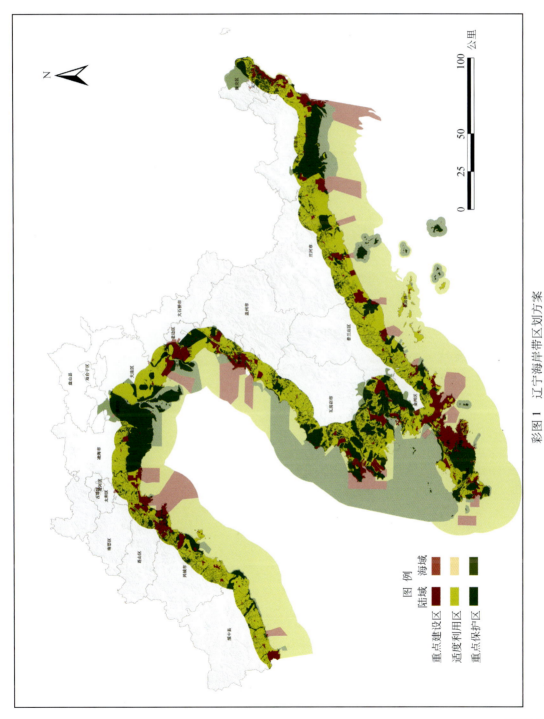

彩图 1　辽宁海岸带区划方案

図 例

海域
陆域

重点建设区
适度利用区
重点保护区

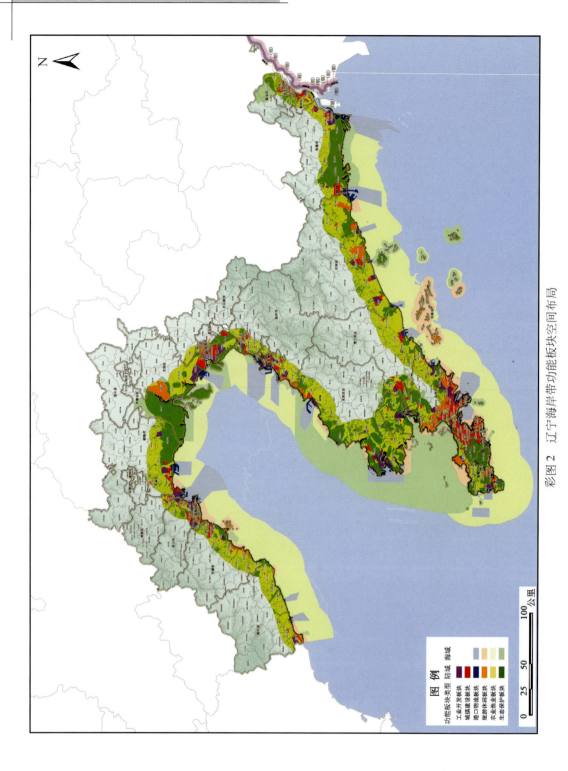

彩图 2 辽宁海岸带功能板块空间布局

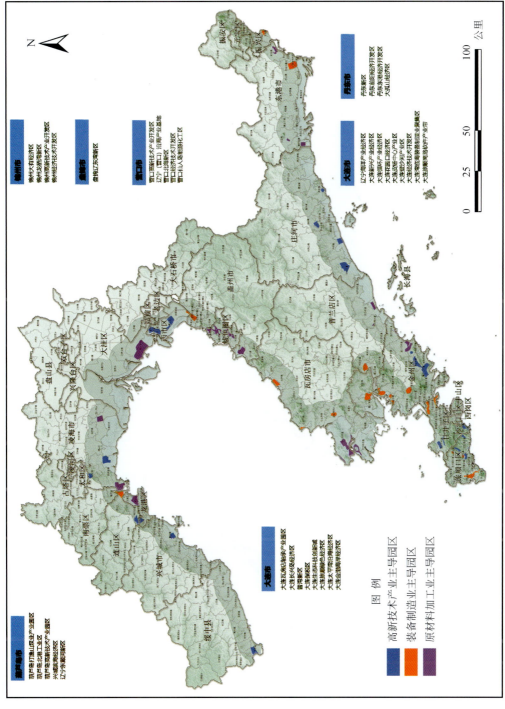

彩图 3　辽宁海岸带工业开发板块空间布局

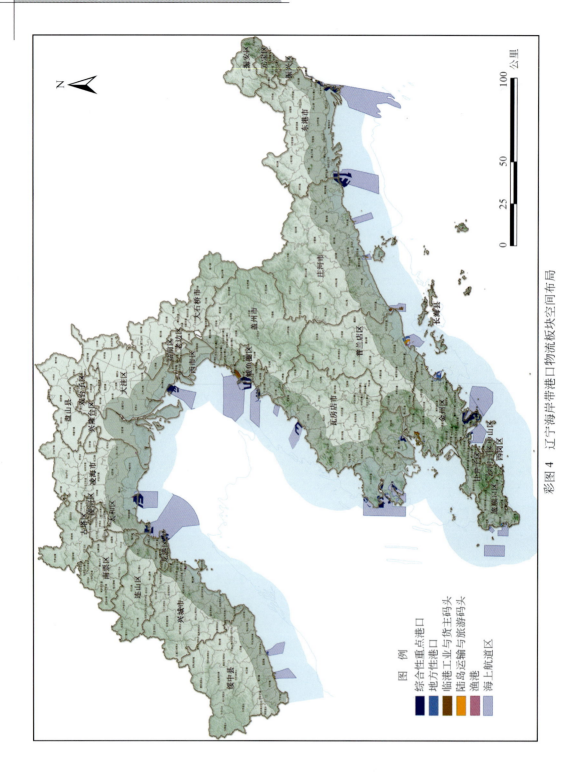

图 例

综合性重点港口
地方性港口
临港工业与货主码头
陆岛运输与旅游码头
渔港
海上航道区

彩图 4　辽宁海岸带港口物流板块空间布局

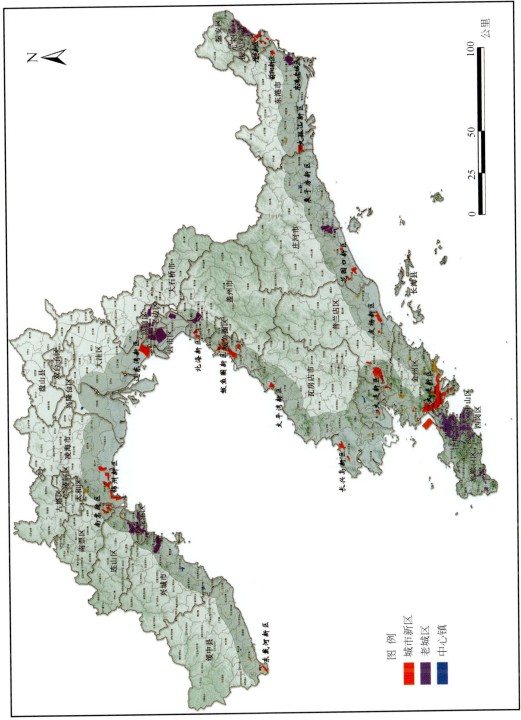

彩图 5　辽宁海岸带城镇建设板块空间布局

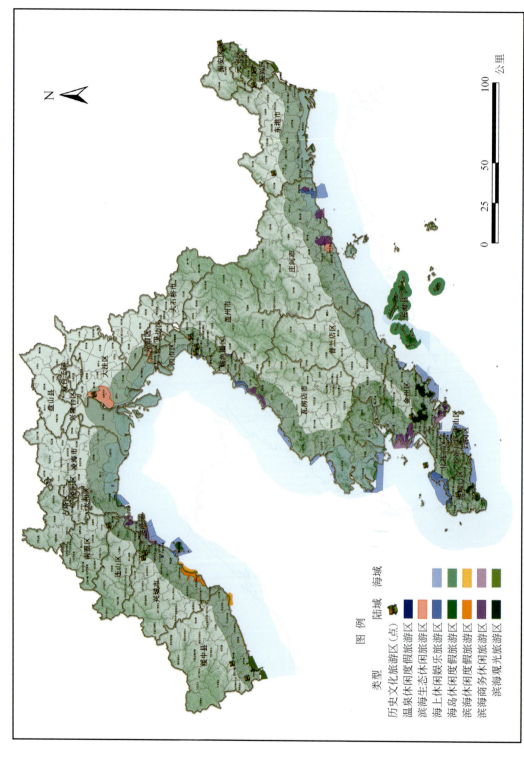

图 例

类型 　陆域　海域

历史文化旅游区（点）

温泉休闲度假旅游区

滨海休闲生态旅游区

海上休闲娱乐旅游区

海岛休闲度假旅游区

滨海休闲度假旅游区

滨海商务休闲旅游区

滨海观光旅游区

彩图 6　辽宁海岸带旅游休闲板块空间布局

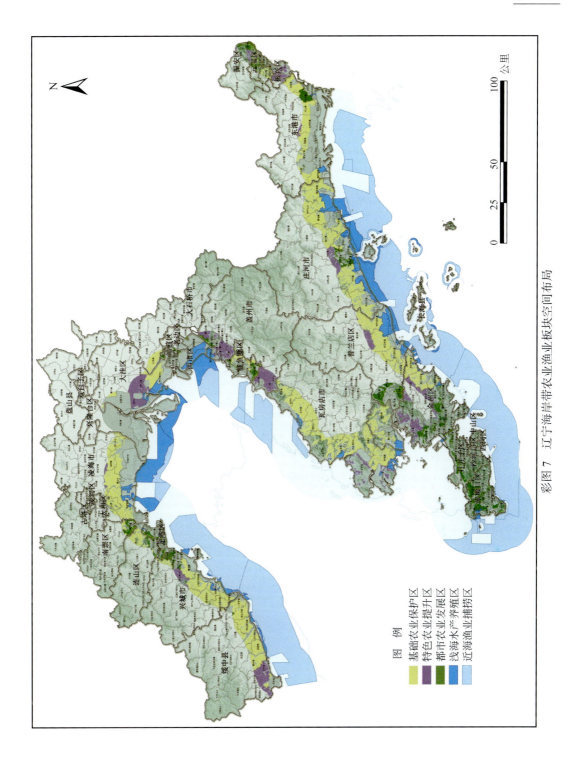

彩图 7　辽宁海岸带农业渔业板块空间布局

图　例

- 基础农业保护区
- 特色农业提升区
- 都市农业发展区
- 浅海水产养殖区
- 近海渔业捕捞区

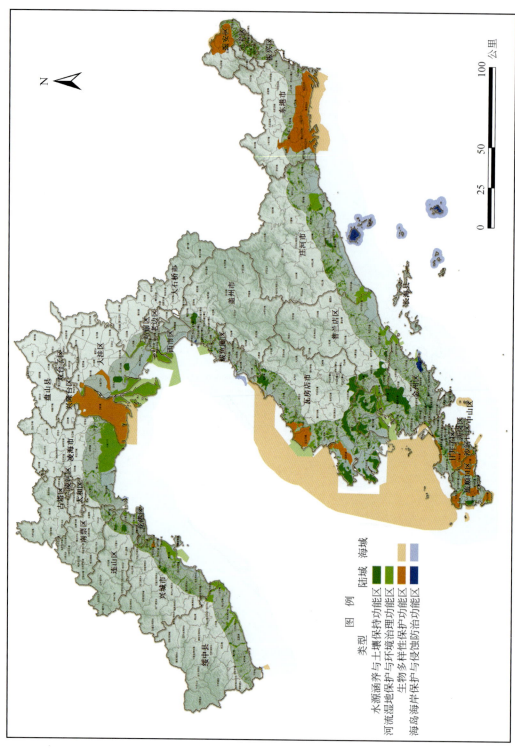

彩图 8　辽宁海岸带生态保护板块空间布局

图　例

类型　　陆域　海域

水源涵养与土壤保持功能区
河流湿地保护与环境治理功能区
生物多样性保护功能区
海岛海岸保护与侵蚀防治功能区

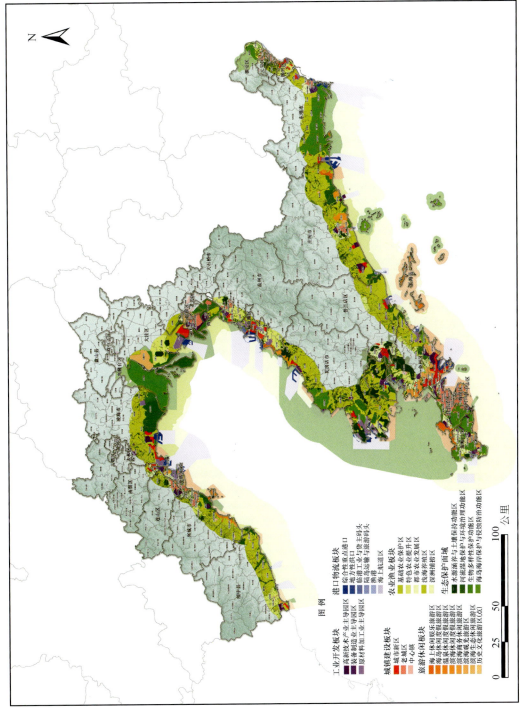

图 例

港口物流板块
- 综合性重点港口
- 地方性港口
- 临港工业与煤主码头
- 陆岛运输与旅游码头
- 渔港
- 海上航道区

工业开发板块
- 高新技术产业主导园区
- 装备制造业主导园区
- 原材料加工工业主导园区

城镇建设板块
- 城市新区
- 老城区
- 中心镇

旅游休闲板块
- 海上休闲娱乐旅游区
- 海岛休闲度假旅游区
- 温泉休闲度假旅游区
- 滨海商务休闲旅游区
- 滨海观光休闲旅游区
- 滨海生态休闲旅游区
- 历史文化旅游区(人)

农业渔业板块
- 基础农业保护区
- 特色农业提升区
- 都市农业发展区
- 浅海养殖区
- 深洲捕捞区

生态保护区域
- 水源涵养与土壤保持功能区
- 河流湿地保护与环境治理功能区
- 生物多样性保护功能区
- 海岛海岸保护与侵蚀防治功能区

0　　25　　50　　100
公里

彩图 9　辽宁海岸带功能板块类型细分方案

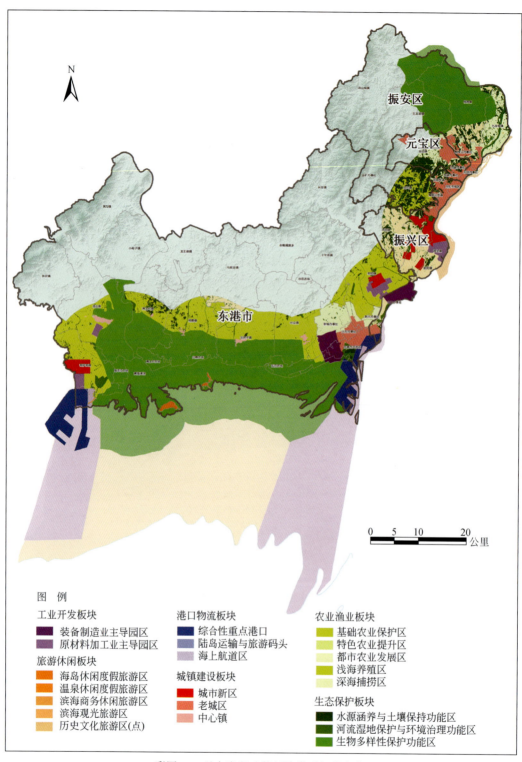

振安区

元宝区

振兴区

东港市

0 5 10 20
公里

图 例

工业开发板块
- 装备制造业主导园区
- 原材料加工业主导园区

旅游休闲板块
- 海岛休闲度假旅游区
- 温泉休闲度假旅游区
- 滨海商务休闲旅游区
- 滨海观光旅游区
- 历史文化旅游区(点)

港口物流板块
- 综合性重点港口
- 陆岛运输与旅游码头
- 海上航道区

城镇建设板块
- 城市新区
- 老城区
- 中心镇

农业渔业板块
- 基础农业保护区
- 特色农业提升区
- 都市农业发展区
- 浅海养殖区
- 深海捕捞区

生态保护板块
- 水源涵养与土壤保持功能区
- 河流湿地保护与环境治理功能区
- 生物多样性保护功能区

彩图 10　丹东岸段功能板块类型细分方案

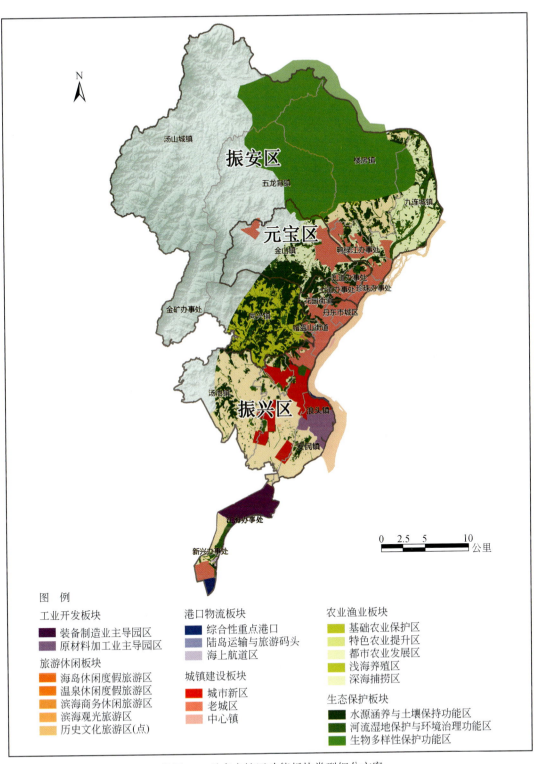

图　例

工业开发板块
■ 装备制造业主导园区
■ 原材料加工业主导园区

旅游休闲板块
■ 海岛休闲度假旅游区
■ 温泉休闲度假旅游区
■ 滨海商务休闲旅游区
■ 滨海观光旅游区
■ 历史文化旅游区(点)

港口物流板块
■ 综合性重点港口
■ 陆岛运输与旅游码头
■ 海上航道区

城镇建设板块
■ 城市新区
■ 老城区
■ 中心镇

农业渔业板块
■ 基础农业保护区
■ 特色农业提升区
■ 都市农业发展区
■ 浅海养殖区
■ 深海捕捞区

生态保护板块
■ 水源涵养与土壤保持功能区
■ 河流湿地保护与环境治理功能区
■ 生物多样性保护功能区

彩图11　丹东市辖区功能板块类型细分方案

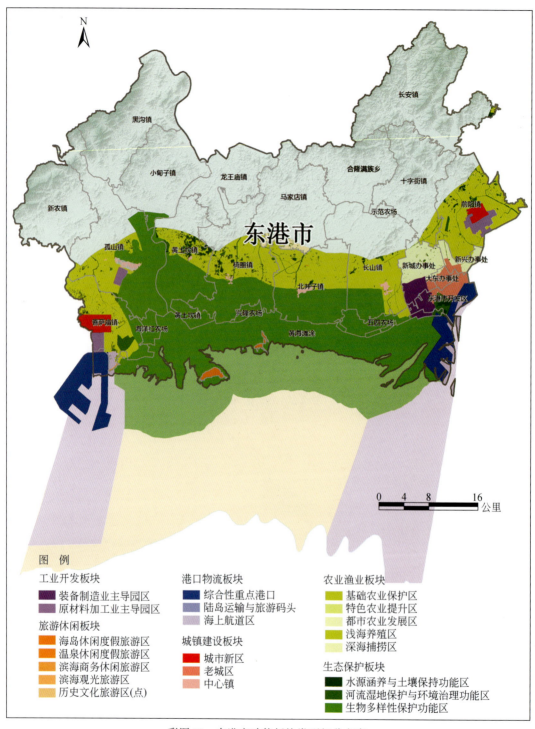

彩图12　东港市功能板块类型细分方案

图　例

工业开发板块
- 装备制造业主导园区
- 原材料加工业主导园区

旅游休闲板块
- 海岛休闲度假旅游区
- 温泉休闲度假旅游区
- 滨海商务休闲旅游区
- 滨海观光旅游区
- 历史文化旅游区(点)

港口物流板块
- 综合性重点港口
- 陆岛运输与旅游码头
- 海上航道区

城镇建设板块
- 城市新区
- 老城区
- 中心镇

农业渔业板块
- 基础农业保护区
- 特色农业提升区
- 都市农业发展区
- 浅海养殖区
- 深海捕捞区

生态保护板块
- 水源涵养与土壤保持功能区
- 河流湿地保护与环境治理功能区
- 生物多样性保护功能区

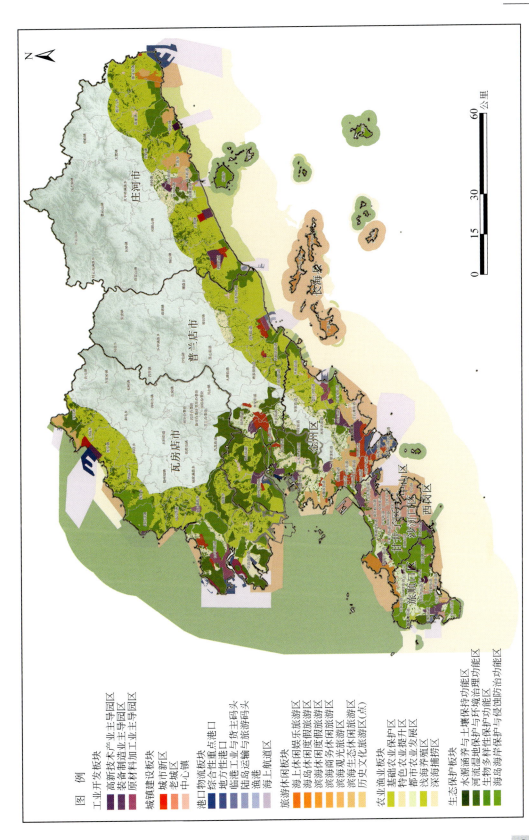

彩图 13　大连岸段功能板块类型细分方案

图　例

工业开发板块
高新技术主导产业园区
装备制造业主导园区
原材料加工工业主导园区

城镇建设板块
城市新区
老城区
中心镇

港口物流板块
综合性重点港口
地方性港口
临港工业与货主码头
陆岛运输与旅游客运码头
渔港
海上航道区

旅游休闲板块
海上休闲娱乐旅游区
海岛休闲度假旅游区
滨海休闲度假旅游区
滨海商务休闲旅游区
滨海观光旅游区
滨海生态休闲旅游区
历史文化旅游区（点）

农业渔业板块
基础农业保护区
特色农业提升区
都市农业发展区
浅海养殖区
深海捕捞区

生态保护板块
水源涵养与土壤保持功能区
河流湿地保护与环境治理功能区
生物多样性保护功能区
海岛海岸保护与侵蚀防治功能区

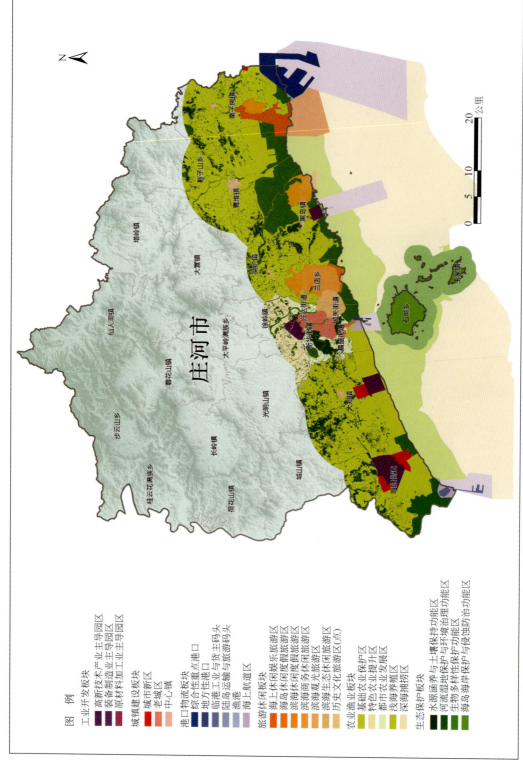

彩图 14　庄河市功能板块类型细分方案

图　例

工业开发板块
高新技术产业主导园区
装备制造业主导园区
原材料加工业主导园区

城镇建设板块
城市新区
老城区
中心镇

港口物流板块
综合性港口
地方性重点港口
临港工业与货主码头
陆岛运输与旅游码头
渔港
海上航道区

旅游休闲板块
海上休闲娱乐旅游区
海岛休闲度假旅游区
滨海休闲度假旅游区
滨海商务休闲旅游区
滨海观光旅游区
滨海生态休闲旅游区
历史文化旅游区(点)

农业渔业板块
基础农业保护区
特色农业提升区
都市农业发展区
浅海养殖区
深海捕捞区

生态保护板块
水源涵养与土壤保持功能区
河流湿地保护与环境治理功能区
生物多样性保护功能区
海岛海岸保护与侵蚀防治功能区

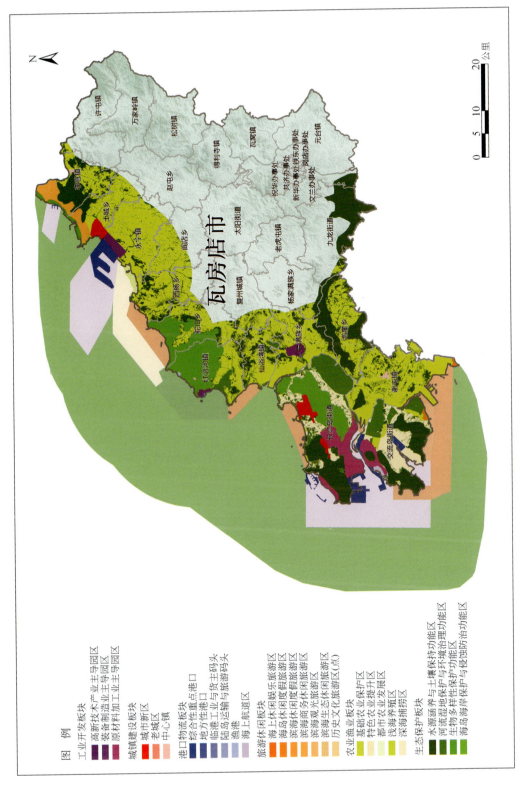

彩图 15　瓦房店市功能板块类型细分方案

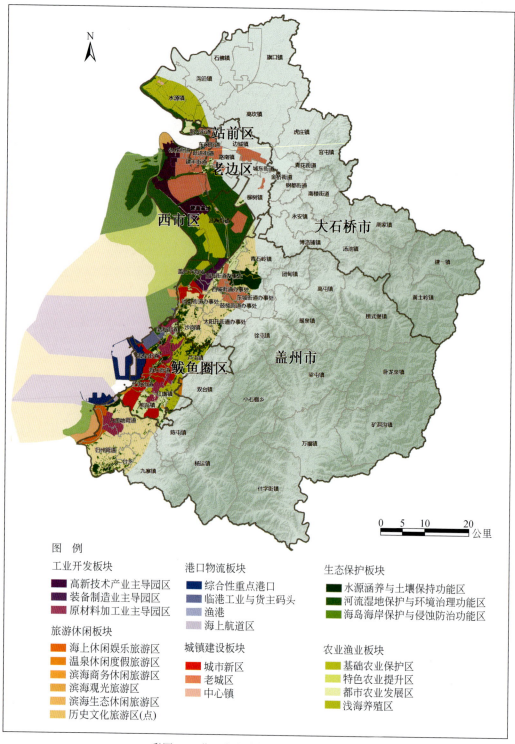

图 例

工业开发板块
- 高新技术产业主导园区
- 装备制造业主导园区
- 原材料加工业主导园区

旅游休闲板块
- 海上休闲娱乐旅游区
- 温泉休闲度假旅游区
- 滨海商务休闲旅游区
- 滨海观光旅游区
- 滨海生态休闲旅游区
- 历史文化旅游区(点)

港口物流板块
- 综合性重点港口
- 临港工业与货主码头
- 渔港
- 海上航道

城镇建设板块
- 城市新区
- 老城区
- 中心镇

生态保护板块
- 水源涵养与土壤保持功能区
- 河流湿地保护与环境治理功能区
- 海岛海岸保护与侵蚀防治功能区

农业渔业板块
- 基础农业保护区
- 特色农业提升区
- 都市农业发展区
- 浅海养殖区

彩图 16　营口岸段功能板块类型细分方案

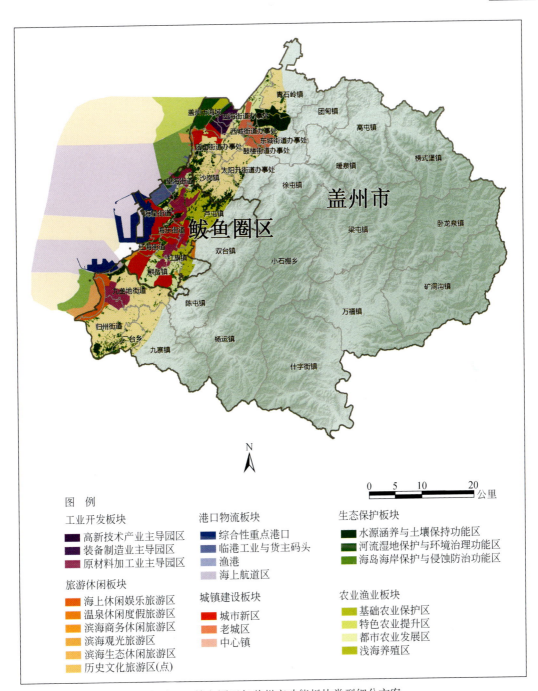

彩图17　鲅鱼圈区与盖州市功能板块类型细分方案

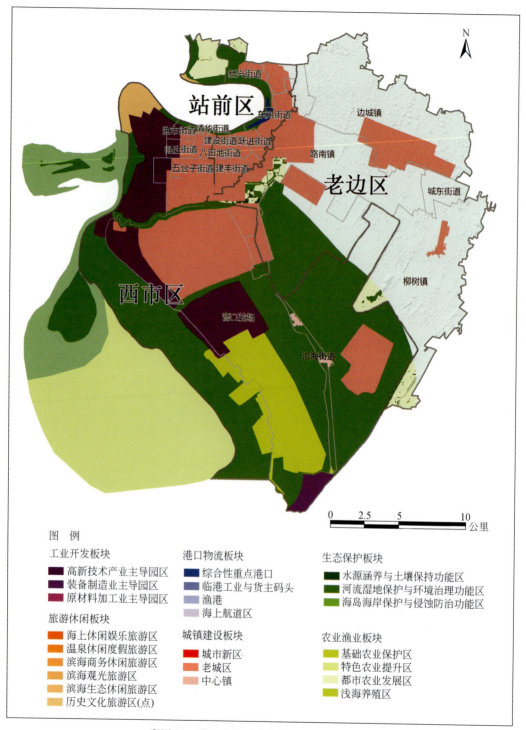

图例

工业开发板块
- ■ 高新技术产业主导园区
- ■ 装备制造业主导园区
- ■ 原材料加工业主导园区

旅游休闲板块
- ■ 海上休闲娱乐旅游区
- ■ 温泉休闲度假旅游区
- ■ 滨海商务休闲旅游区
- ■ 滨海观光旅游区
- ■ 滨海生态休闲旅游区
- ■ 历史文化旅游区(点)

港口物流板块
- ■ 综合性重点港口
- ■ 临港工业与货主码头
- ■ 渔港
- ■ 海上航道区

城镇建设板块
- ■ 城市新区
- ■ 老城区
- ■ 中心镇

生态保护板块
- ■ 水源涵养与土壤保持功能区
- ■ 河流湿地保护与环境治理功能区
- ■ 海岛海岸保护与侵蚀防治功能区

农业渔业板块
- ■ 基础农业保护区
- ■ 特色农业提升区
- ■ 都市农业发展区
- ■ 浅海养殖区

彩图18 营口市辖区功能板块类型细分方案

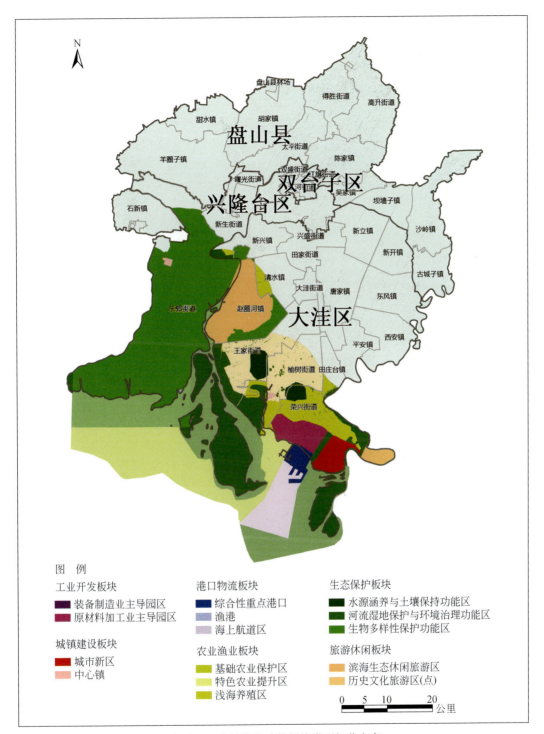

图 例

工业开发板块
- ■ 装备制造业主导园区
- ■ 原材料加工业主导园区

城镇建设板块
- ■ 城市新区
- ■ 中心镇

港口物流板块
- ■ 综合性重点港口
- ■ 渔港
- ■ 海上航道区

农业渔业板块
- ■ 基础农业保护区
- ■ 特色农业提升区
- ■ 浅海养殖区

生态保护板块
- ■ 水源涵养与土壤保持功能区
- ■ 河流湿地保护与环境治理功能区
- ■ 生物多样性保护功能区

旅游休闲板块
- ■ 滨海生态休闲旅游区
- ■ 历史文化旅游区(点)

0 5 10   20 公里

彩图19 盘锦岸段功能板块类型细分方案

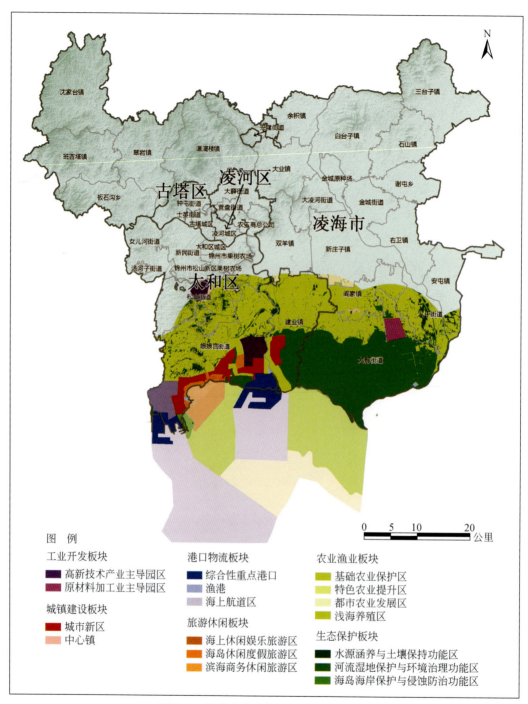

彩图20　锦州岸段功能板块类型细分方案

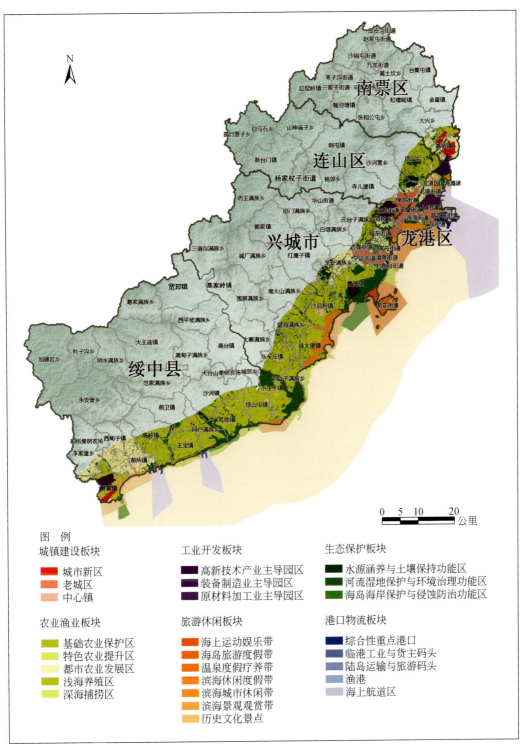

图 例

城镇建设板块

■ 城市新区
■ 老城区
■ 中心镇

农业渔业板块

■ 基础农业保护区
■ 特色农业提升区
■ 都市农业发展区
■ 浅海养殖区
■ 深海捕捞区

工业开发板块

■ 高新技术产业主导园区
■ 装备制造业主导园区
■ 原材料加工业主导园区

旅游休闲板块

■ 海上运动娱乐带
■ 海岛旅游度假带
■ 温泉度假疗养带
■ 滨海休闲度假带
■ 滨海城市休闲带
■ 滨海景观观赏带
■ 历史文化景点

生态保护板块

■ 水源涵养与土壤保持功能区
■ 河流湿地保护与环境治理功能区
■ 海岛海岸保护与侵蚀防治功能区

港口物流板块

■ 综合性重点港口
■ 临港工业与货主码头
■ 陆岛运输与旅游码头
■ 渔港
■ 海上航道区

彩图 21　葫芦岛岸段功能板块类型细分方案

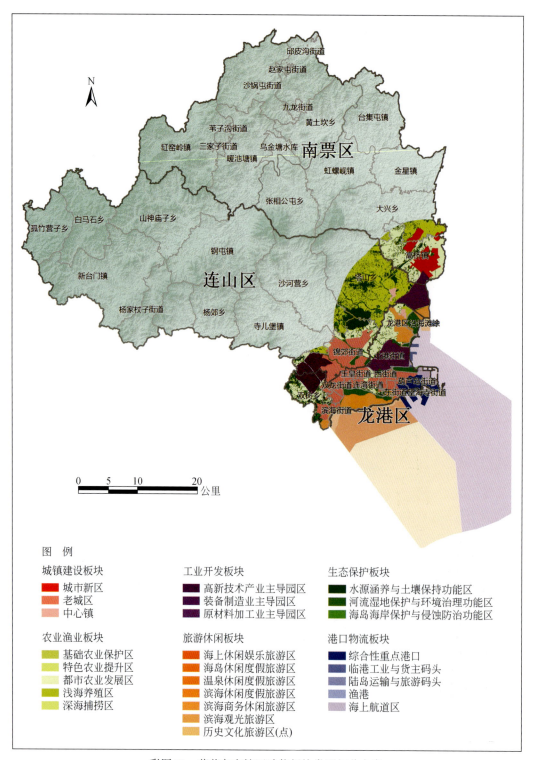

图 例

城镇建设板块
- 城市新区
- 老城区
- 中心镇

农业渔业板块
- 基础农业保护区
- 特色农业提升区
- 都市农业发展区
- 浅海养殖区
- 深海捕捞区

工业开发板块
- 高新技术产业主导园区
- 装备制造业主导园区
- 原材料加工业主导园区

旅游休闲板块
- 海上休闲娱乐旅游区
- 海岛休闲度假旅游区
- 温泉休闲度假旅游区
- 滨海休闲度假旅游区
- 滨海商务休闲旅游区
- 滨海观光旅游区
- 历史文化旅游区(点)

生态保护板块
- 水源涵养与土壤保持功能区
- 河流湿地保护与环境治理功能区
- 海岛海岸保护与侵蚀防治功能区

港口物流板块
- 综合性重点港口
- 临港工业与货主码头
- 陆岛运输与旅游码头
- 渔港
- 海上航道区

彩图22 葫芦岛市辖区功能板块类型细分方案

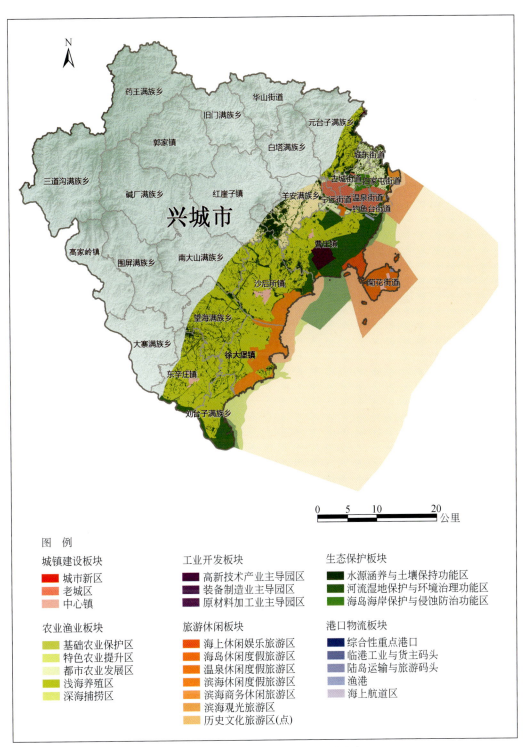

彩图23　兴城市功能板块类型细分方案

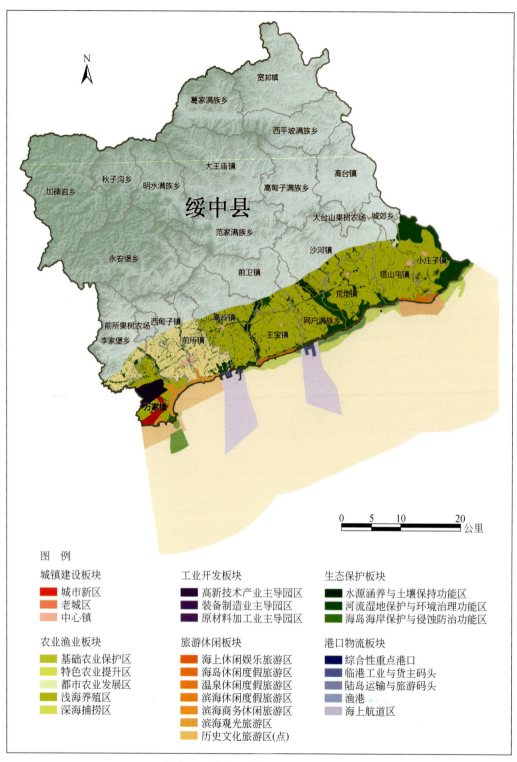

彩图24 绥中县功能板块类型细分方案

图 例

城镇建设板块
- 城市新区
- 老城区
- 中心镇

农业渔业板块
- 基础农业保护区
- 特色农业提升区
- 都市农业发展区
- 浅海养殖区
- 深海捕捞区

工业开发板块
- 高新技术产业主导园区
- 装备制造业主导园区
- 原材料加工业主导园区

旅游休闲板块
- 海上休闲娱乐旅游区
- 海岛休闲度假旅游区
- 温泉休闲度假旅游区
- 滨海休闲度假旅游区
- 滨海商务休闲旅游区
- 滨海观光旅游区
- 历史文化旅游区(点)

生态保护板块
- 水源涵养与土壤保持功能区
- 河流湿地保护与环境治理功能区
- 海岛海岸保护与侵蚀防治功能区

港口物流板块
- 综合性重点港口
- 临港工业与货主码头
- 陆岛运输与旅游码头
- 渔港
- 海上航道区